KB050596

- 4th edition -

데이터베이스 관리

서길수

박영사

제가 대학에서 강의를 해온 지난 30년 동안 늘 데이터의 중요성을 강조해 왔는데, 지금처럼 기업 활동에 있어서 데이터의 역할이 중요했던 적은 없었습니다. 앞으로 데이터는 새로운 세상을 여는 열쇠가 될 것이며, 데이터의 중요성은 점점 더 부각될 것입니다. 매일 생성되는 데이터의 절대량이 늘어나고, 데이터 분석에 대한 필요성도 증가하면서 데이터베이스와 관련한 기술에도 많은 변화들이 있었으며, 이번 개정판에서는 그러한 변화들을 수용하고자 노력하였습니다. 첫째, 최근 빅 데이터와 함께 많은 관심을 받고 있는 NoSQL에 대한 소개를 추가하였습니다. 특히 NoSQL의 한 종류인 MongoDB의 데이터 모델과 질의어에 대해 14장에서 상세하게 소개하고, 실습을 위한 안내서를 부록에 추가하였습니다. 둘째, Oracle, MS Access, Erwin, MongoDB 등 실습용 소프트웨어의 가장 최근 버전을 설치하고, 사용하는 방법을 해당되는 장이나 책 뒤쪽 부록에 수록하였습니다. 셋째, 개체-관계성 데이터 모델을 관계형 데이터 모델 바로 뒤로 옮겼습니다. 사실 논리적인 순서로 보면 개체-관계성 데이터 모델을 먼저 공부하고, 관계형 데이터 모델을 다음에 공부하는 것이 더 맞습니다. 그러나 처음에 너무 개념적인 부분만 강조하다 보면 학생들이 흥미를 잃어버리는 경우를 종종 발견하게 됩니다. 따라서 직관적으로 이해하기 쉬운 관계형 데이터 모델을 앞 부분에 위치시키고, 이어서 개체-관계성 데이터 모델을 공부하도록 했습니다. NoSQL 등의 새로운 데이터 모델이 등장했지만, 여전히 관계형 데이터 모델은 현재까지 가장 널리 사용되고 있으며, 데이터베이스를 공부하는 사람이라면 반드시 알아야 할 분야입니다. 마지막으로 시장에서 크게 성공하지 못한 객체중심 데이터 모델은 본문에서 삭제하고, 책 뒤쪽의 부록으로 돌렸습니다. 그러나 캡슐화, 유전성 등의 객체중심 개념은 중요하기 때문에 참고할 가치는 충분히 있습니다. 그 외에도 모든 장에서 새로운 내용이 부분적으로 추가되거나, 기존 내용이 개선되었습니다.

　이제 데이터베이스는 컴퓨터 공학도나 정보시스템 전공자만 공부하는 과목이 아닙니다. 제가 학부와 대학원에서 강의하면서 문헌정보학, 의학, 간호학, 공학 등 여러 다양한 전공의 학생들이 데이터베이스에 대해 많은 관심을 가지고 있음을 보았습니다. 이번 개정판에서도 3판의 정신을 그대로 이어받아 가능한 수식과 알고리즘의 나열을 배제하고, 어떤 전공자도 쉽게 접할 수 있도록 내용을 풀어 쓰는 것을 기본 철학으로 삼았습니다. 다만 학부 수준에서 다소 어렵다고 생각되는 부분은 별표(※)를 붙여 난이도를 구별하였습니다. 3판과 마찬가지로 명문가구라는 가상의 회사 사례를 처음부터 끝까지 사용함으로써 설명에 일관성을 부여하고자 노력하였습니다. 또한 각 편마다 그림과 글을 실어 딱딱한 데이터베이스 기술서에 인문학적 상상력을 불어 넣고자 했습니다.

　늘 함께 해주신 하나님과 4판이 나오기까지 도움을 주신 여러분께 감사 드립니다. 연세대학교의 동료 교수님들(특히, 매주 점심의 난상토론을 통해 많은 영감을 준 구본일, 엄영호, 박선주 교수님), 투썬월드의 이종현 의장님과 박종일 님, 박영사의 마찬옥 편집위원님 등 많은 분들의 격려와 도움으로 이번 개정판이 나오게 되었습니다. 3판까지 좋은 그림으로 책을 장식해 준 아내, 그리고 기꺼이 이 책을 위해 본인들의 글과 그림을 제공하고, 표지 디자인까지 맡아준 민지와 상구에게 이 자리를 빌어 고마움과 함께 사랑한다는 말을 전합니다.

2022년 2월 안식년 끝자락의 조천읍에서

저자 씀

Contents

Contents

Contents

제3편 데이터베이스 설계

제7장 데이터베이스 설계 방법론과 개념적 설계

제8장 논리적 데이터베이스 설계

Contents

제4편 데이터베이스 관리

x

제5편 데이터베이스의 발전 동향

Contents

부 록

Contents

색 인

PART 01

jusst.moment

< 고래와 새 >

written by. Justine Suh
illustration by. exit

달이 맑은 밤에 고래는 조용히 수면 위로 올라왔다. 늦은 밤에도 와글거리는 바닷속과 달리 밖은 조용하고 밝았다. 고래가 숨을 돌리며 물을 뿜고 있을 때 붉은눈갈매기 한 마리가 날아와 고래의 머리 위에 앉았다.

"너는 왜 안 자고 이 시간에 날아다녀?" 고래가 물었다.
"나는 야행성이야. 그러는 너는 왜 이 밤에 여기까지 나와서 한숨을 쉬어?"

고래는 잠시 생각에 잠겼다.
"글쎄. 저 안이 너무 시끄러워서."

갈매기는 다 이해한다는 듯 고개를 끄덕이더니 젖은 깃털을 정리했다. 갈매기는 말을 잇지 않았고 고래도 나지막하게 숨을 쉴 뿐이었다. 고래는 갈매기의 침묵이 좋았다. 보이진 않았지만, 갈매기도 저와 같이 밝은 달을 보고 있는 것 같았다. 오랜 시간 후 갈매기는 다시 날개를 폈다.

"이제 난 가볼게."
"그래?"

고래는 내심 아쉬웠지만, 어두운 바닷속을 응시할 뿐이었다. 갈매기는 빠르게 깃털을 털며 날아갈 준비를 했다.

"아마 난 내일도 여기로 올 거야." 떠나기 전 갈매기가 말했다.

갈매기의 말에 고래는 기쁜 듯 지느러미로 잔잔한 물살을 만들었다. 고래의 배웅에 갈매기는 가볍게 총총 뛰어 날아올랐다. 고래는 갈매기가 사라진 하늘에 떠 있는 큰곰자리를 한참 바라봤다.

고래가 다시 물속으로 돌아왔을 때 여전히 그곳은 복작복작 시끄러웠다.
하지만 고래의 마음에는 고요한 밤하늘이 떠 있었다.

제 1 편
데이터베이스 개념과
데이터 모델

제1편에서는 데이터베이스의 기본 개념과 데이터 모델을 소개한다. 현대 조직에 있어서 데이터는 중요한 자원의 하나이며, 이를 효과적으로 관리하기 위해서는 데이터베이스 시스템에 대한 이해가 필수적이다. 제1장에서는 파일 처리 방식과 데이터베이스 방식의 장단점을 비교하고, 데이터를 효율적으로 관리하기 위한 도구인 데이터베이스 관리시스템의 기능에 대하여 공부한다. 제2장에서는 현재 가장 널리 사용되고 있는 관계형 데이터 모델을 소개하고, 제3장에서는 데이터베이스의 개념적 설계를 위해 가장 널리 사용되는 개체-관계성 데이터 모델에 대해 공부한다. 마지막으로 제4장에서는 데이터의 오류나 불일치를 방지하기 위한 정규화의 개념을 설명한다.

제1장 데이터베이스 시스템

"데이터는 새로운 석유다"라는 주장이 더이상 낯설지 않은 이유는 오늘날 디지털 변혁의 중심에는 데이터가 자리하고 있기 때문일 것이다. 이제 데이터는 일상에서 모바일 기기, PC, 다양한 기계 장치는 물론 길거리의 센서에서도 수집되고 있고 있다. 이러한 방대한 데이터를 체계화하고 적절히 관리하여, 조직의 구성원이 필요로 하는 정보를 적시에 공급할 수 있도록 하는 것은 기업 경쟁력에 매우 중요한 역할을 한다. 현대 조직에서 데이터를 효율적으로 관리하기 위해서는 데이터베이스 시스템의 도입이 필수적이다.

여러분이 인지하고 하고 있든 그렇지 않든, 여러분의 생활은 데이터베이스와 밀접한 관련을 맺고 있다. 예를 들어, 배달앱을 통해 음식을 주문하거나, 온라인 상점에서 물건을 구입하거나, 혹은 SNS에 글을 올릴 때 여러분은 어떤 형태로든 데이터베이스와 접촉하고 있다. 오늘날 기업이 사용하는 대부분의 컴퓨터 시스템의 중심에 데이터베이스가 놓여 있기 때문이다.

데이터베이스란 조직의 여러 사용자의 다양한 정보 요구를 충족시키기 위한 데이터의 집합체로 볼 수 있다. 일반적으로 데이터베이스가 지녀야 할 중요한 두 가지 특성은 **통합**과 **공용**이다. 데이터의 통합이란 데이터의 중복을 최소화함으로써 기존의 파일 체계에서 나타나는 문제점을 방지하는 것이고, 데이터의 공용이란 사용 권한을 부여 받은 모든 사용자가 동일한 데이터를 각자 자신의 용도를 위해 사용하는 것을 의미한다. 이러한 두 가지 특성으로 말미암아 데이터베이스 방식은 전통적인 파일 처리 방식에 비해 많은 이점을 갖는다. 본 장에서 두 방식을 사례를 통해 비교하고, 데이터베이스 방식의 이점과 비용을 자세히 살펴보기로 한다. 그리고 데이터베이스의 기본 개념과 데이터베이스를 구축하기 위해서 필요한 데이터베이스 관리시스템의 기능에 대하여 공부하기로 한다.

1.1 기존 파일 처리 방식의 문제점

대부분의 사업은 소규모로 출발하여 점차 성장한다. 사업을 영위하기 위하여 필요한 정보의 양도 사업의 규모에 비례하여 늘어난다. 예를 들어, 한 사람이 경영하는 목공소에서 필요로 하는 정보는 한두 권 정도의 간단한 장부만으로도 충분히 처리될 수 있다. 그러나 목공소가 번창하여 가구 공장의 규모를 갖게 된다면 한 사람의 힘으로는 조직의 운영을 감당할 수 없게 된다. 따라서 조직을 영업, 생산, 회계 등으로 기능을 세분화하게 된다. 세분화된 기능을 서로 다른 관리자가 책임지게 되며, 각 관리자는 조직의 전체 정보 중 자신의 기능분야와 관련된 정보만을 접하게 된다. 이러한 현상이 조직의 정보 자원 관리를 어렵게 만드는 원인이 된다.

초기의 컴퓨터를 이용한 정보 시스템은 주로 조직 내 개별 부서의 정보처리 요구에 초점을 맞추었다. 이들 시스템은 대부분 독립된 파일에 여러 레코드를 저장한 형태를 띠므로 파일 처리 시스템이라고 불렀다. 정보 시스템 부서는 사용자의 요청에 따라 봉급 계산이나 재고 자산을 정리해 주는 응용 프로그램을 개발해 왔다. 이들 각 프로그램은 특정 부서나 사용자의 요구에 따라 개발되었으므로, 많은 경우에 조직 내의 다른 시스템과의 연결을 고려하지 않았다. 이러한 상황은 마치 〈그림 1-1〉에 나타나 있는 서로 떨어져 존재하는 섬에 비유될 수 있다. 서로 단절된 섬들은 각기 다른 지역 특성을 보유하고 있으며, 각 섬의 주민들은 섬의 고유한 환경 속에서 주어진 자원의 한계 안에서 살아야 한다. 예를 들어, 옆의 섬에서는 쉽게 구할 수 있는 자원도 그 존재 자체를 알지 못하거나, 안다고 하더라도 구할 길이 없어 사용할 수 없는 경우도 있을 것이다. 이와 마찬가지로 조직 내에서도 각 부서가 소유한 데이터가 고립되어 운영될 때, 상이한 정보 환경, 비구조적인 데이터 구조, 접근의 한계 등으로 인한 여러 가지 문제점이 발생한다. 구체적인 문제점을 명문가구의 사례에서 찾아보기로 하자.

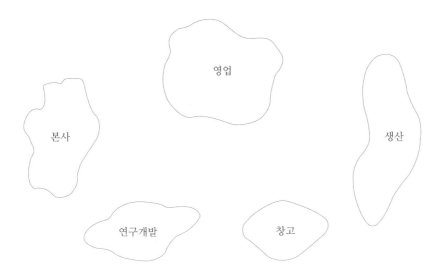

그림 1-1 고립된 섬의 개념으로 본 파일 처리 방식

사례 명문가구의 파일 처리 시스템 ────────────────

　명문가구는 다양한 가정용 목재 가구를 생산하여 판매하는 중소 규모의 제조업체이다. 서울 근교에 생산공장을 두고 여러 직영 매장을 통해 고급 원목 가구를 공급하는 이 회사는 현재 약 삼백여 명의 직원을 고용하고 있으며, 신도시 개발에 따른 주택 공급물량 증가에 힘입어 매년 빠른 속도로 성장하고 있다.

　명문가구는 10여년 전 이상현 사장이 가업인 명문 목공소를 물려받아 오늘의 형태로 발전시킨 것이다. 이 사장이 목공소를 승계 받은 후 첫 2년간은 소규모 목공소의 형태를 유지하며 주문을 받아 가구를 제작하였다. 이 당시 필요한 정보는 주로 세금 계산을 위한 것으로 간단한 장부만으로도 처리가 가능했다. 그 후 소득의 증가에 따라 원목 가구 수요가 급속히 늘어날 것을 예상한 이 사장은 단순 주문생산에서 탈피하여 매장을 통한 적극적인 시장 개척을 시도하였다. 직원 수가 백 명을 넘어서면서 이상현 사장은 회사를 기능별로 분화하였고, 현재 명문가구는 본사(회계), 영업, 생산, 그리고 연구개발부로 나누어져 있다.

　고객 수가 늘어나고 취급하는 제품의 수가 급증함에 따라, 회계부서를 필두로 컴퓨터 도입을 추진하여 대부분의 업무가 전산화되었다. 〈그림 1-2〉는 명문가구에서 현재 사용하고 있는 응용 프로그램의 일부를 보여 준다. 그림에서 보듯이 영업부의 매출처리 프로그램, 창고의 배달상황 프로그램, 그리고 생산부의 생산현황 프로그램은 각각 독립된 몇 개의 데이터 파일을 소유하고 있다. 제품에 관한 데이터는 모든 프로그램에서 사용되므로 각 프로그램의 용도에 맞게 재단된 다수의 제품 파일이 명문가구 내에 중복되어 존재한다. 또 고객에 대한 정보는 영업부와 창고에 각각 중복되어 존재하고 있다. 〈그림 1-2〉에 나타난 각 부서(또는 각 프로그램)는 〈그림 1-1〉에서 본 고립된 섬과 같은 개념으로 이해할 수 있다. 이러한 파일 처리 방식의 문제점은 데이터 중복과 일관성 유지의 어려움, 통합된 정보 취득의 어려움, 유연성의 부족, 표준화의 어려움, 낮은 프로그래머 생산성, 과다한 프로그램 유지 보수 등을 들 수 있다.

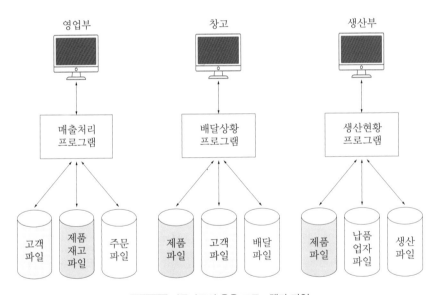

그림 1-2 명문가구의 응용 프로그램과 파일

1. **데이터의 중복으로 인한 일관성 유지의 어려움:** 〈그림 1-2〉에서 보듯이, 세 개의 서로 다른 제품 파일과 두 개의 고객 파일이 중복되어 존재한다. 데이터 중복의 직접적인 손실은 저장 장소의 낭비와 데이터의 중복된 입력으로 인한 인력의 낭비를 들 수 있다. 그러나 그것보다도 더 심각한 문제는 데이터의 중복이 데이터의 일관성(consistency)을 위협할 수 있다는 것이다. 예를 들

어, 고객 정보는 영업부, 창고, 회계부 등 여러 곳에 중복 저장되어 있는데, 만약 고객이 주소 변경을 요청할 경우 모든 부서의 고객 주소를 동시에 갱신하지 않는 한 데이터는 일관성을 잃게 된다. 이로 인해 배달이 지연된다든가, 송장이 잘못된 주소로 발송된다든가 하는 문제가 발생할 수 있는데, 이를 방지하기 위해서는 많은 노력과 비용이 든다. 즉, 고객의 주소 변경 사항을 제대로 반영하기 위해서 연락을 받은 사원은 영업부, 창고, 그리고 회계부 등 모든 관련 부서에게 메모나 전화를 통해 알려 주어야 할 것이며, 그렇지 못할 경우 데이터 간의 불일치가 발생하게 된다.

2. **통합된 정보 취득의 어려움:** 분산된 데이터가 통합될 때 조직의 의사결정에 매우 유용한 정보를 제공할 수 있다. 그러나 파일 처리 방식에서는 데이터가 여러 부서에 분산되어 있고, 시스템(또는 프로그램)간의 연결이 이루어져 있지 않으므로 여러 부서의 데이터를 종합해야 알아 낼 수 있는 질문은 대답하기 어렵거나 추가적인 시간과 비용이 요구된다. 예를 들어, "영업 사원 '김 아무개'가 지난 5월에 판매한 제품의 평균 배달 대기일은 몇 일인가?" 라는 질문에 답하기 위해서는 영업부와 창고의 정보를 통합하는 새로운 응용 프로그램을 작성해야 할 것이다.

3. **유연성의 부족:** 파일 처리 시스템은 미리 정해진 형태의 보고서는 매우 효율적으로 출력해 낼 수 있다. 그러나 이것은 미리 계획된 형태의 보고서일 경우이며, 새로운 보고서나 원래의 형태에서 변경된 보고서가 요구될 때에는 많은 문제점이 따른다. 대부분의 경우에 변경된 형태의 보고서를 위한 새 프로그램을 짜야 한다. 보고서의 간단한 형태 변경이나 한두 가지 데이터 항목을 추가하는 것과 같은 작은 변경에도 적지 않은 시간과 비용이 요구된다. 이처럼 파일 처리 시스템의 유연성 부족으로 인해 컴퓨터 시스템 자체에 대한 사용자의 불만이 높아질 수 있다. 예를 들어, 매출처리 프로그램에는 고객 파일, 제품재고 파일, 그리고 주문 파일이 존재하는데, 만약 영업 팀장이 "지금 현재 주문된 제품을 각 고객별로 보기 원한다"고 가정해 보자. 프로그램(또는 시스템) 설계 당시에 이러한 요구 사항이 있을 것을 미리 고려하여 개발하지 않았다면, 이 요구를 단시간 내에 충족시키기는 어렵다. 원하는 보고서를 출력해 내기 위해서는 기존의 프로그램을 수

정하거나 새로운 프로그램을 작성해야 하기 때문이다.

4. **표준화의 어려움:** 조직을 효율적으로 움직이기 위해서는 표준 절차와 방법을 설정해야 한다. 데이터를 효율적으로 관리하기 위해서도 데이터의 명칭이나 형태, 제약 조건 등에 대한 표준이 필요하다. 그러나 파일 처리 방식에서는 응용 시스템이 부서별로 설계되고 운영되므로 표준을 설정하고 지키는 데 어려움이 많다. 이것은 마치 〈그림 1-1〉에 나타난 각 섬들이 지역적인 고립으로 인해 서로 다른 문화를 갖게 되는 것과 흡사한 이치이다. 표준화가 이루어지지 않았을 때 나타날 수 있는 두 가지 문제점으로 **이음동의어**(synonym)와 **동음이의어**(homonym)를 들 수 있다. 이음동의어란 같은 데이터 항목을 서로 다른 이름으로 부르는 것을 의미한다. 예를 들어, 각 제품에 부여한 고유 번호를 영업부에서는 '제품번호'라고 하고, 생산부에서는 '상품번호'라고 한다면 '제품번호'와 '상품번호'는 이음동의어다. 반대로, 동음이의어란 서로 다른 데이터 항목을 같은 이름으로 부르는 것이다. 예를 들어, '대금'이라는 데이터 항목이 관리부에서는 고객에게 판매한 제품의 금액을 의미하고, 생산부에서는 구매한 원자재의 금액을 의미한다면 '대금'은 동음이의어가 된다. 이음동의어와 동음이의어의 문제점은 시스템이 분산되어 있고 부서간의 협력이 잘 이루어지지 않을 때 심화된다.

5. **낮은 프로그래머 생산성:** 파일 처리 방식에서는 새로운 프로그램이 개발될 때마다 프로그래머가 필요한 레코드와 파일을 설계하여 코드화해야 한다. 그뿐만 아니라 데이터의 입출력을 위한 파일 접근 방식도 선정해야만 한다. 매 프로그램마다 레코드, 파일, 그리고 파일 접근 방식 등을 반복해서 코드화해야 함으로써 프로그래머의 생산성을 떨어뜨리고, 나아가서 시스템 개발 비용을 증가시킨다.

6. **과다한 프로그램 유지 보수:** 파일 처리 방식 하에서는 데이터 파일이 수정될 때는(예를 들어 데이터 항목의 이름, 형태 또는 접근 방식의 변경 등) 그것과 관계된 모든 프로그램이 수정되어야 한다. 예를 들어, 지금까지 4자리 숫자이던 제품번호가 취급 제품의 증가로 5자리 숫자로 변경되었다고 가정해보자. 이러한 간단한 변경으로 인하여 〈그림 1-2〉의 매출처리 프로그램뿐만 아니라, 배달 상황 프로그램과 생산 현황 프로그램, 그리고 그 외에 제품번호

를 사용하는 모든 프로그램들이 수정되어야 할 것이다.

지금까지 기술한 파일 처리 방식의 문제점은 사용자들의 협력과 노력으로 줄여 나갈 수 있다. 그러나 보다 바람직한 방법은 처음부터 이러한 문제점을 가능한 발생시키지 않는 환경을 이룩하는 것이다. 그것이 바로 데이터베이스 방식의 기본 철학이다.

1.2 데이터베이스 방식

데이터베이스 방식은 정보를 자원으로 인식하고 관리한다는 면에서 대단히 중요한 의미를 지닌다. 필요한 정보를 적시에 제공하기 위해서는 데이터의 저장과 관리가 잘 이루어져야 하는데, 이를 위해서 많은 조직들이 데이터베이스 방식을 도입하고 있다. 데이터베이스 개념을 좀더 정확히 파악하기 위하여 몇 가지 정의를 살펴보기로 한다.

1.2.1 데이터베이스의 정의

에베레스트(Everest, 1986)에 따르면, 데이터베이스 방식은 다음의 세 가지 사고 방식에서 기인되었다고 할 수 있다.

- 값진 데이터 자원을 공용共用한다.
- 공동의 책임을 지고 있는 전문가에게 그 자원의 통제를 위임한다.
- 공용하는 데이터 자원의 유지 보수에 협력한다.

데이트(Date, 1986)는 데이터베이스의 두 가지 특징을 **통합**(integration)과 **공용**(sharing)으로 들고 있다. 통합이란 데이터의 중복을 최소화하기 위해 여러 데이터 파일로 존재할 수 있는 것을 단일화하는 것이다. 공용이란 여러 다른 사용자가 데이터베이스에 저장된 동일한 데이터를 각자 자신의 목적을 위해 사용할 수 있는 것이다.

맥패든과 호퍼(McFadden and Hoffer, 1991)의 경우 데이터베이스는 여러 사용자의 정보 요구를 충족시키기 위해 설계된 서로 관련된 데이터의 공용 창고로 정의 내리고 있다. 여러 학자의 정의를 종합해 볼 때, 데이터베이스의 특징은 데이터를 여러 사용자가 나누어 쓴다는 것과 관련된 데이터를 통합해서 중복을 줄이는 데 있다고 하겠다. 본서에서는 데이터베이스를 다음과 같이 정의한다.

데이터베이스란 여러 사용자가 자신의 정보 욕구를 충족시키기 위해 사용할 수 있도록, 서로 관련 있는 데이터를 최소한의 중복으로 통합해 놓은 데이터의 집합체이다.

〈그림 1-3〉은 이러한 데이터베이스의 개념을 나타낸 그림이다. 즉, 데이터를 한 곳에 통합하여 저장한 후, 여러 사용자와 응용 프로그램이 자신이 필요한 부분만 가져다 사용하는 것을 보여 주고 있다.

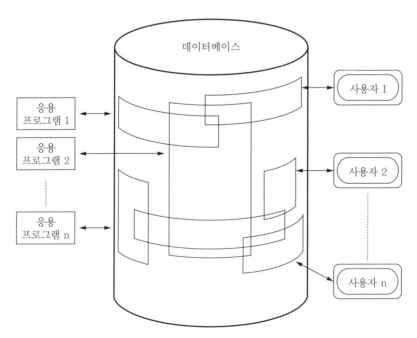

그림 1-3 단순화한 데이터베이스 시스템

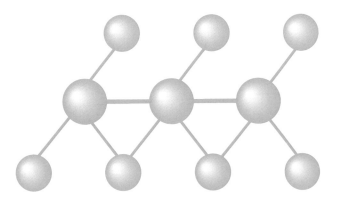

〈그림 1-4〉 분자구조의 개념으로 본 데이터베이스 방식

1.2.2 데이터베이스 방식의 이점

파일 처리 방식을 〈그림 1-1〉과 같은 단절된 섬에 비유한다면, 데이터베이스 방식은 〈그림 1-4〉와 같은 분자구조에 비유할 수 있다. 단절된 섬에 비하여 분자구조는 표준화된 구조물이 상호 연결되어 있다. 이처럼 데이터베이스 방식은 사전 계획에 의하여 표준화된 구조로 데이터를 상호 연결함으로써, 기존의 파일 처리 방식이 갖는 많은 문제점들을 해결해 준다. 그 이점들을 사례를 통해서 알아보기로 한다.

사례 명문가구의 데이터베이스 —

명문가구의 현 파일 처리 시스템을 데이터베이스 방식으로 전환할 경우 많은 이점이 있다. 〈그림 1-5〉는 명문가구 내에서 사용되고 있는 파일을 연결시켜서 데이터베이스의 개념을 상징적으로 표현한 것이다. 각 파일 사이에 연결된 선은 연관 관계를 나타내고 있다. 데이터베이스 방식의 이점은 데이터 중복의 통제와 일관성 유지, 데이터 취득 용이와 응답 시간의 단축, 표준화의 용이, 프로그래머 생산성의 향상, 일관성 있는 데이터 관리 등을 들 수 있다.

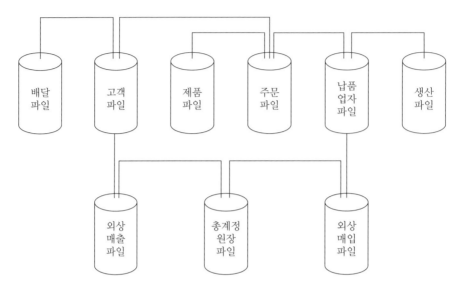

그림 1-5 개념적으로 본 명문가구의 데이터베이스

1. **데이터의 중복의 통제와 일관성 유지:** 파일 처리 방식에서 여러 곳에 중복되어 관리되던 파일들이 데이터베이스 방식을 도입함으로 하나의 논리적 구조로 통합된다. 일반적으로 데이터 항목의 각 값은 데이터베이스에 중복없이 한 번만 기록되므로, 데이터의 일관성을 유지하기가 훨씬 용이하다. 예를 들어, 어느 고객의 주소가 변경된 경우, 파일 처리 방식(《그림 1-2》 참조)에서는 이 데이터가 저장된 모든 파일에서 동시에 갱신하지 않는 한 상충하는 데이터 값을 갖게 된다. 반면, 데이터베이스 방식에서는 데이터가 한 곳에만 기록되므로 데이터의 일관성을 항상 유지할 수 있다. 경우에 따라서는 편집이나 처리속도의 향상 등을 위해 데이터베이스 내에 특정 데이터 항목의 값을 중복하여 기록할 수 있는데, 이 경우 데이터베이스 관리시스템이 데이터의 중복을 통제하게 된다. 앞의 예에서 만약 고객의 주소가 데이터베이스 내의 두 군데 이상 기록되어 있다면, 어느 한 곳의 주소를 갱신할 경우 데이터베이스 관리시스템이 자동적으로 나머지 주소도 동시에 갱신하거나, 아니면 사용자에게 갱신을 경고하는 안내문을 내 보내도록 해야할 것이다. 데이터베이스 내에 데이터의 중복이 존재하더라도 이것이 미리계획된 것이고 일관성을 유지할 수 있는 대책이 마련되어 있다면, 이를 '통

제된 중복'이라고 부른다. 이처럼 데이터베이스 방식에서는 데이터의 중복을 최소화할 수 있고, 또 데이터의 중복이 발생하는 경우에도 데이터베이스 관리시스템을 잘 응용함으로써 데이터의 일관성을 보장할 수 있다.

2. **데이터 취득 용이와 응답 시간의 단축:** 데이터가 하나의 논리적 구조로 통합됨으로써 한 데이터 항목과 다른 데이터 항목을 연결시켜서 정보를 취득하는 것이 용이해진다. 예를 들어, '가나다'라는 납품업자가 특정 기간 동안 공급한 원자재가 모두 불량품으로 밝혀져 그 원자재를 사용하여 만든 제품을 모두 회수해야 하는 상황이 발생한 경우를 가정해 보자. 파일 처리 방식(〈그림 1-2〉 참조)에서는 매출처리 프로그램에서 사용하는 고객 파일과 생산 현황 프로그램에서 사용하는 납품업자 파일 사이에 연관 관계가 없으므로 그 납품업자가 특정 기간 동안 공급한 원자재를 사용한 제품을 뽑아 낸 다음, 그 제품을 구매해 간 고객을 일일이 수작업 방식으로 찾아 내거나, 아니면 새로운 응용 프로그램을 개발해야 할 것이다. 반면 데이터베이스 방식(〈그림 1-5〉 참조)에서는 고객 파일, 주문 파일, 납품업자 파일이 서로 연결되어 있으므로 데이터베이스 관리시스템의 질의어를 이용하여 단시간 내에 이 정보를 찾아 낼 수 있다. 이처럼 데이터베이스 방식은 여러 사용자나 부서가 각자의 용도에 맞게 개발한 사용자 관점(user view)을 통해 하나의 데이터베이스에 접근함으로써 데이터를 공유할 수 있고, 필요에 따라 여러 부서에서 사용하고 있는 데이터를 쉽게 통합할 수 있다.

3. **표준화의 용이:** 데이터베이스 방식의 도입을 통해 조직의 데이터 관리 기능을 강화시킬 수 있다. 조직 내에서 데이터 관리를 맡은 부서에서 데이터에 관한 표준을 정하고, 그 내용을 하나의 통합된 데이터 사전(data dictionary)에 기록함으로써 모든 사용자들이 동일한 데이터 정의를 사용할 수 있게 된다. 즉, 조직 내에서 데이터 항목의 정의, 명칭, 형태 등의 표준화를 이룩함으로써 파일 처리 방식에서 발생할 수 있는 동음이의어나 이음동의어의 피해를 방지할 수 있다.

4. **프로그래머의 생산성 향상:** 데이터베이스 방식의 큰 장점 중의 하나는 데이터와 응용 프로그램을 분리시킨 데이터의 독립성이라고 볼 수 있다. 파일 방식에서는 데이터의 기술記述과 접근 방법이 응용 프로그램 안에 포함되

어 있어야 한다. 따라서 새로운 응용 프로그램을 개발할 때마다 그 프로그램에서 사용되는 모든 데이터를 기술하고 그것의 접근 방법을 명시해야 된다. 또한, 응용 프로그램과 데이터는 서로 엇물려 있어서 데이터 파일에 어떤 변화가 생기면 관련된 응용 프로그램을 모두 수정해야 한다. 반면 데이터베이스 방식에서는 모든 데이터의 기술과 접근 방법이 응용 프로그램과는 별도로 저장되어 있으므로, 더 이상 프로그래머가 파일을 설계하고, 구축하고, 그리고 유지 보수할 필요가 없다. 이러한 이유 때문에 데이터베이스 방식은 파일 처리 방식에 비해 응용 프로그램 개발에 드는 시간과 비용, 더 나아가 유지 보수에 드는 시간과 비용을 절감할 수 있다. 연구 결과에 따르면 데이터베이스 방식은 파일 처리 방식과 비교하여 프로그램 개발과 유지 보수에 있어서 2배 내지 4배의 생산성 향상을 이룩한 것으로 나타나 있다. 이러한 생산성 향상은 프로그래머가 마스터 파일을 설계, 개발, 유지 보수하는 데 드는 노력을 프로그램 개발에만 집중할 수 있게 됨으로써 얻어진 것이다.

5. **일관성 있는 데이터 관리:** 데이터베이스 환경하에서는 조직 내의 모든 데이터를 특정인(데이터베이스 관리자)이나 특정부서(데이터 관리부서)에서 책임지고 관리함으로써 보다 일관성 있는 보안 유지, 개인정보(privacy)의 보호, 정확성 유지 등을 이룩할 수 있다. 특히 데이터 무결성(integrity)을 위한 제약 조건들을 데이터베이스 내에 기술함으로써 데이터 오류를 감소시킬 수 있다.

1.2.3 데이터베이스 방식의 비용

위에서 나열된 이점들은 당연히 조직의 추가적인 비용부담과 위험의 감수 없이 이루어질 수 없다. 이러한 비용으로는 고정비 증가, 예비(backup) 파일과 복구(recovery) 대책의 필요성, 철저한 오류 검사의 필요성 등을 들 수 있다.

1. **고정비 증가:** 데이터베이스 방식을 채택하기 위해서는 데이터베이스 관리시스템이라고 불리는 특수한 소프트웨어를 사용해야 하는데, 이를 구입하기 위한 비용이 상당히 클 수 있다. 또한 기존의 프로그래머들은 데이터베이스 관리시스템을 활용하여 데이터베이스를 설계하고 구축할 수 있는 기술

을 가지고 있지 않으므로, 새로운 사람을 고용하거나 기존의 프로그래머에게 데이터베이스에 관한 교육을 실시해야 한다. 그리고 데이터베이스 방식으로 전환할 경우 컴퓨터의 용량이 추가적으로 더 요구되므로 컴퓨터 비용이 증가된다. 그러나 오픈소스 데이터베이스 관리시스템의 등장으로 고정비는 과거에 비해 줄어들고 있는 추세다. 상용 데이터베이스 관리시스템은 가격이 상당히 비싸서 많은 투자를 요구하지만, 요즘은 무료로 제공되는 오픈소스 데이터베이스 관리시스템이 많이 보급되고 있다. 데이터베이스 트렌드를 분석하는 DB엔진에 따르면 2021년은 1월 기준 전세계 데이터베이스 관리시스템 인기도 순위에서 오픈소스 데이터베이스 관리시스템이 사상 처음으로 상용 데이터베이스 관리시스템을 넘어섰다고 발표하였다(백지영, 2021). 따라서 이제는 초창기 창업 기업이나 소규모 기업들도 많은 비용을 들이지 않고 데이터베이스 방식을 도입할 수 있는 길이 열렸다.

2. **예비 파일과 복구 대책의 필요성:** 데이터베이스 방식에서는 데이터의 중복을 최소한으로 제한하기 때문에 사고로 인해 데이터가 유실될 경우 업무가 정상적으로 진행될 수 없는 위험성이 높다. 따라서 철저한 예비 파일과 복구 대책이 필요하다. 대부분의 데이터베이스 관리시스템은 이러한 기능을 내포하고 있으나, 데이터 관리 측면에서도 철저한 복구 계획을 세우고 주기적으로 예비 파일을 복사하는 것이 바람직하다.

3. **철저한 오류 검사의 필요성:** 데이터베이스 방식은 보다 일관성 있는 데이터 관리로 부정확한 데이터가 입출력될 가능성을 줄여 준다. 그러나 어떠한 데이터베이스 시스템도 데이터 무결성을 완전히 보장해 주지는 못한다. 일단 어떤 데이터가 오염된 상태로 데이터베이스에 저장된다면 파일 처리 방식에서보다 훨씬 심각한 문제가 발생할 수 있다. 파일 처리 방식에서는 사용자(또는 사용 프로그램)마다 다른 파일을 소유하고 있으므로, 한 파일의 오염된 데이터는 그 파일을 사용하는 사용자에 국한된 지엽적인 영향으로 끝날 수 있다. 하지만 데이터베이스 방식에서는 모든 사용자가 동일한 데이터를 사용하기 때문에 한번 오염된 데이터는 조직 전체에 빠르게 확산될 가능성이 높다. 따라서 입력 데이터에 대한 보다 철저한 오류 검사가 요구된다.

데이터베이스 방식을 도입하기 위해서는 이러한 비용이 요구되기 때문에 조직의 데이터 구성이 간단하고, 별로 변화가 예상되지 않으며, 다양한 경로를 통한 데이터의 접근이 요구되지 않는 경우에는 구태여 데이터베이스 방식을 채택하기보다는 기존의 파일 처리 방식을 유지하는 것이 더 바람직할 수도 있다.

1.3 데이터베이스 시스템의 구성요소

데이터베이스 시스템은 일반적으로 데이터, 하드웨어, 소프트웨어, 사용자의 4가지 요소로 구성된다. 각각의 요소를 본 절에서 간단히 소개한 후 더 자세한 내용은 뒤에서 살펴보기로 한다.

1.3.1 데이터

흔히 데이터(data)와 정보(information)를 구분하지 않고 사용하는 경우가 많은데, 보다 정확히 데이터베이스를 이해하기 위해서는 이들을 구분할 필요가 있다. 데이터는 사람, 사물, 사건, 또는 다른 어떤 것에 관한 '있는 그대로의 사실'을 의미한다. 조직은 매일 엄청난 양의 데이터를 내부와 외부로부터 수집하게 되는데, 그 상태로는 별로 의미가 없다. 이러한 데이터를 의사결정자에게 의미 있고 가치 있는 형태로 변형시켰을 때, 이를 정보라고 부른다. 예를 들어, 무작위로 나열되어 있는 시험 점수는 데이터이지만, 성적 순으로 정리된 점수는 학점을 결정지어야 하는 교수에게 도움을 주는 정보가 되는 것이다.

데이터는 조직의 귀중한 자산이므로 철저한 관리가 요구된다. 이를 위해서는 다음과 같은 분야에 관심을 기울여야 한다(Parker, 1989).

1. **내용:** 어떠한 데이터를 현재 수집하고 있는가? 조직의 발전 추세를 볼 때, 앞으로 수집해야 할 데이터는 어떤 것이 있는가?

2. **접근:** 허가 받은 사용자가 업무를 효과적이고 효율적으로 처리하기 위해서는 어떠한 방식으로 데이터에 접근할 수 있고, 또 해야 하는가?

3. **조직:** 사용자의 접근을 효율적으로 지원하기 위해서 데이터는 논리적, 물리적으로 어떻게 조직되어야 하는가?

4. **정확성:** 데이터의 정확성을 보장하기 위해서 입력–처리–출력 과정에서 어떠한 검증, 편집, 그리고 감사절차가 필요한가?

5. **무결성:** 데이터의 현재성(up-to-date data)과 일관성을 보장하기 위해서 입력–처리–출력 과정에서 어떠한 통제가 필요한가?

6. **보안:** 데이터의 부당한 접근이나 수정, 도난, 파손을 방지하기 위해서 어떠한 조처를 마련해야 하는가?

7. **개인정보의 보호:** 개인정보를 보호하기 위해서 어떠한 장치가 마련되어야 하는가?

8. **비용:** 데이터에 관련된 비용을 어떻게 통제하고, 어떤 데이터 집단에 얼마의 예산을 배정할 것인가?

위에서 언급한 모든 분야는 본서의 전반에 걸쳐 보다 상세히 설명하기로 한다.

1.3.2 하드웨어

데이터베이스와 관련된 대표적 하드웨어로는 데이터베이스가 물리적으로 저장될 2차 저장 장치와 그것과 연결된 입·출력 장치, 장치 제어기, 그리고 입·출력 채널 등을 들 수 있다. 하드웨어는 데이터베이스를 설계하고 구축하는 것과는 별개의 문제이며, 그 자체만으로도 별도의 책에서 다루어야 할 중요한 주제이므로 본서에서는 취급하지 않는다. 또한 최근에는 별도의 하드웨어를 구입하지 않고, 클라우드 방식을 활용하는 기업들이 늘고 있는데, 이 경우 하드웨어와 관련된 최소한의 지식만으로 데이터베이스를 효과적으로 구축할 수 있다. 다만 저장 장치와 파일 구조는 데이터베이스 이론을 심도 있게 공부하기 위해서는 반드시 필요한 부분이므로 물리적 설계 부분과 부록 B에서 설명하기로 한다.

1.3.3 소프트웨어

물리적 데이터베이스와 사용자를 연결시켜 주는 소프트웨어를 데이터베이스 관리시스템(database management systems)이라고 하는데, 그 역할을 개념적으로 표현하면 〈그림 1-6〉과 같다. 데이터베이스 관리시스템은 1.3.1절에서 언급한 데이터 관리에 관한 대부분의 사항을 효율적으로 지원해 주며, 사용자가 하드웨어 수준의 자세한 내용을 파악하지 않고도 쉬운 언어를 이용해서 자신이 원하는 데이터 관련 작업을 수행할 수 있도록 도와준다. 데이터베이스 관리시스템의 구성 요소와 기능에 대해서는 1.5절에서 자세히 살펴보기로 한다.

데이터베이스 관리시스템의 태동은 1960년대 미국의 아폴로 우주선 프로젝트에서 출발하였다. 그 당시 이 프로젝트에서 요구되는 방대한 양의 데이터를 처리할 수 있는 시스템이 없어서 북미 항공단(North American Aviation)에서 GUAM(Generalized Update Access Method)이라고 알려진 소프트웨어를 개발한 것이 그 기원이 되었다. 그 후 1960년대 중반 IBM사가 북미 항공단과 협력하여 GUAM을 더 발전시켜 나뭇가지 구조(tree structure)에 근거한 계층형(hierarchical) 데이터베이스 관리시스템인 IMS(Information Management System)를 개발하였다(Connolly and Begg, 2002).

1960년대 중반에 개발된 또 하나의 중요한 시스템은 GE(General Electric)에서 개발한 IDS(Integrated Data Store)라는 제품이다. 이 시스템은 그물형(network) 데이터 모델에 근거한 것으로 계층형 데이터 모델에 비하여 보다 복잡한 데이터간의 관

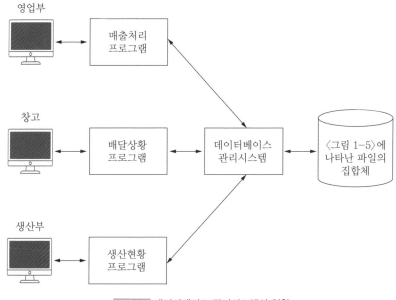

그림 1-6 데이터베이스 관리시스템의 역할

계를 나타내는 데 적합하다. 그리고 이러한 데이터베이스 시스템의 개발과 더불어 미국 정부와 기업의 대표로 구성된 CODASYL(COnference on DAta SYstems Languages)에서 DBTG(Data Base Task Group)를 형성하여 데이터베이스 표준을 정하는 작업을 진행하였다. 그 결과로 DBTG는 1971년 다음과 같은 데이터베이스의 세 가지 구성 요소를 제시하였다.

- **스키마** – 전체 데이터베이스의 논리적 구조와 정의
- **서브스키마** – 특정 사용자나 응용 프로그램에 의해 요구되는 데이터베이스의 일부분
- **데이터 관리 언어** – 데이터베이스 구조의 정의와 데이터의 조작

또한 DBTG는 위의 세 구성요소를 위한 구체적인 언어로 데이터베이스 관리자가 스키마를 정의 내리는 언어인 스키마 데이터 정의어(Data Definition Language(DDL)), 응용 프로그램에서 요구되는 데이터베이스의 부분을 정의 내리는 언어인 서브스키마 데이터 정의어, 그리고 데이터를 검색하거나 갱신하는 언어인 데이터 조작어(Data Manipulation Language(DML))를 명시하였다.

많은 데이터베이스 관리시스템들은 DBTG의 이러한 표준을 채택하여 개발되었는데, 이러한 시스템들을 CODASYL 또는 DBTG 시스템이라고 부른다. 계층형과 더불어 CODASYL 시스템은 제1세대 데이터베이스 관리시스템을 대표한다. 그러나 이 두 유형의 시스템은 단순한 레코드 검색을 위해서도 복잡한 프로그래밍이 요구되며, 데이터의 독립성이 부족할 뿐만 아니라 이론적 바탕도 희박한 문제점을 안고 있다.

이러한 제1세대 데이터베이스 관리시스템의 단점을 극복할 수 있는 대안으로 1970년 코드(Codd, 1970)는 관계형(relational) 데이터 모델에 관한 논문을 발표하였다. 그 후 많은 시험적 시스템을 거쳐 1970년대 후반과 1980년 초반에 상업용 시스템이 개발되었다. 특히 1970년대 말에 IBM사의 한 연구소에 의해 주도된 System R 프로젝트(Astrahan et al., 1976)는 현재 데이터베이스 언어의 표준이 된 SQL 개발의 바탕이 되었다.

현재 대부분의 기업용 데이터베이스 관리시스템은 관계형 데이터 모델에 근거하여 개발되었으며, 가장 널리 사용되고 있는 데이터베이스 관리시스템이다.

관계형 데이터베이스는 이해하기 쉽고 유연성이 뛰어나지만, 멀티미디어 데이터와 같이 복잡한 유형의 데이터를 처리하거나 버전을 관리하는 데 있어서 약점을 지니고 있다. 이러한 약점을 보완하기 위한 시도로 새로운 형태의 데이터베이스인 객체중심 데이터베이스가 제3세대 데이터베이스 관리시스템으로 등장하게 되었으나, 시장에서 큰 성공을 거두지는 못했다. 이에 대해서는 부록 C에서 살펴보기로 한다. 또한 일상에서 수집되는 방대한 데이터, 소위 빅데이터를 처리하기 위해서는 대량의 구조적인 데이터와 비구조적 데이터를 함께 다루어야 하는데, 관계형 데이터 모델은 비구조적 데이터와 대용량 데이터 처리에 약점을 지니고 있다. 이를 보완하기 위해서 최근 대규모의 분산 데이터베이스 기술을 이용한 다양한 NoSQL 제품이 4세대 데이터베이스 관리시스템으로 등장하였다. 이에 대해서는 14장에서 살펴보기로 한다.

1.3.4 사용자

개인 사용자나 규모가 작은 업체의 경우에는 한 명의 사용자가 직접 데이터베이스를 설계하고 구축할 수도 있다. 하지만, 다수의 사용자가 관련된 대형의 데이터베이스를 정의 내리고, 설계하고, 구축하여 사용하는 데는 많은 사람들이 관여하게 된다. 이러한 사용자들은 다음의 네 유형으로 나눌 수 있다.

1. **데이터 관리인**(data administrator): 어느 조직이나 많은 사람들이 하나의 자원을 공유하여 사용할 때에는 그 자원을 책임지고 관리하는 사람이 필요하다. 데이터베이스 환경에서도 마찬가지인데, 여기서 가장 중요한 자원은 데이터베이스 그 자체이고, 그 다음으로 데이터베이스 관리시스템과 관련 소프트웨어를 들 수 있다. 이러한 자원의 관리를 가장 높은 수준에서 책임지고 있는 사람이 데이터 관리인이다. 데이터 관리인은 기업 전반에 걸친 데이터 모델을 개발하고, 이를 구현하는 데 필요한 자원을 할당하고 통제하는 사람이다.

2. **데이터베이스 관리인**(database administrator): 데이터베이스 관리인은 기업 데이터 모델에 근거하여 물리적인 개별 데이터베이스의 개발을 책임지는 사람이다. 데이터베이스 관리인은 개별 데이터베이스에 저장될 데이터의 내용

과 접근 방법을 결정하고, 데이터베이스의 보안을 유지하기 위한 대책을 수립한다. 그리고 데이터베이스 내용의 정확성과 무결성을 유지하기 위한 방안을 강구하여야 한다.

3. **응용 시스템 개발자**(applications developer): 응용 시스템 개발자는 사업 기능의 수행을 지원하기 위한 응용 시스템을 개발하는 사람이다. 응용 시스템 개발자는 예상되는 모든 최종 사용자와 접촉하여 시스템 요구 사항을 파악하고, 그것을 토대로 응용 시스템을 설계하고 구축한다. 응용 시스템에서 요구되는 데이터는 데이터베이스에서 추출되며, 데이터베이스에 존재하지 않는 새로운 데이터는 데이터베이스에 추가한 후 응용 시스템에서 사용한다.

4. **최종 사용자**(end user): 최종 사용자란 응용 시스템을 통해서, 또는 직접 데이터베이스 질의어를 사용하여 데이터를 검색하거나 갱신하며, 원하는 보고서를 출력해 내는 사람들이다. 궁극적으로 데이터베이스는 이 종류의 사용자를 위해서 존재한다.

1.4 데이터 모델

사용자들은 때때로 조직의 데이터베이스에 들어 있는 데이터의 의미를 정확히 모르고 사용하는 경우가 있다. 그 이유는 사용자 자신이 직접 데이터베이스를 개발하지 않았기 때문일 수도 있고, 그 데이터와 별로 관련이 없기 때문일 수도 있다. 그러나 만약 사용자가 자신의 데이터베이스를 구축하거나, 자신에게 필요한 데이터를 데이터베이스로부터 얻고자 할 때에는 데이터에 대한 명확한 이해가 필요한데, 이를 위하여 데이터 모델을 활용할 수 있다.

모델이란 현실 세계의 객체와 사건, 그리고 그들간의 관계를 쉽게 이해하기 위하여 간략하게 나타낸 것이다. 예를 들어, 경제학 모델은 수많은 변수를 생략하고 몇 가지 주요 변수의 효과를 설명함으로써, 경제현상에 관한 이해를 도와준다. 또, 자동차 모형은 내부의 복잡한 구성요소를 생략하고 외형만 나타냄으로써 자동차 설계자에게 개발할 자동차에 대한 보다 현실감있는 아이디어를 제공해 준다. 이와 마찬가지로 데이터 모델은 현실 세계에 존재하는 복잡한 객체와 사건 중에서, 조직에서 저장하고자 하는 객체와 그들간의 관계성을 요약하여 나타내 줌으로써, 보다 쉽게 조직의 데이터를 이해할 수 있도록 도와준다.

1.4.1 데이터 모델의 분류

지금까지 다양한 데이터 모델이 제시되었다. 데이터 모델은 상위(high-level) 데이터 모델, 하위(low-level) 데이터 모델, 그리고 실행(implementation) 데이터 모델로 나눌 수 있다. 상위 데이터 모델은 실사용자가 데이터를 어떻게 인식하는가에 초점을 둔 것이고, 하위 데이터 모델은 하드웨어에 데이터가 어떻게 저장되는가에 초점을 맞춘 것이다. 이들 두 극단 관점의 중간에 실행 데이터 모델이 존재하는데, 이는 데이터의 물리적 저장에 관한 자세한 사항을 생략함으로써 실사용자가 이해할 수 있는 폭을 넓히고, 동시에 컴퓨터에 직접 실행시킬 수 있는 형태로 표현될 수 있는 데이터 모델을 의미한다.

상위 데이터 모델은 개체(entity), 속성(attribute), 그리고 관계성(relationship) 등의 개념으로 표현된다. 개체란 데이터베이스 속에 저장하고자 하는 유형이나 무형의 객체(object)인데, 예를 들어, 사람, 사물, 또는 사건 등이 이에 속한다. 속성이란 데이터베이스에 저장할 개체를 묘사해 주는 특성을 의미한다. 예를 들어, 학교라는 조직이 학생이란 개체를 데이터베이스에 저장하고자 할 때 나타날 수 있는 속성으로는 학번, 이름, 전공, 그리고 학년 등이 있다. 마지막으로 관계성이란 둘 이상의 개체간의 상호연관된 성질을 의미한다. 예를 들어, 학생 개체와 과목 개체간에는 학생이 과목을 수강한다는 관계성이 존재한다.[1]

실행 데이터 모델은 상업용 데이터베이스 관리시스템에서 채택하고 있는 데이터 모델이다. 실행 데이터 모델로는 계층형 데이터 모델, 그물형 데이터 모델, 관계형 데이터 모델, 객체중심 데이터 모델, 그리고 NoSQL 데이터 모델 등이 있다.

하위 데이터 모델은 데이터를 하드웨어 내부에 실제로 저장하는 방법과 관련된 것으로 레코드의 포맷(format), 저장방식, 그리고 접근경로 등과 같은 정보를

---

1. 본서에서는 개체와 개체간의 관계를 **관계성**(relationship)이란 용어로 표현하는데, 그 이유는 2장에서 공부할 관계형 데이터 모델의 **관계**(relation)와의 혼동을 피하기 위해서이다.

나타내 주는 모델이다. 하위 데이터 모델은 데이터베이스의 실행성능(performance)을 좌우할 수 있는 중요한 개념이지만 일반 사용자가 이해하기에는 어려운 부분이 많으므로, 본서에서는 저장 장치와 파일 구조에 대한 부분만 부록 B에서 살펴보기로 한다.

1.4.2 삼단계 스키마 구조

데이터베이스 방식이 갖는 이점 중 하나는 데이터 독립성을 통한 프로그래머의 생산성 향상을 들 수 있다. 이러한 데이터의 독립성을 높여주는 데이터베이스 시스템의 구조가 〈그림 1-7〉에 나타난 **삼단계 스키마 구조**(three-schema architecture)이다. 스키마란 데이터베이스의 논리적인 기술記述을 뜻하는데, 이 구조는 미국국가표준기관 산하의 한 위원회인 ANSI/SPARC[2]에서 처음 제시했기 때문

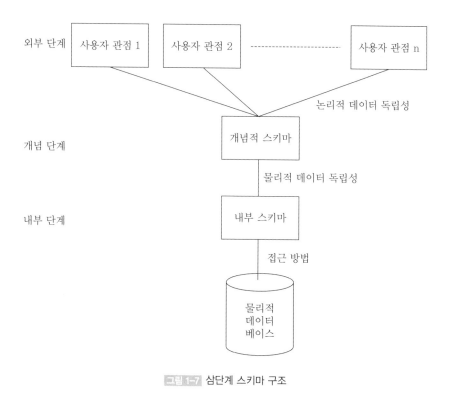

그림 1-7 삼단계 스키마 구조

---

2. American National Standards Institute/Standards Planning and Requirements Committee.

에 ANSI/SPARC 구조라고도 불린다(Tschritzis and Klug, 1978). 삼단계 스키마 구조
는 아래의 세 단계로 구성되어 있다.

1. **외부 단계**(external level): 관점(view) 단계라고도 불리는 외부 단계는 여러 개의
   사용자 관점으로 이루어진다. 사용자 관점은 특정 데이터베이스 사용자가
   요구하는 데이터베이스의 관점을 의미한다. 따라서 각 사용자 관점은 특정
   사용자가 관심을 갖는 데이터만 추출한 데이터베이스의 부분집합이 된다.
   외부 단계의 사용자 관점을 표현하기 위해서 상위 데이터 모델이나 실행 데
   이터 모델을 사용할 수 있다.

2. **개념 단계**(conceptual level): 개념 단계는 하나의 개념적 스키마로 이루어진다.
   개념적 스키마는 모든 사용자 관점을 통합한 전체 데이터베이스의 관점이
   다. 이것은 〈그림 1-8〉에 나타난 것과 같이 모든 사용자 관점의 합집합으
   로 볼 수 있다. 개념적 스키마를 나타내는 데에도 역시 상위 데이터 모델이
   나 실행 데이터 모델이 사용될 수 있다.

3. **내부 단계**(internal level): 내부 단계는 하나의 내부 스키마로 이루어진다. 내부
   스키마는 하드웨어에 저장되는 데이터베이스의 물리적인 구조를 기술한 것
   으로 하위 데이터 모델을 통해 표현된다.

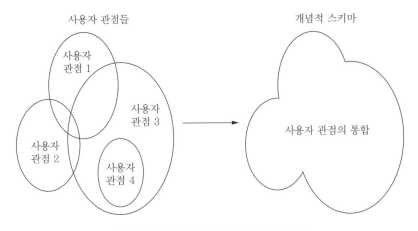

그림 1-8 사용자 관점과 개념적 스키마의 관계

여기서 언급한 세 단계의 스키마는 데이터에 대한 기술記述일 뿐, 실제 데이터는 물리적인 데이터베이스에만 존재하고 있다는 것을 명심해야 한다. 삼단계 스키마 구조는 데이터의 독립성을 높여 주는데, 데이터 독립성이란 한 단계의 스키마를 변경시킬 때 그 다음 단계의 스키마에 영향을 주지 않는 성질이다. 데이터의 독립성은 다음의 두 가지 형태로 나누어서 생각해 볼 수 있다.

1. **논리적 데이터 독립성**(logical data independence): 논리적 데이터 독립성이란 개별 사용자나 응용 프로그램의 데이터 관점을 변경하지 않고 전체 데이터베이스의 논리적 구조, 즉 개념적 스키마를 변경시킬 수 있는 성질이다. 예를 들어, 기존의 데이터베이스에 새로운 데이터 항목이나 레코드를 추가 또는 삭제하고자 할 때, 현재 정의된 사용자 관점이나 사용되고 있는 응용 프로그램 중에서 직접 관련되지 않는 모든 사용자 관점과 응용 프로그램은 영향을 받지 않는 성질을 의미한다.

2. **물리적 데이터 독립성**(physical data independence): 물리적 데이터 독립성이란 데이터베이스의 논리적 구조, 즉 개념적 스키마를 수정하지 않고 데이터베이스의 물리적 구조, 즉 내부 스키마를 변경시킬 수 있는 성질이다. 예를 들어, 접근속도를 향상시키기 위해서 하드웨어를 교환하거나, 물리적인 파일 구조를 변경하더라도 개념적 스키마는 영향을 받지 않는 성질을 나타낸다. 개념적 스키마가 영향을 받지 않으므로, 당연히 사용자 관점이나 응용 프로그램도 영향을 받지 않게 된다.

이러한 두 가지 독립성에 의해 데이터베이스 방식은 파일 방식보다 뛰어난 유연성을 보이고, 보다 높은 프로그래머 생산성을 보장한다.

1.5 데이터베이스 관리시스템의 구성 요소와 기능

데이터베이스 관리시스템은 실행 데이터 모델에 근거하여 개발된 소프트웨어로, 데이터베이스를 정의 내리고, 정의된 데이터베이스에 데이터를 저장, 검색,

갱신하는 데 사용되는 복잡한 소프트웨어이다. 데이터베이스 관리시스템은 개인 용 컴퓨터에서 사용되는 비교적 간단한 것(예를 들어, Microsoft사의 Access)에서부터 대형기종에서 사용되는 복잡한 것(예를 들어, Oracle사의 Oracle Database)까지 그 종류 가 다양하다. 소프트웨어 가격 또한 오픈소스 제품 여부, 기능, 사용 기종, 사용 자 수 등에 따라 무료에서부터 수 억 원까지 큰 차이가 난다. 본 절에서는 대용 량의 다수 사용자가 사용하는 데이터베이스 관리시스템이 갖추어야 할 구성 요 소와 기능에 대하여 설명하기로 한다. 〈그림 1–9〉에 일반적인 데이터베이스 관 리시스템의 구성 요소가 나타나 있는데, 본 절에서 각각의 구성 요소에 대하여 살펴보기로 한다.

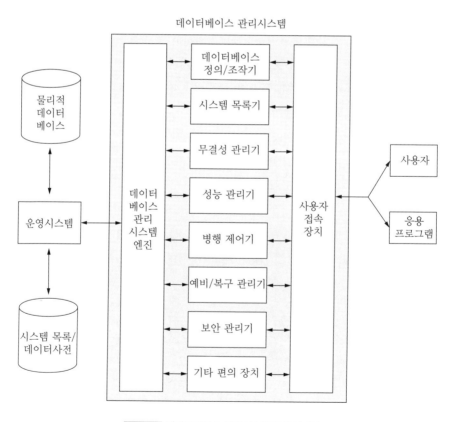

그림 1-9 데이터베이스 관리시스템의 구성 요소

1.5.1 데이터베이스 관리시스템 엔진

데이터베이스 관리시스템 엔진은 데이터베이스 관리시스템의 심장부에 해당된다. 이 구성요소의 역할은 사용자나 응용 프로그램으로부터 논리적 요구사항을 입력 받아, 이를 운영시스템을 통하여 실제 물리적 데이터베이스 파일에 실행시키는 것이다. 논리적 요구사항은 데이터의 내용으로 표현되는 반면, 물리적 요구사항은 데이터의 물리적 주소로 표현된다. 예를 들어, 16번 공급자의 위치를 '서울'로 수정하기 위한 다음과 같은 SQL[3] 명령은 논리적 요구사항에 해당된다.

```
UPDATE   공급자
SET      위치 = '서울'
WHERE    공급자번호 = 16;
```

데이터베이스 엔진은 사용자의 이러한 논리적 요구사항에 대해 시스템 목록(1.5.4 절 참고)을 참조하여 물리적 요구사항으로 전환한다. 이를 전달 받은 운영시스템은 데이터의 저장 주소로 표현된 물리적 요구사항을 실행한다. 위의 논리적 요구사항을 수행하기 위한 데이터베이스 관리시스템의 작업을 보면 다음과 같다.

1. 공급자 레코드의 시스템 목록 위치 파악.
2. 시스템 목록의 열람.
3. 공급자 레코드의 저장 위치 파악.
4. 16번 공급자 레코드의 물리적 주소 파악.
5. 16번 공급자의 레코드가 위치한 2차 저장장치의 블럭을 메모리로 읽어 들임.
6. 16번 공급자 레코드의 위치를 '서울'로 변경함.
7. 변경된 레코드를 2차 저장장치로 재기록(rewrite)함.
8. 관련된 시스템 목록, 색인, 일지 등을 적절하게 수정함.

이 예에서 보듯이 비교적 간단한 논리적 요구사항을 수행하기 위해서도 매우 복잡한 과정이 요구된다. 사실 여기에 서술된 과정도 단순화된 것으로 실제로는

---

3. SQL 명령어에 관한 자세한 사항은 5장과 6장에 설명되어 있다.

더 많은 단계를 거쳐 물리적 데이터베이스를 수정한다. 이처럼 데이터베이스 관리시스템의 엔진은 논리적 요구사항을 물리적으로 수행하기 위하여 메모리와 버퍼(buffer)의 관리, 색인의 유지, 2차 저장장치 관리 등의 기능을 수행하고 있다.

1.5.2 사용자 접속장치

사용자 접속장치는 사용자와 응용 프로그램이 데이터베이스 관리시스템의 모든 장치에 접근하는 수단을 제공해 준다. 대부분의 데이터베이스 관리시스템은 SQL과 같은 표준 질의어와 더불어 그래픽 방식의 QBE와 같은 다양한 유형의 사용자 접속을 제공한다. 사용자 접속은 사용자가 얼마나 적은 노력으로 자신이 원하는 것을 데이터베이스 관리시스템에 전달할 수 있는지를 결정하는 중요한 요소이다.

1.5.3 데이터베이스 정의/조작기

데이터베이스 관리시스템의 가장 기본적인 기능은 데이터를 저장하고, 저장한 데이터를 검색 또는 갱신하는 것이다. 데이터베이스 정의/조작기는 데이터베이스 구조를 정의내리고, 정의된 데이터베이스에 데이터를 저장, 검색, 갱신하기 위한 도구이다. 데이터베이스 정의/조작기는 데이터베이스의 내부 스키마, 즉 파일 구조나 저장 방법 등과 같은 물리적 구조를 사용자로부터 격리시킴으로써 사용자가 이러한 작업을 쉽게 수행할 수 있도록 해준다.

1.5.4 시스템 목록기

데이터베이스 관리시스템은 데이터베이스 자체에 관한 데이터, 즉, 메타데이터(meta-data)를 관리하기 위하여 시스템 목록(system catalog) 기능을 제공한다. 메타데이터는 데이터를 관리하기 위하여 필요한 데이터에 관한 데이터이다. 예를 들어, 어느 레코드의 공급자 번호가 16이라는 것은 사용자 데이터인데, 공급자 번호는 2자리 숫자로 구성된다라는 것은 사용자 데이터를 정확히 관리하기 위하여 필요한 메타데이터이다. 일반적으로 시스템 목록은 데이터 항목의 이름, 유형, 크기, 테이블의 이름, 그 테이블의 주키와 외부키, 데이터의 무결성 제약, 데이터에 접근/갱신할 수 있는 권한을 가진 사용자 정보, 각 테이블에 지정된 색인, 테이블 생성자에 관한 내용, 기타 접근 빈도 등과 같은 매우 유용한 메타데이터를 포함하고 있다.

시스템 목록(system catalog)은 데이터 사전(data dictionary)이라는 용어로 사용되기도 한다. 둘 다 메타데이터를 관리하기 위한 도구란 점에서 동일하나, 대체로 데이터 사전이 시스템 목록보다 좀더 일반적인 소프트웨어로 인식된다. 시스템 목록은 데이터베이스 관리시스템에 내장되어 있는 한 구성요소로서 데이터베이스와 직접 관련된 모든 처리에 관한 데이터를 관리하며, 시스템 목록의 주 사용자는 데이터베이스 관리인(DBA)이다. 반면에, 데이터 사전은 데이터베이스 관리시스템과 독립된 소프트웨어 패키지인 경우가 많으며, 데이터베이스와 관련된 정보 외에도 하드웨어, 소프트웨어, 개발 프로젝트, 사용자 등 조직의 정보시스템과 관련된 모든 메타데이터를 관리하는 도구이다. 최근에는 데이터 사전이란 용어 대신에 그 의미가 더욱 확장된 **정보 저장고**(information repository)라는 용어를 사용하기도 한다.

1.5.5 무결성 관리기

데이터베이스 관리시스템은 데이터베이스에 저장되어 있는 데이터의 무결성을 유지하기 위하여 다양한 기능을 제공하여야 한다. 데이터베이스의 무결성 관리는 크게 트랜잭션 무결성과 데이터 무결성으로 구분할 수 있다. 데이터베이스 관리시스템의 병행 제어나 복구 기능도 데이터베이스의 무결성을 유지하기 위한 기능이나, 매우 중요한 개념이므로 1.5.7절과 1.5.8절에서 독립적으로 살펴보기로 한다.

트랜잭션 무결성(transaction integrity)

트랜잭션이란 사용자나 응용 프로그램이 데이터베이스의 내용을 검색하거나 갱신하는 일련의 행위를 의미한다. 예를 들어, 은행에서 어느 고객이 자신의 계좌에서 다른 계좌로 10만원을 이체할 경우, 이것을 하나의 트랜잭션이라고 볼 수 있다. 보다 엄밀히 이야기하면 이것은 하나의 **논리적 트랜잭션**이다. 일반적으로 하나의 논리적 트랜잭션을 수행하기 위해서는 여러 개의 **물리적 트랜잭션**이 수행되어야 한다. 위의 예에서 실질적으로 수행되어야 할 물리적 트랜잭션은 아주 단순화시키더라도 이체할 계좌의 잔액을 10만원 줄이고, 이체될 계좌의 잔액을 10만원 늘리는 두 가지로 구성된다. 따라서 이 두 가지의 물리적 트랜잭션이 모두 성공적으로 이루어져야 고객이 원한 논리적 트랜잭션이 완료되는데, 만약 첫번째 물리적 트랜잭션이 수행된 후 어떤 이유로 인하여 두 번째 물리적 트랜잭션이 수행되지 못하면 데이터베이스는 오염된 상태가 된다. 따라서 데이터베이스 관리시스템은 이처럼 하나의 논리적 트랜잭션 중간에 실패가 일어날 경우, 트랜잭션 이전 상태로 복구하고 트랜잭션이 수행되지 못했음을 알리는 오류 메시지를 내보냄으로써 트랜잭션의 무결성을 보장해 줄 수 있어야 한다. 트랜잭션의 무결성에 대한 보다 자세한 내용은 10장에서 다루고 있다.

데이터 무결성(data integrity)

데이터 무결성을 위하여 데이터베이스 관리시스템은 다음과 같은 세 가지 주요 기능을 수행한다.

- **영역 무결성(domain integrity):** 영역 무결성 기능은 데이터베이스에 입력되는 값이 각 속성이 지닐 수 있는 데이터의 영역을 벗어나지 않도록 보장하는 기능이다. 만약 영역 외의 값이 입력되면 데이터베이스 관리시스템은 오류 메시지를 출력한다. 데이터의 영역은 데이터형, 데이터 길이, 데이터 범위, 그리고 데이터 틀 등으로 표현될 수 있는데, 자세한 내용은 다음 장의 영역 제약을 참조하기 바란다.

- **참조 무결성(referential integrity):** 영역 무결성이 한 속성 내의 무결성이라면, 참조 무결성은 관계 간의 무결성을 나타낸다. 데이터베이스의 한 관계의 무결성을 다른 관계를 참조하여 파악하는 것이 참조 무결성의 개념이다. 예를 들어, 주문 레코드를 삽입하고자 할 때, 부품과 공급자 레코드를 참조하여 삽입하고자 하는 주문 레코드의 부품과 공급자가 데이터베이스 내에 존재하고 있는지의 여부를 확인하여야 한다. 데이터베이스 내에 등록되지 않은 부품을 주문하거나, 데이터베이스에 존재하지 않는 공급자에게 주문할 수는 없기 때문이다. 이 역시 다음 장의 참조 무결성 제약을 참조하기 바란다.

- **사업관련 무결성:** 사업관련 무결성 기능은 사업방침을 고수하기 위한 데이터베이스 관리시스템의 기능이다. 예를 들어, 1급 사원은 300만원까지, 2급 사원은 500만원까지 그리고 3급 사원 이상은 1,000만원까지, 각 영업 직원

의 등급에 따라 신용판매 승인액이 다르다고 가정해 보자. 이러한 사업방침을 데이터베이스 스키마에 기록하면 영업 직원이 자신의 한도를 초과한 신용판매액을 입력할 경우 오류 메시지를 출력하게 된다. 데이터베이스 관리시스템은 신용판매액을 입력받을 때, 신용판매를 한 영업 직원의 직위를 조사하여 그 직위에 따른 신용판매 한도액보다 현재 입력되는 액수가 적거나 같은 경우에만 유효한 입력으로 처리한다. 이론적으로는 모든 사업방침을 데이터베이스 스키마에 기록하는 것이 가능하나, 현재 판매되는 상업용 데이터베이스 관리시스템의 경우에 모든 사업방침을 스키마로 기록할 수는 없다. 사업방침을 데이터베이스 스키마에 기술할 수 없는 경우에는 이를 관련된 모든 응용 프로그램상에 기록하여야 하는데, 이 경우 프로그램의 중복으로 인하여, 앞에서 공부하였듯이 데이터가 중복될 때 발생할 수 있는 모든 문제가 발생한다. 따라서 상업용 데이터베이스 관리시스템은 보다 다양한 사업방침을 데이터베이스 스키마로 표현할 수 있도록 노력하고 있다.

1.5.6 성능 관리기

데이터베이스 관리시스템은 데이터 접근 속도를 최적화 또는 개선하기 위한 장치를 제공하는데, 그중 두 가지 중요한 기능은 다음과 같다.

- **질의 최적화 기능:** 사용자의 질의를 수행함에 있어서 가장 빠른 속도로 접근할 수 있는 방향으로 처리하는 기능이다. 예를 들어, 사용자가 질의하는 방식에 따라 데이터를 검색하거나 갱신하는 데 걸리는 시간이 큰 차이가 날 수 있는데, 사용자의 질의 형태에 상관없이 데이터베이스 관리시스템이 이를 최적화해 줌으로써 사용자가 최적의 질의를 작성해야 하는 부담을 덜어준다. 그러나 모든 질의를 최적화할 수 있는 것은 아니므로, 경우에 따라서 사용자는 최적의 질의를 작성하기 위한 노력이 필요하다. 이 분야의 연구는 지금도 활발히 진행되고 있고, 연구 결과에 따라 최적화할 수 있는 질의의 범위도 증가할 것이다.

- **데이터베이스 사용도**(usage) **감시 기능:** 데이터베이스 관리시스템은 각 데이터의 사용과 관련된 통계 자료를 수집하여 데이터베이스 관리인에게 제공한

다. 데이터베이스 관리인은 데이터베이스의 성능을 향상시키기 위하여, 이 통계 자료를 토대로 데이터베이스를 재조직하거나 색인을 재구성하는 등의 행동을 취할 수 있다.

1.5.7 병행 제어기

데이터베이스는 그 정의에서 언급되었듯이 다수의 사용자가 데이터를 공유하기 위한 수단이다. 다수의 사용자가 동시에 한 데이터에 접근할 경우 여러 가지 문제가 발생할 수 있는데, 이를 관리하기 위한 것이 데이터베이스 관리시스템의 병행 제어 기능이다. 데이터베이스에 접근하는 모든 프로그램의 실행을 데이터베이스 트랜잭션 또는 간단히 트랜잭션이라고 하는데, 그중 데이터를 갱신함이 없이 검색만 하는 경우를 판독전용(read-only) 트랜잭션이라고 한다. 판독전용 트랜잭션은 데이터의 변화를 초래하지 않으므로 병행 제어 기능과 직접적인 관계가 없다. 그러나 데이터의 갱신과 관련된 트랜잭션의 경우 병행 제어 기능이 제대로 수행되지 않을 경우 데이터의 무결성을 손상시킬 수 있다. 이러한 오류의 예가 〈그림 1-10〉에 나타나 있다.

두 명의 사용자 —사용자 갑과 사용자 을— 가 각기 105번 부품 레코드의 재고량을 수정하고자 레코드를 메모리로 읽어 들였다. 사용자 갑이 레코드를 읽은 시점의 재고량은 220개였다. 사용자 갑은 재고를 20개 취한 후, 재고량을 200개로 수정하였다. 한편 사용자 을은 사용자 갑이 레코드를 읽은 시점과 거의 같은 시점에서 레코드를 읽었고, 이 당시는 사용자 갑이 아직 재고량을 갱신하기 이전이므로 재고량은 역시 220개였다. 사용자 을은 이 재고량 중 70개를 취하고 재고량을 150개로 수정하였다. 이러한 트랜잭션이 일어난 순서를 나열하면 다음과 같다.

① 사용자 갑이 105번 레코드를 메모리로 읽어 들임(재고량 = 220).
② 사용자 을이 105번 레코드를 메모리로 읽어 들임(재고량 = 220).
③ 사용자 갑이 105번 레코드의 재고량을 20개 감소시켜 디스크에 기록함
   (재고량 = 200).
④ 사용자 을이 105번 레코드의 재고량을 70개 감소시켜 디스크에 기록함
   (재고량 = 150).

위의 두 트랜잭션이 실행되고 난 후의 105번 레코드의 실제 재고량은 130개 ―처음 220개에서 사용자 갑이 20개, 사용자 을이 70개를 취했기 때문에― 이나 데이터베이스의 재고량은 150개를 나타내고 있다. 이러한 오류가 발생한 원인은 한 사용자가 데이터를 갱신하기 위해 레코드를 읽어 들인 동안 다른 사용자가 동일한 레코드를 갱신하기 위하여 레코드를 읽어 들였기 때문이다. 이러한 작업이 오류 없이 수행되기 위해서는 위의 트랜잭션이 ①→③→②→④의 순서로 진행되어야 한다. 병행 제어 기능은 바로 이러한 순서대로 트랜잭션이 진행될 수 있도록 여러 사용자의 데이터베이스 접근을 통제하는 기능이다. 10장에서 병행 제어 기능을 수행하기 위한 구체적인 방법을 공부한다.

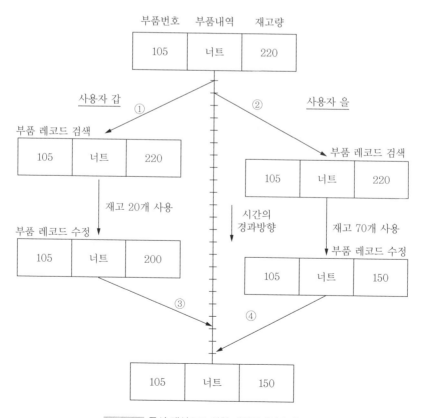

그림 1-10 동시 갱신으로 인한 데이터베이스의 오류

1.5.8 예비/복구 관리기

데이터베이스는 조직의 중요한 자산이므로 손상될 경우를 대비하여 복구 절차를 마련해 두어야 한다. 데이터베이스가 손상되는 원인으로는 사용자의 실수, 하드웨어 실패, 프로그램 오류, 부정확한 데이터, 컴퓨터 바이러스, 그리고 자연재해 등을 들 수 있다. 데이터베이스 관리시스템은 데이터베이스의 예비와 복구를 위하여 예비(backup), 기록(journalizing), 그리고 검사시점(checkpoint) 등의 장치를 제공하는데, 보다 자세한 내용은 10장에서 다루기로 한다.

1.5.9 보안 관리기

일반인의 컴퓨터에 대한 관심과 지식이 증가하면서 컴퓨터에 보관된 데이터 자산에 대한 위험성은 더욱 높아지고 있다. 데이터베이스 보안은 사고나 고의적인 데이터 손실, 파괴, 도용, 또는 오용으로부터 데이터베이스를 보호하는 것이다. 데이터베이스 관리시스템은 권한을 부여 받지 않은 사용자의 데이터베이스에 대한 접근을 통제하고 데이터 자산을 보호하기 위하여 다음과 같은 보안 기능을 제공한다. 보다 자세한 내용은 11장에서 다루기로 한다.

- **서브스키마(subschema):** 서브스키마는 데이터베이스 스키마의 부분집합으로 사용자나 응용 프로그램의 관점을 나타내는 것으로, 〈그림 1-7〉의 사용자 관점과 동일한 개념이다. 서브스키마는 전체 데이터베이스에 저장된 데이터 중 각 사용자가 허가받은 부분에 대해서만 접근을 허용함으로써 정보의 불필요한 유출을 방지할 수 있다.

- **접근 권한 지정:** 데이터베이스 관리시스템은 저장된 데이터에 대한 접근 및 허용 가능한 작업(입력, 검색, 갱신, 삭제 등) 권한을 지정함으로써 데이터 자산을 보호한다. 예를 들어, 특정 사용자 번호를 가진 사용자가 적절한 암호를 제공할 수 있는 경우에만 직원 테이블의 연봉 항목을 갱신할 수 있는 권한을 부여함으로써, 연봉 항목이 부적절한 사람에 의하여 수정되는 것을 방지할 수 있다.

- **암호화:** 서브스키마와 접근 권한을 적절히 활용하면 상당한 수준까지 데이

터 보안을 유지할 수 있지만, 그보다 더 높은 수준의 보안이 요구되면 데이터를 암호화시켜야 한다. 암호화는 인간이 해독할 수 없는 형태로 데이터를 전환시키는 것이다. 데이터베이스 관리시스템 중에는 암호화 기능을 제공하는 것도 있는데, 암호화는 데이터 보안을 향상시키는 장점이 있지만, 암호화하고 해독하기 위한 시간과 컴퓨터 자원의 소모가 발생한다.

1.5.10 기타 편의 장치

지금까지 데이터베이스 관리시스템이 제공하는 일반적인 기능에 대하여 살펴보았다. 상업용 데이터베이스 관리시스템은 이러한 기능 외에도 입/출력 화면을 손쉽게 작성할 수 있도록 도와주는 화면 작성기(screen painter), 다양한 보고서를 용이하게 설계할 수 있도록 하는 보고서 작성기(report writer), 응용 프로그램을 용이하게 개발할 수 있도록 도와주는 응용프로그램 생성기(application generator), 다른 데이터베이스와 데이터를 주고받을 수 있게 하는 파일 전출/입기(file import/export utility) 등 다양한 편의 장치를 제공한다.

1.6 요약

현대 기업에 있어서 데이터를 체계화하고 적절히 관리하여, 조직의 구성원이 필요로 하는 정보를 적시에 공급할 수 있도록 하는 것은 매우 중요한 일이다. 데이터를 관리하는 방식은 크게 고립된 섬의 개념으로 관리하는 방식과 상호 연결된 분자 구조 방식으로 관리하는 방식으로 나눌 수 있다. 기존의 파일 처리 방식은 고립된 섬의 개념으로 데이터를 관리한다고 비유할 수 있다. 각 부서가 소유한 데이터는 일정한 표준이 없으며, 타 부서와 공유하는 것이 쉽지 않다. 따라서 데이터의 중복이 발생하고, 이로 인한 데이터의 불일치와 자원의 낭비가 발생한다. 그 외에도 통합 정보를 취득하기 어렵고, 시스템의 유연성이 부족하다. 그리고 표준화가 용이하지 않으며, 프로그래머 생산성이 떨어진다.

이에 비하여 데이터베이스 방식은 상호 연결된 분자 구조의 개념으로 데이터를 관리한다고 비유할 수 있다. 미리 수립된 계획하에 표준화된 데이터 구조를 통하여 조직의 데이터를 상호 연결시킴으로써, 최대한 효율적으로 데이터 자원을 관리하고자 하는 방법이다. 데이터베이스는 여러 사용자가 자신의 정보 욕구를 충족시키기 위해 사용할 수 있도록, 서로 관련 있는 데이터를 최소한의 중복으로 통합해 놓은 데이터의 집합체이다.

데이터베이스 방식은 기존의 파일 처리 방식에 비하여 여러 가지 장점을 갖는다. 첫째, 데이터 중복을 통제하여, 데이터의 일관성을 유지하고 자원의 낭비를 막는다. 둘째, 요약 정보나 통합 정보를 빠르고 용이하게 취득할 수 있다. 셋째, 데이터의 표준화를 이룩할 수 있다. 넷째, 데이터와 응용 프로그램을 분리시킴으로써 프로그래머의 생산성을 향상시킨다. 마지막으로, 데이터 무결성이나 보안 유지와 같은 데이터 관리를 일관성 있게 추진할 수 있다. 데이터베이스 방식이 이러한 장점을 갖는 반면, 고정비의 증가, 예비 파일과 복구 대책의 필요성, 그리고 철저한 오류 검사의 필요성과 같은 비용을 발생시킨다.

데이터 모델은 현실 세계에 존재하는 복잡한 객체와 사건 중에서, 조직에서 저장하고자 하는 객체와 그들간의 관계성을 요약하여 나타내 줌으로써 보다 쉽게 조직의 데이터를 이해할 수 있도록 도와준다. 데이터 모델은 상위 데이터 모델, 하위 데이터 모델, 그리고 실행 데이터 모델로 나눌 수 있다. 상위 데이터 모델은 실사용자가 데이터를 어떻게 인식하는가에 초점을 둔 것이고, 하위 데이터 모델은 하드웨어에 데이터가 어떻게 저장되는가에 초점을 맞춘 것이다. 이들 두 극단 관점의 중간에 실행 데이터 모델이 존재하는데, 이는 데이터의 물리적 저장에 관한 자세한 사항을 생략함으로써 실사용자가 이해할 수 있는 폭을 넓히고, 동시에 컴퓨터에 직접 실행시킬 수 있는 형태로 표현될 수 있는 데이터 모델을 의미한다.

데이터베이스 관리시스템은 데이터베이스의 정의를 내리고, 정의된 데이터베이스에 데이터를 저장, 검색, 갱신하는 데 사용되는 복잡한 소프트웨어이다. 데이터베이스 관리시스템을 구성하는 요소로는 데이터베이스 관리시스템 엔진, 사용자 접속 장치, 데이터베이스 정의/조작기, 시스템 목록기, 무결성 관리기, 성능 관리기, 병행 제어기, 보안 관리기, 예비/복구 관리기, 그리고 기타 편의 장치 등이 있다.

☑ **연습 문제**

1. 다음 용어를 설명하라.

·논리적 데이터 독립성	·데이터	·데이터 관리인
·데이터 사전	·데이터베이스	·데이터베이스 관리인
·데이터베이스 관리시스템	·데이터베이스 관리시스템 엔진	·데이터의 일관성
·데이터베이스 정의/조작기	·데이터의 공용	·물리적 데이터 독립성
·데이터의 통합	·무결성 관리기	·분자 구조의 개념
·병행 제어기	·보안 관리기	·삼단계 스키마 구조
·사업 방침 관련 무결성	·사용자 접속 장치	·성능 관리기
·상위 데이터 모델	·섬의 개념	·영역 무결성
·시스템 목록기	·실행 데이터 모델	·정보
·예비/복구 관리기	·응용 시스템 개발자	·최종 사용자
·정보 저장고	·참조 무결성	·파일 처리 방식
·하위 데이터 모델		

2. 현대 경영에 있어서 데이터베이스의 중요성을 설명하라.

3. 파일 처리 방식이 갖는 문제점은 무엇인가?

4. 데이터베이스 방식의 장단점을 설명하라.

5. 데이터베이스 시스템의 구성 요소를 간략히 설명하라.

6. 데이터 모델의 용도는 무엇이며, 어떠한 유형의 데이터 모델이 있는가?

7. 삼단계 스키마 구조는 어떻게 데이터 독립성을 보장할 수 있는가?

8. 시스템 목록기가 제공하는 기능은 무엇이며, 필요한 이유는 무엇인가?

9. 무결성 관리기가 가져야 할 세 가지 기능은 무엇인가?

10. 성능 관리기의 두 가지 기능은 무엇인가?

11. 병행 제어기가 필요한 이유를 설명하라.

응용 문제

1. 기업을 방문하여 데이터가 중복되어 저장되어 있는 사례를 찾아보고, 그 중복으로 인하여 발생하였거나, 발생할 수 있는 문제점을 나열하라.

2. 파일 처리 방식에서 데이터베이스 방식으로 전환할 때 발생할 수 있는 조직 내의 저항은 어떠한 것이 있는가? 그러한 저항이 일어나는 이유는 무엇이며, 어떻게 해결할 수 있겠는가?

3. 상업용 데이터베이스 관리시스템의 현황을 조사하고, 각각 어떠한 강점과 약점을 지니고 있는지 살펴보라.

▪▪ 참고 문헌

백지영, "상용DB 압도하는 오픈소스DB, 대세로 굳어지는 이유는?," 디지털데일리, http://m.ddaily.co.kr/m/m_article/?no=210215, 2021년 3월 4일.

Astrahan, M.M., Blasgen, M.W., Chamberlin, D.D., Eswaran, K.P., Gray, J., Griffiths, P.P., King, W.F., Lorie, R.A., McJones, P.R., Mehl, J.W., Putzolu, G.R., Traiger, I.L., Wade, B.W., and Watson, V. "System R: Relational Approach to Database Management," *ACM Trans. on Database Systems*, Vol. No.2, 1976, pp. 97–137.

Codd, E.F. "A Relational Model of Data for Large Shared Data Banks," *Communications of ACM*, Vol. 13, No. 6, 1970, pp. 377–387.

Connolly, T. and Begg, C. *Database Systems: A Practical Approach to Design, Implementation, and Management*(3rd ed.), Harlow: Addison–Wesley, 2002.

Date, C. J. *An Introduction to Database Systems*(5th ed.), Vol. 1, Addison–Wesley Publishing Co., Reading, Massachusetts, 1990.

Everest, G. C. *Database Management—Objectives, System Functions, and Administration*, McGraw–Hill Book Co., New York, New York, 1986.

McFadden, F. R. and Hoffer, J. A. *Database Management*(3rd ed.), Benjamin/Cummings Publishing Co., Redwood City, California, 1991.

Parker, C. S. *Management Information Systems—Strategy and Action*, McGraw–Hill Publishing Co., New York, New York, 1989.

Tsichritzis, D.C. and Klug, A. "The ANSI/X3/SPARC DBMS Framework Report of the Study Group on Database Management Systems," *Information Systems*, Vol.3, 1978, pp. 173–191.

제2장 관계형 데이터 모델

수학의 관계 이론을 바탕으로 하는 **관계형 데이터 모델**(relational data model)은 그 구조의 간단명료함과 조작의 용이성으로 인해서 업계에서 가장 널리 채택되고 있는 데이터 모델이다. 테이블 형태로 표현되는 관계형 데이터 모델은 코드(Codd, 1970)에 의해 처음 제안되었다. 그 후 많은 시험적 시스템과 상업용 시스템이 등장하였는데, 관계형 데이터 모델을 채택한 대표적인 데이터베이스 관리시스템으로는 Oracle사의 Oracle, 오픈소스로 시작했다가 2010년 Oracle사에 의해 인수된 MySQL, Microsoft사의 SQL Server 등을 들 수 있다.

2.1 구조

관계형 데이터 모델에서 사용되는 유일한 데이터 구조는 **관계**(relation)이다. 관계형 데이터 모델의 관계는 시간의 흐름에 따라 삽입이나 삭제 또는 갱신 등으로 인해 데이터베이스의 관계가 변한다는 점 이외에는 수학의 관계와 동일한 개념으로 볼 수 있다. 수학에 있어서 관계는 주어진 영역들의 곱집합(Cartesian product)의 부분집합으로 정의된다. 이를 좀더 이해하기 쉬운 개념으로 표현해 보면 관계형 데이터 모델에 있어서 관계란 이차원의 평면 테이블이다.

명문가구의 데이터베이스에 포함된 한 관계(직원)의 예가 〈그림 2-1〉에 나타나 있다.

직원

직원번호	직원이름	주소	생년월일	연봉
e01	김준규	서울 서대문구 신촌로11길 3	1975/03/15	75000000
e02	이승휘	서울 마포구 도화2길 40	1978/06/10	73000000
:	:	:	:	:

그림 2-1 관계형 데이터 모델의 관계의 예

2.1.1 관계의 특성

관계형 데이터 모델의 관계는 다음과 같은 몇 가지 특성을 지니고 있다
(Connolly and Begg, 2015).

1. **각 열은 동일한 속성에 관한 값을 갖는다.** 예를 들어, 〈그림 2-1〉의 첫번째 열
   은 모두 직원번호에 관한 값을 나타내고 있다.

2. **테이블의 각 셀(cell)의 값은 반드시 단일값(single value)이어야 한다.** 예를 들어,
   〈그림 2-1〉의 'e01'번 직원의 이름은 '김준규'이며 단일값이다. 만약 'e01'번
   직원의 호적상의 이름은 '김준규'이지만, 사내에서는 '김요셉'이라는 이름을
   가지고 있다고 가정해 보자. 이 두 이름을 모두 데이터베이스에 기록해 두
   고자 한다면 〈그림 2-1〉과 같은 구조의 관계에서는 적절히 나타낼 수 없
   다. 그 이유는 테이블의 한 셀에 '김준규'와 '김요셉'이라는 두 개의 값을 부
   여할 수 없기 때문이다.

3. **각 열은 고유한 이름(속성이름)을 갖는다.** 예를 들어, 〈그림 2-1〉의 첫번째 열
   은 직원번호라는 고유한 속성이름을 지니고 있다.

4. **각 열의 순서는 중요하지 않다.** 예를 들어, 〈그림 2-1〉의 첫번째 열을 테이블
   의 마지막 열의 자리로 옮겨, 직원이름, 주소, 생년월일, 연봉, 그리고 직원
   번호의 순서로 열을 나열한다고 하더라도 이 관계의 내용은 전혀 변하지
   않는다.

5. **식별자 속성 열은 동일한 값을 가질 수 없으며, 이 열의 값에 의해 각 행은 구별
   될 수 있다.** 예를 들어, 〈그림 2-1〉의 관계에서 식별자 속성은 직원번호이므
   로 이 값은 중복되어 나타날 수 없고, 따라서 'e01'번 값을 갖는 첫 행은 다
   른 어떤 행과도 구별된다. 식별자 속성은 주키(primary key)라고도 불린다.

6. **각 행의 순서는 중요하지 않다.** 예를 들어, 〈그림 2-1〉의 첫째 행을 맨 밑으
   로 옮긴다 하더라도 이 관계의 내용은 전혀 변하지 않는다.

2.1.2 타플, 속성, 영역

지금까지 관계형 데이터 모델의 테이블이 갖는 특성에 대하여 행과 열을 중심으로 설명했다. 관계형 데이터 모델에서는 보다 전문적인 용어로 행을 타플(tuple)로, 열을 속성(attribute)으로, 그리고 테이블을 관계(relation)로 부르는 경우가 흔히 있다. 타플은 관계의 한 행을 구성하는 속성 값의 집합체인데, 구성하는 속성 값의 수가 n개인 경우, 이 관계의 차수(degree)는 n이 되며, 또한 n-타플 관계라고도 부른다. 그리고 한 관계에 포함된 타플의 총 수를 원소 수(cardinality)라고 부른다. 예를 들어, 〈그림 2-2〉에 나타난 공급자 관계는 3-타플(또는 차수 3)의 관계이며, 원소 수는 5이다.

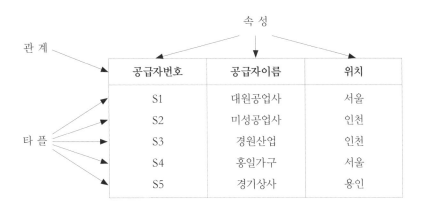

그림 2-2 공급자 관계의 타플과 속성

영역(domain)이란 특정 속성이 가질 수 있는 가능한 값의 집합을 의미한다. 영역을 나타내기 위해서 흔히 영역을 형성하는 데이터 값이 추출될 수 있는 데이터 형(data type)을 명시하는 방법을 사용한다. 또한 각 영역에 대한 이름을 부여함으로써 그 값이 갖는 의미를 쉽게 파악하도록 하는 것이 보편적이다. 영역의 몇 가지 예가 〈표 2-1〉에 나타나 있다.

<table>
<tr><td colspan="2" align="center">표 2-1 영역의 예</td></tr>
<tr><th>영역 이름</th><th>영역</th></tr>
<tr><td>주민등록번호</td><td>생년월일을 나타내는 6자리 숫자와 연자連字 부호(hyphen),
그리고 7자리 숫자로 된 유효한 주민등록번호들의 집합.</td></tr>
<tr><td>인명</td><td>사람 이름들의 집합.</td></tr>
<tr><td>평량평균</td><td>0과 4.5 사이의 가능한 평량평균 값들의 집합(대학에 따라 상한은 4.5가
아닌 다른 값을 가질 수 있음).</td></tr>
<tr><td>나이</td><td>0 또는 세 자리 수 이하의 양의 정수들의 집합.</td></tr>
<tr><td>부서명</td><td>어느 회사에 존재하는 부서 이름들의 집합.</td></tr>
</table>

2.1.3 대안적 용어

지금까지 소개한 관계, 타플, 속성 등의 용어는 집합 이론에 근거한 학술적 용어로 다소 생소하게 느껴질 것이다. 업계에서는 이러한 용어 대신 〈표 2-2〉에 나타난 것과 같이 다른 용어를 사용하는 경우가 많다. 최종 사용자에게는 테이블, 행, 열과 같은 용어가 익숙하고, 정보시스템 전문가들은 파일, 레코드, 항목이라는 용어를 선호한다. 다양한 용어가 혼재되어 사용되는 현실을 감안할 때, 어떤 용어를 선호하는가에 상관없이 모든 용어를 알아 둘 필요가 있다. 본서에서는 주로 학술 용어를 사용하지만, 필요에 따라 다른 용어도 사용할 것이다.

<table>
<tr><td colspan="3" align="center">표 2-2 대안적 용어</td></tr>
<tr><th>학술 용어</th><th>대안 1</th><th>대안 2</th></tr>
<tr><td>관계(relation)</td><td>테이블(table)</td><td>파일(file)</td></tr>
<tr><td>타플(tuple)</td><td>행(row)</td><td>레코드(record)</td></tr>
<tr><td>속성(attribute)</td><td>열(column)</td><td>항목(field)</td></tr>
</table>

2.2 무결성 제약

모든 데이터 모델은 데이터베이스에 저장되는 데이터에 대한 규칙을 갖는데, 이러한 규칙을 제약이라고도 한다. 관계형 데이터 모델도 관계의 무결성(integrity)을 유지하기 위해 몇 가지 중요한 제약을 갖는다. 이러한 제약은 현실세계에서 데이터가 갖는 의미를 보다 정확하게 표현하고 데이터의 오류를 방지하기 위한 중요한 수단이다.

2.2.1 주키와 개체 무결성 제약

관계형 데이터 모델의 관계란 타플의 집합을 테이블의 형태로 표현한 것이므로, 기본적으로 앞에서 언급한 관계의 특성을 유지하여야 한다. 관계의 특성은 2.1.1 절에서 언급한 바 있는데, 관계의 특성과 관련된 가장 중요한 본질적 제약으로 타플의 비중복성을 들 수 있다. 관계형 데이터 모델에서는 타플의 중복을 방지하기 위하여 주키를 사용하는데, 주키는 다음 두 가지 특성을 갖추어야 한다.

1. **유일성**(unique identification): 각 타플을 유일하게 구별지을 수 있는 성질.
2. **최소성**(minimality): 유일성을 파괴하지 않고는 주키에 속한 속성의 일부를 제거할 수 없는 성질.

주키의 특성을 〈그림 2-1〉의 직원 관계를 통해 살펴보자. 〈그림 2-1〉의 직원 관계는 보다 간편하게 다음과 같이 표현될 수 있다.

직원(<u>직원번호</u>, 직원이름, 주소, 생년월일, 연봉)

관계형 데이터 모델의 테이블을 이처럼 간략히 표현한 것을 관계 스키마(relational schema)라고 부른다. 관계 스키마에서 주키 항목은 밑줄을 그어 구분한다. 주키는 한 관계에서 특정 타플을 유일하게 식별해 낼 수 있어야 한다. 한 항목 또는 그 이상의 항목이 결합되어 주키의 역할을 수행할 수도 있다. 두 항목

이상이 결합되어 주키가 될 경우, 이를 **합성키**(concatenated key)라고 하는데 최소성의 위배 여부를 검토하여야 한다. 예를 들어, 위의 직원 관계에서 직원번호와 직원이름을 합성키로 활용할 경우 유일성은 보장할 수 있으나, 최소성은 파괴된다. 직원이름을 제외시키더라도 유일성이 유지되기 때문이다.

관계형 데이터 모델에서 주키 항목은 미확인(null) 값을 가질 수 없다.[1] 미확인 값이란 속성의 값이 현재 알려지지 않았거나, 그 타플에 대해 해당되지 않는 경우에 발생한다. 주키가 합성키인 경우에는 합성키를 이루는 어느 항목도 미확인 값을 가져서는 안 된다. 그 이유는 한 관계에서 개별 타플을 식별해 내는 수단이 주키이기 때문인데, 예를 들어, 둘 이상의 타플이 주키 값으로 미확인 값을 가지면 이들 타플을 구별할 수 없다. 이처럼 주키가 유일성을 보장하고 미확인 값을 갖지 않는 것을 관계형 데이터 모델의 **개체 무결성 제약**(entity integrity constraint)이라고 한다.

한 관계에는 주키의 역할을 수행할 수 있는 항목(또는 항목의 결합)이 하나 이상 존재할 수 있는데, 이들을 모두 **후보키**(candidate key)라고 한다. 후보키 중 하나만 주키로 선정되는데, 주키로 선정되지 않은 후보키를 **대리키**(alternate key)라고 한다. 어느 관계에서 여러 후보키가 존재할 경우 항목의 길이, 후보키를 구성하는 속성의 수, 편의성, 속성값이 변할 가능성, 그리고 현재뿐만 아니라 미래에도 유일성을 보장할 수 있는 가능성을 고려하여 주키를 선정하여야 한다. 예를 들어, 위의 직원 관계에서 만약 동일한 이름을 가진 두 직원이 동일한 주소에서 거주하는 경우는 없다고 가정한다면, 직원이름과 주소는 합성키로서 주키의 역할을 수행할 수 있다. 따라서 직원 관계는 두 개의 후보키를 갖는데 하나는 직원번호이고, 다른 하나는 직원이름과 주소의 결합체이다. 이 중 직원번호 후보키가 직원이름과 주소를 결합한 후보키보다 속성 수도 적고 간편하며, 속성값이 변할 가능성이 적고, 미래에도 유일성을 보장할 가능성이 더 높기 때문에 이를 주키로 선정하는 것이 바람직하다. 따라서 직원번호를 주키로 선정하면, 직원이름과 주소의 결합체는 대리키가 된다.

주키를 선정할 때는 데이터가 갖는 의미를 정확히 파악하는 것이 매우 중요

---

1. Null은 숫자 0이나 문자의 빈칸(space)과는 다른 개념으로 아직 알려지지 않은 값을 의미한다. 제3판까지는 공백값이라고 표현했으나, 의미를 보다 정확히 전달하기 위해서 미확인 값으로 번역한다.

하다. 예를 들어, 어느 동사무소의 주민 관계에 있어서 아파트 동호수나 주소가 주키가 될 수 없다. 그 이유는 동일 주소를 공유하는 둘 이상의 주민(식구나 세입자)이 존재할 가능성이 있기 때문이다. 반면 아파트 단지의 관리사무소의 주민 관계에서는 고객의 아파트 동호수가 주키가 될 수 있다. 관리사무소의 경우에는 주민 단위가 개인보다는 가족이 더 적합하기 때문에 각 개인의 주민등록번호를 주키로 잡는 것보다 개인이 속한 가족의 아파트 동호수가 더 타당하다.

2.2.2 영역 제약

영역 제약은 허용되는 데이터 값에 관한 제약이다. 가장 보편적인 영역 제약은 저장될 데이터가 문자인지 숫자인지 혹은 날짜인지 등을 한정하는 데이터형의 제약이다. 이 외에도 데이터 길이나 데이터 값의 범위, 데이터의 틀이 미리 알려져 있는 경우에는 이들을 영역 제약에 포함시켜야 한다. 예를 들어, 학번은 항상 7자리 숫자로 구성된다면, 단순히 정수값으로 데이터의 영역을 정의하는 것보다 7자리 정수로 길이를 제한함으로써 입력 오류를 줄일 수 있다. 더 나아가 데이터 값의 범위도 미리 지정할 수 있다면 포함되어야 한다. 예를 들어, 고객의 신용한도액이 회사 규정상 최소 50만원, 최대 500만원을 초과할 수 없다면 영역을 단순히 정수로 지정하는 것보다 500,000−5,000,000 사이의 정수로 한정하는 것이 데이터의 무결성을 유지하는 데 도움이 될 것이다.

데이터의 틀은 데이터를 입출력할 때 사용할 형식을 나타낸다. 예를 들어, 주민등록번호의 데이터 틀은 yymmdd−9999999로 나타낼 수 있다. 단, yy는 연도를, mm은 월을, dd는 일을, 그리고 9는 숫자를 의미한다. 데이터 틀을 영역 제약에 포함시키는 것은 해당 속성을 입출력할 경우에 항상 그 데이터 틀의 형식을 사용한다는 것을 의미한다. 주민등록번호와 같이 표준화된 데이터에는 데이터 틀을 영역 제약에 포함시키는 것이 바람직하다.

2.2.3 참조 무결성 제약

참조 무결성(referential integrity) **제약**은 두 관계의 타플간의 일관성을 유지하기 위한 제약이다. 이 제약은 한 관계에 있는 특정 타플의 존재 여부가 다른 관계의 타플의 존재 여부에 영향을 미치는 경우에 발생한다. 〈그림 2−3〉의 두 관계를 살펴보면, 학생의 속성 중 하나인 지도교수번호는 각 학생의 지도교수를 나타낸다. 따라서 학생 관계의 모든 타플에 있어서 지도교수번호 속성값은 반드시 교수 관계의 어느 한 타플의 교수번호 속성값과 일치하여야 한다. 만약 어느 타플과도 일치하지 않는다면 지도교수번호의 입력 오류이거나, 아직 교수 관계에 해당 교수가 등록되지 않은 경우이다. 후자의 경우에도 신임 교수를 교수 관계에 먼저 등록한 다음 지도교수로 배정하는 것이 논리적인 순서이므로 일종의 오류이다. 참조 무결성 제약은 관련된 관계를 서로 참조함으로써 데이터베이스의 무결성을 제고시키기 위한 제약이다.

교수

교수번호	교수이름	전공
1	이정태	정보시스템
2	김순구	회계학
3	박준서	인공지능

학생

학번	학생이름	학과	지도교수번호
101	심순보	경영	1
102	김종철	컴퓨터	3
103	이명식	경영	1
104	홍신희	경영	2

그림 2-3 교수와 학생 관계

참조 무결성을 보다 잘 이해하기 위하여 **외부키**(foreign key)의 개념을 살펴볼 필요가 있다. 한 관계의 비주키 속성값이 다른 관계의 주키 또는 주키의 일부의 속성값 영역에 의하여 제약 받는 경우, 이 비주키 속성을 외부키라고 한다. 〈그림 2-3〉의 예에서 학생 관계의 비주키 속성인 지도교수번호는 교수 관계의 주키인 교수번호의 속성값의 영역에 의해 제약을 받는 외부키이다. 즉, 학생 관계의 지도교수번호는 교수 관계의 교수번호에 있는 값 중 하나를 갖거나, 아니면 아예 미확인 값(지도교수가 아직 배정되지 않았다고 가정할 경우)을 가져야 한다. 참조 무결성 제약은 외부키가 존재하는 경우 항상 발생한다. 외부키는 관계 스키마상에서 점선으로 된 밑줄을 그어 표시하는데, 〈그림 2-3〉을 관계 스키마로 표현하면 〈그림 2-4〉와 같다.

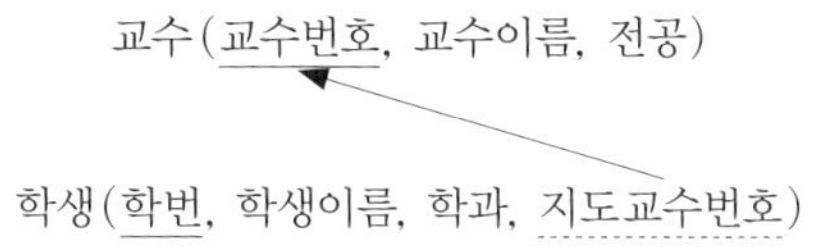

교수(교수번호, 교수이름, 전공)

학생(학번, 학생이름, 학과, 지도교수번호)

그림 2-4 관계 스키마상의 외부키

관계형 데이터 모델에는 외부키와 비슷한 개념으로 **교차참조키**(cross-reference key)가 존재한다. 교차참조키는 일반적으로 합성키를 가지는 관계에서 발생하는데, 자신의 관계에서 비주키가 아닌 주키의 일부라는 점을 제외하고는 외부키와 동일하다. 즉, 한 관계에서 주키(합성키)를 구성하는 한 속성값이 다른 관계의 주키 또는 주키의 일부 속성값 영역에 의하여 제약을 받는 경우에 이 속성을 교차참조키라고 한다. 따라서 교차참조키도 외부키와 마찬가지로 참조 무결성 제약을 발생시킨다. 학자에 따라서는 교차참조키와 외부키를 구별하지 않고 모두 외부키라는 용어로 사용하기도 한다. 그러나 외부키는 미확인 값을 가질 수 있지만, 교차참조키는 주키의 일부이므로 절대로 미확인 값을 가질 수 없다는 차이를 알아둘 필요가 있다.

교차참조키의 예를 위하여 〈그림 2-5〉의 부품, 공급자, 주문 관계를 생각해보자. 주문 관계는 부품번호와 공급자번호를 합성키로 갖는데, 이 두 속성 모두다른 관계, 즉, 부품과 공급자 관계의 주키 속성값의 범위내에서만 값을 가질 수 있다. 부품 관계에 존재하지 않는 부품을 주문하거나, 공급자 관계에 등록되지않은 공급자로부터 주문할 수 없기 때문이다. 따라서 주문 관계의 부품번호와 공급자번호는 모두 교차참조키이고, 참조 무결성 제약을 발생시킨다.

참조 무결성 제약은 **참조하는 관계**(referencing relation)의 타플의 값이 반드시 참

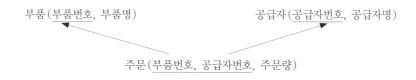

부품(부품번호, 부품명)   공급자(공급자번호, 공급자명)

주문(부품번호, 공급자번호, 주문량)

그림 2-5 부품, 공급자, 주문의 관계 스키마

조되는 관계(referenced relation)의 타플에 존재하여야 한다는 제약이다. 참조하는 관계는 외부키나 교차참조키를 포함하는 관계를, 참조되는 관계는 외부키나 교차참조키가 포함되어 있지 않은 관계를 의미한다. 예를 들어, 〈그림 2-4〉에서 학생 관계가 참조하는 관계이고, 교수 관계가 참조되는 관계이다. 참조 무결성 제약은 타플을 삽입, 삭제, 또는 수정할 때 발생하는데, 각각의 경우에 대한 대책을 살펴보자.

- **삽입:** 참조하는 관계에 새로운 타플을 삽입하고자 하는 경우에, 참조되는 관계를 검사하여 해당 타플이 존재하는 경우에만 삽입이 가능하다. 예를 들어, 〈그림 2-3〉의 학생 관계에 다음과 같은 타플을 삽입한다고 가정해 보자.

  학번: 105
  학생이름: 이형철
  학과: 화학
  지도교수번호: 4

현재 교수 관계에 4번 지도교수 타플이 존재하지 않기 때문에, 학생 관계에 이 타플을 삽입하는 것을 허용해서는 안 된다.

그러나 경우에 따라서 아직 지도교수가 배정되지 않은 학생의 데이터를 데이터베이스에 저장할 필요가 있을 수 있다. 참조 무결성을 위배하지 않고 이러한 요구를 만족시키기 위한 방안은 해당 외부키의 값을 미확인 값으로 비워 두는 것이다. 예를 들어, 아래의 타플을 학생 관계에 삽입하면 〈그림 2-6〉과 같다. 그러나 교차참조키의 경우에는 주키의 일부이므로 미확인 값으로 비워두는 방법을 사용할 수 없다.

  학번: 105
  학생이름: 이형철
  학과: 화학
  지도교수번호: null

학생

학번	학생이름	학과	지도교수번호
101	심순보	경영	1
102	김종철	컴퓨터	3
103	이명식	경영	1
104	홍신희	경영	2
105	이형철	화학	null

그림 2-6 외부키 값으로 미확인 값을 배정한 타플의 추가

- **삭제:** 참조되는 테이블에 있는 타플의 삭제는 그 타플을 참조하는 테이블의 타플이 존재하는 한 허용해서는 안 된다. 예를 들어, 〈그림 2-3〉의 교수 관계에서 1번 교수 타플을 삭제한다고 가정해 보자. 이 타플이 삭제될 경우 학생 관계의 101번과 103번 타플의 지도교수번호의 값이 더 이상 유효하지 않게 된다. 따라서 1번 교수 타플의 삭제는 허용할 수 없다. 일반적으로 삭제와 관계되는 참조 무결성의 해결방안으로 다음과 같은 세 가지 방법이 사용된다.

삭제금지(restrict): 삭제를 금지함.
미확인 값화(nullify): 참조하는 테이블의 해당 타플의 값을 미확인 값으로 배정함.
참조삭제(cascade): 참조하는 테이블의 해당 타플을 모두 삭제함.

이러한 세 가지 방법 중 어느 것을 적용할 것인가는 데이터가 갖는 의미에 달려 있다. 예를 들어, 학생은 반드시 지도교수가 배정되어야 한다면 삭제금지 방법을 채택할 수 있다. 이 경우 1번 교수 타플을 삭제하는 것은 먼저 이 교수가 지도교수인 학생들의 타플에 다른 지도교수를 배정한 후에만 가능하다.

만약 지도교수가 배정되지 않은 경우도 허용한다면 미확인 값화 방식을 취할 수 있을 것이다. 이 방식하에서 1번 교수 타플을 삭제하면 〈그림 2-7〉과 같은 결과가 된다.

교수

교수번호	교수이름	전공
2	김순구	회계학
3	박준서	인공지능

학생

학번	학생이름	학과	지도교수번호
101	심순보	경영	null
102	김종철	컴퓨터	3
103	이명식	경영	null
104	홍신희	경영	2

그림 2-7 미확인 값화 방식하에서의 삭제

마지막으로 비현실적인 가정이지만 만약 지도교수가 학교를 떠나는 경우에 학생도 같이 학교를 떠나야 한다면 참조삭제 방식을 택할 수 있다. 이 방식하에서 1번 교수 타플을 삭제하면 〈그림 2-8〉과 같은 결과가 될 것이다.

교수

교수번호	교수이름	전공
2	김순구	회계학
3	박준서	인공지능

학생

학번	학생이름	학과	지도교수번호
102	김종철	컴퓨터	3
104	홍신희	경영	2

그림 2-8 참조삭제 방식하에서의 삭제

- **수정:** 수정시의 참조 무결성은 삽입과 삭제에 적용되는 규칙을 모두 적용할 수 있다. 참조하는 관계의 타플의 값을 수정하고자 하는 경우에, 수정될 값이 참조되는 관계의 해당 타플에 존재하는 경우에만 수정이 가능하다. 또 참조되는 테이블의 타플의 수정은 그 타플을 참조하는 테이블의 타플이 존재하는 한 허용해서는 안 된다. 이러한 참조 무결성을 유지하기 위한 방법으로는 삽입과 삭제에 사용된 방법을 사용할 수 있을 것이다.

*2.3 관계 대수어

지금까지 관계형 데이터 모델의 구조와 제약에 관한 내용을 살펴보았는데, 이제부터 관계에 저장된 데이터로부터 필요한 정보를 추출하는 방법을 공부하기로 한다. 관계를 조작하여 필요한 정보를 추출하는 방법으로 먼저 개념적인 언어인 관계 대수어(relational algebra language)를 들 수 있다. 코드(Codd, 1970)에 의해 처음 발표된 관계 대수어는 관계형 데이터베이스를 위해 특별히 고안된 연산자와 수학의 집합 이론에 기초한 연산자로 구성된다. 관계형 데이터베이스를 위한 특별 연산자로는 SELECT, PROJECT, JOIN 등이 있고, 집합 이론에 기초한 연산자로는 UNION, INTERSECTION, DIFFERENCE, PRODUCT, DIVISION 등이 있다. 각 연산자는 기존의 관계에서 새로운 관계를 생성시키는데, 이에 대한 설명이 〈표 2-3〉에 요약되어 있다. 그리고 〈그림 2-9〉는 각 연산자의 기능을 보다 쉽게 알아보도록 그림으로 표현한 것인데, 짙게 표현된 부분이 연산자에 의해 새로 형성되는 관계이다(Date, 1990).

표 2-3 관계 대수어의 연산자

연산자	설명	표시
SELECT	관계 R에서 선택 조건을 만족하는 타플만 선택하여 새로운 관계를 생성함.	σ 〈선택 조건〉 (R)
PROJECT	관계 R의 일부 속성만 추출하여 중복되는 타플은 제거한 후 새로운 관계를 생성함.	π 〈속성 목록〉 (R)
PRODUCT	관계 R1과 R2의 타플의 모든 가능한 조합으로 이루어지는 새로운 관계를 생성함.	R1 × R2
JOIN	결합 조건을 만족하는 관계 R1과 R2의 모든 타플의 조합으로 구성되는 새로운 관계를 생성함. EQUI-JOIN, NATURAL JOIN, OUTER JOIN의 세 가지 유형이 존재함.	R1⋈〈결합 조건〉 R2
UNION	관계 R1이나 R2, 또는 R1과 R2 모두에 존재하는 타플로 구성되는 새로운 관계를 생성함.	R1 ∪ R2

INTERSECTION	관계 R1과 R2 모두에 존재하는 타플로 구성되는 새로운 관계를 생성함.	R1 ∩ R2
DIFFERENCE	관계 R1에 존재하나 R2에 존재하지 않는 타플로 구성되는 새로운 관계를 생성함.	R1 − R2
DIVISION	관계 R2의 모든 타플에 대응하여 동일값을 갖는 R1 타플의 속성으로 구성되는 새로운 관계를 형성함.	R1 / R2

　　관계 대수어는 기존의 관계에서 새로운 관계를 생성하기 위하여 필요한 절차 (how)를 일일이 기술하는 방식으로, 관계형 데이터베이스의 질의 처리과정과 질의 최적화를 이해하는 데 대단히 중요한 개념이다. 본 절에서는 〈표 2-3〉에 나타난 각 연산자의 사용 예를 살펴보기로 한다. 예제에 사용할 데이터베이스는 〈그림 2-10〉에 나타나 있다.

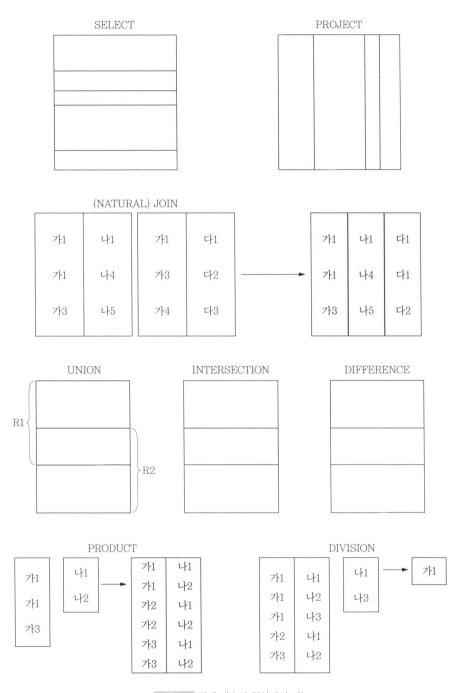

그림 2-9 관계 대수어 연산자의 기능

부서

부서번호	부서명	부서장번호	부서장_발령일
d1	생산	e01	2015/02/01
d2	영업	e05	2014/09/01
d3	본사	e07	2015/05/10
d4	연구개발	e21	2018/02/01

부서위치

부서번호	위치
d1	김포
d2	신촌
d2	강남
d2	이태원
d3	신촌
d4	김포

직원

직원번호	직원이름	주소	생년월일	연봉	소속부서	상사
e01	김준규	서울 서대문구 신촌로11길 3	1975/03/15	75000000	d1	e07
e02	이승휘	서울 마포구 도화2길 40	1978/06/10	73000000	d1	e01
e05	박혜영	서울 성동구 독서당로 156	1978/12/12	73000000	d2	e07
e07	이상현	서울 마포구 와우산로 116	1980/05/07	80000000	d3	null
e15	최근신	서울 동작구 사당로5길 4	1979/04/02	72000000	d2	e05
e17	김명수	서울 서대문구 연희로3길 8	1982/10/20	68000000	d2	e05
e19	이귀정	서울 강남구 역삼로73길 3	1981/11/17	67000000	d2	e05
e20	김길호	서울 송파구 송이로 76	1983/02/27	65000000	d3	e07
e21	박연구	서울 강서구 강서로5길 53	1990/01/30	70000000	d4	e07

부양가족

직원번호	부양가족이름	생년월일	성별	관계
e01	이상미	1978/01/07	f	배우자
e01	김기수	2005/08/13	m	아들
e05	권기문	1975/07/06	m	배우자
e15	김미숙	1979/11/11	f	배우자
e15	최한식	2011/03/25	m	아들
e15	최한선	2013/03/07	f	딸
e21	이선미	1989/06/23	f	배우자

그림 2-10 명문가구의 데이터베이스

SELECT 연산자

σ ⟨선택조건⟩ (R)   SELECT 연산자는 관계 R에서 선택 조건을 만족하는 타플만 선택하여
새로운 관계를 생성함.

예제 1 : 연봉이 7,300만원 이상인 직원의 정보를 출력하라.

$$σ_{연봉 \ >= 73000000} (직원)$$

결과:

직원번호	직원이름	주소	생년월일	연봉	소속부서	상사
e01	김준규	서울 서대문구 신촌로11길 3	1975/03/15	75000000	d1	e07
e02	이승휘	서울 마포구 도화2길 40	1978/06/10	73000000	d1	e01
e05	박혜영	서울 성동구 독서당로 156	1978/12/12	73000000	d2	e07
e07	이상현	서울 마포구 와우산로 116	1980/05/07	80000000	d3	null

위의 명령문은 직원 관계에서 연봉이 7,300만원 이상인 조건을 만족하는 타
플만 골라 출력한다. 조건절에 AND, OR, NOT과 같은 논리적 연산자를 사용
하여 보다 복잡한 조건을 표현할 수 있다.

PROJECT 연산자

π ⟨속성목록⟩ (R)   PROJECT 연산자는 관계 R의 일부 속성만 추출하여 중복되는 타플은
제거한 후 새로운 관계를 생성함.

예제 2 : 직원의 번호, 이름, 주소를 출력하라.

$$π_{직원번호, \ 직원이름, \ 주소} (직원)$$

결과:

직원번호	직원이름	주소
e01	김준규	서울 서대문구 신촌로11길 3
e02	이승휘	서울 마포구 도화2길 40
e05	박혜영	서울 성동구 독서당로 156
e07	이상현	서울 마포구 와우산로 116
e15	최근신	서울 동작구 사당로5길 4
e17	김명수	서울 서대문구 연희로3길 8
e19	이귀정	서울 강남구 역삼로73길 3
e20	김길호	서울 송파구 송이로 76
e21	박연구	서울 강서구 강서로5길 53

위의 명령문은 직원 관계에서 PROJECT 연산자가 지정한 직원번호, 직원이름, 주소 속성만 출력한다.

예제 3 : 이름이 '김준규'인 직원의 번호와 연봉을 출력하라.

$$\pi_{\text{직원번호, 연봉}} \ (\sigma_{\text{직원이름 = '김준규'}} \ (\text{직원}))$$

결과:

직원번호	연봉
e01	75000000

먼저 직원 관계에서 '김준규' 타플을 SELECT한 다음, 직원번호와 연봉 속성을 PROJECT하는 2단계가 요구된다. 이때, PROJECT 연산자를 먼저 적용하면 SELECT 연산자의 〈선택조건〉인 직원이름 = '김준규'를 지정할 수 없으므로 반드시 SELECT 연산자를 먼저 적용시켜야 한다. 그러나 만약 '김준규' 직원의 번호, 이름, 연봉을 출력하는 경우라면 PROJECT 연산자를 먼저 적용한 후, SELECT 연산자를 적용하여도 동일한 결과를 얻을 수 있다.

PRODUCT 연산자

R1 × R2   PRODUCT 연산자는 관계 R1과 R2의 타플의 모든 가능한 조합으로 이루어지는 새로운 관계를 생성함.

예제 4 : 모든 부서의 번호, 부서명, 그리고 부서의 위치를 출력하라.

$$(\pi_{\text{부서번호, 부서명}} (\text{부서})) \times (\pi_{\text{부서번호, 위치}} (\text{부서위치}))$$

결과:

부서.부서번호	부서명	부서위치.부서번호	위치
d1	생산	d1	김포
d1	생산	d2	신촌
d1	생산	d2	강남
d1	생산	d2	이태원
d1	생산	d3	신촌
d1	생산	d4	김포
d2	영업	d1	김포
d2	영업	d2	신촌
d2	영업	d2	강남
d2	영업	d2	이태원
d2	영업	d3	신촌
d2	영업	d4	김포
d3	본사	d1	김포
d3	본사	d2	신촌
d3	본사	d2	강남
d3	본사	d2	이태원
d3	본사	d3	신촌
d3	본사	d4	김포
d4	연구개발	d1	김포
d4	연구개발	d2	신촌
d4	연구개발	d2	강남
d4	연구개발	d2	이태원
d4	연구개발	d3	신촌
d4	연구개발	d4	김포

SELECT나 PROJECT 연산자는 한 관계만 입력물로 취한 반면, 지금부터 공부할 PRODUCT 연산자와 나머지 연산자들은 두 개의 관계를 입력물로 받아들인다. 두 관계를 PRODUCT하면 각 관계의 모든 타플을 서로 조합하므로, i개의 타플을 가진 관계와 j개의 타플을 가진 관계를 PRODUCT하면 총 i*j개의 타플을 가진 새로운 관계가 형성된다. 따라서 위의 출력물을 보면 4*6=24개의 타플이 출력되었다. 그런데 이 출력물을 보면 부서 d1과 부서 d2가 조합되는 등 잘못된 결합까지 출력되어 있다. 따라서 다음과 같이 선택조건을 추가하여 SELECT하는 절차가 더 요구된다. 선택조건에서 부서번호 앞에 관계 이름이 나오고 점을 찍는 이유는 부서번호가 부서 관계와 부서위치 관계에 모두 나오기 때문에 어느 관계의 부서번호인지 표시하기 위해서이다.

$$\sigma_{\text{부서.부서번호 = 부서위치.부서번호}}((\pi_{\text{부서번호, 부서명}}(\text{부서})) \times (\pi_{\text{부서번호, 위치}}(\text{부서위치})))$$

결과:

부서.부서번호	부서명	부서위치.부서번호	위치
d1	생산	d1	김포
d2	영업	d2	신촌
d2	영업	d2	강남
d2	영업	d2	이태원
d3	본사	d3	신촌
d4	연구개발	d4	김포

JOIN 연산자

PRODUCT 연산자는 관계 R1과 R2의 타플의 모든 가능한 조합으로 이루어지는 새로운 관계를 생성하기 때문에, 위의 예제 3과 같이 불필요한 타플까지 출력되는 경우가 있다. 이때 JOIN 연산자를 사용하면 결합 조건을 만족시키는 타플만으로 구성된 새로운 관계를 생성하므로 편리하다. JOIN 연산자는 관계 대수어의 가장 중요한 연산자로 여러 형태가 존재하는데, 그중에서 다음 세 가지 유형의 JOIN 연산자가 널리 사용된다.

- EQUI-JOIN
- NATURAL JOIN
- OUTER JOIN

EQUI-JOIN

R1 ⋈ 〈결합조건〉 R2   EQUI-JOIN 연산자는 결합 조건을 만족하는 관계 R1과 R2의 타플의 조합으로 구성되는 새로운 관계를 생성하는데, 이때 결합 조건은 반드시 등호(=)로만 구성됨.[2]

예제 5 : 모든 부서의 위치를 출력하라.

(부서) ⋈ 부서.부서번호 = 부서위치.부서번호 (부서위치)

결과:

부서.부서번호	부서명	부서장번호	부서장_발령일	부서위치.부서번호	위치
d1	생산	e01	2015/02/01	d1	김포
d2	영업	e05	2014/09/01	d2	신촌
d2	영업	e05	2014/09/01	d2	강남
d2	영업	e05	2014/09/01	d2	이태원
d3	본사	e07	2015/05/10	d3	신촌
d4	연구개발	e21	2018/02/01	d4	김포

위의 명령문은 부서 관계의 부서번호와 부서위치 관계의 부서번호가 동일한 값을 갖는 타플끼리 연결하여 두 관계의 모든 속성을 출력한다.

---

2. EQUI-JOIN은 THETA(θ)-JOIN의 특수한 형태인데, THETA-JOIN은 결합 조건에 등호(=)외에 다양한 비교 연산자(<, <=, >, >=, < >)를 사용할 수 있다. 본 서에서는 THETA-JOIN 중 가장 널리 사용되는 형태인 EQUI-JOIN을 중심으로 설명하기로 한다.

NATURAL JOIN

R1 ⋈ R2   NATURAL JOIN 연산자는 두 관계 R1과 R2가 갖는 공통 속성에 대해 EQUI-JOIN 연산자와 동일한 방식을 적용하여 새로운 관계를 생성하나, 공통 속성 중 하나를 생략시킴. 단, 공통 속성은 반드시 동일한 속성 이름을 가져야 함.

예제 6 : 모든 부서의 위치를 출력하라.

(부서) ⋈ (부서위치)

결과:

부서번호	부서명	부서장번호	부서장_발령일	위치
d1	생산	e01	2015/02/01	김포
d2	영업	e05	2014/09/01	신촌
d2	영업	e05	2014/09/01	강남
d2	영업	e05	2014/09/01	이태원
d3	본사	e07	2015/05/10	신촌
d4	연구개발	e21	2018/02/01	김포

위의 예제는 예제 5와 동일한데, NATURAL JOIN의 결과를 예제 5의 EQUI-JOIN 결과와 비교해 보면, 부서 관계의 부서번호와 부서위치 관계의 부서번호 중 하나가 생략되어 중복된 정보가 없어졌음을 알 수 있다. 만약 두 관계를 결합하기 위한 공통 속성이 서로 다른 이름을 가지고 있다면, 예를 들어 부서 관계에서는 부서번호로, 부서위치 관계에서는 부서ID로 명시되어 있다면 NATURAL JOIN이 불가능하다. 대신 EQUI-JOIN과 PROJECT를 결합하여 NATURAL JOIN과 동일한 효과를 얻을 수 있다.

OUTER JOIN

R1 ⟕ R2   LEFT OUTER JOIN 연산자(⟕)는 NATURAL JOIN 연산자와 마찬가지 기능을 수행하나, 관계 R1에서 공통 속성의 값이 일치하지 않는 타플도 함께 출력하며, 이때 대응되는 관계 R2의 타플은 미확인 값으로 출력함.

R1 ⟖ R2   RIGHT OUTER JOIN 연산자(⟖)는 반대로 관계 R2에서 공통 속성의 값이 일치하지 않는 타플도 함께 출력하며, 이때 대응되는 관계 R1의 타플은 미확인 값으로 출력함.

예제 7 : 직원과 부양가족 명단을 작성하라. 단, 부양가족이 없는 직원도 출력하라.
(π 직원번호, 직원이름 (직원)) ⟕ (π 직원번호, 부양가족이름, 관계(부양가족))

결과:

직원번호	직원이름	부양가족이름	관계
e01	김준규	이상미	배우자
e01	김준규	김기수	아들
e02	이승휘	null	null
e05	박혜영	권기문	배우자
e07	이상현	null	null
e15	최근신	김미숙	배우자
e15	최근신	최한식	아들
e15	최근신	최한선	딸
e17	김명수	null	null
e19	이귀정	null	null
e20	김길호	null	null
e21	박연구	이선미	배우자

위의 명령문은 직원 관계의 직원번호와 부양가족 관계의 직원번호가 동일한 값을 갖는 타플끼리 연결하는 것 외에, 직원 관계의 타플 중 부양가족 관계에서 일치하는 직원번호가 없는 타플도 모두 출력한다. 이때 해당 부양가족의 속성값은 미확인 값으로 출력된다. 그리고 NATURAL JOIN과 마찬가지로 두 직원번호 중 하나는 생략되었다.

UNION 연산자

R1 ∪ R2　　UNION 연산자는 관계 R1이나 R2, 또는 R1과 R2 모두에 존재하는 타플로 구성되는 새로운 관계를 생성하는데, 이때 R1과 R2는 합집합 호환적인 형태 (union-compatible)여야 함.

예제 8 : 부서장이거나 부양 가족이 있는 직원의 번호를 출력하라.

$$\pi_{\text{부서장번호}} \text{(부서)} \cup \pi_{\text{직원번호}} \text{(부양가족)}$$

결과:

e01
e05
e07
e15
e21

　　UNION 연산자는 영역이 동일한 같은 수의 속성으로 구성되어 있는 두 관계에만 적용시킬 수 있는데, 이러한 두 관계를 합집합 호환적 형태라고 한다. 위의 예제에서는 두 관계를 합집합 호환적인 형태로 바꾸기 위해서 각각의 관계에서 영역이 동일한 부서장번호와 직원번호를 먼저 PROJECT한 다음 UNION 연산자를 사용하였다.

INTERSECTION 연산자

R1 ∩ R2　　INTERSECTION 연산자는 관계 R1과 R2 모두에 존재하는 타플로 구성되는 새로운 관계를 생성하는데, 이때 R1과 R2는 합집합 호환적인 형태여야 함.

예제 9 : 부서장이면서 동시에 부양가족이 있는 직원의 번호를 출력하라.

$$\pi_{\text{부서장번호}} \text{(부서)} \cap \pi_{\text{직원번호}} \text{(부양가족)}$$

결과:

e01
e05
e21

예제 8과 마찬가지로 두 관계를 합집합 호환적인 형태로 바꾸기 위해서 각각의 관계에서 영역이 동일한 부서장번호와 직원번호를 먼저 PROJECT한 다음 INTERSECTION 연산자를 사용하였다.

DIFFERENCE 연산자

R1 − R2   DIFFERENCE 연산자는 관계 R1에 존재하나 R2에 존재하지 않는 타플로 구성되는 새로운 관계를 생성하는데, 이때 R1과 R2는 합집합 호환적인 형태여야 함.

예제 10 : 부서장이지만 부양가족이 없는 직원의 번호를 출력하라.

$$\pi_{\text{부서장번호}} (부서) − \pi_{\text{직원번호}} (부양가족)$$

결과:

e07

예제 8과 마찬가지로 두 관계를 합집합 호환적인 형태로 바꾸기 위해서 각각의 관계에서 영역이 동일한 부서장번호와 직원번호를 먼저 PROJECT한 다음 DIFFERENCE 연산자를 사용하였다.

DIVISION 연산자

R1 / R2   DIVISION 연산자는 관계 R2의 모든 타플에 대응하여 동일 값을 갖는 R1 타플의 속성으로 구성되는 새로운 관계를 생성함.

예제 11 : 생산 부서와 연구개발 부서가 모두 위치해 있는 곳은 어디인가?

(부서위치) / π 부서번호 (σ 부서명 = '생산' OR 부서명 = '연구개발' (부서))

결과:

위치
김포

생산 부서와 연구개발 부서가 모두 위치해 있는 장소를 출력하기 위해서, 먼저 부서 관계에서 생산 부서와 연구개발 부서의 부서번호를 검색한 다음, 부서위치 관계에서 이 두 번호에 모두 대응하는 위치를 DIVISION 연산자를 사용하여 찾았다. 이 과정을 더 자세히 살펴보면 다음과 같다.

부서위치

부서번호	위치
d1	김포
d2	신촌
d2	강남
d2	이태원
d3	신촌
d4	김포

π 부서번호 (σ 부서명 = '생산' OR 부서명 = '연구개발' (부서))

부서번호
d1
d4

결과

위치
김포

*2.4 관계 해석어

관계 대수어는 앞 절에서 살펴본 바와 같이 기존의 관계에서 새로운 관계가 어떻게 도출되어야 하는지 순서(how)를 일일이 명시하는 반면, 관계 해석어 (relational calculus language)는 요구되는 새로운 관계가 무엇인지(what)만을 기술하는 점이 다르다. 따라서 관계 대수어를 절차적 언어(procedural language)라고 하고, 관계 해석어를 비절차적 언어(nonprocedural language)라고 한다. 관계 해석어는 크게 타플(tuple) 관계 해석어와 **영역**(domain) 관계 해석어로 나누어진다. 두 언어 모두 기호 논리학에 근거를 두고 있는데, 본 절에서는 예제를 통해 간략히 살펴보기로 한다. 보다 자세한 내용은 엘마스리와 나바드(Elmasri and Navathe, 2017)를 참조하기 바란다.

2.4.1 타플 관계 해석어

타플 관계 해석어는 타플 변수의 설정을 통해 명령문을 작성하는데, 타플 변수는 데이터베이스 내의 특정 관계의 개별 타플을 변수 값으로 취한다. 타플 관계 해석어의 간단한 질의 형태는 다음과 같다.

{ t | 조건(t) }   단, t는 타플 변수
　　　　　　　조건(t)는 변수 t를 포함하는 조건식

위의 질의는 조건(t)를 만족시키는 모든 타플을 출력한다. 예를 들어, 연봉이 7,300만원 이상인 직원의 정보를 모두 출력하기 위한 질의는 다음과 같다.

{ e | e ∈ 직원 **AND** e.연봉 >= 73000000 }

위의 질의에서 e ∈ 직원 절은 타플 변수 e가 직원의 타플임을 나타낸다. 따라서 위의 조건은 직원 타플 중 연봉이 7,300만원 이상인 타플을 의미한다. 만약 보다 구체적으로 연봉이 7,300만원 이상인 직원의 번호와 이름만 출력하고자 한다면 아래와 같이 속성 이름을 명시해 주면 된다.

{ e.직원번호, e.직원이름 | e ∈ 직원 **AND** e.연봉 >= 73000000 }

제5장에서 공부할 관계형 데이터베이스 언어인 SQL은 타플 관계 해석어에 기초하여 만들어졌는데, 위의 질의를 SQL로 표현하면 다음과 같다. 자세히 보면 두 언어가 비슷한 구조로 이루어져 있음을 알 수 있다.

```
SELECT    e.직원번호, e.직원이름
FROM      직원 e
WHERE     e.연봉 >= 73000000
```

타플 관계 해석어에서는 조건을 지정하기 위하여 두 종류의 한정사가 사용될 수 있다. 먼저 존재 한정사(existential quantifier)는 ∃로 표시하며, 적어도 하나 이상의 타플이 '존재한다'(there exists)는 의미를 나타낸다. 다음으로 전칭全稱 한정사(universal quantifier)는 ∀로 나타내며, '모든 타플에 대하여'(for all)라는 의미를 표현한다. 예를 들어, 부양가족이 없는 직원의 번호를 출력하기 위해서는 다음과 같은 질의를 작성할 수 있다.

{ e.직원번호 | e ∈ 직원 AND d ∈ 부양가족 AND NOT(∃e (e.직원번호 = d.직원번호))}

위의 질의는 존재 한정사로 표현되었는데, 전칭 한정사로 표현하면 다음과 같이 바뀔 수 있다.

{ e.직원번호 | e ∈ 직원 AND d ∈ 부양가족 AND ∀e (NOT(e.직원번호 = d.직원번호))}

타플 관계 해석어로 작성한 질의 중에는 무한의 집합을 생성시키는 경우가 있으므로 주의를 요하는데, 예를 들어 다음과 같은 질의를 생각해 보자.

{ e | NOT(e ∈ 직원)}

위의 질의는 직원 관계에 속하지 않는 모든 타플의 집합을 의미하는데, 여기에는 무수히 많은 타플이 해당된다. 이러한 표현식을 안전하지 못한(unsafe) 식이라고 하며, 안전한 표현식이 되기 위해서는 무한의 타플이 생성되지 않도록 주의해야 한다.

2.4.2 영역 관계 해석어

영역 관계 해석어는 변수가 타플을 취하는 대신 속성의 영역에서 값을 취한다. 영역 관계 해석어의 간단한 질의 형태는 다음과 같다.

$\{ v_1, v_2, \cdots, v_n | \ 조건(v_1, v_2, \cdots, v_n, v_{n+1}, v_{n+2}, \cdots, v_{n+m}) \}$

단, $v_1, v_2, \cdots, v_n, v_{n+1}, v_{n+2}, \cdots, v_{n+m}$ 은 영역 변수

조건$(v_1, v_2, \cdots, v_n, v_{n+1}, v_{n+2}, \cdots, v_{n+m})$은 영역 변수를 포함하는 조건식

위의 질의는 조건을 만족시키는 모든 타플의 원소 $v_1, v_2, \cdots, v_n$을 출력한다. 예를 들어, 연봉 7,300만원 이상인 직원의 번호와 이름을 출력하기 위한 질의는 다음과 같다.

$\{ a, b | \ \exists e \ (\langle a,b,c,d,e,f,g \rangle \in 직원 \ \textbf{AND} \ e >= 73000000) \}$

위의 질의에서 $\langle a,b,c,d,e,f,g \rangle$는 각각 직원 관계의 〈직원번호, 직원이름, 주소, 생년월일, 연봉, 소속부서, 상사〉를 대치하는 영역 변수를 나타낸다. 따라서 $e >= 73000000$은 다섯 번째 변수인 연봉이 73000000 이상임을 나타내고, 막대기(|) 왼편의 a와 b는 각각 직원번호와 직원이름을 나타낸다. 제5장에서 소개할 QBE는 영역 관계 해석어와 유사한 개념을 활용한 관계형 데이터베이스 질의어이다.

2.5 요약

관계형 데이터 모델은 가장 널리 사용되고 있는 데이터 모델이며, 그 구조는 2차 평면 테이블 형태의 관계로 이루어져 있다. 관계형 데이터 모델의 관계의 각 열은 동일한 속성에 관한 값을 가지며, 각 셀의 값은 반드시 단일값이어야 한다. 그리고 각 열과 행의 순서는 중요하지 않으며, 각 열을 다른 열과 구별하기 위하여 식별자 속성이 요구된다.

데이터 모델은 데이터베이스에 저장되는 데이터에 대한 규칙을 갖는데, 이러한 규칙을 제약이라고도 한다. 관계형 데이터 모델도 관계의 무결성(integrity)을 유지하기 위해 몇 가지 중요한 제약을 갖는다. 이러한 제약은 현실세계에서 데이터

가 갖는 의미를 보다 정확하게 표현하고 데이터의 오류를 방지하기 위한 중요한 수단이다. 관계형 데이터 모델의 제약으로는 개체 무결성 제약, 영역 제약과 참조 무결성 제약을 들 수 있다. 개체 무결성 제약은 유일성을 보장하기 위해 주키를 갖는다는 제약이며, 영역 제약은 허용되는 데이터 값을 한정짓는 제약이다. 그리고 참조 무결성 제약은 두 관계의 타플간의 일관성을 유지하기 위한 제약이다.

관계에 저장된 데이터로부터 필요한 정보를 추출하기 위한 언어로는 관계 대수어와 관계 해석어가 있다. 관계 대수어는 관계형 데이터베이스를 위해 특별히 고안된 연산자와 수학의 집합 이론에 기초한 연산자로 구성된다. 관계형 데이터 베이스를 위한 특별 연산자로는 SELECT, PROJECT, JOIN 등이 있고, 집합 이론에 기초한 연산자로는 UNION, INTERSECTION, DIFFERENCE, PRODUCT, DIVISION 등이 있다. 관계 대수어는 기존의 관계에서 새로운 관계를 생성하기 위하여 필요한 절차를 일일이 기술하는 방식이다. 이에 비하여 관계 해석어는 요구되는 새로운 관계를 단순히 명시하는 방식을 취하고 있기 때문에, 관계 대수어보다 사용하기 용이하다. 관계 해석어는 크게 타플 관계 해석어와 영역 관계 해석어로 나누어지는데, 두 언어 모두 기호 논리학에 근거를 두고 있다.

✏️ 복습 문제

1. 다음 용어를 설명하라.

·관계	·관계 대수어	·관계 해석어
·관계의 차수	·교차참조키	·대리키
·영역	·영역 관계 해석어	·영역 제약
·외부키	·원소 수	·유일성
·주키	·참조 무결성 제약	·참조되는 관계
·참조하는 관계	·최소성	·타플
·타플 관계 해석어	·합성키	·후보키
·DIFFERENCE	·DIVISION	·EQUI-JOIN
·INTERSECTION	·JOIN	·n-타플 관계
·NATURAL JOIN	·OUTER JOIN	·PRODUCT
·PROJECT	·SELECT	·SQL
·UNION		

2. 관계형 데이터 모델의 관계가 갖는 특성을 모두 나열하라.

3. 관계형 데이터 모델의 제약을 설명하라.

4. 주키의 두 가지 속성은 무엇인가?

5. 주키, 후보키, 그리고 대리키의 차이점을 예를 들어 설명하라.

6. 외부키와 교차참조키의 차이는 무엇인가?

7. 삭제와 관련되는 참조 무결성을 보장하기 위한 세 가지 방법을 설명하라.

8. 관계 대수어와 관계 해석어의 차이점은 무엇인가?

9. 관계 대수어의 기초적인 연산자를 나열하고 설명하라.

10. 관계 해석어의 두 가지 유형에 대해 설명하라.

|||||||||||||||||||||||||||||||||||||||||||||||||||||||||||||||||||||||||||||||||||||||

1. 〈그림 2-10〉의 직원 관계의 차수와 원소 수는 각각 얼마인가?

2. 관계형 데이터 모델에서 데이터 갱신시 발생할 수 있는 참조 무결성 제약의 위반사항은 어떤 것들이 있는가? 〈그림 2-10〉의 데이터베이스에서 예를 들어 설명하라.

3. 〈그림 2-10〉의 데이터베이스에서 다음과 같은 데이터를 검색하기 위한 데이터 조작어를 관계 대수어로 작성하라.

① 연봉이 7,000만원 미만인 직원의 이름과 주소를 검색하라.

② 'e01'번 직원번호를 가진 사람이 직속 상사인 직원의 이름과 연봉을 검색하라.

③ '김포'에 위치한 부서 직원의 이름과 소속 부서명을 검색하라.

④ 배우자가 있는 직원의 이름과 연봉을 검색하라.

⑤ 부양가족이 없으면서 'e07'번 직원번호를 가진 사람이 직속 상사인 직원의 번호를 검색하라.

⑥ '김포'에 위치한 부서 직원 중 부양가족이 있는 직원의 번호, 이름, 부서를 검색하라.

⑦ 각 직원의 이름과 상사 이름을 검색하라(힌트: 직원 테이블을 복제하여 직원2 테이블로 정의하라).

|||||||||||||||||||||||||||||||||||||||||||||||||||||||||||||||||||||||||||||||||||||||||||||||||||||||||||||||||||||||

⫶ 참고문헌

Codd, E. F. "A Relational Model of Data for Large shared Data Banks," *Communications of ACM*, Vol. 13, No. 6, June 1970, pp. 377-387.

Connolly, T. and Begg. C. *Database Systems: A Practical Approach to Design, Implementation, and Management*(6th ed.), Boston: Pearson, 2015.

Date, C. J. *An Introduction to Database Systems*(5th ed.), Vol. 1, Addison-Wesley Publishing Co., Reading, Massachusetts, 1990.

Elmasri, R. and Navathe, S. B. *Fundamentals of Database Systems*(7th ed.), Pearson, Boston, MA, 2017.

제3장 개체-관계성 데이터 모델

데이터 모델은 1장에서 살펴본 바와 같이 현실 세계에 존재하는 복잡한 개체와 사건 중에서, 조직에서 저장하고자 하는 개체와 그들간의 관계성을 요약하여 나타내 줌으로써, 보다 쉽게 조직의 데이터를 이해할 수 있도록 도와주는 것이다. 본 장에서는 실사용자가 데이터를 어떻게 인식하는가에 초점을 둔 상위 데이터 모델의 하나인 **개체-관계성**(Entity-Relationship(ER)) **데이터 모델**에 대하여 살펴보기로 한다. 개체-관계성 데이터 모델은 데이터가 어떻게 하드웨어에 저장되는지 언급함이 없이, 개체와 그들의 관계성을 최종 사용자가 인지하는 방식과 유사한 형태로 기술할 수 있다. 따라서 컴퓨터에 대한 전문적인 지식이 없는 일반 사용자도 쉽게 이해할 수 있기 때문에, 현재 기업에서 가장 많이 채택하고 있는 상위 데이터 모델이다.

3.1 개체 집합

상위 데이터 모델인 개체-관계성 데이터 모델의 기본적인 묘사 대상은 개체와 그들의 속성, 그리고 개체들간의 관계성이다. 개체-관계성 데이터 모델의 모델링 개념을 공부하기 위해 우선 아래의 사례를 통해 개체와 속성 등의 의미를 파악해 보자.

사 례 명문가구[1] ───────────────────────────

　　우연한 기회에 데이터베이스 방식이 갖는 여러 가지 이점을 알게 된 이상현 사장은 현재 사용하고 있는 파일 방식을 데이터베이스 방식으로 전환하기로 결정하였다. 명문가구의 데이터베이스를 개발하기 위하여 실시한 요구사항 분석단계에서 데이터베이스에 저장될 데이터의 일부분에 대하여 다음과 같은 사항을 파악하였다.

　　1. 명문가구에서 필요한 고객 정보는 고객번호, 고객이름, 생년월일, 나이, 주소, 전화번호 등이다. 고객번호는 회사에서 임의로 부여하는 번호이며, 각 고객번호는 유일 값을 갖는다. 고객의 전화번호는 최소한 하나 이상, 최대 두 개까지 저장한다.

　　2. 명문가구에서 판매하는 제품에 관하여 필요한 정보는 제품번호, 제품명, 제품설명, 원가, 재고량 등이다. 제품번호는 회사에서 임의로 부여하는 번호이며, 각 제품번호는 유일 값을 갖는다.

───

3.1.1 개체와 속성

　　개체(entity)란 현실세계에서 스스로 존재할 수 있는 '어떤 것'이다. 개체는 어떤 사람, 어떤 물건, 어떤 건물 등과 같이 물리적으로 존재하는 유형의 것일 수도 있고, 어떤 학과목, 어떤 계약, 어떤 직업 등과 같이 개념상으로 존재하는 무형의 것일 수도 있다. 명문가구의 경우, 어느 고객이나 어떤 제품 등을 개체로 볼 수 있다. 각 개체는 그것을 규정지을 수 있는 독특한 성질을 지니고 있는데, 이를 **속성**(attribute)이라고 부른다. 예를 들어, 명문가구의 제품이란 개체는 제품번호, 제품명, 제품설명, 원가, 재고량이라는 속성들을 통해 묘사될 수 있다. 한 개체는 각 속성에 대하여 어떤 값을 갖게 되는데 이를 **속성 값**(attribute value)이라고 한다. 데이터베이스에 실제로 저장되는 것은 대부분 바로 이 속성 값이다.

　　〈그림 3-1〉에 두 개체와 그들이 갖고 있는 속성 값이 나타나 있다. 예를 들어, 한 개체인 고객 1은 고객번호, 고객이름, 생년월일, 나이, 주소, 그리고 전화

───

1. 본 사례는 엘마스리와 나바드(Elmasri and Navathe, 2016)에 나오는 3.2장의 사례를 참조하여 변형, 확장한 것이다.

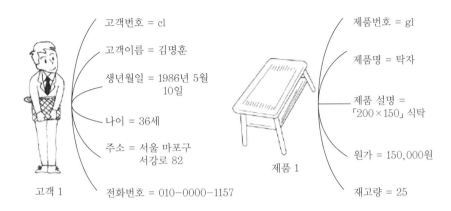

고객번호 = c1

고객이름 = 김명훈

생년월일 = 1986년 5월
10일

나이 = 36세

주소 = 서울 마포구
서강로 82

전화번호 = 010-0000-1157

고객 1

제품번호 = g1

제품명 = 탁자

제품 설명 =
「200×150」 식탁

원가 = 150,000원

재고량 = 25

제품 1

그림 3-1 개체와 속성

번호를 속성으로 지니고, 그 속성 값으로 각각 순서대로 'c1', '김명훈', '1986년 5월 10일', '36세', '서울 마포구 서강로 82', 그리고 '010-0000-1157'이란 값을 갖는다.

위의 속성 중 고객번호는 더 이상 세분화될 수 없는데, 이러한 속성을 원자原子 속성(atomic attribute)이라고 한다. 반면, 주소는 시, 구, 도로명, 건물번호 등으로 더 세분화될 수 있는 몇 개의 원자 속성으로 이루어져 있는데, 이러한 속성을 **합성 속성**(composite attribute)이라고 한다. 합성 속성은 경우에 따라서 주소와 같이 한 단위로 통틀어 사용할 수도 있고, 시, 구 등으로 나누어서 사용할 수도 있으므로 편리한 개념이다. 만약 주소를 시, 구 등으로 분할하여 사용할 필요가 없다면, 주소 자체를 원자 속성으로 취급할 수 있으며, 구태여 데이터베이스에 나누어서 저장할 필요가 없다. 어떤 속성을 원자 속성으로 볼 것인지, 아니면 합성 속성으로 볼 것인지는 나중에 어떠한 방식으로 데이터에 접근할 것인지에 따라 결정하여야 한다. 예를 들어, 주소 속성을 고객에게 발송할 우편물의 주소 출력을 위해서만 사용할 것이라면 원자 속성으로 분류하는 것이 바람직하다. 그러나 만약 주소를 통해 고객이 사는 동네별로 고객의 소비행태까지 분석하고자 한다면 주소를 시, 구, 도로명, 건물번호 등으로 세분화한 합성 속성으로 파악하여야 할 것이다.

속성은 지니는 속성 값의 숫자에 따라 **단일값 속성**(single-valued attribute)과 **다중**

값 속성(multivalued attribute)으로 나눌 수 있다. 위의 속성 중 고객번호나 고객이름의 경우 한 고객이 단 하나의 속성 값만을 갖는 것이 일반적인데, 이러한 속성을 단일값 속성이라고 한다. 반면, 전화번호의 경우 고객에 따라서는 하나의 속성 값을 가질 수도 있고, 둘 이상의 속성 값(전화가 두 대 이상인 경우)을 지닐 수도 있다. 만약 고객이 지닌 모든 전화번호를 데이터베이스에 저장하고자 한다면, 전화번호는 다중값 속성으로 볼 수 있다. 다중값 속성은 속성 값의 개수에 대하여 하한과 상한을 갖게 되는데, 명문가구의 경우 최소한 하나 이상, 최대 두 개까지 전화번호를 저장하기 때문에 하한은 1이고, 상한은 2가 될 것이다.

한 속성 값이 다른 속성 값으로부터 유도될 수 있다면 이러한 속성을 유도誘導 속성(derived attribute)이라고 부른다. 예를 들어, 나이의 속성 값은 사실 생년월일의 속성 값에 의해 유도될 수 있으므로, 나이는 유도 속성으로 볼 수 있다. 유도 속성의 경우 저장장소, 입력시간, 그리고 입력오류를 줄이기 위해서 데이터베이스에 저장할 필요가 없다. 그대신 유도 속성 값을 추론할 수 있는 계산식이나 참조표를 저장하게 된다. 그러나 속성 값을 유도하는데 처리시간이 많이 걸리는 경우, 빠른 접근을 위해 유도 속성의 값을 데이터베이스 내에 저장할 수 있다. 또한 한번 저장한 후, 갱신이 거의 일어나지 않는 경우에는 유도 속성이라 하더라도 데이터의 불일치 가능성이 없기 때문에 데이터베이스 내에 저장할 수 있다.

어떤 개체가 특정 속성에 대하여 속성 값을 가지지 않는 경우가 있을 수 있다. 예를 들어, 직원이라는 개체의 속성으로 (대학에서의) 전공이 추가된다면, 대학을 졸업하지 않은 직원은 이 속성에 대한 값을 가지지 않는다. 이러한 경우에 그 속성은 미확인(null) 값을 갖는다고 한다. 또, 특정 개체의 속성 값을 모르는 경우, 예를 들어, 어느 고객이 전화를 가지고 있으나 미처 파악하지 못했을 때, 그 고객의 전화번호 속성은 미확인 값을 갖는다. 이와 같이 속성이 미확인 값을 갖는 경우에 '해당되는 값이 없다'는 의미와 '해당되는 값이 있으나 현재 알지 못한다'는 의미의 두 가지로 해석될 수 있기 때문에 주의가 요구된다.

3.1.2 개체 집합

데이터베이스에는 비슷한 유형의 개체가 다수 저장되기 마련이다. 예를 들어, 명문가구에는 수백 명의 고객이 있는데, 이들 개개인에 대하여 동일한 유형의 정보를 데이터베이스에 저장하게 된다. 이 고객 개체들은 동일한 속성을 지니고 있으나, 각각의 개체는 각 속성에 대하여 자신의 값을 가지고 있다. 이처럼 동일한 속성을 지니는 개체들의 집합을 **개체**個體 **집합**(entity set)이라고 하며, 개체 집합에 속하는 각 개체를 **개체 예**例(entity instance)라고 한다.[2] 개체 집합은 때때로 개체류(entity class), 또는 개체형(entity type)이라고도 불린다. 대부분의 데이터베이스 내에는 여러 개의 개체 집합이 존재한다. 각 개체 집합은 그 이름과 속성들로 표현되는데, 아래에 두 개의 개체 집합 ―고객과 제품― 과 그들의 속성이 표시되어 있다.

고객 (고객번호, 고객이름, 전화번호)
제품 (제품번호, 제품명, 재고량)

위와 같은 서술을 **개체 집합 스키마**(entity set schema)라고 하는데, 좀더 자세한 스키마는 개체 집합의 이름과 속성 외에 각 속성의 의미나 제약조건 등을 포함할 수 있다. 〈그림 3–2〉에 각 개체 집합에 속하는 개체 예가 나타나 있는데, 각 개체 예의 속성 값은 개체 집합 스키마에 나타난 속성의 순서대로 나열되어 있

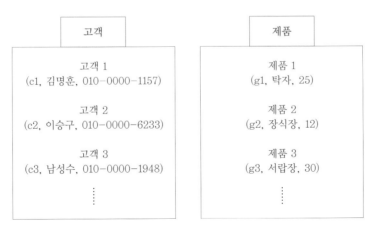

그림 3-2 개체 예와 개체 집합

---

2. 본서에서 개체라는 용어는 문맥에 따라 개체 집합 또는 개체 예로 해석될 수 있으므로 주의하기 바란다.

다. 이 그림에서 고객은 개체 집합이며, 고객 1은 개체 예이다.

3.1.3 식별자 속성

각 개체가 갖는 중요한 성질 중 하나는 **유일성**(uniqueness)이다. 특정 개체 집합에서 각 개체 예를 구별해 낼 수 있는 속성이 적어도 하나 이상 존재해야 하는데, 이를 **식별자** 또는 **주키 속성**(key attribute)이라고 한다. 예를 들어, 우리나라 국민의 경우에 주민등록번호가 대표적인 식별자 속성이라고 볼 수 있다. 〈그림 3-2〉에 나온 고객은 고객번호가, 제품은 제품번호가 각각 식별자 속성이다.

식별자 속성은 그 개체 집합에 속한 모든 개체의 유일성을 보장할 수 있어야 한다. 한 속성이 유일성을 보장할 수 없는 경우에는 여러 개의 속성들이 합쳐져서 식별자의 역할을 수행하기도 하는데, 이를 **합성 식별자 속성**(composite key attributes)이라고 한다. 합성 식별자 속성 값의 조합은 그 개체 집합 내에서 유일한 값을 갖는다. 예를 들어, 위의 예에서 나온 고객 개체 집합에서 고객이름이나 주소는 그 자체로써 유일성을 보장할 수 없으므로 식별자의 역할을 할 수 없다. 서로 다른 고객이 같은 이름을 갖거나, 즉, 동명이인이 존재하거나, 한 주소에 둘 이상의 고객이 거주할 수 있기 때문이다. 그러나, 고객이름과 주소를 합치면 합성 식별자로 사용할 수 있다. 물론 이를 위해서는 한 주소에 같은 이름을 가진 고객이 살지 않는다는 가정이 필요하다. 하지만 이 경우에도 고객이 이사를 간다든가 하는 상황이 생길 수 있기 때문에 고객번호를 식별자 속성으로 사용하는 것이 바람직하다. 또 어떤 개체 집합은 둘 이상의 식별자 속성을 지닐 수도 있다. 예를 들어, 고객이라는 개체 집합의 속성으로 고객번호 외에 고객의 주민등록번호도 포함되어 있다면, 이 두 가지 모두 식별자 속성이 될 수 있다. 그러나 주민등록번호를 데이터베이스에 포함할 경우 반드시 개인의 동의를 얻어야 할 뿐 아니라, 암호화해야 하기 때문에 가능한 자체적인 주키를 생성하여 사용하는 것이 바람직하다.

3.2 관계성 집합

대부분의 데이터베이스에는 하나 이상의 개체 집합이 포함되기 마련이다. 서로 다른 개체 집합에 속한 개체 예들간의 관계성을 파악하는 작업은 데이터베이스 설계에 있어서 대단히 중요하다. 예를 들어, 〈그림 3-2〉의 고객 2가 제품 3을 구입하였다면 이 두 개체 예는 서로 관련되어 있으며, 이러한 관련성이 데이터베이스 내에서 파악될 수 있어야 한다. 개체 집합에 속한 개체 예들간의 개개의 연관성을 **관계성 예**例(relationship instance)라고 한다. 그리고 비슷한 유형의 관계성 예의 집합을 **관계성 집합**(relationship set)이라고 한다.[3] 관계성 예와 관계성 집합의 관계가 〈그림 3-3〉에 나타나 있다. 고객 c1이 제품 g1을 구입하였다면 두 개체 사이에는 r1이라는 관계성 예가 발생하며, 이러한 관계성 예 r1, r2, r3 등이 모여 구매하다라는 관계성 집합을 형성하게 된다. 관계성 집합은 개체 집합과 더불어 데이터베이스를 설계하는 데 있어서 대단히 중요한 개념이다.

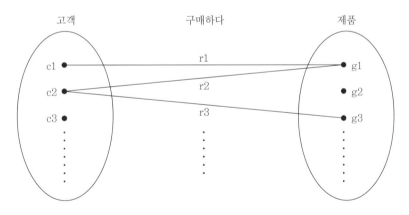

그림 3-3 관계성 예와 관계성 집합

---

3. 본서에서 관계성이라는 용어는 문맥에 따라 관계성 집합 또는 관계성 예로 해석될 수 있으므로 주의하기 바란다.

3.2.1 대응비와 참여도

한 개체 예가 참여할 수 있는 관계성 예의 최대 숫자에 관한 조건을 **대응비**(cardinality[4] ratio)라고 하는데, 두 개체 집합간에는 다음의 세 가지 대응비가 가능하다. 어느 시점에서 개체 집합 갑에 속하는 한 개체 예가 상대 개체 집합 을에 속하는 오직 한 개체 예와 관계성 예를 맺고 있을 때, 그리고 그 역도 사실일 때, 이를 '1:1(one-to-one)의 대응비를 갖는다'라고 한다. 예를 들어, 한 부서를 책임지는 부서장이 한 명이라면, 부서장과 부서라는 두 개체 집합 사이의 책임지다라는 관계성 집합은 1:1의 관계성 집합이다. 부서장에 속한 한 개체 예가 관련되어 있는 부서의 개체 예는 오직 하나뿐이고, 그 역도 사실이기 때문이다.

어느 시점에서 개체 집합 갑에 속하는 한 개체 예가 상대 개체 집합 을에 속하는 한 개체 예 또는 그 이상의 개체 예와 관계성 예를 맺고 있으나, 을에 속하는 한 개체 예는 갑에 속하는 오직 한 개체 예와 관계성 예를 맺고 있을 때, 이를 '1:다(one-to-many)의 대응비를 갖는다'라고 한다. 예를 들어, 부서와 (소속)직원이라는 두 개체 집합 사이의 보유하다라는 관계성 집합을 생각해 보자. 한 부서에 여러 명의 직원이 있으나, 한 직원은 오직 한 부서에만 소속된다면, 부서와 직원은 1:다의 관계성 집합을 갖는다.

어느 시점에서 개체 집합 갑에 속하는 한 개체 예가 상대 개체 집합 을에 속하는 한 개체 예 또는 그 이상의 개체 예와 관계성 예를 맺고 있을 때, 그리고 그 역도 사실일 때, 이를 '다:다(many-to-many)의 대응비를 갖는다'라고 한다. 예를 들어, 직원과 프로젝트라는 두 개체 집합 사이의 참여하다라는 관계성 집합을 생각해 보자. 한 직원이 여러 프로젝트에 관여하고 있고, 또 한 프로젝트에는 여러 직원이 참여하고 있다면, 직원과 프로젝트는 다:다의 관계성 집합을 갖는다.

관계성을 나타내는 데 있어서 또 다른 중요한 개념은 한 개체 집합에 속한 개체 예들이 반드시 상대 개체 집합의 개체 예와 관계를 맺고 있어야 하는지를 나타내는 **참여도**(participation)이다. 만약 갑에 속한 개체 예에 대응하는 을의 개체 예가 존재하지 않는 경우도 허용된다면, **부분**(partial) 또는 **선택**(optional) 참여라고 한다. 예를 들어, 부서와 직원간의 관계성 집합에서 어느 부서에도 속하지 않은

---

4. 여기의 cardinality는 한 관계에 포함된 타플의 총 수를 의미하는 2장의 관계의 원소 수(cardinality of relation)와는 다른 개념이다.

직원이 있을 수 있다면(예를 들어, 신입 직원이 부서를 배정 받지 않은 경우), 직원은 이 관계성 집합에 대해 부분 참여가 된다. 반대로 부서는 반드시 소속 직원이 있어야 한다면, 이는 **완전**(total) 또는 **강제**(mandatory) 참여가 된다. 이처럼 두 개체간의 관계성은 보는 방향에 따라 참여도가 달라질 수 있다.

대응비와 참여도를 그림으로 살펴보면 〈그림 3–4〉와 같다. 〈그림 3–4〉에서 부분 1은 왼쪽에서 오른쪽으로 부분 참여인 경우를 나타내고, 부분 2는 오른쪽에서 왼쪽으로 부분 참여인 경우를 나타내며, 마지막으로 부분 3은 양방향 모두 부분 참여인 경우를 나타낸다.

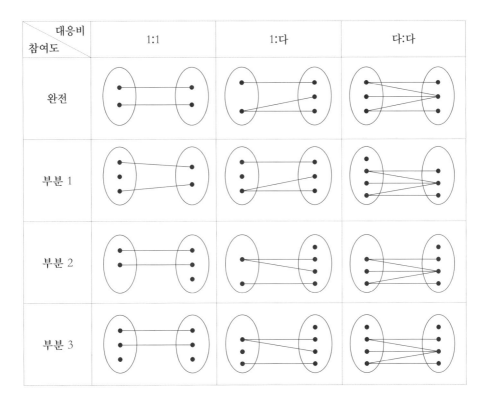

그림 3-4 대응비와 참여도

3.2.2 차수

한 관계성 집합에 포함되는 개체 집합의 수를 관계성 집합의 **차수**(degree[5])라고 한다. 지금까지 언급한 모든 관계성 집합들은 두 개체 집합간에 일어난 것이므로 차수가 2인 관계성 집합들이다. 관계성 집합에 있어서 가장 일반적 차수는 2이나, 차수가 1이나 3 또는 그 이상인 관계성 집합도 존재한다.

차수가 1인 관계성 집합을 **일원**一元(unary) 또는 **순환**(recursive) **관계성 집합**이라고 하는데, 이는 한 개체 집합 내의 개체 예들간에 발생하는 관계성을 표현한다. 예를 들어, 직원이라는 개체 집합 내에서 발생하는 감독하다라는 관계성 집합을 생각해 보자. 만약 한 직원(상사)이 여러 명의 다른 직원(부하 직원)을 감독하고 있다면, 이는 1:다의 일원 관계성 집합을 갖는다.

차수가 2인 관계성 집합을 **이원**二元(binary) **관계성 집합**이라고 하는데, 데이터베이스 설계에 있어서 가장 보편적으로 나타나는 관계성 집합이다. 앞의 예에서 부서와 직원 간의 관계는 1:다의 이원 관계성 집합으로 표현된다.

차수가 3인 관계성을 **삼원**三元(ternary) **관계성 집합**이라고 하는데, 이는 세 개체 집합의 개체 예들 간에 동시에 발생하는 관계성 집합이다. 예를 들어, 고객, 제품, 그리고 영업직원의 세 개체 집합 사이에 발생하는 주문하다라는 관계성 집합은 삼원 관계성 집합이다. 이 관계성 집합은 특정 고객이 특정 제품을 특정 영업직원으로부터 주문하는 관계를 나타낸다. 삼원 관계성의 대응비는 1:1:다 또는 1:다:다 등으로 표시된다. 지금까지 설명한 서로 다른 차수의 세 가지 관계성 집합의 예를 그림으로 나타내면 〈그림 3-5〉와 같다.

일반적으로 삼원 관계성 집합은 세 개의 이원 관계성 집합이 나타내는 정보보다 더 많은 의미를 내포하고 있다. 〈그림 3-5〉의 삼원 관계성 집합에서 나타날 수 있는 속성 —관계성 집합도 개체 집합과 마찬가지로 속성을 가질 수 있다— 으로 주문량 등이 있을 수 있는데, 이는 특정 고객이 특정 제품을 특정 영업직원으로부터 주문한 양을 의미한다. 만약 이 삼원 관계성을 〈그림 3-6〉과 같이 세 개의 분리된 이원 관계성 집합으로 표시한다면, 이와 같은 주문량에 관한 정보를 저장할 수 있는 방법이 없다. 단지 특정 고객이 특정 제품을 얼마만큼 주문했는가 또는 특정 고객이 특정 영업직원으로부터 얼마만큼 주문했는가

---

5. 여기의 degree 역시 2장의 관계의 차수(degree of relation)와는 다른 개념이다.

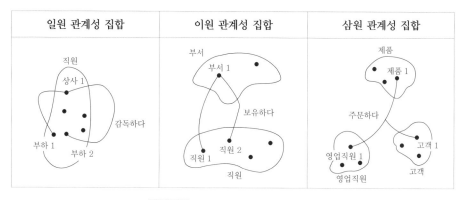

그림 3-5 차수가 다른 관계성 집합의 예

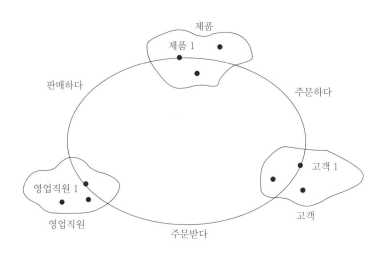

그림 3-6 세 개의 분리된 이원 관계성 집합

만을 저장할 수 있을 뿐, 세 개체 집합을 동시에 연결하여야 알 수 있는 정보는
저장할 수 없다.

　　앞의 〈그림 3-5〉의 삼원 관계성 집합을 정보의 손실 없이 이원 관계성 집합
으로 바꾸기 위해서는 주문하다라는 관계성 집합을 새로운 개체 집합으로 전환
해야 한다. 일반적으로 속성을 갖는 관계성 집합은 개체 집합으로 전환될 수 있
는데, 이렇게 전환된 개체 집합을 특별히 **관개체**關個體[6](gerund) 집합이라고 부르기

---

6. 관계성 집합을 나타내면서 개체 집합의 역할을 한다는 의미로 저자가 만든 용어.

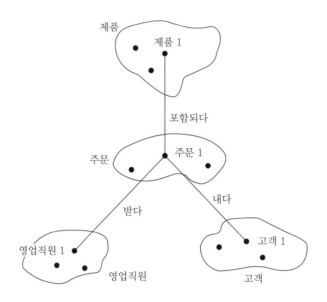

그림 3-7 삼원 관계성 집합의 이원 관계성 집합으로의 전환

도 한다. 〈그림 3-7〉은 관개체 집합을 통하여 삼원 관계성 집합을 동일한 정보를 제공할 수 있는 이원 관계성 집합으로 전환시킨 예를 보여 준다. 〈그림 3-5〉의 주문하다라는 삼원 관계성 집합이 주문이라는 개체 집합으로 전환되었다.

3.2.3 종속 개체 집합

식별자 속성을 가지지 못한 개체 집합을 **종속 개체 집합**(weak entity set)이라고 한다. 식별자 속성이 없으므로 종속 개체 집합에는 모든 속성에 대하여 동일한 값을 갖는 개체 예들이 다수 존재할 수 있다. 따라서 이들을 구별하기 위해서는 별도의 개체 집합의 식별자 속성과 종속 개체 집합의 속성을 연결시켜야 한다. 이때 별도의 개체 집합을 **식별 개체 집합**(identifying owner)이라고 하고, 이들 두 개체 집합간의 관계성 집합을 **식별 관계성 집합**(identifying relationship)이라고 한다. 종속 개체는 식별 개체 없이는 존재할 수 없으므로 **존재 의존성**(existence dependency)이 발생하며, 종속 개체 집합의 참여도는 완전 참여가 된다.

예를 들어, 직원과 부양가족이라는 개체 집합을 생각해 보자. 한 직원에 대해 여러 명의 부양가족이 있을 수 있으므로, 이들은 1:다의 관계성 집합을 갖는다. 부양가족은 이름, 생일, 성별, 관계를 속성으로 갖는다고 가정할 때, (매우 드문 경우지만) 서로 다른 직원이 동일한 속성 값을 지닌, 즉, 이름, 생일, 성별, 관계가 모두 같은 부양가족을 두는 경우가 발생할 수 있다. 이 경우 둘 이상의 부양가족 개체 예가 동일한 속성 값을 갖더라도 이들은 실제로 서로 다른 개체이다. 이들을 구별하기 위해서는 관련된 직원의 식별자를 통할 수밖에 없으므로, 부양가족은 직원에 종속된 종속 개체 집합이다. 한 직원에 속한 부양가족이 동일한 이름을 갖는 경우는 없다고 가정한다면, 부양가족의 이름을 직원의 직원번호와 결합시키면 어떠한 부양가족의 개체도 찾을 수 있는 식별자가 된다. 이러한 식별자를 **부분 식별자**(partial primary key)라고 하는데, 종속 개체 집합은 식별자 대신 부분 식별자를 갖는다.

종속 개체 집합에 식별자가 될 수 있는 속성이 추가되면 독립된 개체 집합이 된다. 따라서 특정 개체 집합을 인위적인 식별자를 추가하지 않고 종속 개체 집합으로 둘 것인지, 식별자를 추가하여 독립적인 개체 집합으로 만들 것인지는 데이터베이스 설계자의 판단에 달렸다. 위의 예에서 부양가족의 속성으로 부양가족 번호를 추가시켜 독립된 개체 집합으로 만들 수 있다. 그러나 만약 모든 직원들의 부양가족들에게 독립적인 번호를 부여하는 것이 별 의미가 없고, 부양가족을 직원과 독립시켜 접근할 필요가 발생하지 않는다면 종속 개체 집합으로 두는 것이 더 바람직하다.

3.3 확장 개체-관계성 데이터 모델

과거에 데이터 구조가 단순할 때는 지금까지 논의한 개체 집합과 관계성 집합의 개념만으로도 대다수 조직의 데이터베이스를 구축하기 위하여 충분하였다. 그러나 컴퓨터 이용 설계와 생산(CAD/CAM), 멀티미디어 데이터 등 객체지향 개념과 관련된 데이터의 활용이 늘어나면서 추가적인 모델링 개념이 요구되었다. 이를 수용하기 위하여 전통적인 개체-관계성 데이터 모델에 일반화/상세화의 개념을 추가한 **확장 개체-관계성**(Enhanced Entity-Relationship(EER)) **데이터 모델**이 제안되었다.

3.3.1 일반화/상세화

관계성 집합의 특수한 형태인 **일반화**(generalization) **관계성 집합**은 공통 속성을 지닌 여러 개체 집합을 보다 일반적인 한 개체 집합으로 통합시키는 것을 의미한다. 이때 공통의 속성을 지닌 여러 개체 집합을 **하위**(subtype) **개체 집합**이라고 하는데, 이 개체 집합들은 보다 일반화 된 **상위**(supertype) **개체 집합**을 구성하는 부분 집합들이다. 그리고 이러한 과정의 역과정, 즉 일반적인 한 개체 집합을 보다 세분화된 여러 하위 개체 집합으로 나누는 관점에서 생각하면 이는 **상세화** (specialization) **관계성 집합**이라고도 볼 수 있다.

스미스와 스미스(Smith and Smith, 1977)가 제시한 운송수단의 예는 개체 집합간의 일반화/상세화를 이해하는 데 도움이 된다. 〈그림 3-8〉은 다수의 하위 개체 집합이 운송수단이라는 상위 개체 집합으로 연결되어 가는 관계를 보여 주고 있다.[7] 이 그림에서 나타난 각각의 상위 개체 집합은 다수의 하위 개체 집합으로 구성된다. 예를 들어, 트럭, 자전거, 그리고 자동차는 도로 운송수단이라는 개념으로 일반화될 수 있고, 다시 도로 운송수단은 선로 운송수단과 함께 육상

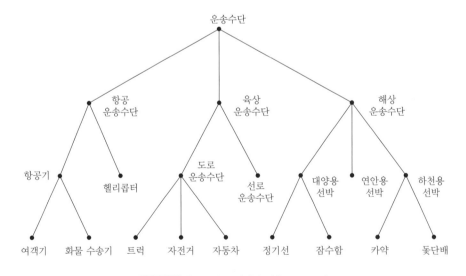

그림 3-8 운송수단의 일반화 계층 구조 그림

---

7. 이러한 분류방법은 운송수단을 분류하는 여러 방법 중 하나이며, 각 운송수단의 정의에 따라 상호 배타성이 완전히 지켜지지 않을 수도 있다.

운송수단의 개념으로 일반화될 수 있으며, 마지막으로 육상 운송수단은 항공 운송수단과 해상 운송수단과 함께 운송수단이라는 개념으로 일반화된다. 이처럼 한 일반화 관계성 집합에 있어서 상위 개체 집합은 다른 일반화 관계성 집합에 있어서 하위 개체 집합의 역할을 수행할 수 있다. 〈그림 3-8〉과 같이 상위 개체 집합과 하위 개체 집합과의 조합을 나타낸 그림을 **일반화 계층 구조**(generalization hierarchy) **그림**이라고 한다.

데이터베이스 설계에 있어서 일반화 계층 구조를 파악해야 하는 중요한 이유로 **유전성**(inheritance)을 들 수 있다. 유전성이란 상위 개체 집합의 속성이 하위 개체 집합으로 상속되어지는 성질을 의미한다. 예를 들어, 〈그림 3-8〉의 최상층에 위치한 운송수단이라는 개체 집합의 속성으로 시속을 정의내리면, 이 속성은 운송수단 아래에 위치한 모든 하위 개체 집합에도 자동으로 적용된다. 그러나 그 역은 사실이 아니며, 하위 개체 집합은 상위 개체 집합이 갖지 않는 자신만의 고유한 속성을 지닐 수 있다. 예를 들어, 타이어 크기라는 속성은 도로 운송수단이라는 개체 집합과 그 하위 개체 집합에만 해당되는 속성으로 보다 상위 개체 집합인 육상 운송수단이나 운송수단에는 해당되지 않는 속성이다.

3.3.2 배타성과 완전성

일반화 관계성 집합에서 상위 개체 집합을 이루는 하위 개체 집합들이 상호 배타적인지에 따라 **배타적**(disjoint) 하위 개체 집합과 **비배타적**(overlap) 하위 개체 집합으로 분류된다. 예를 들어, 어느 회사의 직원이 정규직과 비정규직으로 구성되어 있다고 가정해 보자. 정규직이면서 동시에 비정규직인 직원은 있을 수 없으므로, 이 두 집합은 상호 배타적이다. 따라서 이 일반화 관계성 집합은 배타적 하위 개체 집합으로 구성되어 있다. 반면에, 〈그림 3-8〉의 운송수단의 일반화 관계성 집합에서, 수륙양용차와 같은 운송수단은 육상과 해상을 모두 운행할 수 있기 때문에, 육상 운송수단인 동시에 해상 운송수단으로 분류되며 비배타적 하위 집합이 된다.

일반화 관계성 집합은 또한 상위 개체 집합을 이루는 하위 개체 집합들의 참여도에 따라 **완전**(total) 참여와 **부분**(partial) 참여로 나누어진다. 완전 참여는 상위 개체 집합의 모든 개체 예는 반드시 어느 하위 개체 집합에 속해야 하는 경우이다. 예를 들어, 어느 회사의 직원이 정규직과 비정규직으로 구성되고, 다른 유형의 직원은 더 이상 존재하지 않는다면, 이 일반화 관계성 집합의 참여도는 완전 참여가 된다. 모든 직원은 정규직 또는 비정규직으로 분류될 수 있기 때문이다. 완전 참여의 경우, 하위 개체 집합의 합이 상위 개체 집합과 완전히 일치하기 때문에 **전면**全面**적**(exhaustive) 참여라고도 한다.

반면에 부분 참여는 상위 개체 집합의 개체 예가 반드시 어느 하위 개체 집합에 속할 필요가 없는 경우이다. 예를 들어, 어느 회사의 직원을 사무직원, 영업직원, 생산직원 등으로 분류하지만, 그 어느 분류에도 속하지 않은 직원이 존재할 수 있다면, 이 일반화 관계성 집합의 참여도는 부분 참여가 된다. 부분 참여의 경우, 하위 개체 집합을 합친 것이 상위 개체 집합의 일부분에 해당되기 때문에 **비전면적**(nonexhaustive) 참여라고도 한다.

3.4 개체-관계성도

개체-관계형 데이터 모델은 사용자 요구 분석을 통해 파악한 개체와 관계성 집합을 **개체-관계성도**圖(entity-relationship diagram)라는 그림으로 나타낸다. 개체-관계성도는 첸(Chen, 1976)이 처음 모델을 제시한 후 여러 개의 독립된 수정판이 나왔으며, 하나의 표준화된 방식은 존재하지 않는다. 첸 모델은 모든 속성을 타원형으로 표시하고, 관계성 집합을 다이아몬드 모양으로 표시하는데, 시각적으로 이해하기는 쉽지만, 많은 공간을 필요로 하기 때문에 현실 세계의 복잡한 개체 집합들을 표현하기 어렵다. 따라서 실무에서는 보다 간결하게 표현할 수 있는 까마귀발(Crow's Foot) 표기방식을 많이 채택하고 있다. 한편, 최근에 여러 객체지향 분석 방법에서 사용되는 도식 기법들을 결합한 UML(United Modeling Language)이 소프트웨어 설계에서 널리 사용되고 있는데, 그 중에서 클래스 다이어그램(class diagram)은 개체-관계성도와 매우 유사한데, 3.5절에서 소개하기로 한다.

3.4.1 개체-관계성도 개요: 첸 모델과 까마귀발 모델

첸 모델에서는 개체 집합과 그들간의 관계성 집합을 나타내기 위해서 직사각형이나 다이아몬드와 같은 특수 기호를 사용한다. 본서에서 사용할 개체-관계성도의 기호가 〈그림 3-9〉에 나와 있다.[8] 개체-관계성도에서 일반 개체 집합은 단선(그림 3-9a)으로, 종속 개체 집합은 겹선(그림 3-9b)으로 된 직사각형으로 표시하고, 주로 명사형의 이름을 부여한다. 그리고 각 개체 집합에 소속된 속성들은 타원(그림 3-9c) 안에 표시하여 관련 개체 집합에 직선으로 연결시켜 나타낸다. 다중값 속성은 겹선으로 된 타원(그림 3-9d) 안에 표시하며, 유도 속성은 점선으로 된 타원(그림 3-9e)으로 표시한다. 식별자 속성은 속성 이름 아래에 실선(그림 3-9f)을 그어 표시하며, 부분 식별자 속성은 실선 대신 점선(그림 3-9g)으로 나타낸다. 합성 속성은 그를 구성하는 원자 속성들을 연결(그림 3-9h)하여 표현한다.

관계성 집합은 다이아몬드 모양(그림 3-9i)을 관련 개체 집합에 직선으로 연결시켜 나타내며, 일반적으로 동사형의 이름을 부여한다. 관계성 집합과 개체 집합을 연결시키는 직선은 부분 참여의 경우 단선(그림 3-9k)으로, 완전 참여의 경우 겹선(그림 3-9l)으로 나타내며, 다이아몬드와 직선의 연결부분에 대응비를 표시한다. 그리고 종속 개체 집합과 식별개체 집합을 연결시키는 식별 관계성 집합은 겹선으로 된 다이아몬드(그림 3-9j)로 표시한다.

일반화 관계성 집합은 관계성 집합의 특수한 형태로 역시 다이아몬드 모양을 하위 개체 집합으로부터 상위 개체 집합에 화살표(그림 3-9m)로 연결시켜서 표시한다. 단, 일반화 관계성 집합은 항상 '이다'라는 특수한 이름을 갖는다. 배타적 하위 개체 집합은 화살표 위에 원호(그림 3-9n)를 그어 표시하며, 부분 하위 개체 집합은 이름을 명시하지 않은 개체 집합(그림 3-9o)을 하위 개체 집합으로 추가시킴으로써 나타낸다.

실무에서 널리 채택되는 까마귀발 모델에서 사용하는 개체-관계성도의 기호가 〈그림 3-10〉에 나와 있다.[9] 까마귀발 모델에서는 속성을 하나의 직사각형 안에 넣고 식별자 속성만 칸막이로 구분하기 때문에 공간을 많이 절약할 수 있다. 까마귀발 모델에서는 일반적으로 다중값 속성, 유도 속성, 그리고 합성 속성을 따로 표시하지는 않는다. 다중값 속성이나 유도 속성, 그리고 합성 속성은 개

---

8. 본서에서 사용한 첸 표기방식은 E-R Designer(Chen and Associates, 1988)라고 불리는 개체-관계성도 제도₩₩ 프로그램의 기호를 일부 수정하여 사용한 것이다.
9. 본서에서 사용한 까마귀발 표기방식은 Information Engineering(IE) 표준을 따르며, Erwin이라고 불리는 개체-관계성도 제도₩₩ 프로그램의 기호를 사용한 것이다.

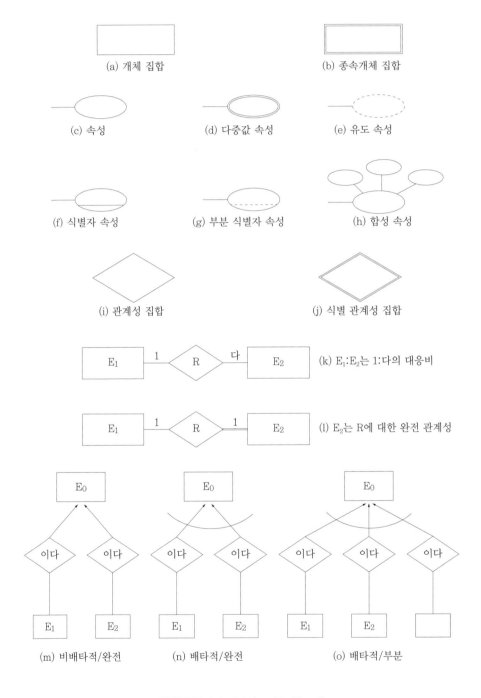

그림 3-9 개체–관계성도 기호: 첸 모델

(a) 개체 집합과 속성

개체집합

식별자속성
속성1 속성2 속성3 (FK)

(b) 참여도와 대응비

기호	참여도와 대응비	설명
A 식별자속성 속성1 속성2 속성3 (FK)	(1, 1)	(상대 개체 집합 입장에서 볼 때) 개체 집합 'A'는 반드시 하나가(one and only one) 있어야 한다.
A 식별자속성 속성1 속성2 속성3 (FK)	(0, 1)	(상대 개체 집합 입장에서 볼 때) 개체 집합 'A'는 하나도 없거나 하나가 있다.
A 식별자속성 속성1 속성2 속성3 (FK)	(1, 다)	(상대 개체 집합 입장에서 볼 때) 개체 집합 'A'는 반드시 하나 또는 그 이상 있어야 한다.
A 식별자속성 속성1 속성2 속성3 (FK)	(0, 다)	(상대 개체 집합 입장에서 볼 때) 개체 집합 'A'는 하나도 없거나, 하나 또는 여러 개가 있다.

(c) 배타적

E0

E1   E2

(d) 비배타적

E0

E1   E2

그림 3-10 개체─관계성도 기호: 까마귀발 모델

념적 설계 단계에서는 구분이 되지만, 8장에서 공부할 논리적 설계 단계를 거치고 나면 일반 속성으로 변경되는데, 까마귀발 모델은 논리적 설계에 더 초점을 맞추고 있기 때문이다. 종속 개체 집합은 모서리가 둥근 사각형으로 표시하고, 종속 개체 집합과 연결되는 식별 관계성 집합은 점선 대신 실선으로 표시한다.

관계성 집합은 관련 개체 집합에 다이아몬드 모양 없이 직선으로만 연결시켜 나타내기 때문에 역시 공간을 절약할 수 있다. 관계성 집합의 대응비는 개체 집합과 가까운 곳에 │ 또는 까마귀발 모양으로 1과 다를 표시한다. 그리고 참여도는 부분일 경우 ○ 모양을 추가하여 표시하는데, 여기서 주의할 점은 첸 모델과 달리 상대편 개체 집합쪽에 ○을 표시한다. 따라서 까마귀발 모델에서는 상대편 개체 집합을 기준으로 해석하는 것이 편리하다(그림 3–10b).

까마귀발 모델에서 일반화 관계성 집합은 상위 개체 집합과 하위 개체 집합을 직선으로 연결하고 중간에 반원을 삽입하는데, 배타적인 경우에는 반원 안에 X 표시(그림 3–10c)를, 비배타적인 경우는 아무 표시(그림 3–10d)를 하지 않는다. 완전성은 따로 표시하는 방법이 없고, 논리적 설계 이후 참여도를 통해 완전성을 나타낸다.

3.4.2 개체 집합과 속성의 파악

개체 집합은 데이터 사용자의 관심 대상인데, 동일한 속성을 지니는 개체 예들의 집합이다. 예를 들어, 어느 대학의 '학생'은 개별 학생 개체 예들을 모아둔 개체 집합에 해당된다. 개체 집합은 말 그대로 개체 예의 집합이기 때문에, 관계형 데이터 모델로 표현하면 테이블에 해당되며, 개체 예(각각의 학생들)는 레코드에 해당된다. 개체 집합은 첸 모델과 까마귀발 모델에서 모두 직사각형으로 표시되며, 주로 명사형의 이름을 부여한다.

속성은 개체 집합을 규정짓는 특징들이다. 예를 들어, 위의 '학생'이라는 개체 집합은 학번, 이름, 전공 등의 속성을 가질 수 있다. 첸 모델에서 속성은 타원 안에 속성 이름을 명기하고, 관련 개체 집합에 직선으로 연결시켜 나타낸다. 까마귀발 모델에서는 직사각형 안에 개체 집합과 관련 속성을 나열하고 칸막이로 구분함으로써 공간을 효율적으로 사용한다.

사례 명문가구 ─────────────────────────

　개체─관계성도를 이용하여 명문가구의 개념적 스키마를 그리기 위하여 앞의 사례에서 언급한 고객과 제품 외에 다음과 같은 사항을 추가적으로 파악하였다.

1. 명문가구는 몇 개의 부서로 구성되어 있다. 부서에 관하여 필요한 정보로는 부서번호, 부서명, 위치, 부서에 소속된 직원 수 등이 있다. 각 부서는 유일한 이름(부서명)을 가지고 있으며, 부서번호는 임의로 부여한 번호로 그 또한 유일한 값을 갖는다. 부서는 여러 군데 나뉘어 있을 수 있으므로, 위치는 다중값 속성이다. 그리고 부서에 소속된 직원의 수는 직원과의 관계성 집합에서 계산될 수 있기 때문에 유도 속성이다.

2. 명문가구에서는 소비자의 요구사항을 보다 잘 파악하기 위해 디자인 씽킹 등 다양한 프로젝트를 수행하고 있다. 프로젝트번호, 프로젝트명, 예산 등의 정보가 요구된다.

3. 명문가구에서 일하는 직원은 크게 네 유형, 즉, 사무직원, 생산직원, 영업직원, 그리고 운전기사로 나눌 수 있다. 모든 직원에 대하여 직원번호, 직원이름, 주소, 생년월일, 연봉 등의 정보가 필요하며, 직원번호는 임의로 부여한 번호로 유일하다. 그 외에 각 유형에 따라 사무직원은 최종학위와 전공, 생산직원은 기술분야, 영업직원은 최대할인율과 할당액, 그리고 운전기사는 면허종류에 대한 정보가 추가로 요구된다.

4. 직원은 부양가족이 있을 수 있는데, 이들에 대하여 부양가족 이름, 생년월일, 성별, 직원과의 관계 등의 정보를 필요로 한다.

───

　개체와 속성 그 자체의 개념은 쉽게 이해되지만, 데이터베이스 설계에 있어서 특정 객체를 개체로 볼 것인지 속성으로 볼 것인지의 판단이 용이하지 않은 경우가 있다. 이러한 경우에는 그 객체와 관련하여 식별자 이외에 다른 정보가 추가적으로 필요한가를 파악해 보아야 한다. 만약 어떤 객체가 식별자 외에 다른 정보를 포함해야 한다면 속성이 아닌 개체로 분류하여야 한다. 예를 들어, 사무직원의 최종학위에서 요구되는 정보가 학위명 이외에 학위를 받기 위해 필요한 선수 과목, 학위를 받는 데 걸리는 평균기간 등과 같은 다른 서술적인 정보가 요구된다면 최종학위는 속성이 아닌 개체로서 인식되어야 한다. 그러나, 명문 가구의 사례에서는 단순히 사무직원의 최종학위의 이름만 요구된다고 가정하여 속성으로 분류하였다. 사례에서 파악된 개체 집합으로는 고객, 제품, 부서, 사무직원, 생산직원, 영업직원 그리고 운전기사 등이 있고, 종속 개체 집합으로 부양가족이 있다. 속성은 가장 밀접한 관련이 있는 개체 집합에 소속시켜야 한다.

지금부터 각 개체 집합과 각 개체 집합에 소속된 속성을 표현하는 방법을 자세히 살펴보자. 먼저 '고객' 개체 집합의 나이 속성은 생년월일에서 그 값을 알아낼 수 있으므로 유도 속성이다. 그리고 주소는 향후 마케팅 활동을 위해 시, 구, 도로명, 건물번호로 세분화할 수 있는 합성 속성으로 정의하였고, 전화번호 속성은 고객이 소지한 모든 번호를 저장한다는 가정 하에 다중값 속성으로 파악하였다. 이를 첸 모델과 까마귀발 모델로 표현하면 각각 다음 〈그림 3-11〉과 같다. 첸 모델에서 식별자 속성은 밑에 실선을 그어 표시하고, 합성 속성은 그를 구성하는 원자 속성들을 연결하여 표현한다. 또한 다중값 속성은 겹선으로 된 타원으로, 유도 속성은 점선으로 된 타원으로 표시한다. 까마귀발 모델에서는 식별자 속성을 칸막이로 구분하여 위칸에 위치시킨다. 그리고 까마귀발 모델에서 합성 속성, 다중값 속성, 그리고 유도 속성을 특별히 표현하는 방법이 따로 없기 때문에, 〈그림 3-11〉에서와 같이 합성 속성은 각각 독립된 개별 속성으로, 유도 속성과 다중값 속성은 일반 속성처럼 표시하였다. 그러나 8장에서 설명할 논리적 설계 단계를 거치면 개체-관계성도에서 유도 속성이나 다중값 속성이 제거되기 때문에 최종 산출물에는 영향을 미치지 않는다.

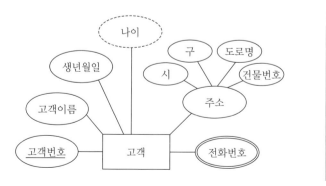

그림 3-11 '고객' 개체 집합과 속성의 개체-관계성도

　　그리고 '부양가족' 개체 집합은 '직원' 개체 집합 없이는 스스로 존재할 수 없는 종속 개체 집합이기 때문에, 부양가족 이름 속성은 자신만으로는 식별자가 될 수 없으며, '직원' 개체 집합의 식별자와 연결되어 식별자의 역할을 수행하는 종속 개체 식별자가 된다. 첸 모델에서는 종속 개체 집합은 겹선으로 된 직사각형으로 표시하며, 종속 개체 식별자는 밑줄 대신 점선을 그어 표시한다. 까마귀 발 모델에서 종속 개체 집합은 〈그림 3-12〉와 같이 모서리가 둥근 사각형으로 표시하며, 식별 개체 집합(이 경우 '직원')의 식별자 속성을 종속 개체 집합에 삽입하여 종속 개체 식별자와 함께 합성키로 만든다. 이 경우 직원번호는 '부양가족' 개체 집합의 주키의 일부이면서 2장에서 공부한 외부키(보다 엄밀하게는 교차참조키)의 역할을 수행하기 때문에 FK(foreign key) 표시를 속성 이름 옆에 붙여준다.

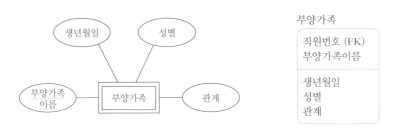

그림 3-12 '부양가족' 개체 집합과 속성의 개체-관계성도

　　나머지 개체 집합도 위의 내용을 적용하면 〈그림 3-13〉과 같은 개체-관계성도를 쉽게 작성할 수 있을 것이다. 다만 '부서' 개체 집합에서 직원 수는 그 부서의 직원을 전부 더하여 구하거나, '부서'와 연결된 '직원' 수를 파악하여 계산할 수 있으므로 유도 속성으로 표시하였고, 부서의 위치는 하나 이상의 값을 가질 수 있으므로 다중값 속성으로 표시하였다. 그러나 까마귀발 모델에서는 유도 속성과 다중값 속성을 따로 표시할 수 없어서 일반 속성으로 표시하였다.

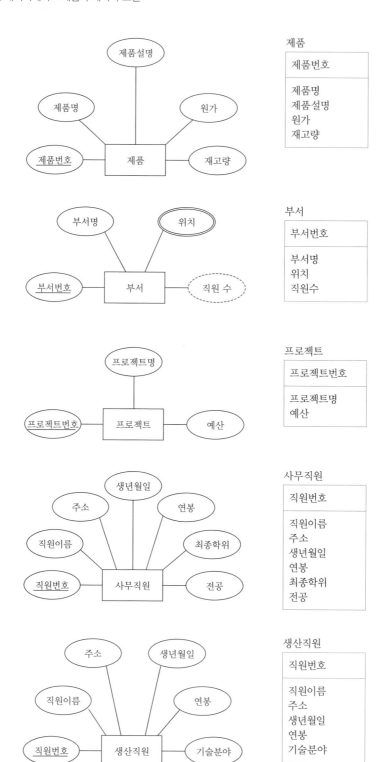

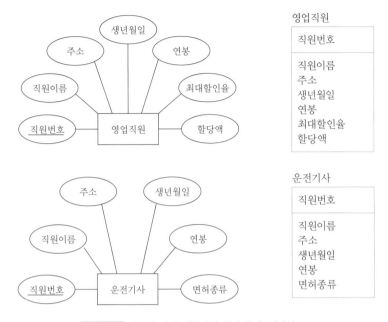

그림 3-13 나머지 개체 집합과 속성의 개체-관계성도

3.4.3 일반화 계층구조의 파악

　개체 집합을 찾은 후 그들간의 관계성 집합을 살펴보기 전에, 일반화할 수 있는 개체 집합이 있는지 파악하는 것이 보다 효율적이다. 그 이유는 상위 개체 집합과 하위 개체 집합이 갖는 관계성 집합이 다를 수 있기 때문이다. 일반화할 수 있는 개체 집합들이 존재한다면 그들의 상위 개체 집합을 만들고 식별자와 공통 속성을 여기에 할당하고, 하위 개체 집합에 대하여는 공통 속성이 아닌 자신만이 갖는 특수 속성만 남긴다. 명문가구의 경우, 사무직원, 생산직원, 영업직원, 그리고 운전기사 개체 집합들은 직원이라는 상위 개체 집합으로 일반화될 수 있다.

　일반화를 할 때에는 상위 개체 집합과 하위 개체 집합 사이에 존재하는 배타성과 완전성을 파악하는 것이 중요하다. 만약 사무직원이 생산직원을 겸하거나, 생산직원이 영업직원을 겸하는 일은 없으며, 다른 직원들 유형도 마찬가지라면, 이들 유형은 상호 배타적이다. 그리고, 모든 직원이 이 네 유형에 속하며, 더 이상의 다른 직원 유형이 존재하지 않는다면, 이 일반화 관계성 집합은 배타적/

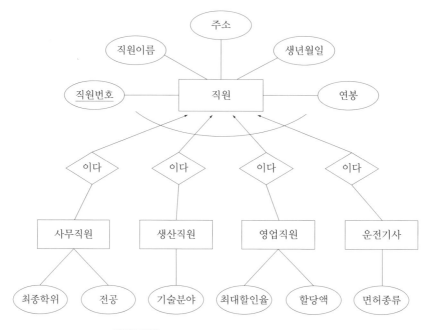

그림 3-14 명문가구의 일반화 계층구조: 첸 모델

완전 하위 개체 집합으로 구성되어 있다. 이를 첸 모델로 나타내면 〈그림 3-14〉
와 같이 배타적 하위 개체 집합을 표시하기 위해 화살표 위에 원호를 그어 표시
하며, 완전 하위 개체 집합이므로 이름을 명시하지 않은 하위 개체 집합을 추가
할 필요가 없다.

　까마귀발 모델에서는 논리적 설계에 좀 더 근접하게 표시할 수 있는데, 예를
들어, 상위 개체 집합의 속성으로 하위 개체 집합의 유형을 구분하기 위한 **구분
자**(subtype discriminator) 속성을 추가할 수 있다.[10] 이 경우 '직원유형' 속성이 하위
개체 집합의 직원들의 유형을 구분하기 위한 구분자 속성이 된다. 명문가구 직
원의 경우 배타적 하위 개체 집합으로 구성되어 있기 때문에, 〈그림 3-15〉와 같
이 반원 안에 X로 표시하였다.

---

10. 구분자 속성은 논리적 설계 단계에서 자세히 다룰 예정이므로, 현재 개념적 설계 단계에서는 무시
　　해도 좋다.

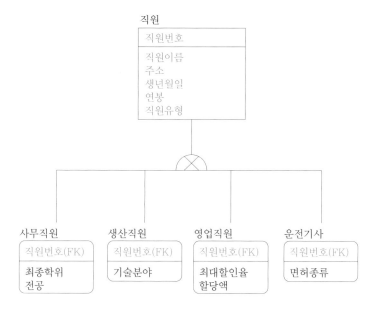

그림 3-15 명문가구의 일반화 계층구조: 까마귀발 모델

3.4.4 관계성 집합의 파악

앞의 3.2절에서 살펴보았듯이, 관계성 집합에서 대응비와 참여도를 파악하는 것은 매우 중요하다. 첸 모델에서 관계성 집합은 다이아몬드 모양을 관련 개체 집합에 직선으로 연결시켜 나타내며, 일반적으로 동사형의 이름을 부여한다. 그리고 종속 개체 집합과 식별 개체 집합을 연결시키는 식별 관계성 집합은 겹선으로 된 다이아몬드로 표시한다. 관계성 집합과 개체 집합을 연결시키는 직선은 부분 참여의 경우 단선으로, 완전 참여의 경우 겹선으로 나타내며, 다이아몬드와 직선의 연결부분에 대응비를 표시한다. 까마귀발 모델에서는 다이아몬드 모양 없이 관련 개체 집합끼리 직선으로 연결하여 관계성 집합을 나타내는데, 특별히 식별 관계성 집합을 따로 표시하는 대신, 앞에서 설명한 바와 같이 식별 개체 집합의 식별자 속성을 종속 개체 집합에 삽입하여 종속 개체 식별자와 함께 합성키로 만든다. 대응비는 개체 집합과 가까운 곳에 │ 또는 까마귀발 모양으로 1과 다를 표시한다. 그리고 참여도는 부분일 경우 ○ 모양을 삽입하여 표시하는데, 여기서 주의할 점은 첸 모델과 달리 상대편 개체 집합쪽에 ○ 기호를 삽입한다. 따라서 까마귀발 모델에서는 상대편 개체 집합을 기준으로 해석하는

것이 편리하다. 예를 들어, 한 명의 교수가 여러 명의 학생을 지도하는 경우, 교수와 지도학생이라는 두 개체 집합 사이의 '지도하다'라는 1:다의 이원 관계성 집합을 갖는데, 이 경우 참여도의 다양한 조합을 개체–관계성도로 표현해 보면 〈그림 3-16〉과 같다. 각 모델의 참여도와 대응비를 해석한 의미를 도형 아래에 따로 기술하였다.

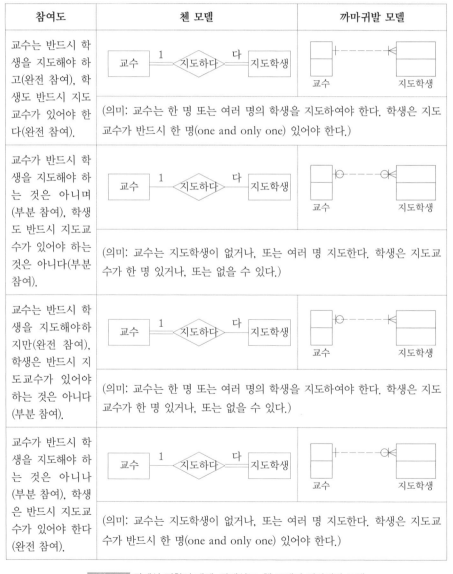

참여도	첸 모델	까마귀발 모델
교수는 반드시 학생을 지도해야 하고(완전 참여), 학생도 반드시 지도교수가 있어야 한다(완전 참여).		
	(의미: 교수는 한 명 또는 여러 명의 학생을 지도하여야 한다. 학생은 지도교수가 반드시 한 명(one and only one) 있어야 한다.)	
교수가 반드시 학생을 지도해야 하는 것은 아니며(부분 참여), 학생도 반드시 지도교수가 있어야 하는 것은 아니다(부분 참여).		
	(의미: 교수는 지도학생이 없거나, 또는 여러 명 지도한다. 학생은 지도교수가 한 명 있거나, 또는 없을 수 있다.)	
교수는 반드시 학생을 지도해야하지만(완전 참여), 학생은 반드시 지도교수가 있어야 하는 것은 아니다(부분 참여).		
	(의미: 교수는 한 명 또는 여러 명의 학생을 지도하여야 한다. 학생은 지도교수가 한 명 있거나, 또는 없을 수 있다.)	
교수가 반드시 학생을 지도해야 하는 것은 아니나(부분 참여), 학생은 반드시 지도교수가 있어야 한다(완전 참여).		
	(의미: 교수는 지도학생이 없거나, 또는 여러 명 지도한다. 학생은 지도교수가 반드시 한 명(one and only one) 있어야 한다.)	

그림 3-16 관계성 집합의 개체–관계성도: 첸 모델과 까마귀발 모델

명문가구 ─────────────────────────────

명문가구의 각 개체 집합간에 다음과 같은 관계가 존재한다.

1. 부서와 직원 사이에 보유하다라는 이원 관계성 집합이 존재한다. 한 부서는 여러 명의 직원을 보유하고 있으나, 한 직원은 반드시 한 부서에만 소속되므로 1:다의 이원 관계성 집합이다. 모든 부서에는 직원이 있어야 하고, 모든 직원은 반드시 어느 부서에 소속되어 있어야 하므로 양쪽 다 완전 참여가 된다.

2. 부서와 직원 사이에 책임지다라는 또 하나의 관계성 집합이 존재한다. 한 직원이 한 부서만을 책임지고, 한 부서에는 한 명의 책임자만 있으므로 1:1의 관계성 집합이다. 각 부서에는 항상 책임자가 있어야 하므로 부서의 경우는 완전 참여이나, 모든 직원이 부서를 책임지고 있는 것은 아니므로 직원은 부분 참여가 된다. 이 관계성 집합의 속성으로 발령일이 있다.

3. 직원(직속 상사)과 직원(부하 직원)간에 감독하다라는 1:다의 일원 관계성 집합이 존재한다. 직속 상사나 부하 직원이 없는 경우도 있을 수 있으므로, 양방향 모두 부분 참여도를 갖는다.

4. 부서와 프로젝트 사이에 관리하다라는 이원 관계성 집합이 존재한다. 한 부서는 여러 프로젝트를 동시에 관리할 수 있으나, 특정 프로젝트는 한 부서에 의해서만 관리되므로, 1:다의 이원 관계성 집합이다. 모든 부서가 프로젝트를 관리하는 것은 아니므로 부서의 경우는 부분 참여이나, 각 프로젝트는 반드시 관리 부서가 있어야 하므로 완전 참여가 된다.

5. 직원과 프로젝트 사이에 참여하다라는 이원 관계성 집합이 존재한다. 한 직원이 여러 프로젝트에 참여할 수 있고, 또한 한 프로젝트에는 여러 직원이 포함되므로, 다:다의 이원 관계성 집합이다. 모든 직원이 프로젝트에 참여하는 것은 아니므로 직원의 경우는 부분 참여이나, 모든 프로젝트는 참여하는 직원이 반드시 있어야 하므로 완전 참여가 된다. 이 관계성 집합의 속성으로 특정 직원이 특정 프로젝트에 관여한 기간을 나타내는 참여시간이 있다.

6. 직원과 부양가족 사이에 부양하다라는 1:다의 이원 관계성 집합이 존재한다. 부양가족이 종속 개체 집합이므로 직원이 식별 개체 집합이 되고, 이 관계성 집합은 식별 관계성 집합이 된다. 모든 직원이 부양가족이 있는 것은 아니므로 직원의 경우는 부분 참여이나, 모든 부양가족은 반드시 해당 직원이 있어야 되므로 부양가족은 완전 참여가 된다.

7. 고객, 제품, 그리고 영업직원 사이에 주문하다라는 삼원 관계성 집합이 존재한다. 삼원 관계성 집합의 대응비를 파악하는 것은 다소 복잡하다. 특정 개체 집합의 대응비를 구하기 위해서는 다른 두 개체 집합의 값을 고정시킨 후 파악해야 한다. 예를 들어, 영업직원과 제품을 고정시키면(예를 들어, e1 영업직원이 g1 제품의 주문을 받는 경우), 거기에 대응하는 고객은 여럿 있을 수 있으므로(예를 들어, e1으로부터 g1 제품을 주문하는 고객은 하나 이상이 될 수 있다) 고객 개체 집합의 대응비는 '다'가 된다. 또한 영업직원과 고객을 고정시키더라도(예를 들어, e1 영업직원이 c1 고객의 주문을 받는 경우), 여러 제품이 포함될 수 있으므로 이 역시 '다'의 대응비를 갖는다. 한편, 영업직원의 대응비는 가정에 따라 달라질 수 있는데, 만약 특정 고객의 주문을 받는 영업직원이 정해져 있다면 영업직원의 대응비는 1이 된다. 그 이유는 고객과 제품을 고정시키면(예를 들어, c1 고객이 g1 제품을 주문하는 경우), 대응하는 영업직원이(c1 고객을 담당하는 영업직원이 정해져 있기 때문에) 1명으로 정해지기 때문이다. 그러나 만약 특정 고객의 주문을 받는 영업직원이 정해져 있지 않다면 영업직원의 대응비는 '다'가 된다. 명문가구의 경우, 특정 고객의 주문을 받는 영업직원이 고정되어 있지 않다고 가정한다면 주문하다의 삼원 관계성 집합의 대응비는 다:다:다가 된다. 또한 어느 시점에서 주문이 없는 고객이나 제품, 그리고 영업직원이 있을 수 있으므로 모두 부분 참여가 된다. 이 관계성 집합은 속성으로 주문일, 주문 제품의 수량과 실판매가, 배달주소 등이 있는데, 한 주문에 여러 제품이 포함될 수 있으므로 주문 제품의 수량과 실판매가는 다중값 속성이 된다.

이와 같은 내용을 토대로 각 개체 집합을 관계성 집합으로 연결시킨 첸 모델은 〈그림 3-17〉과 같다. 앞의 3.4.2절에서 파악한 일반화 관계성 집합에 추가하여 책임지다, 보유하다, 관리하다, 참여하다라는 이원 관계성 집합과 부양하다라는 이원 식별 관계성 집합, 주문하다라는 삼원 관계성 집합, 그리고 감독하다라는 일원 관계성 집합이 표시되었다. 감독하다라는 일원 관계성 집합의 경우, 관련된 개체(직원)의 역할이 상사일 수도 있고, 부하직원일 수도 있으므로, 연결 직선 위에 역할을 명시해 주었다. 일반적으로 일원 관계성 집합에서는 이해를 돕기 위해서 이처럼 역할을 명시해 주는 것이 바람직하다.

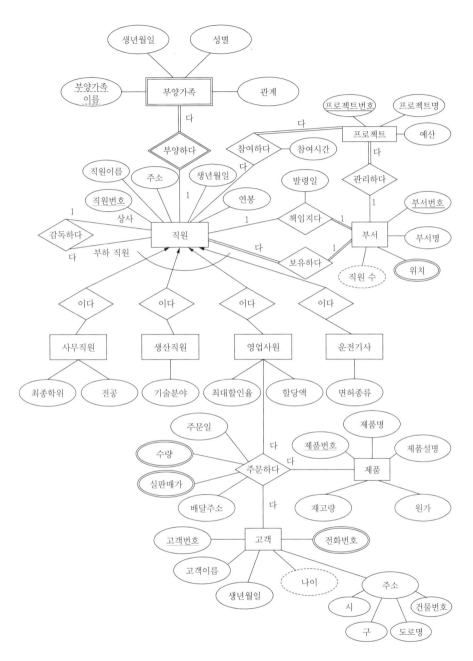

그림 3-17 개체-관계성도로 나타낸 명문가구의 개념적 스키마: 첸 모델

한편 까마귀발 모델로 표현한 개체-관계성도는 〈그림 3-18〉과 같다. 첸 모델에 비해 까마귀발 모델이 훨씬 간단하지만, 까마귀발 모델은 논리적 설계에 더 적합하도록 만들어졌기 때문에, 개념적 설계 단계에서는 일부 제약이 따른다. 예를 들어, '영업직원', '제품', '고객' 사이의 '주문하다'라는 삼원 관계성 집합은 주문일이나 배달주소와 같은 속성을 포함하는데, 까마귀발 모델에서는 이들 속성을 포함시키기 어렵다. 또한 다:다의 이원 관계성 집합에 포함되는 속성도 마찬가지인데, 예를 들어, '직원'과 '프로젝트' 사이의 '참여하다'의 다:다 이원 관계성 집합은 참여시간이라는 속성을 가지는데, 까마귀발 모델에서는 이 속성을 포함시키기 어렵다. '직원'이 '부서'를 '책임지다'의 관계성 집합에 포함되는 발령일 속성은 '부서'의 속성으로 포함시킬 수 있기 때문에 부서에 포함시켰다. 이러한 문제점은 8장에서 설명할 논리적 설계 단계를 거치고 나면, 일원 관계성 또는 삼원 관계성 집합은 이원 관계성 집합으로, 다:다의 이원 관계성 집합은 두 개의 1:다의 이원 관계성 집합으로 전환되기 때문에 최종 산출물은 차이가 없다. 그리고 데이터베이스 설계에 익숙해지고 나면, 개념적 설계 단계에서부터 일원 관계성, 삼원 관계성, 그리고 다:다의 이원 관계성 집합을 논리적 설계의 산출물로 전환시키는 것이 가능하기 때문에 실무에서는 까마귀발 모델을 많이 사용한다.

〈그림 3-17〉과 〈그림 3-18〉에서 보듯이 한 장의 간단한 그림으로 조직이 사용하는 데이터에 관한 상당한 분량의 정보를 나타낼 수 있을 뿐만 아니라, 사전의 복잡한 기술적인 지식이 없이도 쉽게 이해할 수 있다. 만약 다수의 개체 집합과 관계성 집합이 포함되어야 할 경우에는 속성을 생략하여 그림을 단순화할 수 있다. 이러한 장점 때문에 개체-관계성도는 데이터베이스를 설계하기 위한 도구로서 현재 가장 널리 사용되고 있다.

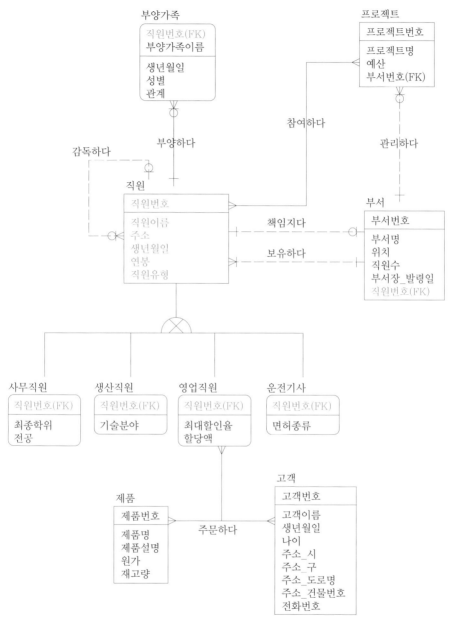

그림 3-18 개체-관계성도로 나타낸 명문가구의 개념적 스키마: 까마귀발 모델[11]

11. 여기에 수록된 까마귀발 모델은 Erwin 프로그램을 사용하여 그렸는데, 자세한 사용법은 본서 부록
A에 설명되어 있다. Erwin은 논리적 설계에 초점을 맞추고 있기 때문에 관계성 집합을 정의하면
자동적으로 외부키(FK)를 삽입한다. 또한 Erwin에서는 삼원 관계성 집합은 표현할 수 없기 때문
에 〈그림 3-18〉의 삼원 관계성 집합은 따로 저자가 그린 것이다.

3.5 UML 클래스 다이어그램

UML은 객체지향 방법론에 근거한 분석 도구이므로, 객체지향 방법론에서 사용하는 용어를 사용한다. 예를 들어, 개체 집합은 **클래스**(class)로, 관계성은 **연관**(association)이란 용어로 사용하는데, 자세한 차이는 13장에서 공부하기로 하고, 여기서는 개체 집합과 관계성이란 용어를 그대로 사용한다. 본서에서 사용할 클래스 다이어그램의 기호가 〈그림 3-19〉에 나와 있다.

클래스 다이어그램에서 개체 집합은 직사각형(그림 3-19a)으로 표시하는데, 속성을 같이 나타낼 때는 칸막이로 나누어서 위에는 개체 집합의 이름을, 아래에는 속성 이름을 나열한다(그림 3-19b). 이때 식별자(primary key) 속성 옆에는 {PK}를, 대리키(alternate key) 속성 옆에는 {AK}를, 부분 식별자(partial primary key) 속성 옆에는 {PPK}를 붙여 각각 식별자, 대리키, 부분 식별자임을 나타낼 수 있다.[12] 유도 속성은 이름 앞에 슬래시(/)를 그어 나타낸다. 그리고 합성 속성은 구성하는 원자 속성들을 합성 속성 이름 아래에 오른쪽으로 조금 들여 써서 나열해 주고, 다중값 속성은 이름 뒤에 [하한..상한]을 추가해 준다. 예를 들어, 〈그림 3-14〉에 나타난 명문가구의 고객 개체 집합을 살펴보면, 고객번호는 식별자 속성으로, 나이는 유도 속성으로, 주소는 시, 구, 도로명, 건물번호로 구성된 합성 속성으로, 그리고 전화번호는 하한이 1이고 상한이 2인 다중값 속성으로 표시되었다. 그리고 클래스 다이어그램에는 종속 개체 집합을 나타내는 특별한 기호가 없기 때문에, 종속 개체 집합은 식별자 속성이 없는 개체 집합으로 표시된다. 예를 들어, 〈그림 3-14〉의 부양가족 개체 집합을 보면 식별자 속성이 존재하지 않는다. 대신 부양가족이름이 부분 식별자 속성({PPK})으로 표시되었다.

관계성 집합은 관련 개체 집합을 직선(그림 3-19c, 3-19d)으로 연결시키고, 관계성 집합의 이름을 화살표와 함께 직선 위에 명시한다. 이때 화살표는 이름이 의미를 갖는 방향을 나타내는데, 예를 들어, 〈그림 3-14〉의 직원과 프로젝트라는 두 개체 집합 사이의 참여하다라는 관계성 집합은 '직원이 프로젝트에 참여하다'라는 의미를 나타내기 위해, 화살표가 직원에서 프로젝트로 향하고 있다. 차수

---

12. 식별자나 부분 식별자 등은 관계형 데이터 모델을 위한 용어이며, 객체지향에서는 식별자 대신 유일무이한 OID(Object IDentifier)를 사용하기 때문에 객체지향 방법론에서는 사용되지 않는다.

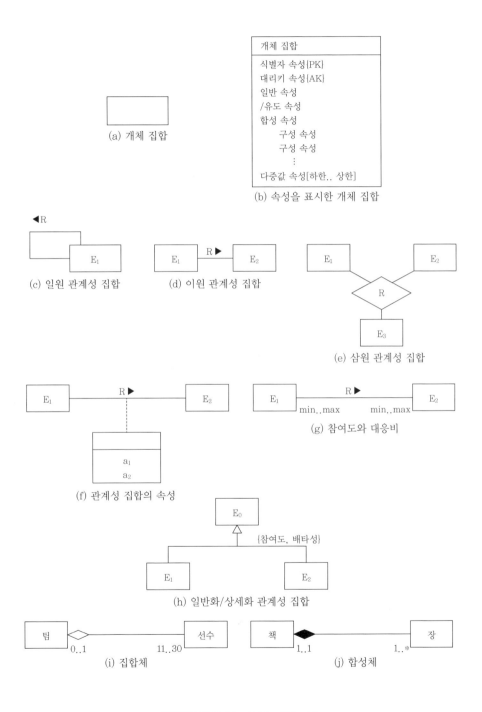

그림 3-19 클래스 다이어그램의 기호

가 3 이상인 경우에는 다이아몬드 모양(그림 3-19e)을 관련 개체 집합에 직선으로 연결시켜 표시한다. 그리고 관계성 집합이 속성을 가질 경우는 〈그림 3-19f〉와 같이 속성을 포함하는 직사각형을 점선으로 연결시킨다.

클래스 다이어그램에서는 참여도와 대응비를 개체 집합이 관계성 집합에 참여하는 최소값과 최대값으로 나타내는데, 이를 다중도多重度(multiplicity)라고 한다. 관계성 집합을 나타내는 직선 양 쪽에 〈그림 3-19g〉와 같이 min..max의 형식으로 표시하는데, 부분 참여의 경우 최소값(min)이 0이 되고, 완전 참여의 경우 최소값이 1 이상[13]이 된다. 그리고 대응비는 최대값(max)에 1 또는 *로 표시하는데, 최대 숫자에 제약이 있다면 * 대신 숫자로 표현할 수도 있을 것이다. 한 가지 주의할 점은 클래스 다이어그램에서는 참여도와 대응비를 모두 상대방 개체 집합 쪽에 표시한다는 점이다. 예를 들어, 〈그림 3-14〉의 부서와 프로젝트라는 두 개체 집합 사이의 관리하다라는 1:다의 관계성 집합을 생각해 보자. 모든 부서가 프로젝트를 관리하는 것은 아니므로 부서의 경우는 부분 참여이나, 각 프로젝트는 반드시 관리 부서가 있어야 하므로 완전 참여가 된다. 즉, 부서는 관리하는 프로젝트가 없거나(0) 여러 개(*) 있을 수 있으므로, 프로젝트 쪽에 0..*로 표시하고, 프로젝트를 관리하는 부서가 반드시 있어야 하는데(1), 최대 하나(1)만 있을 수 있으므로 부서쪽에 1..1로 표시한다.

일반화 관계성 집합은 관계성 집합의 특수한 형태로 하위 개체 집합으로부터 상위 개체 집합에 화살표(그림 3-19h)로 연결시켜서 표시한다. 참여도와 배타성과 같은 제약 조건은 단어로 표시하는데, 완전 참여는 **Mandatory**, 부분 참여는 **Optional**로 나타낸다. 또 하위 개체 집합이 비배타적인 경우는 한 개체 집합에 속하고, 그리고(And) 또 다른 개체 집합에 속할 수 있다는 의미에서 **And**로, 상호 배타적인 경우는 **Or**로 표시한다. 예를 들어, 어떤 일반화 관계성 집합이 완전 참여에 상호 배타적이라면 {Mandatory, Or}로 표시한다.

클래스 다이어그램에서는 개체-관계성도에는 없는 개념이 있는데, 집합체(aggregation)와 합성체(composition)가 그것이다. 관계성 집합 중에 특별한 형태로 한 개체 집합이 다른 개체 집합을 구성하는 경우에, 구성되는 쪽을 집합체, 집합체를 구성하기 위한 개체 집합을 멤버라고 한다. 예를 들어, 선수라는 개체 집합과

---

13. 만약 한 부서에는 최소한 5명 이상의 직원이 있어야 한다는 제약이 있으면, 최소값은 5가 된다.

팀이라는 개체 집합 사이에 구성하다라는 관계성 집합은 선수가 팀을 구성하기 때문에, 팀을 집합체, 선수를 멤버로 볼 수 있다. 집합체 쪽에 작은 흰 다이아몬드 기호를 붙여 나타내는데, 참여도와 대응비도 함께 표시한다. 〈그림 3–19i〉를 살펴보면, 팀은 선수들로 구성되는 집합체이며, 선수는 어느 팀에도 속하지 않거나, 한 팀에만 속할 수 있으며, 한 팀은 최소한 11명에서 최대 30명까지의 선수를 보유할 수 있음을 알 수 있다.

합성체는 해체할 수 없는 부품과 같이, 멤버의 존속 기간이 집합체의 존속 기간에 달려 있는 특수한 형태의 집합체이다. 위의 예에서 선수는 팀이 해체되더라도 존속할 수 있으므로, 집합체이지만 합성체는 아니다. 이와는 달리, 책과 책에 속한 각 장의 관계는 책이 없이는 각 장도 존속할 수 없기 때문에 합성체로 보는 것이 타당하다. 합성체는 작은 검은 다이아몬드(그림 3–19j)로 표시한다. 데이터 모델링에 있어서 집합체와 합성체의 사용은 주관적 판단에 따라 달라질 수 있으며, 특별히 구성이나 부품의 개념을 강조할 필요가 있는 경우에만 사용하는 것이 좋다.

지금까지 공부한 클래스 다이어그램의 개념을 종합하여 〈그림 3–17〉에 나타난 개체–관계성도를 클래스 다이어그램으로 전환하면 〈그림 3–20〉과 같다. 본 장에서는 개체–관계성 모델과 관련된 부분만 설명하였는데, 13장에서 객체지향 데이터 모델과 관련된 내용을 공부할 것이다. 보다 자세한 내용에 대해서는 UML 관련 서적(Booch et al., 1999; Pender, 2002)이나 홈페이지(http://www.uml.org)를 참조하기 바란다.

3.6 개체–관계성 모델의 문제점

개체–관계성 데이터 모델을 사용하여 데이터 모델링을 할 때 관계성 집합의 의미가 모호해지는 문제가 발생할 수 있는데, 본 절에서는 이러한 문제가 언제 발생하고 어떻게 해결할 수 있는지에 대하여 살펴보기로 한다. 이러한 문제의 대표적인 두 유형으로는 부채꼴 함정(fan trap)과 균열 함정(chasm trap)이라는 것이 있다(Connolly and Begg, 2015).

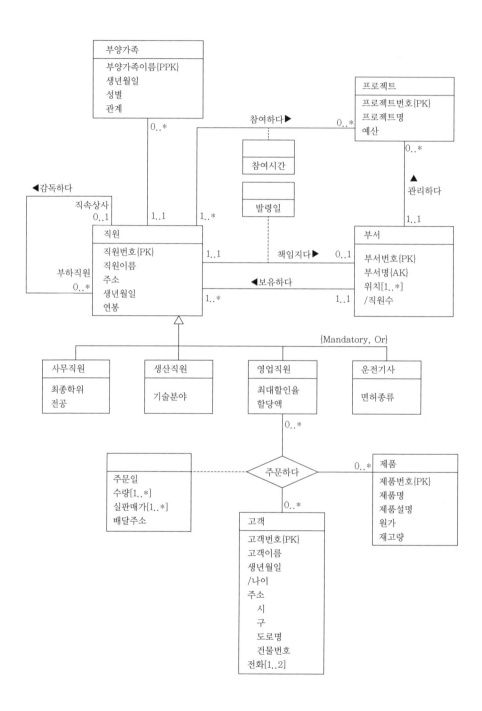

그림 3-20 클래스 다이어그램으로 나타낸 명문가구의 개념적 스키마

3.6.1 부채꼴 함정

부채꼴 함정이란 개체 집합 사이에 관계성 집합이 정의되어 있으나 일부 개체 예들 사이의 관계성 예가 모호한 경우를 의미한다. 이러한 부채꼴 함정이 발생 하는 것은 한 개체 집합에서 둘 또는 그 이상의 1:다의 관계성 집합이 부채꼴 형 태로 펼쳐질 때 발생할 수 있다. 예를 들어, 어느 대학의 교수와 단과대학, 또 단 과대학과 학과와의 관계성을 표현하기 위하여 〈그림 3-21〉과 같이 모델링한 경 우를 생각해 보자.

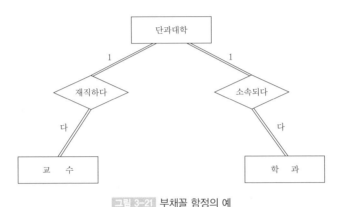

그림 3-21 부채꼴 함정의 예

이 그림을 보면 한 단과대학에 여러 교수가 재직하고 있고, 또 한 단과대학 에 여러 학과가 소속되어 있음을 잘 나타내 주고 있어서 별 문제가 없는 것처럼 보인다. 그러나 만약 어느 교수가 어느 학과에 재직하는지 알고자 한다면 이야 기는 틀려진다. 좀더 자세히 살펴보기 위하여 각 개체 예들간의 관계성 예를 〈그 림 3-22〉에 나타내었다. 이 그림에서 보면 '윤준세' 교수가 경영대학 소속이라는 것은 알 수 있지만, 막상 경영대학 내의 경영학과 소속인지 회계학과 소속인지는 알 수 없다.

이러한 부채꼴 함정의 문제점은 단과대학, 학과, 교수 개체 집합간의 관계성 집합을 제대로 파악하지 못했기 때문에 발생한다. 단과대학 내에 학과가 존재하 고, 학과 내에 교수가 존재하기 때문에, 〈그림 3-21〉과 같이 단과대학이 직접 학과와 교수에 대해서 관계성을 맺기보다는 〈그림 3-23〉과 같이 단과대학에서

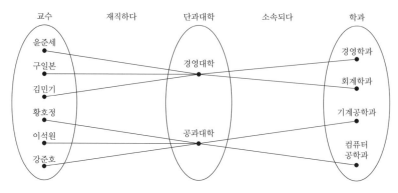

그림 3-22 각 개체 예들간의 관계성 예

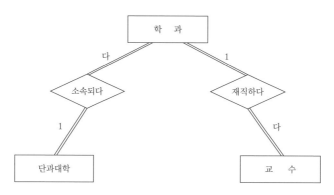

그림 3-23 부채꼴 함정의 해결

학과로, 다시 학과에서 교수로 관계성 집합을 맺어 주면 부채꼴 함정을 피할 수 있다.

언뜻 보면 〈그림 3-23〉은 〈그림 3-21〉과 차이가 없어 보인다. 그러나 자세히 살펴보면 단과대학이라는 한 개체 집합에서 교수와 학과로 1:다의 관계성 집합이 펼쳐지는 대신, 단과대학에서 학과로, 다시 학과에서 교수로 1:다의 관계성 집합이 나가고 있다. 이를 개체 예와 관계성 예로 더 상세히 표현한 〈그림 3-24〉를 보면, '윤준세' 교수는 경영학과에 재직하고 있으며, 경영학과는 경영대학에 소속되어 있음을 알 수 있다.

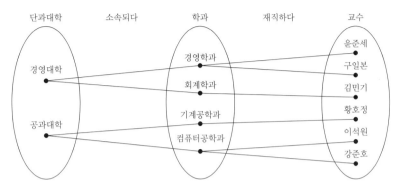

그림 3-24 각 개체 예들간의 관계성 예

3.6.2 균열 함정

균열 함정이란 개체 집합 사이에 관계성 집합이 정의되어 있으나 일부 개체 예들 사이의 필요한 관계성 예가 존재하지 않는 경우를 의미한다. 개체 집합들 이 모두 부분 참여로 이루어졌을 때 이러한 균열 함정이 발생할 수 있다. 예를 들어, 어느 학과와 학과에 소속된 교수, 그리고 교수가 지도하는 학생과의 관계 성을 표현하기 위하여 〈그림 3-25〉와 같이 모델링한 경우를 생각해 보자.

이 그림을 보면 한 학과에 여러 교수가 재직하고 있고, 또 한 교수는 여러 학 생을 지도하고 있음을 잘 나타내 주고 있어서 별 문제가 없는 것처럼 보인다. 그 러나 만약 특정 학생이 어느 학과에 재학하고 있는지 알고자 한다면 이야기는 달라진다. 좀더 자세히 살펴보기 위하여 각 개체 예들간의 관계성 예를 〈그림

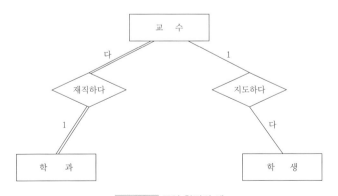

그림 3-25 균열 함정의 예

3-26〉에 나타내었다. 학생은 자신이 재학하고 있는 학과의 교수에게 지도를 받는다고 가정할 때, 이 그림에서 보면 '이수영' 학생이 경영학과 학생임을 알 수 있지만, '김민수' 학생의 경우에는 지도교수가 배정되어 있지 않기 때문에 어느 학과에 재학중인지 알 수가 없다.

이러한 균열 함정의 문제점은 교수와 학생 개체 집합간의 관계성 집합이 모두 부분 참여이기 때문에 발생한다. 따라서 이러한 경우에는 〈그림 3-27〉과 같이 학생과 학과를 직접 연결하는 새로운 관계성 집합을 만들어 줌으로써 균열 함정을 피할 수 있다.

〈그림 3-27〉을 개체 예와 관계성 예로 더 상세히 표현한 것이 〈그림 3-28〉

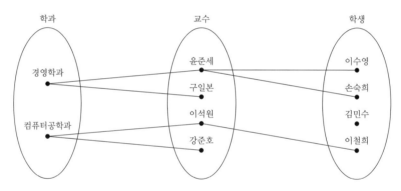

그림 3-26 각 개체 예들간의 관계성 예

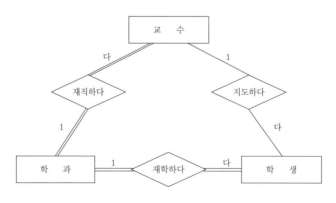

그림 3-27 균열 함정의 해결

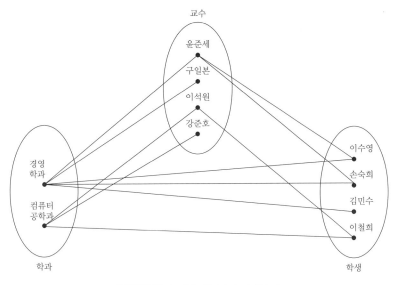

그림 3-28 각 개체 예들간의 관계성 예

인데, 여기에서 보면 '김민수' 학생의 지도교수가 배정되어 있지 않지만 이 학생이 경영학과에 재학하고 있음을 명확히 알 수 있다. 앞에서 살펴본 부채꼴 함정이나 균열 함정은 개체 집합 사이의 관계성 집합이 갖는 의미를 정확하게 파악함으로써 방지할 수 있다.

3.7 **요약**

상위 데이터 모델인 개체-관계성 데이터 모델의 기본적인 묘사 대상은 개체와 그들의 속성, 그리고 개체들간의 관계성이다. 개체는 현실 세계에 존재하는 어떤 것으로 유형 또는 무형의 것일 수 있다. 각 개체는 자신을 규정지을 수 있는 속성과 그 속성에 대한 값을 갖는다. 속성에는 더 이상 세분화될 수 없는 원자 속성과 더 세분화될 수 있는 몇 개의 원자 속성으로 이루어진 합성 속성이 있다. 그리고 속성은 지니는 속성 값의 숫자에 따라 단 하나의 속성 값만을 갖는 단일값 속성과 다수의 속성 값을 갖는 다중값 속성으로 나눌 수 있다. 또한 한 속성 값이 다른 속성 값으로부터 유도될 수 있는 유도 속성이 있다.

개체 중에는 동일한 속성을 지니는 것들이 있는데, 이들의 집합을 개체 집합이라고 하며, 개체 집합에 속하는 각 개체를 개체 예라고 한다. 특정 개체 집합에서 각 개체 예를 구별해 낼 수 있는 속성이 적어도 하나 이상 존재해야 하는데, 이를 식별자 속성이라고 한다. 한 속성이 유일성을 보장할 수 없는 경우에는 여러 개의 속성들이 합쳐져서 식별자의 역할을 수행하기도 하는데, 이를 합성 식별자 속성이라고 한다.

데이터의 의미를 제대로 파악하기 위해서는 개체 집합간의 관련성을 포착해야 한다. 개체 집합에 속한 개체 예들간의 개개의 연관성을 관계성 예라고 하며, 비슷한 유형의 관계성 예의 집합을 관계성 집합이라고 한다. 한 개체 예가 참여할 수 있는 관계성 예의 최대 숫자에 관한 조건을 대응비라고 하는데, 두 개체 집합간에는 1:1, 1:다, 그리고 다:다의 세 가지 대응비가 가능하다. 그리고 관계성 집합은 한 개체 집합에 속한 개체 예들이 반드시 상대 개체 집합의 개체 예와 관계를 맺고 있어야 하는지에 따라 부분 참여와 완전 참여로 나눌 수 있다.

관계성 집합의 차수는 한 관계성 집합에 포함되는 개체 집합의 수를 의미한다. 관계성 집합은 차수에 따라 일원, 이원, 또는 삼원 관계성 집합으로 분류되는데, 이원 관계성 집합이 가장 보편적으로 사용된다. 그리고 일반적으로 속성을 갖는 관계성 집합은 개체 집합으로 전환될 수 있는데, 이러한 관계성 집합을 관개체 집합이라고 한다.

식별자 속성을 가지지 못한 개체 집합을 종속 개체 집합이라고 하는데, 이들을 구별하기 위해서는 별도의 개체 집합의 식별자 속성과 종속 개체 집합의 속성을 연결시켜야 한다. 이때 별도의 개체 집합을 식별 개체 집합이라고 하고, 이들 두 개체 집합간의 관계성 집합을 식별 관계성 집합이라고 한다.

관계성 집합의 특수한 형태인 일반화 관계성 집합은 공통 속성을 지닌 여러 개체 집합을 보다 일반적인 한 개체 집합으로 통합시키는 것을 의미한다. 이때 공통의 속성을 지닌 여러 개체 집합을 하위 개체 집합이라고 하는데, 이 개체 집합들은 보다 일반화된 상위 개체 집합을 구성하는 부분 집합들이다. 일반화 관계성 집합을 파악해야 하는 중요한 이유는 상위 개체 집합의 속성이 하위 개체 집합으로 유전되기 때문이다. 일반화 관계성 집합에서 상위 개체 집합을 이루는 하위 개체 집합들이 상호 배타적인지에 따라 배타적 하위 개체 집합과 비배타적 하위 개체 집합으로 분류된다. 또한 일반화 관계성 집합은 상위 개체 집합을 이루는 하위 개체 집합들이 완전한가에 따라 완전 하위 개체 집합과 부분 하위 개체 집합으로 나누어진다.

지금까지 살펴본 개체 집합과 관계성 집합은 개체-관계성도라는 도구를 통하여 간단한 그림으로 표현될 수 있다. 개체-관계성도는 첸이 처음 제안한 이후, 여러 개의 수정판이 나왔으며, 하나의 표준화된 개체-관계성도 방식은 없다. 첸 모델은 개념적 설계 단계에서 매우 유용하나, 복잡한 데이터 모델을 표현하기에는 공간을 너무 많이 차지한다. 따라서 실무에서는 공간을 효율적으로 활용할 수 있는 까마귀발 모델이 널리 사용된다. 개체-관계성도를 작성하기 위한 단계는 먼저 개체 집합과 속성을 파악한 후, 일반화 계층 구조를 파악하고, 마지막으로 관계성 집합을 파악하는 순으로 이루어진다. 개체-관계성도는 데이터에 관한 상당한 분량의 정보를 적은 지면에 나타낼 수 있고, 비교적 쉽게 이해될 수 있기 때문에 널리 사용되고 있다.

한편, 최근에 여러 객체지향 분석 방법에서 사용되는 도식 기법들을 결합한 UML(United Modeling Language)이 소프트웨어 설계에서 널리 사용되고 있는데, 그 중에서 클래스 다이어그램은 개체-관계성도와 매우 유사하다. 관계형 데이터 모델링을 위해서는 개체-관계성도가 가장 많이 사용되지만, 객체지향형 데이터 모델에서는 UML이 널리 활용된다.

개체-관계성 데이터 모델을 사용하여 데이터 모델링을 할 때 관계성 집합의 의미가 모호해지는 문제가 발생할 수 있는데, 이러한 문제의 대표적인 두 유형으로는 부채꼴 함정과 균열 함정이 있다. 부채꼴 함정이란 개체 집합 사이에 관계성 집합이 정의되어 있으나 일부 개체 예들 사이의 관계성 예가 모호한 경우를 의미하고, 균열 함정이란 개체 집합 사이에 관계성 집합이 정의되어 있으나 일부 개체 예들 사이의 필요한 관계성 예가 존재하지 않는 경우를 의미한다. 이러한 문제점들은 개체 집합 사이의 관계성 집합이 갖는 의미를 정확하게 파악함으로써 방지할 수 있다.

✏ 복습 문제

1. 다음 용어를 설명하라.

·1:1 관계성	·1:다 관계성	·삼원 관계성	·상위 개체
·개체	·개체 예	·속성	·식별 개체
·개체 집합	·개체 집합 스키마	·식별 관계성	·식별자 속성
·개체-관계성 데이터 모델	·개체-관계성도	·완전 참여	·연관
·관개체	·관계성	·원자 속성	·유도 속성
·관계성 예	·관계성 집합	·유일성	·유전성
·관계성의 대응비	·관계성의 차수	·이원 관계성	·일반화 계층 구조
·관계성의 참여도	·균열 함정	·일반화 관계성	·일원(순환) 관계성
·다:다 관계성	·다중값 속성	·존재 의존성	·종속 개체
·다중도(multiplicity)	·단일값 속성	·클래스	·클래스 다이어그램
·미확인 값	·부분 식별자	·하위 개체	·합성 속성
·부분 참여	·부채꼴 함정	·확장 개체- 관계성 데이터 모델	·UML

2. 속성을 원자 속성과 합성 속성으로 나누는 기준은 무엇인가? 또 어떠한 경우에 합성
   속성을 원자 속성으로 취급할 수 있는가?

3. 유도 속성을 데이터베이스에 저장하는 것이 바람직한가 그렇지 않은가? 이유를 설명
   하라.

4. 속성이 미확인 값을 가진다는 것은 어떤 의미로 해석될 수 있는가?

5. 개체 집합에서 식별자 속성이 필요한 이유는 무엇인가?

6. 일반화 관계성 집합을 파악하는 이유는 무엇인가?

7. 개체-관계성도를 작성하기 위한 단계를 설명하라.

8. 개체-관계성도와 UML의 클래스 다이어그램의 차이를 설명하라.

9. 개체-관계성 모델을 이용해 데이터 모델링을 할 때 발생할 수 있는 문제에 대해 설명
   하라.

1. 삼원 관계성 집합의 예를 들고, 그것을 이원 관계성 집합으로 전환하라.

2. 〈그림 3-17〉의 개체-관계성도에서 관개체로 전환될 수 있는 관계성 집합을 찾아 관개체로 전환하라.

3. 어느 회사에서 프로젝트 배정 현황에 관한 데이터베이스를 구축하고자 한다. 각 직원은 하나 또는 그 이상의 프로젝트에 배정될 수 있으며, 프로젝트가 없는 직원도 있을 수 있다. 그러나 각 프로젝트에는 반드시 한 명 이상의 직원이 배정되어야 한다. 직원은 이름, 연봉, 특기, 생년월일을 속성으로 가지며, 프로젝트는 프로젝트 번호, 프로젝트 내역, 시작일, 예상 완료일을 속성으로 갖는다. 단, 직원은 하나 이상의 특기를 보유할 수 있다. 이와 같은 상황을 개체-관계성도(첸 모델과 까마귀발 모델)와 UML 클래스 다이어그램으로 표현하라.

4. 〈그림 3-29〉와 같은 성적표에 나타난 사항을 개체-관계성도(첸 모델과 까마귀발 모델)와 UML 클래스 다이어그램으로 전환하라.

2022학년도 제2학기 성적표					
학번: 2219067 학과: 경영				이름: 김병문 학년: 1학년	
과목종별	학정번호	학 점	과 목 명	담당교수	학 점
교필	UA102	3	영어(2)	손명순	B0
교필	UA103	3	수학(2)	김일한	A+
전선	BB109	3	프로그래밍	이순민	A0
전필	BU101	3	경제원론	이학수	B+
전필	BB103	3	회계원리	송준기	A+
전필	BB201	3	통계학	김철희	B−
				이수학점 : 18 평량평균 : 3.60	

그림 3-29 모 대학의 성적표

5. 〈그림 3-30〉의 개체-관계성도를 가능한 자세히 해석하라.

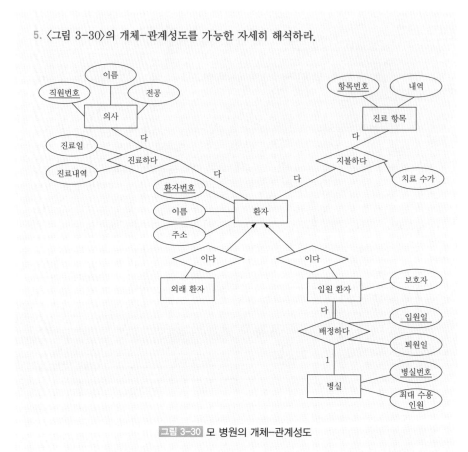

그림 3-30 모 병원의 개체-관계성도

∷ 참고문헌

Booch, G., Rumbaugh, J., and Jacobson, I. *Unified Modeling Language User Guide*, Reading: Addison Wesley, 1999.

Chen, P. "The Entity-Relationship Model—Toward a Unified View of Data," *ACM-TODS*, Vol. 1, No. 1, March 1976, pp. 9-36.

Chen and Associates, *E-R Designer Reference Manual*, Baton Rouge, California, 1988.

Connolly, T. and Begg, C. *Database Systems: A Practical Approach to Design, Implementation, and Management*(6th ed.), Boston: Pearson, 2015.

Elmasri, R. and Navathe, S. B. *Fundamentals of Database Systems*(7th ed.), Pearson, Boston, MA, 2016.

Pender, T. A. *UML Weekend Crash Course*, Wiley Publishing, 2002. (번역판: 유영철, 박순정 역, UML 3일 완성, 대림출판사, 2003).

Smith, J. M. and Smith, D. C. P. "Database Abstractions: Aggregation and Generalization," *ACM Transactions on Database Systems*, Vol. 2, No. 2, June 1977, pp. 105–133.

Tsichritzis, D. and Klug, A. (Editors) *The ANSI/X3/SPARC Framework*, AFIPS Press, Montvale, New Jersey, 1978.

제4장 정규화 이론

관계형 데이터 모델의 높은 인기는 그 개념의 단순성과 사용의 용이성 이외에 확고한 이론의 뒷받침에서 기인한다. 수학의 집합 이론과 더불어 구조화된 관계를 유도해 내기 위한 **정규화**(normalization) 이론이 관계형 데이터 모델을 보다 유용한 데이터 모델로 이끌고 있다. 본 장에서는 정규화 이론과 관련된 함수적 종속성, 다중값 종속성, 그리고 결합 종속성 등의 개념과 다양한 유형의 정규형을 통하여 비구조적인 관계를 점차 구조적인 관계로 전환시켜 가는 과정을 살펴보기로 한다. 정규화 이론은 관계형 데이터 모델의 관계에 근거하여 생성된 이론이나, 상당부분은 데이터 모델의 유형에 상관없이, 데이터베이스의 개념적 설계에 활용될 수 있다.

4.1 정규화의 개념

코드(Codd, 1972)에 의해 처음으로 제안된 **정규화 이론**은 다양한 유형의 검사를 통하여, 관계형 데이터 모델의 관계를 보다 구조화된 것으로 개선시켜 나가는 절차에 관련된 이론이다. **구조화된 관계**란 데이터베이스상에서 삽입, 삭제, 또는 갱신이 이루어질 때 문제점이 발생하지 않는 관계이다. 코드는 처음에 관계의 속성간의 함수적 종속을 분석함으로써 이룩할 수 있는 세 가지 유형의 **정규형**(normal form), 즉, 1차, 2차, 그리고 3차 정규형을 제시하였다. 이후, 보다 강력한 유형의 3차 정규형을 발견하여, 이를 3차 정규형과 구분하여 제안한 사람의 이름을 따서 보이스-코드(Boyce-Codd) 정규형이라 명하였다. 이와 같이 함수적 종속과 관련 있는 네 가지 유형의 정규형을 4.2절에서 공부하기로 한다. 그 외의 정규형으로는 다중값 종속성과 관련된 4차 정규형, 결합(join) 종속성과 관련된 5차 정규형, 그리고 이론상으로 가장 완벽한 관계를 제시하는 영역-키(domain-key) 정규형 등이 있는데, 4.3절에서 이 세 가지 유형의 정규형을 살펴보기로 한다.

4.1.1 구조화된 관계

데이터의 정규화는 하나의 비구조적인 관계 스키마를 두 개 이상의 보다 구조적인 관계 스키마로 분리해 내는 과정으로, 데이터베이스 설계자가 개념적인 데이터베이스를 구축하는 데 있어서 필요한 분석의 틀을 제공한다. **구조화된 관계**(well-structured relations)란 데이터베이스에 저장되는 데이터의 중복을 최소화시킴으로써, 삽입, 삭제, 또는 갱신으로 인한 오류나 데이터의 불일치를 발생시키지 않는 관계이다. 예를 들어, 〈그림 4-1〉에 표시된 수강과목 관계를 생각해 보자. 이 관계는 학생이 현재 수강하고 있는 과목을 나타내고 있으며, 주키는 학번과 과목번호가 결합된 합성키이다.

학번	과목번호	과목이름
2219046	BB203	컴퓨터 프로그래밍
2219143	BB201	경영의 이해
2219143	BB353	정보시스템
2219272	BB203	컴퓨터 프로그래밍
2219272	BB353	정보시스템
⋮	⋮	⋮

그림 4-1 수강과목 관계

위의 관계는 세 가지 속성으로 구성된 매우 간단한 관계이지만, 자세히 살펴보면 데이터를 갱신할 때 다음과 같은 세 가지 유형의 **이상**異狀(anomaly)이 발생한다.

1. **삽입 이상**: 새로운 과목을 개설하였으나 아직 수강생이 없는 경우에 이 정보를 〈그림 4-1〉의 테이블에 포함시킬 수 없다. 이 관계의 주키는 학번과 과목번호가 합쳐진 합성키이므로, 주키의 일부인 학번이 결정되지 않은 상태에서 과목에 관한 정보만 수록할 수 없기 때문이다. 예를 들어, 과목번호 BB208, 과목이름 '전자상거래'라는 새로운 과목이 개설되더라도 수강생

이 없는 한 이 정보는 데이터베이스에 기록될 수 없다.

2. **삭제 이상:** 만약 2219143 학생이 BB201 과목의 수강을 철회하였는데, 이 학생이 이 과목을 수강하는 유일한 학생이었다면, 이 타플의 삭제로 말미암아 BB201 과목의 이름이 '경영의 이해'라는 중요한 정보가 사라지게 된다. 이처럼 특정 타플의 삭제로 인하여 필요한 정보의 손실이라는 원치 않는 결과를 낳는 것은 바람직하지 못하다.

3. **갱신 이상:** 과목이름은 그 과목을 수강하고 있는 학생 수만큼 반복되어 나타나고 있는데, 이로 인하여 저장 공간의 낭비와 데이터 불일치의 문제를 야기할 수 있다. 예를 들어, BB203의 과목이름을 과목 내용의 변경에 따라 '경영과 컴퓨터'라고 갱신하였다면, 이 과목을 수강하고 있는 학생의 수만큼 해당 타플의 과목이름 속성값을 수정해 주어야 한다. 만약 모든 해당 타플을 동시에 수정해 주지 않을 경우에는 데이터의 불일치가 발생한다. 즉, 일부는 BB203의 과목이름이 '경영과 컴퓨터'로 수정되어 있고, 일부는 '컴퓨터 프로그래밍'이란 이름으로 남아 있다면, 어느 것이 올바른 과목이름인지 판단할 수 없게 된다.

이러한 문제점으로 미루어 볼 때, 〈그림 4-1〉의 관계는 구조화된 관계가 아니다. 이 관계를 보다 구조화된 관계로 전환시키기 위해서는 〈그림 4-2〉와 같이 두 개의 관계로 분리시켜야 한다. 자세한 분리 기준에 관하여는 4.2절에서 설명하기로 한다. 새로 분리된 두 관계는 앞에서 설명한 세 가지 이상이 발생하지 않는 구조화된 관계이다.

수강

학번	과목번호
2219046	BB203
2219143	BB201
2219143	BB353
2219272	BB203
2219272	BB353
⋮	⋮

과목

과목번호	과목이름
BB201	경영의 이해
BB203	컴퓨터 프로그래밍
BB353	정보시스템
⋮	⋮
⋮	⋮
⋮	⋮

그림 4-2 분리되어 구조화된 관계

4.1.2 구조화된 관계의 문제점

정규화를 통하여 구조화된 관계는 삽입, 삭제, 그리고 갱신 이상 등의 문제점은 해결할 수 있으나, 데이터베이스의 실행속도와 참조 무결성과 관련된 다른 문제점을 야기시킨다. 예를 들어, 각 학생이 수강하고 있는 과목의 이름을 파악하고자 할 때, 구조화되기 이전의 〈그림 4-1〉의 관계에서는 다음과 같은 SQL 명령으로 간단히 해결될 수 있다.[1]

```
SELECT  학번, 과목이름
FROM    수강과목;
```

그러나 정규화된 〈그림 4-2〉의 관계에서는 학번과 과목이름이 한 테이블에 존재하지 않기 때문에 두 테이블을 결합시켜야 한다. 이를 위하여 다음과 같이 더 복잡한 SQL 명령을 사용해야 한다.

```
SELECT  학번, 과목이름
FROM    수강, 과목
WHERE   수강.과목번호 = 과목.과목번호;
```

---

1. SQL에 관한 자세한 내용은 다음 장에 설명되므로 이 명령문에 관한 사항은 무시하여도 좋다.

정규화된 경우의 명령어가 더 복잡해졌을 뿐만 아니라, 보다 중요한 사실은 두 테이블을 결합시키는 이와 같은 명령의 실행시간이 한 테이블에만 관련된 명령의 실행시간보다 더 많이 소요된다는 점이다.

정규화를 통해 구조화된 관계가 갖는 또 다른 문제점은 분리된 두 관계의 참조 무결성을 유지하기 위한 노력이 필요하다는 점이다. 즉, 〈그림 4-2〉의 수강 관계의 과목번호의 속성값은 반드시 과목 관계의 어느 한 타플의 과목번호의 속성값과 일치하여야 한다. 이를 위하여 데이터베이스 관리시스템이나 응용 프로그램에서 이를 통제할 수 있는 장치를 마련하여야 한다.

이러한 문제점에도 불구하고, 일반적으로 정규화의 장점은 단점보다 크다. 정규화로 인하여 발생하는 문제점은 보다 우수한 성능의 컴퓨터나 정교한 데이터베이스 관리시스템을 도입함으로써 해결될 수 있기 때문이다. 실행속도의 문제점은 빠른 속도로 향상되고 있는 컴퓨터의 성능으로 해결할 수 있고, 참조 무결성은 데이터베이스 관리시스템에서 자동적으로 통제하기 때문이다. 따라서 시간이 흐를수록 정규화의 장점이 더욱 부각될 것이다.

정규화는 단계적인 검사과정을 통하여 점차 높은 수준까지 진행될 수 있다. 그러나 앞에서 살펴본 문제점으로 인하여, 실현가능한 최고 수준의 정규형이 반드시 최상의 해결책은 아니다. 일반적으로 정규형의 수준을 높일수록 데이터의 삽입, 삭제, 그리고 갱신 이상이 감소되나, 데이터베이스의 실행속도나 참조 무결성 등의 문제는 보다 심각해진다. 따라서 모든 관계는 데이터의 삽입, 삭제, 그리고 갱신으로 발생할 수 있는 문제의 심각성과 요구되는 데이터베이스의 실행속도를 고려하여 적절한 수준까지의 정규형을 추구하는 것이 바람직하다. 실무에서는 일반적으로 3차 정규형을 적절한 수준으로 보고 있다. 이 수준의 정규형 관계가 너무 세분화되어 요구하는 실행속도를 만족시키지 못할 때, 정규화된 관계 중 일부 관계들을 다시 결합시키는 **탈정규화**(denormalization) 방법도 실무에서 제시되고 있다(Inmon, 1987). 탈정규화에 대한 자세한 내용은 9.3.4절에서 공부하기로 한다.

4.2 함수적 종속과 정규화

관계형 데이터 모델의 개념적 데이터베이스 설계에 있어서 가장 중요한 개념
은 함수적 종속과 그에 근거한 정규화 이론이다. 본 절에서는 함수적 종속과 함
수적 종속에 근거한 네 가지 유형의 정규형에 관하여 살펴보기로 한다.

4.2.1 함수적 종속

정규화 이론은 속성간의 함수적 종속관계에 기초하고 있다. 속성 Y가 속성
X에 함수적으로 종속되어 있다는 것은 X의 속성값이 Y의 속성값을 결정짓는다
는 것을 의미한다. 바꾸어 말하면, X의 속성값이 주어지면 Y의 속성값을 알아
낼 수 있다는 것을 의미한다. 그러나 역으로 Y의 속성값을 알고 있다고 하더라
도 X의 속성값을 안다고 할 수는 없다. 이러한 함수적 종속 관계를 그림으로 표
현하면 다음과 같다.

X → Y

〈그림 4-1〉의 수강과목 관계를 살펴보면 속성간에 다음과 같은 함수적 종
속을 발견할 수 있다.

과목번호 → 과목이름
과목이름 → 과목번호

단, 이러한 함수적 종속은 과목이름이 유일한 값을 가진다는 가정이 있을
때만 성립된다. 만약 경영학과와 전산과학과에서 공히 '컴퓨터 프로그래밍'이라
는 동일한 이름으로 과목을 개설하고 있으나, 과목번호는 각각 BB203과 CH201
로 서로 다르다면, 두 번째 표시된 '과목이름 → 과목번호'의 함수적 종속은 성
립되지 않고, 첫번째의 '과목번호 → 과목이름'의 함수적 종속만 존재한다. 그
이유는 '컴퓨터 프로그래밍'이라는 과목이름의 속성값을 알더라도, 과목번호의
속성값이 BB203인지 CH201인지 결정지을 수 없기 때문이다. 이처럼 함수적 종

속은 동일한 속성으로 구성된 관계라 하더라도 속성이 갖는 의미(semantics)에 따라 달라진다. 일반적으로 속성 Y가 속성 X에 함수적으로 종속되었다면, X로부터 Y에 대한 대응비는 다:1이며, X를 Y의 **결정자**(determinant)라고 부른다. 위의 예에서 과목번호로부터 과목이름에 대한 대응비는 2:1이며, 과목번호는 과목이름 속성의 결정자이다.

4.2.2 1차 정규형

〈그림 4-3〉은 명문가구의 고객 주문서의 일부를 발췌한 것인데, 다음과 같은 데이터의 의미를 내포하고 있다. 한 주문서는 반드시 한 고객에 속하며, 한 주문서에는 여러 종류의 제품이 포함될 수 있다. 따라서 주문번호 속성이 주키가 되며, 제품에 관한 속성은 한 주문서 내에서 주문된 제품 수만큼 반복되는 반복집단(repeating groups)이다. 이 주문서에 나타난 데이터를 관계 스키마로 표현하면 아래와 같다.

주문(<u>주문번호</u>, 주문일, 고객이름, 고객번호, 주소, 전화, {제품번호, 제품명, 수량, 단가})

주 문 서

주문번호: 2157 　　　　　　주 문 일: 2022년 10월 20일
고객이름: 이명훈 　　　　　　고객번호: c1560
주　　소: 서울 마포구 숭문길 35
전　　화: 010-0000-2342

제품번호	제품명	수량	단가	금액
BD307	로얄 침대 퀸	1	350,000	350,000
TB115	로얄 식탁 6인용	1	300,000	300,000
CH115	로얄 식탁 의자	6	100,000	600,000

그림 4-3 고객 주문서

　　제품번호에서 단가까지는 다중값을 갖는 반복집단으로 { } 속에 표시하였다. 그리고 주문서에 나타난 금액은 수량과 단가를 곱하여 계산될 수 있는 유도 속성이므로 데이터베이스에 저장하지 않기로 한다. 이를 테이블의 형태로 전환시키면 〈그림 4-4〉와 같은 형태가 된다.

　　1차 정규형(first normal form(1NF))은 "테이블의 각 셀(cell)은 단일값을 갖는다"는 관계형 데이터 모델의 본질적 제약과 관련된 개념이다. 1차 정규형의 관계는 반복집단을 포함하지 않는 원자값(atomic value)으로만 구성된 타플을 갖는 관계이다. 바꾸어 말하면, 1차 정규형은 '타플의 속성으로서의 관계' 또는 '관계 속의 관계'를 허용하지 않는다.

주문	주문번호	주문일	고객이름	고객번호	주소	전화	제품번호	제품명	수량	단가
	2157	2022. 10. 20	이명훈	c1560	서울 마포구 숭문길 35	010-0000 -2342	BD307 TB115 CH115	로얄 침대 퀸 로얄 식탁 6인용 로얄 식탁 의자	1 1 6	350,000 300,000 100,000
	2158	2022. 10. 20	김철규	c0714	서울 서대문구 신촌로1길 36	010-0000 -6114	SP120 TT120	듀크 소파 듀크 차 탁자	1 1	400,000 150,000
	2159	2022. 10. 20	이명훈	c1560	서울 마포구 숭문길 35	010-0000 -2342	SP120	듀크 소파	1	400,000
	⋮	⋮	⋮	⋮	⋮	⋮	⋮	⋮	⋮	⋮

그림 4-4 비정규형의 관계

　　〈그림 4-4〉에 나타난 주문 관계를 살펴보면, 하나의 주키값(주문번호 2157)에 대응하는 제품번호의 속성값이 다수(BD307, TB115, CH115)이므로, 이 관계는 비정규형의 관계이다. 사실 주문이라는 관계 속에는 제품이라는 다른 관계가 내재되어 있는데, 이러한 비정규형의 관계는 관계형 데이터 모델의 본질적 제약을 위배한 것이므로 데이터베이스에 저장될 수 없다. 이를 데이터베이스에 저장할 수 있는 1차 정규형의 관계로 전환하기 위해서는 반복집단을 제거하여야 한다. 모든 타플이 원자값을 갖는 1차 정규형을 이루기 위하여, 역설적이지만 각 제품에 대하여 주문과 고객에 대한 속성값을 〈그림 4-5〉와 같이 반복하여야 한다. 따라

주문

주문 번호	주문일	고객 이름	고객 번호	주소	전화	제품 번호	제품명	수량	단가
2157	2022. 10. 20	이명훈	c1560	서울 마포구 숭문길 35	010−0000 −2342	BD307	로얄 침대 퀸	1	350,000
2157	2022. 10. 20	이명훈	c1560	서울 마포구 숭문길 35	010−0000 −2342	TB115	로얄 식탁 6인용	1	300,000
2157	2022. 10. 20	이명훈	c1560	서울 마포구 숭문길 35	010−0000 −2342	CH115	로얄 식탁 의자	6	100,000
2158	2022. 10. 20	김철규	c0714	서울 서대문구 신촌로1길 36	010−0000 −6114	SP120	듀크 소파	1	400,000
2158	2022. 10. 20	김철규	c0714	서울 서대문구 신촌로1길 36	010−0000 −6114	TT120	듀크 차 탁자	1	150,000
2159	2022. 10. 20	이명훈	c1560	서울 마포구 숭문길 35	010−0000 −2342	SP120	듀크 소파	1	400,000
⋮	⋮	⋮	⋮	⋮	⋮	⋮	⋮	⋮	⋮

그림 4-5 1차 정규형의 관계

서 비정규형 관계의 한 타플(주문 번호 2157)이 1차 정규형의 관계로 전환된 후, 주문제품 수에 따라 3개로 늘어났다. 그리고 정규화된 관계에서는 주문번호 속성이 더 이상 각 타플에서 유일한 값을 갖지 못하므로 주키의 역할을 수행할 수 없다. 각 타플에서 유일성과 최소성을 만족시키는 조합은 주문번호와 제품번호를 연결시킨 값이므로, 이 두 속성을 연결시킨 합성키가 1차 정규형 관계의 새로운 주키가 된다.

4.2.3 2차 정규형

1차 정규형의 관계는 그 자체로서 데이터베이스 내에 테이블의 형태로 저장될 수 있다. 그러나 〈그림 4-5〉의 1차 정규형의 관계는 다음과 같은 문제점을 내포하고 있다.

· **삽입 이상** : 아직 주문이 없는 제품에 대한 정보는 데이터베이스에 수록할 수 없다. 주문번호가 주키의 일부를 형성하고 있으므로, 주문번호 속성값을 미확인 값으로 갖는 타플을 삽입할 수 없기 때문이다.

· **삭제 이상** : 만약 이명훈 고객이 제품 BD307을 주문한 유일한 고객인데, 이 주문을 취소하였다면, 〈그림 4-5〉의 첫번째 타플을 삭제하여야 한다. 이 경우 BD307 제품의 정보도 또한 같이 사라지게 된다.

· **갱신 이상** : 예를 들어, 이명훈 고객의 주소가 변경되었다면, 이 주소를 포함하고 있는 모든 타플을 반복하여 갱신해 주어야 한다.

이러한 문제점을 제거하기 위하여 속성간의 함수적 종속을 분석하여, 하나의 관계를 두 개 이상의 관계로 분리시켜야 한다. 사용자와 면담한 결과, 〈그림 4-5〉의 1차 정규형의 관계에서 〈그림 4-6〉과 같은 함수적 종속을 발견하였다.

그림 4-6 주문 관계의 함수적 종속

어느 관계가 1차 정규형의 조건을 만족하면서, 주키를 구성하지 않는 나머지 속성(비주키)이 주키에 **완전 함수적 종속**(full functional dependency)을 이룰 때, 이를 **2차 정규형**(second normal form(2NF))의 관계라고 한다. 비주키 속성이 주키에 완전히 함수적으로 종속되어 있다는 것은 주키의 일부만으로는 비주키 속성의 값을 결정지을 수 없다는 것을 의미한다. 예를 들어, 〈그림 4-6〉의 관계에서 비주키 속성인 제품명은 주키의 일부인 제품번호만으로 그 값을 결정지을 수 있으므로, 비주키 속성은 주키에 함수적으로 완전 종속되어 있지 않다. 다시 말하면, 제품명은 주문번호에 상관없이 제품번호에만 종속되어 있으며, 이런 경우 **부분 종속**(partial dependency)이 존재한다고 말한다. 따라서 〈그림 4-6〉의 관계는 1차 정규형의 조건은 만족시키고 있으나, 2차 정규형의 관계는 아니다.

〈그림 4-6〉의 관계를 2차 정규형으로 전환하기 위해서는 부분 종속을 제거하여야 한다. 비주키 속성이 주키에 완전 종속되도록 관계를 분리하면, 주문번호와 제품번호를 합성키로 하며 수량을 비주키 속성으로 갖는 주문-제품 관계, 주문번호를 주키로 하며 주문일, 고객이름, 고객번호, 주소, 전화 등으로 구성된 주문-고객 관계, 그리고 제품번호를 주키로 하고 제품명과 단가로 구성된 제품 관계로 나누어지게 된다. 나누어진 결과는 〈그림 4-7〉과 같다.

다시 한번 정리하면, 2차 정규형은 1차 정규형에서 부분 종속을 제거한 것이다. 부분 종속은 주키가 합성키인 경우에만 발생하게 되므로, 어느 관계의 주키가 단일 속성으로 되어 있으며 1차 정규형의 조건을 만족시키면, 그 관계는 당연히 2차 정규형의 조건도 만족시킨다.

주문-제품

주문번호	제품번호	수량
2157	BD307	1
2157	TB115	1
2157	CH115	6
2158	SP120	1
2158	TT120	1
2159	SP120	1
⋮	⋮	⋮

주문-고객

주문번호	주문일	고객이름	고객번호	주소	전화
2157	22. 10. 20	이명훈	c1560	서울 마포구 숭문길 35	010-0000-2342
2158	22. 10. 20	김철규	c0714	서울 서대문구 신촌로1길 36	010-0000-6114
2159	22. 10. 20	이명훈	c1560	서울 마포구 숭문길 35	010-0000-2342
⋮	⋮	⋮	⋮	⋮	⋮

제품

제품번호	제품명	단가
BD307	로얄 침대 퀸	350,000
TB115	로얄 식탁 6인용	300,000
CH115	로얄 식탁 의자	100,000
SP120	듀크 소파	400,000
TT120	듀크 차 탁자	150,000
⋮	⋮	⋮

그림 4-7 2차 정규형으로 전환된 주문 관계

4.2.4 3차 정규형

〈그림 4-7〉에 나타난 관계는 2차 정규형의 조건을 만족시키고 있으나, 그중 두 번째의 주문-고객 관계를 자세히 살펴보면 다음과 같은 문제점을 내포하고 있다.

· **삽입 이상**: 주문을 내지 않은 고객에 대한 정보는 데이터베이스에 수록할 수 없다. 이 관계의 주키는 주문번호이므로, 주문번호 속성이 미확인 값인 타플을 삽입할 수 없기 때문이다.

· **삭제 이상**: 만약 김철규 고객이 2158 주문을 취소하였다면, 이 고객에 관한 정보가 사라지게 된다.

· **갱신 이상**: 한 고객이 여러 개의 주문을 낸 경우, 고객과 관련된 정보가 중복되어 저장된다. 따라서 고객관련 정보가 변경될 경우, 모든 해당 타플을 반복하여 갱신해 주어야 한다.

이와 같은 문제점은 속성간의 **이전 종속**(transitive dependence) 때문에 발생한다. 이전 종속이란 비주키 속성간에 발생하는 함수적 종속을 의미한다. **3차 정규형** (third normal form(3NF))의 관계는 2차 정규형의 조건을 만족하면서, 이전 종속이 존재하지 않는 관계이다. 〈그림 4-7〉의 주문-고객 관계에는 다음과 같은 함수적 종속이 존재한다.

주문번호 → 주문일, 고객이름, 고객번호, 주소, 전화
고객번호 → 고객이름, 주소, 전화

이 관계에서 주키인 주문번호가 비주키 속성값을 모두 결정할 수 있으나, 위의 함수적 종속을 자세히 살펴보면 다음과 같은 경로를 통하여 주키가 비주키 속성값을 결정한다는 것을 알 수 있다.

주문-고객(주문번호, 주문일, 고객번호, 고객이름, 주소, 전화)

먼저 주키인 주문번호가 고객번호를 결정하고, 그리고 그 고객번호가 다시 고객이름, 주소, 그리고 전화를 결정한다. 즉, 이 관계에는 비주키 속성인 고객번호가 다른 비주키 속성들(고객이름, 주소, 전화)의 값을 결정하는 이전 종속이 존재하고 있다.

이전 종속을 제거하기 위해서는 이전 종속과 관련된 비주키 속성들을 다른 관계로 분리시켜야 한다. 이때 결정자 역할을 하는 비주키 속성(위의 경우에 고객번호)은 분리되는 관계와 원래 관계에 중복되어 존재하며, 두 관계를 연결시키는 외부키 역할을 하게 된다. 3차 정규형의 관계로 전환된 주문-고객 관계는 〈그림 4-8〉과 같다.

주문-고객

주문번호	주문일	고객번호
2157	2022. 10. 20	c1560
2158	2022. 10. 20	c0714
2159	2022. 10. 20	c1560
⋮	⋮	⋮

고객

고객번호	고객이름	주소	전화
c1560	이명훈	서울 마포구 숭문길 35	010-0000-2342
c0714	김철규	서울 서대문구 신촌로1길 36	010-0000-6114
⋮	⋮	⋮	⋮

그림 4-8 3차 정규형으로 전환된 주문-고객 관계

이로써 3차 정규형까지의 과정이 완료되었다. 〈그림 4-3〉의 고객 주문서 사용자 관점은 일련의 정규화 절차를 거쳐 4개의 3차 정규형 관계로 전환되었다. 네 개의 관계를 관계형 데이터베이스 스키마로 나타내면 다음과 같다. 그리고 이 스키마에 의해 형성되는 최종 테이블의 형태는 〈그림 4-9〉와 같다.

주문-제품(<u>주문번호</u>, <u>제품번호</u>, 수량)

제품(<u>제품번호</u>, 제품명, 단가)

주문-고객(<u>주문번호</u>, 주문일, 고객번호)

고객(<u>고객번호</u>, 고객이름, 주소, 전화)

주문-제품

주문번호	제품번호	수량
2157	BD307	1
2157	TB115	1
2157	CH115	6
2158	SP120	1
2158	TT120	1
2159	SP120	1
⋮	⋮	⋮

제품

제품번호	제품명	단가
BD307	로얄 침대 퀸	350,000
TB115	로얄 식탁 6인용	300,000
CH115	로얄 식탁 의자	100,000
SP120	듀크 소파	400,000
TT120	듀크 차 탁자	150,000
⋮	⋮	⋮

주문-고객

주문번호	주문일	고객번호
2157	2022. 10. 20	c1560
2158	2022. 10. 20	c0714
2159	2022. 10. 20	c1560
⋮	⋮	⋮

고객

고객번호	고객이름	주소	전화
c1560	이명훈	서울 마포구 숭문길 35	010-0000-2342
c0714	김철규	서울 서대문구 신촌로1길	010-0000-6114
⋮	⋮	⋮	⋮

그림 4-9 3차 정규형의 관계로 전환된 고객 주문서 관점

*4.2.5 보이스-코드 정규형

지금까지 함수적 종속과 관련된 정규형에 관하여 공부하였다. 일반적으로 실무에서 데이터베이스를 설계할 때 요구되는 정규화의 적절한 수준은 3차 정규형 정도이다. 이처럼 실무에서 최적의 수준으로 인식되는 3차 정규형을 만족하는 관계라 하더라도 문제가 발생할 수 있는 경우가 존재한다. **보이스-코드 정규형**(Boyce–Codd normal form(BCNF))은 보이스(R. F. Boyce)와 코드(E. F. Codd)가 기존의 3차 정규형에서 함수적 종속으로 인하여 추가적으로 발생할 수 있는 문제점을 발견하고, 이를 보완하기 위하여 제시한 보다 엄격한 형태의 3차 정규형이다. 따라서 보이스-코드 정규형의 조건을 만족시키는 관계는 항상 3차 정규형의 조건을 만족시키나, 그 역은 사실이 아니다.

어떤 관계에 다수의 후보키가 존재하면, 그 관계가 3차 정규형을 만족시키더라도 삽입, 삭제, 그리고 갱신 이상이 발생될 수 있다. 예를 들어, 〈그림 4-10〉의 수강과목-교수 관계를 살펴보자. 이 관계는 아래와 같은 상황을 전제로 하여, 학생이 수강하고 있는 과목과 그 과목을 강의하는 교수를 나타내고 있다.

- 각 학생은 여러 과목을 수강할 수 있다.
- 각 과목은 여러 교수가 강의할 수 있다.
- 각 과목 내에서, 한 학생은 오직 한 교수의 강의만 수강한다. 다시 말하면, 한 학생이 한 과목을 여러 교수로부터 수강할 수는 없다.
- 각 교수는 한 과목만 강의한다.
- 학생명, 과목명, 교수명은 각각 유일한 값을 갖는다.

수강과목-교수

학생명	과목명	교수명
홍기호	데이터베이스	김준식
홍기호	정보시스템	안수희
이지선	데이터베이스	김준식
장한중	경영의 이해	최충일
김성한	데이터베이스	이미영

그림 4-10 수강과목-교수 관계

이러한 데이터의 의미를 토대로 파악한 속성간의 함수적 종속을 그림으로
표현하면 〈그림 4-11〉과 같다.

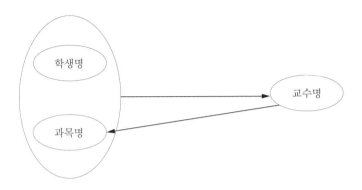

그림 4-11 학생, 교수, 과목간의 함수적 종속

수강과목-교수 관계는 비주키 속성(교수명)이 주키 속성(학생명, 과목명)에 완전
종속되어 있고, 비주키 속성이 하나밖에 없으므로 비주키 속성간의 이전 종속
도 존재하지 않는다. 따라서 이 관계는 3차 정규형의 관계이다. 그럼에도 불구하
고 다음과 같은 이상이 발생한다.

- **삽입 이상:** 수강 학생이 없는 경우에는 어느 교수가 어느 과목을 강의하는
  지에 관한 정보를 데이터베이스에 수록할 수 없다. 이 관계의 주키로 학생
  명이 포함되기 때문이다.

- **삭제 이상:** 만약 장한중 학생이 '경영의 이해' 과목의 수강을 철회한다면,
  최충일 교수가 '경영의 이해' 과목을 강의한다는 정보가 사라지게 된다.

- **갱신 이상:** 김준식 교수가 '데이터베이스' 과목을 강의한다는 정보가 데이터
  베이스에 중복되어 저장되어 있으므로, 이 정보가 변경될 경우 모든 해당
  타플을 반복하여 갱신해 주어야 한다.

이러한 이상은 비주키 항목인 교수명이 합성키의 일부인 과목명을 결정하기
때문이다. 3차 정규형의 문제점을 인식한 보이스와 코드는 3차 정규형보다 더 엄

격한 형태의 보이스-코드 정규형을 제시하였다. 어느 관계의 모든 **결정자**(determinant)가 후보키의 역할을 수행할 수 있다면, 그 관계는 보이스-코드 정규형의 관계이다. 이 조건을 〈그림 4-10〉의 관계에 적용시켜 보면, 이 관계가 비록 3차 정규형을 만족시키지만, 보이스-코드 정규형의 관계가 아님을 알 수 있다. 이 관계의 결정자는 학생명과 과목명 속성의 결합체와 교수명 속성 두 가지이다. 학생명과 과목명 속성값이 결합하여 교수명 속성값을 결정짓고, 교수명 속성값은 과목명 속성값을 결정짓기 때문이다. 두 결정자 중 학생명과 과목명 속성의 결합체는 후보키이지만, 교수명 속성은 후보키가 아니다. 따라서 이 관계는 보이스-코드 정규형의 관계가 아니다.

수강과목-교수 관계를 보이스-코드 정규형으로 전환시키기 위하여 결정자이지만 후보키가 아닌 교수명 속성을 다음과 같이 분리시켜야 한다.

학생-교수(<u>학생명, 교수명</u>)
교수-과목(<u>교수명</u>, 과목명)

〈그림 4-10〉의 관계는 다음과 같이 분리하여도 역시 보이스-코드 정규형을 만족시킨다.

학생-과목(<u>학생명, 과목명</u>)
교수-과목(<u>교수명</u>, 과목명)

그러나, 이 경우에는 두 관계를 결합하여 원래의 수강과목-교수 관계를 복원할 수 없다. 그 이유는 과목명이 교수명을 결정지을 수 없으므로 어느 학생이 어느 과목을 어떤 교수로부터 수강하는지 알 수 없기 때문이다. 따라서 두 번째 방법은 보이스-코드 정규형은 만족하지만, 원래 관계의 의미를 나타내지 못하므로 잘못 분리한 경우이다.

〈그림 4-10〉의 관계에서 후보키가 될 수 있는 것은 학생명과 과목명 속성의 결합체와 학생명과 교수명 속성의 결합체이다. 만약 두 후보키 중에서 학생명과 과목명 대신 학생명과 교수명을 주키로 선정하였다고 가정해 보자. 그러면 이 관계에는 주키의 일부인 교수명이 비주키 속성인 과목명을 결정하므로 부분 종속

이 존재하고, 따라서 이 관계는 2차 정규형을 만족시킬 수 없다. 부분 종속을 제거하기 위하여 과목명 속성을 분리시키면 위의 첫번째 방법과 같은 두 관계로 분리된다. 이처럼 다수의 후보키가 존재할 경우, 어느 후보키를 주키로 선정하느냐에 따라 최종 정규형으로 가는 과정이 달라질 수 있으나 결과는 동일하다.

보이스-코드 정규형은 3차 정규형에서 발생할 수 있는 문제점을 해결할 뿐만 아니라, 개념적으로도 3차 정규형보다 간결하다. 보이스-코드 정규형은 모든 결정자가 후보키의 역할을 수행한다는 조건만 요구될 뿐, 1차 정규형, 2차 정규형, 부분 종속, 이전 종속 등의 개념을 필요로 하지 않는다. 그러나, 복잡한 비정규형 관계에서 모든 결정자를 파악하여 관계를 분리시킨다는 것은 실질적으로 불가능하므로, 1차 정규형에서 3차 정규형까지 단계별로 진행한 후, 필요할 경우 보이스-코드 정규형의 조건을 적용하는 방법이 현실적이다.

*4.3 타유형의 종속과 정규화

본 절에서는 보이스-코드 정규형 이후의 정규화 과정인 4차와 5차 정규형과 영역-키 정규형에 대하여 살펴보기로 한다.

4.3.1 다중값 종속과 4차 정규형

보이스-코드 정규형을 만족시키는 관계는 더 이상 함수적 종속으로 인한 이상은 발생하지 않는다. 그러나 **다중값 종속**(multivalued dependency)으로 인한 문제가 발생할 수 있다. 한 관계에 둘 이상의 독립적인 다중값 속성이 존재하는 경우, 이를 1차 정규형으로 전환하면서 다중값 종속이 발생한다. 켄트(Kent, 1983)는 이 문제에 관하여 기술적인 용어의 사용을 자제하면서 비교적 쉽게 설명하고 있다. 예를 들어, 직원이 보유한 특기와 구사할 수 있는 언어를 나타내는 〈그림 4-12〉의 직원-특기-언어 관계를 살펴보자. 단, 이 관계에는 다음과 같은 가정을 포함하고 있다.

- 한 직원은 여러 가지 특기를 보유할 수 있다.
- 한 직원은 여러 가지 언어를 구사할 수 있다.
- 한 직원의 특기와 언어는 상호 독립적이다.

직원	특기	언어
이상현	야구 요리	영어 일어 불어
이귀정	검도 성악	영어

그림 4-12 직원-특기-언어 관계

이 관계는 한 직원 속성값에 대하여 특기와 언어 속성이 상호 독립적으로 다중값을 갖는 비정규형의 관계이다. 이 관계를 직원 속성에 대하여 나머지 두 속성이 원자값을 갖는 1차 정규형으로 전환하기 위해서는 〈그림 4-13〉과 같은 두 가지 방법이 가능하다.

〈그림 4-13〉의 (a)는 한 직원에 속한 특기와 언어의 모든 속성값의 조합으로 구성되어 있는 관계이며, (b)는 한 직원에 속한 특기와 언어의 속성값을 무작위로 짝을 지어 중복을 최소화시킨 관계이다. 두 관계 모두 직원, 특기, 언어 세 속성의 합성키가 주키가 되며, 1차 정규형인 동시에 보이스-코드 정규형까지 만족시킨다. 그러나 이 관계들은 다음과 같은 문제점을 가지고 있다.

직원	특기	언어
이상현	야구	영어
이상현	야구	일어
이상현	야구	불어
이상현	요리	영어
이상현	요리	일어
이상현	요리	불어
이귀정	검도	영어
이귀정	성악	영어

(a) 모든 가능한 값의 조합

직원	특기	언어
이상현	야구	영어
이상현	요리	일어
이상현	요리	불어
이귀정	검도	영어
이귀정	성악	영어

(b) 무작위 배정을 통한 중복의 최소화

그림 4-13 1차 정규형으로 전환된 직원-특기-언어 관계

- **삽입 이상:** 예를 들어, 직원이 새로운 언어를 구사하게 되었을 때, 현재 지니고 있는 모든 또는 일부 특기와 조합함으로써, 다수의 타플을 삽입하여야 한다.

- **삭제 이상:** 예를 들어, 직원이 구사할 수 있는 언어를 삭제하고자 할 때, 역시 동일한 이유로 다수의 타플을 삭제하여야 한다.

- **갱신 이상:** 속성값의 중복으로 인하여 중복적인 갱신이 요구되고, 그렇지 않을 경우 데이터의 불일치가 발생한다.

이와 같은 문제점은 다중값 종속으로 인하여 발생한다. 한 관계가 가, 나, 다의 세 속성을 가지고 있을 때,

① 가의 어떤 속성값에 대응하는 나의 속성값이 여러 개 있고,
② 가의 어떤 속성값에 대응하는 다의 속성값이 여러 개 있으며,
③ 나의 속성값과 다의 속성값 사이에 아무런 관계가 없는 경우,

이 관계에는 **다중값 종속**이 존재한다고 말한다.

다중값 종속으로 인한 문제점을 해결하기 위해서는 두 개의 상호 독립적인 다중값 속성을 서로 다른 두 관계로 분리시켜야 한다. 〈그림 4-14〉는 〈그림 4-13〉의 관계를 4차 정규형의 관계로 분리시킨 그림이다. **4차 정규형**(fourth normal form(4NF))은 보이스-코드 정규형을 만족시키면서 다중값 종속을 포함하지 않는 관계이다.

직원-특기	직원	특기
	이상현	야구
	이상현	요리
	이귀정	검도
	이귀정	성악

직원-언어	직원	언어
	이상현	영어
	이상현	일어
	이상현	불어
	이귀정	영어

그림 4-14 4차 정규형으로 전환된 직원-특기-언어 관계

〈그림 4-13〉의 직원-특기-언어 관계에서 만약 한 직원의 특기와 언어가 상호 독립적이 아니라면, 이 관계는 그 자체로서 4차 정규형을 만족시키며, 따라서 〈그림 4-14〉와 같이 분리할 필요가 없다. 예를 들어, 언어와 특기가 독립적인 것이 아니라 특기와 관련하여 직원이 구사할 수 있는 언어를 나타낸 관계라면, 각속성이 원자값을 갖도록 전환하는 방법이 명확하다. 만약 〈그림 4-12〉의 비정규화 관계가 〈그림 4-13〉의 (b)와 같이 정규화되었다면, 이 관계의 의미는 이상현은 야구용어를 영어로 구사할 수 있지만 일어나 불어로는 구사할 수 없으며, 요리용어를 일어와 불어로 구사할 수 있음을 나타낸다. 따라서 이 관계는 1차 정규형을 만족시키는 동시에 4차 정규형까지 만족시키며, 직원, 특기, 언어 세 속성의 합성키가 주키가 된다. 이처럼 동일한 속성으로 구성된 관계라 하더라도 데이터의 의미에 따라 정규형의 수준이 달라진다.

4.3.2 결합 종속과 5차 정규형

지금까지 공부한 비정규형의 관계에서 4차 정규형의 관계로 전환하는 과정을 살펴보면, 이상을 제거하기 위하여 복잡한 관계를 보다 단순한 관계로 나누는 작업을 수행하였다. 이 과정의 묵시적인 가정은 둘로 나누어진 관계를 다시 결합(join)시킴으로써, 원래의 관계로 회복시킬 수 있다는 것이었다. 그러나 관계 중에는 둘로 나눌 때는 원래의 관계로 회복할 수 없으나, 셋 또는 그 이상으로 분리시킬 때 원래의 관계를 복원할 수 있는 특수한 경우가 있다. 이러한 경우에 그 관계에는 **결합 종속**(join dependency)이 존재한다고 한다. **5차 정규형**(fifth normal form(5NF))의 관계는 4차 정규형의 조건을 만족시키며 결합 종속을 포함하지 않는 관계이다. 켄트(Kent, 1983)는 5차 정규형의 관계를 '동일한 주키를 갖지 않는 작은 관계들로 더 이상 분리할 수 없는 관계'로 정의하였다. 따라서 이 정의에 따르면 5차 정규형은 최종 정규형이 된다.

추출-결합 정규형(projection-join normal form(PJNF))이라는 별명으로 불리기도 하는 5차 정규형의 사례는 매우 드물게 발생하며, 현실적으로 찾아내기도 쉽지 않다. 5차 정규형에 관한 보다 자세한 내용은 켄트(Kent, 1983)나 엘마스리와 나바드(Elmasri and Navathe, 2016)를 참조하기 바란다.

4.3.3 영역-키 정규형

영역-키 정규형(domain-key normal form(DKNF))은 모든 종속성과 제약을 고려한 이론적으로 가장 완벽한 형태의 정규형이다. 패긴(Fagin, 1981)은 그의 논문에서 영역-키 정규형의 관계는 어떠한 유형의 이상도 갖지 않음을 증명하였다. 어느 관계의 모든 종속성과 제약이 그 관계의 주키와 영역의 제약으로 인해서만 발생한다면 그 관계는 영역-키 정규형의 관계이다.

패긴의 이 논문은 이상적으로 완벽한 정규형을 발견하였다는 점에서 높이 평가받을 만하다. 그러나 영역-키 정규형이 비록 이론적으로 완벽한 정규형이라고 하더라도, 현실적으로 어떤 관계를 영역-키 정규형으로 전환시키는 방법론이 존재하지 않기 때문에 실용적인 면이 부족하다. 영역-키 정규형에 관한 보다 자세한 내용은 패긴(Fagin, 1981)이나 크롱케와 도란(Kroenke and Dolan, 1988)을 참조하기 바란다.

4.4 정규화된 관계의 통합

지금까지 비정규형의 관계를 정규형으로 전환하는 과정을 공부하였다. 본 절에서는 정규화된 여러 관계를 통합하는 과정을 사례를 통하여 살펴보고, 이 과정에서 발생할 수 있는 문제점의 해결 방법을 공부한다.

4.4.1 사례

명문가구의 데이터베이스를 설계하기 위하여 현재 사용하고 있는 여러 가지 서류를 수집하고 사용자와 면담한 결과, 다음과 같은 정보가 요구된다는 것을 파악하였다.

사례 명문가구 ————————————————————————————

　　명문가구는 현재 10,000여 명의 고객을 보유하고 있으며, 고객이 제품을 주문하면 〈그림 4-3〉과 같은 고객 주문서를 작성하여 고객과 명문가구가 각각 나누어 보관한다. 〈그림 4-3〉의 관계를 정규화하면 〈그림 4-9〉와 같고, 이를 관계 스키마로 표현하면 다음과 같다.

　　주문-제품(<u>주문번호, 제품번호</u>, 수량) ………………………………… (1)

　　제품(<u>제품번호</u>, 제품명, 단가) …………………………………………… (2)

　　주문-고객(<u>주문번호</u>, 주문일, <u>고객번호</u>) ………………………………… (3)

　　고객(<u>고객번호</u>, 고객이름, 주소, 전화) …………………………………… (4)

　　한편 명문가구는 고객 관리를 위하여 〈그림 4-15〉와 같은 고객 정보를 보관하고 있다.

고객번호 : c1560

성　　　 명 : 이명훈

주　　　 소 : 서울 마포구 숭문길 35

신용한도액 : 2,000,000

그림 4-15 고객 명단

　　고객 명단에 나타난 주소는 〈그림 4-3〉의 고객 주문서의 주소와 일치하는 경우도 있고, 그렇지 않은 경우도 있다. 그 이유는 고객 주문서의 주소는 제품이 배달될 주소를 나타내고, 고객 명단의 주소는 고객의 거주지 주소를 나타내기 때문이다. 신용 한도액은 고객이 신용 거래를 할 수 있는 최대액수를 나타낸다. 이 관계는 반복집단을 포함하고 있지 않으며, 부분 종속이나 이전 종속의 문제점도 가지고 있지 않다. 따라서 이 관계는 고객번호를 주키로 하는 3차 정규형의 관계이며, 다음과 같이 표현할 수 있다.

　　고객(<u>고객번호</u>, 성명, 주소, 신용한도액) ………………………………… (5)

명문가구는 위와 같은 고객 정보 외에 고객의 구매 상황을 보다 자세히 파악하여 마케팅 전략에 반영하기 위하여 〈그림 4-16〉과 같은 구매 현황 정보를 필요로 한다.

고객별 구매 현황
(2022년 10월 31일)

고객번호	고객이름	최초 거래일	최근 거래일	누적 구매액	담당 직원
c1560	이명훈	2010/3/5	2022/10/20	4,526,000	박혜영
c1561	김한승	2010/3/5	2022/10/5	25,337,000	김명수
c1562	진철규	2010/3/6	2015/3/6	750,000	박혜영
⋮	⋮	⋮	⋮	⋮	⋮

그림 4-16 고객별 구매 현황

최초 거래일은 고객이 명문가구와 처음 거래를 시작한 날을 의미하며, 최근 거래일은 가장 최근에 구매한 날을 표시한다. 이 속성들은 주문서를 작성할 때, 자동적으로 생성 또는 갱신될 수 있도록 프로그램을 개발할 경우 구태여 데이터베이스에 저장할 필요가 없는 유도 속성이다. 누적 구매액은 고객이 명문가구와 거래를 개시한 이래 지금까지 구매한 총액을 나타낸다. 이 속성 역시 매번 주문이 발생할 때마다 주문액을 이전 누적액에 더하여 계산될 수 있는 유도 속성이다. 각 고객에게는 자신의 주문을 도와주는 담당 직원이 배정되는데, 이에 대한 정보가 〈그림 4-16〉의 마지막 열에 나타나 있다. 이 관계 역시 반복집단을 포함하고 있지 않으며, 부분 종속이나 이전 종속의 문제점도 가지고 있지 않다. 따라서 이 관계는 고객번호를 주키로 하는 3차 정규형의 관계이며, 다음과 같이 표현할 수 있다. 단, 유도 속성은 데이터베이스에 저장하지 않는다고 가정한다.

고객구매현황(고객번호, 고객이름, 담당직원)·································· (6)

고객 정보 외에 명문가구는 〈그림 4-17〉, 〈그림 4-18〉, 그리고 〈그림 4-19〉에 나타난 것과 같은 제품과 직원에 관한 정보를 요구한다.

```
제품번호 : BD307
제 품 명 : 로얄 침대 퀸
재 고 량 : 10
재주문 시점 : 5
원     가 : 657,000
판 매 가 : 890,000
```

그림 4-17 제품 재고 장부

〈그림 4-17〉의 제품 재고 장부에 나타난 재고량은 현재 제품의 재고량을 나타내며, 재주문 시점은 제품 생산 주문을 발주해야 하는 시점을 나타낸다. 예를 들어, 제품 BD307은 재고량이 5개 이하로 떨어지면 생산 주문을 발주해야 한다. 이 관계 역시 반복집단을 포함하고 있지 않으며, 부분 종속이나 이전 종속의 문제점도 가지고 있지 않다. 따라서 이 관계는 제품번호를 주키로 하는 3차 정규형의 관계이며, 다음과 같이 표현할 수 있다.

제품(<u>제품번호</u>, 제품명, 재고량, 재주문시점, 원가, 판매가) ·············· (7)

직원번호	성명	주소	생년월일	연봉
e01	김준규	서울 서대문구 신촌로11길 3	1975/03/15	75,000,000
e02	이승휘	서울 마포구 도화2길 40	1978/06/10	73,000,000
⋮	⋮	⋮	⋮	⋮

그림 4-18 직원 명단

한편 〈그림 4-18〉의 직원 명단에 속한 모든 속성은 설명 없이도 쉽게 이해될 수 있다. 이 관계 역시 반복집단을 포함하고 있지 않으며, 부분 종속이나 이전 종속의 문제점도 가지고 있지 않다. 따라서 이 관계는 직원번호를 주키로 하는 3차 정규형의 관계이며, 다음과 같이 표현할 수 있다.

직원(<u>직원번호</u>, 성명, 주소, 생년월일, 연봉) ·································· (8)

직원 매출 현황
(2022년 10월 31일)
(단위: 100만원)

직원번호	성명	할당액	연간 누적 판매액	달성도(%)	최대 할인율(%)
e05	박혜영	180	193	107	10
e15	최근식	150	105	70	8
e17	김명수	125	111	89	8
⋮	⋮	⋮	⋮	⋮	⋮

그림 4-19 직원 매출 현황

마지막으로 〈그림 4-19〉의 직원 매출 현황은 영업 직원에 한하여 작성된다. 할당액은 연초에 각 영업 직원에게 배정한 한해의 판매 목표액이며, 연간 누적 판매액은 1월 1일부터 현재까지 판매한 액수를 나타낸다. 달성도는 연간 누적 판매액을 할당액으로 나눈 값이다. 연간 누적 판매액과 달성도는 프로그램을 통해 계산될 수 있는 유도 속성이다. 마지막으로 최대 할인율은 각 영업 사원이 자신의 권한으로 제품의 판매가에서 할인해 줄 수 있는 폭을 나타낸다. 이 관계 역시 반복집단을 포함하고 있지 않으며, 부분 종속이나 이전 종속의 문제점도 가지고 있지 않다. 따라서 이 관계는 직원번호를 주키로 하는 3차 정규형의 관계이며, 다음과 같이 표현할 수 있다. 단, 유도 속성은 데이터베이스에 저장하지 않는다고 가정한다.

직원매출현황(<u>직원번호</u>, 성명, 할당액, 최대할인율) ························· (9)

4.4.2 관계의 통합

앞 절의 명문가구 사례에서 나온 9개의 정규화된 관계를 자세히 살펴보면 중복되거나 상호 보완적인 내용이 포함되어 있다. 그 이유는 한 개체를 여러 사용자의 관점에서 조명한 결과 서로 다른 속성을 지닌 관계로 표현되었기 때문이다. 본 절에서는 동일한 개체를 표현한 여러 관계를 하나의 관계로 통합하는 과정을 공부한다. 관계의 통합은 여러 사용자의 관점을 통합하는 것이므로 **관점 통합**(view integration)이라고도 불린다. 관계를 통합할 때 주의할 점으로 이음동의어, 동음이의어, 이전 종속, 그리고 일반화의 문제점 등이 있다.

고객 관계

위의 9개의 관계 중 고객 개체를 표현하고 있는 것은 (4), (5), 그리고 (6)번 관계이다. (6)번 관계는 비록 고객구매현황이라고 명명되었지만, 실질적으로는 고객의 속성을 나타내는 고객 관계이다. 일반적으로 주키가 동일한 관계는 한 관계로 통합될 수 있다.[2] 관계 (4), (5), (6)번은 주키(고객번호)가 동일하며, 한 관계로 통합될 수 있다.

고객(고객번호, 고객이름, 주소, 전화) ····································· (4)

고객(고객번호, 성명, 주소, 신용한도액)···································· (5)

고객구매현황(고객번호, 고객이름, 담당직원) ···························· (6)

위의 세 관계를 관찰해 보면 고객이름과 성명은 고객의 이름이라는 동일한 속성을 나타내는데, 서로 다른 이름으로 표현된 것을 알 수 있다. 이처럼 동일한 속성이 서로 다른 이름으로 불리는 경우를 **이음동의어**(synonym)라고 한다. 이음동의어는 하나의 명칭으로 통일하여 한 번만 저장한다. 그러나 사용자는 각자 자신이 친숙한 명칭으로 부르기 원할 수 있으므로, 데이터베이스 내에 속성의 별명(alias)을 저장해 두는 것이 바람직하다. 예를 들어, 성명과 고객이름을 고객이름으로 통일하고 성명은 별명으로 지정하여, 사용자가 원하는 경우 성명이라는 속성 이름으로도 접근이 가능하도록 하는 것이다. 대부분의 데이터베이스 관리

---

2. 일반화 관계성 집합의 경우는 예외인데, 아래의 직원 관계에서 살펴보기로 한다.

시스템은 속성의 별명을 지정할 수 있는 기능을 제공한다. 그리고 담당직원 항목은 실질적으로 담당직원의 번호를 통하여 접근하므로 담당직원번호라는 이름으로 대체하고 외부키임을 알리는 점선으로 표시한다.

(4)번 관계와 (5)번 관계는 각각 주소라는 속성을 가지고 있다. 그러나 이 두 속성을 자세히 살펴보면, (4)번 관계의 주소는 배달 주소를 나타내는 반면, (5)번 관계의 주소는 고객의 거주지 주소를 나타낸다. 이처럼 동일한 이름으로 불리나 실제 그 내용이 다른 것을 **동음이의어**(homonym)라고 한다. 동음이의어의 문제를 해결하기 위해서는 새로운 속성 이름을 부여하여 서로 다른 속성임을 나타내 주어야 한다. 이처럼 데이터베이스를 설계할 때에는 관계나 속성이 가지고 있는 이름이 중요한 것이 아니라 실질적인 의미를 파악하는 것이 중요하다.

이음동의어와 동음이의어의 문제가 해결되면, 나머지 중복되지 않은 속성을 모두 합쳐 관계를 통합하면 된다. (4), (5), (6)번의 관계를 하나의 관계로 통합하면 다음과 같다.

고객(고객번호, 고객이름, 거주지주소, 배달주소, 전화, 신용한도액, 담당직원번호)

고객이름과 성명은 고객이름으로 통일하였고, 주소는 각각 거주지주소와 배달주소로 구분되었다. 그리고 나머지 속성들은 중복 없이 새로운 관계로 통합되었다. 관계를 통합한 후에는 새로 생성된 관계에 이전 종속이 발생하지 않는지 확인해야 한다. 위의 통합된 관계에서는 이전 종속이 발생하지 않으므로, 고객 관계의 통합은 완료되었다.

관계 통합시 이전 종속의 문제가 발생하는 경우도 있는데, 예를 들어 다음과 같은 두 관계를 살펴보자.

학생(학번, 이름, 전공, 학년)
학생(학번, 지도교수)

두 관계 모두 학번이 주키이므로 다음과 같이 통합할 수 있다.

학생(<u>학번</u>, 이름, 전공, 학년, 지도교수)

그러나 만약 각 전공마다 한 명의 지도교수만 있다고 가정하면, 위의 관계에는 이전 종속이 발생한다. 즉, 전공을 알면 지도교수를 알 수 있기 때문에 이 관계는 다음과 같이 분리되어야 한다.

학생(<u>학번</u>, 이름, <u>전공</u>, 학년)
전공지도교수(<u>전공</u>, 지도교수)

제품 관계

위의 9개의 관계 중 제품 개체를 표현하고 있는 것은 (2)번과 (7)번 관계이다. 이 두 관계의 주키는 제품번호로 동일하며, 한 관계로 통합될 수 있다.

제품(<u>제품번호</u>, 제품명, 단가) ···································· (2)
제품(<u>제품번호</u>, 제품명, 재고량, 재주문시점, 원가, 판매가) ·········· (7)

위의 두 관계의 단가와 판매가는 이음동의어이다. 두 속성의 이름을 판매가로 통일하면 실질적으로 (2)번 관계는 (7)번 관계에 완전히 포함된다. 따라서 두 관계를 통합하면 (7)번 관계가 된다.

직원 관계

위의 9개의 관계 중 직원 개체를 표현하고 있는 것은 (8)번과 (9)번 관계이다.

직원(<u>직원번호</u>, 성명, 주소, 생년월일, 연봉) ························· (8)
직원매출현황(<u>직원번호</u>, 성명, 할당액, 최대할인율) ····················· (9)

이 두 관계의 주키는 직원번호로 동일하기 때문에 아래와 같이 한 관계로 통합될 수 있다.

직원(<u>직원번호</u>, 성명, 주소, 생년월일, 연봉, 할당액, 최대할인율)

그러나 자세히 살펴보면 앞의 사례에서 밝혔듯이 '할당액'과 '최대할인율'은 영업직원에서만 발생하는 속성이다. 따라서 위와 같이 한 관계로 통합하게 되면, 영업직원 외의 다른 직원의 경우에는 이 두 속성값이 미확인 값이 된다. 특정 관계에 구조적으로 미확인 값이 발생하는 것은 바람직하지 않으므로 이 관계를 보다 세분화할 수 있는데 이를 상세화(specialization)라고 한다.[3] 즉, 직원에서 보다 세분화된 영업직원을 분리해 내는 것인데, 모든 직원에 공통되는 속성은 직원 관계에 남겨두고, 영업직원에만 해당되는 속성을 분리하여 영업직원이란 관계를 만든다. 이때 두 관계를 연결할 수 있도록 주키는 양쪽 관계에 모두 두어야 하는데, 이를 통해 영업직원의 성명, 주소 등을 검색할 수 있다. 따라서 위의 관계를 분리하면 아래와 같다.

직원(<u>직원번호</u>, 성명, 주소, 생년월일, 연봉)
영업직원(<u>직원번호</u>, 할당액, 최대할인율)

이제 9개 관계 중 통합될 수 있는 관계는 모두 통합되었고, 최종 결과는 다음과 같은 6개의 관계로 축소되었다.

주문-제품(<u>주문번호, 제품번호</u>, 수량) ································· (1)
주문-고객(<u>주문번호</u>, 주문일, <u>고객번호</u>) ···················· (3)
고객(<u>고객번호</u>, 고객이름, 거주지주소, 배달주소, 전화, 신용한도액,
   담당직원번호) ·· (4), (5), (6)의 통합
제품(<u>제품번호</u>, 제품명, 재고량, 재주문시점, 원가, 판매가)
   ··· (2)와 (7)의 통합
직원(<u>직원번호</u>, 성명, 주소, 생년월일, 연봉) ···················· (8)
영업직원(<u>직원번호</u>, 할당액, 최대할인율) ················ (9)의 변형

---

3. 상세화의 반대 과정, 즉 세분화된 관계에서 공통 속성을 찾아 일반화된 관계를 도출하는 것을 일반화라고 하며, 앞의 3장에서 자세히 설명하였다.

4.5 **요약**

정규화 이론은 다양한 유형의 검사를 통하여, 관계형 데이터 모델의 관계를 보다 구조화된 것으로 개선시켜 나가는 절차에 관련된 이론이다. 구조화된 관계란 데이터베이스상에서 삽입, 삭제, 또는 갱신이 이루어질 때 문제점이 발생하지 않는 관계이다. 반면 정규화를 통하여 구조화된 관계는 데이터베이스의 실행속도를 떨어뜨리고, 참조 무결성과 관련된 문제를 발생시킨다. 그러나 정규화로 인하여 발생하는 문제점은 보다 우수한 성능의 컴퓨터나 정교한 데이터베이스 관리시스템을 도입함으로써 해결될 수 있기 때문에 시간이 흐를수록 정규화의 장점이 더욱 부각될 것이다.

정규화 이론은 속성간의 함수적 종속관계에 기초하고 있다. 1차 정규형의 관계는 반복집단을 포함하지 않는 원자값으로만 구성된 타플을 갖는 관계이다. 2차 정규형의 관계는 1차 정규형의 조건을 만족하면서, 주키를 구성하지 않는 나머지 속성이 주키에 완전 함수적 종속을 이루는 관계이다. 3차 정규형의 관계는 2차 정규형의 조건을 만족하면서, 이전 종속이 존재하지 않는 관계이다. 일반적으로 실무에서 데이터베이스를 설계할 때 요구되는 정규화의 적절한 수준은 3차 정규형이다. 한편 보이스-코드 정규형은 보이스와 코드가 기존의 3차 정규형에서 함수적 종속으로 인하여 추가적으로 발생할 수 있는 문제점을 발견하고, 이를 보완하기 위하여 제시한 보다 엄격한 형태의 3차 정규형이다. 보이스-코드 정규형의 관계는 어떤 관계의 모든 결정자가 후보키의 역할을 수행할 수 있는 관계이다. 4차 정규형의 관계는 보이스-코드 정규형을 만족시키면서, 다중값 종속을 포함하지 않는 관계이다. 마지막으로 5차 정규형의 관계는 4차 정규형의 조건을 만족시키며, 결합 종속을 포함하지 않는 관계이다.

정규화된 여러 관계가 동일한 개체를 나타내는 경우에는 서로 통합되어야 한다. 관계를 통합할 때 주의해야 할 점으로는 이음동의어, 동음이의어, 이전 종속, 그리고 일반화의 문제점 등이 있다. 이음동의어는 동일한 속성이 서로 다른 이름으로 불리는 경우로, 하나의 명칭으로 통일하여야 한다. 동음이의어는 동일한 이름으로 불리나 실제 그 내용이 다른 경우이며, 새로운 속성 이름을 부여하여 서로 다른 속성임을 나타내 주어야 한다. 이음동의어와 동음이의어의 문제가 해결되면, 나머지 중복되지 않은 속성을 모두 합쳐 관계를 통합하면 된다. 관계

를 통합한 후에는 새로 생성된 관계에 이전 종속이 발생하지 않는지 확인해야
한다. 마지막으로 일반화 관계성 집합은 서로 통합될 수 없다.

✎ 복습 문제

1. 다음 용어를 설명하라.

·1차 정규형	·2차 정규형	·3차 정규형
·4차 정규형	·5차 정규형	·갱신 이상
·결정자	·결합 종속	·관계의 통합(관점 통합)
·구조화된 관계	·다중값 종속	·동음이의어
·반복집단	·보이스-코드 정규형	·부분 종속
·삭제 이상	·삽입 이상	·갱신 이상
·영역-키 정규형	·완전 함수적 종속	·이음동의어
·이전 종속	·정규화	·함수적 종속

2. 정규화를 통하여 구조화된 관계의 장점과 단점을 설명하라.

3. 반복집단을 포함하는 관계를 1차 정규형의 관계로 전환하는 과정을 설명하라.

4. 부분 종속으로 인한 문제점은 무엇이며, 어떻게 해결할 수 있는가?

5. 이전 종속으로 인한 문제점은 무엇이며, 어떻게 해결할 수 있는가?

6. 어느 관계가 후보키의 역할을 수행할 수 없는 결정자를 포함한 경우 어떠한 문제점이
발생하는가?

7. 다중값 종속으로 인한 문제점은 무엇이며, 어떻게 해결할 수 있는가?

8. 관계를 통합시킬 때 주의할 점은 무엇인가?

1. 다음의 각 관계는 3차 정규형을 만족시키는가? 만약 3차 정규형을 만족시키지 못하면 3차 정규형으로 전환하라. 단, 속성간의 함수적 종속은 다음과 같다.

> 가 → 마
> 가, 나 → 다
> 다 → 라

① R(가, 나)

② R(가, 나, 다)

③ R(가, 나, 다, 라)

④ R(가, 나, 다, 라, 마)

2. '모든 결정자가 후보키인 관계'라는 보이스-코드 정규형의 정의를 이용하여 〈그림 4-5〉의 관계가 보이스-코드 정규형을 만족시키지 못하는 이유를 설명하라.

3. 〈그림 4-20〉은 모 대학의 성적 평가표이다. 이 표에 나타난 데이터를 3차 정규형의 관계로 전환하되, 그 과정을 모두 나열하라. 단, 교수 이름은 유일한 값을 가지며, 과목번호를 알면 담당교수를 알 수 있고, 각 학생은 하나의 전공만 갖는다고 가정한다.

학번	이름	전공	과목번호	과목이름	담당교수	직위	성적
2219046	이경식	경영학	BB352	마케팅	박세훈	조교수	A
			BB353	정보시스템	정규성	부교수	A
			BB363	데이터베이스론	정규성	부교수	A
			BB365	경영전략	김인수	정교수	B
2219143	김명수	컴퓨터과학	CH323	소프트웨어공학	송윤병	정교수	B
			CH331	운영시스템	한동석	정교수	A
			CH432	컴퓨터구조론	이주현	조교수	A
			CH357	데이터베이스론	김일준	조교수	B
			⋮	⋮	⋮	⋮	⋮

그림 4-20 모 대학의 성적 평가표

4. 〈그림 4-21〉은 어느 부동산 임대 회사의 임대 현황표이다. 이 표에 나타난 데이터를 3 차 정규형의 관계로 전환하되, 그 과정을 모두 보이고, 필요한 가정이 있으면 나열하라.

고객 번호	고객 이름	건물 번호	건물 주소	임대 개시일	임대 종료일	월 임대료	건물주 번호	건물주 이름
C123	임영수	B3264	서대문구 연희로 20	2022/3/1	2024/2/28	400만원	O275	이명준
		B2379	서대문구 신촌1길 77	2023/3/1	2027/2/28	430만원	O482	박이경
C124	김창규	B8722	강남구 언주로 88	2020/10/5	2023/9/4	750만원	O163	홍세영
		B6792	강남구 논현로2길 92	2022/9/5	2026/3/10	900만원	O482	박이경
		B8722	강남구 언주로 52	2023/3/11	2025/3/10	600만원	O163	홍세영

그림 4-21 부동산 임대 현황표

▓ 참고문헌

Codd, E. F. "Further Normalization of the Data Base Relational Model," in *Data Base Systems*, Courant Computer Science Symposia Series, Vol. 6, Prentice Hall Inc., Englewood Cliffs, New Jersey, 1972.

Elmasri, R. and Navathe, S. B. *Fundamentals of Database Systems*(7th ed.), Pearson, Boston, MA, 2016.

Fagin, R. "A Normal form for Relational Databases That Is Based on Domains and Keys," *ACM Transactions on Database Systems*, Vol. 6, No. 3, September 1981, pp. 387–415.

Inmon, W. H. "Optimizing Performance with Denormalization," *Database Programming & Design*, Premier Issue 1987, pp. 34–39.

Kent, W. "A Simple Guide to Five Normal Forms in Relational Database Theory," *Communications of ACM*, Vol. 26, No. 2, February 1983, pp. 120–125.

Kroenke, D. M. and Dolan K. A. *Database Processing—Fundamentals, Design, Implementation*(3rd ed.), Science Research Associates, Inc., Chicago, Illinois, 1988.

PART 02

jusst.moment

< 길 >

written by. Justine Suh
illustration by. exit

늘 함께 길을 나란히 걷던 연수가 갈림길에서 발걸음을 멈췄다. 나는 두 발자국 더 가다 돌아봤다. 이미 난 연수의 머뭇거리는 입에서 무슨 말이 나올지 알고 있었다. 그런데도 꾹꾹 누른 감정이 터져 나가려 하고 있었다.

"나, 이제 저 길로 가려고."

언젠가부터 어렴풋이 알고는 있었다. 생각할수록 현실이 될 것 같아 깊이 들여다보지 않았지만. 조금 더 일찍, 자주 얘기를 꺼냈으면 무언가 달라졌을까? 하지만 무엇이 되었든 연수의 선택을 바꿀 수는 없었을 것이다.

난 우리가 함께 걸어온 길을 뒤돌아봤다. 굽이굽이 넘어온 산과 들판과 바다. 그 모든 풍경이 우리를 감싸고 있었다. 나는 연수가 가고 싶다는 길을 봤다. 수많은 발자국이 찍혀 있었지만 내 눈에 그곳은 좁고 험난해 보였다. 굳이 왜 그런 길로 가려고 하는지 묻고 싶었지만 하지 않았다. 연수는 그곳에 행복이 있다고 믿었다. 연수를 따라 같이 가고 싶다는 생각을 안 해본 건 아니다. 하지만 나는 나를 잘 안다. 그곳에 나의 모습은 없다는 것을. 적어도 내가 선 이 길에선 나의 모습을 바꾸지 않아도 된다.

"그동안 즐거웠어. 혹시 가다가 또 만나게 된다면…"

아마 그럴 일은 없을 거야.

하지만 나는 고개를 끄덕이고 손을 흔들었다. 진심으로 새로운 길에서 연수가 행복하길 바란다. 그 길을 선택한 것을 후회하지 않길 바란다. 마음은 무겁지만,
발걸음은 무겁지 않게 나는 내 길을 간다.

제2편
데이터베이스 질의어

제2편에서는 관계형 데이터베이스 질의어에 관하여 살펴본다. 제5장에서는 관계형 데이터베이스 표준 질의어인 SQL의 기본적인 사용법과 그래픽 방식의 질의어인 QBE의 개념을 소개한다. 제6장에서는 SQL의 무결성 향상 기능과 내장 SQL 등 고급 기능에 대해 공부한다.

제5장 데이터베이스 질의어: SQL과 QBE

데이터베이스 질의어는 데이터베이스를 구축하기 위한 도구로서 현대 정보시스템에서 매우 중요한 역할을 차지한다. 질의어(query language)는 검색언어라는 뜻이지만, 데이터베이스 질의어는 데이터를 검색하는 역할 외에 테이블을 정의 내리고, 데이터를 입력하고 갱신하는 등 다양한 기능을 제공하는 종합적인 언어이다. 데이터베이스 질의어는 크게 데이터 정의어(Data Definition Language(DDL))와 데이터 조작어(Data Manipulation Language(DML))로 나눌 수 있다. 데이터 정의어는 데이터베이스에 저장할 데이터의 구조를 지정하는 언어이고, 데이터 조작어는 데이터베이스에 데이터를 삽입, 검색, 갱신, 삭제하는 언어이다. 본 장에서는 관계형 데이터베이스 표준 질의어인 SQL의 검색 기능(SELECT 명령어)을 중점적으로 살펴보고, 초보자도 쉽게 이해할 수 있는 QBE 언어의 검색 기능을 간단히 소개하기로 한다. 데이터 정의어와 검색을 제외한 데이터 조작어에 대해서는 다음 장에서 살펴보도록 한다. 모든 컴퓨터 언어가 그렇듯이 가장 빨리 배울 수 있는 방법은 예제를 통해 실습해 보는 것이다. 본 장에 나오는 예제를 실습해 볼 수 있도록 부록에 Oracle사의 Database 19c와 Microsoft사의 Access 2016(이하 MS Access)의 사용법을 수록하였다.

5.1 SQL의 배경

1985년 미국 국립표준연구소(American National Standards Institute(ANSI)) 산하 데이터베이스 소위원회는 SQL(Structured Query Language)을 관계형 데이터베이스 표준 질의어로 채택하였다(Baker, 1986). 그 이후 대부분의 관계형 데이터베이스 관리시스템은 SQL을 주 질의어로 채택하거나 SQL을 지원할 수 있는 기능을 추가시킴으로써, SQL은 이제 명실공히 관계형 데이터베이스의 표준 질의어로 자리잡았다. SQL의 전신은 1974년 미국 IBM사의 산 호세 연구소에서 개발된 SEQUEL(Structured English Query Language)인데, 이는 데이터베이스의 유형에 관계없이 사용자들이 편리하게 사용할 수 있는 영어 형식의 질의어를 제공할 목적으로 만들어졌다. SEQUEL은 1976년 SEQUEL/2로 개정된 후, 다시 그 이름이 SQL로 변경되었다. IBM사에서 최초로 SQL을 이용하는 SYSTEM R이라는 데이터베이스 관리시스템의 시험적 모델을 만들었으나, 상업용 데이터베이스를 다루기에는 너무 느렸다.

그 후 관계 이론 관련기술과 컴퓨터 하드웨어의 눈부신 발전으로 이러한 실행상의 문제는 대부분 해결되었고, 1970년대 말 Oracle에서 최초로 SQL을 채택한 상업용 데이터베이스 관리시스템을 개발하였고, 1980년대 초반 IBM사에서 SQL 언어를 채택한 관계형 데이터베이스 관리시스템인 SQL/DS와 DATABASE2(DB2)를 발표하였다. 현재는 거의 모든 관계형 데이터베이스 관리시스템에서 SQL을 채택하고 있으며, 이들 시스템에서 사용되는 SQL이 완전히 동일하지는 않지만, 근본적으로 같은 명령어를 사용하고 있으므로 SQL 언어를 배우기 위해서 어느 시스템을 사용하든지 큰 차이가 없다.

SQL은 미국 국립 표준 연구소의 표준으로 채택되었을 뿐만 아니라, 1987년 국제표준기구(International Standards Organization(ISO))에서 SQL의 표준을 제시함으로써 국제적인 인정을 받게 되었다. 그 후 1989년 ISO에서 무결성 향상을 위한 기능을 추가하였고, 1992년 SQL2 또는 SQL-92라고 불리는 개정 표준안을 내 놓았다. 그리고 1999년 객체중심 데이터 모델을 지원하기 위한 SQL3 표준안을 제안한 이후, XML 지원이나 JSON 추가 등 지속적으로 개정되었으며, 가장 최근 표준안은 2019년에 나온 SQL:2019이다. 본 장에서는 SQL 구문을 설명하기 위해서 〈그림 5-1〉과 같은 기호를 사용하며, SQL 표준에 근거하여 SQL 질의를 작성한다. 관계형 데이터 모델에 기초한 대부분의 상업용 데이터베이스 관리시스템들은 이 표준안에 근거하여 개발되었지만, 정확하게 일치하지는 않는다. 따라서 표준안이 본 장에서 실습용으로 사용하는 MS Access나 Oracle Database의 SQL 언어와 차이가 있는 경우에는 그 차이를 따로 명시하기로 한다.

기호	설명
⟨ ⟩	요구사항을 나타냄.
[ ]	선택사항을 나타냄.
{ }	나열된 항목 중 적어도 하나는 반드시 포함시켜야 함.
...	...전에 표시된 항목이 한 번, 또는 그 이상 반복될 수 있음.
/	/로 구분된 항목 중 단 하나만 포함시킴.
⟨집단함수⟩	AVG, COUNT, MAX, MIN, SUM 등과 같이 집단에 적용되는 함수를 의미함.
⟨표현식⟩	단일값을 생성하는 상수, 항목명, 집단함수, 그리고 변수의 조합을 의미함.
⟨SELECT 내포절⟩	다른 SQL 명령속에 포함된 SELECT 명령문을 의미함.
⟨비교 연산자⟩	=, <, <=, >, >=, <> 등의 값을 비교하는 연산자를 나타냄.

그림 5-1 구문 형식

SQL의 예제에서 사용할 데이터베이스는 명문가구의 부품 주문과 관련된 데이터베이스이다. 이 데이터베이스는 다음과 같은 세 개의 테이블로 구성되어 있고, 각 테이블에 저장된 데이터 예(例)가 ⟨그림 5-2⟩에 나타나 있다.

부품 테이블 : 부품에 관한 데이터를 저장하는 테이블로 다음과 같은 데이터 항목을 포함한다.

항목	설명
부품번호	각 부품에 부여되는 3자리 숫자로 이 테이블의 주키 항목이다.
부품내역	부품의 종류에 대한 설명으로 최대 20자로 구성된다.
재고량	현재 명문가구에서 보유하고 있는 부품 재고량을 나타내며, 미확인(null) 값을 가질 수 없다.

공급자 테이블 : 공급자에 관한 데이터를 저장하는 테이블로 다음과 같은 데이터 항목을 포함한다.

항목	설명
공급자번호	각 공급자의 고유번호로 2자리 숫자의 주키 항목이다.
공급자명	공급자의 이름을 나타내는 항목으로 최대 20자로 구성된다.
위치	공급자가 위치한 도시를 나타내는 항목으로 서울, 인천, 대전, 수원 중 한 값을 갖는다.

주문 테이블 : 주문에 대한 데이터를 저장하는 테이블로 다음과 같은 데이터 항목을 포함한다.

항목	설명
부품번호	부품 테이블의 부품번호와 동일하다.
공급자번호	공급자 테이블의 공급자번호와 동일하다.
단가	주문한 부품의 단가를 나타낸다.
주문량	주문한 부품의 개수를 나타낸다.

부품

부품번호	부품내역	재고량
105	너트	220
107	너트	155
113	볼트	300
124	볼트	160
128	null	75
131	와셔	2160
150	못	3200

공급자

공급자번호	공급자명	위치
16	대신공업사	수원
27	삼진사	서울
39	삼진사	인천
62	진아공업사	대전
70	신촌상사	서울

주문

부품번호	공급자번호	단가	주문량
105	16	210	2500
105	39	200	1000
113	62	120	3000
113	27	125	5000
113	39	130	5000
124	39	150	2000
131	16	30	3000
150	27	15	15000

그림 5-2 사례 데이터베이스

5.2 테이블의 생성

관계형 테이블은 크게 원原 테이블(base table)과 가상假想 테이블(view)로 나눌 수 있다. 원 테이블은 자주적(autonomous)이고 고유한 이름(named)을 가진 테이블을 의미한다. 자주적이란 스스로 존재한다는 의미로, 원 테이블은 다른 테이블에서 유도되어질 수 없다는 특성을 지니고 있다. 반면, 가상 테이블은 다른 원 테이블들을 변형시켜서 얻어진 테이블이다. 고유한 이름을 가진 테이블이란 특정 명령에 의해 테이블의 명칭이 명확히 지정되었다는 것을 의미한다. 반면에, 단순한 질의의 결과로 도출되는 테이블은 고유한 이름을 가지고 있지 않다. 이러한 점에서 〈그림 5-2〉의 테이블은 모두 원 테이블이며, 가상 테이블의 예는 다음 장에서 자세히 살펴보기로 한다. CREATE TABLE 명령은 원 테이블을 생성시키기 위한 것으로 다음과 같은 구조로 사용된다.

```
CREATE TABLE    〈테이블명〉
                (  〈항목명〉〈데이터 형〉
                [, 〈항목명〉〈데이터 형〉,…]);
```

〈그림 5-2〉의 테이블을 생성시키기 위해서 〈그림 5-3〉과 같은 CREATE TABLE 명령문을 사용할 수 있다.

```
CREATE TABLE 부품
        (부품번호        SMALLINT,
        부품내역        VARCHAR(20),
        재고량          INTEGER);


CREATE TABLE 공급자
        (공급자번호      SMALLINT,
        공급자명        VARCHAR(20),
        위치            CHAR(6));


CREATE TABLE 주문
        (부품번호        SMALLINT,
        공급자번호      SMALLINT,
        단가            INTEGER,
        주문량          INTEGER);
```

그림 5-3 테이블의 생성

먼저 부품 테이블에 관한 첫번째 명령문을 살펴보자. 테이블명을 부품으로 지정하고, 세 개의 데이터 항목을 차례로 정의 내렸다. 각 항목에 대한 데이터 형이 반드시 명시되어야 하는데, 본서에서 사용할 데이터 형에 관한 내용은 〈표 5-1〉에 설명되어 있다. 대부분의 상용 데이터베이스 관리시스템의 경우, 〈표 5-1〉에 나타난 것보다 훨씬 다양한 데이터 형을 지원하며, 경우에 따라 다른 용어를 사용하기 때문에 채택하는 시스템의 매뉴얼을 참조하기 바란다. 본서는 SQL의 기능에 집중하기 위해서 〈표 5-1〉의 데이터 형에 국한하기로 한다.

부품번호 항목은 3자리 숫자이므로 SMALLINT를 데이터 형으로 선택하였고, 부품내역은 최대 20자리 문자 항목인데, 레코드마다 그 길이가 상당히 차이가 있으므로 VARCHAR를 데이터 형으로 지정하였다. 그리고 재고량은 큰 숫

표 5-1 데이터 형

SQL 데이터 형	설명
CHAR(n)	최대 n자까지 갖는 고정길이 문자 데이터 형으로, n의 최대값은 시스템에 따라 다른데 일반적으로 255~2,000 정도이다.
VARCHAR(n)	최대 n자까지 갖는 가변길이 문자 데이터 형으로, 항목의 데이터 값이 레코드에 따라 차이가 많이 나는 경우에 유용하며, n의 최대값은 255~4,000 정도이다.
DECIMAL(m,n)	소수점 형태 숫자를 위한 데이터 형으로, m은 소수점을 포함한 숫자의 총 자릿수를, n은 소수점 오른쪽의 자릿수를 나타낸다. 이 데이터 형은 어떤 시스템에서는 NUMERIC이라고 불리기도 한다.
INTEGER	양(+)이나 음(−)의 정수를 위한 데이터 형이다. 시스템에 따라서는 아주 작은 정수(예를 들어, 32,767과 −32,768 사이)는 SMALLINT라는 데이터 형으로, 아주 큰 정수는 LONG이라는 데이터 형으로 나타내기도 한다.
FLOAT	부동 소수점 형태의 숫자를 위한 데이터 형으로, 주로 매우 크거나 작은 숫자를 저장하기 위하여 사용된다.
DATE/TIME	날짜나 시간을 저장하기 위한 데이터 형이다. 시스템에 따라서는 DATE, TIME, TIMESTAMP 등의 세 가지 데이터 형을 제공한다.
BOOLEAN	참/거짓(true/false) 또는 예/아니오(yes/no)와 같은 두 값을 갖는 항목을 위한 데이터 형이다.

자 값을 가지므로 INTEGER 데이터 형을 선택하였다. 나머지 공급자 테이블과 주문 테이블도 동일한 방법으로 정의 내렸다. 〈그림 5-3〉의 테이블 정의는 가장 간단한 형태로 주키 제약이나 참조 무결성 제약 등이 전혀 반영되어 있지 않은 데, 이러한 고급 기능에 대해서는 다음 장에서 자세히 공부하기로 한다. 테이블이 생성되면 다음 장에서 공부할 INSERT 명령이나, 적절한 입력 프로그램을 통하여 데이터를 입력할 수 있다. MS Access의 경우에는 그래픽 형태의 사용자 접속을 통해 테이블을 정의 내리고, 데이터를 입력할 수 있는데, 본 장의 부록에 자세히 설명하였으니 참조하기 바란다.

5.3 데이터의 검색

　데이터베이스에 저장된 정보를 검색하기 위하여 SQL은 SELECT 문을 기본 도구로 사용한다. 그러나 SQL의 SELECT 명령문은 2장에서 공부한 관계 대수어의 SELECT 연산자와는 전혀 상이한 것이므로 혼동하지 말기 바란다. SELECT 명령문의 기본 구문은 SELECT, FROM, 그리고 WHERE의 3가지 절의 형태로 구성되어 있다. 좀더 자세히 살펴보면, SELECT 절은 질의質疑 결과로써 도출되기 원하는 항목명을 나열하고, FROM 절은 SELECT 절에 나열된 항목을 포함하는 테이블명을 표시하고, 마지막으로 WHERE 절은 어떤 조건에 기초하여 검색해야 하는지를 나타낸다. WHERE 절은 선택사항으로 생략이 가능하며, 생략시에는 해당 테이블의 모든 레코드가 검색된다.

```
SELECT  〈항목명 목록〉
FROM    〈테이블명〉
[WHERE  〈검색 조건〉];
```

5.3.1 단순 질의

예제를 통하여 SELECT 명령문의 활용법을 알아보자. 지금부터 나오는 예제들을 실습해 보려면, 본 장의 부록에 있는 Oracle Database나 MS Access의 사용법을 참조하기 바란다.

예제 1 : 모든 부품의 번호와 재고량을 출력하라.

    SELECT   부품번호, 재고량
    FROM   부품;

결과 :

부품번호	재고량
105	220
107	155
113	300
124	160
128	75
131	2160
150	3200

위의 예제에서 요구한 데이터는 부품 테이블에 저장되어 있다. 1번 예제에는 WHERE 절이 생략되었는데, 모든 부품의 데이터를 요구했기 때문이다. 이처럼 특별한 검색 조건이 필요하지 않는 경우에는 WHERE 절을 생략하고, SELECT 절과 FROM 절로만 구성된 간단한 질의문을 작성하면 된다. 데이터는 SELECT 절 다음에 지정한 항목명의 순서대로 출력되므로, 원하는 순서대로 항목명을 나열해야 한다.

예제 2 : 재고량이 100개 이하인 부품번호를 출력하라.

      SELECT   부품번호
      FROM   부품
      WHERE   재고량 <= 100;

결과 :

부품번호
128

위의 명령문이 실행되면 FROM 절에 명시된 부품 테이블에서 WHERE 절의 조건을 만족시키는 레코드를 선택한 후, SELECT 절에서 제시한 부품번호항목 값만 추출해 낸다. 이 명령문을 2장에서 공부한 관계 대수어로 표현하면다음과 같다.

$$\pi부품번호(\sigma재고량 <= 100(부품))$$

예제 3 : '수원'에 위치한 공급자에 관한 사항을 모두 출력하라.

```
SELECT    *
FROM      공급자
WHERE     위치 = '수원';
```

결과 :

공급자번호	공급자명	위치
16	대신공업사	수원

위의 명령문에서 항목명을 나열하는 대신 별표(*)를 입력하였는데, 별표는FROM 절에서 명시한 테이블에 소속된 모든 항목을 의미한다. 이 경우, 출력되는 항목의 순서는 테이블 항목의 순서와 동일하다. 만약 출력되는 항목의 순서를 바꾸고 싶다면, 원하는 순서대로 항목명을 나열해야 한다.

예제 4 : 16번 공급자로부터 주문한 부품 중 단가가 100원 이상인 부품의 번호와 주문량을 출력하라.

```
SELECT    부품번호, 주문량
FROM      주문
WHERE     공급자번호 = 16  AND  단가 >= 100;
```

결과 :

부품번호	주문량
105	2500

위의 예제에서는 검색 조건이 AND로 연결되었는데, 이처럼 WHERE 절에 AND, OR, NOT 등과 같은 명령어를 추가함으로써 다양한 검색 조건을 명시할 수 있다.

5.3.2 중복 행의 제거

질의의 결과로써 중복된 행이 출력될 수 있다. 경우에 따라서, 이러한 중복으로 인해 원하는 결과를 정확히 보기 어려울 때가 있다. 중복 행을 제거하기 위해서 SELECT 절에 DISTINCT 명령을 추가시킬 수 있다.

예제 5 : 주문중인 부품의 번호를 출력하라.

```
SELECT DISTINCT   부품번호
FROM      주문;
```

결과 :

부품번호
105
113
124
131
150

만약 위의 명령문에서 DISTINCT 명령어를 추가하지 않았다면 결과는 다음과 같이 동일한 부품번호가 중복되어 출력된다. 아래에서 출력된 관계[1]는 동일 원소를 중복하여 갖기 때문에 수학적 집합의 개념에 위배된다. DISTINCT 명령은 동일 원소의 중복을 제거하여 집합의 개념을 만족시켜 준다.

---

1. 한 관계(테이블)에 대하여 SQL 명령을 실행하여 출력된 결과도 역시 관계이다.

부품번호
105
105
113
113
113
124
131
150

5.3.3 특수 연산자

SQL 명령문의 검색 조건에는 등호나 부등호 외에 다양한 연산자가 사용될 수 있는데, 그중 유용하게 활용될 수 있는 LIKE, BETWEEN, IN, 그리고 IS NULL 연산자에 대하여 알아보자.

LIKE 연산자

일반적으로 검색 조건에서 제시한 값과 데이터베이스에 저장된 레코드 값이 정확히 일치하지 않으면 그 레코드는 검색되지 않는다. 예를 들어, 공급자명이 '대신공업사'라고 저장되어 있는데, 만약 공급자명 = '대신공업'이라는 검색 조건을 설정하였다면, '대신공업사'의 레코드를 제대로 검색할 수 없을 것이다. 이처럼 사용자가 데이터 값을 정확히 모르는 경우에 유용하게 사용할 수 있는 것이 LIKE 연산자이다. LIKE 연산자를 이용하면 데이터 항목 값의 일부분만 일치하는 경우에도 레코드를 출력시키는 검색 조건을 설정할 수 있다. 이러한 검색을 **유형 일치**(pattern matching) 검색이라고 한다. 유형 일치 검색은 사용자가 찾고자 하는 데이터에 대해서 완전한 정보를 갖고 있지 않은 경우에 유용하게 사용할 수 있다. 예를 들어, 공급자명이 '대'자로 시작한다는 것은 알고 있으나 나머지는 정확히 모르는 경우, 또는 '공업'자가 들어가는 공급자를 모두 출력하고 싶은 경우 등에 LIKE 연산자를 이용할 수 있다.

LIKE 연산자는 문자(CHAR 또는 VARCHAR) 데이터 형으로 정의된 항목에만 사용할 수 있는데, 데이터 값의 유형을 표시하기 위해 퍼센트(%)와 밑줄(_)을 나타내는 특수문자를 사용한다. 특수문자 % 표시는 문자열에서 영개 또는 그 이상의 문자를 대치하며, 특수문자 _ 표시는 문자열에서 문자 한 자를 대치한다. MS Access의 경우에는 % 대신 *를, 그리고 _ 대신 ?를 사용한다. 이에 대한 구체적인 예는 〈표 5-2〉에 나와 있다. 그리고 LIKE 연산자는 선택사항으로 NOT 연산자를 사용할 수 있는데, 이때 NOT 연산자는 LIKE 연산자 앞에 위치한다.

표 5-2 특수문자의 사용 예와 의미

SQL	Access	의미	검색될 수 있는 값의 예
대%	대*	'대'로 시작하는 모든 문자열	대신공업사, 대흥사
%진%	*진*	'진'자가 들어가는 모든 문자열	진아공업사, 삼진사
_신%	?신*	두 번째 위치에 '신'자가 들어가는 모든 문자열	홍신상사, 대신공업사
삼진__	삼진??	'삼진'으로 시작하고 나머지 문자열의 길이가 두 자리인 문자열	삼진상사, 삼진철강

예제 6 : 공급자명에 '신'자가 들어가는 공급자에 관한 데이터를 모두 출력하라.

```
SELECT   *
FROM     공급자
WHERE    공급자명 LIKE '%신%';
```

(MS Access의 경우에는
```
SELECT   *
FROM     공급자
WHERE    공급자명 LIKE '*신*';)
```

결과 :

공급자번호	공급자명	위치
16	대신공업사	수원
70	신촌상사	서울

BETWEEN 연산자

BETWEEN 연산자는 특정 범위내에 있는 값을 정의 내릴 때 편리하게 사용할 수 있다. 이 연산자를 포함하는 질의는 다음과 같이 작성할 수 있다.

〈표현식〉 [NOT] BETWEEN 〈하위 표현식〉 AND 〈상위 표현식〉

표현식의 값이 하위 표현식보다 같거나 크고 상위 표현식보다 같거나 작으면, 검색 조건은 참이 되어 그 레코드를 출력한다. 연산자 BETWEEN은 선택사항으로 연산자 NOT과 결합하여 사용될 수도 있는데, 이때 NOT은 BETWEEN 앞에 위치한다. 만약 NOT 연산자가 사용되면, 표현식의 값이 하위 표현식보다 작거나 상위 표현식보다 클 때 참이 되어 그 레코드가 검색된다.

예제 7 : 재고량이 2,000개에서 3,000개 사이인 부품의 번호를 출력하라.

```
SELECT   부품번호
FROM     부품
WHERE    재고량 BETWEEN 2000 AND 3000;
```

결과 :

부품번호
131

IN 연산자

IN 연산자는 표현식이 몇 개의 값 중 어느 하나와 일치하면 참이 되는 경우에 편리하게 사용할 수 있다. 이 연산자를 포함하는 질의는 다음과 같이 작성할 수 있다.

〈표현식〉 [NOT] IN (값1, 값2, 값3, ⋯)

제시된 몇 개의 값 중에서 표현식과 일치하는 값이 있는 경우에 검색 조건은 참이 되어 그 레코드가 출력된다. BETWEEN 연산자와 마찬가지로 선택사항으로 앞에 NOT 연산자가 올 수 있다.

예제 8 : '서울', '수원', '인천'에 위치하지 않은 공급자명과 위치를 출력하라.

```
SELECT   공급자명, 위치
FROM     공급자
WHERE    위치 NOT IN ('서울', '수원', '인천');
```

결과 :

공급자명	위치
진아공업사	대전

IS NULL 연산자

IS NULL 연산자는 항목값이 미확인(null) 값인지를 확인하기 위하여 사용되며, 이 연산자를 포함하는 질의는 다음과 같이 작성할 수 있다.

〈항목명〉 IS [NOT] NULL

주어진 항목값이 미확인 값인 경우에 검색 조건은 참이 되어 그 레코드가 출력된다. IS NULL 연산자의 부정은 IS NOT NULL로 표현된다.

예제 9 : 부품 중 부품내역이 미확인 값인 부품의 번호를 출력하라.

```
SELECT   부품번호
FROM     부품
WHERE    부품내역 IS NULL;
```

결과 :

부품번호
128

5.3.4 검색 결과의 정렬

레코드가 출력되는 순서는 특별한 지시가 없는 한 데이터베이스에 저장되어 있는 순서에 따른다. 출력되는 데이터를 특정한 항목값의 순서에 따라 정렬하기 위해서는 순서를 결정하는 영역이 정의되어야 하는데, 이러한 영역을 정렬키라고 한다. SQL에서 출력결과를 특별한 순으로 정렬하기 위해서는 SELECT 문의 WHERE 절 다음에 ORDER BY 절을 부가하면 된다. ORDER BY 절의 항목명은 정렬키를 나타내며, 정렬키로 지정되는 항목은 반드시 SELECT 절에 포함되어야 한다. 정렬키를 두 개 이상 지정하면, 첫번째 정렬키의 값에 의해 정렬하되, 같은 값을 갖는 레코드에 한하여 그 다음 정렬키의 값에 따라 정렬한다. 따라서 다수의 정렬키를 지정할 때는 그 순서가 대단히 중요하다. 그리고 정렬키마다 올림차순 또는 내림차순을 지정해야 하는데, 각각 ASC와 DESC 명령을 통해 표시된다. 초기설정값이 올림차순이므로 출력 결과를 올림차순으로 정렬할 경우에는 ASC를 생략해도 된다. 그러나, 내림차순으로 정렬하기 원하는 경우에는 반드시 DESC를 기입해야 한다.

ORDER BY 절에서 정렬키를 지정할 때 항목 이름 대신 번호를 기입할 수도 있는데, 이때 번호는 SELECT 절에 나열된 항목의 상대적 위치를 나타낸다. 즉, 첫번째 항목의 위치 번호는 1, 다음 항목의 위치 번호는 2 등이 된다. 정렬키를 번호로 지정하는 방법은 다음에 공부할 예제 12와 같이 계산이 포함된 표현식을 사용할 경우에 필요하다.

```
SELECT     〈항목명 목록〉
FROM       〈테이블명〉
[WHERE     〈검색 조건〉]
[ORDER BY  〈항목명〉 [ASC/DESC]
           [, 〈항목명〉 [ASC/DESC]...]];
```

예제 10 : 공급자에 관한 데이터를 위치명의 가나다 역순으로 출력하되, 위치
가 같은 경우에는 공급자번호 순으로 출력하라.

```
SELECT    *
FROM      공급자
ORDER BY  위치 DESC, 공급자번호;
```

결과 :

공급자번호	공급자명	위치
39	삼진사	인천
16	대신공업사	수원
27	삼진사	서울
70	신촌상사	서울
62	진아공업사	대전

5.3.5 수식과 집단함수의 활용

지금까지 공부한 SQL 질의에서는 SELECT 절이나 검색 조건을 나타내는
WHERE 절에서 항목명만 사용하였으나, 제한된 범위내에서 수식이나 **집단함수**
(aggregate function)를 포함시킬 수 있다. 집단함수는 여러 레코드에서 요약된 정보,
예를 들어, 평균이나 합계 등을 구할 때 유용하게 사용할 수 있는데, 그 예가
〈표 5-3〉에 나타나 있다. 집단함수는 SELECT 절에서 항목명 대신 사용되거나,
다음 절에서 설명할 HAVING 절에서 사용된다. COUNT 함수를 제외한 나머

표 5-3 SQL의 집단함수

SQL 집단함수	예	설명
AVG(항목명)	AVG(단가)	평균 단가
COUNT(항목명 또는 *)	COUNT(*)	검색된 레코드의 총 수
MAX(항목명)	MAX(단가)	최고 단가
MIN(항목명)	MIN(단가)	최저 단가
SUM(항목명)	SUM(재고량)	재고량 합계

지 집단함수는 항목명을 인수(argument)로 취하는데, 이때 항목의 데이터형은 반드시 숫자이어야 한다. COUNT 함수는 항목명(데이터형에 관계없음)을 인수로 취하거나, 항목명 대신 별표(*)를 인수로 취할 수 있다. 별표를 인수로 취할 경우, COUNT(*) 함수는 질의 결과로 선택된 레코드의 총 수를 출력한다.

집단함수를 적용하기 위해서는 특정 항목에 대해 동일한 값을 갖는 집단별로 레코드를 분류하여야 한다. 예를 들어, 주문 테이블에서 각 부품별 주문 총액을 계산하기 위해서는 주문 레코드를 각 부품별로 분류하여야 할 것이다. SQL에서는 GROUP BY 절을 이용하여 레코드를 집단으로 분류할 수 있는데, 그 형식은 다음과 같다. GROUP BY 절에서 지정된 항목(들)이 같은 값을 갖는 경우 한 집단으로 분류되며, 생략되면 테이블에 저장된 전체 레코드가 모두 한 집단으로 처리된다.

```
SELECT    〈항목명 목록〉
FROM      〈테이블 명칭〉
[WHERE    〈검색 조건〉]
[GROUP BY 〈항목명〉 [, 〈항목명〉]...]
[ORDER BY 〈항목명〉 [ASC/DESC] [, 〈항목명〉 [ASC/DESC]...]].
```

예제 11 : 각 부품별 주문 건수와 주문 총액을 구하라.

```
SELECT    부품번호, COUNT(*), SUM(단가 * 주문량)
FROM      주문
GROUP BY 부품번호;
```

결과 :

부품번호	COUNT1	SUM1
105	2	725000
113	3	1635000
124	1	300000
131	1	90000
150	1	225000

위의 예제는 주문 레코드에서 동일한 부품번호를 갖는 레코드들을 집단으로 묶어, 집단함수 COUNT와 SUM을 각각 적용시킨다. 〈그림 5-4〉는 위의 예제에서 집단화하는 과정을 보여 준다. 이때 주의할 점은 SELECT 절에 집단함수와 GROUP BY 절에 의해서 지정된 항목 외에는 어떠한 항목도 포함될 수 없다는 점이다. 예를 들어,

```
SELECT    부품번호, 공급자번호, SUM(단가 * 주문량)
FROM      주문
GROUP BY  부품번호;
```

라는 명령문은 잘못된 것이다. 그 이유는 GROUP BY 절에서 지정되지 않은 공급자번호가 집단함수 SUM과 함께 SELECT 절에 포함되었기 때문이다. 즉, GROUP BY 절에 의해 각 부품별로 집단이 분류되어 출력되는데, 집단내의 개별 레코드에만 적용되는 공급자번호를 같이 출력할 수 없기 때문이다. 다음과 같은 SQL문 역시 실행되지 않는다.

```
SELECT    부품내역
FROM      부품
GROUP BY  부품번호;
```

위의 SQL문은 논리적으로 문제가 없어 보이나, GROUP BY 절에서 지정되지 않은 항목인 부품내역에 집단함수를 적용하지 않은 채 SELECT 절에 포함시켰기 때문에 오류가 발생한다. 반면, 아래와 같이 부품내역에 집단함수를 적용시키면 적절한 SQL 명령문이 된다.

```
SELECT    COUNT(부품내역)
FROM      부품
GROUP BY  부품번호;
```

주문

부품번호	COUNT1	SUM1†		부품번호	공급자번호	단가	주문량
105	2	725000	←{	105	16	210	2500
				105	39	200	1000
113	3	1635000	←{	113	62	120	3000
				113	27	125	5000
				113	39	130	5000
124	1	300000	←{	124	39	150	2000
131	1	90000	←{	131	16	30	3000
150	1	225000	←{	150	27	15	15000

†(단가*주문량)

그림 5-4 GROUP BY 절의 평가 과정

예제 11의 출력 결과를 보면 두 번째와 세 번째 열의 제목이 각각 COUNT1 과 SUM1으로 되어 있다. 일반적으로 SQL은 항목 이름을 열의 제목으로 출력 하나, 이 경우는 열의 제목을 어떻게 나타낼지 알 수 없기 때문이다. 이를 의미 있는 제목으로 지정해 주기 위해서는 다음과 같이 AS 절을 추가하면 된다.

```
SELECT     부품번호, COUNT(*) AS 주문건수, SUM(단가 * 주문량)
           AS 주문총액
FROM       주문
GROUP BY 부품번호;
```

위와 같은 명령이 수행되면 출력 결과의 두 번째 열의 제목은 주문건수, 세 번째 열의 제목은 주문총액으로 각각 표시된다.

결과 :

부품번호	주문건수	주문총액
105	2	725000
113	3	1635000
124	1	300000
131	1	90000
150	1	225000

5.3.6 집단 검색 조건

개별 레코드에 대한 검색 조건은 WHERE 절에 명시한 반면, 특정 집단에 대한 검색 조건은 HAVING 절에 기술한다. 이 절은 반드시 GROUP BY 절과 함께 사용되어야 하며, 다음과 같은 형식을 취한다.

```
SELECT    〈항목명 목록〉
FROM      〈테이블 명칭〉
[WHERE    〈검색 조건〉]
[GROUP BY 〈항목명〉 [, 〈항목명〉]...]
[HAVING   〈검색 조건〉]
[ORDER BY 〈항목명〉 [ASC/DESC] [, 〈항목명〉 [ASC/DESC]...]];
```

HAVING 절의 검색 조건은 GROUP BY 절에서 분류한 집단에 적용된다. SQL은 먼저 GROUP BY 절에서 지정한 항목에 의해 집단으로 분류한 다음, 각 집단에 대해 HAVING 절의 검색 조건을 적용시킨다. HAVING 절은 집단에 적용된다는 것을 제외하고는 WHERE 절과 비슷한 역할을 한다.

예제 12 : 부품번호가 140번 이하인 부품 중, 주문 단가 평균이 200원 이하인 부품의 번호와 주문 총액을 주문 총액이 적은 순으로 출력하라.

```
SELECT    부품번호, SUM(단가 * 주문량)
FROM      주문
WHERE     부품번호 <= 140
GROUP BY 부품번호
HAVING    AVG(단가) <= 200
ORDER BY 2;
```

결과 :

부품번호	SUM1
131	90000
124	300000
113	1635000

위의 예제에서 ORDER BY 2는 SELECT 절의 두 번째 항목, 즉, SUM(단가 * 주문량) 값에 따라 올림차순으로 정렬하라는 의미이다. SUM(단가 * 주문량)은 항목 이름이 아니기 때문에 ORDER BY 절에서 반드시 상대적 위치를 나타내는 번호로 표시해야 한다.

5.3.7 복수 테이블의 검색

여러 테이블을 연결하여 데이터를 검색하기 위해서는 반드시 각 테이블을 연결시킬 수 있는 공통의 값, 즉, 외부키가 존재하여야 한다. 외부키는 두 테이블을 연결시키는 고리 역할을 한다. 사례 데이터베이스의 예를 보면, 〈그림 5-5〉와 같이 부품번호를 통하여 부품 테이블과 주문 테이블을, 그리고 공급자번호를 통하여 주문 테이블과 공급자 테이블을 연결시킬 수 있다.

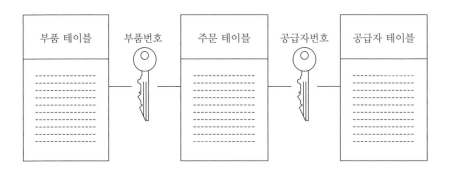

그림 5-5 사례 데이터베이스의 연결 관계

SQL에서 두 테이블을 연결하여 데이터를 검색하기 위한 질의의 일반적 형태는 다음과 같다.

```
SELECT  〈항목명 목록〉
FROM    〈테이블명1〉[테이블1의 별명], 〈테이블명2〉[테이블2의 별명]
WHERE   〈테이블명1(또는 별명).외부키 항목명 = 테이블명2(또는 별명).외부키
        항목명〉[AND 〈검색조건〉];
```

단일 테이블에서 데이터를 검색하는 질의와 다른 점은 우선 FROM 절에 다수의 테이블 명칭이 기입되는 점이다. 이때, 기입되는 순서는 중요하지 않으며, 테이블명이 긴 경우에는 간략한 별명을 사용하면 편리하다. 별명은 FROM 절에서 테이블명 다음에 기입하면 된다. 두 테이블을 결합시키기 위해서는 단순히 FROM 절에 두 테이블의 이름만 기술하면 된다. 그러나 이 경우에는 관계 대수어의 PRODUCT 연산자를 적용한 것과 같이 두 테이블의 모든 레코드를 카테시안 곱(Cartesian product)의 방식으로 결합하기 때문에, 필요한 결합 조건을 WHERE 절에서 지정해 주어야 한다. 결합될 테이블의 공통 항목(외부키)은 동일한 이름을 가질 수 있으므로, 그 항목이 어느 테이블의 항목인지 표시하기 위하여 테이블 명칭을 항목명 앞에 붙인다. 이때, 테이블 명칭(또는 별명)과 항목명 사이에 점(.)을 찍어 구분한다. 결합 조건에서 공통 항목들은 동일한 이름을 가질 필요는 없지만, 동일한 정보를 포함하고 있어야 한다. 예를 들어, 부품 공급업자의 번호를 A 테이블에서는 공급자번호로 지정하고, B 테이블에서는 납품업자_번호로 지정한다 하더라도 여전히 동일한 내용을 내포하고 있으므로, 다음과 같이 결합 조건을 나타낼 수 있다.

WHERE   A.공급자번호 = B.납품업자_번호

두 항목이 같은 정보를 내포하고 있지 않더라도 데이터의 영역이 같을 경우, 이론적으로 이를 이용하여 두 테이블을 결합할 수 있다. 예를 들어, 부품 테이블의 재고량과 주문 테이블의 주문량은 동일한 데이터 영역을 갖기 때문에, 이 두 항목을 이용하여 두 테이블을 연결할 수 있다. 그러나, 이러한 결합은 그 의미가 명확하지 않은 경우가 대부분이다.

예제 13 : 주문중인 '볼트' 부품의 번호와 재고량, 그리고 주문량을 출력하라.

```
SELECT  o.부품번호, 재고량, 주문량
FROM    부품 p, 주문 o
WHERE   p.부품번호 = o.부품번호
  AND   부품내역 = '볼트';
```

결과 :

o.부품번호	재고량	주문량
113	300	3000
113	300	5000
113	300	5000
124	160	2000

위의 예제에서 검색 조건이나 출력에 필요한 '볼트'와 재고량은 부품 테이블에 있으나, 주문량은 주문 테이블에 존재한다. 따라서 이 예제의 요구사항은 단일 테이블에서 얻을 수 없고, 두 테이블은 결합시켜야 한다. 이를 위해 FROM 절에 두 테이블을 나열하였는데, 각각 p와 o라는 별명을 부여하였으므로 부품 대신 p를, 주문 대신 o를 사용할 수 있다. 한편 WHERE 절의 결합 조건을 명시하지 않으면, 두 테이블의 레코드를 모두 상호 결합하므로 총 56개(부품 테이블 7 레코드 * 주문 테이블 8 레코드)의 레코드를 가진 테이블을 형성하게 된다. 따라서 의미 없는 결합을 제거하기 위하여 WHERE 절에서 결합 조건으로 두 테이블에서 부품번호가 같음을 지정해 주었다. 실제로 이 질의가 실행되는 과정을 살펴보면, 〈그림 5-6〉과 같이 두 테이블의 공통 항목인 부품번호를 중심으로 연결된다. 그 다음에 SELECT 절에 명시된 항목(〈그림 5-6〉에서 음영으로 표시된 부분)만을 추출하여 위와 같은 내용을 출력한다. 이때 부품번호는 양쪽 테이블에 공히 존재하므로, SELECT 절에서 반드시 어느 테이블의 값을 출력할 것인지 지정해야 한다. 위의 예에서는 o.부품번호로 지정하였으나, 〈그림 5-6〉의 음영으로 표시된 부분을 살펴보면 두 테이블의 값이 동일하므로 p.부품번호로 지정하여도 상관없다.

부품 테이블

부품내역	재고량	부품번호
너트	220	105
너트	220	105
너트	155	107
볼트	300	113
볼트	300	113
볼트	300	113
볼트	160	124
null	75	128
와셔	2160	131
못	3200	150

주문 테이블

부품번호	공급자번호	단가	주문량
105	16	210	2500
105	39	200	1000
–	–	–	–
113	62	120	3000
113	27	125	5000
113	39	130	5000
124	39	150	2000
–	–	–	–
131	16	30	3000
150	27	15	15000

그림 5-6 부품 테이블과 주문 테이블의 결합

SQL에서 세 개 이상의 테이블을 동시에 연결시켜서 데이터를 검색할 수도 있다. 두 개의 테이블을 연결하는 결합 조건을 지정하기 위해서는 하나의 공통 항목이 필요하지만, 세 개의 테이블을 연결하는 결합 조건을 지정하기 위해서는 두 개의 공통 항목이 요구된다. 일반적으로 n개의 테이블을 연결하는 결합 조건 을 지정하기 위해서는 n-1개의 공통 항목이 필요하고, 각각의 지정 사항을 AND 연산자로 연결해야 한다. 또한, WHERE 절에는 테이블간의 결합 조건과 함께 검색 조건도 포함시킬 수 있다. 이 경우 결합 조건과 검색 조건은 AND 연 산자로 연결된다.

예제 14 : '너트'를 납품하는 공급자번호와 위치를 출력하라.

```
SELECT    s.공급자번호, 위치
FROM      부품 p, 공급자 s, 주문 o
WHERE     p.부품번호 = o.부품번호
    AND   o.공급자번호 = s.공급자번호
    AND   부품내역 = '너트';
```

결과 :

s.공급자번호	위치
16	수원
39	인천

지금까지 둘 이상의 테이블을 결합하기 위하여 EQUI-JOIN 방식을 사용하였다. EQUI-JOIN 방식은 결합 조건(WHERE 절)에서 지정한 공통 항목의 값이 같은 경우만 선택하여 출력한다. 만약 공통 항목이 동일한 값을 갖지 않는 경우에 대해서도 출력하고자 한다면 EQUI-JOIN 대신 OUTER JOIN 방식을 사용해야 한다. ISO 표준은 EQUI-JOIN 외에 OUTER JOIN을 위한 연산자를 제공하는데, 그 용도를 공부하기 위하여 다음과 같은 간단한 두 개의 테이블이 있다고 가정해 보자.[2]

부품1

부품번호	부품내역
105	너트
113	볼트
150	못

주문1

부품번호	공급자번호
105	16
124	39
150	27

주문중인 부품과 부품내역, 공급자번호를 출력하기 위한 EQUI-JOIN 명령은 지금까지 공부한 것처럼 아래와 같다.

```
SELECT   p.부품번호, 부품내역, 공급자번호
FROM     부품1 p, 주문1 o
WHERE    p.부품번호 = o.부품번호;
```

결과 :

부품번호	부품내역	공급자번호
105	너트	16
150	못	27

2. 아래 예에서 주문1 테이블은 부품1 테이블에 없는 부품번호를 포함하고 있으므로 참조 무결성을 위배했는데, 이는 OUTER JOIN의 다양한 사례를 보여주기 위해 의도적으로 포함시킨 것이다.

이제부터 공통값이 없는 경우도 출력하는 세 가지 유형의 OUTER JOIN의
예를 살펴보기로 한다.

예제 15 (LEFT OUTER JOIN) : 주문중인 부품과 부품내역, 공급자번호를 출
력하되, 주문이 없는 부품도 출력하라.

SELECT   p.부품번호,[3] 부품내역, 공급자번호

FROM   부품1 p LEFT JOIN 주문1 o

ON   p.부품번호 = o.부품번호;

결과 :

부품번호	부품내역	공급자번호
105	너트	16
113	볼트	null
150	못	27

예제 16 (RIGHT OUTER JOIN) : 주문중인 부품과 부품내역, 공급자번호를 출
력하되, 부품내역이 없는 부품도 출력하라.

SELECT   o.부품번호,[4] 부품내역, 공급자번호

FROM   부품1 p RIGHT JOIN 주문1 o

ON   p.부품번호 = o.부품번호;

결과 :

부품번호	부품내역	공급자번호
105	너트	16
124	null	39
150	못	27

---

3. 주문이 없는 부품의 부품번호도 모두 출력하기 위해서는 반드시 p.부품번호, 즉, 부품1 테이블에
   있는 부품번호를 SELECT 절에 명시해야 한다. 만약 o.부품번호를 명시하면 주문1 테이블에 없는
   부품번호 113은 출력되지 않는다.
4. 위의 각주 3과 같은 이유로 반드시 o.부품번호로 명시해야 한다.

예제 17 (FULL OUTER JOIN) : 주문중인 부품과 부품내역, 공급자번호를 출력하되, 주문이 없거나 부품내역이 없는 부품도 모두 출력하라.

```
SELECT    p.부품번호, o.부품번호,⁵ 부품내역, 공급자번호
FROM      부품1 p FULL JOIN 주문1 o
ON        p.부품번호 = o.부품번호;
```

(MS Access의 경우에는 FULL JOIN을 지원하지 않기 때문에 동일한 효과를 얻기 위해서는 LEFT JOIN을 한 결과와 RIGHT JOIN을 한 결과를 아래와 같이 UNION해야 한다. Oracle에서도 부품번호를 한번만 출력하기 원하면 이 방법을 사용하면 된다. UNION 명령은 예제 24번을 참조하기 바란다.

```
SELECT    p.부품번호, 부품내역, 공급자번호
FROM      부품1 p LEFT JOIN 주문1 o
ON        p.부품번호 = o.부품번호
UNION
SELECT    o.부품번호, 부품내역, 공급자번호
FROM      부품1 p RIGHT JOIN 주문1 o
ON        p.부품번호 = o.부품번호;)
```

결과 :

p.부품번호	o.부품번호	부품내역	공급자번호
105	105	너트	16
113	null	볼트	null
null	124	null	39
150	150	못	27

---

5. 각주 3과 4와 같은 이유로 출력되지 않는 부품번호가 있기 때문에 SELECT 절에 p.부품번호와 o.부품번호를 모두 명시하였다.

5.3.8 SELECT 내포문

SELECT 문은 또 다른 SELECT 문을 포함할 수 있는데, 그 일반적인 형태는 다음과 같다. 이때 괄호안의 SELECT 절을 하위 질의 또는 내포문(nested queries)이라고 하고, 하위 질의를 포함하는 SELECT 절을 상위 질의라고 한다.

```
SELECT 〈항목명 목록〉
FROM    〈테이블명〉
WHERE   〈항목명〉 〈비교연산자〉 ( 〈SELECT 절〉
                              〈FROM    절〉
                              [〈WHERE  절〉] );
```

내포문을 포함한 질의는 하위 질의를 먼저 평가하여 하위 질의의 SELECT 절에서 지정된 항목의 값을 도출한 후, 이를 이용하여 상위 질의를 실행시켜서 상위 질의의 SELECT 절에서 지정한 항목의 값을 출력해 낸다. 상위 질의의 WHERE 절에 나타나는 비교연산자는 검색 조건에 따라 =, IN, <, > 등 다양한 연산자를 선택할 수 있다. 단, 내포문을 사용하는 질의는 요구되는 출력물, 즉 상위 질의의 SELECT 절에서 지정되는 모든 항목이 단일 테이블로부터 추출될 수 있는 때만 사용가능하다. 예제 13과 같은 경우는 요구되는 출력물이 서로 다른 테이블에 존재하므로 내포문을 이용하여 질의를 작성할 수 없다.

예제 18 : 예제 14에서 요구한 내용을 내포문을 사용하여 질의를 작성하라.

```
SELECT 공급자번호, 위치
FROM    공급자
WHERE   공급자번호 IN (SELECT 공급자번호
                      FROM    주문
                      WHERE  부품번호 IN (SELECT 부품번호
                                        FROM    부품
                                        WHERE  부품내역 = '너트'));
```

결과 :

공급자번호	위치
16	수원
39	인천

위의 질의가 실행되는 과정을 보면 최하위 질의가 가장 먼저 평가되어 부품 테이블에서 부품내역이 '너트'인 레코드로부터 부품번호를 추출한다. 따라서 최하위 질의의 실행이 끝나면 위의 질의는 다음과 같이 변형된다.

```
SELECT   공급자번호, 위치
FROM     공급자
WHERE    공급자번호  IN  (SELECT 공급자번호
                         FROM   주문
                         WHERE 부품번호  IN  (105, 107));
```

그 후 다음 하위 질의가 실행되어 주문 테이블에서 105번과 107번 부품번호를 갖는 레코드로부터 공급자번호를 추출하여 상위 질의로 보낸다. 즉, 다음과 같은 질의로 변형된다. 최종적으로 이 질의가 실행되어 위와 같은 결과 테이블을 출력하게 된다.

```
SELECT   공급자번호, 위치
FROM     공급자
WHERE    공급자번호  IN  (16, 39);
```

이론적으로 위의 예제 18과 같이 내포문을 이용한 검색이 예제 14와 같이 WHERE 절에서 결합조건을 사용하는 것보다 더 효율적이다. 그 이유는 결합조건을 사용할 경우 테이블에 있는 모든 레코드를 공통 항목을 통해 연결시킨 후, 검색 조건을 적용하여 필요한 레코드를 추출해 내기 때문에 컴퓨터 시간을 낭비하게 된다. 반면 내포문을 이용하면 하위 질의에서 검색 조건에 부합하는 레코드만 추출하여 필요한 값을 상위 질의로 전달하므로 보다 효율적인 검색이 된다. 그러나 현대의 데이터베이스 관리시스템은 질의 최적기(query optimizer)를 통

하여 스스로 가장 효율적인 방식으로 질의를 처리한다. 따라서 예제 14와 같은 질의를 입력하더라도 데이터베이스 관리시스템이 예제 18과 같은 방식으로 처리하기 때문에 사용자는 자신이 편리한 방법으로 질의를 작성하면 된다.

ALL/ANY/SOME 연산자

ALL/ANY/SOME 연산자는 숫자로 구성된 단일 열을 생성하는 SELECT 내포문과 함께 사용되는 연산자이며, 다음과 같은 형식으로 질의를 작성할 수 있다.

```
SELECT  〈항목명 목록〉
FROM    〈테이블명〉
WHERE   〈항목명〉〈비교연산자〉 ALL/ANY/SOME
                 ( 〈SELECT 절〉
                   〈FROM   절〉
                  [〈WHERE 절〉] );
```

만약 SELECT 내포문 앞에 ALL 연산자가 오면 내포문에 의해 생성되는 모든 값이 조건을 만족할 때만 검색 조건이 참이 되어 그 레코드가 출력된다. 반면 SELECT 내포문 앞에 ANY 연산자가 오면 내포문에 의해 생성되는 값 중 어느 하나라도 조건을 만족하면 검색 조건이 참이 되어 그 레코드가 출력된다. ANY 연산자 대신 SOME 연산자를 사용하여도 효과는 동일하다.

예제 19 : 어떤 '너트'의 재고량보다도 더 많은 재고를 가진 부품의 번호와 재고량을 출력하라.

```
SELECT   부품번호, 재고량
FROM     부품
WHERE    재고량 > ALL
              (SELECT 재고량
               FROM   부품
               WHERE  부품내역 = '너트');
```

결과 :

부품번호	재고량
113	300
131	2160
150	3200

위의 예제에서 SELECT 내포문 앞에 ALL 연산자가 사용되었으므로 '너트'의 재고량 220과 150을 모두 초과하는 부품, 즉, 재고량이 220을 초과하는 부품들이 출력된다.

예제 20 : 모든 부품 중에서 '너트'의 재고량 중 어느 하나보다도 더 많은 재고를 가진 부품의 번호와 재고량을 출력하라.[6]

```
SELECT    부품번호, 재고량
FROM      부품
WHERE     재고량 >  ANY
                  (SELECT   재고량
                   FROM     부품
                   WHERE    부품내역 = '너트');
```

결과 :

부품번호	재고량
105	220
113	300
124	160
131	2160
150	3200

위의 예제에서 SELECT 내포문 앞에 ANY 연산자가 사용되었으므로 '너트'의 재고량 220과 150 중 어느 하나라도 초과하는 부품, 즉, 재고량이 150을 초과하는 부품들이 모두 출력된다.

---

6. 이 질문을 다시 표현하면 "너트의 재고량 중 가장 적은 재고량보다 더 많은 재고를 가진 모든 부품의 번호와 재고량을 출력하라"와 같다.

5.3.9 자체 결합을 이용한 데이터의 검색

5.3.7절에서 두 개 이상의 독립된 테이블을 결합하여 데이터를 검색하는 방법을 공부하였다. 경우에 따라서, 동일 테이블 내에서 서로 다른 두 레코드를 결합해야 할 필요가 있는데, 이를 **자체 결합**이라고 한다. 예를 들어, 공급자 중에 동일한 이름을 지닌 회사가 있는지 알고 싶다면, 공급자 테이블의 각 레코드를 공급자 테이블 내의 다른 레코드와 한 장씩 비교해야 하므로, 공급자 테이블의 자체 결합이 필요하다. 테이블의 자체 결합을 위해서는 그 테이블에 서로 다른 별명(alias)을 부여하여, 마치 두 개의 독립된 테이블이 존재하는 것처럼 만들어 주어야 한다.

예제 21 : 공급자명이 동일한 공급자의 번호와 위치를 출력하라.

```
SELECT    s1.공급자번호, s1.공급자명, s1.위치
FROM      공급자 s1, 공급자 s2
WHERE     s1.공급자명 = s2.공급자명
AND       s1.공급자번호 <> s2.공급자번호7;
```

위의 명령문은 FROM 절에서 공급자 테이블의 별명으로 s1과 s2를 지정하였는데, 이 명령이 실행되면 〈그림 5-2〉의 공급자 테이블과 동일한 내용의 테이블이 각각 s1과 s2라는 이름으로 생성된다(〈그림 5-7〉 참조).

WHERE 절에서 이 별명을 테이블 명칭으로 이용하여 공급자명이 같은 레코드끼리 연결시키는 결합 조건을 지정하였는데, 만약 이 조건만 실행된다면 〈그림 5-8〉과 같은 결합 테이블이 생성될 것이다.

〈그림 5-8〉에서는 동일한 레코드간의 결합도 이루어져서 원하는 결과를 얻을 수 없으므로, WHERE 절에 공급자번호가 동일하지 않아야 한다는 조건을 추가하였다. 예를 들어, s1 테이블의 첫번째 레코드와 s2 테이블의 첫번째 레코드는 실제로 동일한 레코드이므로 당연히 공급자명이 같으나 예제에서 요구하는 결과는 아니다. 따라서, 유일값을 갖는 공급자번호가 서로 같지 않아야 한다는

---

7. < >는 ≠과 동일한 의미이다.

s1 테이블

공급자번호	공급자명	위치
16	대신공업사	수원
27	삼진사	서울
39	삼진사	인천
62	진아공업사	대전
70	신촌상사	서울

s2 테이블

공급자번호	공급자명	위치
16	대신공업사	수원
27	삼진사	서울
39	삼진사	인천
62	진아공업사	대전
70	신촌상사	서울

그림 5-7 s1 테이블과 s2 테이블

s1.공급자번호	s1.공급자명	s1.위치	s2.공급자번호	s2.공급자명	s2.위치
16	대신공업사	수원	16	대신공업사	수원
27	삼진사	서울	27	삼진사	서울
27	삼진사	서울	39	삼진사	인천
39	삼진사	인천	27	삼진사	서울
39	삼진사	인천	39	삼진사	인천
62	진아공업사	대전	62	진아공업사	대전
70	신촌상사	서울	70	신촌상사	서울

그림 5-8 s1 테이블과 s2 테이블의 결합

조건이 필요하다. 이 조건으로 인해서, 동일한 공급자번호를 가지는 레코드는 삭제되고, 〈그림 5-8〉에서 음영으로 표시된 부분만 남게 되어 아래와 같은 출력 결과를 얻게 된다.

결과 :

s1.공급자번호	s1.공급자명	s1.위치
27	삼진사	서울
39	삼진사	인천

5.3.10 상관 내포절

5.3.8절에서 공부한 SELECT 내포문은 하위 질의가 완전히 평가된 후 상위 질의를 평가하는 방식이었다. 그러나, 하위 질의의 평가와 상위 질의의 평가가 같이 연결되어 있는 경우가 있는데, 이를 **상관 내포절**이라고 한다. 상관 내포절은 일반적인 내포절 형태를 취하나, 하위 질의에서 상위 질의의 테이블명이 사용되는 점이 다르다.

예제 22 : 각 부품별로 주문 단가의 평균보다 더 비싸게 주문된 부품의 번호와 공급자번호, 그리고 주문 단가를 출력하라.

```
SELECT    부품번호, 공급자번호, 단가
FROM      주문  o1
WHERE     단가 >
          (SELECT    AVG(단가)
           FROM      주문  o2
           WHERE     o2.부품번호 = o1.부품번호 );
```

위의 명령문은 상위 질의와 하위 질의의 FROM 절에서 주문 테이블을 각각 o1과 o2라는 별명으로 지정하였다. 이 질의가 실행되는 순서를 보면 먼저 하위 질의를 평가하기 위해서 현재 상위 질의에서 검색된 레코드의 부품번호와 같은 레코드를 검색하여 평균 단가를 구한다. 즉, o1 테이블의 첫번째 부품번호가 105이므로 위의 내포절은 실제로 다음과 같은 질의를 평가하는 것과 동일하다.

```
(SELECT    AVG(단가)
 FROM      주문  o2
 WHERE     o2.부품번호 = 105 );
```

이 내포절의 평가 결과, 부품번호 105의 평균 주문 단가가 205이므로 이제 상위 질의는 실제로 다음과 같은 질의를 평가하는 것과 동일하다.

```
SELECT   부품번호, 공급자번호, 단가
FROM     주문  o1
WHERE    단가 > (205);
```

o1 테이블의 첫번째 레코드의 단가가 210이므로 자기 부품의 평균 주문 단가보다 높으므로 검색되고, 다음 레코드로 이동하여 위의 과정을 반복하여 아래와 같은 출력결과를 얻게 된다.

결과 :

부품번호	공급자번호	단가
105	16	210
113	39	130

5.3.11 EXISTS 명령어

EXISTS 명령은 내포문의 검색 결과가 미확인(null) 값인지 아닌지의 여부를 확인하는 데 사용되는 명령어이다. 예를 들어, 명문가구의 공급자 중 현재 주문 거래가 없는 공급자에 대한 정보가 필요하다고 가정해 보자. 이를 파악하기 위해서는 공급자 테이블에 존재하는 공급자 중 주문 테이블에 없는 레코드를 검색해야 하는데, EXISTS 명령을 사용하면 간단히 해결할 수 있다. 존재 검사를 위한 EXISTS 명령은 일반적으로 내포문과 함께 사용되며, 그 형태는 다음과 같다.

```
SELECT   〈항목명〉
FROM     〈테이블명〉
WHERE    [NOT] EXISTS (〈SELECT 내포문〉);
```

상위 질의의 WHERE 절에 사용된 EXISTS는 하위 질의의 결과로써 검색된 레코드의 존재를 검사하게 된다. 이때, 하위 질의에 의해 검색된 레코드가 있으면 WHERE 절의 평가는 참이 되어 출력되고, 검색된 레코드가 없으면 WHERE 절의 평가가 거짓이 되어 출력되지 않는다. EXISTS 앞에 NOT 부정어가 추가되면, 역으로 하위 질의에서 검색된 레코드가 없을 때 결과를 출력하게 된다.

예제 23 : 명문가구의 부품 중 현재 주문이 없는 부품의 번호와 재고량을 출력하라.

```
SELECT  부품번호, 재고량
FROM    부품
WHERE   NOT EXISTS (SELECT *
                    FROM  주문
                    WHERE 주문.부품번호 = 부품.부품번호);
```

결과 :

부품번호	재고량
107	155
128	75

위의 질의는 앞절에서 공부한 상관내포절을 포함하고 있다. 이 질의를 실행시키면 상위 질의에 사용된 부품 테이블의 각 레코드에 대해 주문 테이블에서 부품번호를 공통 항목으로 결합될 수 있는 레코드가 존재하는지 확인하여, 존재하지 않으면 부품 테이블의 현재 레코드의 내용(부품번호와 재고량)을 출력한다. 예를 들어, 부품 테이블의 첫번째 레코드(부품번호 = 105)에 대해 주문 테이블에서 결합될 수 있는 레코드, 즉, 부품번호가 105인 레코드가 하나도 존재하지 않으면, 상위 질의의 WHERE 절은 참으로 평가되어 부품 테이블의 105번 부품 레코드를 출력한다. 그러나 〈그림 5-9〉에서 보듯이 주문 테이블에서 결합되는 레코드가 두 장 있으므로 105번 부품 레코드는 출력되지 않는다. 부품 테이블의 나머지 레코드도 같은 방법으로 평가된다.

부품 테이블 주문 테이블

부품번호	⋯	재고량	부품번호	공급자번호	⋯	상위 WHERE 절의 평가값
105	⋯	220	105 105	16 39	⋯ ⋯	거짓
107	⋯	155				참
113	⋯	300	113 113 113	62 27 39	⋯ ⋯ ⋯	거짓
124	⋯	160	124	39	⋯	거짓
128	⋯	75				참
131	⋯	2160	131	16	⋯	거짓
150	⋯	3200	150	27	⋯	거짓

그림 5-9 EXISTS 명령의 평가 과정

5.3.12 결과 테이블의 결합(UNION/INTERSECT/EXCEPT 연산자)

SQL2는 둘 이상의 질의에서 생성된 결과를 하나의 테이블로 결합하기 위하여 〈표 5-4〉에 있는 전통적인 집합 연산자인 UNION/INTERSECT/EXCEPT 등을 사용한다. Oracle 데이터베이스는 EXCEPT 대신 MINUS라는 연산자를 사용하며, MS Access의 경우는 UNION 연산자만 허용하고, INTERSECT나 EXCEPT 연산자는 지원하지 않는다. 집합 연산자를 사용하기 위해서는 반드시 지켜야 할 제약 조건이 있는데, 결합하고자 하는 두 테이블이 **합집합 호환적**(union compatible)이어야 한다는 것이다. 합집합 호환적이란 두 테이블이 동일한 구조를 가지는 것으로, 항목의 수가 같고, 각각 대응되는 항목의 데이터 형과 길이가 일

표 5-4 집합 연산자

연산자	설 명
UNION	두 테이블에 존재하는 모든 타플로 구성되는 테이블.
INTERSECT	두 테이블에 공통적으로 존재하는 타플로 구성되는 테이블.
EXCEPT	첫째 테이블에 존재하나, 둘째 테이블에는 존재하지 않는 타플로 구성된 테이블. 일부 시스템에서는 EXCEPT 대신 MINUS 또는 DIFFERENCE 라는 명령어로 사용하기도 함.

치하는 것을 의미한다. 집합 연산자는 다음과 같은 형식으로 질의를 작성할 수
있다.

〈〈SELECT 문〉〉
UNION/INTERSECT/EXCEPT
〈〈SELECT 문〉〉

예제 24 : '서울'에 위치하거나 131번 부품을 납품하는 공급자의 번호를 출력
하라.

```
(SELECT  공급자번호
 FROM    공급자
 WHERE   위치 = '서울')
 UNION
(SELECT  공급자번호
 FROM    주문
 WHERE   부품번호 = 131);
```

결과 :

공급자번호
27
70
16

위의 질의 결과는 첫째 SELECT 명령문의 결과와 둘째 SELECT 명령문의
결과를 한 테이블에 결합시킨 것이다. 이때 두 SELECT 명령문의 결과에서 중
복된 레코드가 있으면 중복을 제거하고 한 번만 출력한다. 만약 중복된 레코드
를 결과 테이블에 모두 출력하고자 한다면 UNION 연산자 뒤에 ALL 명령어를
추가하면 된다.

예제 25 : '서울'에 위치하는 공급자 중 150번 부품을 납품하는 공급자의 번호
를 출력하라.

```
(SELECT  공급자번호
 FROM    공급자
 WHERE   위치 = '서울')
 INTERSECT
(SELECT  공급자번호
 FROM    주문
 WHERE   부품번호 = 150);
```

결과 :

공급자번호
27

위의 질의는 첫째 SELECT 명령문의 결과와 둘째 SELECT 명령문의 결과에서 공통된 레코드를 뽑아 결과 테이블로 생성한다. MS Access의 경우에 INTERSECT 연산자를 지원하지 않으므로 다음과 같이 내포문이나 복수 테이블의 결합을 통해 해결할 수 있다.

```
SELECT  공급자번호
FROM    공급자
WHERE   위치 = '서울'
  AND   공급자번호 IN
        (SELECT 공급자번호
         FROM      주문
         WHERE   부품번호 = 150);
```

```
SELECT  s.공급자번호
FROM    공급자 s, 주문 o
WHERE   s.공급자번호 = o.공급자번호
  AND   위치 = '서울' AND 부품번호 = 150 AND s.공급자번호=o.공급
        자번호;
```

예제 26 : '서울'에 위치한 공급자 중 150번 부품을 납품하지 않는 공급자의 번호를 출력하라.

```
(SELECT   공급자번호
 FROM     공급자
 WHERE    위치 = '서울')
 EXCEPT
(SELECT   공급자번호
 FROM     주문
 WHERE    부품번호 = 150);
```

[Oracle Database의 경우는

```
(SELECT   공급자번호
 FROM     공급자
 WHERE    위치 = '서울')
 MINUS
(SELECT   공급자번호
 FROM     주문
 WHERE    부품번호 = 150);]
```

결과 :

공급자번호
70

위의 질의는 첫째 SELECT 명령문의 결과에서 둘째 SELECT 명령문의 결과를 제외한 레코드를 뽑아 결과 테이블로 생성한다. MS Access의 경우에 EXCEPT 연산자를 지원하지 않으므로 다음과 같이 내포문을 사용하여 해결할 수 있다.

```
SELECT   공급자번호
FROM     공급자
WHERE    위치 = '서울'
  AND    공급자번호 NOT IN
         (SELECT   공급자번호
          FROM     주문
          WHERE    부품번호 = 150);
```

5.4 QBE 언어

QBE(Query By Example)는 IBM 연구소에서 개발된 언어로 DB2나 SQL/DS에서 선택사항으로 사용할 수 있으며, Microsoft사의 Access와 같은 개인용 컴퓨터 데이터베이스 관리시스템에도 채택되어 사용되고 있다. QBE의 가장 큰 특징은 명령문의 형태가 아닌 그래픽 형태의 테이블에 값을 입력하여 데이터를 검색한다는 점이다. 일반적으로 초보자는 이러한 그래픽 방식을 SQL과 같은 명령어 방식보다 선호하는데, 토마스와 고울드(Thomas and Gould, 1975)의 연구에 의하면 QBE가 SQL보다 초보자가 배우고 사용하기 편리한 것으로 나타났다. QBE도 데이터 정의어와 데이터 조작어를 모두 갖춘 종합적인 데이터베이스 질의어이나, 본서에서는 MS Access의 QBE를 통해 데이터 검색 부분만 살펴보기로 한다.

QBE 실습을 위해서 먼저 부록2에 있는 대로 테이블과 데이터를 입력하고, 메뉴에서 '쿼리 디자인'을 선택한 후(부록2 그림 5A2-16), 예제에서 사용할 테이블을 추가한 다음, 닫기 버튼을 누른다(그림 5-10)

그림 5-10 쿼리에 사용될 테이블 추가

예제 27 : 모든 부품의 번호와 재고량을 출력하라.

이 예제는 5.3.1절의 예제 1과 동일한 것으로, 부품 테이블과 관련된 것이므로 테이블 표시 창(그림 5-10)에서 부품을 선택하여 추가한 후 닫기 버튼을 누른다. 그러면 〈그림 5-11〉과 같은 QBE 입력 창이 나타난다.

〈그림 5-12〉와 같이 '필드'의 빈 셀을 클릭하면 출력될 수 있는 항목이 나열되는데, 예제에서 요구한 부품번호와 재고량을 선택하면 〈그림 5-13〉과 같이 된다. '표시' 셀의 체크표(☑)는 그 항목이 결과물로 출력된다는 것을 나타내 준다.

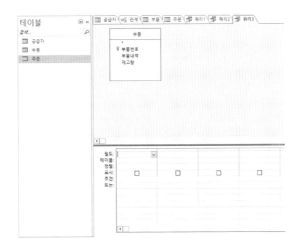

그림 5-11 QBE 입력 창

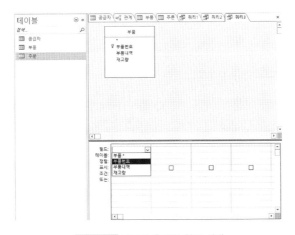

그림 5-12 필드에 출력할 항목 선택

이제 '쿼리1'이라고 표시된 타이틀 위에 마우스를 갖다 놓고 오른쪽 버튼을 클릭하여 쿼리의 이름을 지정하여 저장한다(그림 5-14). 그러면 화면 왼쪽 창에 방금 저장한 쿼리 이름이 나타나는데, 이를 두 번 클릭하면 쿼리의 결과를 볼 수 있다(그림 5-15). 동일한 방법으로 나머지 예제도 실습하면 된다.

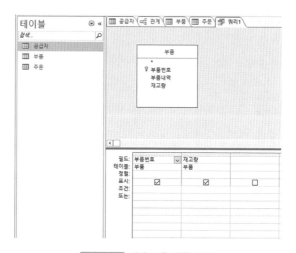

그림 5-13 예제 27을 위한 QBE

그림 5-14 쿼리 이름 저장

그림 5-15 쿼리 결과

예제 28 : 16번 공급자로부터 주문한 부품 중 단가가 100원 이상인 부품의
번호와 주문량을 출력하라.

이 예제는 5.3.1절의 예제 4와 동일한 것으로, 주문 테이블과 관련된 것이므
로 테이블 표시 창(그림 5-10)에서 주문을 선택하여 추가한 후 닫기 버튼을 누른
다. 그리고 〈그림 5-16〉과 같이 출력하고자 하는 항목과 검색에 필요한 항목들
을 '필드'에 표시하고, 검색 조건을 해당 항목의 '조건' 셀에 입력한다. 이때 공급
자번호와 단가는 출력할 필요가 없으므로 이들의 '표시'셀은 비워둔다. 단가 항
목의 조건으로 입력된 '>= 100'은 '단가 >= 100'이라는 조건을 나타낸다. QBE
에서 한 행에 나열된 모든 조건은 AND로 인식되고, 다른 행에 나열된 조건은
OR로 인식된다. 예제 26의 조건은 AND 조건이므로 '16'과 '>= 100' 두 조건이
한 행에 표시되었다. 이처럼 QBE는 SQL에 비하여 입력해야 하는 문자 수도 월
등히 적고, 입력 형태와 출력될 데이터의 형태가 동일하므로 초보자가 명령어의
구조를 이해하기 쉽다.

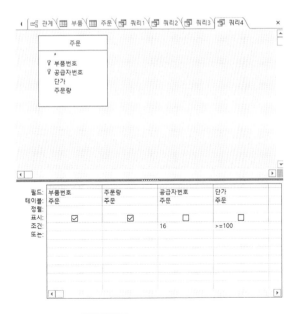

그림 5-16 예제 28을 위한 QBE

예제 29 : 공급자명에 '신'자가 들어가는 공급자에 관한 데이터를 모두 출력
하라.

이 예제는 5.3.3절의 예제 6과 동일한 것으로, 공급자에 대한 모든 정보를 출
력하기 위해 〈그림 5-17〉과 같이 첫 '필드'에서 '공급자.*'를 선택하고, 공급자명
의 조건에 SQL에서 주는 조건을 그대로 입력하면 된다. 이때 공급자명이 두 번
출력되는 것을 방지하기 위해 공급자명의 '표시' 셀은 비워둔다.

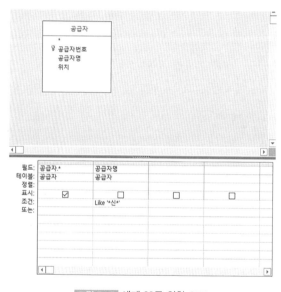

그림 5-17 예제 29를 위한 QBE

예제 30 : 재고량이 2,000개에서 3,000개 사이인 부품의 번호를 출력하라.

이 예제는 5.3.3절의 7번 예제와 동일한 것이다. 〈그림 5-18〉과 같이 부품번
호를 출력하도록 선택하고, 재고량의 '조건' 셀에 'Between 2000 And 3000'을 입
력하면 된다. 이때 재고량은 출력할 필요가 없으므로 재고량의 '표시' 셀은 비워
둔다.

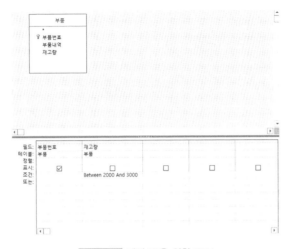

그림 5-18 예제 30을 위한 QBE

예제 31 : 공급자에 관한 데이터를 위치명의 가나다 역순으로 출력하되, 위치 가 같은 경우에는 공급자번호 순으로 출력하라.

이 예제는 5.3.4절의 10번 예제와 동일하다. 공급자에 대한 모든 정보를 출력 하기 위해 〈그림 5-19〉와 같이 첫 '필드'에서 '공급자.*'를 선택하고, 위치의 '정 렬'을 내림차순으로, 공급자번호의 '정렬'을 오름차순으로 지정해 주면 된다. 이

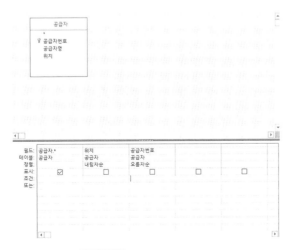

그림 5-19 예제 31을 위한 QBE

때도 위치와 공급자번호의 '표시' 셀은 비워두는데, 그렇지 않으면 위치와 공급
자번호가 또 다시 출력되기 때문이다.

예제 32 : 각 부품별 주문건수와 주문총액을 구하고, 출력되는 항목의 제목
을 각각 '주문건수', '주문총액'으로 지정하라.

이 예제는 QBE에서의 집단함수 사용법을 보여 주는 것으로 5.3.5절의 11번
문제와 같은 것이다. QBE에서 집단함수를 사용하기 위해서는 마우스를 '필드'
셀에 위치시킨 다음 오른 쪽 버튼을 클릭한다. 그리고 〈그림 5-20〉과 같은 메뉴
가 뜨면 요약을 선택하여, QBE 입력 창에 요약 행을 추가한다.

부품번호에 따라 집단을 분류해야 하므로 〈그림 5-21〉과 같이 부품번호의
'요약' 셀에서 묶는 방법을 선택한다. 그리고 주문건수와 주문총액을 구하기 위
한 식을 다음 '필드' 셀에 직접 입력해 주고, '요약' 셀에 식임을 표시해 준다. '필
드' 셀의 식 앞에 붙은 '주문건수:'와 '주문총액:'은 해당 항목의 출력 제목을 지
정해 준 것이다.

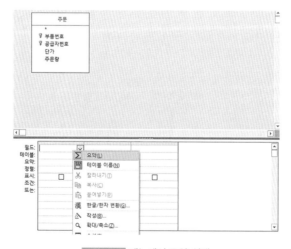

그림 5-20 메뉴에서 요약 선택

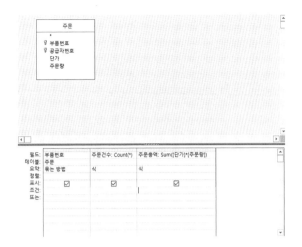

그림 5-21 예제 32를 위한 QBE

예제 33 : 주문중인 '볼트' 부품의 번호와 재고량, 그리고 주문량을 출력하라.

이 예제는 5.3.7절의 예제 13과 동일한데, QBE에서 여러 테이블을 연결하기 위해서는 테이블 표시 창(그림 5-10)에서 예제에서 사용할 테이블 —부품과 주문— 을 모두 추가한 다음, 닫기 버튼을 누른다. 그리고 〈그림 5-22〉와 같이 출력할 항목들을 표시하고, 부품내역의 조건에 '볼트'를 입력하면 된다.

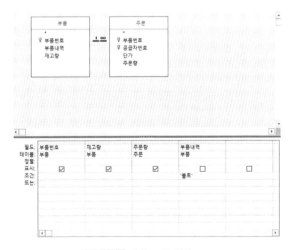

그림 5-22 예제 33을 위한 QBE

예제 34 : 5.3.7절의 예제 15번의 LEFT OUTER JOIN 문제를 QBE로 작성
하라.

이 예제 역시 여러 테이블을 연결해야 하므로 테이블 표시 창(그림 5-10)에서
예제에서 사용할 테이블 —부품1과 주문1— 을 모두 추가한 다음, 닫기 버튼을
누르고, 출력할 항목들을 선택한다. 공통 속성이 있는 두 테이블을 추가하면 두
항목의 값이 일치하는 경우만 결합하는 EQUI-JOIN을 가정한다. 이를
OUTER JOIN으로 바꾸기 위해서는 〈그림 5-23〉과 같이 두 테이블을 연결하
는 화살표 위에 마우스를 위치시킨 후, 오른 쪽 버튼을 클릭하여 관계를 선택한
다. 그러면 〈그림 5-24〉와 같이 관계를 편집할 수 있는 메뉴가 뜬다.

관계 편집 메뉴를 클릭하면 〈그림 5-25〉와 같은 선택 창이 뜨는데 여기서
조인 유형을 선택한다. 〈그림 5-26〉의 각 선택사항의 내용을 읽어 보면, 1번은
EQUI-JOIN, 2번은 LEFT OUTER JOIN, 3번은 RIGHT OUTER JOIN임
을 알 수 있다. 따라서 2번을 선택하고, 확인 버튼을 누른다.

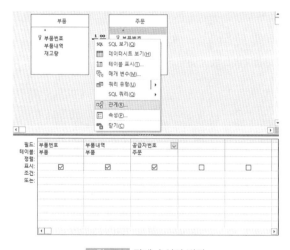

그림 5-23 관계 속성의 변경

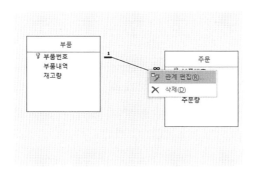

그림 5-24 관계 편집 메뉴

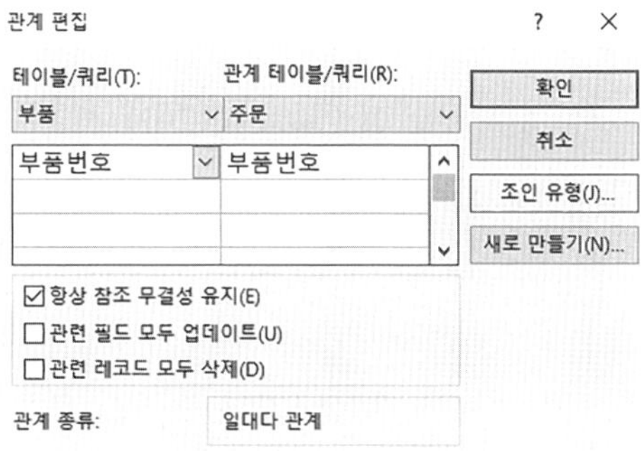

그림 5-25 관계 편집 선택 창

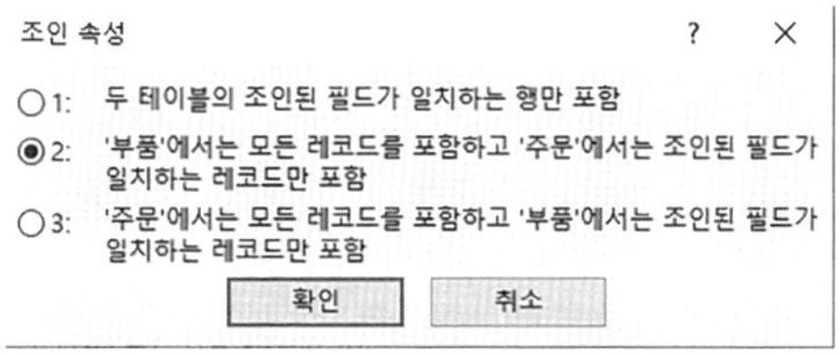

그림 5-26 조인 속성 선택

    지금까지 간략하게 QBE를 이용한 데이터 검색 방법을 살펴보았는데, QBE 는 이 외에도 데이터의 정의나 갱신 기능을 제공한다. 보다 자세한 사항은 제닝 스(Jennings, 1997)나 롭과 세만(Rob and Semaan, 2004)을 참조하기 바란다.

5.5 요약

데이터베이스 질의어는 데이터의 검색, 입력, 갱신, 삭제, 병행제어, 복구 등 데이터베이스를 구축하고 사용하기 위한 다양한 기능을 제공하는 종합적인 언어이다. 본 장에서는 관계형 데이터베이스 표준 질의어로 채택된 SQL과 그래픽 질의어인 QBE에 관하여 살펴보았다.

SQL은 1985년 미국 국립 표준 연구소 산하의 데이터베이스 소위원회에 의하여 관계형 데이터베이스 표준 질의어로 채택되었다. SQL의 전신은 1974년 미국 IBM사의 산 호세 연구소에서 개발된 SEQUEL이며, 1970년대 말 Oracle에서 최초로 SQL을 채택한 상업용 데이터베이스 관리시스템을 개발하였다. 그 후 눈부신 발전을 거듭하여 대부분의 관계형 데이터베이스 관리시스템들이 SQL을 주 질의어로 채택하거나, SQL을 지원할 수 있는 기능을 추가시킴으로써, SQL은 이제 명실공히 관계형 데이터베이스의 표준 질의어로 자리잡았다.

QBE는 IBM 연구소에서 개발된 언어로 DB2나 SQL/DS에서 선택사항으로 사용할 수 있으며, Microsoft사의 Access와 같은 개인용 컴퓨터 데이터베이스 관리시스템에도 채택되어 사용되고 있다. QBE의 가장 큰 특징은 명령문의 형태가 아닌 그래픽 형태의 테이블에 값을 입력하여 데이터를 검색한다는 점이다. 일반적으로 초보자는 이러한 그래픽 방식을 명령 방식보다 선호하는데, 한 연구에 의하면 QBE가 SQL보다 초보자가 배우고 사용하기 편리한 것으로 나타났다.

✐ 복습 문제

1. 다음 용어를 설명하라.

   · 가상 테이블   · 데이터베이스 질의어
   · 상관 내포절   · 원 테이블
   · 자체 결합   · QBE
   · SQL

2. 검색된 테이블에서 중복된 행을 방지하기 위하여 어떤 SQL 명령을 추가할 수 있는가?

3. SQL의 LIKE 연산자는 어떤 경우에 사용하는가?

4. 집단에 대한 검색 조건을 지정하기 위한 SQL 명령은 무엇인가?

5. 일반적으로 n개의 테이블을 결합하기 위해서는 어떠한 조건이 필요한가?

6. 검색 결과를 정렬하기 위해 사용하는 SQL 명령은 무엇인가?

7. OUTER JOIN의 유형과 용법을 설명하라.

8. 테이블의 자체 결합은 언제 사용하는가?

9. SQL과 QBE의 차이점을 설명하라.

응용 문제

1. 제2장의 응용문제 3번에서 요구하는 데이터를 검색하기 위한 SQL 명령문을 작성하라.

2. 〈그림 5-2〉의 데이터베이스에서 다음 데이터를 검색하기 위한 질의를 SQL과 QBE로 각각 작성하라.

    ① 1,000개 이상의 재고를 보유하고 있는 부품에 관한 데이터를 출력하라.
    ② 주문 평균 단가가 125원 이상인 부품번호를 출력하라.
    ③ 재고량이 큰 순으로 부품번호와 부품내역을 출력하라.
    ④ '서울'에 위치한 공급자로부터 주문한 모든 부품의 재고량 합계를 구하라.
    ⑤ 명문가구의 공급자 중 현재 주문을 받지 않은 공급자의 데이터를 출력하라.
    ⑥ 부품내역이 같은 부품의 데이터를 출력하라.

3. 공급자명이 동일한 공급자의 번호와 위치를 출력하는 SQL문을 작성하라. 단, 예제 21번에서와 같이 자체 결합 방식을 사용하지 말고 내포문을 사용하여 작성하라.

참고문헌

Baker, J. "SQL: A New Standard," *Computerworld Focus*, Feb. 1986, pp. 55–58.

Jennings, R. *Using Microsoft Access97*, Que Corporation, 1997.

Rob, P. and Semaan E. *Databases: Design, Development and Deployment Using Microsoft Access*(2nd ed.), McGraw-Hill/Irwin, New York, NY, 2004.

Thomas, J.C. and Gould, J.D. "A Psychological Study of Query by Example," *Proceedings of National Computer Conference*, AFIPS Press, New York, New York, 1975.

부록 1: Oracle SQL*Plus 사용법[8]

Oracle Database 설치 방법은 오퍼레이팅 시스템마다 상이한데, 본 부록에서는 Microsoft Windows 10 x64(64-bit) 운영체계를 기준으로 설명한다. 먼저 Oracle사의 홈페이지에서 계정을 만들고, 〈그림 5A1-1〉과 같이 Microsoft Windows 버전을 다운 받는다.

다운받은 압축파일을 해제한 후, setup.exe 파일을 실행하면 〈그림 5A1-2〉와 같은 화면이 뜬다. 본서의 실습을 위해서는 다중화 구성은 요구되지 않기 때문에 '단일 인스턴스 데이터베이스 생성 및 구성'을 선택한다. 다음으로 〈그림 5A1-3〉이 뜨면 '데스크톱 클래스'를 선택한 후, 〈그림 5A1-4〉에서 Oracle사가 권장하는 대로 '가상 계정 사용'을 선택한다.

Oracle Database 19c

Oracle Database 19c is the latest Long Term Release with the widest window of support duration. For details about database releases and their support timeframes, refer to Oracle Support Document 742060.1 (Release Schedule of Current Database Releases) on My Oracle Support.

19.5 - Enterprise Edition (also includes Standard Edition 2)

Name	Download	Note
Oracle Solaris (x86 systems, 64-bit)	ZIP (2.7 GB)	See All

19.3 - Enterprise Edition (also includes Standard Edition 2)

Name	Download	Note
Microsoft Windows x64 (64-bit)	ZIP (2.9 GB)	See All
Linux x86-64	ZIP (2.8 GB) | RPM (2.5 GB)	See All
Oracle Solaris (SPARC systems, 64-bit)	ZIP (2.8 GB)	See All
IBM AIX	ZIP (4.1 GB)	See All
HP-UX ia64	ZIP (4.7 GB)	See All
Linux on System z (64-bit)	ZIP (2.6 GB)	See All

그림 5A1-1 Oracle Database Download 화면

---

8. Oracle사는 2018년부터 출시연도를 사용한 버전명을 사용하는데, 예를 들어, 19c 버전은 2019년에 출시된 cloud(c) 버전을 의미한다. 개정 당시 가장 최신 버전은 21c이나, Oracle사의 홈페이지에 따르면 "Oracle Database 19c는 현재 장기 지원 릴리스로서, 지원 및 버그 수정을 위한 최고 수준의 릴리스 안정성과 최장 시간 프레임을 제공"하기 때문에 19c 버전을 사용하여 실습하기로 한다.

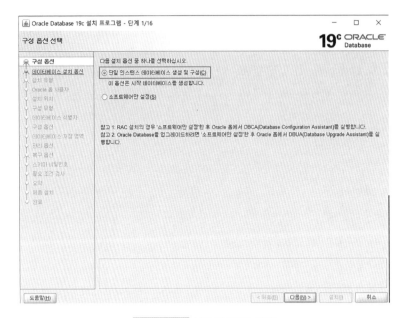

그림 5A1-2 설치 프로그램 화면1

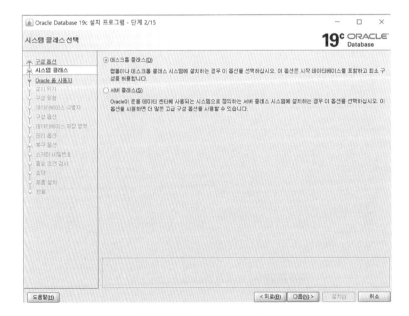

그림 5A1-3 설치 프로그램 화면2

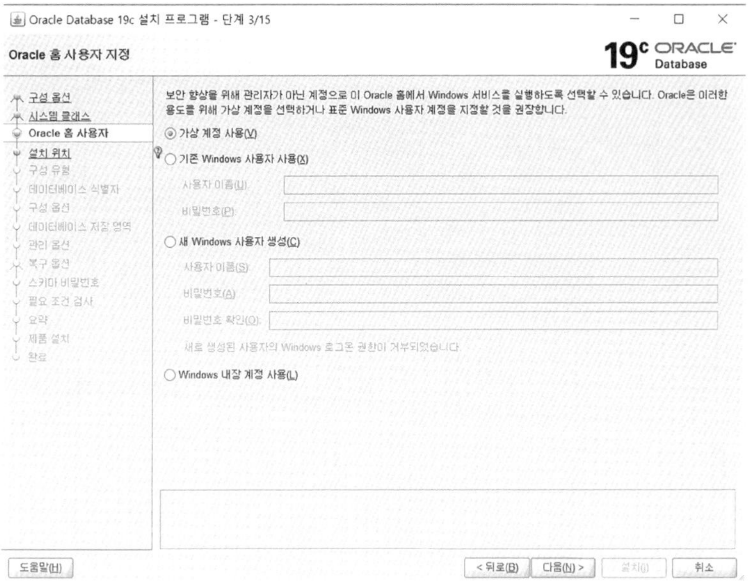

그림 5A1-4 설치 프로그램 화면3

〈그림 5A1-5〉 화면이 나타나면 프로그램을 설치할 디렉토리를 지정하고, Oracle 권장 표준에 따라 비밀번호를 설정한다. 메모리 크기 등 설치 환경 검사가 실행된 후, 〈그림 5A1-6〉과 같이 설치 관련 정보를 요약해서 보여주는데, 변경할 내용이 없으면 '설치(I)'를 클릭한다. 설치 진행 상태를 보여주고, 설치가 끝나면 'Oracle Database의 등록을 성공했습니다'라는 메시지 화면이 뜨는데, '닫기(C)' 버튼을 클릭하여 설치를 완료한다.

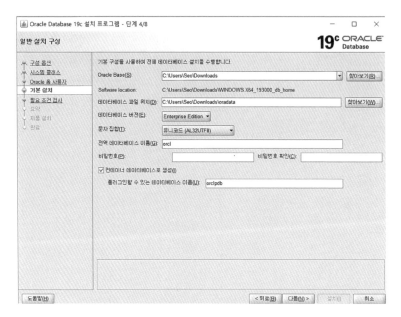

그림 5A1-5 설치 프로그램 화면4

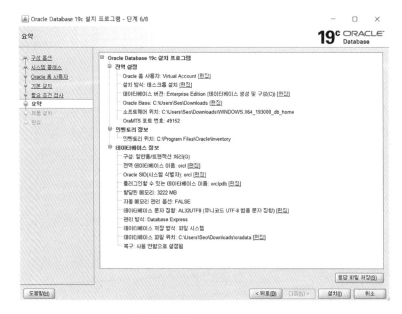

그림 5A1-6 설치 프로그램 화면5

Oracle Database 프로그램 설치가 끝나면, 〈그림 5A1-7〉과 같이 Windows 앱 화면에 들어가서 설치된 Oracle 디렉토리 밑에서 'Database Configuration Assistant'를 클릭하여 데이터베이스를 생성해주어야 한다. 〈그림 5A1-8〉과 같은 화면이 뜨면, '데이터베이스 생성'을 선택한다.

그림 5A1-7 Windows 앱 화면

그림 5A1-8 Database Configuration Assistant 화면1

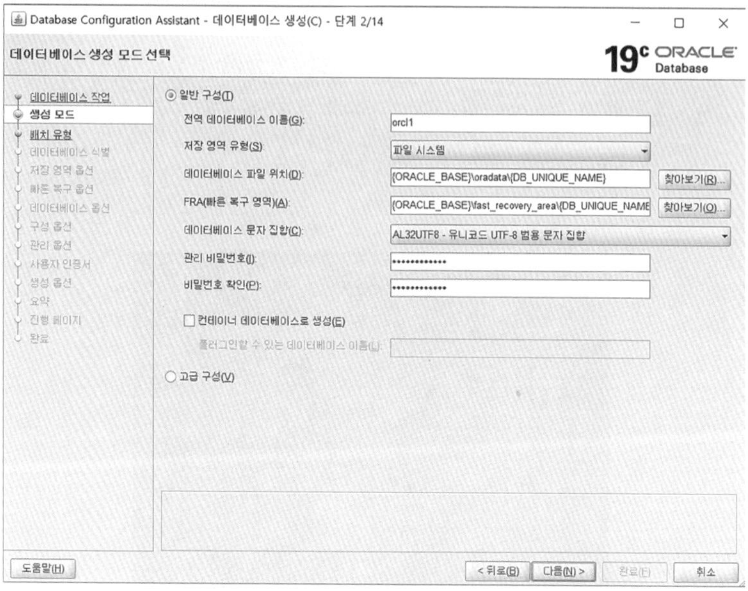

그림 5A1-9 Database Configuration Assistant 화면2

〈그림 5A1-9〉와 같은 데이터베이스 생성 모드 화면에서 전역 데이터베이스 이름, 저장 영역 유형 등 데이터베이스의 기본 사항을 지정해주어야 하는데, 관리비밀번호 외에는 가능한 기본설정값을 유지하고 '다음(N)'으로 넘어간다. 요약 정보 화면이 뜨면, '완료(F)'를 클릭한다. 데이터베이스 생성 진행 상태를 보여주고, 끝나면 '데이터베이스 생성이 완료되었습니다'라는 메시지 화면이 뜨는데, '닫기(C)' 버튼을 클릭하여 생성을 종료한다.

데이터베이스 생성이 끝나면, 〈그림 5A1-7〉의 Windows 앱 화면에서 Oracle 디렉토리 밑에서 'SQL Plus'를 클릭하면 〈그림 5A1-10〉과 SQL*Plus 화면이 실행된다. 사용자명에 'sys as sysdba'를 입력하면 DBA 계정으로 접속된다. DBA 계정에서 일반 사용자를 생성하려면 'create user USERID identified by PASSWORD'를 입력하면 된다. 여기서 USERID와 PASSWORD는 사용자가 사용하기 원하는 아이디와 비밀번호를 의미한다. 그리고 생성된 사용자 계정이 데이터베이스에 접속하고 리소스를 사용할 수 있도록 하기 위해서는 반드시 'grant connect, resource to USERID' 명령문을 사용하여 권한을 부여해 주어야 한다. 마지막으로 Oracle에서는 새로운 사용자를 생성한 직후에 기본적으로 할당받는 users라는 tablespace 저장공간을 할당해 주어야 하는데, 'alter user USERID default tablespace users quota unlimited on users;'라는 명령문을 사용하면 무제한 공간을 할당한다. 이제 일반 사용자가 실습할 수 있는 모든 준비가 끝났다. 방금 생성한 사용자로 접속하려면 'connect USERID/PASSWORD'를 입력하거나, 'exit' 명령어를 사용하여 SQL*Plus를 나와서 다시 〈그림 5A1-10〉 화면에서 새로 만든 아이디로 접속해도 된다.

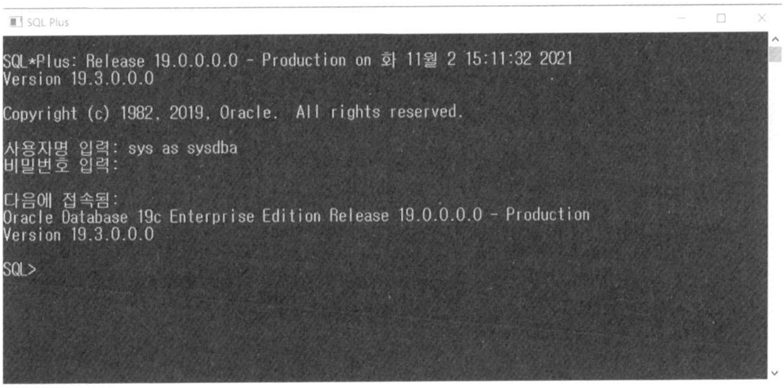

그림 5A1-10 SQL*Plus 화면

Oracle에서 SQL 명령문은 SQL〉 프롬프트에 직접 입력해도 되고, 파일로 만들어 실행해도 된다. SQL〉 프롬프트에 직접 입력할 경우, 한 명령문을 여러 행에 걸쳐 입력할 수 있으며, 명령문 맨 뒤에는 반드시 세미콜론(;)을 붙여서 명령이 끝났음을 표시해야 SQL문이 실행된다. SQL 명령문을 파일로 만들 경우에는 하나 이상의 SQL문을 포함시킬 수 있다. 이때도 각 명령문 끝에는 반드시 세미콜론(;)을 붙여서 각 SQL문이 끝났음을 표시해 주어야 한다. 짧은 명령문의 경우에는 SQL〉 프롬프트에 직접 입력해도 좋으나, 명령문이 길어지면 파일로 만들어 실행시키는 것이 오류도 줄일 수 있고, 필요시 재실행시킬 수 있어서 편리하다. SQL 명령문이 들어 있는 파일을 스크립트(script) 파일이라고 하는데, 메모장(notepad)과 같은 텍스트 편집기로 작성한 후, .sql이란 확장자를 붙이면 된다. 예를 들어, 본 장에 나오는 테이블을 생성하기 위해서 〈그림 5-3〉의 내용을 텍스트 편집기로 입력하여 스크립트 파일을 만들면 된다. 스크립트 파일에 든

SQL 명령문을 실행하기 위해서는 SQL〉프롬프트에서 골뱅이(@) 기호 뒤에 스크립트 파일이 저장된 경로와 이름을 입력하면 되는데, 이 명령 자체는 SQL 명령이 아니고 SQL＊Plus 명령이므로 뒤에 세미콜론(;)이 붙지 않는다. 예를 들어, C:\실습\4장\테이블생성.sql이란 이름으로 저장된 스크립트 파일을 실행시키는 명령문은 아래와 같다.

> SQL〉 @C:\실습\4장\테이블생성.sql

그 외에 실습을 위해 알아두면 편리한 SQL＊Plus 명령어가 두 가지 더 있는데, 먼저 SET ECHO ON이란 명령을 알아보자. 이 명령을 실행시키면 스크립트 파일의 SQL문이 실행될 때, 그 명령문이 화면에 반향(echo)되어 나타나기 때문에 오류나 명령문을 수정할 때 매우 유용하다. 따라서 스크립트 파일을 실행하기 전에 아래와 같이 명령을 주는 것이 좋다. 만약 더 이상 스크립트의 명령문을 화면에 나타낼 필요가 없으면 SET ECHO OFF 명령을 주면 된다.

> SQL〉 SET ECHO ON

또 다른 명령은 SPOOL 명령인데, 이 명령을 주면 (SPOOL OFF 명령이 주어지기 전까지) 화면에 나타나는 모든 명령과 출력이 지정된 파일에 기록된다. 따라서 실습 내용을 기록했다가 복습을 하거나, 과제를 제출할 때 매우 유용하게 쓸 수 있다. 예를 들어, 아래와 같은 명령을 주면, 이 명령이 실행된 이후에 화면에 나타나는 모든 내용이 C:\실습\4장\실습내용기록.txt 파일에 기록된다.

> SQL〉 SPOOL C:\실습\4장\실습내용기록.txt

화면의 내용을 파일에 기록하는 것을 중단하고 이 스풀 파일을 닫기 위해서는 SQL〉프롬프트에서 SPOOL OFF 명령을 주면 된다.

위에서 설명한 스크립트 파일을 통해 〈그림 5-3〉의 명령을 실행시키면 실습에서 사용할 3개의 테이블이 생성된다. 이제 아래와 같이 INSRET 명령을 스크립트 파일로 만들어 실행시키면 〈그림 5-2〉와 같은 테이블이 만들어지고, 각 예제를 실습해 볼 수 있다. INSERT 명령에 대한 자세한 내용은 다음 장에서 공부할 것이다.

```
INSERT INTO 부품 VALUES(105, '너트', 220);
INSERT INTO 부품 VALUES(107, '너트', 155);
INSERT INTO 부품 VALUES(113, '볼트', 300);
INSERT INTO 부품 VALUES(124, '볼트', 160);
INSERT INTO 부품(부품번호, 재고량) VALUES(128, 75);
INSERT INTO 부품 VALUES(131, '와셔', 2160);
INSERT INTO 부품 VALUES(150, '못', 3200);
INSERT INTO 공급자 VALUES(16, '대신공업사', '수원');
INSERT INTO 공급자 VALUES(27, '삼진사', '서울');
INSERT INTO 공급자 VALUES(39, '삼진사', '인천');
INSERT INTO 공급자 VALUES(62, '진아공업사', '대전');
INSERT INTO 공급자 VALUES(70, '신촌상사', '서울');
INSERT INTO 주문 VALUES(105, 16, 210, 2500);
INSERT INTO 주문 VALUES(105, 39, 200, 1000);
INSERT INTO 주문 VALUES(113, 62, 120, 3000);
INSERT INTO 주문 VALUES(113, 27, 125, 5000);
INSERT INTO 주문 VALUES(113, 39, 130, 5000);
INSERT INTO 주문 VALUES(124, 39, 150, 2000);
INSERT INTO 주문 VALUES(131, 16, 30, 3000);
INSERT INTO 주문 VALUES(150, 27, 15, 15000);
```

부록 2: MS Access 사용법[9]

    Access를 실행시키고(그림 5A2-1), 화면 오른쪽의 메뉴에서 '새 데스크톱 데이터베이스' 아이콘을 클릭한다. 데이터베이스를 저장할 디렉터리를 선택한 후, 파일 이름에 '실습1'을 입력하고(그림 5A2-2), 만들기 버튼을 누른다.

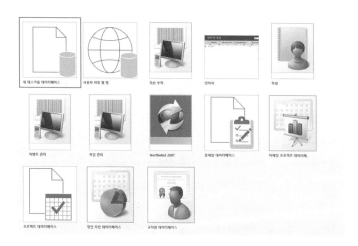

그림 5A2-1 MS Access 첫 화면

그림 5A2-2 데이터베이스 파일 이름 입력

---

9. 본 부록은 개정 당시 가장 최신 버전인 MS Access 2016을 사용하였으나, 이전 버전들도 큰 차이는 없다.

바로 테이블 생성 창이 뜨는데, '보기' 버튼을 눌러 디자인 보기로 바꾸고(그림 5A2-3), 테이블 이름을 '부품'으로 지정한다(그림 5A2-4).

〈그림 5A2-5〉와 같이 테이블 생성 창이 나타나면, 〈그림 5-2〉의 사례 데이터베이스에 있는 부품 테이블의 각 속성(필드)들을 정의한다. 이때, 첫번째 속성을 자동으로 주키로 지정하면서, ID라는 이름과 함께 일련번호 형식을 부여하는데, 〈그림 5-2〉의 사례 데이터베이스와 일치시키기 위해서 필드이름에 ID 대신 '부품번호'를 입력하고, 탭키로 다음 컬럼으로 이동하여 부품번호의 데이터 형식을 숫자로 선택한다(그림 5A2-6).

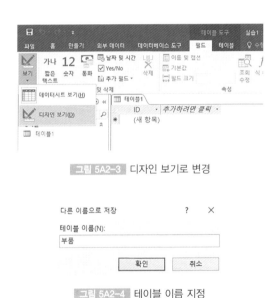

그림 5A2-3 디자인 보기로 변경

그림 5A2-4 테이블 이름 지정

그림 5A2-5 테이블 생성 창

그림 5A2-6 속성의 정의

그림 5A2-7 나머지 속성의 정의

계속해서 나머지 속성들을 정의 내린 후 테이블을 저장한다(그림 5A2-7). 그리고 화면 왼쪽의 '부품' 테이블을 두 번 클릭하면 〈그림 5A2-8〉과 같은 데이터 입력 창이 뜬다. 본 장에 있는 예제의 실습을 위해 〈그림 5-2〉에 있는 데이터를 입력해 보자(그림 5A2-9).

그림 5A2-8 데이터 입력 창

그림 5A2-9 데이터 입력이 완료된 부품 테이블

부품 테이블을 완성한 후, '만들기' 메뉴에서 테이블을 선택하여(그림 5A2-10), 나머지 공급자와 주문 테이블을 만들고 데이터를 입력하면 된다. 다만 주문 테이블의 경우, 부품번호와 공급자번호가 합성키로 정의되어야 하는데, 이를 위해서는 〈그림 5A2-11〉과 같이 shift 키를 이용하여 해당되는 두 행을 선택한 후에, 오른쪽 마우스를 클릭하여 기본 키를 선택하면 된다. 그러면 부품번호와 공급자번호 왼쪽에 열쇠 모양의 아이콘(그림 5A2-12)이 만들어져 두 항목이 합성키임을 보여 준다.

부품, 공급자, 주문 테이블을 모두 정의 내리고, 〈그림 5-2〉의 데이터를 입력하였으면 마지막으로 관계를 정의해 주어야 한다. '테이블 도구' → '테이블' → '관계' 메뉴를 선택하고(그림 5A2-13), 세 테이블을 모두 추가한 후, 마우스를 이용하여 부품 테이블의 부품번호와 주문 테이블의 부품번호를 연결시키면 〈그림 5A2-14〉와 같이 관계를 정의내리는 화면이 나타난다. '항상 참조 무결성 유지'를 선택하고, 만들기 버튼을 누르면 부품 테이블과 주문 테이블이 〈그림 5A2-15〉와 같이 연결된다. 공급자 테이블의 공급자 번호와 주문 테이블의 공급자 번호도 같은 방법으로 연결하면 된다.

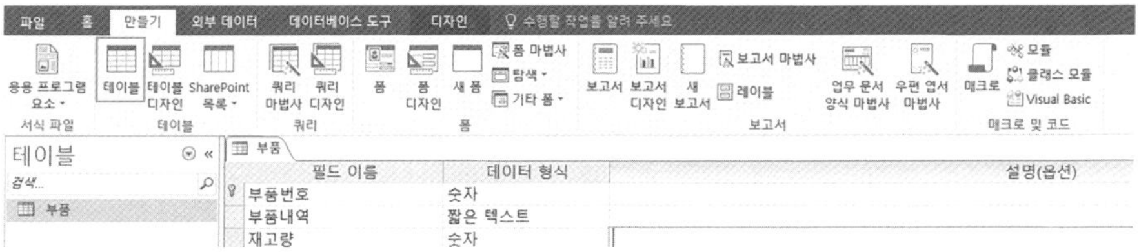

그림 5A2-10 추가 테이블 만들기

필드 이름	데이터 형식
부품번호	숫자
공급자번호	숫자

기본 키(K)
잘라내기(T)
복사(C)
붙여넣기(P)
행 삽입(I)
행 삭제(D)
속성(P)

그림 5A2-11 합성키의 정의

필드 이름	데이터 형식
부품번호	숫자
공급자번호	숫자
단가	통화
주문량	숫자

그림 5A2-12 합성키의 표시

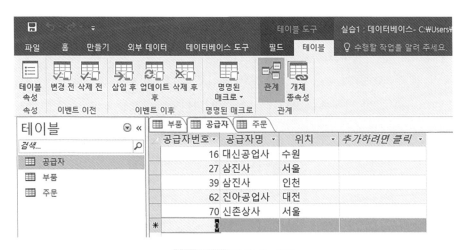

그림 5A2-13 관계 메뉴 선택

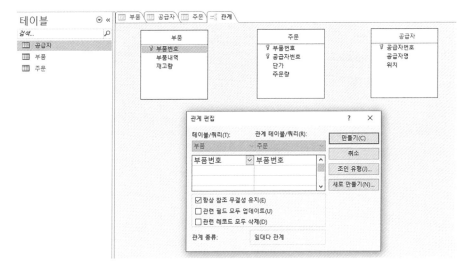

그림 5A2-14 관계의 정의

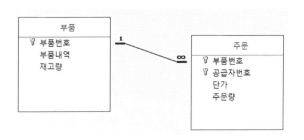

그림 5A2-15 부품과 주문 테이블의 연결

　　이제 본 장의 예제를 실습할 준비가 완료되었다. Access의 기본 사용자 접속
은 QBE이므로 SQL을 사용하기 위해서는 약간의 절차를 거쳐야 한다. 먼저 '만
들기' 메뉴에서 '쿼리 디자인'을 선택한 후(그림 5A2-16), SQL 보기(그림 5A2-17)를 선
택한다. 그러면 SQL 쿼리 입력 창(《그림 5A2-18》)이 뜨는데, 여기에 예제 1에 나오
는 SQL문을 입력하면 된다. 쿼리 맨 뒤에는 쿼리의 종료를 알리는 세미콜론(;)을
반드시 붙여 주어야 한다. 명령문을 다 입력한 후, 실행 버튼을 누르면(그림 5A2-
19), 결과물이 화면에 출력된다(그림 5A2-20).

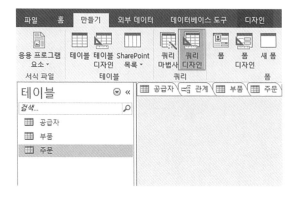

그림 5A2-16 쿼리 디자인 선택

그림 5A2-17 SQL 보기 선택

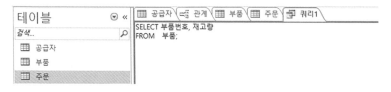

그림 5A2-18 SQL 쿼리 입력

그림 5A2-19 실행 버튼

부품번호	재고량
105	220
107	155
113	300
124	160
128	75
131	2160
150	3200
0	0

레코드: 1/7

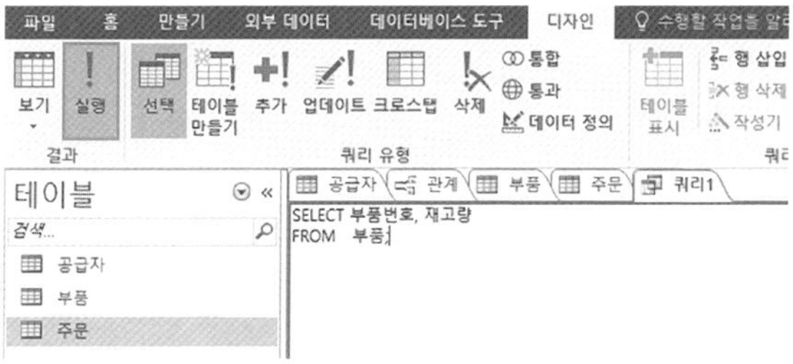

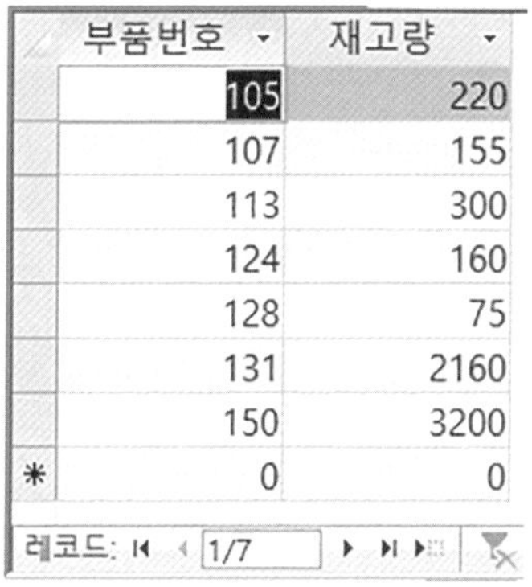

그림 5A2-20 쿼리 결과

제6장 고급 SQL

앞 장에서 데이터베이스 질의어 SQL의 검색(SELECT) 기능을 살펴보았다. 본 장에서는 SQL 데이터 정의어와 검색을 제외한 데이터 조작어(INSERT, UPDATE, DELETE 등), 그리고 그 외의 SQL의 고급 기능에 대하여 공부하기로 한다. 이를 위해 5장에서와 마찬가지로 SQL2의 표준안에 근거하여 SQL 질의를 작성하되, 상업용 시스템인 Oracle Database의 SQL과 차이가 있는 경우에 그 차이를 명시한다. 한편 MS Access는 소규모 데이터베이스를 위한 관리시스템이기 때문에 본 장의 고급 기능과는 차이가 있는 부분이 많아 언급하지 않기로 한다.

6.1 무결성 향상 기능

데이터베이스의 기본 구조를 유지하고, 데이터간의 불일치나 데이터의 오류를 방지하기 위하여 데이터 모델은 본질적 제약과 내재적 제약을 표현할 수 있어야 한다. 1992년 국제표준기구(ISO)는 이러한 제약을 SQL의 무결성 향상 기능을 통하여 표현할 수 있도록 표준안을 제시하였다(Date and Darwen, 1997). SQL의 무결성 향상 기능은 다음과 같이 크게 다섯 가지 정도로 요약할 수 있다.

- 미확인 값 제약
- 주키 제약
- 영역 제약
- 참조 무결성 제약
- 기타 사업관련 제약

이러한 제약 조건들은 대부분 CREATE 명령어와 뒤에 소개하는 ALTER TABLE 명령어상에서 지정될 수 있다. 그중 CREATE 명령어는 앞 장에서 소개되었으나, 기본적인 구조에 대해서만 언급하고 무결성 향상 기능은 다루지 않았다. 본 절에서는 위의 다섯 가지 제약을 중심으로 자세히 살펴보기로 한다.

6.1.1 미확인 값 제약

어떤 항목의 경우 그 값을 비워두거나 미확인 값 상태로 두어서는 안 되고, 반드시 항목 값을 지정해 주어야 한다. 예를 들어, 모든 공급자에 대해서 반드시 공급자명을 데이터베이스에 기록해야 한다면, 다음과 같은 NOT NULL 절을 CREATE나 ALTER TABLE 명령에 추가하면 된다.

공급자명 VARCHAR(20) NOT NULL

새로운 레코드가 추가되거나 기존 레코드 값이 변경될 때, 공급자명 항목 값이 비어 있으면 시스템에서 오류 메시지를 내 보낸다. 이때 시스템이 제공하는 오류 메시지는 "미확인 값이 허용되지 않는다"는 일반적인 내용인데, 보다 구체적인 오류 메시지를 출력하도록 하려면 아래와 같이 제약 조건의 이름을 지정하면 된다.

공급자명 VARCHAR(20) CONSTRAINT 제약조건이름 NOT NULL

위와 같이 제약 조건의 이름이 지정되면, 오류 발생시 "무결성 제약 조건(제약조건이름)에 위배됩니다" 등과 같이 제약 조건의 이름을 포함하는 오류 메시지가 출력된다. 따라서 의미 있는 제약 조건 이름을 붙여 주면, 오류의 내용을 쉽게 파악할 수 있다. 일반적으로 제약 조건 이름은 '테이블명_항목명_해당제약'으로 지정하면 좋다. 즉, 위의 경우에 제약 조건 이름은 공급자_공급자명_미확인값제약이 된다. 오류 발생시 사용자는 "무결성 제약 조건(공급자_공급자명_미확인값제약)에 위배됩니다"라는 메시지를 받게 되고, 제약 조건 이름을 통해 이 오류가 공급자 테이블에 있는 공급자명 항목이 미확인 값 제약을 위배한 것임을 쉽게 알 수 있다.

6.1.2 주키 제약

주키 제약은 2장에서 공부하였듯이 개체 무결성 제약이라고도 불리는데, 테이블의 각 레코드를 유일하게 구별할 수 있도록 하기 위한 제약이다. 주키 항목은 유일값을 가져야 하며, 미확인 값을 가져서는 안 되는데 이러한 제약을 표시하는 것이 주키 제약이다. 예를 들어, 공급자번호가 공급자 테이블의 주키 항목이라면 다음과 같은 내용을 CREATE나 ALTER TABLE 명령에 추가하면 된다.

PRIMARY KEY(공급자번호)

위의 예는 단일 항목으로 된 주키를 표시하였는데, 만약 주문 테이블의 경우처럼 부품번호와 공급자번호가 합성키를 이루고 있는 경우라면 다음과 같이 두 항목을 모두 포함시켜야 한다.

PRIMARY KEY(부품번호, 공급자번호)

주키 제약을 나타내는 PRIMARY KEY 절은 테이블당 한 번만 사용할 수 있으며, 'CONSTRAINT 주문_주키제약 PRIMARY KEY(부품번호, 공급자번호)'와 같은 방법으로 제약 조건 이름을 지정할 수 있다. 테이블에 따라서 주키 외에 대리키를 지정할 필요가 있는 경우도 있는데, 이를 위해서 UNIQUE 명령을 사용할 수 있다. 대리키를 표현하기 위해서 UNIQUE 명령을 사용할 때는 NOT NULL 절을 같이 사용하여 미확인 값을 방지하는 것이 바람직하다. 예를 들어, 공급자 테이블의 공급자명과 위치가 합성하여 대리키 역할을 한다면 다음과 같이 표현할 수 있다.

```
공급자명   VARCHAR(20)   NOT NULL,
위치        CHAR(4)        NOT NULL,
UNIQUE(공급자명, 위치)
```

6.1.3 영역 제약

각 항목에는 허용되는 데이터 값이 있는데 이를 영역이라고 한다. 예를 들어, 명문가구의 부품번호는 100번부터 999번 사이의 값을 갖는다면 부품번호의 영역은 100-999 사이의 정수가 된다. 국제표준기구에서는 이러한 영역 제약을 표현하기 위한 두 가지 방법을 제시하고 있다. 첫번째 방법은 항목에 CHECK 절을 추가하는 것으로 다음과 같이 표현할 수 있다.

부품번호 SMALLINT NOT NULL CHECK (부품번호 BETWEEN 100 AND 999)

두 번째 방법은 아래와 같은 구문의 CREATE DOMAIN 명령을 사용하여 영역을 보다 명시적으로 정의 내리는 것인데, Oracle Database에서는 이 명령을 지원하지 않는다.

```
CREATE DOMAIN   영역명 [AS] 〈데이터형〉
                [DEFAULT 초기값]
                [CHECK 제약조건];
```

이처럼 영역명을 정의 내린 후, 이 영역을 사용하는 항목을 정의 내릴 때 데이터형 대신 이 영역명을 사용하면 된다. 예를 들어, 위의 부품번호에 대한 제약 조건을 이 방식으로 나타내면 다음과 같다.

```
CREATE  DOMAIN 부품번호_영역 AS SMALLINT
            CHECK (VALUE BETWEEN 100 AND 999);
...
부품번호  부품번호_영역   NOT NULL
...
```

CREATE DOMAIN 명령이 보다 강력한 이유는 제약 조건에 다른 테이블의 값을 참조하도록 할 수 있기 때문이다. 예를 들어, 부품 테이블에 존재하는 부품번호를 부품번호 영역으로 정의하고자 한다면 다음과 같이 SELECT 문을 CHECK 절에 사용할 수 있다.

```
CREATE  DOMAIN 부품번호_영역 AS SMALLINT
            CHECK (VALUE IN (SELECT 부품번호 FROM 부품));
```

정의된 영역은 다음과 같이 DROP DOMAIN 명령에 의해 제거할 수 있다.

> DROP DOMAIN 부품번호_영역;

6.1.4 참조 무결성 제약

참조 무결성 제약은 두 테이블의 레코드간의 일관성을 유지하기 위하여 명시하는 제약이다(2.2.3절 참조). 외부키나 교차참조키에 의해 두 테이블이 연결되어 있는 경우, 참조하는 관계, 즉 자식 테이블(child table)의 행이 갖는 외부키나 교차참조키의 항목 값은 반드시 참조되는 관계, 즉 부모 테이블(parent table)의 해당 항목 값으로 존재해야 한다. 이러한 일관성을 유지하기 위한 수단이 아래의 FOREIGN KEY 명령어이다. 외부키의 항목명과 동일한 경우, 부모 테이블의 항목명은 생략할 수 있다.

> FOREIGN KEY (〈외부키 항목〉) REFERENCES 〈부모 테이블〉 [(항목)]
>   [ON DELETE {NO ACTION/CASCADE/SET NULL/SET DEFAULT}]
>   [ON UPDATE {NO ACTION/CASCADE/SET NULL/SET DEFAULT}]

예를 들어, 자식 테이블인 주문 테이블에 입력되는 부품번호는 부모 테이블인 부품 테이블에 존재하는 부품번호 중 하나여야 하는데, 이러한 참조 무결성 제약을 SQL로 표현하면 다음과 같다.

> FOREIGN KEY (부품번호) REFERENCES 부품

위와 같이 참조 무결성을 정의 내리면 부품 테이블에 없는 부품번호를 주문 테이블에 입력(INSERT 명령)하거나 갱신(UPDATE 명령)하려고 하면 이를 거절한다.

또한 SQL은 참조 무결성을 유지하기 위하여 부모 테이블의 항목 값을 삭제할 경우 자식 테이블의 해당 외부키나 교차참조키의 항목 값을 어떻게 처리할 것인가에 대하여 다음과 같은 네 가지 선택 사항을 제공한다.

- **NO ACTION 명령**(삭제금지 방식) : 자식 테이블이 부모 테이블의 레코드를 참조하고 있는 한 부모 레코드의 삭제를 금지한다. 예를 들어, 이 선택 사항을 추가할 경우 자식 테이블인 주문 테이블에 105번 부품에 관한 주문 레코드가 존재하는 한, 부모 테이블인 부품 테이블에서 105번 부품을 삭제하는 것은 허용되지 않는다.

- **CASCADE 명령**(참조삭제 방식) : 부모 테이블의 레코드가 삭제되는 경우 자동적으로 자식 테이블의 해당 레코드를 삭제한다. 예를 들어, 부품 테이블에서 105번 부품이 삭제되면, 주문 테이블에서 105번 부품에 관한 주문 레코드는 모두 자동적으로 삭제된다.

- **SET NULL 명령**(미확인 값 방식) : 부모 테이블의 레코드가 삭제되는 경우 자동적으로 자식 테이블의 해당 레코드의 항목 값을 미확인 값으로 갱신한다. 이때 물론 자식 테이블의 해당 항목의 정의에 NOT NULL 조건이 없어야 한다.

- **SET DEFAULT 명령**(기본값 방식) : 부모 테이블의 레코드가 삭제되는 경우 자동적으로 자식 테이블의 해당 레코드의 항목 값을 기본값으로 갱신한다. 이 선택 사항은 자식 테이블의 해당 항목의 기본값이 정의된 경우에만 사용할 수 있다.

위의 네 가지 선택 사항 중 어느 것도 명시되지 않은 경우는 삭제금지 방식, 즉 NO ACTION 명령과 동일하게 처리한다. 부품 테이블의 부품번호가 삭제될 경우 주문 테이블의 해당 값을 미확인 값으로 변경시키고, 갱신될 경우 주문 테이블의 값도 같이 갱신하기를 원한다면 다음과 같이 표현할 수 있다.

FOREIGN KEY (부품번호) REFERENCES 부품 ON DELETE SET NULL
ON UPDATE CASCADE

위의 명령이 실행되면 부품 테이블에서 부품번호 105번 레코드가 삭제되면, 주문 테이블의 105번 부품번호는 모두 미확인 값이 된다. 그리고 부품 테이블에서 부품번호 105번이 205번으로 갱신되면, 주문 테이블에서 부품번호 105번을 모두 205번으로 자동 갱신한다. 참고로 Oracle Database에는 ON DELETE CASCADE와 ON DELETE SET NULL 명령만 사용할 수 있으며, 선택 사항을 명시하지 않으면 NO ACTION 명령과 동일하게 처리한다.

*6.1.5 기타 사업관련 제약

위에서 언급한 제약 외에 현실 세계의 의미를 보다 잘 반영하기 위하여 필요한 제약들이 있는데 이를 표현하기 위한 것으로 CREATE ASSERTION 명령이 있다. 이 명령은 테이블의 정의와 직접 연관되지 않는 제약들을 명시하는 데 사용되며, 구문 형식은 아래와 같다. Oracle Database는 CREATE ASSERTION 명령어를 지원하지 않으나, 9.2.3절에서 공부할 TRIGGER 기능을 이용하면 비슷한 효과를 얻을 수 있다.

```
CREATE ASSERTION 〈제약명〉
     CHECK 〈(제약조건)〉;
```

이 명령의 CHECK 절은 6.1.3절의 CHECK 명령과 비슷하나, 복수 테이블에 걸쳐 일어나는 제약 조건이나, 보다 복잡한 제약 조건을 표현할 수 있다. 예를 들어, 한 부품에 대하여 동시에 최대 5개까지만 주문이 가능하고, 6건 이상의 주문은 허용되지 않는다고 할 때 다음과 같이 데이터베이스에 제약을 정의 내릴 수 있다.

```
CREATE ASSERTION 최대_주문_건수
     CHECK (NOT EXISTS (SELECT   부품번호
                        FROM     주문
                        GROUP BY 부품번호
                        HAVING   COUNT(*) > 5));
```

좀더 복잡한 예를 들어 보자. 만약 재고가 20,000개 이상인 부품에 대해서는 새로운 주문을 낼 수 없다고 한다면 다음과 같이 두 테이블을 연결하여 제약

조건을 정의 내릴 수 있다.

```
CREATE ASSERTION 과다_재고_주문_금지
        CHECK (NOT EXISTS (SELECT *
                           FROM   부품 p
                           WHERE p.재고량 >= 20000
                           AND EXISTS  (SELECT *
                                        FROM    주문 o
                                        WHERE   o.부품번호 = p.부품번호)));
```

정의된 제약 조건은 다음과 같이 DROP ASSERTION 명령에 의해 제거할
수 있다.

```
DROP ASSERTION  과다_재고_주문_금지;
```

6.2 데이터 정의를 위한 고급 기능

데이터 생성을 위한 간단한 정의어에 대해서는 5.2절에서 살펴보았다. 본 절
에서는 보다 고급 기능을 사용한 테이블 생성에 대하여 공부하기로 한다.

6.2.1 테이블의 생성

테이블을 생성하기 위한 CREATE TABLE 명령에는 6.1절에서 설명한 다양
한 제약 조건들이 정의될 수 있는데, 구문 형식은 다음과 같다.

```
CREATE TABLE    〈테이블명〉
                {(〈항목명〉〈데이터 형〉[NOT NULL] [UNIQUE]
                [DEFAULT 초기값] [CHECK 항목 제약조건] [,...]}
                [PRIMARY KEY (〈항목명 목록〉),]
                {[UNIQUE (〈항목명 목록〉),] [,...]}
                {[FOREIGN KEY (〈외부키 항목명 목록〉)
                REFERENCES 〈참조되는 테이블명〉[(〈후보키 항목명 목록〉)],
                    [ON UPDATE 〈참조조건〉]
                    [ON DELETE 〈참조조건〉][,...]}
                {[CHECK (테이블 제약조건)][,...]});
```

대부분의 명령어에 대해서는 6.1절에서 공부하였으므로 구문 형식에 대한 설명은 생략하고, 〈그림 5-2〉의 사례 데이터베이스를 다양한 고급 기능을 이용하여 다시 정의해 보면 〈그림 6-1〉과 같은데, 이를 중심으로 살펴보기로 한다.

각 테이블들은 〈그림 5-3〉과 동일한 이름으로 정의되었다. 추가적인 사항만 살펴보면, 먼저 각 항목별로 데이터형을 지정하는 대신 CREATE DOMAIN 명령을 통해 각 항목의 영역을 정의 내렸다. 영역 정의에서 부품번호에 대한 영역(부품번호_영역)의 정의를 보면 (VALUE BETWEEN 100 AND 999)라는 제약조건이 명시되어 있다. 따라서 이 영역을 취하는 항목은 항목 값으로 100과 999 사이의 값만 가질 수 있다. 예를 들어, 부품번호에 1234와 같이 범위를 벗어난 값을 입력하면 오류 메시지를 받게 될 것이다. 같은 이유로 공급자 위치에 '서울', '인천', '대전', '수원' 이외의 값은 입력되지 않는다.

부품 테이블에서 부품번호 항목은 미확인 값이 허용되지 않으며 주키로 지정되었다. 따라서 이 항목 값을 미확인 값으로 두거나 이미 존재하는 값을 입력하면, 주키의 조건에 위배되어 오류 메시지를 받게 된다. 공급자 테이블의 모든 항목은 미확인 값이 허용되지 않고, 공급자 위치는 초기값으로 '서울'을 갖는다.[1] 그리고 주키는 공급자번호이다.

---

1. Oracle Database에서는 DEFAULT 명령을 지원하지 않는다.

```
CREATE DOMAIN 부품번호_영역 AS SMALLINT
        CHECK (VALUE BETWEEN 100 AND 999);
CREATE DOMAIN 부품내역_영역 AS VARCHAR(20);
CREATE DOMAIN 개수_영역 AS INTEGER;
CREATE DOMAIN 공급자번호_영역 AS SMALLINT
        CHECK (VALUE BETWEEN 10 AND 99);
CREATE DOMAIN 공급자명_영역 AS VARCHAR(20);
CREATE DOMAIN 위치_영역 AS CHAR(6)
        CHECK (VALUE IN (' 서울', ' 인천', ' 대전', ' 수원' ));
CREATE DOMAIN 가격_영역 AS INTEGER;

CREATE TABLE 부품
            (부품번호      부품번호_영역      NOT NULL,
            부품내역      부품내역_영역,
            재고량        개수_영역,
            PRIMARY KEY(부품번호));

CREATE TABLE 공급자
            (공급자번호    공급자번호_영역  NOT NULL,
            공급자명      공급자명_영역    NOT NULL,
            위치          위치_영역        NOT NULL DEFAULT '서울',
            PRIMARY KEY(공급자번호));

CREATE TABLE 주문
            (부품번호      부품번호_영역    NOT NULL,
            공급자번호    공급자번호_영역  NOT NULL,
            단가          가격_영역,
            주문량        개수_영역,
            PRIMARY KEY (부품번호, 공급자번호)
            FOREIGN KEY(부품번호) REFERENCES 부품 ON DELETE NO ACTION
                                            ON UPDATE CASCADE,
            FOREIGN KEY(공급자번호) REFERENCES 공급자 ON DELETE CASCADE
                                            ON UPDATE CASCADE);
```

그림 6-1 테이블의 생성[2]

---

2. 이 내용을 Oracle Database에서 최대한 비슷하게 구현할 때의 명령어를 부록1에 수록하였다. 부록에는 각 제약 조건의 이름을 명시해 주었다.

마지막으로 주문 테이블은 주키로 부품번호와 공급자번호의 합성키를 갖는다. 그리고 교차 참조키인 부품번호는 부품 테이블의 부품번호(항목명이 동일하므로 명령문에서 생략되었음)를 참조하는데, ON DELETE NO ACTION 조건에 의해 자식 테이블인 주문 테이블에 해당 부품번호가 존재하는 한 부모 테이블인 부품 테이블의 레코드를 삭제할 수 없다. 그리고 ON UPDATE CASCADE 명령은 부모 테이블의 부품번호가 갱신되면 자동적으로 주문 테이블의 해당 레코드를 갱신시킨다. 또한 공급자번호는 공급자 테이블을 참조하며, ON DELETE CASCADE 조건에 의해 공급자 테이블의 특정 공급자가 삭제되면 그 공급자로부터 주문된 모든 주문 레코드도 자동으로 삭제된다.

6.2.2 테이블의 변경

이미 생성된 테이블의 내용을 변경시키기 위한 ALTER TABLE 명령의 용법은 다음과 같다. ALTER TABLE 명령은 기존 테이블에 항목을 추가, 수정, 삭제하거나, 항목의 제약 조건을 추가 또는 삭제할 때 사용한다.

```
ALTER TABLE 〈테이블명〉
  〈ADD/ALTER/DROP〉 [COLUMN] 〈항목명〉 〈데이터 형〉 [항목 제약조건]
              [, [COLUMN] 〈항목명〉 〈데이터 형〉 [항목 제약조건],...];
```

예를 들어, 주문 테이블에 주문일자 항목을 추가하고자 하면 다음과 같은 명령문을 사용할 수 있다.

ALTER TABLE 주문 ADD COLUMN 주문일자 DATE;

위의 명령문에서 COLUMN 명령은 생략이 가능하다. 위의 명령이 실행되면 주문 테이블에 주문일자 항목이 추가되는데, 초기 데이터 값은 모두 미확인 값이 된다.

ALTER TABLE 명령을 통하여 새로운 항목을 추가하는 것 외에 기존 항목의 내용을 변경하거나 삭제할 수 있다. 예를 들어, 공급자 테이블의 위치를 최대

6자에서 10자의 문자로 변경하고, 초기값 제약을 제거하고자 한다면 다음과 같은 명령을 사용할 수 있다.

ALTER TABLE 공급자 ALTER[3] 위치 CHAR(10) DROP DEFAULT;

ALTER TABLE 명령을 통하여 새로운 제약 조건을 추가하거나, 삭제할 수도 있다. 예를 들어, 주문 테이블의 단가가 미확인 값이 되어서는 안 된다는 제약을 추가하려면 아래와 같다.

ALTER TABLE 주문 ALTER 단가 INTEGER NOT NULL;

위와 같이 제약 조건을 추가하기 위하여 항목을 변경하는 대신, 직접 추가할 수도 있는데, 이 경우에는 ADD CONSTRAINT라는 명령어와 제약 조건 이름을 명시해야 한다. 위의 제약 조건을 직접 추가하는 방식으로 나타내면 아래와 같다.

ALTER TABLE 주문 ADD CONSTRAINT 주문_단가_미확인값제약 단가 NOT NULL;

또한 제약 조건 이름이 명시되어 있는 경우, DROP CONSTRAINT 명령을 사용하여 제약 조건을 직접 삭제할 수 있다. 예를 들어, 공급자 테이블의 공급자명이 미확인 값을 가지지 않는다는 제약 조건이 '공급자_공급자명_미확인값제약'이란 이름으로 정의되어 있는데, 이를 삭제하고 싶다면 아래와 같다.

ALTER TABLE 공급자 DROP CONSTRAINT 공급자_공급자명_미확인값제약;

참조 무결성 제약이 정의되어 있는 테이블에 데이터를 입력하면 매번 관련 테이블들을 검색하여, 참조 무결성이 위배되는지 검사를 하게 된다. 만약 초기 데이터베이스에 기존의 데이터를 대량으로 적재하는 경우라면, 이것은 시간이 대단히 많이 걸리는 작업이 된다. 따라서 참조 무결성 제약을 테이블에 포함시키지 말고, 데이터를 적재한 다음, ALTER TABLE 명령을 통해 참조 무결성 제

---

3. Oracle Database에서는 아래와 같이 ALTER 대신 MODIFY 명령을 사용한다.

    ALTER TABLE 공급자 MODIFY 위치 CHAR(10);

약을 추가하는 방법을 쓰면 적재 시간을 줄일 수 있다.

6.2.3 테이블의 삭제

테이블이 더 이상 필요없는 경우 DROP TABLE명령을 이용하여 데이터베이스로부터 테이블을 제거할 수 있다.

```
DROP TABLE 〈테이블명〉[RESTRICT/CASCADE];
```

예를 들어, 주문 테이블을 삭제하기 위해서는 다음과 같은 명령을 사용할 수 있다.

```
DROP  TABLE 주문;
```

DROP TABLE 명령을 실행시키면 그 테이블에 들어 있는 모든 데이터도 함께 제거되므로, DROP TABLE 명령은 항상 신중한 검토 후에 사용하여야 한다.

DROP TABLE 명령은 테이블을 제거할 때 그와 관련된 자식 테이블이나 가상 테이블(view)도 함께 제거할 것인가에 대한 사항을 지정할 수 있다. 예를 들어, DROP TABLE 명령에 RESTRICT 명령을 추가하면 제거하려는 테이블과 관련된 자식 테이블이 존재하거나, 그 테이블을 참조하는 가상 테이블이 존재하는 경우 DROP TABLE 명령이 수행되지 않는다. 반면 CASCADE 명령을 사용하면 관련된 모든 자식 테이블과 가상 테이블도 함께 삭제한다.

6.2.4 색인의 생성과 삭제

색인은 데이터베이스의 검색 속도를 향상시키기 위한 도구로서 다음과 같이 정의 내릴 수 있다.

```
CREATE [UNIQUE] INDEX 〈색인명〉
    ON 〈테이블명〉 (〈항목명〉 [ASC/DESC] [,〈항목명〉 [ASC/DESC]],...);
```

예를 들어, 주문 테이블을 부품번호 순으로, 그리고 같은 부품번호 내에서는 공급자번호 역순으로 주문_색인1이라는 이름의 색인을 생성하기 위한 명령은 다음과 같다.

```
CREATE INDEX 주문_색인1
    ON 주문(부품번호 ASC, 공급자번호 DESC);
```

CREATE INDEX 절에 색인명을 지정하는데, 색인명은 한 데이터베이스 내에서 유일해야 한다. ON 다음에 색인이 생성될 테이블을 지정하고, 색인키(index key)가 될 데이터 항목을 괄호 속에 나열한다. 색인키는 색인 파일을 구성하는 항목인데, 이 항목이 갖는 값의 순서에 따라 색인 파일이 생성된다. 색인키는 한 데이터 항목 또는 다수의 데이터 항목으로 구성될 수 있으며, 다수의 항목으로 이루어질 때는 나열되는 순서가 중요한 의미를 갖는다. 첫번째 색인키의 값에 의해 정렬하되, 같은 값을 갖는 레코드에 한하여 그 다음 색인키의 값에 따라 정렬한다. 그리고 색인키마다 올림차순 또는 내림차순을 지정해야 하는데, 각각 ASC와 DESC 명령을 통해 표시된다.

CREATE와 INDEX 명령어 사이에 선택사항으로 UNIQUE란 명령을 추가할 수 있다. UNIQUE란 선택사항은 색인키가 유일한 값을 갖는 경우에만 실행시킬 수 있다. 또한 일단 UNIQUE INDEX가 지정된 테이블에 INSERT나 UPDATE 명령을 통해 중복되는 색인키값이 입력되면, SQL은 자동적으로 INSERT나 UPDATE에 의한 데이터의 갱신을 거부한다.

색인이 정의되면 색인키에 의해 색인 파일이 생성된다. 색인 파일은 사용자가 SQL 명령을 통해 접근할 수 없다. INSERT, DELETE, 그리고 UPDATE 명령 등으로 데이터가 갱신되면, SQL에 의해 색인 파일은 자동적으로 수정된다. 따라서 색인 파일은 항상 현재의 데이터 상태를 반영하고 있다. 한 테이블에 다수의 색인을 정의 내릴 수 있으며, SQL은 데이터를 검색할 때 가장 적절한 색인 파일을 자동적으로 참조함으로써 접근시간을 향상시킨다. 특히, 테이블에 저장된 레코드의 수가 많을 때 자주 접근하는 방식으로 색인을 정의 내리면 접근 속도가 크게 향상된다.

이처럼 색인은 검색 속도를 향상시킬 수 있지만, 그 비용으로써 데이터 갱신

속도의 저하와 저장 공간의 증가를 들 수 있다. 데이터가 갱신될 때마다 그와 관련된 색인 파일 역시 갱신되어야 하므로, 데이터의 갱신이 자주 요구되는 테이블에 있어서 다수의 색인은 갱신 속도를 상당히 저하시킨다. 따라서 검색속도와 갱신속도간의 상충효과(trade-off)를 고려하여 적정한 수의 색인을 정의 내려야 한다. 색인 파일을 저장하기 위해서는 저장 공간이 필요한데, 색인의 수가 늘어날 경우 요구되는 저장 장소 또한 무시할 수 없다.

정의된 색인이 더 이상 필요없는 경우, DROP INDEX 명령을 사용하여 색인을 삭제하면 된다. 저장 공간의 낭비를 줄이고, 데이터 갱신 속도를 향상시키기 위하여 필요없는 색인은 즉시 삭제하는 것이 바람직하다. 위에서 작성한 주문_색인1을 삭제하기 위한 명령은 다음과 같다.

```
DROP INDEX 주문_색인1;
```

6.3 데이터 갱신

데이터베이스는 시간이 경과함에 따라 그 내용이 변화한다. 데이터베이스의 내용을 갱신할 수 있도록 SQL은 INSERT, UPDATE, 그리고 DELETE 명령을 제공한다.

6.3.1 INSERT 명령

INSERT는 데이터베이스 테이블에 레코드를 추가시키는 명령어로 다음과 같은 형식을 취한다.

```
INSERT INTO 〈테이블명〉 [(〈항목명 목록〉)]
VALUES (〈데이터 값 목록〉);
```

테이블에 속한 데이터 항목 중에서 어느 하나도 결여된 값이 없는 경우에는 항목명 목록을 생략하고, 데이터 값을 테이블에 정의된 항목 순서대로 나열하면 된다. 그러나 만약 한 항목이라도 알려지지 않은 값이 있을 경우에는 입력될 항목명을 나열하고, 항목명의 순서에 따라서 데이터 값도 기입해야 한다.

INSERT 명령은 데이터베이스에 레코드를 추가할 때 참조무결성 제약 조건을 확인하여 위배되지 않는 경우에만 실행된다. 예를 들어, 〈그림 6-1〉의 주문 테이블의 정의를 보면 부품번호와 공급자번호는 각각 부품 테이블과 공급자 테이블의 동일 항목 값을 참조하도록 되어 있다. 따라서 부품 테이블에 존재하지 않는 부품번호나, 공급자 테이블에 등록되지 않은 공급자번호를 포함하는 레코드를 주문 테이블에 추가하고자 하면 오류 메시지를 받게 될 것이다.

예제 1 : 다음 레코드를 부품 테이블에 추가하라.

부품번호: 155
부품내역: 나무못
재고량: 3600

INSERT INTO 부품
VALUES (155, '나무못', 3600);

예제 2 : 다음 레코드를 역시 부품 테이블에 추가하라.

부품번호: 160
부품내역: '열쇠'

INSERT INTO 부품(부품번호, 부품내역)
VALUES (160, '열쇠');

예제 1에서는 입력될 부품 레코드의 모든 값을 알고 있으므로 항목명을 나열하지 않은 반면, 예제 2에서는 재고량의 값이 주어지지 않았기 때문에 입력되는 항목명을 명시하였다. 이상의 예제에서는 한 번에 한 레코드씩 추가하는 경우를 살펴보았다. INSERT 명령을 이용하여 한 번에 대량의 레코드를 입력할 수도 있는데, 질의의 결과물을 새로운 테이블로 만들어 저장하고자 할 때 사용된다. 다음 예제는 이러한 예를 보여 준다.

> 예제 3 : 공급자번호와 그 공급자에 대한 주문 총액으로 구성된 테이블을 만
> 들고 데이터를 입력하라.

```
CREATE TABLE 공급자1  (공급자번호  SMALLINT,
                      주문총액    INTEGER);

INSERT INTO  공급자1 (공급자번호, 주문총액)
      SELECT    공급자번호, SUM(단가 * 주문량)
      FROM      주문
      GROUP BY  공급자번호;
```

위의 명령문이 실행되면 SELECT 문에 의해 출력된 내용이 새로 만들어진 공급자1 테이블로 입력된다. 이처럼 INSERT 명령어는 한 번에 한 레코드씩 추가하거나, 기존의 원原 테이블에 저장되어 있는 데이터를 다른 테이블에 저장하고자 할 때 사용된다. 그러나 현재 데이터베이스에 저장되어 있지 않은 데이터를 대량으로 입력할 때는 INSERT 명령 대신 INPUT 명령이나 입력 프로그램을 이용하여 일괄(batch) 입력하는 것이 편리하다.

6.3.2 DELETE 명령

더 이상 필요없는 레코드를 삭제하기 위한 DELETE 명령어는 다음과 같은 형식을 취한다. WHERE 절이 생략되면 해당 테이블의 모든 레코드를 삭제한다. DELETE 명령도 INSERT 명령과 마찬가지로 참조무결성 제약 조건에 위배되는 레코드 삭제는 실행하지 않는다.

```
DELETE FROM 〈테이블명〉
[〈WHERE 검색 조건〉];
```

예제 4 : 예제 1과 2에서 추가한 부품 레코드를 삭제하라.

```
DELETE FROM 부품
WHERE  부품번호 = 155 OR 부품번호 = 160;
```

6.3.3 UPDATE 명령

데이터베이스에 저장된 데이터 값을 변경하는 UPDATE 명령어의 일반적인 형태는 다음과 같다. UPDATE 명령 역시 참조무결성 제약 조건에 위배되는 데이터 수정은 실행하지 않는다.

```
UPDATE 〈테이블명〉
SET 〈항목명〉 = 〈데이터 값〉 [, 〈항목명〉 = 〈데이터 값〉,...]
[〈WHERE  검색 조건〉];
```

수정될 항목을 포함한 테이블명을 UPDATE 절에 기입하고, SET 절에서 수정될 항목의 이름과 새로운 데이터 값을 지정한다. 수정될 레코드를 WHERE 절을 통해 지정하는데, WHERE 절이 생략될 경우에는 해당 테이블의 해당 항목 값을 모두 지정한 데이터 값으로 수정한다.

예제 5 : 공급자 '대신공업사'와의 합의에 의해 주문량을 50% 증가시키는 대신, 주문 단가를 10% 할인받기로 하였다. 주문 테이블의 해당 데이터를 수정하라.

```
UPDATE  주문
SET     단가 = 단가 * .9, 주문량 = 주문량 * 1.5
WHERE   공급자번호 = ( SELECT 공급자번호
                      FROM   공급자
                      WHERE  공급자명 = '대신공업사');
```

6.4 가상 테이블

관계형 테이블은 원原 테이블과 가상 테이블로 구분지을 수 있는데, 5.2절에서 원 테이블에 대한 사항을 공부하였고, 본 절에서는 가상 테이블에 대한 내용을 살펴보자.

6.4.1 가상 테이블의 개념

가상 테이블(view)은 사용자의 관점에서 볼 때 데이터베이스에 존재하는 것처럼 인식되나, 실제 물리적으로 존재하지 않는 테이블이다. 반면에 원原 테이블은 물리적으로 스스로 존재하는 테이블이다. 가상 테이블의 데이터는 원 테이블의 데이터로부터 유도되어진다. 가상 테이블을 사용하는 첫번째 이유는 데이터베이스에 접근하는 사용자를 적절히 통제할 수 있다는 점이다. 데이터베이스에 저장된 데이터는 조직의 귀중한 자산이므로, 정당한 권한을 가진 사용자만이 접근할 수 있어야 한다. 각 사용자마다 접근할 수 있는 권한이 상이할 경우에, 각 사용자를 위해 물리적으로 독립된 테이블을 생성하는 것은 저장 공간의 낭비뿐만 아니라, 데이터의 중복으로 인한 심각한 문제를 야기시킨다. 따라서 물리적으로는 원 테이블 한 곳에만 저장되어 있는 데이터를 이용하여, 다수의 가상 테이블을 생성함으로써 사용자의 데이터베이스에 대한 접근을 적절히 통제할 수 있다. 예를 들어, 주문 테이블의 주문 단가가 회사 기밀에 해당되는 정보라면, 단가를 제외시킨 나머지 항목으로 구성된 가상 테이블을 만들어 일반 사용자에게 제공할 수 있을 것이다.

가상 테이블을 이용하는 두 번째 이유는 사용자에게 필요한 부분만 추출하여 보여 줌으로써 사용자의 편의를 높일 수 있다는 점이다. 사용자가 필요로 하는 데이터는 원 테이블의 일부이거나, 여러 테이블에서 유도되어야 하는 경우가 많다. 이러한 데이터를 하나의 가상 테이블에 포함시킴으로써 사용자는 보다 편리하고 신속하게 데이터를 검색할 수 있다.

가상 테이블은 이러한 장점이 있는 반면, 갱신이 불가능한 경우(6.4.3절 참조)가 발생할 수 있고, 가상 테이블이 여러 테이블을 결합하여 복잡하게 정의된 경우 가상 테이블에서 데이터를 검색할 때마다 JOIN이 일어나기 때문에 속도가 느려지는 단점이 있다.

6.4.2 가상 테이블의 정의

가상 테이블을 정의 내리기 위한 CREATE VIEW 명령은 원 테이블을 정의 내리기 위한 CREATE TABLE 명령과 비슷하나, 원 테이블로부터 데이터를 추출하기 위한 AS SELECT 절이 추가되어야 한다는 점이 다르다. 가상 테이블을 정의 내리는 명령문의 일반적인 형태는 다음과 같다.

```
CREATE VIEW 〈가상 테이블명〉 [(〈항목명 목록〉)]
AS 〈SELECT 내포문〉
[WITH CHECK OPTION];
```

가상 테이블의 항목명을 원 테이블의 항목명 그대로 유전받아 사용할 경우에는 항목명을 생략할 수 있다. 그러나 SELECT문의 항목 중 어느 하나라도 원 테이블의 값을 가공하거나 항목명을 변경하고자 하는 경우에는 CREATE VIEW 절에 항목명을 명시하여야 한다. 가상 테이블을 정의 내리면 시스템 목록(system catalog)에 가상 테이블의 정의를 저장할 뿐, 원 테이블의 데이터를 복제하여 새로운 테이블을 생성하는 것은 아니다. 사용자가 가상 테이블을 통해서 데이터에 접근하면, 데이터베이스 관리시스템은 시스템 목록의 정의를 참조하여 원 테이블에 있는 데이터를 추출하여 질의에 응답하게 된다.

예제 6 : '서울'에 위치한 공급자로부터 주문한 내용만 추출하여 공급자_서울이라는 이름의 가상 테이블을 생성하라.

```
CREATE VIEW 공급자_서울
AS SELECT 부품번호, 공급자번호, 단가, 주문량
    FROM    주문
    WHERE   공급자번호 IN (SELECT  공급자번호
                          FROM     공급자
                          WHERE    위치 = '서울');
```

위의 예제에서는 SELECT 내포문에서 추출된 데이터 항목명을 그대로 가상

테이블의 항목명으로 사용하였다. 다음 예제는 가상 테이블의 항목명을 별도로
지정하는 경우를 보여 준다.

예제 7 : 각 공급자 주문 총액을 보여 주는 공급자2라는 이름의 가상 테이블
을 생성하라.

```
CREATE VIEW 공급자2 (공급자번호, 주문총액)
AS SELECT    공급자번호, SUM(단가 * 주문량)
    FROM     주문
    GROUP BY 공급자번호;
```

일단 가상 테이블이 생성되면 원 테이블에서처럼 데이터를 검색할 수 있다.
가상 테이블은 데이터가 검색되는 순간에 원 테이블로부터 데이터를 추출하기
때문에 가장 최근 데이터를 보장한다.

예제 8 : '수원'에 위치한 공급자의 주문 총액을 출력하라.

```
SELECT *
FROM    공급자2
WHERE   공급자번호 IN (SELECT 공급자번호
                      FROM   공급자
                      WHERE  위치 = '수원');
```

가상 테이블의 필요성이 사라지면 다음 예제에서와 같이 DROP VIEW 명령
에 의해 간단히 삭제할 수 있다. 가상 테이블은 논리적 테이블이므로 이 명령이
실행되더라도 원 테이블의 데이터는 전혀 영향을 받지 않는다.

예제 9 : 예제 6과 7에서 생성한 가상 테이블을 삭제하라.

```
DROP VIEW 공급자_서울;
DROP VIEW 공급자2;
```

6.4.3 가상 테이블의 갱신

가상 테이블의 데이터를 갱신하기 위한 명령은 원 테이블의 데이터를 갱신하기 위한 명령과 동일하다. 그러나 가상 테이블의 갱신은 그 테이블이 유도되어진 원 테이블의 데이터를 갱신하므로 주의가 필요하다. 또한 모든 가상 테이블의 데이터를 갱신할 수 있는 것은 아니며, 갱신의 의미가 모호한 경우에 데이터베이스 관리시스템이 이를 허용하지 않는다. 예를 들어, 예제 6에서 정의 내린 공급자_서울 테이블과 예제 7에서 정의 내린 공급자2 테이블을 비교하여 보자. 이 두 가상 테이블 중 공급자_서울 테이블은 갱신이 가능한 반면, 공급자2 테이블은 이론적으로 갱신이 불가능하다.

공급자_서울 테이블에 레코드를 추가하면, 실제로는 원 테이블인 주문 테이블에 레코드가 추가된다. 이 경우에 추가되는 레코드가 원 테이블에 어떻게 삽입되어야 할지 명확하기 때문에 갱신이 이루어진다. 반면 공급자2 테이블에 레코드를 추가하는 것은 불가능한데, 예를 들어 (70, 1000000)이라는 레코드를 추가한다고 가정해 보자. 즉, 70번 공급자의 주문 총액이 100만원이라는 이 레코드를 추가하기 위해서는 공급자2 테이블이 유도된 원 테이블인 주문 테이블에 어떠한 부품이 각각 얼마의 단가에 얼마만큼 주문되었는지 알 수 있어야 한다. 그러나 부품번호, 단가, 주문량에 관한 데이터를 알 수 없기 때문에 이러한 갱신은 불가능하다. 데이터의 삭제나 수정이 가능한지의 여부도 동일한 맥락에서 파악할 수 있다.

*6.4.4 WITH CHECK OPTION

가상 테이블에 나타나는 레코드는 가상 테이블의 조건, 즉 정의를 만족시키는 것들이다. 만약 그 레코드가 더 이상 가상 테이블의 정의를 만족시키지 못한다면, 그 레코드는 가상 테이블에 나타나지 않을 것이다. 또한 가상 테이블의 정의를 만족시키는 레코드가 원 테이블에 추가된다면, 그 레코드는 가상 테이블에 나타나게 될 것이다. WITH CHECK OPTION은 수정된 레코드가 이처럼 가상 테이블에서 사라지거나, 조건을 만족시키지 못하는 레코드가 입력되는 것을 방지하기 위한 제약이다.[4] WITH CHECK OPTION은 데이터의 갱신이 가능한 가상 테이블에만 적용할 수 있으며, 데이터베이스의 무결성을 지키기 위해 매우 유용한 기능이다.

예제 10 : '서울'에 위치한 공급자만 추출하여 공급자3이라는 이름의 가상 테이블을 생성하되, 가상 테이블의 조건을 위배하는 갱신이 일어나지 않도록 조치하라.

```
CREATE VIEW 공급자3
AS SELECT *
    FROM   공급자
    WHERE  위치 = '서울'
    WITH CHECK OPTION;
```

결과 :

공급자번호	공급자명	위치
27	삼진사	서울
70	신촌상사	서울

이 가상 테이블은 6.4.3절에서 살펴본 바와 같이 갱신이 가능하다. 그러나 WITH CHECK OPTION의 제약으로 인하여 다음과 같이 70번 공급자의 위치를 '서울'에서 '인천'으로 갱신하거나, 위치가 '서울'이 아닌 공급자를 이 가상 테이블을 통해 입력하는 것을 허용하지 않는다.

```
UPDATE 공급자3
SET    위치 = '인천'
WHERE  공급자번호 = 70;

INSERT INTO 공급자3
VALUES (75, '현대상사', '수원');
```

---

4. WITH CHECK OPTION은 LOCAL/CASCADED 명령이 더 추가될 수 있으나, 이 책의 범위를 넘으므로 생략한다. 자세한 내용은 데이트와 다아웬(Date and Darwen, 1997, pp. 187-193)을 참조하기 바란다.

*6.5 내장 SQL

SQL 질의어는 지금까지 공부한 데이터 정의와 조작에 관한 내용 외에 데이터의 보안이나 데이터 관리에 필요한 다양한 기능을 제공한다. 이러한 내용은 10장과 11장에서 자세히 공부하기로 한다. 지금까지 살펴본 SQL은 사용자가 직접 컴퓨터에 입력하고, 그 결과를 즉시 확인할 수 있으므로 대화식(interactive) SQL이라고 한다. SQL은 또한 Java, C, C++ 등과 같은 일반 프로그래밍 언어, 또는 JavaScript, JSP, PHP, ASP, Python 등 스크립트 언어와 결합되어 사용될 수 있는데, 이 경우 프로그래밍 또는 스크립트 언어를 초청 언어(host language)라고 하며, SQL 언어는 내장內藏(embedded) SQL이라고 부른다. 동일한 업무가 자주 반복되는 경우에는 내장 SQL을 이용하여 사용자의 용도에 적합한 정보 시스템을 개발하는 것이 편리하다. 또한 대량의 데이터를 입력하기 위한 편리한 입력화면, 입력된 데이터의 정확성 검사, 그리고 일괄처리(batch) 작업 등을 위해서는 대화식 SQL보다 내장 SQL을 이용하여 프로그램을 구축하는 것이 좋다. 완성된 프로그램을 이용할 경우 사용자는 SQL에 대한 지식이 전혀 필요 없으므로 초보자도 쉽게 사용할 수 있다.

내장 SQL의 명령문은 지금까지 배운 대화식 SQL과 큰 차이가 없다. 단지 프로그래밍 언어와 정보를 교환하기 위하여 프로그램 변수의 설정과 레코드의 위치를 기억하기 위한 커서(cursor)의 지정 등이 추가된다는 점이 다르다. 내장 SQL의 사용법은 초청언어에 따라 조금씩 달라지지만, 기본 형식은 동일하다. 본서에서는 Oracle의 프로그래밍 언어인 PL/SQL을 초청 언어로 한 내장 SQL의 사용법에 대해서 알아보기로 한다.

6.5.1 Oracle PL/SQL의 기본 구조

PL/SQL은 블록(block)이라고 부르는 기본 단위 속에 SQL문을 포함시켜 실행한다. 블록은 이름을 가질 수도 있고, 이름이 없을 수도 있는데 여기서는 이름이 없는 단순한 블록의 개념만 살펴보기로 한다. 블록은 〈그림 6-2〉와 같이 변수를 정의하는 DECLARE 절, PL/SQL 명령문을 포함하는 BEGIN 절, 오류처리를 위한 EXCEPTION 절로 구성되며 반드시 END;로 끝나야 한다.

DECLARE 절과 EXCEPTION 절은 필요가 없는 경우 생략할 수 있는 선택 사항이고, BEGIN 절은 반드시 있어야 하며, 모든 문장은 세미콜론(;)으로 끝나야 한다. DECLARE, BEGIN, EXCEPTION 명령 뒤에는 세미콜론을 찍지 않지만, END 명령 뒤에는 세미콜론이 있어야 한다. 그리고 END; 다음에 오는 첫째 줄, 즉, 블록의 바로 뒤 첫 칸에는 반드시 슬래시(/)를 넣어주어야 하는데, 이것이 블록을 실행시키게 하는 명령어이다. 슬래시가 빠졌거나, 슬래시 전에 빈 칸이 있으면 블록이 실행되지 않으므로 주의하기 바란다.

```
DECLARE
 - 변수, 상수 등의 정의
 - 선택 사항임
BEGIN
 - PL/SQL 명령문 기술
 - 강제 사항임
EXCEPTION
 - PL/SQL문의 오류 상황 처리
 - 선택 사항임
END;
/
```

그림 6-2 PL/SQL 블록의 기본 구조

6.5.2 변수의 정의

　DECLARE 절에서 정의하는 변수를 블록(block)변수라고 하는데, 이를 정의할 때는 변수명과 변수의 데이터 형을 지정해 주어야 한다. 변수명을 정할 때는 일정한 규칙을 유지하는 것이 좋다. 예를 들어, 테이블의 특정 항목 값을 프로그램에서 사용하기 위한 변수인 경우에는 항목명 앞에 변수(variable)라는 의미로 'v_'를 붙인다. 즉, 공급자번호를 위한 변수는 v_공급자번호로 지정하는 것이다. 이 경우 일관성을 위해 테이블의 항목과 관련이 없는 변수도 앞에 v_를 접두어로 붙여서 PL/SQL 변수임을 나타내는 것이 좋다. 데이터 형은 Oracle Database의 데이터

형에 준하여 사용하면 된다. 그 외에 데이터 형을 지정할 때 %TYPE을 사용할 수 있는데, 이것은 특정 테이블의 특정 항목의 데이터 형과 동일하다는 것을 의미한다. 이 명령은 특정 항목의 데이터 형이 결정되기 전에 프로그램을 짜거나, 데이터 형이 변하더라도 프로그램이 영향을 받지 않도록 해주는 유용한 기능이다. 사용 방법은 테이블명.항목명%TYPE인데, 예를 들어, 공급자 테이블의 위치 항목의 경우 공급자.위치%TYPE이 된다. DECLARE 절에서 블록변수를 정의한 후에, BEGIN 절에서 아래와 같은 식을 통해 변수의 값을 입력할 수 있다.

변수명 := 변수값 (또는 변수값을 계산할 수 있는 표현식);

DECLARE 절에서 정의하는 블록변수 외에 블록에서 사용되는 변수로는 치환(substitution)변수가 있다. 이 변수는 사용자로부터 입력 받은 값을 블록 내에서 사용하기 위한 것인데, 변수명에 'v_'를 붙이지 않음으로써 블록변수와 구별하는 것이 좋다. 치환변수가 블록 내에서 사용될 때는 반드시 변수명 앞에 &를 붙여 치환변수임을 명시해야 한다. 블록변수는 블록 내에서만 값을 입력 받는 반면, 치환변수는 블록 내에서 값을 입력 받지 않고 사용자로부터 값을 입력 받는다.

6.5.3 결과물의 출력

PL/SQL에서 결과물을 출력하기 위해서는 블록을 실행하기 전에 SET SERVEROUTPUT ON이란 명령을 실행해야 한다. 그리고 DBMS_OUTPUT. PUT_LINE 명령을 이용하여 출력하고 싶은 내용을 한 줄씩 출력하면 된다. 예를 들어, 현재 v_부품내역과 v_재고량 변수에 들어 있는 값을 제목과 함께 출력하고 싶다면 아래와 같은 명령을 줄 수 있다.

```
DBMS_OUTPUT.PUT_LINE('부품내역: ' || v_부품내역 || ' ' || '재고량: ' || v_재고량);
```

작은 따옴표(' ') 안에 있는 내용은 그대로 출력되고, 변수명이 있는 부분은 현재 변수에 들어 있는 값이 출력된다. 그리고 ||는 연결 연산자인데, 앞의 내용과 뒤의 내용을 빈 칸 없이 연결시켜 준다. 따라서 출력물을 알아보기 쉽도록 적절히 빈 칸을 삽입시켜 주는 것이 좋다.[5] v_부품내역과 v_재고량에 각각 너트와 220이란 값이 들어 있다면 위의 명령에 의해 출력되는 내용은 아래와 같을 것이다.

부품내역: 너트   재고량: 220

6.5.4 단일 레코드의 검색

내장 SQL을 이용하여 프로그램을 작성하는 방법은 프로그램에서 검색되는 레코드가 한 장인지 여러 장인지에 따라 달라진다. 먼저 단일 레코드를 검색하는 프로그램을 작성해 보자.

예제 11 : 105번 부품의 내역과 재고량을 출력하는 PL/SQL 프로그램을 작성하라.

이 문제를 대화식 SQL로 푼다면 다음과 같은 간단한 명령으로 해결될 것이다.

```
SELECT    부품내역, 재고량
FROM      부품
WHERE     부품번호 = 105;
```

이것과 동일한 기능을 수행하는 PL/SQL의 내장 SQL 명령문은 기본적으로 대화식 SQL 명령문과 동일하다. 다만 아래와 같이 프로그램에서 사용할 변수들을 정의하고, 출력하는 과정이 필요하다.

---

5. 위의 명령에서 v_부품내역과 '재고량: ' 사이에 빈 칸(' ')을 넣어 적당한 간격을 두었다.

〈개략적인 프로그램〉

```
DECLARE
    v_부품번호  부품.부품번호%TYPE;
    v_부품내역  부품.부품내역%TYPE;
    v_재고량    부품.재고량%TYPE;
BEGIN
    v_부품번호 := 105;
    SELECT  부품내역, 재고량
    INTO    v_부품내역, v_재고량
    FROM    부품
    WHERE   부품번호 = v_부품번호;
    DBMS_OUTPUT.PUT_LINE('부품내역: ' || v_부품내역 || ' ' || '재고량: ' || v_재고량);
END;
    /
```

먼저 필요한 블록변수를 DECLARE 절에서 정의하고, BEGIN 절에서 검색 조건으로 사용할 105라는 값을 v_부품번호 변수에 입력해 주었다. 대화식 SQL 과의 차이는 SELECT 절 다음에 INTO 절이 추가된 점인데, INTO 절에는 SELECT 절에서 검색한 데이터를 보관하기 위한 블록변수가 표시된다. WHERE 절에서는 블록변수 v_부품번호의 값(이 경우 105)과 같은 부품번호를 찾 으라는 조건이 명시되었다. 그리고, 마지막으로 SELECT 절에서 검색한 데이터 를 가지고 있는 v_부품내역과 v_재고량 변수를 출력하였다.

6.5.5 복수 레코드의 검색

단일 레코드를 검색하는 내장 SQL 명령문은 비교적 간단하지만, 복수 레코 드를 검색하는 명령문은 다소 복잡하다. PL/SQL과 같은 3세대 프로그래밍 언 어는 한 번에 한 장의 레코드를 처리(record-at-a-time)하는 반면, 4세대 언어인 SQL 은 한 번에 여러 장의 레코드를 처리(set-at-a-time)한다. 따라서, SQL이 단일 레코드 를 검색할 때는 프로그래밍 언어와 구조적인 면에서 큰 마찰이 없었으나, 복수의 레코드를 검색할 때는 문제가 발생한다. 이를 해결하기 위해서 내장 SQL은 SQL 커서(cursor)라는 특수한 데이터 구조를 제공한다. SQL 커서는 일종의 레코드 지 시자(pointer)로 볼 수 있는데, 테이블에서 한 번에 한 레코드씩 이동할 수 있는 구조를 제공해 준다. 커서와 관련된 SQL 명령어가 〈표 6-1〉에 정리되어 있다. 이 네 명령어는 내장 SQL 고유의 것으로 대화식 SQL에서는 사용할 수 없다.

표 6-1 SQL 커서 명령어

명령어	설 명
DECLARE	커서의 구조를 지정함.
OPEN	데이터를 검색하여 커서 구조에 저장함.
FETCH	다음 레코드로 커서를 이동시킨 후, 레코드를 검색하여 블록변수에 입력함.
CLOSE	커서의 작동을 중단시킴.

CURSOR 명령

커서의 구조를 정의 내리는 CURSOR 명령문의 일반적인 형태는 다음과 같은데 DECLARE 절에서 사용한다.

```
CURSOR 〈커서 이름〉 IS
〈SELECT 내포절〉;
```

DECLARE 절에서 커서 이름을 명시하고, 커서가 적용될 데이터를 SELECT 절을 통해 지정한다. 한 프로그램 내에 다수의 커서가 지정될 수 있으므로, 커서 이름은 프로그램 내에서 유일해야 한다. CURSOR 명령이 실행되면 SELECT 절에서 검색될 레코드를 위한 커서가 지정된다. 그러나, CURSOR 명령은 데이터를 실제로 검색하는 것이 아니고, 단지 커서의 구조를 설정할 뿐이다. 실제 데이터의 검색은 OPEN 명령을 통해서 이루어진다.

OPEN 명령

OPEN 명령은 CURSOR 명령에 의해 설정된 커서 구조에 데이터를 검색하여 저장한다. OPEN 명령문의 형태는 다음과 같다.

```
OPEN 〈커서 이름〉;
```

이 명령이 실행되면 CURSOR 명령의 SELECT 절에서 명시한 데이터를 검색하여 커서 구조에 저장한다. 이때 커서의 위치는 첫번째 레코드 바로 직전에 놓이게 된다.

FETCH 명령

OPEN 명령에 의해 커서 구조에 데이터가 저장되면, FETCH 명령을 통해 한 레코드씩 블록변수 안으로 읽어 들일 수 있다. FETCH 명령문의 일반적인 형태는 다음과 같다.

```
FETCH  〈커서 이름〉
INTO   〈블록변수 목록〉;
```

이 명령이 실행되면 커서를 현재의 위치에서 다음 레코드로 이동시킨 다음, 그 레코드의 데이터 값을 INTO 절에서 지정한 블록변수에 할당한다. 따라서 OPEN 명령 다음의 첫번째 FETCH 명령은 커서를 첫번째 레코드로 이동시킨 뒤, 그 레코드의 데이터 값을 블록변수에 저장한다.

일반적으로 FETCH 명령은 순환구조(loop structure)를 이용하여 테이블의 마지막 레코드에 이를 때까지 반복적으로 실행된다. 마지막 레코드 이후에 다시 FETCH 명령이 실행되면, 더 이상 가져올 레코드가 존재하지 않으므로 실행을 중단해야 한다.

CLOSE 명령

CLOSE 명령은 커서 구조에 저장된 데이터를 제거한다. 따라서 이 명령이 실행되면 다시 OPEN 명령을 실행시키기 전까지 더 이상 커서를 사용할 수 없다. CLOSE 명령문의 형태는 다음과 같다.

```
CLOSE 〈커서이름〉;
```

예제 12 : 임의의 숫자를 입력하면, 그 숫자보다 재고량이 적은 모든 부품의 번호와 재고량을 출력하는 PL/SQL 프로그램을 작성하라.

〈개략적인 프로그램〉

```
①  ACCEPT  기준숫자  PROMPT '확인하고자 하는 기준 숫자를 입력하시오: '
    DECLARE
        v_부품번호 부품.부품번호%TYPE;
        v_재고량  부품.재고량%TYPE;
②      CURSOR 부품_재고_cursor IS
            SELECT  부품번호, 재고량
            FROM    부품
            WHERE   재고량 < &기준숫자;
    BEGIN
③      OPEN 부품_재고_cursor;
④      FETCH 부품_재고_cursor INTO v_부품번호, v_재고량;
⑤      IF v_부품번호 IS NULL THEN
⑥          DBMS_OUTPUT.PUT_LINE('재고량이 '|| &기준숫자 || ' 보다 적은 부품은 없습니
            다.');
        ELSE
⑦          DBMS_OUTPUT.PUT_LINE('부품번호: ' || ' ' || '재고량: ');
⑧          LOOP
⑨              DBMS_OUTPUT.PUT_LINE(v_부품번호 || '        ' || v_재고량);
⑩              FETCH 부품_재고_cursor INTO v_부품번호, v_재고량;
⑪              EXIT WHEN 부품_재고_cursor%NOTFOUND;
⑫          END LOOP;
⑬      END IF;
⑭      CLOSE 부품_재고_cursor;
    END;
    /
```

우선 사용자로부터 기준 숫자를 입력 받아야 하므로 치환변수가 필요하다. ①과 같이 '확인하고자 하는 기준 숫자를 입력하시오: '라는 메시지를 화면에 출력하고, '기준숫자'라는 치환변수에 사용자가 입력하는 숫자를 저장한다. 그리고, 이 문제는 복수의 레코드를 검색해야 하므로, ②와 같이 SQL 커서를 부품_재고_cursor라는 이름으로 정의 내렸다. 이때 'WHERE 재고량 < &기준숫자'에서 볼 수 있듯이 치환변수인 '기준숫자'가 블록 안에서 사용될 때는 & 기호가 붙는다. ②에서 정의된 커서를 ③과 같이 OPEN시키면 CURSOR 명령의

SELECT 절에 명시한 데이터가 커서 구조에 저장된다. 예를 들어, ①에서 입력받은 '기준숫자' 변수 값이 250이라면, 〈그림 6-3〉과 같은 커서 구조가 생성되고, 커서는 첫번째 레코드 직전에 위치한다.

부품번호	재고량
105	220
107	155
124	160
128	75

커서위치 →

그림 6-3 OPEN 직후의 커서 구조

④의 FETCH 명령에 의해 커서 구조의 첫번째 레코드를 블록변수인 v_부품번호와 v_재고량으로 읽어 들인다. 이때 커서 구조가 비어 있으면, 즉, 입력한 값보다 적은 재고량을 가진 부품이 없다면, 출력할 데이터가 없으므로 이를 사용자에게 알려주어야 할 것이다. 따라서 ⑤와 같이 IF 절에서 'v_부품번호 IS NULL'이면, 즉, 읽어 들인 커서 구조가 비어 있으면, ⑥과 같이 '재고량이 사용자가 입력한 숫자보다 적은 부품은 없습니다'라는 메시지를 내보낸다. 그렇지 않고 커서 구조에 저장된 값이 있으면, ⑦과 같이 제목을 출력하고, ⑧~⑫ 사이의 명령을 반복한다. 즉, 커서 구조에서 현재 커서가 가리키고 있는 레코드의 값을 출력(⑨)한 후, 커서를 다음 레코드로 이동시켜 v_부품번호와 v_재고량 변수로 읽어 들인다(⑩). 더 이상 ⑩의 FETCH 명령에 의해 검색되는 레코드가 없으면 ⑪의 조건에 의해 순환구조를 빠져 나오게 된다. ⑪의 부품_재고_cursor% NOTFOUND는 부품_재고_cursor의 현재 커서가 가리키는 레코드가 더 이상 없으면 참의 값을 갖는 시스템 변수이다. 이처럼 커서 이름 뒤에 %NOTFOUND를 붙이면 현재의 커서가 가리키는 레코드의 유무에 따른 부울리언(Boolean) 값을 제공한다. IF 절은 반드시 대응되는 END IF 절(⑬)이 있어야 하며, 마지막으로

⑭에서 커서를 CLOSE하고 프로그램을 끝낸다.

6.5.6 오류의 처리

PL/SQL 블록 처리과정에서 발생하는 일반적인 오류로 다음과 같은 것들이 있다.

예약된 오류명	내 용
NO_DATA_FOUND	SELECT … INTO 절에 의해 검색된 레코드가 하나도 없는 경우
TOO_MANY_ROWS	SELECT … INTO 절에 의해 검색된 레코드가 하나보다 많은 경우
INVALID_CURSOR	커서가 비정상적으로 작동된 경우
ZERO_DIVIDE	영(0)으로 나눈 경우
OTHERS	기타 오류 상황

위의 예제 11과 12에서 제시한 프로그램에는 이러한 오류 처리 과정이 생략되어 있다. 그러나 보다 완벽한 프로그램을 만들기 위해서는 오류가 발생한 경우에 내보낼 오류 메시지를 EXCEPTION 절에 기술하는 것이 바람직하다. 참고로 예제 11과 12를 위한 보다 자세한 스크립트 파일을 부록2에 첨부하였다.

지금까지 공부한 내장 SQL은 보다 정확히 표현한다면 정적(static) 내장 SQL이다. 정적 내장 SQL만으로도 대다수 사용자의 데이터 처리 요구사항을 만족시킬 수 있다. 그러나 만약 프로그램을 실행할 때(run time)까지 데이터베이스의 접근 내용이 정해지지 않는다면, 정적 내장 SQL 대신 동적(dynamic) 내장 SQL을 사용하여야 한다. 동적 내장 SQL에 대해서는 데이트와 다아웬(Date and Darwen, 1997) 또는 코널리와 베그(Connolly and Begg, 2015)를 참조하기 바란다.

*6.6 API와 ODBC

데이터베이스 프로그래밍을 위한 또 하나의 대안적 방법은 응용 소프트웨어에서 사용할 수 있는 기능을 라이브러리(library) 형식으로 제공하는 것이다. 대부분의 데이터베이스 업체들은 API(Application Programming Interface)를 제공함으로써 프로그래머들이 응용 프로그램 내에 SQL 문을 삽입하는 대신 미리 작성된 라이브러리를 이용할 수 있도록 하고 있다. API는 데이터베이스로의 연결, SQL문의 실행, 테이블에서 필요한 레코드의 접근 등 일반적으로 프로그래머들이 필요로 하는 데이터베이스 접근 활동을 위한 라이브러리로 구성되어 있다. 그러나 API의 문제점은 업체마다 형식이 달라 한 데이터베이스 관리시스템에서 사용되는 프로그램을 다른 데이터베이스 관리시스템에서 사용하기 위해서는 다시 처리해 주어야 한다는 점이다.

이러한 문제점을 해결하고 표준화를 추진하는 노력의 일환으로 Microsoft사에서 ODBC(Open DataBase Connectivity)라는 표준 인터페이스를 제시하여 업계의 표준으로 자리잡아 가고 있다. ODBC 기술은 서로 다른 SQL 데이터베이스 관리시스템에 접근하는 공통의 인터페이스를 제공함으로써 하나의 응용 프로그램이 서로 다른 데이터베이스 관리시스템에서 사용될 수 있도록 해 준다. 따라서 프로그램 개발자는 특정 데이터베이스 관리시스템에 얽매이지 않고 클라이언트-서버 프로그램을 개발하여 배급할 수 있다. ODBC 기술은 응용 프로그램이 특정 업체의 API에 종속되지 않으며, X/Open이나 ISO Call-Level Interface(CLI) 등과 같은 국제적 표준과 호환될 수 있도록 설계되어 있어서 많은 데이터베이스 업체들이 채택하고 있다(Connolly and Begg, 2015). 본 절에서는 API와 ODBC의 출현 배경과 구조에 대해서 간단히 살펴보았는데, 더 자세한 내용은 코널리와 베그(2015) 또는 데이트와 다아웬(1997)을 참조하기 바란다.

6.7 요약

데이터베이스 질의어는 데이터의 검색, 입력, 갱신, 삭제, 병행제어, 복구 등 다양한 기능을 제공하는 종합적인 언어이다. 본 장에서는 SQL의 고급 기능에 대해서 살펴보았다.

SQL은 미확인 값 제약, 주키 제약, 영역 제약, 참조 무결성 제약, 기타 사업 관련 제약과 같은 무결성 향상 기능을 지원한다. 또한 데이터베이스의 검색 속도를 향상시키기 위한 도구로 색인을 추가할 수 있는데, 색인은 데이터 갱신 속도를 저하시키고 저장 공간을 증가시키는 단점이 있으므로 검색속도와 갱신속도간의 상충효과를 고려하여 적정한 수의 색인을 정의 내려야 한다.

가상 테이블은 사용자의 관점에서 볼 때 데이터베이스에 존재하는 것처럼 인식되나, 실제 물리적으로 존재하지 않는 테이블로 원 테이블의 데이터로부터 유도되어진다. 가상 테이블을 사용하는 이유는 첫째, 데이터베이스에 접근하는 사용자를 적절히 통제할 수 있으며, 둘째, 사용자에게 필요한 부분만 추출하여 보여줌으로써 사용자의 편의를 높일 수 있기 때문이다. 하지만, 갱신이 불가능한 경우가 발생할 수 있고 여러 테이블을 결합할 경우 속도가 저하되는 단점이 있다.

내장 SQL은 일반 목적용 프로그래밍 언어와 결합되어 사용되며, 동일한 업무가 자주 반복되는 경우나 사용자의 편의를 위해 사용될 수 있다. 내장 SQL의 명령문은 대화식 SQL과 큰 차이가 없고, 단지 프로그래밍 언어와 정보를 교환하기 위하여 블록변수의 설정과 레코드의 위치를 기억하기 위한 커서의 지정 등이 추가된다.

데이터베이스 프로그래밍을 위한 대안적 방법으로 API와 ODBC가 있는데, API는 응용 소프트웨어에서 사용할 수 있는 기능을 라이브러리 형식으로 제공하는 것으로, 업체마다 형식이 달라 한 데이터베이스 관리시스템에서 사용되는 프로그램을 다른 데이터베이스 관리시스템에서 사용하기 위해서는 다시 처리해 주어야 하는 문제점이 있다. ODBC는 이러한 문제점을 해결하고 표준화를 추진하는 노력의 일환이다.

✏ 복습 문제

1. 다음 용어를 설명하라.

   ·가상 테이블   ·내장 SQL

   ·대화식 SQL   ·블록변수

   ·색인   ·치환변수

   ·API   ·ODBC

   ·PL/SQL   ·SQL 커서

   ·%TYPE

2. 무결성 향상을 위한 SQL 기능에 대하여 설명하라.

3. 참조 무결성 제약을 위한 SQL 명령어에서 NO ACTION, CASCADE, SET NULL, SET DEFAULT의 차이를 설명하라.

4. 색인을 생성하는 목적은 무엇인가? 또 색인 생성으로 인한 문제점은 무엇인가?

5. 가상 테이블을 정의하는 목적은 무엇인가?

6. 가상 테이블을 통하여 데이터를 갱신하는 것이 가능한가?

※7. WITH CHECK OPTION은 가상 테이블의 어떤 문제점을 방지하기 위한 명령어인가?

※8. 내장 SQL과 대화식 SQL의 차이점을 설명하라.

응용 문제

1. 참조 무결성 제약을 위한 SQL 명령어에서 NO ACTION, CASCADE, SET NULL, SET DEFAULT가 해당될 수 있는 적절한 사례를 제시하라.

2. 특정일이 어느 회계연도에 속하는지 확인하는 아래와 같은 테이블을 만들고자 한다.

회계연도테이블

회계연도	시작일	종료일
2022	'2021-10-01'	'2022-09-30'
2023	'2022-10-01'	'2023-09-30'
2024	'2023-10-01'	'2024-09-30'
2025	'2024-10-01'	'2023-09-30'

이 테이블에서 아래와 같은 SQL문을 이용하면 특정일이 속하는 회계연도를 쉽게 찾을 수 있다.

```
SELECT  회계연도
FROM    회계연도테이블
WHERE   특정일 BETWEEN 시작일 AND 종료일;
```

위의 테이블의 마지막 레코드의 종료일은 잘못된 데이터가 입력되어 있는데, 이러한 오류가 발생하지 않도록 회계연도테이블의 무결성을 보장하기 위한 조건들을 모두 추가하여 CREATE TABLE 명령문을 작성하시오.

3. 현재 주문중인 부품의 번호와 평균 주문 단가, 총 주문량으로 이루어진 가상 테이블을 정의 내리라. 그리고 이 가상 테이블을 통한 데이터의 갱신이 가능한지 설명하라.

*4. 도시 이름을 입력 받아, 그 도시에 위치한 공급자를 모두 출력하는 프로그램을 내장 SQL을 이용하여 작성하라.

▚ 참고문헌

Baker, J. "SQL: A New Standard," *Computerworld Focus*, Feb. 1986, pp. 55–58.

Borland International, Inc. *Paradox for Windows User's Guide*, Borland International, Inc., Scotts Valley, California, 1992.

Connolly, T. and Begg, C. *Database Systems: A Practical Approach to Design, Implementation, and Management*(6th ed.), Boston: Pearson, 2015.

Date, C.J. and Darwen, H. *A Guide to the SQL Standard*(4th ed.), Addison–Wesley, Reading, Massachusetts, 1997.

Thomas, J.C. and Gould, J.D. "A Psychological Study of Query by Example," *Proceedings of National Computer Conference*, AFIPS Press, New York, New York, 1975.

부록 1: Oracle Database에서의 테이블 생성

```
CREATE TABLE 부품
  (부품번호      SMALLINT
      CONSTRAINT  부품_부품번호_NN  NOT NULL,
   부품내역      VARCHAR(20),
   재고량        INTEGER,
   CONSTRAINT  부품_부품번호_CK  CHECK (부품번호 BETWEEN 100 AND 999),
   CONSTRAINT  부품_부품번호_PK PRIMARY KEY(부품번호));

CREATE TABLE 공급자
  (공급자번호    SMALLINT
      CONSTRAINT  공급자_공급자번호_NN  NOT NULL,
   공급자명      VARCHAR(20)
      CONSTRAINT  공급자_공급자명_NN NOT NULL,
   위치          CHAR(6)
      CONSTRAINT  공급자_위치_NN NOT NULL,
   CONSTRAINT  공급자_공급자번호_CK  CHECK (공급자번호 BETWEEN 100 AND 999),
   CONSTRAINT  공급자_위치_CK  CHECK (위치 IN ('서울', '인천', '대전', '수원')),
   CONSTRAINT  공급자_공급자번호_PK PRIMARY KEY(공급자번호));

CREATE TABLE 주문
  (부품번호      SMALLINT
      CONSTRAINT  주문_부품번호_NN NOT NULL,
   공급자번호    SMALLINT
      CONSTRAINT  주문_공급자번호_NN NOT NULL,
   단가          INTEGER,
   주문량        INTEGER,
   CONSTRAINT  주문_부품번호_CK  CHECK (부품번호 BETWEEN 100 AND 999),
   CONSTRAINT  주문_공급자번호_CK  CHECK (공급자번호 BETWEEN 100 AND 999),
   CONSTRAINT  주문_부품번호_공급자번호_PK  PRIMARY KEY (부품번호, 공급자번호),
   CONSTRAINT  주문_부품번호_FK
               FOREIGN KEY(부품번호) REFERENCES 부품,
   CONSTRAINT  주문_공급자번호_FK
               FOREIGN KEY(공급자번호) REFERENCES 공급자 ON DELETE CASCADE);
```

부록 2: PL/SQL 스크립트 파일

<u>예제 11</u>

```
SET VERIFY OFF
SET SERVEROUTPUT ON

ACCEPT 입력된부품번호 PROMPT '부품번호를 입력하시오: '

DECLARE
  v_부품번호    부품.부품번호%TYPE;
  v_부품내역    부품.부품내역%TYPE;
  v_재고량      부품.재고량%TYPE;

BEGIN
  SELECT  부품내역, 재고량
  INTO    v_부품내역, v_재고량
  FROM    부품
  WHERE   부품번호 = &입력된부품번호;
  DBMS_OUTPUT.PUT_LINE( '부품내역: ' || v_부품내역 || ' ' ||
                        '재고량: ' || v_재고량);

EXCEPTION
  WHEN NO_DATA_FOUND THEN
      DBMS_OUTPUT.PUT_LINE( '부품번호 ' || &입력된부품번호 ||
                        '은(는) 없습니다.');
  WHEN TOO_MANY_ROWS THEN
      DBMS_OUTPUT.PUT_LINE( '부품번호 ' || &입력된부품번호 ||
                        '이 하나 이상 존재합니다.');
  WHEN OTHERS THEN
      DBMS_OUTPUT.PUT_LINE( '알 수 없는 오류가 발생했습니다.');
END;
/

SET VERIFY ON
SET SERVEROUTPUT OFF
```

예제 12

```
SET VERIFY OFF
SET SERVEROUTPUT ON

ACCEPT 기준숫자 PROMPT '확인하고자 하는 기준 숫자를 입력하시오: '

DECLARE
    v_부품번호    부품.부품번호%TYPE;
    v_재고량      부품.재고량%TYPE;
    CURSOR 부품_재고_cursor IS
      SELECT  부품번호, 재고량
      FROM    부품
      WHERE   재고량 < &기준숫자;

BEGIN
  OPEN 부품_재고_cursor;
  FETCH 부품_재고_cursor INTO v_부품번호, v_재고량;
  IF v_부품번호 IS NULL THEN
    DBMS_OUTPUT.PUT_LINE('재고량이 '|| &기준숫자 || ' 보다 적은 부품은 없습니다.');
  ELSE
    DBMS_OUTPUT.PUT_LINE('부품번호: ' || '    ' || '재고량: ');
    LOOP
      DBMS_OUTPUT.PUT_LINE(v_부품번호 || '         ' || v_재고량);
      FETCH 부품_재고_cursor INTO v_부품번호, v_재고량;
      EXIT WHEN 부품_재고_cursor%NOTFOUND;
    END LOOP;
  END IF;
  CLOSE 부품_재고_cursor;

EXCEPTION
  WHEN OTHERS THEN
    DBMS_OUTPUT.PUT_LINE('알 수 없는 오류가 발생했습니다.');
END;
/

SET VERIFY ON
SET SERVEROUTPUT OFF
```

jusst.moment

< 순간들 >

written by. Justine Suh
illustration by. exit

#1

하늘은 청명했다. 발밑엔 구름과 울긋불긋 색이 변하기 시작한 숲이 있었고, 새벽 산 공기는 적당히 차가웠다. 노은은 보온병에 담아온 따뜻한 우롱차를 한 모금 마셨고 그 순간 모든 게 완벽했다. 애초에 이곳에 올라오게 만든 이유도 기억이 나지 않았다.

#2

희진은 오랜만에 밖에 나가 산뜻하게 머릴 잘랐다. 그리고 볕이 잘 드는 카페에 앉아 커피 한 잔과 에그 타르트를 먹었다. 갓 구운 타르트가 입안에서 바사삭 부서지는 소리에 근심이 사라졌다. 시간은 느리지만 차곡차곡 흘렀고, 희진은 몸을 길게 늘어뜨리고 햇빛과 공기를 온몸으로 흡수했다.

#3

노은과 희진은 서로를 옆에 두고 배가 아프도록 웃었다. 노을 지는 도시가 내려다보이는 발코니에서 둘은 옛날 얘기로 밤을 새울 기세였다. 손에 든 맥주캔이 가벼워질수록 어둠은 깊어졌다. 길게 이어진 수다 끝에 침묵이 찾아왔지만 둘은 각자의 침묵 속에서도 외롭지 않았다. 먼 훗날에도 둘은 이 순간의 사느란 바람을 기억할 것이다.

제3편
데이터베이스 설계

제3편에서는 데이터베이스 설계 방법론에 관하여 살펴본다. 제7장에서는 전반적인 데이터베이스 설계 방법론을 소개하고, 데이터베이스의 개념적 설계에 대해 자세히 살펴본다. 제8장에서는 논리적 데이터베이스 설계의 각 과정을 소개한다. 제9장에서는 물리적 데이터베이스 설계 과정에 대해 공부한다.

제7장 **데이터베이스 설계 방법론과 개념적 설계**

본 장에서는 데이터베이스를 설계하기 위한 전과정에 대하여 살펴보기로 한다. 개인용 컴퓨터를 활용하여 한두 명의 사용자가 이용하는 데이터베이스를 구축하는 작업은 구체적인 방법론 없이 주먹구구식으로 비교적 간단히 이루어질 수 있다. 그러나, 수천 명 또는 수만 명의 사용자가 분당 수천, 수만 건의 온-라인 거래를 처리하는 데이터베이스의 구축은 간단한 작업이 아니다. 대규모 데이터베이스의 구축은 몇 가지 단계를 거쳐서 이루어지며, 각 단계에서 수행하여야 할 업무를 제시하는 방법론이 필요하다. 본 장에서는 정보시스템 개발을 위한 방법론을 개괄적으로 살펴본 후, 이를 토대로 데이터베이스 설계 방법론에 관하여 공부하기로 한다. 그리고 데이터베이스 설계의 첫번째 단계인 개념적 설계 과정에 대하여 자세히 살펴본다.

7.1 정보시스템 개발 수명주기

정보시스템은 조직의 운영과 의사결정에 필요한 정보를 제공하기 위한 조직 전체적으로 통합된 정보이용자와 컴퓨터의 결합시스템이다. 현대 정보시스템은 그 핵심 구성요소로 데이터베이스가 있으며, 그 외에 컴퓨터 하드웨어, 소프트웨어, 사용자, 절차, 그리고 통신 등이 포함된다. 대규모 정보시스템의 개발은 대단히 복잡하고 어려운 작업이며, 데이터베이스의 구축은 정보시스템 개발의 일부분이 된다. 정보시스템의 개발은 일반적으로 **시스템 개발 수명주기**(systems development life cycle(SDLC))라고 불리는 방법론을 따라 진행된다. 시스템 개발 수명주기는 보통 다음과 같은 과정으로 이루어진다.

1. **예비조사:** 프로젝트의 범위를 정하고, 개괄적인 비용/편익 분석 등을 통하여 프로젝트의 타당성을 검토한다. 또한 프로젝트의 중요성을 파악하여, 프로젝트간의 우선순위를 결정한다.

2. **요구사항 분석:** 현재의 정보시스템을 검사하여 문제와 기회를 도출하고, 사용자와의 접촉을 통하여 그들의 요구사항을 명확히 파악한다.

3. **시스템 설계:** 전 단계에서 파악된 요구사항을 토대로 데이터베이스와 응용시스템을 설계한다. 응용시스템의 설계에는 출력 설계, 입력 설계, 사용자 접속 설계, 그리고 절차 설계 등이 포함된다. 데이터베이스의 설계에 관한 사항은 7.2절 이하에서 자세히 설명하기로 한다.

4. **시스템 개발:** 전 단계에서 작성된 설계명세서를 토대로 데이터베이스를 구축하고, 응용시스템의 프로그램을 작성하여 검사한다.

5. **시스템 운영 및 유지보수:** 데이터베이스에 데이터를 적재하고, 새로운 정보시스템으로 전환한다. 정보시스템을 사용함에 따라 검사단계에서 미처 발견하지 못한 오류를 수정하고, 새로운 요구사항이 추가됨에 따라 정보시스템을 수정한다.

7.2 데이터베이스 개발 수명주기

데이터베이스의 개발은 정보시스템 개발의 일부분이다. 앞 절에서 언급한 정보시스템 개발 수명주기 중 데이터베이스와 관련된 부분을 살펴보면, 다음과 같은 데이터베이스 개발 수명주기를 도출할 수 있다.

1. **데이터베이스 요구사항 분석:** 사용자의 요구를 분석하여, 데이터베이스의 범위, 사용자, 관련된 응용시스템을 정의 내린다.

2. **데이터베이스 설계:** 데이터베이스의 설계는 구체적으로 개념적 데이터베이스 설계, 논리적 데이터베이스 설계, 그리고 물리적 데이터베이스 설계의 순서로 진행된다. 필요시 데이터베이스 관리시스템의 선정도 이 단계에서 이루어진다.

3. **데이터베이스 개발:** 데이터베이스 질의어를 이용하여 데이터베이스의 구조를 정의 내리고 관련 응용프로그램을 개발한다.

4. **데이터베이스 운영 및 유지보수:** 데이터의 사용빈도, 증가 추세, 그리고 요구 데이터의 변화를 추적하여 필요한 경우 데이터베이스를 수정한다.

7.2.1 데이터베이스 요구사항 분석

데이터베이스를 효과적으로 설계하기 위해서는 우선 사용자의 요구사항을 정확히 정의 내리는 것이 무엇보다도 중요한 작업이다. 요구사항을 정의 내리는 목적은 데이터베이스 사용자가 필요로 하는 데이터의 파악과 그 데이터가 갖는 의미와 제약 등을 정확히 도출해 내는 데 있다.

데이터베이스 시스템은 상위 시스템인 정보시스템의 여러 구성요소와 밀접한 관계를 맺고 있으므로, 데이터베이스의 요구사항은 이들과 분리되어 파악될 수 없다. 따라서 기존의 응용 프로그램과 사용자, 그리고 새로 개발될 응용 프로그램과 사용자의 요구사항을 수집하고 분석하여 데이터베이스의 요구사항을 정의 내려야 한다. 일반적으로 데이터베이스 요구사항 분석단계에는 다음과 같은 사항이 포함된다.

1. **데이터베이스 사용자의 파악과 데이터베이스 범위의 결정:** 가장 이상적인 데이터베이스의 형태는 조직의 모든 데이터를 포함할 수 있는 전사적인 단일 데이터베이스이다. 그러나, 현실적으로 보면 전사적인 단일 데이터베이스를 구축하는 것이 규모가 너무 방대하여 기술적으로 불가능하거나, 혹은 기술적으로 가능하다고 하더라도 복잡성이나 비용면에서 타당성이 없는 경우가 많다. 따라서 전반적인 데이터베이스 계획하에 몇 개의 적정규모의 데이터베이스로 분할하여 개발하는 것이 바람직하다. 예를 들어, 〈그림 7-1〉은 마틴 등(Martin et al., 1991)이 제시한 조직의 일반적인 데이터 피라미드이다. 따라서 이 단계에서는 개별 데이터베이스와 관련된 사용자를 파악하고, 다른 데이터베이스와의 경계를 명확히 결정짓는 작업이 요구된다.

2. **데이터 요구사항 파악:** 각 사용자와 응용 프로그램이 요구하는 데이터를 정의 내리고, 각 데이터의 무결성을 보장하기 위하여 데이터가 갖는 제약을 파악한다. 데이터의 제약은 미확인(null) 값 제약, 주키 제약, 영역 제약, 참

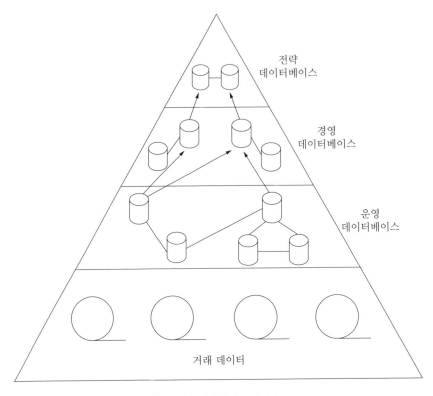

그림 7-1 조직의 데이터 피라미드

조무결성 제약, 기타 사업관련 제약 등으로 분류할 수 있다. 미확인 값 제약은 항목값이 미확인 값을 허용하는지에 관한 제약이며, 주키 제약은 개체의 유일성에 관한 제약이다. 영역 제약은 각 데이터 항목의 데이터 유형 (문자, 숫자 등), 길이, 형식, 그리고 허용되는 값 등과 관련된 제약이다. 참조무결성 제약은 한 개체에 속한 속성의 값이 다른 개체의 속성값을 참조함으로써, 그 무결성을 보장할 수 있는 경우에 발생한다. 마지막으로 기타 사업관련 제약은 업무를 수행하기 위하여 발생하는 여러 가지 제약들이다.

이와 같은 사항을 파악하기 위해서 데이터베이스 관리자는 다양한 원천으로부터 자료를 수집하여야 한다. 조직도표, 업무 총괄표, 각종 보고서, 입·출력 양식이나 시스템 화면 등은 자료수집의 좋은 출발점이 될 수 있다. 새로 개발될 데이터베이스의 사용자와 업무가 파악되면, 주요 사용자와 잠재적인 사용자에 대하여 면담, 관찰, 설문조사 등을 실시하여 보다 구체적인 정보를 수집하여야 한다.

7.2.2 데이터베이스 설계

사용자의 요구사항이 분석되면 이를 토대로 데이터베이스를 설계하는데, 다음과 같은 두 가지 접근 방법이 있다.

1. **상향식(bottom-up) 접근방법:** 데이터베이스에서 요구되는 속성을 모두 파악하여 이들간의 함수적 종속을 분석하여 개체 집합으로 묶어 나가는 전략이다. 따라서 이 방식은 4장에서 공부한 정규화 과정을 주요 방법론으로 사용한다. 그러나 이 방법은 데이터베이스에 포함되는 속성이 많은 경우에는 그들간의 함수적 종속을 파악하기가 용이하지 않으므로, 주로 적은 수의 속성으로 구성된 간단한 데이터베이스를 설계할 때 적합하다.

2. **하향식(top-down) 접근방법:** 상위의 추상적인 스키마에서 출발하여 보다 구체적인 스키마로 발전시켜 나가는 전략이다. 예를 들어, 먼저 소수의 핵심 개체 집합과 그들의 관계성 집합을 파악한 다음, 이들을 보다 세분화된 하위 개체 집합과 관계성 집합으로 분류해 나간다. 또한 이들 개체 집합과 관계성 집합이 갖는 속성 중 독립된 개체로 분리되어야 할 속성을 분리시켜, 개체 집합과 관계성 집합을 확장시켜 나간다. 이 방법은 주로 복잡한 데이터베이스를 설계할 때 적합한 방법이다.

일반적으로 하향식 접근방법으로 도출된 스키마는 조직 전반적인 데이터 구조를 잘 표현할 수 있지만, 개별 사용자의 자세한 요구사항이 무시되기 쉬운 단점을 지닌다. 반면, 상향식 접근방법은 나무만 보고 숲을 보지 못하는 우愚를 범하기 쉽다. 따라서, 실무에서는 이 두 전략을 절충하여 얼마간의 상향식 접근방법을 적용한 후, 얼마간 하향식 접근방법을 적용하고, 다시 얼마간 상향식 접근방법을 반복해 나가는 중간식(middle-out) 접근방법을 채택하는 경우가 많다(Meier, 1988).

본서에서는 하향식 접근방법을 중심으로 살펴보되, 도출된 스키마를 정규화 과정을 통하여 검증하는 상향식 접근방법도 병행한다. 데이터베이스의 설계의 주요 과정은 다음과 같이 크게 세 단계로 나누어 볼 수 있다.

1. **개념적 데이터베이스 설계:** 각 사용자 관점을 위한 개념적 데이터 스키마를 도출하는 과정으로, 도출된 개념적 데이터 스키마는 특정 데이터 모델이나, 특정 데이터베이스 관리시스템과는 독립적이다. 개념적 데이터베이스 설계에 대한 자세한 내용은 7.3절에서 다루고 있다.

2. **논리적 데이터베이스 설계:** 각 사용자 관점에서 도출된 개념적 데이터 스키마를 특정 데이터 모델의 스키마로 전환하고, 이들을 통합하여 통합 논리적 스키마를 구축하는 과정이다. 도출된 논리적 데이터 스키마는 특정 데이터베이스 관리시스템과는 독립적이다. 이에 대한 자세한 내용은 8장에서 공부하기로 한다.

3. **물리적 데이터베이스 설계:** 물리적 저장장치에 데이터베이스를 실행시킬 수 있도록 논리적 데이터 스키마를 특정 데이터베이스 관리시스템의 언어로 전환시킨다. 제9장에서 물리적 데이터베이스 설계에 대하여 자세히 다루고 있다.

데이터베이스 설계의 각 단계는 1장에서 공부한 삼단계 스키마 구조(<그림 1-7> 참조)와 밀접한 관계가 있다. 삼단계 스키마 구조는 외부단계, 개념단계, 그리고 내부단계로 이루어져 있는데, 데이터베이스 설계의 첫 단계인 개념적 데이터베이스 설계는 외부단계에 해당되며, 논리적 데이터베이스 설계는 개념적 스키마와 관련이 있다. 그리고 마지막 단계인 물리적 데이터베이스 설계는 내부 스키마에 해당된다. 데이터베이스 개발 수명주기와 삼단계 스키마 구조의 관계가 〈그림 7-2〉에 나타나 있다.

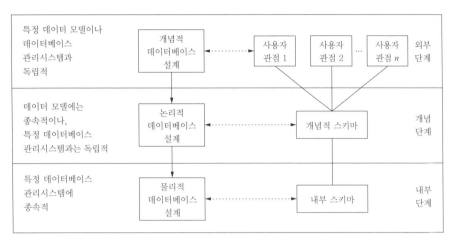

특정 데이터 모델이나
데이터베이스
관리시스템과
독립적

개념적
데이터베이스
설계

사용자
관점 1

사용자
관점 2

...

사용자
관점 n

외부
단계

데이터 모델에는
종속적이나,
특정 데이터베이스
관리시스템과는 독립적

논리적
데이터베이스
설계

개념적 스키마

개념
단계

특정 데이터베이스
관리시스템에
종속적

물리적
데이터베이스
설계

내부 스키마

내부
단계

그림 7-2 데이터베이스 설계 과정과 삼단계 스키마

7.2.3 데이터베이스 개발

데이터베이스 설계가 완료되면, 물리적인 데이터베이스를 구축하게 된다. 먼저 선정된 데이터베이스 관리시스템이 제공하는 데이터 정의어를 이용하여 데이터베이스 구조를 정의내리고, 실제 데이터를 물리적 데이터베이스 내로 적재한다. 만약 이전 시스템의 데이터가 컴퓨터 파일 형태로 존재하면 이를 전환시키는 프로그램을 개발하여 새로운 데이터베이스로 데이터를 적재시키고, 컴퓨터 파일 형태로 존재하는 데이터가 없는 경우는 입력 프로그램을 통하여 문서상의 데이터를 입력하여야 한다.

데이터의 적재가 이루어지면 데이터베이스를 대상으로 수행할 작업(transaction)을 위한 응용 프로그램을 개발하여야 한다. 일반적으로 데이터베이스와 관련된 응용 프로그램은 데이터베이스 관리시스템이 제공하는 데이터 조작어를 프로그램 언어 속에 내장시켜 개발한다. 데이터가 적재되고 데이터베이스와 응용 프로그램의 오류 검사가 끝나면 데이터베이스 개발 단계는 완료된다.

7.2.4 데이터베이스 운영 및 유지보수

데이터베이스가 개발되어 운영 단계에 들어서면 지속적인 관찰과 지원이 필요한데, 그 이유는 모든 시스템은 개발 완료와 동시에 유지보수의 노력이 요구되기 때문이다. 유지보수의 원인은 크게 요구사항 분석의 오류, 데이터베이스 설계 단계의 오류, 개발상의 오류 등 개발자의 실책으로 인한 것과 사용자 요구사항 의 변경이나 기술의 혁신 등 환경의 변화로 인한 것으로 구분할 수 있다. 따라서 사용자의 요구분석이 철저히 이루어졌고, 설계와 개발상의 오류가 없었다고 하 더라도 더 향상된 시스템으로 발전시키기 위한 유지보수의 필요성은 항상 존재 한다.

데이터베이스의 운영 상태를 관찰하여 각 데이터의 사용빈도나 증가 추세에 따라 저장장치 내의 파일 조직 변경과 같은 물리적 데이터베이스 구조를 변경하 거나, 새로운 데이터 항목의 추가나 삭제의 필요성에 따라 데이터베이스의 논리 적 구조를 변경시켜야 한다. 그 외에도 데이터베이스가 파괴되었을 경우 예비파 일을 이용하여 빠른 시간 내에 복구하여야 하는데, 데이터베이스의 복구에 관한 내용은 10장에서 다루기로 한다.

7.3 개념적 데이터베이스 설계

개념적 설계의 목적은 요구사항 분석 단계에서 파악된 각 사용자의 요구사 항을 개념적 데이터 스키마로 전환하는 것이다. 이 단계에서는 앞으로 데이터베 이스의 구축을 위해 사용하게 될 하드웨어나 소프트웨어의 세부사항에 대한 고 려를 배제하고, 오로지 전前 단계에서 산출된 사용자의 요구사항만을 토대로 개 념적인 데이터 스키마를 개발한다. 그 이유는 하드웨어나 소프트웨어의 제약조 건에 대한 고려를 배제함으로써 사용자의 정보욕구를 가장 적절히 충족시킬 수 있기 때문이다. 개념적 데이터 스키마는 조직의 업무 데이터에 관한 사용자의 관 점을 묘사하는 것으로, 다음과 같은 기준을 만족시킬 수 있어야 한다.

1. **표현의 다양성:** 조직에서 발생하는 다양한 데이터, 관계, 제약 등의 표현이 가능해야 한다.

2. **표현의 정형성:** 표현의 다양성을 보장하는 동시에, 정형화된 형식을 갖춤으 로써 데이터의 의미를 명확히 전달할 수 있어야 한다.

3. **이해의 용이성:** 개념적 데이터 모델은 데이터베이스 관리자와 사용자가 서로 의사소통을 나눌 수 있는 수단이 되므로, 비전문가인 사용자도 쉽게 이해할 수 있어야 한다. 일반적으로 도식화된 데이터 모델이 다른 형태의 데이터 모델보다 이해하기 쉽다.

4. **비중복성:** 모델내에 동일한 정보가 중복되어 나타나는 것은 바람직하지 않으므로, 이를 방지할 수 있어야 한다.

5. **확장성:** 데이터 모델을 확장할 필요가 발생했을 때 새로운 요구사항을 쉽게 추가할 수 있어야 하며, 이로 인하여 현 사용자에게 미치는 영향이 최소한이어야 한다.

여러 데이터 모델 중 3장에서 공부한 개체−관계성 데이터 모델은 이와 같은 기준을 잘 만족시키는 것으로 알려져 있다. 본서에서는 개념적 데이터베이스 설계를 위한 데이터 모델로 개체−관계성 데이터 모델을 활용하기로 한다. 개념적 설계 과정은 다음과 같은 10단계로 구분하여 볼 수 있다(Connolly and Begg, 2015).

1단계: 개체 집합의 파악
2단계: 관계성 집합의 파악
3단계: 개체−관계성도의 작성
4단계: 개체 집합과 관계성 집합에 관련된 속성의 파악
5단계: 속성의 영역 결정
6단계: 주키의 선정
7단계: 상세화와 일반화 관계성의 파악
8단계: 사용자 트랜잭션의 검증
9단계: 개체−관계성도의 수정
10단계: 사용자 검토

다음의 명문가구 사례를 통해 위의 각 단계를 살펴보기로 하자.

사례 명문가구 ───────────────────────────────────

명문가구 주식회사(이하 명문가구)는 원목가구를 직영매장을 통해 판매하는 가구 회사이며, 각 매장에 대한 요구사항 분석에서 다음과 같은 데이터와 트랜잭션에 대한 요구사항을 파악하였다.

데이터 요구사항

· 각 매장에는 직원들이 배정되어 있는데, 직영매장에 관한 정보로는 매장번호, 매장명, 주소, 전화번호, 팩스번호 그리고 매장에 소속된 직원 등이 있다. 매장번호는 임의로 부여한 번호로 유일하며, 매장명 역시 유일 값을 갖는다.

· 모든 직원에 대하여 직원번호, 직원이름, 주소, 생년월일, 나이, 연봉, 전화번호, 주민번호, 소속 매장 등의 정보가 필요하며, 직원번호는 임의로 부여한 번호로 유일하다. 그 외에 영업직원은 최대할인율과 목표매출액, 운전기사는 면허종류 등의 정보가 추가로 요구된다.

· 명문가구의 각 매장에서 판매하는 제품에 관하여 필요한 정보는 제품번호, 제품명, 제품설명, 원가, 소비자가, 재고량 등이다. 제품번호는 회사에서 임의로 부여하는 번호이며, 각 제품번호는 유일 값을 갖는다.

· 명문가구에서 필요한 고객정보는 고객번호, 고객이름, 생년월일, 주소, 전화번호 등이다. 고객번호는 회사에서 임의로 부여하는 번호이며, 각 고객번호는 유일 값을 갖는다. 제품을 구매한 고객뿐만 아니라 명문가구의 제품에 관심을 보이는 손님도 고객으로 관리한다.

· 제품의 주문은 반드시 영업직원을 통하여 이루어진다. 각 주문은 고유번호를 부여하여 관리하며, 요구되는 주문 정보로는 주문을 받은 직원번호, 직원이름, 주문일, 주문 고객의 번호와 이름, 배달주소, 주문 제품, 수량, 단가, 실판매가, 주문 총액 등이 있다.

· 영업직원은 판매 증대를 위해 수시로 여러 고객과 다양한 내용의 상담을 실시한다. 상담에서 고객의 취향이 파악된 경우에는 이를 고객별로 따로 정리하는데, 선호하는 가구의 스타일, 가격대 등이 포함된다.

· 각 매장에는 배달과 사후 서비스를 위한 차량이 배정되어 있다. 차량은 차량번호로 관리하며, 필요한 정보로는 제조회사, 모델명, 생산연도, 최대 적재무게 등이다.

데이터베이스에 대한 주요 트랜잭션

① 매장별 직원 명단

② 매장별 영업직원 명단

③ 매장별 운전기사 명단

④ 매장별 보유차량

⑤ 임의의 차량을 관리하는 운전기사의 인적 사항

⑥ 임의의 직원이 감독하는 부하직원의 명단

⑦ 임의의 영업직원이 주문 받은 고객 명단

⑧ 임의의 주문에 포함된 제품 내역

⑨ 특정 고객의 주문에 포함된 제품 내역

⑩ 특정 고객의 취향

7.3.1 개체 집합의 파악

개념적 데이터베이스 설계의 첫 단계는 사용자의 요구사항으로부터 주요 개체 집합을 파악하는 것이다. 개체 집합은 주로 스스로 존재할 수 있으면서 명사나 명사형으로 표현되는 경우가 많다. 예를 들어, 영업직원, 사무직원, 직영매장과 같은 명사들은 개체 집합을 나타낸다. 반면에 매장번호나 매장명과 같은 것들은 명사이긴 하지만 스스로 존재하기보다는 매장이란 개체 집합 내에 존재하는 속성들이다.

개체 집합을 파악할 때 이음동의어나 동음이의어에 주의할 필요가 있다. 예를 들어, '매장'이나 '직영매장'은 사실 동일한 내용을 지칭하고 있으므로 이음동의어에 해당되는 동일 개체 집합이다. 개체 집합이 파악되면 데이터 사전에 각 개체 집합에 대한 설명과 별명 등 자세한 내용을 기록하여 다음 단계에서 활용될 수 있도록 한다(〈표 7-1〉 참조). 이러한 정보는 공동 작업과 데이터베이스의 유지 보수에 매우 유용하게 사용될 수 있다.

표 7-1 개체 집합의 파악

개체명	설 명	별 명
매장	명문가구의 제품을 판매하는 영업점으로 전국 주요 도시에 여러 개의 매장이 산재해 있음.	직영매장, 영업점
직원	각 매장에 소속된 명문가구의 직원.	
영업직원	각 매장에 소속되어 판매를 담당하는 직원.	
운전기사	각 매장에 소속되어 차량을 운전하고 관리하는 직원으로 최소한 한 대는 관리함.	기사
제품	명문가구에서 판매하는 가구.	
고객	명문가구의 제품을 구입하거나 관심을 갖는 모든 고객.	
취향	고객이 선호하는 가구 스타일과 가격대.	
주문	고객이 주문한 제품에 관한 자세한 내용.	
차량	각 매장에서 배달이나 사후 서비스를 위해 사용되는 차량으로, 각 매장에 최소한 한 대는 배정됨.	트럭

7.3.2 관계성 집합의 파악

개체 집합이 파악되면 개체 집합과 개체 집합 사이의 주요 관계성 집합을 파악해야 한다. 관계성 집합은 주로 동사로 표현되는데, 모든 개체 집합 사이에 관계성 집합이 존재할 수 있지만 사용자의 요구사항 분석에서 파악된 관계성만 포함시킨다. 예를 들어, 매장과 제품 사이에 납품되다라는 관계성이 있을 수 있지만 이러한 관계성은 사용자의 관점에서 요구되지 않았으므로 포함시킬 필요가 없다. 매장의 사용자 관점에서 파악된 주요 관계성 집합은 다음과 같이 정리될 수 있다.

매장이	직원을	보유하다
직원이	매장에	소속되다
매장이	영업직원을	보유하다
매장이	운전기사를	보유하다

고객이	제품을	구매하다
고객이	주문을	내다
영업직원이	주문을	받다
주문이	제품을	포함하다
영업직원이	고객과	상담하다
고객이	취향을	지니다
매장이	차량을	유지하다
차량이	운전기사에게	관리되다

위의 관계성 집합을 보면 그중에는 중복된 정보가 있음을 알 수 있다. 예를 들어, 매장이 직원을 보유하다라는 관계성 집합과 직원이 매장에 소속되다라는 관계성 집합은 동일한 관계를 나타낸다. 다만 매장의 관점에서 본 것인지, 직원의 관점에서 본 것인지의 차이이다. 이렇게 중복된 관계성 집합은 개체-관계성 도를 그리면서 제거되므로 이 시점에서 걱정할 필요는 없다.

필요한 모든 관계성 집합이 파악되었는지 자세히 검토하고, 만약 불확실한 내용이 있으면 사용자와 함께 그 상황을 확인하는 과정을 거쳐야 한다. 그 다음 작업으로는 각 관계성 집합의 대응비와 참여도를 파악하여야 한다. 예를 들어, 매장이 직원을 보유하다라는 관계성 집합을 생각해 보자. 사례에 나타난 요구사항을 보면 "각 직영매장에는 직원들이 배정되어 있는데, …"라고 되어 있다. 이 내용으로 미루어 볼 때 각 매장당 여러 직원이 배정되어 있음을 짐작할 수 있다. 그러나 각 직원이 한 매장에만 소속되는지에 대해서는 불확실하므로, 보다 확실한 내용을 파악하기 위하여 사용자에게 다음과 같이 확인할 수 있을 것이다.

설계자: 각 직원들은 한 매장에만 배치됩니까? 아니면, 여러 매장에 소속된 직원도 있습니까?
사용자: 각 직원은 한 매장에만 소속됩니다.

또 다음과 같은 대화를 통해 참여도도 확인해야 한다.

설계자: 그러면 모든 직원이 특정 매장에 소속되어 있습니까? 아니면 매장에

소속되지 않은 직원도 있습니까?

사용자: 모든 직원이 매장에 소속되지는 않습니다. 본사나 생산 공장에서 일
하는 직원들도 있습니다.

설계자: 물론 직원이 하나도 없는 매장은 없겠지요?

사용자: 그렇습니다. 모든 매장에는 직원들이 있습니다.

따라서 매장이 직원을 보유하다는 1:다의 관계성 집합이며, 매장은 완전 참
여이고, 직원은 부분 참여임을 알 수 있다. 이와 같이 불확실한 부분은 사용자
와의 면담을 통해 일일이 확인해 나가야 한다. 파악된 관계성 집합에 대해서는
〈표 7-2〉와 같이 데이터 사전에 자세한 내용을 기록하여 다음 단계에서 활용될
수 있도록 한다.

표 7-2 관계성 집합의 파악

개체 집합	개체 집합	관계성 집합	대응비	참여도
매장이	직원을	보유하다	1:다	완전:부분
직원이	매장에	소속되다	다:1	부분:완전
매장이	영업직원을	보유하다	1:다	완전:부분
매장이	운전기사를	보유하다	1:다	완전:부분
고객이	제품을	구매하다	다:다	부분:부분
고객이	주문을	내다	1:다	부분:완전
영업직원이	주문을	받다	1:다	부분:완전
주문이	제품을	포함하다	다:다	완전:부분
영업직원이	고객과	상담하다	다:다	부분:부분
고객이	취향을	지니다	1:1	부분:완전
매장이	차량을	유지하다	1:다	완전:완전
차량이	운전기사에게	관리되다	다:1	완전:완전

7.3.3 개체-관계성도의 작성

개체 집합과 관계성 집합이 파악되면 이를 토대로 개체-관계성도를 작성한다. 그러나 반드시 개체 집합을 먼저 파악하고, 다음으로 관계성 집합을 모두 파악한 후, 개체-관계성도를 그리는 순서로 진행되어야 할 필요는 없다. 이러한 순서는 편의상 구별하는 것이고, 실질적으로는 개체 집합을 파악하는 과정에서 관계성 집합이 파악될 수 있고, 또한 일부 개체 집합과 관계성 집합이 파악되면 우선 부분적인 개체-관계성도를 그려가면서 그 과정을 반복하는 것이 더 효과적일 수 있다. 지금까지 파악된 개체 집합과 관계성 집합을 토대로 개체-관계성도를 그려 보면 〈그림 7-3〉과 같다. 이 개체-관계성도를 자세히 살펴보면 앞 절에서 파악된 관계성 집합과 약간의 차이가 있음을 발견할 수 있다. 모든 1:다 관계성 집합은 1:다의 방향에 적절하도록 이름을 다시 부여하였다. 예를 들어, 차량이 운전기사에게 **관리되**다는 운전기사가 차량을 **관리하**다로 바뀌었다. 그리고 매장이 직원을 보유하다라는 관계성 집합과 직원이 매장에게 **소속되**다라는 관계성 집합은 동일한 관계성이 두 번 파악되었으므로 하나로 통합하였다.

7.3.4 개체 집합과 관계성 집합에 관련된 속성의 파악

개체 집합과 관계성 집합이 파악되고 이를 토대로 초벌 개체-관계성도가 그려지면, 각 개체 집합과 관계성 집합에 관련된 속성을 정리하여야 한다. 이 과정 역시 개체 집합이나 관계성 집합의 파악과 분리되어 있다고 보기는 어렵다. 앞의 6장에서는 개체-관계성도를 그리는 순서로 개체 집합과 속성의 파악, 일반화 계층 구조의 파악, 관계성 집합의 파악 등 세 단계로 단순화시켜서 소개했는데, 간단한 개체-관계성도는 개체 집합과 속성을 동시에 파악하는 것이 더 편리하다. 그러나 개체 집합의 수가 많아지면, 개체 집합과 속성을 동시에 파악하는 것보다 이처럼 전체의 구도가 그려진 다음 개별 개체 집합과 관계성 집합의 속성을 정리해 나가는 것이 더 효과적이다.

속성 중에는 둘 이상의 개체 집합이나 관계성 집합에 속하는 것들이 있는데, 이것은 다음과 같은 경우에 발생할 수 있다. 첫번째는 비슷한 개체 집합이 여럿 있는 경우이다. 명문가구 사례에서 직원, 영업직원, 운전기사는 최대할인율, 목표매출액, 면허종류 등의 속성을 제외하고는 동일한 속성을 공유하고 있

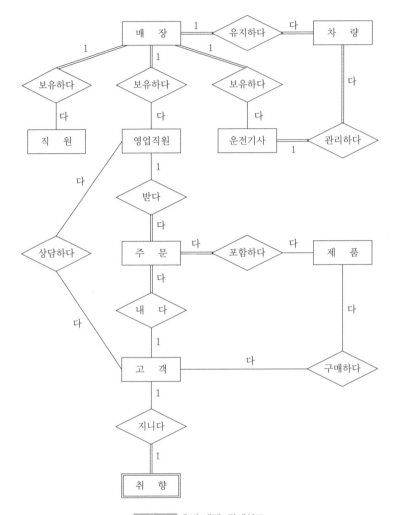

그림 7-3 초벌 개체–관계성도

다. 이러한 경우는 상세화/일반화 관계성의 가능성을 고려해야 하는데, 여기에
대해서는 7.3.7절에서 자세히 공부하기로 한다.

　두 번째는 고객번호와 같이 서로 연관된 두 개체 집합에 중복하여 나타나는
경우이다. 명문가구 사례를 보면 고객 개체 집합 외에 주문 개체 집합에도 고객
번호가 나타나는데, 이것은 고객과 주문 사이의 관계성 집합을 확인시켜 주는
것으로 볼 수 있다. 이러한 경우에는 그 속성을 원原 개체 집합에만 포함시킨다.
즉 고객번호는 원래 고객 개체 집합의 속성이고, 주문 개체 집합에 나타난 이유

는 어느 고객이 그런 주문을 하였는지를 나타내 주기 위한 것이므로, 고객 개체 집합에만 포함시켜야 한다.

모든 속성을 빠짐없이 개체 집합이나 관계성 집합과 연결시키기 위해서는 사용자 요구 분석에서 나타난 모든 속성의 목록을 만들어 하나씩 지워나가는 것도 유용한 방법이다. 목록에 있는 속성들이 모두 다 지워지면, 각 속성들이 적어도 한 개체 집합이나 관계성 집합에 배정되었음을 알 수 있다. 그리고 일부 속성에 대해서는 원자 속성 대 합성 속성, 그리고 유도 속성 대 저장 속성 등에 대한 결정도 해야 하는데, 6장에서 설명한 각각의 장단점을 분석하여 적용하면 된다. 모든 속성이 파악되면 이에 대한 자세한 내용을 데이터 사전에 기록하는데, 〈표 7-3〉에 일부 개체 집합의 속성이 나타나 있다.

표 7-3 속성의 파악

개체 집합	속성 이름	설명	데이터 형/길이	제약	초기 값	별명	미확인 값 허용	비고
매장	매장번호	매장의 번호로 유일값	CHAR(3)	주키			허용 안됨	
	매장명	매장의 명칭으로 유일값	VARCHAR(10)	대리키			허용 안됨	
	주소	매장의 주소	VARCHAR(50)				허용 안됨	
	전화번호	매장 전화번호	VARCHAR(13)	대리키			허용 안됨	
	팩스번호	매장 팩스번호	VARCHAR(13)				허용 안됨	
직원	직원번호	직원의 번호로 유일값	CHAR(3)	주키			허용 안됨	
	직원이름	직원의 이름	VARCHAR(6)				허용 안됨	
	주소	직원의 주소	VARCHAR(50)				허용 안됨	
	생년월일	직원의 생년월일	DATE			생일	허용 안됨	
	나이	직원의 현재 만 나이	유도속성					생년월일에서 유도
	연봉	직원의 연봉	INTEGER				허용 안됨	
	전화번호	직원의 휴대 전화번호	VARCHAR(13)				허용 가능	
	주민번호	직원의 주민등록번호	CHAR(14)	대리키			허용 안됨	

7.3.5 속성의 영역 결정

모든 속성이 파악되면 각 속성에 대한 영역을 결정한다. 영역은 허용되는 속성값을 의미한다. 예를 들어, 매장번호는 B01부터 B99까지의 세 자리 문자로 구성되고, 주민번호의 앞의 여섯 자리는 생년월일(YYMMDD) 값을 갖는다. 영역에 대한 자세한 내용은 2장에서 언급하였으므로 생략한다. 영역에 대한 자세한 내용이 파악되면 데이터 사전에 기록하여 활용하는데, 일부 속성의 영역 예가 〈표 7-4〉에 나타나 있다.

표 7-4 영역의 파악

속성 이름	영역 값	예
매장번호	3자리 문자로 B01-B99 사이의 값	B01, B35, B80
매장명	10자리 가변길이 문자	신촌점, 해운대점
주소	50자리 가변길이 문자	서울 서대문구 신촌로 23
전화번호, 팩스번호	13자리 가변길이 문자	02-000-1234, 031-000-1234
휴대 전화번호	13자리 가변길이 문자	010-0000-1234

7.3.6 주키의 선정

각 개체 집합에 속한 속성을 검토하여 모든 후보키를 찾아내고, 그중에서 주키를 선정한다. 주키는 구성하는 항목의 길이와 속성의 수가 적어 간단하고, 현재뿐만 아니라 미래에도 유일성을 보장할 가능성이 높고, 속성값이 변할 가능성이 적은 후보키를 선정하는 것이 바람직하다. 예를 들어, 주문 개체 집합의 후보키로 주문번호의 단일 항목과 주문일과 고객번호의 합성키[1] 등 두 가지가 가능하다. 그중 위의 선정 기준을 따라 주문번호를 주키로 선정하면, 합성키는 대리키가 된다. 이러한 내용을 정리하여 데이터 사전에 기록한다(〈표 7-3〉 참조).

한편 개체 집합 중에는 식별자 속성을 지정할 수 없는 것들이 있는데, 이들은 종속 개체 집합으로 분류하여 나중에 식별 관계성 집합을 통해 구별하여야 한다. 예를 들어, 취향 개체 집합이 이에 해당되며, 고객 개체 집합을 통해 식별하여야 한다.

---

1. 이 경우에 한 고객이 하루에 한 번만 주문한다는 가정이 필요하다.

7.3.7 상세화와 일반화 관계성의 파악

각 개체 집합의 속성과 주키가 파악되면 공통 속성과 주키를 가진 집단을 묶어 일반화가 가능한지, 또는 어느 개체 집합을 더 세분화하여 여러 개체 집합으로 상세화가 필요한지 살펴보아야 한다.[2] 〈그림 7-3〉에서 직원, 영업직원, 운전기사는 모두 독립된 개체 집합으로 표시되었는데, 이들은 주키가 동일할 뿐 아니라 상당히 많은 속성을 공통적으로 가지고 있다. 따라서 이들을 합쳐서 직원을 상위 개체 집합으로, 영업직원과 운전기사를 직원의 하위 개체 집합으로 일반화할 수 있다. 영업직원이나 운전기사가 아닌 직원도 존재하고, 영업직원과 운전기사는 동시에 될 수 없다고 가정하면, 이 관계성은 배타적/부분(비전면적) 일

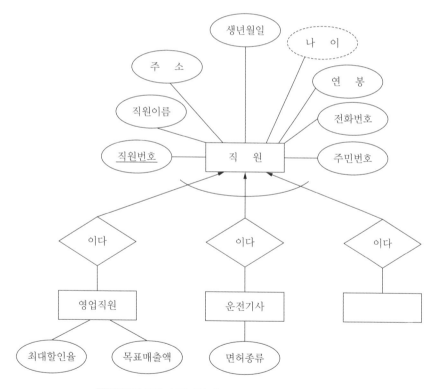

그림 7-4 직원, 영업직원, 운전기사의 일반화 관계성 집합

---

2. 3.4.3절에서 상위 개체 집합과 하위 개체 집합이 갖는 관계성 집합이 다를 수 있기 때문에, 관계성 집합을 파악하기 전에 일반화할 수 있는 개체 집합이 있는지 파악하는 것이 더 효율적이라고 했는데, 미리 상세화/일반화 관계성을 파악하기 어려운 경우는 지금처럼 나중에 해도 상관없다.

반화 관계성이 되며, 〈그림 7-4〉와 같은 개체-관계성도로 나타낼 수 있다. 수정된 내용은 데이터 사전에 반영되어야 한다.

7.3.8 사용자 트랜잭션의 검정

사용자 트랜잭션 검증의 목적은 도출된 데이터 모델이 사용자가 원하는 트랜잭션을 모두 만족시키는가를 확인하는 것이다. 이를 위하여 개념적 설계 단계에서 작성된 개체-관계성도를 토대로 사용자의 트랜잭션을 수작업으로 실행시킬 수 있는지 살펴본다. 만약 현재의 개체-관계성도에서 수작업으로 수행할 수 없는 트랜잭션이 발견되면 개념적 설계 단계에서 개체 집합, 관계성 집합, 또는 속성 등을 빠뜨렸을 가능성이 있다. 또한 반대로 개체-관계성도에서 현재 또는 미래의 트랜잭션을 지원하기 위해 요구되지 않는 부분이 추가되어 있다면 이를 제거하여야 한다.

명문가구 영업부의 데이터 요구사항 파악 단계(사례 참조)에서 도출된 트랜잭션을 개체-관계성도에 적용시켜 보면 요구되는 트랜잭션과 지금까지 개발된 데이터 모델과의 일치성을 검증할 수 있다. 〈그림 7-5〉는 각각의 사용자 트랜잭션을 〈그림 7-3〉의 개체-관계성도(일반화 관계성 집합을 파악한 후)에 적용한 것이다.

〈그림 7-5〉를 자세히 살펴보면 임의의 직원이 감독하는 부하직원의 명단을 출력하는 ⑥번 트랜잭션이 누락되어 있음을 알 수 있다. 다시 조사한 결과, 직원들 사이에는 상사와 부하직원의 관계가 형성되어 있으며, 한 명의 상사가 3-10명의 부하직원을 감독한다는 사실을 추가로 파악하였다. 따라서 각 직원이 감독하는 부하직원이 누구인지를 알 수 있는 관계를 추가하여야 한다. 이를 위해서는 〈그림 7-6〉과 같이 직원과 직원 사이에 감독하다라는 일원 관계성 집합을 추가하여야 한다. 각 상사는 여러 명의 부하직원을 감독하고, 한 부하직원은 한 상사에게만 감독받는다면 대응비는 1:다이다. 직속상사나 부하직원이 없는 경우도 있을 수 있으므로, 양방향 모두 부분 참여도를 갖는다.

한편 영업직원과 고객 사이의 상담하다 관계성 집합은 어떠한 사용자 트랜잭션과도 관련되어 있지 않다. 따라서 이 내용에 대해 사용자에게 확인한 결과, 각 영업직원들이 각자 여러 고객들과 상담을 하지만, 고객의 취향 외에는 그 내용을 기록하거나 나중에 그러한 상담에 대해 보고하는 일은 없으며 미래에도 요구

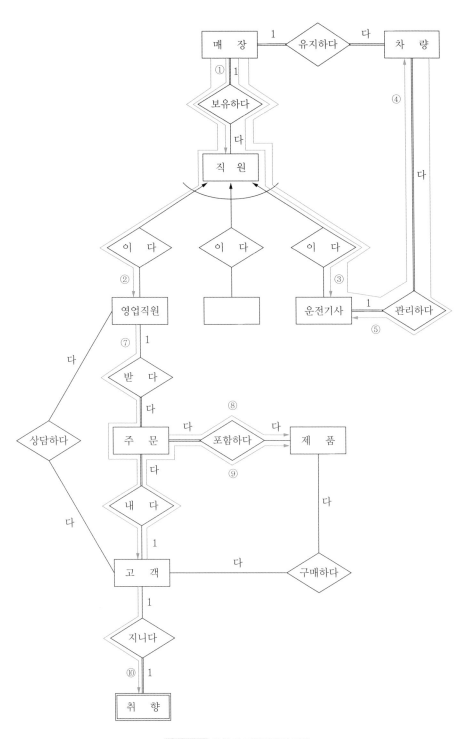

그림 7-5 사용자 트랜잭션의 검증

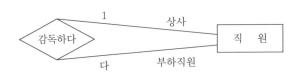

그림 7-6 감독하다 관계성 집합의 추가

되지 않을 것이라고 밝혀졌다. 따라서 이 관계성 집합은 불필요한 것으로 판단되어 삭제하기로 하였다.

매장별 보유차량을 요구하는 ④번 트랜잭션은 매장과 차량 사이의 유지하다 관계성 집합을 통해 간단히 해결될 수 있다. 그러나 〈그림 7-5〉에서 매장에 소속된 직원 중 운전기사를 검색하여(③번), 그 운전기사가 관리하는 차량(⑤번 트랜잭션의 역)을 찾아도 된다. 따라서 유지하다 관계성 집합은 추가적인 정보를 제공하는 것이 없으므로 삭제하는 것이 바람직하다. 다만 빠른 검색 속도가 요구되고, 중복된 정보를 자주 갱신할 필요가 없는 경우에는 삭제하지 않을 수도 있는데, 본 사례에서는 삭제하기로 한다. 고객이 제품을 구매하다라는 관계성 집합도 특정 고객의 주문에 포함된 제품(⑨번) 외에 추가적인 정보를 제공하지 않으므로 삭제한다.

7.3.9 개체-관계성도의 수정

앞의 단계에서 수정된 내용을 초벌 개체-관계성도(그림 7-3)에 모두 반영하여 최종 사용자 관점을 확정한다. 즉, 직원, 영업직원, 운전기사를 통합하여 일반화하고, 직원과 직원 사이의 감독하다라는 일원 관계성 집합을 추가하였다. 또한 상담하다, 유지하다, 구매하다 관계성 집합을 제거하여 최종적으로 〈그림 7-7〉과 같은 매장 관점의 개념적 개체-관계성도를 확정하였다.

7.3.10 사용자 검토

개념적 데이터 모델을 구축하는 마지막 단계는 완성된 개체-관계성도와 데이터 사전에 기록된 내용을 사용자와 함께 일일이 검토하는 것이다. 이 단계는

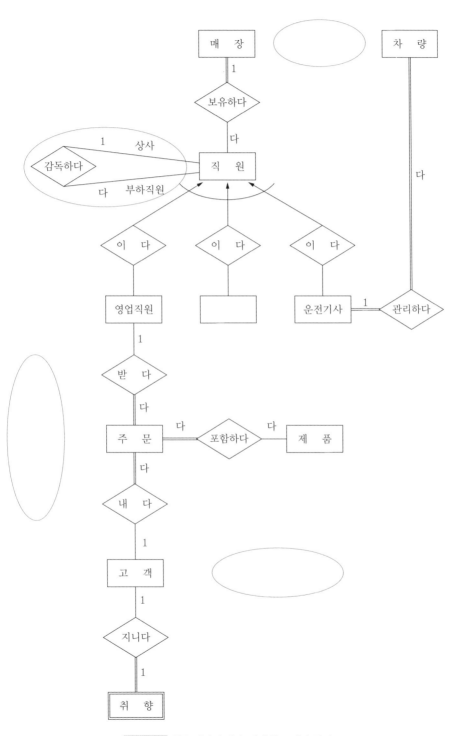

그림 7-7 최종 개념적 개체−관계성도: 매장 관점

성공적인 데이터베이스 구축을 위해서 매우 중요한 과정이며, 사용자도 적극적으로 협조해야 한다. 만약 오류가 발견되면 이전 단계를 반복하여 적절한 수정을 가하고, 그 내용을 데이터 사전과 개체-관계성도에 반영하여야 한다. 완성된 개념적 데이터 모델은 논리적 설계 단계의 입력물이 되는데, 다음 장에서 본 장에서 완성한 개체-관계성도(개념적 데이터 모델)를 관계형 스키마(논리적 데이터 모델)로 전환하는 방법에 대해 공부하기로 한다.

7.4 요약

정보시스템의 개발은 일반적으로 시스템 개발 수명주기 방법론을 따라 이루어진다. 시스템 개발 수명주기는 예비조사, 요구사항 분석, 시스템 설계, 시스템 개발, 그리고 시스템 운영 및 유지보수 단계로 진행된다. 데이터베이스의 개발은 정보시스템 개발의 일부분으로 데이터베이스 개발 수명주기도 이와 비슷한 단계로 구성된다. 데이터베이스 개발 수명주기는 데이터베이스 요구사항 분석, 데이터베이스 설계, 데이터베이스 개발, 그리고 데이터베이스 운영 및 유지보수 단계로 나누어진다.

데이터베이스 요구사항 분석 단계에서는 사용자의 요구를 분석하여, 데이터베이스의 범위, 사용자, 관련된 응용시스템을 정의 내린다. 가장 이상적인 데이터베이스의 형태는 조직의 모든 데이터를 포함할 수 있는 전사적인 단일 데이터베이스이나, 현실적으로 타당하지 못하기 때문에 몇 개의 적정규모의 데이터베이스로 분할하여 개발하여야 한다. 따라서 이 단계에서는 개별 데이터베이스와 관련된 사용자를 파악하고, 다른 데이터베이스와의 경계를 명확히 결정짓는 작업이 요구된다. 그 외에도 데이터 구조와 제약에 관한 사항들을 파악하기 위하여 다양한 원천으로부터 자료를 수집하여야 한다.

데이터베이스 설계 단계는 개념적 설계, 논리적 설계, 그리고 물리적 설계의 순서로 진행된다. 개념적 설계의 목적은 요구사항 분석 단계에서 파악된 각 사용자의 요구사항을 종합하여 여러 사용자들의 다양한 정보욕구를 지원할 수 있는 하나의 개념적인 데이터 모델을 구축하는 데 있다. 개념적 설계는 개체 집합의 파악, 관계성 집합의 파악, 개체-관계성도의 작성, 개체 집합과 관계성 집합과 관련된 속성의 파악, 속성의 영역 결정, 주키의 선정, 상세화와 일반화 관계성의 파악, 사용자 트랜잭션의 검증, 개체−관계성도의 수정, 그리고 사용자 검토 등 10단계로 진행된다. 그러나 이러한 단계들이 반드시 순차적으로 진행되는 것은 아니며, 필요에 따라 반복적으로 또는 동시에 진행될 수 있다.

개념적 설계가 완료되면 개념적 데이터 모델을 선정된 데이터베이스 관리시스템에 적합하도록 전환시키는 논리적 설계가 이루어진다. 그리고 물리적 데이터베이스 설계에서는 논리적 데이터베이스 스키마를 구체적인 저장 방법과 접근 방법을 명시하는 물리적 구조로 전환시키게 된다.

데이터베이스 개발 단계에서는 데이터베이스 질의어를 이용하여 데이터베이스의 구조를 정의내리고 관련 응용프로그램을 개발한다. 먼저 선정된 데이터베이스 관리시스템이 제공하는 데이터 정의어를 이용하여 데이터베이스 구조를 정의내리고, 실제 데이터를 물리적 데이터베이스 내로 적재한다. 데이터의 적재가 이루어지면 데이터베이스를 대상으로 수행할 작업을 위한 응용 프로그램을 개발하고 검사한다.

마지막으로 데이터베이스 운영 및 유지보수 단계에서는 데이터베이스에 데이터를 적재한 후 사용하고, 데이터의 사용빈도, 증가량, 그리고 요구 데이터의 변화를 추적하여 필요한 경우 데이터베이스를 수정하게 된다.

✏️ **복습 문제**

1. 다음 용어를 설명하라.

   ·개념적 데이터베이스 설계   ·논리적 데이터베이스 설계

   ·데이터 피라미드   ·데이터베이스 개발 수명주기

   ·물리적 데이터베이스 설계   ·상향식 접근 방법

   ·정보시스템 개발 수명주기   ·하향식 접근 방법

2. 정보시스템 개발 수명주기를 구성하는 다섯 가지 단계를 설명하라.

3. 데이터베이스 개발 수명주기를 구성하는 네 가지 단계를 설명하라.

4. 데이터베이스 요구사항 분석 단계에서 파악해야 할 내용은 무엇인가?

5. 데이터베이스 설계를 위한 두 가지 접근 방법의 장단점에 대해 설명하라.

6. 데이터베이스 설계는 어떠한 단계로 이루어지는가? 세 단계로 나누어 설명하라.

7. 데이터베이스의 유지보수가 필요하게 되는 원인은 무엇인가?

8. 개념적 데이터 모델을 설계하기 위한 도구를 선정하는 기준 다섯 가지는 무엇인가?

9. 개념적 데이터 모델의 설계 과정 10단계를 설명하라.

💬 **응용 문제**

1. 최근 정보시스템 개발을 지원하기 위한 컴퓨터 이용 소프트웨어 개발 도구(CASE)들이 많이 개발되었다. 이러한 도구들이 데이터베이스 개발 수명주기의 각 단계를 어떻게 지원할 수 있는지 조사하라.

2. 최근 데이터베이스 관리시스템을 도입한 기업체를 방문하여 어떠한 기준에 의거하여 도입하였는지 조사하라.

▪▪ 참고문헌

Connolly, T. and Begg, C. *Database Systems: A Practical Approach to Design, Implementation, and Management*(6th ed.), Boston: Pearson, 2015.

Martin, E. W., DeHayes, D. W., Hoffer, J. A., and Perkins, W. C. *Managing Information Technology*, Macmillan Publishing Company, New York, New York, 1991.

McFadden, F. R. and Hoffer, J. A. *Modern Database Management*(4th ed.), Benjamin/Cummings Publishing Company, Inc., Redwood City, California, 1994.

Meier, M. "A Philosophy of Data Modeling," *Database Programming and Design*, September 1988, pp. 60−65.

제8장 논리적 데이터베이스 설계

앞 장에서 공부한 개념적 설계는 특정한 실행 데이터 모델과 상관없이 작성되는데, 논리적 데이터베이스 설계 단계는 이러한 개념적 스키마를 특정 데이터 모델의 스키마로 전환하는 과정이다. 본 장에서는 개체–관계성도로 표현된 개념적 스키마를 실행 데이터 모델로 전환하는 논리적 설계 단계에 관하여 공부하는데, 실행 데이터 모델로는 가장 널리 사용되는 관계형 데이터 모델을 중심으로 살펴본다.

8.1 각 관점별 논리적 설계

데이터베이스 설계 과정은 앞 장에서 설명한 대로 개념적, 논리적, 그리고 물리적 설계 단계로 진행된다. 본 장에서는 각 관점별 개념적 데이터 모델을 논리적 데이터 모델로 전환하고, 전환된 관점별 논리적 데이터 모델을 통합하여 전역(global) 논리적 데이터 모델을 구축하는 방법에 대하여 자세히 공부하기로 한다. 먼저 각 사용자 관점에서 설계된 개념적 데이터 모델, 예를 들어, 앞 장의 〈그림 7-7〉과 같은 개체–관계성도를 관계형 스키마로 전환하기 위해서는 다음과 같은 단계를 거친다(Connolly and Begg, 2015).

1단계: 개체 집합을 관계로 전환
2단계: 관계성 집합을 관계로 전환
3단계: 정규화 검사
4단계: 사용자 트랜잭션 검증
5단계: (필요시) 개체–관계성도 수정
6단계: 무결성 제약의 정의
7단계: 사용자 검토

논리적 데이터베이스 설계 단계에서는 먼저 개체–관계성도에서 파악된 개체 집합과 관계성 집합을 관계형 데이터 모델의 관계로 전환하여야 하는데, 이때 고려해야 할 사항으로는 다음과 같은 것들이 있다.

1. 관계형 데이터 모델의 본질적 제약을 준수하기 위하여 반드시 주키를 지정하여야 한다. 이때 주키는 미확인(null) 값을 가질 수 없다.

2. 각 속성은 반드시 단일값을 가져야 한다. 즉, 다중값이 발생하지 않도록 관계를 구성하여야 한다.

3. 가능한 각 속성이 미확인 값을 갖지 않도록 관계를 구성하여야 한다.

위의 세 가지 사항 중 처음 두 가지는 관계형 데이터 모델의 본질적 제약에 관한 사항으로 반드시 지켜져야 한다. 마지막 미확인 값에 관한 사항은 강제적인 것은 아니고 권장 사항이다. 가능한 미확인 값을 회피하는 이유는 2장에서 언급한 바와 같이 미확인 값의 의미가 '해당되는 값이 없는 경우'와 '해당되는 값이 있으나 현재 알지 못하는 경우' 두 가지로 해석될 수 있기 때문이다. 이러한 모호성을 없애기 위하여 미확인 값 대신 특수한 값을 넣거나, 또 다른 속성을 추가하는 방법을 사용할 수 있다. 예를 들어, 전화가 없는 직원의 경우 그 직원의 전화번호 속성값으로 '−1'을 삽입한다거나, 전화유무라는 속성을 추가하여 'Y'와 'N'의 값을 배정하는 방법을 사용할 수 있다. 그러나 이러한 방법들은 최종 사용자가 그 데이터를 해석하는 데 혼란을 주거나 입력이 번거로운 단점을 안고 있기 때문에, 처음부터 미확인 값이 발생하지 않도록 관계를 구성하는 것이 보다 바람직한 방법이다. 그러나 미확인 값이 발생할 가능성이 별로 크지 않은 경우에, 미확인 값을 피하기 위하여 무리하게 관계를 분리시킬 필요는 없다. 이럴 경우 관계의 의미가 모호해지거나, 다수 테이블의 연결(join)로 인해 데이터베이스의 검색 속도가 느려질 수 있다. 이상의 내용을 요약하면 다음과 같은 기본적인 규칙으로 정리된다.

규칙 0

개체−관계성도의 모든 개체 집합과 관계성 집합을 관계형 데이터 모델의 관계로 전환할 때는 반드시 주키를 지정하고, 가능한 다중값이 생기지 않도록 한다.

8.1.1 개체 집합의 전환

개체-관계성도에 나타난 모든 개체 집합은 관계형 데이터 모델의 관계로 전환된다. 개체 집합의 속성은 그대로 관계의 속성으로 전환하면 되는데, 이때 관계에는 반드시 유일성과 최소성을 보장하는 주키가 지정되어야 한다. 예를 들어, 〈그림 8-1〉의 운전기사와 차량 개체 집합을 관계로 전환시키면 다음과 같다.

운전기사(<u>직원번호</u>, 면허종류)
차량(<u>차량번호</u>, 제조회사, 모델명, 생산연도, 최대적재무게)

이처럼 개체 집합에는 식별자 속성이 존재하기 때문에 관계로의 전환이 간단히 이루어질 수 있다. 그러나 종속 개체 집합에는 식별자 속성이 없기 때문에 관계로 전환하기 위해서는 식별 개체 집합의 식별자 속성을 주키의 일부로 추가해 주어야 한다. 예를 들어, 〈그림 8-2〉의 직원과 부양가족 개체 집합을 관계로 전환시키면 다음과 같다. 부양가족은 식별자 속성이 없는 종속 개체 집합이므로 식별 개체 집합의 식별자 속성인 직원번호와 부분 식별자 속성인 부양가족이름을 합성하여 주키로 사용한다. 직원의 나이는 생년월일에서 계산될 수 있는 유도 속성이므로 관계의 속성으로 포함시키지 않았다.

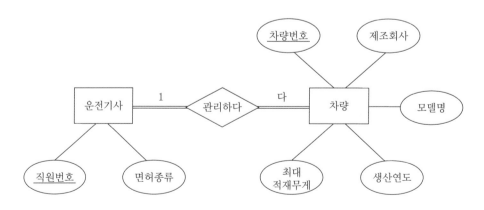

그림 8-1 운전기사와 차량 개체 집합

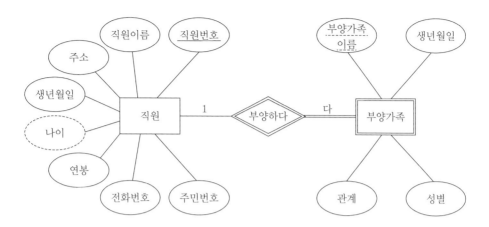

그림 8-2 직원과 부양가족 개체 집합

직원(<u>직원번호</u>, 직원이름, 주소, 생년월일, 연봉, 전화번호, 주민번호)
부양가족(<u>직원번호</u>, <u>부양가족이름</u>, 생년월일, 성별, 관계)

위의 예에서는 다중값 속성이 없는 경우였는데, 다중값 속성을 갖는 개체 집합의 경우는 좀더 복잡하다. 예를 들어, 〈그림 8-3a〉는 6장에서 공부한 부서 개체 집합인데, 위치라는 다중값 속성을 가지고 있다. 이를 관계 스키마로 전환하면 다음과 같이 표현된다.

부서(<u>부서번호</u>, 부서명, {위치}[1])

그런데 관계형 데이터 모델에서는 다중값이 허용되지 않기 때문에, 이 관계를 다중값을 갖지 않는 다음과 같은 두 개의 관계로 분리하여야 한다. 즉, 다중값 속성을 분리하여, 원래 관계의 주키와 같이 결합하여 새로운 관계를 형성한다. 이에 대한 보다 자세한 내용은 4장의 1차 정규화 과정을 참조하기 바란다. 결과를 개체-관계성도에 반영하면 〈그림 8-3b〉와 같이 부서-위치는 부서의 종속 개체 집합이 된다.

---

1. { }는 다중값 속성을 나타낸다.

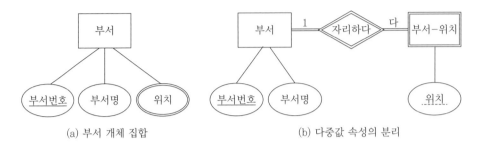

(a) 부서 개체 집합   (b) 다중값 속성의 분리

그림 8-3 다중값 속성의 전환

부서(부서번호, 부서명)

부서-위치(부서번호, 위치)

이상의 내용을 요약하면 다음과 같은 규칙으로 정리된다.

규칙 1 (개체 집합의 전환)

모든 개체 집합은 관계로 전환된다. 이때 관계에는 반드시 주키가 지정되어야 하며, 모든 속성은 다중값을 가지지 않아야 한다.

8.1.2 관계성 집합의 전환

관계성 집합을 관계로 전환하는 방법에 관하여 크게 이원 관계성, 일원 관계성, 삼원 관계성, 그리고 일반화 관계성 집합으로 나누어 설명하기로 한다.

이원 관계성 집합의 전환

위의 8.1.1절의 운전기사와 차량 관계만으로는 아직 〈그림 8-1〉의 개체-관계성도를 완전히 전환한 것이 아니다. 두 개체 집합간의 관리하다라는 관계성 집합이 아직 남아 있기 때문이다. 이원 관계성 집합을 관계로 전환하는 방법은 대응비에 따라 다음과 같이 세 가지 경우로 나누어 생각할 수 있다. 첫째, 〈그림 8-1〉과 같이 1:다의 경우인데, 1 측을 부모(parent) 개체 집합, 다 측을 자식(child) 개체 집합이라고 하기도 한다. 이 관계성 집합의 의미를 보면 한 운전기사가 여러 차량을 관리하고, 한 차량은 한 운전기사로부터만 관리받는다. 즉, 운전기사가 부모 개체 집합에, 차량이 자식 개체 집합에 해당된다. 이러한 관계성 집합은 아래와 같이 1(부모) 측의 주키를 다(자식) 측의 외부키로 포함시킴으로써 나타낼 수 있다. 이때 1 측의 주키가 합성키인 경우는 합성키를 이루는 속성 모두가 외부키로 포함되어야 한다. 아래의 관계에서 참조 무결성을 보장하기 위해서 차량의 직원번호 속성은 운전기사의 직원번호 속성값 범위 내의 값만 가져야 한다.

운전기사(<u>직원번호</u>, 면허종류)

차량(<u>차량번호</u>, 제조회사, 모델명, 생산연도, 최대적재무게, 직원번호)

그러나 역으로 다음과 같이 다 측의 주키를 1 측에 외부키로 포함시키는 것은 바람직하지 않다. 그 이유는 한 운전기사가 여러 차량을 관리하기 때문에 외부키인 차량번호가 다중값을 갖기 때문이다.

운전기사(<u>직원번호</u>, 면허종류, {차량번호})

차량(<u>차량번호</u>, 제조회사, 모델명, 생산연도, 최대적재무게)

다 측이 부분 참여인 경우에는 다 측의 외부키가 미확인 값을 갖는 경우가 발생한다. 예를 들어, 7장의 매장이 직원을 보유하다라는 1:다의 관계성 집합을 보면 매장에 속하지 않는 직원도 있기 때문에 다 측이 부분 참여가 된다. 이 경우 매장에 소속되지 않은 직원의 경우에는 매장번호가 없으므로 외부키가 미확인 값을 갖게 된다. 미확인 값이 발생하는 것을 막으려면, 직원을 두 유형으로 분리하여 '매장에 소속된 직원'과 '매장에 소속되지 않은 직원'으로 상세화하여야 한다. 미확인 값의 발생을 허용할 것인지, 상세화하여 미확인 값을 방지할 것인지는 설계자의 선택사항인데, 자세한 내용은 규칙 7에서 다루기로 한다.

이상의 내용을 요약하면 다음과 같은 규칙으로 정리된다.

규칙 2 (1:다의 관계성 집합의 전환)
1 측 관계의 주키를 다 측 관계에 외부키로 포함시킨다.

둘째, 1:1의 관계성 집합은 1:다의 경우보다 다소 복잡하여, 양쪽의 참여도를 고려하여 하나의 관계로 통합할지, 두 개의 관계로 분리할지 결정하여야 한다. 양방향 모두 완전 참여인 경우는 두 개체 집합이 항상 1:1로 대응하며, 반드시 상대 개체 집합이 존재한다는 것인데, 이는 두 개체 집합을 하나로 통합할 수 있다는 것을 의미한다. 예를 들어, 〈그림 8-4a〉와 같이 고객이 취향을 지니다라는 관계성 집합이 양방향 모두 완전 참여인 경우를 생각해 보자. 모든 고객은 반드시 하나의 취향을 갖기 때문에 아래와 같이 두 개체 집합을 하나의 관계로 통합할 수 있다.[2] 이 경우에는 취향이 식별자 속성이 없는 종속 개체 집합이기 때문에, 고객의 주키가 자연스럽게 통합된 관계의 주키가 된다. 하지만 양쪽 모두 주키가 있는 개체 집합이라면 인위적으로 그중 하나를 주키로 선택하여야 하고, 나머지는 대리키가 된다.

고객(<u>고객번호</u>, 고객이름, 생년월일, 주소, 전화번호, 스타일, 가격대)

그러나 현실 세계에서는 양방향 모두 완전 관계성인 1:1의 관계성 집합은 사실 드물기 때문에 그 관계성 집합의 의미를 다시 한 번 검토할 필요가 있다. 때때로 하나의 개체 집합을 서로 다른 두 개의 개체 집합으로 잘못 파악한 경우가 있을 수 있다. 위의 경우에는 고객의 속성 중 선호하는 스타일과 가격대를 따로 취향이라는 개체 집합으로 분리하여 파악한 것으로 볼 수 있으며, 따라서 한 개체 집합으로 합쳐지는 것이 더 바람직하다.

〈그림 8-4b〉와 같이 한 쪽만 완전 참여인 경우에는 부분 참여 쪽이 부모 개체 집합이 되고, 완전 참여 쪽이 자식 개체 집합이 된다. 즉, 부분 참여 쪽의 주키를 완전 참여 쪽에 외부키로 포함시키면 된다. 반대로 완전 참여 쪽의 주키를

---

2. 두 개체 집합 사이에 양방향 완전 참여인 1:1의 관계성 집합 외에 1:다와 같은 또 다른 관계성 집합이 존재하는 경우에는 두 관계를 하나로 통합할 수 없으며, 규칙 2와 같이 외부키를 삽입하는 방법을 사용해야 한다.

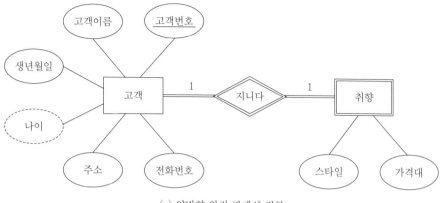

(a) 양방향 완전 관계성 집합

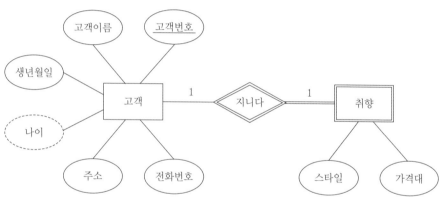

(b) 한 방향 완전 관계성 집합

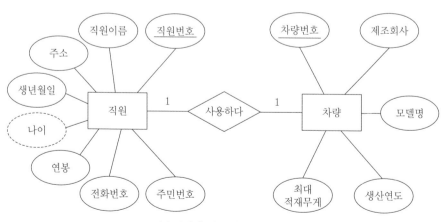

(c) 양방향 부분 관계성 집합

그림 8-4 1:1의 관계성 집합

부분 참여 쪽에 외부키로 포함시키면 미확인 값이 발생하기 때문에 바람직하지 않다. 따라서 고객의 주키를 취향의 외부키로 포함시키면 되는데, 이 경우 고객 번호는 외부키인 동시에 취향의 주키가 된다. 그 이유는 취향 개체 집합이 종속 개체 집합이기 때문이다.

고객(<u>고객번호</u>, 고객이름, 생년월일, 주소, 전화번호)
취향(<u>고객번호</u>, 스타일, 가격대)

사실 이렇게 두 관계를 분리하는 것은 '취향이 파악된 고객'과 '취향이 파악 되지 않은 고객'으로 상세화하는 것과 같은 효과를 갖는다. 만약 위와 같이 취 향을 따로 분리하지 않고, 양방향 완전 참여의 경우에서와 같이 하나의 관계로 통합하는 것도 고려해 볼 수 있는데, 이 경우 취향이 파악되지 않은 고객의 스타 일과 가격대는 미확인 값을 갖게 된다.

양방향 모두 부분 참여인 1:1의 관계성 집합의 경우에는 어느 쪽이 부모 개 체 집합인지 미리 확정할 수 없다. 따라서 관계간의 의미를 파악해서 부모-자식 개체 집합을 정하든지, 임의로 한 쪽을 부모 개체 집합으로 정할 수밖에 없다. 예를 들어, 〈그림 8-4c〉의 직원이 차량을 사용하다라는 관계성 집합을 생각해 보자. 이 관계성 집합의 의미는 한 직원이 한 차량을 사용하고, 또 한 차량은 한 직원에 의해 사용되나, 모든 직원이 차량을 사용하는 것은 아니고, 또 모든 차 량이 직원에 의해 사용되는 것도 아니다. 만약 모든 차량은 아니더라도 대다수 의 차량이 직원에 의해 사용되는 데 비해, 직원 중 일부만 차량을 사용한다면, 차량 쪽이 완전 참여에 가깝다. 따라서 부분 참여인 직원을 부모 개체 집합으 로, 완전 참여에 가까운 차량을 자식 개체 집합으로 간주하여, 다음과 같이 직 원의 주키를 차량의 외부키로 포함시킨다.

직원(<u>직원번호</u>, 직원이름, 주소, 생년월일, 연봉, 전화번호, 주민번호)

차량(<u>차량번호</u>, 제조회사, 모델명, 생산연도, 최대적재무게, <u>직원번호</u>)

이상의 내용을 요약하면 다음과 같은 규칙으로 정리된다.

규칙 3 (1:1의 관계성 집합의 전환)

양방향 모두 완전 참여인 경우에는 두 관계를 하나의 관계로 통합하며, 통합된 관계의 주키는 통합되기 전 두 관계의 주키 중 어느 것을 선택하여도 상관없다. 한 방향만 완전 참여인 경우에는 부분 참여 쪽의 주키를 완전 참여 쪽의 외부키로 포함시키고, 양방향 모두 부분 참여인 경우에는 임의로 한 쪽의 주키를 다른 쪽의 외부키로 포함시킨다.

셋째, 〈그림 8-5a〉와 같은 다:다의 이원 관계성 집합의 경우인데, 관계형 데이터 모델에서는 다:다의 관계성 집합을 허용하지 않기 때문에, 먼저 두 개의 1:다의 관계성 집합으로 바꾸어야 한다. 〈그림 8-5a〉의 주문이 제품을 포함하다라는 다:다의 관계성 집합은 실판매가와 수량이라는 속성을 가지는데, 한 주문에 여러 개의 제품이 포함될 수 있으므로 둘 다 다중값 속성이다. 이처럼 속성을 갖는 관계성 집합은 6장에서 공부했듯이 관개체 집합으로 전환이 가능한데,[3] 이를 전환하면 〈그림 8-5b〉와 같이 두 개의 1:다의 관계성 집합으로 연결된다. 이제는 규칙 2를 적용하여 각각의 1:다의 관계성 집합을 관계로 바꾸면 된다. 즉, 주문의 주키를 주문_제품에 외부키로 포함시키고, 또 제품의 주키를 주문_제품에 외부키로 포함시킨다. 따라서 주문_제품은 아래와 같이 두 개의 외부키를 갖게 된다. 그런데 주문_제품은 식별자 속성이 없는 종속 개체 집합이므로 이 두 외부키는 주키의 역할을 하는 교차참조키가 된다. 즉, 특정 주문에 포함된 특정 제품을 알면 실판매가와 수량을 결정지을 수 있기 때문에 이 두 속성이 합성키가 된다.

주문(<u>주문번호</u>, 주문일, 배달주소)

주문_제품(<u>주문번호</u>, <u>제품번호</u>, 실판매가, 수량)

제품(<u>제품번호</u>, 제품명, 제품설명, 원가, 소비자가, 재고량)

---

3. 속성이 없는 관계성 집합도 다:다의 경우에는 두 개의 1:다로 전환하기 위하여 관개체로 전환하여야 한다. 아래 일원 관계성 집합의 전환에 이러한 예가 나타나 있다.

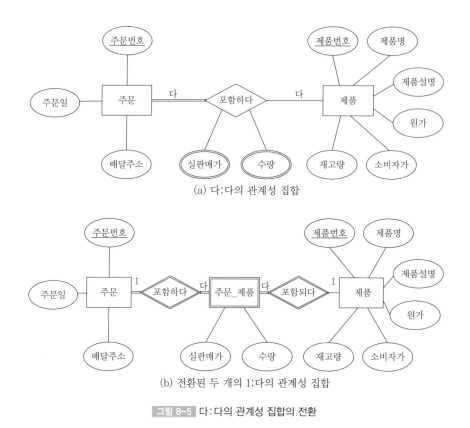

(a) 다:다의 관계성 집합

(b) 전환된 두 개의 1:다의 관계성 집합

그림 8-5 다:다의 관계성 집합의 전환

이상의 내용을 요약하면 다음과 같은 규칙으로 정리된다.

규칙 4 (다:다의 관계성 집합의 전환)

다:다의 관계성 집합을 관개체를 이용하여 두 개의 1:다의 관계성 집합으로 전환한 후, 규칙 2를 적용한다.

일원 관계성 집합의 전환

일원 관계성 집합은 한 개체 집합 내의 개체 예들간에 발생하는 관계성을 의미한다. 일반적으로 일원 관계성 집합을 관계로 전환하는 방법은 이원 관계성 집합의 전환 방법과 동일하다. 다만 관련된 개체 집합이 하나뿐이므로, 두 관계 대신 한 관계 내에서 위의 규칙 2, 3, 4를 적용하면 된다. 예를 들어, 〈그림 8-6〉의 감독하다라는 관계성 집합은 직원이라는 한 개체 집합 내에서 발생하는

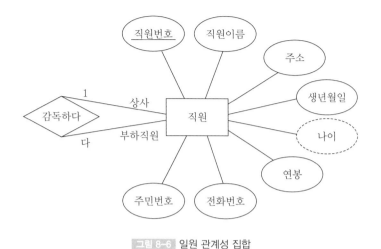

그림 8-6 일원 관계성 집합

1:다의 일원 관계성 집합이다. 따라서 규칙 2 ―1 측 관계의 주키를 다 측 관계에 외부키로 포함시킨다― 를 적용하면 된다. 그런데 일원 관계성에서는 1 측 관계와 다 측 관계가 동일한 관계이므로, 다음과 같이 직원 관계에 자신의 주키인 직원번호를 외부키로 삽입한다. 그런데 동일한 속성 이름을 가질 수 없으므로 역할을 나타내는 이름으로 변경하여야 한다. 상사_직원번호 속성은 직원번호 속성값 범위 내의 값만 가질 수 있는데, 이러한 일원 관계성 집합의 외부키를 **순환 외부키**(recursive foreign key)라고 한다.

　직원(<u>직원번호</u>, 직원이름, 주소, 생년월일, 연봉, 전화번호, 주민번호,
　　상사_직원번호)

　〈그림 8-7a〉와 같이 다:다의 일원 관계성 집합의 경우에는 규칙 4 ―다:다의 관계성 집합을 관개체를 이용하여 두 개의 1:다의 관계성 집합으로 전환한 후, 규칙 2를 적용한다― 를 적용한다. 다:다의 일원 관계성 집합을 관개체를 이용하여 두 개의 1:다의 관계성 집합으로 전환하면 〈그림 8-7b〉와 같다. 이제 규칙 2를 적용하면 되는데, 종속 개체 집합인 감독에 1 측의 주키를 각각 교차참조키로 포함시킨다. 그런데 일원 관계성에서는 한 관계만 존재하므로, 다음과 같이 직원 관계의 주키인 직원번호를 역할에 따라 이름으로 변경하여 포함시킨다. 그

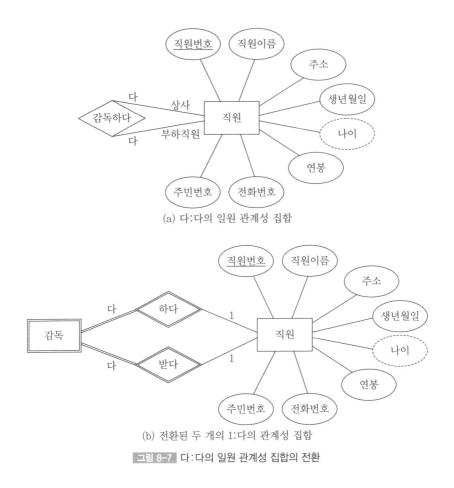

(a) 다:다의 일원 관계성 집합

(b) 전환된 두 개의 1:다의 관계성 집합

그림 8-7 다:다의 일원 관계성 집합의 전환

리고 감독 개체 집합은 자신의 속성이 따로 없으므로 교차참조키만 갖게 된다.

직원(직원번호, 직원이름, 주소, 생년월일, 연봉, 전화번호, 주민번호)
감독(상사_직원번호, 부하_직원번호)

이상의 내용을 요약하면 다음과 같은 규칙으로 정리된다.

규칙 5 (일원 관계성 집합의 전환)
　　일원 관계성 집합의 전환은 한 관계 내에서 이원 관계성 집합의 전환 규칙을 적용한다.

삼원 관계성 집합의 전환

삼원 관계성 집합은 세 개체 집합의 개체 예들 간에 동시에 발생하는 관계성 집합이다. 삼원 또는 그 이상의 다원 관계성 집합은 관계형 데이터 모델에서는 표현하기 곤란하므로 일단 이원 관계성 집합으로 전환하는 것이 편리하다. 〈그림 8-8a〉에 나타난 삼원 관계성 집합은 고객이 영업직원으로부터 제품을 주문한 것을 나타낸다. 한 주문에는 여러 제품이 포함되므로 제품의 주문 수량과 실판매가는 다중값 속성을 지닌다. 이 삼원 관계성 집합을 관개체를 이용하여 이원 관계성 집합으로 전환하면 〈그림 8-8b〉와 같다. 주문은 고객과 영업직원을 식별 개체 집합으로 하는 종속 개체 집합이며, 주문일을 부분 식별자 속성으로 갖는다. 그리고 수량과 실판매가는 더 이상 주문의 속성이 아니고, 주문이 제품을 포함한다라는 다:다의 관계성 집합의 속성으로 분류된다. 그 이유는 이 두 속성이 주문일이나 배달주소와 같은 주문 자체의 속성이 아니고, 주문에 포함된 제품이 가지는 속성이기 때문이다. 그런데 주문과 제품 사이에는 또 다시 다:다의 이원 관계성 집합이 있으므로 〈그림 8-5〉에서 이미 공부한 규칙 4를 적용하여 〈그림 8-8c〉와 같은 최종 개체-관계성도를 완성하였다. 이때 주문에 주문번호를 식별자 속성으로 추가하여 종속 개체 집합을 일반 개체 집합으로 전환하였다. 주문일을 부분 식별자로 할 경우에는 특정 고객이 특정 영업직원으로부터 하루에 한 번만 주문한다는 전제하에서 가능한데, 주문번호를 추가할 경우 이러한 제약으로부터 벗어날 수 있다.

결과적으로 하나의 삼원 관계성 집합으로부터 네 개의 1:다의 이원 관계성 집합이 도출되었는데, 규칙 2를 적용하여 최종 관계를 도출할 수 있다. 주문 관계에 1 측의 주키, 즉, 영업직원과 고객의 주키를 외부키로 삽입한다. 또한 주문_제품에 1 측의 주키, 즉, 주문과 제품의 주키를 교차참조키로 삽입하면 아래와 같은 다섯 개의 관계가 만들어진다.

영업직원(<u>직원번호</u>, 최대할인율, 목표매출액)

주문(<u>주문번호</u>, 주문일, 배달주소, 직원번호, 고객번호)

고객(<u>고객번호</u>, 고객이름, 생년월일, 주소, 전화번호)

주문_제품(<u>주문번호</u>, <u>제품번호</u>, 실판매가, 수량)

제품(<u>제품번호</u>, 제품명, 제품설명, 원가, 소비자가, 재고량)

이상의 내용을 요약하면 다음과 같은 규칙으로 정리된다.

규칙 6 (삼원 관계성 집합의 전환)
　　삼원 관계성 집합은 관개체를 이용하여 세 개의 이원 관계성 집합으로 전환
한 후, 이원 관계성 집합의 전환 규칙을 적용한다.

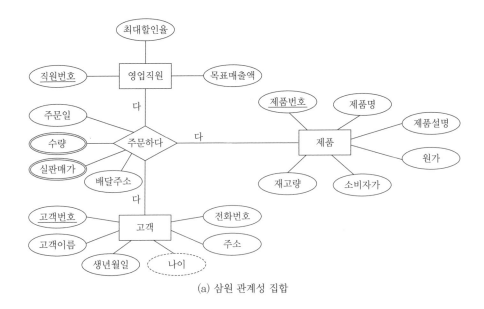

(a) 삼원 관계성 집합

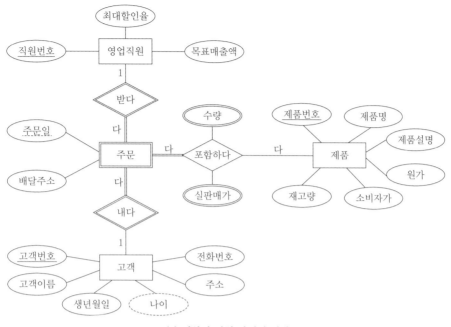

(b) 전환된 이원 관계성 집합

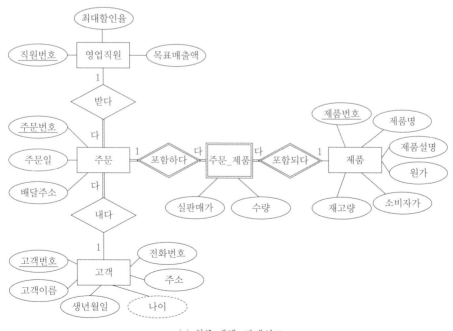

(c) 최종 개체−관계성도

그림 8-8 삼원 관계성 집합의 전환

일반화 관계성 집합의 전환

개체–관계성도에 나타난 일반화 관계성 집합이 갖는 모든 의미, 예를 들어, 유전성, 배타성, 참여도 등을 완벽하게 관계형 데이터 모델로 표현하는 것은 불가능하다. 그러나 상위 개체 집합과 하위 개체 집합간의 이다 관계성은 공통의 주키를 이용하여 표현할 수 있다. 예를 들어, 〈그림 8-9〉에 나타난 일반화 관계성 집합을 관계로 전환하면 다음과 같다.

직원(<u>직원번호</u>, 직원이름, 주소, 생년월일, 연봉, 전화번호, 주민번호)
영업직원(<u>직원번호</u>, 최대할인율, 목표매출액)
운전기사(<u>직원번호</u>, 면허종류)

위의 방법이 일반화 관계성 집합을 관계로 전환하는 가장 일반적인 방법이다. 그러나 코널리와 베그(Connolly and Begg, 2002)는 하위 개체 집합들 사이의 배타

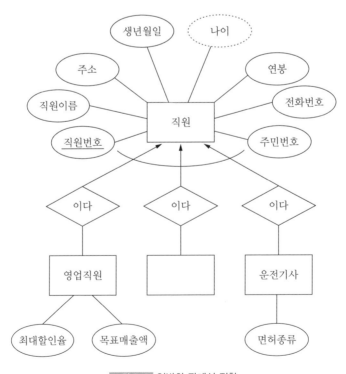

그림 8-9 일반화 관계성 집합

성이나 참여도에 따라 일반화 관계성 집합을 관계로 전환하는 네 가지 방법을
제시하고 있다(〈표 8-1〉 참조).

표 8-1 배타성과 참여도에 따른 전환 방법

배타성	참여도	전환 방법
배타적	부분	상위 개체 집합을 관계로 만듦. 하위 개체 집합 각각을 관계로 만듦.
배타적	완전	상위 개체 집합을 관계로 만들지 않고 하위 개체 집합에 포함시킴. 하위 개체 집합 각각을 관계로 만듦.
비배타적	부분	상위 개체 집합을 관계로 만듦. 하위 개체 집합들을 통합하여 하나의 관계로 만듦.
비배타적	완전	상위 개체 집합을 관계로 만들지 않고 하위 개체 집합에 포함시킴. 하위 개체 집합들을 통합하여 하나의 관계로 만듦.

첫째, 영업직원이면서 동시에 운전기사 등 다른 직원이 될 수 없고, 영업직원
과 운전기사 외에 다른 유형의 직원이 있는 **배타적/부분 참여**의 경우이다. 하위
개체 집합이 서로 배타적이기 때문에 어느 직원이 영업직원의 속성을 가지면서
동시에 운전기사의 속성을 갖는 경우는 발생하지 않는다. 따라서 각 하위 개체
집합마다 하나의 관계를 만들어 주는 것이 바람직하다. 또한 명시된 하위 집합
외에 다른 유형의 직원이 존재하는 부분 참여의 경우에는 하위 개체 집합과 상
위 개체 집합을 분리하여 독립된 관계로 만들어 주는 것이 좋다. 따라서 위에서
제시한 일반적인 방법과 동일하게 직원, 영업직원, 운전기사 등과 같은 세 개의
관계로 전환된다.

둘째, 영업직원이면서 동시에 운전기사 등 다른 직원이 될 수 없고, 영업직원
과 운전기사 외에 다른 유형의 직원이 없는 **배타적/완전 참여**의 경우이다. 하위
개체 집합들이 배타적이기 때문에 각 하위 개체 집합마다 하나의 관계를 만들
어 준다. 그리고 명시된 하위 집합 외에 다른 유형의 직원이 존재하지 않기 때문
에 구태여 상위 개체 집합을 따로 분리하지 않고 아래와 같이 두 하위 개체 집
합에 직원의 속성을 포함시킨다. 이 방법은 직원이 영업직원과 운전기사로 분리
되어 있기 때문에, 직원 전체와 관련된 작업을 수행할 때 질의가 반복되어야 한

다는 단점이 있다. 반면, 특정 직원에 관한 속성이 한 관계에 있기 때문에 결합 (join)의 필요성은 줄어든다.

영업직원(<u>직원번호</u>, 직원이름, 주소, 생년월일, 연봉, 전화번호, 주민번호, 최대할인율, 목표매출액)
운전기사(<u>직원번호</u>, 직원이름, 주소, 생년월일, 연봉, 전화번호, 주민번호, 면허종류)

셋째, 영업직원이면서 동시에 운전기사 등 다른 직원이 될 수 있고, 영업직원과 운전기사 외에 다른 유형의 직원이 있는 **비배타적/부분 참여**의 경우이다. 하위 개체 집합들이 비배타적이기 때문에 하위 개체 집합을 분리하지 않고 하나의 관계를 만들어 준다. 대신 영업직원인지, 운전기사인지, 혹은 둘 다인지를 알 수 있도록 아래와 같이 부울리언(Boolean) 값을 갖는 영업직원_여부, 운전기사_여부 속성을 추가해 준다.[4] 그리고 명시된 하위 집합 외에 다른 유형의 직원이 존재하므로 하위 개체 집합과 상위 개체 집합을 분리하여 독립된 관계로 만든다. 이 방법의 단점은 직원유형에 따라 해당되지 않는 속성에 미확인 값이 생기는 것이나, 생산직원과 영업직원을 겸하는 직원이 대다수라면 고려할 수 있는 방법이다.

직원(<u>직원번호</u>, 직원이름, 주소, 생년월일, 연봉, 전화번호, 주민번호)
직원-상세(<u>직원번호</u>, 최대할인율, 목표매출액, 면허종류, 영업직원_여부, 운전기사_여부)

마지막으로, 영업직원이면서 동시에 운전기사 등 다른 직원이 될 수 있고, 영업직원과 운전기사 외에 다른 유형의 직원이 없는 **비배타적/완전 참여**의 경우이다. 하위 개체 집합들이 비배타적이기 때문에 하위 개체 집합을 분리하지 않고 하나의 관계를 만들어 주고, 명시된 하위 집합 외에 다른 유형의 직원이 존재하지 않기 때문에 상위 개체 집합을 따로 분리하지 않는다. 따라서 다음과 같은 하

---

4. 이러한 속성을 추가하는 대신, 특정 속성값이 미확인 값인지를 통해 영업직원인지 운전기사인지 판단하는 것도 가능하다. 예를 들어, 면허종류가 미확인 값이면 영업직원임을 유추할 수 있다.

나의 관계로 표시된다. 이 방법 역시 미확인 값이 생기는 단점이 있지만, 전체 직원의 대부분이 생산직원과 영업직원을 겸하고 있다면 고려할 수 있는 방법이다.

> 직원(<u>직원번호</u>, 직원이름, 주소, 생년월일, 연봉, 전화번호, 주민번호, 최대할
> 인율, 목표매출액, 면허종류, 영업직원_여부, 운전기사_여부)

이러한 네 가지 규칙은 절대적인 것이 아니고, 각 유형의 직원 분포, 요구되는 트랜잭션 등을 고려하여 설계자가 판단하여야 한다. 이상의 내용을 요약하면 다음과 같은 규칙으로 정리된다.

규칙 7 (일반화 관계성 집합의 전환)

> 상위 개체 집합과 하위 개체 집합 각각을 관계로 전환하고, 상위 개체 집합의 주키를 하위 개체 집합을 나타내는 관계에 주키로 포함시킨다. 그러나 배타성과 참여도에 따라 상위 개체 집합을 하위 개체 집합을 나타내는 관계에 포함시키거나, 하위 개체 집합을 통합하여 하나의 관계로 만들 수 있다.

지금까지 제시한 규칙들은 절대적인 것이라기보다는 하나의 제안에 가깝다. 이러한 규칙을 참고로 하되, 개체-관계성 모델을 관계형 데이터 모델로 전환하는 것은 데이터의 사용 용도, 요구되는 트랜잭션, 각 데이터의 양이나 빈도 등 다양한 사항을 고려하여 설계자가 최종 관계를 도출해야 한다.

8.1.3 정규화 검사

개체-관계성도에서 관계들이 도출되면 각 관계가 1차 정규형에서부터 보이스-코드 정규형까지 모두 만족하는지 검사한다. 개체-관계성도가 제대로 그려졌고, 관계로 전환하는 과정이 정확했다면 도출된 관계는 보이스-코드 정규형까지 모두 만족하여야 한다. 만약 도출된 관계가 정규형을 위배한다면, 그 전의 어느 단계에서 오류가 있었음을 의미하므로 다시 전前 단계를 검토할 필요가 있다. 정규화 검사에 대해서는 3장에서 자세히 설명하였으므로 본 절에서는 생략하기로 한다.

8.1.4 사용자 트랜잭션 검증

사용자 트랜잭션 검증의 목적은 도출된 논리적 데이터 모델이 사용자가 원하는 트랜잭션을 모두 만족시키는가를 확인하는 것이다. 도출된 관계, 주키, 외부키 등을 토대로 사용자의 트랜잭션을 수작업으로 실행시킬 수 있는지 살펴보아야 한다. 만약 현재의 관계에서 수작업으로 수행할 수 없는 트랜잭션이 발견되면 개념적 설계 단계에서 개체 집합, 관계성 집합, 또는 속성 등을 빠뜨렸거나, 관계로 전환하는 과정에서 오류가 생겼을 가능성이 있다. 반대로 현재 또는 미래의 트랜잭션을 지원하기 위해 요구되지 않는 불필요한 관계들이 있다면 이를 제거하여야 한다.

8.1.5 개체-관계성도 수정

앞의 단계에서 수정된 내용이 있다면 이를 개체-관계성도에 반영하여 최종 사용자 관점을 확정한다. 이 개체-관계성도는 정규화 과정과 사용자 트랜잭션 검증을 거쳐 확정된 것이다.

8.1.6 무결성 제약의 정의

관계형 데이터 모델의 관계가 확정되면 데이터베이스의 오류를 방지하기 위하여 각 관계에서 요구되는 무결성 제약을 파악하여야 한다. 이러한 무결성 제약은 채택된 데이터베이스 관리시스템의 기능이 부족하여 실행될 수 없는 경우도 있으나, 이 단계에서는 실행 여부와 상관없이 요구되는 무결성 조건을 모두 파악하여 데이터 사전에 기록하는 것이 바람직하다. 파악하여야 할 무결성 제약으로는 각 항목 값의 영역과 미확인 값 허용 여부, 주키 제약, 참조 무결성 제약, 그리고 기타 사업관련 제약 등이 있다. 이에 대한 자세한 내용은 5장을 참조하기 바란다.

8.1.7 사용자 검토

각 관점별 논리적 설계의 마지막 단계는 지금까지 파악된 것과 데이터 사전에 기록된 내용을 사용자와 함께 일일이 검토하는 것이다. 이 단계는 성공적인 데이터베이스 구축을 위해서 매우 중요한 과정이며, 사용자도 적극적으로 협조해야 한다. 만약 오류가 발견되면 이전 단계를 반복하여 적절한 수정을 가하고 그 내용을 데이터 사전과 개체−관계성도에 반영하여야 한다.

8.2 명문가구 사례(매장의 사용자 관점)

이상과 같은 규칙을 7장에서 작성한 〈그림 7−7〉의 명문가구의 개념적 데이터 모델(매장 관점)에 적용하여 보자.

8.2.1 개체 집합의 전환

7장의 명문가구 사례에 나오는 각 개체 집합은 규칙 1을 적용하면 다음과 같이 간단히 관계로 전환된다.

> 매장(<u>매장번호</u>, 매장명, 주소, 전화번호, 팩스번호)
> 직원(<u>직원번호</u>, 직원이름, 주소, 생년월일, 연봉, 전화번호, 주민번호)
> 영업직원(<u>직원번호</u>, 최대할인율, 목표매출액)
> 운전기사(<u>직원번호</u>, 면허종류)
> 제품(<u>제품번호</u>, 제품명, 제품설명, 원가, 소비자가, 재고량)
> 고객(<u>고객번호</u>, 고객이름, 생년월일, 주소, 전화번호)
> 차량(<u>차량번호</u>, 제조회사, 모델명, 생산연도, 최대적재무게)

주문 개체 집합을 살펴보면 유도 속성(주문 총액)이 존재하는데, 이 유도 속성을 관계에 포함시키지 않기로 한다면 다음과 같은 관계로 전환된다.

> 주문(<u>주문번호</u>, 주문일, 배달주소)

그런데, 위의 관계를 살펴보면 주문과 관련된 영업직원이나 고객, 그리고 제품 등의 속성이 포함되지 않았는데, 그 이유는 그러한 속성들은 다음 절의 관계성 집합을 전환하는 과정에서 반영되기 때문에 이 단계에서 포함시키지 않았다.

단, 배달주소는 고객의 주소가 아니라 각 주문마다 달라질 수 있는 주소라는 가정하에 주문에 포함시켰다.

마지막으로 취향 개체 집합은 식별자 속성이 없는 종속 개체 집합이므로 관계로 전환되기 위해서는 주키가 될 수 있는 속성을 찾아야 한다. 이를 위해서는 유일 값을 갖는 임의의 일련번호를 새로 만드는 대안과 식별 개체 집합인 고객의 주키(고객번호)를 사용하는 방법이 있다.[5] 여기서는 후자를 채택하기로 한다.

취향(고객번호, 스타일, 가격대)

8.2.2 관계성 집합의 전환

1:다의 관계성 집합은 규칙 2에 따라 1 측 관계의 주키를 다 측 관계에 외부키로 포함시키면 된다. 예를 들어, 매장이 직원을 보유하다 관계성 집합은 1 측의 주키인 매장번호를 다 측의 직원 관계에 다음과 같이 외부키로 추가시키면 된다. 운전기사가 차량을 관리하다 관계성 집합 역시 1:다의 관계성 집합이므로 1 측 관계의 주키를 다 측 관계에 외부키로 포함시키면 된다.

직원(직원번호, 직원이름, 주소, 생년월일, 연봉, 전화번호, 주민번호, 매장번호)
차량(차량번호, 제조회사, 모델명, 생산연도, 최대적재무게, 직원번호)

한편 상사가 부하직원을 감독하다 관계성 집합은 1:다의 일원 관계성 집합이므로 규칙 5에서 설명하였듯이 직원 관계 내에 자신의 주키가 순환 외부키로 삽입되어야 한다. 따라서 직원 관계에는 다음과 같이 외부키가 또 하나 추가되는데, 속성의 의미를 명확히 하기 위하여 이름을 상사_직원번호로 변경하였다.

직원(직원번호, 직원이름, 주소, 생년월일, 연봉, 전화번호, 주민번호,
    매장번호, 상사_직원번호)

---

5. 종속 개체 집합에 부분 식별자 속성이 존재하는 경우에는 식별 개체 집합의 주키와 부분 식별자를 결합하여 합성키로 사용하는데, 이 경우에는 부분 식별자 속성이 없으므로 식별 개체 집합의 주키만 사용한다.

일반화 관계성을 나타내는 이다 관계성 집합을 규칙 7에 따라 전환하면 다음과 같다. 개체 집합을 전환하는 과정에서 하위 개체 집합에 상위 개체 집합의 주키를 부여하는데, 이 관계들은 이미 앞에서 파악된 것들이다.

직원(**직원번호**, 직원이름, 주소, 생년월일, 연봉, 전화번호, 주민번호,
　　매장번호, 상사_직원번호)
영업직원(**직원번호**, 최대할인율, 목표매출액)
운전기사(**직원번호**, 면허종류)

이제 주문과 관련된 세 개의 관계성 집합을 전환해 보자. 영업직원이 주문을 받다와 고객이 주문을 내다 관계성 집합은 모두 1:다의 관계성 집합이므로 다음과 같이 1 측 관계의 주키를 다 측 관계에 외부키로 포함시키면 된다.

주문(**주문번호**, 주문일, 배달주소, 직원번호, 고객번호)

주문이 제품을 포함하다 관계성 집합은 대응비가 다:다이므로 규칙 4에서 설명했듯이 두 개의 1:다의 관계성 집합으로 전환한 후, 규칙 2를 적용하면 아래와 같다.

주문_제품(**주문번호**, **제품번호**, 실판매가, 수량)

마지막으로 고객이 취향을 지니다는 관계성은 규칙 3에 따라 부분 참여 쪽의 주키를 완전 참여 쪽의 외부키로 포함시키면 된다. 그런데 종속 개체 집합을 전환하는 과정에서, 이미 부분 참여 쪽의 주키인 고객번호를 완전 참여 쪽의 취향 관계의 주키로 포함시켰다. 따라서 이 관계성 집합은 이미 다음의 관계 속에 포함되어 있다.

취향(**고객번호**, 스타일, 가격대)

위에서 전환된 내용을 다시 한번 정리하면 〈그림 8-10〉과 같이 서로 연결된

총 10개의 관계로 표현된다.

8.2.3 정규화 검사

개체-관계성도에서 도출된 10개의 관계에 대해 각각 1차 정규형에서부터 보이스-코드 정규형까지 모두 만족하는지 검사한다. 개체-관계성도가 제대로 그려졌고, 관계로 전환하는 과정이 정확했다면 도출된 관계는 보이스-코드 정규형까지 모두 만족하여야 하는데, 위의 관계들은 모두 보이스-코드 정규형을 만족한다. 다만 차량 관계에서 제조회사와 모델명 그리고 생산연도를 안다면 최대적재무게를 알 수 있는데, 이는 이전종속을 의미하고 따라서 3차 정규형에 위배된다고 할 수 있다. 그러나 명문가구의 차량 레코드가 많지 않고, 더구나 최대적재무게가 입력된 후 자주 갱신될 가능성이 거의 없다는 점을 고려할 때 이를 새로

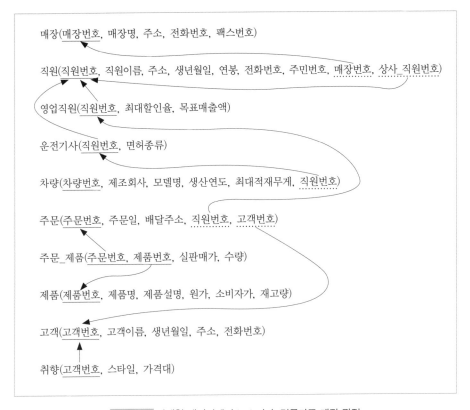

그림 8-10 관계형 데이터베이스 스키마: 명문가구 매장 관점

운 관계로 분리하는 것보다 현재의 관계대로 두는 것이 더 바람직하다. 이것은 운영의 묘를 살리기 위한 일종의 탈정규화(denormalization)인데, 이에 대해서는 다음 장에서 자세히 다루기로 한다.

8.2.4 사용자 트랜잭션 검증

명문가구 매장의 데이터 요구사항 파악 단계에서 다음과 같은 사용자 트랜잭션이 도출되었다(7장 사례 참조).

① 매장별 직원 명단
② 매장별 영업직원 명단
③ 매장별 운전기사 명단
④ 매장별 보유차량
⑤ 임의의 차량을 관리하는 운전기사의 인적 사항
⑥ 임의의 직원이 감독하는 부하직원의 명단
⑦ 임의의 영업직원이 주문 받은 고객 명단
⑧ 임의의 주문에 포함된 제품 내역
⑨ 특정 고객의 주문에 포함된 제품 내역
⑩ 특정 고객의 취향

이러한 트랜잭션을 〈그림 8–10〉의 관계 스키마에 적용시켜 보면 요구되는 트랜잭션과 지금까지 개발된 데이터 모델과의 일치성을 검증할 수 있다. 도출된 관계, 주키, 외부키, 교차 참조키 등을 토대로 사용자의 트랜잭션을 수작업으로 실행시킬 수 있는지 검사한다. 관계 스키마를 토대로 테이블을 만든 후, 가상의 데이터를 입력하여 각각의 트랜잭션을 수작업으로 실행시켜 보면 보다 확실하게 검사할 수 있다.

8.2.5 개체–관계성도 수정

앞의 단계에서 수정된 내용을 모두 반영하여 최종 사용자 관점을 확정한다. 다:다의 관계성 집합을 1:다의 관계성 집합으로 수정하여 보다 관계형 데이터 모델과 유사하게 수정된 개체-관계성도는 〈그림 8-11〉과 같다. 〈그림 8-10〉과 〈그림 8-11〉을 자세히 살펴보면, 개체-관계성도의 개체 집합은 관계형 데이터 모델의 관계에 대응되고, 모든 관계성 집합은 각 관계 내의 외부키 또는 교차참조키로 표현되고 있음을 알 수 있다.

8.2.6 무결성 제약의 정의

이 단계에서는 〈그림 8-10〉에 나타난 관계에서 요구되는 무결성 제약을 파악하여야 한다. 파악하여야 할 무결성 제약으로는 각 항목 값의 영역과 미확인 값 허용 여부, 주키 제약, 참조 무결성 제약, 그리고 기타 사업관련 제약 등이 있다. 각 항목은 데이터베이스에 저장될 때 항상 유효한 값을 가져야 하는데, 이를 위해서는 항목의 영역, 그리고 그 항목의 미확인 값 허용 여부 등을 파악하여 데이터베이스의 정의에 포함시켜야 한다. 또한 주키 항목은 반드시 유일값을 가져야 하며 미확인 값을 가져서는 안 된다. 이러한 내용은 이미 7장에서 공부한 개념적 단계에서 파악되었으므로 〈표 7-3〉과 〈표 7-4〉를 참조하기 바란다.

관계형 데이터 모델에서는 각 관계를 연결하기 위하여 외부키의 개념을 활용하는데, 명문가구의 각 관계와 그들을 연결하는 외부키가 〈그림 8-10〉에 나타나 있다. 각 외부키에 대하여 참조되는 주키의 갱신이나 삭제에 대한 조건, 즉 참조 무결성 제약을 파악하여야 한다. 예를 들어, 직원 관계의 매장번호는 직원이 소속된 매장을 가리키는데, 어느 직원이 매장번호 'B55'라는 값을 가지고 있는데, 매장 관계의 매장번호가 그러한 값을 가지고 있지 않다면 이 데이터베이스의 무결성에 문제가 있다. 이러한 문제를 방지하기 위하여 참조되는 주키의 갱신이나 삭제에 대하여 NO ACTION, CASCADE, SET NULL, SET DEFAULT 등의 명령어를 사용할 수 있는데, 자세한 내용은 5장에서 설명하였으므로 생략한다. 그 외에도 '한 명의 상사는 최소 3명에서 최대 10명까지의 부하직원을 관리한다' 등과 같은 기타 사업관련 제약도 이 단계에서 같이 정의한다.

8.2.7 사용자 검토

모든 단계가 완료되면 지금까지 파악된 내용과 개체-관계성도 그리고 데이터 사전에 기록된 내용을 사용자에게 확인시키고 모든 내용을 검토한다. 만약

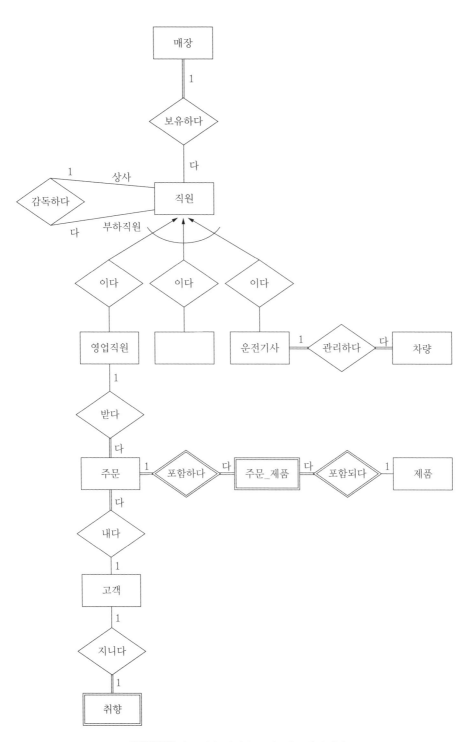

그림 8-11 최종 개체─관계성도: 명문가구 매장 관점

오류나 오해가 발견되면 이전 단계를 반복하여 적절한 수정을 가하고 그 내용을
데이터 사전과 개체-관계성도에 반영하여야 한다.

8.3 전역 논리적 모델의 구축

지금까지 하나의 사용자 관점을 개념적으로 설계하고, 논리적 모델로 전환하
는 방법에 대하여 공부하였다. 이처럼 각 사용자 관점이 논리적 모델로 전환되
면 이들을 모두 통합하여 하나의 전역(global) 논리적 모델을 구축하여야 한다.

앞 절에서 명문가구 매장의 관점을 논리적 모델로 구현하였다. 동일한 과정
을 거쳐서 명문가구 본사의 관점이 도출되었다고 가정하고, 이를 〈그림 8-12〉에
정리하였다.[6] 본사의 관점에서는 부양가족, 부서, 프로젝트 등의 개체 집합이 새
로 파악되었고, 직원의 유형에 사무직원과 생산직원이 더 추가되었다.[7] 그리고
고객의 전화번호는 처음에 다중값 속성으로 분류되었으나, 사용자와의 면담 과
정에서 집전화번호와 휴대전화번호로 각각 분리되었다. 그리고 고객의 주소는
시, 구, 도로명, 건물번호 등으로 세분화되었다. 본사에서는 영업직원의 목표매
출액을 할당액이라고 부르고 있으며, 주문시 주문번호 대신 직원번호와 고객번
호, 그리고 주문일을 합성하여 주키로 사용하고 있다.

현실적으로 훨씬 더 많은 사용자 관점이 존재하겠지만 동일한 방법을 적용
하면 되므로, 본 사례에서는 매장 관점과 본사 관점 두 가지가 명문가구의 모든
사용자 관점을 대표한다고 가정한다. 관점별 논리적 모델의 통합은 3장의 3.4절
에서 설명한 정규화된 관계의 통합과 동일한 개념이므로 본 절에서는 자세한 설
명은 생략하고, 두 관점을 통합해 가는 과정만 간단히 살펴보기로 한다.

---

6. 이 모델은 6장의 〈그림 6-12〉와 동일한 것인데, 관계형 스키마로 전환하기 쉽도록 삼원 관계성 집
   합이나 다:다의 관계성 집합을 1:다의 이원 관계성 집합으로 전환하였다. 그리고 독자의 편의를 위
   하여 매장 관점과 차이가 나는 부분에 대해서는 파란색으로 표시하였다.
7. 〈그림 8-12〉에 지면 제약상 '직원유형' 속성을 명시적으로 표시하지 않았으나, 검색의 편의를 위해
   관계의 속성으로 포함시켰다.

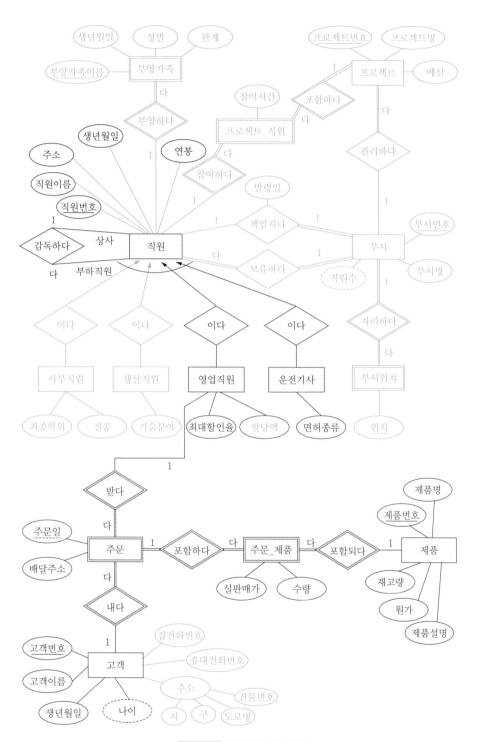

그림 8-12 명문가구 본사 관점

직원(**직원번호**, 직원이름, 주소, 생년월일, 연봉, 직원유형, 상사_직원번호,
　　부서번호)

부양가족(직원번호, 부양가족이름, 생년월일, 성별, 관계)

부서(**부서번호**, 부서명, 부서장_직원번호, 발령일)

부서위치(**부서번호**, 위치)

프로젝트(**프로젝트번호**, 프로젝트명, 예산, 부서번호)

프로젝트_직원(**프로젝트번호**, **직원번호**, 참여시간)

사무직원(**직원번호**, 최종학위, 전공)

생산직원(**직원번호**, 기술분야)

영업직원(**직원번호**, 최대할인율, 할당액)

운전기사(**직원번호**, 면허종류)

주문(직원번호, 고객번호, 주문일, 배달 주소)

주문_제품(직원번호, 고객번호, 주문일, **제품번호**, 실판매가, 수량)

제품(**제품번호**, 제품명, 제품설명, 원가, 재고량)

고객(**고객번호**, 고객이름, 생년월일, 주소_시, 주소_구, 주소_도로명, 주소_
　　건물번호, 집전화번호, 휴대전화번호)

　　여러 사용자 관점을 하나로 통합하기 위해서는 먼저 개별 관점에서 도출된 모든 관계와 속성의 이름을 검토하여 동음이의어나 이음동의어가 존재하는지 살펴보아야 한다. 두 관점을 비교한 결과 본사에서는 영업직원의 목표매출액을 할당액이라는 이름으로 부르고 있는데, 이를 목표매출액으로 통일하고, 할당액은 목표매출액의 별명으로 데이터 사전에 기록하기로 한다.

　　한편 매장에서는 유일값을 갖는 주문번호를 주키로 사용하고 있는 반면, 매장에서는 주문번호 대신 직원번호와 고객번호, 그리고 주문일을 합성하여 주키로 사용하고 있다. 이 경우 어느 고객이 동일한 영업직원에게 하루에 같은 제품을 두 번 주문하는 것을 처리할 수 없는 문제점이 있다. 그리고 주문번호를 사용하는 것이 보다 간편하므로 주문번호를 주문 관계의 주키로 사용하기로 한다.

　　모든 관계와 속성의 명칭이 통일되고 주키가 정리되면, 두 관점을 합집합의 개념으로 통합한다. 즉, 어느 한 관점에라도 존재하는 관계나 속성은 모두 전역 모델에 포함시킨다. 따라서 명문가구의 두 관점은 〈그림 8-13〉과 같은 하나의

직원(<u>직원번호</u>, 직원이름, 주소, 생년월일, 연봉, 전화번호, 주민번호, 직원유형, 매장번호,
　　<u>상사_직원번호</u>, 부서번호)
부양가족(<u>직원번호</u>, 부양가족이름, 생년월일, 성별, 관계)
부서(<u>부서번호</u>, 부서명, <u>부서장_직원번호</u>, 발령일)
부서위치(<u>부서번호</u>, 위치)
프로젝트(<u>프로젝트번호</u>, 프로젝트명, 예산, 부서번호)
프로젝트_직원(<u>프로젝트번호</u>, <u>직원번호</u>, 참여시간)
사무직원(<u>직원번호</u>, 최종학위, 전공)
생산직원(<u>직원번호</u>, 기술분야)
영업직원(<u>직원번호</u>, 최대할인율, 목표매출액)
운전기사(<u>직원번호</u>, 면허종류)
매장(<u>매장번호</u>, 매장명, 주소, 전화번호, 팩스번호)
차량(<u>차량번호</u>, 제조회사, 모델명, 생산연도, 최대적재무게, <u>직원번호</u>)
주문(<u>주문번호</u>, 주문일, 배달주소, <u>직원번호</u>, <u>고객번호</u>)
주문_제품(<u>주문번호</u>, 제품번호, 실판매가, 수량)
제품(제품번호, 제품명, 제품설명, 원가, 소비자가, 재고량)
고객(<u>고객번호</u>, 고객이름, 생년월일, 주소_시, 주소_구, 주소_도로명, 주소_건물번호,
　　집전화번호, 휴대전화번호)
취향(<u>고객번호</u>, 스타일, 가격대)

그림 8-13 명문가구의 전역 논리적 모델

전역 논리적 모델로 통합될 수 있다.

　　마지막으로 통합된 관계가 이전 종속의 문제를 발생시키지는 않는지 또 미래의 확장성에는 문제가 없는지 검토하고, 문제가 없으면 〈그림 8-14〉와 같이 최종 개체-관계성도를 작성하여 데이터 사전에 기록한다.

8.4 CASE 도구의 활용

　　CASE(Computer-Aided Software Engineering)는 정보시스템개발 과정의 일부를 자동화하는 도구이다. 특히 데이터 모델링 과정을 자동화하기 위한 CASE 도구는 실무에서 많이 활용되고 있다. 본서 뒤에 수록한 부록 A에서는 상업용

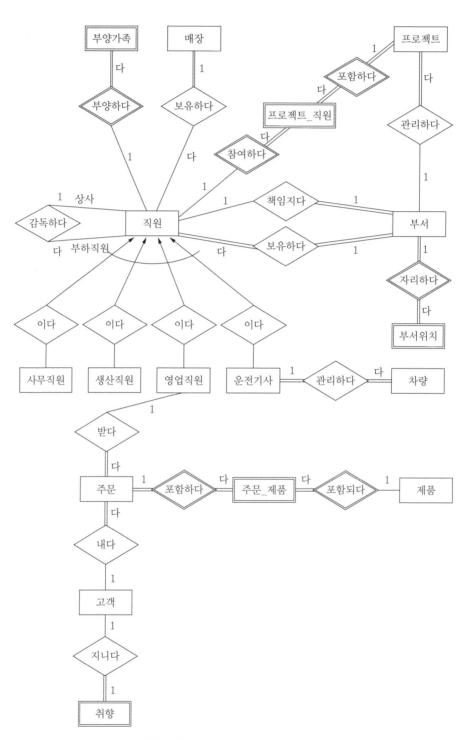

그림 8-14 명문가구의 최종-개체 관계성도

CASE 도구 중 하나인 Erwin을 채택하여 명문가구 사례에 적용시켜 봄으로써, 지금까지 공부한 내용이 모델링 자동화 도구에 의해서 어떻게 구현되고, 실무에서 활용될 수 있는지 보여주고 있다. 비록 부록으로 첨부하였으나, 데이터 모델링을 실무 차원에서 이해하는 데 많은 도움이 되므로 반드시 실습해 보기 바란다.

8.5 요약

개체–관계성 데이터 모델에서 도출된 개념적 스키마가 데이터베이스로 저장되기 위해서는 관계형 데이터 모델과 같은 실행 데이터 모델로 전환되어야 한다. 먼저 개체 집합을 관계로 전환한 후, 관계성 집합을 관계로 전환한다. 개체–관계성도에 나타난 모든 개체 집합은 관계형 데이터 모델의 관계로 전환된다. 이 때, 관계에는 반드시 주키가 지정되어야 하며, 모든 속성은 다중값을 가지지 않아야 한다.

이원 관계성 집합을 관계로 전환하는 방법은 크게 세 가지가 있다. 첫째, 1:다의 관계성 집합은 1 측 관계의 주키를 다 측 관계에 외부키로 포함시킨다. 둘째, 1:1의 관계성 집합의 경우, 양방향 모두 완전 참여인 경우에는 두 관계를 하나의 관계로 통합하며, 통합된 관계의 주키는 통합되기 전 두 관계의 주키 중 어느 것을 선택하여도 상관없다. 한 방향만 완전 참여인 경우에는 부분 참여 쪽의 주키를 완전 참여 쪽의 외부키로 포함시키고, 양방향 모두 부분 참여인 경우에는 임의로 한 쪽의 주키를 다른 쪽의 외부키로 포함시킨다. 셋째, 다:다의 이원 관계성 집합은 관개체를 이용하여 두 개의 1:다의 관계성 집합으로 전환한 후, 위의 첫번째 규칙을 적용한다.

일원 관계성 집합은 관련된 개체 집합이 하나뿐이므로, 두 관계 대신 한 관계 내에서 이원 관계성 집합의 전환 규칙들을 적용한다. 삼원 또는 그 이상의 다원 관계성 집합은 관계형 데이터 모델에서는 표현하기 곤란하므로 일단 이원 관계성 집합으로 전환한 후, 이원 관계성 집합의 전환 규칙을 적용한다. 마지막으로 일반화 관계성 집합의 경우에는 상위 개체 집합과 하위 개체 집합 각각을 관계로 전환하고, 상위 개체 집합의 주키를 하위 개체 집합을 나타내는 관계에 주키로 포함시킨다. 그러나 배타성과 참여도에 따라 상위 개체 집합을 하위 개체 집합을 나타내는 관계에 포함시키거나, 하위 개체 집합을 통합하여 하나의 관계로 만들 수 있다.

관계성 집합을 관계의 형태로 전환한 후에는 각 관계가 1차 정규형에서부터 보이스–코드 정규형까지 모두 만족하는지 검사하는 정규화 검사를 거친다. 다음으로, 사용자 트랜잭션 검증을 통해 도출된 논리적 데이터 모델이 사용자가 원하는 트랜잭션을 모두 만족시키는가를 확인한다. 앞의 단계에서 수정된 내용이 있다면 이를 개체–관계성도에 반영하여 최종 사용자 관점을 확정한다. 관계형 데이터 모델의 관계가 확정되면 데이터베이스의 오류를 방지하기 위하여 각 관계에서 요구되는 무결성 제약을 파악하여야 한다. 각 관점별 논리적 설계의 마지막 단계는 지금까지 파악된 것과 데이터 사전에 기록된 내용을 사용자와 함께 일일이 검토하는 것이다.

각 사용자 관점이 논리적 모델로 전환되면 이들을 모두 통합하여 하나의 전역 논리적 모델을 구축하여야 한다. 여러 사용자 관점을 하나로 통합하기 위해서는 먼저 개별 관점에서 도출된 모든 관계와 속성의 이름을 검토하여 동음이의어나 이음동의어가 존재하는지 살펴보아야 한다. 모든 관계와 속성의 명칭이 통일되고 주키가 정리되면, 두 관점을 합집합의 개념으로 통합한다. 마지막으로 통합된 관계가 이전 종속의 문제를 발생시키지는 않는지 또 미래의 확장성에는 문제가 없는지 검토하고, 문제가 없으면 최종 개체–관계성도를 작성하여 데이터 사전에 기록한다.

✎ 복습 문제

1. 다음 용어를 설명하라.

   ·관점의 통합   ·사용자 트랜잭션 검증
   ·순환 외부키   ·전역 논리적 모델

2. 개체−관계성도의 개체 집합을 관계로 전환하는 방법을 설명하라.

3. 개체−관계성도의 이원 관계성 집합을 관계로 전환하는 방법을 설명하라.

4. 개체−관계성도의 일원 관계성 집합을 관계로 전환하는 방법을 설명하라.

5. 개체−관계성도의 삼원 관계성 집합을 관계로 전환하는 방법을 설명하라.

6. 개체−관계성도의 일반화 관계성 집합을 관계로 전환하는 방법을 설명하라.

7. 참조 무결성 제약을 파악할 때 유의해야 할 제약에는 어떠한 것이 있는지 설명하라.

8. 여러 사용자 관점을 통합하여 전역 논리적 모델을 구축할 때 유의해야 할 사항에는 어떠한 것이 있는지 설명하라.

☑ **연습 문제**

1. 아래 그림은 고객과 제품 사이의 '주문하다'라는 관계성을 표현한 개체-관계성도이다. 다중값 속성을 제거할 수 있도록 개체-관계성도를 다시 작성하고, 최종 개체-관계성도를 관계 스키마로 표현하라. 단, 고객은 여러 번 주문을 할 수 있으나, 특정 주문은 한 고객에게만 소속되고, 한 주문에 여러 제품이 포함될 수 있다.

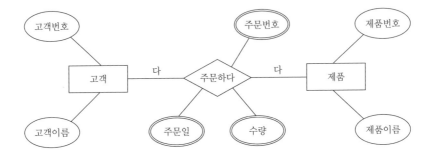

2. 제3장의 〈그림 3-23〉의 개체-관계성도를 관계형 데이터 모델의 관계로 전환하라.

3. 제3장의 〈그림 3-24〉의 개체-관계성도를 관계형 데이터 모델의 관계로 전환하라.

⁝⁝ 참고문헌

Connolly, T. and Begg, C. *Database Systems: A Practical Approach to Design, Implementation, and Management*(6th ed.), Boston: Pearson, 2015.

제9장 물리적 데이터베이스 설계

앞 장에서 공부한 논리적 설계는 특정 데이터베이스 관리시스템과는 독립적으로 진행되었는데, 물리적 데이터베이스는 논리적 설계의 결과물을 실제로 특정 데이터베이스 관리시스템에 옮기는 과정이다. 본 장에서는 물리적 설계의 각 단계에 대해 알아보고, 명문가구 사례를 Oracle 데이터베이스 시스템을 통해 구현해 본다.

9.1 물리적 설계의 개념과 단계

물리적 데이터베이스 설계는 데이터베이스 설계 과정 중 마지막 단계로 논리적 데이터베이스 스키마를 구체적인 저장 방법과 접근 방법을 명시하는 물리적 구조로 전환시키는 과정이다. 논리적 설계가 데이터베이스에 무엇(what)이 들어가야 되는지를 설계하였다면, 물리적 설계에서는 그것을 어떻게(how) 구현할 것인지를 설계하는 것이다. 물리적 설계의 목적은 과업에서 요구되는 접근속도를 보장하고, 필요한 저장장소를 최적화할 수 있는 물리적 구조를 파악하는 것이다. 접근속도와 저장 효율 외에도 데이터베이스의 무결성, 보안, 그리고 복구 등에 관한 사항도 고려되어야 한다. 물리적 설계는 일단 특정 데이터베이스 관리시스템이 선정된 후에 진행되므로, 선정된 데이터베이스 관리시스템이 제공하는 기능에 따라 제약을 받는다. 물리적 데이터베이스 설계의 구체적 단계는 다음과 같다(Connolly and Begg, 2015).

> 1단계: 전역 논리적 모델을 목표 데이터베이스 관리시스템으로 전환
>   − 기본 테이블 설계
>   − 유도 속성의 설계
>   − 무결성 제약 설계
> 2단계: 물리적 저장 방식의 설계
>   − 트랜잭션 분석

           − 파일 조직 선택

           − 이차 색인 선택

           − 통제된 중복의 도입 결정

           − 디스크 용량의 추정

     3단계: 보안 장치의 설계

           − 사용자 관점 설계

           − 접근 허가 규칙 설계

     4단계: 시스템 운영 감시와 조정

9.2 전역 논리적 모델의 전환

    물리적 데이터베이스 설계의 첫번째 단계는 전역 논리적 모델을 목표 데이터베이스 관리시스템으로 전환하는 것이다. 이 단계부터 설계자는 목표 데이터베이스 관리시스템의 기능에 대한 상세한 지식이 요구된다. 예를 들어, 현재 채택한 시스템이 주키, 외부키, 대리키 등의 개념은 지원하는지, 또 영역 제약은 어떤 방법으로 구현할 수 있는지 등에 대한 답을 할 수 있어야 한다.

    본 절에서는 앞 장에서 도출한 명문가구의 전역 논리적 모델을 목표 데이터베이스 관리시스템의 기본 테이블과 무결성 제약으로 전환시키는 방법에 대해 공부하기로 한다. 목표 데이터베이스 관리시스템으로는 현재 가장 널리 사용되고 있는 상업용 데이터베이스 관리시스템 중의 하나인 Oracle 데이터베이스를 채택하였다.

9.2.1 기본 테이블 설계

    기본 테이블 생성시에 필요한 사항은 테이블 이름, 항목, 항목의 데이터 형, 그리고 주키나 외부키의 지정 등이다. 앞 장의 〈그림 8−13〉의 직원 테이블을 생성하기 위한 Oracle 명령어는 다음과 같이 기술할 수 있다.

```
CREATE TABLE 직원 (
     직원번호          CHAR(4)  NOT NULL  CONSTRAINT 직원번호_영역
                                CHECK (직원번호 BETWEEN 'e001' AND 'e999'),
     직원이름          VARCHAR2(10)  NOT NULL,
     주소             VARCHAR2(50)  NOT NULL,
     생년월일          DATE  NOT NULL,
     연봉             INTEGER  NOT NULL,
     전화번호          VARCHAR2(13)  NOT NULL,
     주민번호          VARCHAR2(14)  NOT NULL  UNIQUE,
     매장번호          CHAR(3),
     직원유형          VARCHAR2(20),
     상사_직원번호   CHAR(4),
     부서번호          CHAR(3) NOT NULL,
     PRIMARY KEY (직원번호),
     FOREIGN KEY (매장번호)  REFERENCES 매장 ON DELETE SET NULL,
     FOREIGN KEY (상사_직원번호) REFERENCES 직원(직원번호) ON DELETE
        SET NULL,
     FOREIGN KEY (부서번호)  REFERENCES 부서);¹
```

위의 명령문을 살펴보면 직원번호가 주키이며, 'e001'과 'e999' 사이의 값만 취할 수 있다. 그리고 주민번호는 UNIQUE 명령을 사용하여 대리키로 지정하였다. 대부분의 경우 주민번호를 이용하여 생년월일을 유도할 수 있으나, 그렇지 않은 경우도 있기 때문에 생년월일을 저장하기로 하였다. 직원의 매장번호는 매장 테이블의 동일한 항목(매장번호)을 참조하되, 매장 테이블의 부모 레코드 삭제 시 직원의 매장번호는 공값화한다. 상사_직원번호는 같은 직원 테이블의 직원번호를 참조하고, 상사 레코드 삭제시 직원의 상사_직원번호는 역시 공값화한다. 그 외에 부서번호는 부서 테이블의 동일한 항목(부서번호)을 참조한다. 이 경우에

---

1. Oracle 버전 8 이후에서는 VARCHAR를 개선한 VARCHAR2를 사용하기 때문에 본 절에서는 VARCHAR2형을 이용하여 문자 데이터 형을 지정하였다. 그리고 6.1.4절에서 살펴본 외부키에 대한 참조 무결성 제약 중 Oracle 시스템에는 ON DELETE CASCADE와 ON DELETE SET NULL 명령만 지원한다.

는 참조 무결성에 대한 다른 명령이 없으므로, NO ACTION 명령, 즉, 삭제금지 방식에 해당된다(5.1.4절 참조). 이러한 방식으로 전역 논리적 모델에 나타난 모든 관계를 목표 데이터베이스 관리시스템의 기본 테이블로 정의내린다. 〈그림 8-13〉의 모든 관계를 Oracle 명령어로 정의내린 내용은 본 장 끝의 부록을 참조하기 바란다.

9.2.2 유도 속성의 설계

속성의 값이 다른 속성으로부터 계산 또는 유도될 수 있는 경우, 이를 유도 속성이라고 한다. 예를 들어, 특정 부서의 직원 수라든가, 모든 직원의 연봉 합계 등이 이에 해당된다. 유도 속성은 논리적 모델에서 점선으로 표시되며, 데이터 사전에 반드시 기록해야 한다. 물리적 설계에서는 먼저 모든 유도 속성들을 파악하여 목록을 만든다. 그리고 물리적 설계 관점에서 각각의 유도 속성을 데이터베이스에 저장할 것인지, 아니면 매번 필요할 때마다 유도할 것인지를 결정해야 한다. 유도 속성을 저장할 경우, 추가적인 저장 공간이 필요하며, 속성 간의 일관성을 유지하기 위한 추가적인 비용 발생과 갱신 속도가 느려지는 단점이 있다. 반면, 유도 속성을 저장하지 않을 경우, 매번 검색할 때마다 속성값을 유도하는 데 시간이 많이 걸릴 수 있다.

일반적으로 자주 검색하며 빠른 검색 속도가 요구되는데, 여러 테이블을 결합해야 하기 때문에 응답 시간을 맞출 수 없는 경우에는 유도 속성을 데이터베이스에 저장하는 것이 좋다. 그 외에도 유도 속성으로 계산하기 쉽지 않은 경우에도 별도로 저장하는 것이 바람직하다. 또한 갱신될 가능성이 많지 않고, 자주 검색하는 항목의 경우에도 저장하는 것이 좋다. 이러한 경우 외에는 유도 속성을 데이터베이스에 저장하지 않는 것이 데이터베이스의 일관성을 유지하고, 갱신 속도의 저하를 방지할 수 있다.

9.2.3 무결성 제약 설계

데이터베이스 내용의 무결성을 유지하기 위해서는 데이터베이스의 갱신은 실제 사업 규칙에 의해 제약 받아야 한다. 따라서 이러한 제약 조건들이 데이터베이스에 포함되어야 하는데, 데이터베이스 관리시스템에 따라 포함시킬 수 있는 제약의 내용이나 방법이 차이가 난다. 간단한 제약 조건은 CHECK 절(5.1.3 절 참조)을 사용하지만, 복잡한 사업관련 제약을 설계할 때는 ASSERTION(5.1.5 절 참조) 명령을 사용해야 한다. 그러나 대부분의 데이터베이스 관리시스템이 ASSERTION 명령을 지원하지 않는데, Oracle의 경우에는 대신 트리거(trigger)를 사용한다.

트리거는 데이터베이스 관리시스템에 의해서 관리되는 규칙이다. 트리거는 특정 이벤트나 조건이 발생할 때 실행되는 하나 이상의 SQL 프로그램문으로, 대부분의 데이터베이스 관리시스템은 이 기능을 지원한다. 이벤트는 버튼을 누르는 것과 같이 사용자가 수행하는 작업과 직접적으로 관련될 수도 있고, 혹은 질의가 수행되기 전의 상태파악과 같이 사용자가 수행하는 작업과 간접적으로 관련될 수도 있다. 본 절에서는 '각 영업 사원은 제품 판매시 소비자가에서 자신의 최대할인율보다 더 할인해서 주문 받을 수 없다'라는 제약 조건에 대한 Oracle 트리거를 작성해 보기로 한다.[2]

```
SQL〉 CREATE OR REPLACE TRIGGER 실판매가_검사_트리거
  2      BEFORE INSERT OR UPDATE OF 실판매가 ON 주문_제품
  3    FOR EACH ROW
  4    DECLARE
  5        최대할인율_초과  EXCEPTION;
  6        v_소비자가       제품.소비자가%TYPE;
  7        v_최대할인율      영업직원.최대할인율%TYPE;
  8        v_실제할인율      영업직원.최대할인율%TYPE;
  9    BEGIN
 10
 11      SELECT    소비자가, 최대할인율
 12      INTO      v_소비자가, v_최대할인율
 13      FROM      영업직원, 주문, 제품
 14      WHERE     제품.제품번호 = :NEW.제품번호
```

---

2. Oracle 트리거는 6장에서 공부한 PL/SQL로 정의된다.

```
15         AND    주문.주문번호 = :NEW.주문번호
16         AND    주문.직원번호 = 영업직원.직원번호;
17
18     v_실제할인율 := ( v_소비자가 - :NEW.실판매가 ) / v_소비자가;
19
20     IF v_실제할인율 > v_최대할인율  THEN
21        RAISE 최대할인율_초과;
22     END IF;
23  EXCEPTION
24    WHEN 최대할인율_초과  THEN
25       RAISE_APPLICATION_ERROR(-20001, '할인율(' || v_실제할인율 ||
            ')이 최대할인율(' || v_최대할인율 || ')을 초과했습니다!');
26  END;
27  /
```

이 트리거는 주문_제품 테이블의 실판매가 항목이 새로 입력되거나, 갱신되기 직전에 작동해야 하므로 BEFORE TRIGGER를 사용하였다(2번). 만약 입력이나 갱신 후에 작동해야 하는 트리거의 경우에는 AFTER TRIGGER를 사용한다. 우선 DECLARE 절에서 오류를 처리할 변수(5번)와 다른 블록변수들(6-8번)을 정의하고, 영업직원, 주문, 제품 테이블을 결합(join)하여, 검색된 소비자가와 최대할인율의 값을 블록변수에 입력한다(11-16번). 이때 새로 입력되거나 갱신되는 테이블의 현재 레코드는 따로 이름을 지정하지 않는 한 :NEW라는 이름을 갖는다. 따라서 14번의 :NEW.제품번호, 15번의 :NEW.주문번호, 18번의 :NEW.실판매가 등은 주문_제품 테이블에 현재 입력되는 제품번호, 주문번호, 실판매가를 가리킨다. 그리고 갱신되기 이전 레코드는 :OLD라는 이름을 갖는다. 저장된 블록변수들의 값을 이용해서 실제할인율을 구하고(18번), 이 값이 최대할인율보다 크면 최대할인율_초과라는 EXCEPTION 변수를 작동시키고(20-22번), 에러 메시지를 내보낸다. 예를 들어, 최대할인율이 20%인데, 30% 할인된 값을 실판매가로 입력했다면 '할인율(.3)이 최대할인율(.2)을 초과했습니다!'라는 메시지를 보내고 입력이나 갱신을 허용하지 않는다(25번).

트리거에 관한 보다 다양한 예제는 마니노(Mannino, 2004) 11장이나 Oracle 매뉴얼을 참조하기 바란다. 일부 데이터베이스 관리시스템에서는 트리거 기능이 지원되지 않으며, 또한 트리거 기능이 지원된다 하더라도 모든 사업 제약을 정의내릴 수 없다. 그러한 경우에는 사업 제약을 프로그램을 통해 명시하거나, 수작업에 의존할 수밖에 없다.

9.3 물리적 저장 방식의 설계

물리적 데이터베이스 설계의 주요 목적 중 하나는 효율적인 방법으로 데이터를 저장하는 것이다. 효율성은 일정 시간동안 처리될 수 있는 트랜잭션 건수를 나타내는 트랜잭션 처리량(throughput), 주어진 한 트랜잭션을 처리하는 데 걸리는 응답 시간(response time), 그리고 데이터베이스를 구축하는 데 요구되는 디스크 용량 등으로 측정될 수 있다. 이러한 요소들은 일반적으로 서로 상충관계(tradeoff)에 있는데, 예를 들어, 응답 시간을 줄이기 위해서 디스크 용량을 늘릴 수밖에 없는 경우가 있다. 따라서 어느 한 요소가 절대적인 기준이 될 수 없고, 설계자는 데이터베이스의 효율을 높이기 위해 다양한 요소를 고려한 후에 가장 적절한 대안을 찾아야 한다. 물리적 저장 방식을 설계하기 위해서는 우선 트랜잭션을 분석하여 데이터베이스의 규모와 각 데이터의 사용형태와 빈도를 측정해야 한다. 이를 토대로 파일 조직과 색인, 데이터의 중복 등을 설계하고, 데이터베이스를 저장할 디스크의 용량을 계산한다.

9.3.1 트랜잭션 분석

효율적인 데이터베이스 설계를 위해서는 데이터베이스에 행해지는 트랜잭션을 질적으로, 그리고 양적으로 분석하는 것이 필요하다. 일반적으로 각 트랜잭션에 대해 다음과 같은 사항을 파악한다.

- 트랜잭션의 빈도
- 트랜잭션에 의해 접근되는 테이블과 항목

- 접근 형태: 삽입(Create), 검색(Read), 갱신(Update) 또는 삭제(Delete)[3]
- 검색 조건으로 사용되는 항목
- 트랜잭션에 의해 결합(join)되어야 하는 테이블과 항목
- 응답 시간과 같은 시간 제약과 우선 순위

그러나 많은 경우에 있어서 모든 트랜잭션을 분석하는 것은 현실적으로 불가능하다. 따라서 주요 20% 트랜잭션이 전체 트랜잭션의 80%를 차지한다는 80-20 규칙을 적용하여, 전체 트랜잭션 중에서 가장 중요한 20% 정도의 트랜잭션을 집중적으로 분석하는 것이 바람직하다.

9.3.2 파일 조직 선택

트랜잭션 분석이 이루어지면, 데이터베이스의 각 테이블을 저장할 데이터 파일 조직을 선택해야 한다. 저장 장치와 파일 조직에 관한 자세한 내용은 책 뒤의 부록 B를 참조하기 바라며, 본 절에서는 데이터베이스 시스템에서 많이 사용되는 순차 파일, 색인 순차 파일, 해시 파일, 그리고 B⁺-Tree 파일의 특성에 대해 간단히 알아보기로 한다.

순차 파일

순차(sequential) 파일은 주키의 값에 따라 레코드를 순서대로 저장하는 방법이다. 또 주키에 관계없이 레코드가 입력되는 순서대로 저장하는 힙(heap) 파일도 순차 파일의 일종으로 볼 수 있다. 순차 파일은 레코드를 순서대로 모두 검색할 때 매우 효율적이다. 그러나 파일 내의 특정 레코드에 접근하기 위해서는 파일의 처음부터 해당 레코드까지 모두 읽어야만 한다. 또한 파일 중간에 레코드를 삽입하기 위해서는 그 이후의 레코드를 모두 다시 기록해야 하는 단점을 지니고 있다. 그리고 레코드를 삭제할 경우, 실제로 지우는 것이 아니고 삭제 표시만 해두기 때문에 주기적으로 파일을 재조직해야 한다. 따라서 이 방식은 다음과 같은 경우에 주로 사용된다.

---

3. 현업에서는 이 네 단어의 첫 글자를 따서 CRUD라고 부르기도 한다.

- 레코드를 주키값에 따라 순차적으로 기록하고 검색할 때.
- 일괄 대량 적재시 초기 파일 조직으로.
- 테이블의 데이터가 소량(몇 페이지 이내)인 경우.
- 추가적인 접근 구조, 즉, 이차 색인 등이 존재할 때, 디스크 공간을 절약하기 위하여.

색인 순차 파일

색인 순차 파일(indexed sequential access method(ISAM))은 레코드의 순차 접근과 임의 접근(random access)을 모두 허용하는 파일 조직이다. 순차 접근을 위해서는 파일의 처음부터 끝까지 읽어나가면 되고, 임의 접근을 위해서는 원하는 레코드의 주키값을 색인에서 찾아 접근할 수 있다. 그러나 레코드의 삽입과 삭제가 자주 일어날 경우 색인키의 변동에 따라 검색 속도가 느려지는 단점이 있다(부록 B.3.2절 참조). 따라서 색인 순차 파일은 주기적인 재조직이 요구된다. 색인 순차 파일은 주키값에 따라 레코드를 순차적으로 검색하거나, 또는 특정 레코드를 정확한 키값, 패턴 매칭, 부분 매칭, 범위 매칭 등에 의해 검색할 때 주로 사용된다. 그러나 색인키가 자주 갱신되는 경우에는 효율성이 떨어지므로 B^+-Tree 파일 조직을 사용하는 것이 더 바람직하다.

B^+-Tree 파일

B^+-Tree 파일은 나무(tree) 구조를 기반으로 파일을 조직하며, 순차 접근과 임의 접근이 모두 가능하다. 따라서 B^+-Tree 파일도 색인 순차 파일과 마찬가지로 주키값에 따라 레코드를 순차적으로 검색하거나, 또는 특정 레코드를 정확한 키값, 패턴 매칭, 부분 매칭, 범위 매칭 등에 의해 검색할 때 주로 사용된다. 그러나 B^+-Tree 파일은 색인 순차 파일과 달리 색인키를 갱신하더라도 성능 저하가 발생하지 않기 때문에 색인키가 자주 갱신되는 경우에도 사용될 수 있다.

해시 파일

해시(hash) 파일은 색인을 검색하는 대신 키값을 이용하여 저장 위치의 주소를 계산하기 때문에 매우 빠른 속도로 특정 레코드를 찾을 수 있다(부록 B.3.3절 참조). 따라서 특정 레코드를 정확한 키값에 의해 신속히 검색해야 할 경우에 많이 사용된다. 그러나 레코드가 키값 순서대로 저장되어 있지 않기 때문에 순차적 검색이 요구되는 경우에는 사용할 수 없으며, 패턴 매칭, 부분 매칭, 범위 매칭 등도 불가능하다.

9.3.3 이차 색인 선택

이차 색인 설계는 데이터베이스 내에서 특정 데이터를 검색하거나, 특정한 순서대로 레코드를 출력하는 속도를 결정짓는 중요한 요인 중 하나이다. 이차 색인 설계는 관계형 데이터베이스에서 특히 중요한데, 그 이유는 관계형 데이터베이스는 물리적인 지시자를 통해 레코드를 연결시키지 않고 논리적인 키를 이용하기 때문이다. 대부분의 관계형 데이터베이스 관리시스템에서는 특정 테이블에서 어떤 항목에 대해서도 색인을 지정할 수 있으며, 색인은 하나 또는 그 이상의 항목으로 구성된다.

이차 색인을 지정하는 목적은 검색 속도를 향상시키는 것이다. 그러나 이차 색인을 유지하기 위해서는 다음과 같은 비용이 든다.

- 레코드 삽입, 갱신, 삭제시 모든 관련 색인 파일을 갱신해야 한다. 즉, 색인은 검색 속도를 향상시키는 대신, 삽입, 갱신, 삭제 속도는 떨어뜨린다.
- 색인 파일을 저장하기 위한 디스크 공간이 요구된다.
- 질의 최적기는 모든 이차 색인을 고려하여 최적의 실행 전략을 수립하는데, 색인이 너무 많이 정의되었을 경우에 질의 최적기를 혼란시켜 오히려 성능을 저하시킬 가능성이 있다.

따라서 이차 색인의 선정은 트랜잭션 분석을 토대로 신중히 이루어져야 한다. 일반적으로 다음과 같은 항목들이 이차 색인 후보로서 고려될 수 있다.

- 주키가 파일을 조직하는 키가 아닌 경우, 주키 항목.
- 검색키로 자주 사용되는 항목.
- 테이블의 결합(join)에 자주 사용되는 외부키 항목.

반면, 다음과 같은 경우에는 이차 색인을 만들지 않는 것이 바람직하다.

- 규모가 작은 테이블.
- 자주 갱신되는 항목.
- 길이가 긴 문자열을 가진 항목.
- 테이블의 상당 부분을 검색하는 경우.[4]

이차 색인이 만들어진 테이블에 상당량의 레코드가 삽입되어야 한다면, 먼저 색인을 제거한 후에 레코드를 삽입하고, 다시 색인을 만드는 것이 효율적이다. 일반적으로 전체 테이블 중 10% 이상의 레코드가 삽입되어야 한다면 한시적으로 색인을 삭제하는 것이 바람직하다.

9.3.4 통제된 중복의 도입 결정

통제된 중복이란 정규화된 테이블의 장점을 희생해서라도 요구되는 성능을 만족시키고자 하는 노력으로, 이를 **탈정규화**(denormalization)라고 한다. 탈정규화를 도입하면 중복된 데이터의 일관성을 유지하기 위해 실행에 있어서 복잡성이 가중되고, 유연성이 떨어질 수 있으며, 검색 속도는 빨라지지만 갱신 속도는 오히려 느려지는 단점이 있다. 따라서 요구되는 검색 속도를 만족시키지 못하면서, 갱신 속도는 다소 느려져도 용납되는 경우에 탈정규화를 고려할 수 있다.

탈정규화에는 유도 속성을 일반 속성으로 저장하는 것과 한 속성을 여러 테이블에 중복 저장하는 두 가지 방법이 있다. 매번 유도 속성을 계산하는 데 걸리는 시간이 너무 긴 경우에 유도 속성을 일반 속성으로 저장하는 것을 고려해 볼 수 있다. 이 경우 저장된 데이터를 현재성 있고 일관성 있는 데이터로 유지하기 위한 비용과 추가 저장 공간이 요구된다.

여러 테이블을 결합(join)하는 데 시간이 많이 걸리는 경우에 특정 속성을 여러 테이블에 중복 저장하여, 테이블을 결합하지 않고 데이터를 검색하도록 탈정규화할 수 있다. 예를 들어, 앞 장에서 도출한 전역 논리적 모델(그림 8-13)에서 다

---

4. 이런 경우는 색인 대신 전체 테이블을 모두 검색하는 것이 오히려 효율적이다.

음과 같은 두 관계를 생각해 보자.

제품(제품번호, 제품명, 제품설명, 원가, 소비자가, 재고량)
주문_제품(주문번호, 제품번호, 실판매가, 수량)

특정 주문(예를 들어, 236758)에 포함된 제품번호와 제품명을 출력하기 위한
SQL문은 아래와 같다.

```
SELECT 주문번호, op.제품번호, 제품명
FROM   주문_제품 op, 제품 p
WHERE  op.제품번호 = p.제품번호
AND    주문번호 = 236758;
```

위의 질의를 살펴보면 주문번호와 제품명이 한 관계에 들어 있지 않기 때문
에, 원하는 결과를 얻기 위해서는 **주문_제품** 관계와 **제품** 관계를 결합할 수밖에
없다. 그러나 만약 주문번호와 제품명을 동시에 요구하는 경우가 빈번한데, 결합
으로 인하여 요구되는 응답속도를 맞출 수 없는 경우에는 탈정규화를 고려할 수
있다. 즉, 제품 관계에 존재하는 제품명 항목을 주문_제품 관계에도 중복하여
저장하는 것이다. 이때 주의할 점은 제품 관계의 제품명은 반드시 유지되어야
하는데, 만약 삭제되면 3장의 정규화에서 공부했듯이 주문하지 않은 제품은 데
이터베이스에 저장하지 못하는 일이 발생하기 때문이다. 제품명이 두 번 저장되
었기 때문에 갱신 이상을 피할 수는 없으나, 제품명이 자주 변경되지 않는다면
큰 문제는 아닐 것이다.

주문_제품(주문번호, 제품번호, 제품명, 실판매가, 수량)

제품명을 중복하여 저장함으로써 다음과 같이 간단한 SQL문으로 원하는
정보를 출력할 수 있으며, 두 관계를 결합할 필요가 없기 때문에 검색 속도는 향
상된다.

```
SELECT 주문번호, 제품번호, 제품명
FROM    주문_제품
WHERE   주문번호 = 236758;
```

탈정규화의 또 다른 예로는 중복 집단의 도입을 들 수 있다. 중복 집단은 1차 정규형에서 제거되어 새로운 관계로 만들어져 원래 관계와 1:다의 관계성을 이루게 된다. 그러나 검색 속도를 향상시키기 위해서 중복 집단을 다시 도입하는 경우가 있다. 예를 들어, 특정 직원이 부양하는 가족은 한 명 이상일 수 있는데, 현재 다음과 같은 두 관계에 의해 파악되며, 그 내용은 〈그림 9-1〉과 같다고 가정해 보자.

직원(<u>직원번호</u>, 직원이름, 주소)
부양가족(<u>부양직원번호</u>, <u>부양가족이름</u>, 관계)[5]

만약 직원의 부양가족에 대한 검색이 빈번히 요구되고, 응답속도를 맞출 수 없다면 〈그림 9-2〉와 같이 직원과 부양가족 관계를 합쳐서, 각 직원마다 부양가족을 모두 열거하는 방법을 고려해 볼 수 있다.

직원

직원 번호	직원 이름	주소
e01	김준규	서울 서대문구 신촌로11길 3
e02	이승휘	서울 마포구 도화2길 40
e05	박혜영	서울 성동구 독서당로 156
e07	이상현	서울 마포구 와우산로 116
e15	최근신	서울 동작구 사당로5길 4
e21	박연구	서울 강서구 강서로5길 53

부양가족

부양직원 번호	부양가족 이름	관계
e01	이상미	배우자
e01	김기수	아들
e05	권기문	배우자
e15	김미숙	배우자
e15	최한식	아들
e15	최한선	딸
e21	이선미	배우자

그림 9-1 직원과 부양가족 현황

---

5. 편의상 〈그림 8-13〉의 직원과 부양가족 관계에서 일부 속성을 생략하였음.

직원번호	직원이름	주소	가족이름1	관계1	가족이름2	관계2	가족이름3	관계3	가족이름4	관계4
e01	김준규	…	이상미	배우자	김기수	아들	null	null	null	null
e02	이승휘	…	null	null	null	null	null	null	null	null
e05	박혜영	…	권기문	배우자	null	null	null	null	null	null
e07	이상현	…	null	null	null	null	null	null	null	null
e15	최근신	…	김미숙	배우자	최한식	아들	최한선	딸	null	null
e21	박연구	…	이선미	배우자	null	null	null	null	null	null

그림 9-2 직원과 부양가족의 결합

일반적으로 반복 집단의 도입은 다음과 같은 경우에만 고려해 볼 수 있다.

- 반복 집단의 항목 수가 미리 알려져 있을 때(위의 예에서는 부양가족을 최대 4명까지만 저장한다는 가정하에 가능).
- 반복 집단의 수가 시간에 따라 변화하지 않을 때(부양 가족을 4명까지만 저장한다는 회사 방침이 변하지 않는다는 가정)
- 반복 집단의 수가 너무 크지 않을 때(일반적으로 최대 12개 정도)

그 외에도 여러 관계에서 필요한 값을 계산하고 검색하여 하나의 거대한 탈정규화 테이블을 만들 수도 있는데, 이는 13장에서 공부할 데이터 웨어하우스를 구축하는 데 주로 사용되는 방법이다. 일반적으로 탈정규화를 위한 명확한 지침은 존재하지 않는다. 데이터베이스 설계자는 탈정규화를 통한 검색 속도의 개선 정도와 여러 가지 탈정규화 비용을 계산하여 최선의 방법을 선택해야 하는데, 설계자의 경험과 감각이 요구되는 부분이기도 하다.

9.3.5 디스크 용량의 추정

이 단계의 목적은 데이터베이스를 저장하기 위한 이차 저장장치의 용량을 추정하는 것이다. 이러한 추정치는 목표 데이터베이스 관리시스템과 하드웨어에 따라 상당한 차이가 나기 때문에, 구체적인 계산 과정은 각 데이터베이스 관리시스템 매뉴얼을 참조하기 바란다. 또한 9.3.2절에서 논의한 파일 조직의 선택에 따라서도 요구되는 디스크 공간이 큰 차이를 보이는데, 일반적으로 해시 파일, B^+–Tree 파일, 색인 순차 파일, 순차 파일 순으로 용량을 많이 차지한다. 〈표 9–1〉은 111바이트(bytes) 크기의 레코드를 INGRES 시스템에 저장할 때 요구되는 디스크 블록의 수를 나타낸 것으로 자세한 계산 과정은 코널리와 베그 (Connolly and Begg, 2002)를 참조하기 바란다.

요구되는 디스크 공간의 비교(단위: 블록 수)

레코드 수 파일 조직	10,000	20,000	30,000	40,000	50,000
순차 파일※	2,356	4,708	7,060	9,412	11,768
색인 순차 파일	2,684	5,360	8,032	10,712	13,388
B^+–Tree 파일	3,340	6,592	9,844	13,100	16,352
해시 파일※※	10,000	20,000	30,000	40,000	50,000

※: 힙(heap) 파일 ※※: 적재율 50% 가정

9.4 보안 장치의 설계

물리적 데이터베이스 설계에 있어서 또 하나의 중요한 단계는 데이터베이스의 보안 장치를 설계하는 것이다. 데이터베이스는 조직의 귀중한 자원이므로 이를 보호하기 위한 장치가 반드시 필요하다. 이를 위해서 사용자 관점 설계와 각 관점에 대한 접근 허가 규칙 설계가 이루어져야 한다. 이에 자세한 내용은 11장에서 다루기로 한다.

9.5 시스템 운영 감시와 조정

물리적 데이터베이스 설계는 단번에 완료될 수 있는 것이라기보다는 계속해서 그 성능이 조정되어야 한다. 초기 설계가 완료되면 시스템을 지속적으로 감시하여 이상이 있는 부분을 발견하여 이를 조정해 나가야 한다. 이러한 조정 작업은 어느 시점에 끝나는 것이 아니고, 시스템이 운영되는 동안에는 계속되어야 한다. 그러나 시스템의 한 부분을 조정하여 개선할 경우, 그것과 연관된 다른 부분에는 반대 영향을 미칠 수 있기 때문에 세심한 주의가 필요하다.

9.6 요약

물리적 데이터베이스 설계는 데이터베이스 설계 과정 중 마지막 단계로 논리적 데이터베이스 스키마를 구체적인 저장 방법과 접근 방법을 명시하는 물리적 구조로 전환시키는 과정이다. 물리적 설계의 목적은 과업에서 요구되는 접근속도를 보장하고, 필요한 저장장소를 최적화할 수 있는 물리적 구조를 파악하는 것이다. 접근속도와 저장 효율 외에도 데이터베이스의 무결성, 보안, 그리고 복구 등에 관한 사항도 고려하여야 한다. 물리적 데이터베이스 설계는 먼저 논리적 모델을 목표 데이터베이스 관리시스템으로 전환한 후, 물리적 저장 방식의 설계, 보안 장치의 설계, 그리고 시스템 운영 감시와 조정 등으로 이루어진다.

논리적 모델을 토대로 목표 데이터베이스 관리시스템의 기본 테이블 설계, 유도 속성의 설계, 무결성 제약 설계가 이루어지면 물리적 저장 방식을 설계하는데, 이 단계에서는 트랜잭션 분석, 파일 조직 선택, 이차 색인 선택, 통제된 중복의 도입 결정, 그리고 디스크 용량을 추정한다. 보안 장치의 설계는 사용자 관점 설계와 접근 허가 규칙 설계로 이루어진다. 초기 설계가 완료되면 시스템을 지속적으로 감시하여 이상이 있는 부분을 발견하여 이를 조정해 나가야 한다. 이러한 조정 작업은 어느 시점에 끝나는 것이 아니고, 시스템이 운영되는 동안에는 계속되어야 한다.

✎ 복습 문제

1. 다음 용어를 설명하라.

   ·물리적 데이터베이스 설계   ·색인 순차 파일

   ·순차 파일   ·탈정규화

   ·트랜잭션 분석   ·트리거(trigger)

   ·해시 파일   ·B$^+$−Tree 파일

2. 물리적 데이터베이스 설계 단계를 설명하라.

3. 트랜잭션 분석 단계에서는 어떠한 사항들을 파악하는가?

4. 순차 파일, 색인 순차 파일, 해시 파일, 그리고 B$^+$−Tree 파일은 각각 어떠한 경우에 사용하는가?

5. 어떤 항목들이 이차 색인의 후보로 적절한가?

6. 이차 색인은 검색 속도를 향상시키는 반면, 어떠한 비용을 발생시키는가?

7. 어떠한 경우에 탈정규화를 고려할 수 있는가?

응용 문제

1. 명문가구의 전역 논리적 모델(그림 8-13)에서 탈정규화가 바람직해 보이는 경우가 있는가? 있다면, 어떻게 탈정규화를 하는 것이 좋은지 제안하고, 필요한 가정이 있으면 나열하라.

2. 현업에서 탈정규화가 어떻게 활용되고 있는지 조사하여 보라.

∷ 참고문헌

Connolly, T. and Begg, C. *Database Systems: A Practical Approach to Design, Implementation, and Management*(6th ed.), Boston: Pearson, 2015.

Mannino, M.V. *Database: Design, Application Development, & Administration*(2nd ed.), New York: McGraw−Hill/Irwin, 2004.

부록: 기본 테이블 생성

　기본 테이블 생성시에 필요한 사항은 테이블 이름, 항목, 항목의 데이터 형 및 무결성 제약 등이다. 무결성 제약 중 주키 제약과 영역 제약만 테이블 생성시 지정하고, 외부키 제약은 초기 데이터 입력이 이루어진 후에 ALTER TABLE 명령을 이용하여 추후에 정의한다. 그 이유는 초기 데이터 적재시 외부키의 교차참조 제약으로 인한 오류가 발생하여 데이터가 입력되지 않는 상황이 발생할 수 있기 때문이다. 하지만 본 부록에서는 편의상 외부키에 대한 무결성 제약 정의를 테이블 생성에 같이 포함시켰다.

　직원 테이블의 생성 및 무결성 제약에 대한 명령어는 다음과 같으며, 이에 대한 내용은 이미 9.2.1절에서 설명한 바 있다.

```
CREATE TABLE 직원 (
    직원번호        CHAR(4)  NOT NULL  CONSTRAINT 직원번호_영역
                        CHECK (직원번호 BETWEEN 'e001' AND 'e999'),
    직원이름        VARCHAR2(10)  NOT NULL,
    주소           VARCHAR2(50)  NOT NULL,
    생년월일        DATE  NOT NULL,
    연봉           INTEGER  NOT NULL,
    전화번호        VARCHAR2(13)  NOT NULL,
    주민번호        VARCHAR2(14)  NOT NULL  UNIQUE,
    매장번호        CHAR(3),
    직원유형        VARCHAR2(20),
    상사_직원번호   CHAR(4),
    부서번호        CHAR(3) NOT NULL,
    PRIMARY KEY (직원번호),
    FOREIGN KEY (매장번호)  REFERENCES 매장 ON DELETE SET NULL,
    FOREIGN KEY (상사_직원번호) REFERENCES 직원(직원번호) ON DELETE SET
        NULL,
    FOREIGN KEY (부서번호)  REFERENCES 부서);
```

　　부양가족 테이블 생성 및 관련 무결성 제약조건을 위한 명령어는 다음과 같다. 직원이 퇴사할 경우, 부양가족 레코드를 더 이상 보관할 필요가 없다는 가정 하에 마지막 줄에 ON DELETE CASCADE 명령을 추가하였다.

```
CREATE TABLE 부양가족 (
    직원번호        CHAR(4) NOT NULL,
    부양가족이름    VARCHAR2(10) NOT NULL,
    생년월일        DATE NOT NULL,
    성별            CHAR(1)    CONSTRAINT 성별_영역
                        CHECK (성별 IN ('m', 'f')),
    관계            VARCHAR2(10),
    PRIMARY KEY (직원번호, 부양가족이름),
    FOREIGN KEY (직원번호)  REFERENCES 직원 ON DELETE CASCADE);
```

　　부서와 부서위치 테이블 생성 및 관련 무결성 제약조건을 위한 명령어는 다음과 같다. 부서번호는 'd01'과 'd99' 사이의 값을 갖는다.

```
CREATE TABLE 부서 (
    부서번호        CHAR(3) NOT NULL  CONSTRAINT 부서번호_영역
                        CHECK (부서번호 BETWEEN 'd01' AND 'd99'),
    부서명          VARCHAR2(20) NOT NULL,
    부서장_직원번호 CHAR(4) NOT NULL,
    발령일          DATE NOT NULL,
    PRIMARY KEY    (부서번호),
    FOREIGN KEY    (부서장_직원번호)  REFERENCES 직원);

CREATE TABLE 부서위치 (
    부서번호        CHAR(3) NOT NULL,
    위치            VARCHAR2(10) NOT NULL,
    PRIMARY KEY (부서번호, 위치),
    FOREIGN KEY (부서번호) REFERENCES 부서);
```

프로젝트와 프로젝트_직원 테이블 생성 및 관련 무결성 제약조건을 위한 명령어는 다음과 같다. 프로젝트가 삭제되면 해당 프로젝트_직원도 필요 없으므로, 프로젝트_직원 테이블 정의의 마지막 줄에 ON DELETE CASCADE 명령을 추가하였다.

```
CREATE TABLE 프로젝트 (
    프로젝트번호    CHAR(5) NOT NULL,
    프로젝트명      VARCHAR2(30) NOT NULL,
    예산            INTEGER,
    부서번호        CHAR(3) NOT NULL,
    PRIMARY KEY (프로젝트번호),
    FOREIGN KEY (부서번호)  REFERENCES 부서);

CREATE TABLE 프로젝트_직원 (
    프로젝트번호    CHAR(5) NOT NULL,
    직원번호        CHAR(4) NOT NULL,
    참여시간        SMALLINT NOT NULL,
    PRIMARY KEY (프로젝트번호, 직원번호),
    FOREIGN KEY (직원번호)  REFERENCES 직원,
    FOREIGN KEY (프로젝트번호)   REFERENCES 프로젝트 ON DELETE
        CASCADE);
```

사무직원 테이블의 생성 및 관련 무결성 제약조건을 위한 명령어는 다음과 같다. 직원 테이블에서 사무직원이 삭제되면 사무직원 테이블에서도 같이 삭제되어야 하므로, 마지막 줄에 ON DELETE CASCADE 명령을 추가하였다.

```
CREATE TABLE 사무직원 (
    직원번호        CHAR(4) NOT NULL,
    최종학위        VARCHAR2(10) NOT NULL,
    전공            VARCHAR2(10) NOT NULL,
    PRIMARY KEY (직원번호),
    FOREIGN KEY (직원번호)  REFERENCES 직원 ON DELETE CASCADE);
```

생산직원 테이블의 생성 및 관련 무결성 제약조건을 위한 명령어는 다음과 같다. 직원 테이블에서 생산직원이 삭제되면 생산직원 테이블에서도 같이 삭제되어야 하므로, 마지막 줄에 ON DELETE CASCADE 명령을 추가하였다.

```
CREATE TABLE 생산직원 (
    직원번호        CHAR(4) NOT NULL,
    기술분야        VARCHAR2(20) NOT NULL,
    PRIMARY KEY (직원번호),
    FOREIGN KEY (직원번호)  REFERENCES 직원 ON DELETE CASCADE);
```

영업직원 테이블의 생성 및 관련 무결성 제약조건을 위한 명령어는 다음과 같다. 최대할인율의 경우 30%를 초과할 수 없다는 제약이 있다. 직원 테이블에서 영업직원이 삭제되면 영업직원 테이블에서도 같이 삭제되어야 하므로, 마지막 줄에 ON DELETE CASCADE 명령을 추가하였다.

```
CREATE TABLE 영업직원 (
    직원번호        CHAR(4) NOT NULL,
    최대할인율      DECIMAL(3,2) NOT NULL  CONSTRAINT 최대할인율_영역
                        CHECK (최대할인율 BETWEEN 0.00 AND 0.30),
    목표매출액      INTEGER NOT NULL,
    PRIMARY KEY (직원번호),
    FOREIGN KEY (직원번호)  REFERENCES 직원 ON DELETE CASCADE);
```

운전기사 테이블 생성 및 관련 무결성 제약조건을 위한 명령어는 다음과 같다. 직원 테이블에서 운전기사가 삭제되면 운전기사 테이블에서도 같이 삭제되어야 하므로, 마지막 줄에 ON DELETE CASCADE 명령을 추가하였다.

```
CREATE TABLE 운전기사 (
    직원번호        CHAR(4) NOT NULL,
    면허종류        VARCHAR2(10) NOT NULL,
    PRIMARY KEY (직원번호),
```

```
        FOREIGN KEY (직원번호)  REFERENCES 직원 ON DELETE CASCADE);
```

매장 테이블 생성 및 관련 무결성 제약조건을 위한 명령어는 다음과 같다. 매장번호는 's01'과 's99' 사이의 값을 갖는다.

```
CREATE TABLE 매장 (
    매장번호        CHAR(3) NOT NULL CONSTRAINT 매장번호_영역
                         CHECK (매장번호 BETWEEN 's01' AND 's99'),
    매장명          VARCHAR2(20) NOT NULL,
    주소            VARCHAR2(50) NOT NULL,
    전화번호        VARCHAR2(13) NOT NULL,
    팩스번호        VARCHAR2(13) NOT NULL,
    PRIMARY KEY (매장번호));
```

차량 테이블 생성 및 관련 무결성 제약조건을 위한 명령어는 다음과 같다.

```
CREATE TABLE 차량 (
    차량번호        CHAR(10) NOT NULL,
    제조회사        VARCHAR2(10) NOT NULL,
    모델명          VARCHAR2(20) NOT NULL,
    생산연도        NUMBER(4) NOT NULL,
    최대적재무게    NUMBER(2) NOT NULL,
    직원번호        CHAR(4) NOT NULL,
    PRIMARY KEY (차량번호),
    FOREIGN KEY (직원번호)  REFERENCES 운전기사);
```

주문과 주문_제품 테이블 생성 및 관련 무결성 제약조건을 위한 명령어는 다음과 같다. 주문이 삭제되면 해당 주문_제품도 필요 없으므로, 주문_제품 테이블 정의의 마지막 줄에 ON DELETE CASCADE 명령을 추가하였다.

```
CREATE TABLE 주문 (
    주문번호        NUMBER(6) NOT NULL,
    주문일          DATE NOT NULL,
    배달주소        VARCHAR2(50) NOT NULL,
    직원번호        CHAR(4) NOT NULL,
    고객번호        CHAR(6) NOT NULL,
    PRIMARY KEY (주문번호),
    FOREIGN KEY (직원번호)  REFERENCES 영업직원,
    FOREIGN KEY (고객번호)  REFERENCES 고객);


CREATE TABLE 주문_제품 (
    주문번호        NUMBER(6) NOT NULL,
    제품번호        CHAR(5) NOT NULL
    실판매가        NUMBER(8) NOT NULL,
    수량           NUMBER(3) NOT NULL,
    PRIMARY KEY (주문번호, 제품번호)
    FOREIGN KEY (제품번호)  REFERENCES 제품
    FOREIGN KEY (주문번호)  REFERENCES 주문 ON DELETE CASCADE);
```

제품 테이블 생성 및 관련 무결성 제약조건을 위한 명령어는 다음과 같다. 제품번호는 'AA001'에서 'ZZ999' 사이의 값을 갖는다.

```
CREATE TABLE 제품 (
    제품번호        CHAR(5) NOT NULL CONSTRAINT 제품번호_영역
                        CHECK (제품번호 BETWEEN 'AA001' AND 'ZZ999'),
    제품명          VARCHAR2(20) NOT NULL,
    제품설명        VARCHAR2(70),
    원가           NUMBER(8) NOT NULL,
    소비자가        NUMBER(8) NOT NULL,
    재고량          NUMBER(4) NOT NULL,
    PRIMARY KEY (제품번호));
```

고객과 취향 테이블 생성 및 관련 무결성 제약조건을 위한 명령어는 다음과 같다. 고객이 삭제되면 취향도 더 이상 필요 없으므로, 취향 테이블 정의의 마지막 줄에 ON DELETE CASCADE 명령을 추가하였다.

```
CREATE TABLE 고객 (
    고객번호        CHAR(6) NOT NULL,
    고객이름        VARCHAR2(10) NULL,
    생년월일        DATE NULL,
    주소_시         VARCHAR2(10) NOT NULL,
    주소_구         VARCHAR2(10) NOT NULL,
    주소_동         VARCHAR2(10) NOT NULL,
    주소_번지       VARCHAR2(20) NOT NULL,
    집전화번호      VARCHAR2(13),
    휴대전화번호    VARCHAR2(13),
    PRIMARY KEY (고객번호));

CREATE TABLE 취향 (
    고객번호        CHAR(6) NOT NULL,
    스타일          VARCHAR2(20) NULL,
    가격대          VARCHAR2(20) NULL,
    PRIMARY KEY (고객번호),
    FOREIGN KEY (고객번호) REFERENCES 고객 ON DELETE CASCADE);
```

실제 자료 입력

외부의 다른 소스로부터 생성된 다량의 데이터를 Oracle 데이터베이스로 저장하기 위해서는 Oracle Loader라는 툴을 이용한다. 데이터가 소수인 경우에는 INSERT라는 SQL 명령어를 이용하여 자료를 입력하면 된다. Oracle Loader는 컨트롤 파일(확장자가 .ctl)이 보내는 지시에 따라 파일을 읽고 Oracle 데이터베이스에 저장한다. 예를 들어, 매장 테이블의 각 항목에 들어갈 데이터 값을 ','로 구별한 데이터 파일(shop.dat)을 매장 테이블에 저장하기 위해서는 먼저 컨트롤 파일

(shop.ctl)을 생성하여 Oracle Loader를 실행하면 된다. shop.ctl 파일의 내용은 다음과 같다.

```
LOAD DATA
INFILE 'a:\shop.dat'
INTO TABLE shop
FIELDS TERMINATED BY ','
(s_number, s_name, s_address, s_phone, s_fax, e_number)
```

컨트롤 파일을 작성한 후에 Oracle 데이터베이스에 데이터를 저장하기 위해서는 다음의 명령어를 사용하면 된다.

```
SQLLDR80 username/password CONTROL=shop.ctl PARALLEL=yes
```

PART 04

jusst.moment

< 무지개 비둘기 >

written by. Justine Suh
illustration by. exit

회색 직장인들은 바쁘게 한 방향으로 걷고 있었다. 나는 반대 방향으로 걷고 있었다. 쉴 새 없이 몰아치는 파도처럼 끝없이 내 앞을 가로막는 직장인 무리에 치이고 또 치였다. 꼼꼼하게 칠한 눈썹부터 하이힐, 넥타이부터 광낸 구두, 전투복으로 완벽착장을 한 그 무리 속에 나의 민얼굴과 늘어난 티, 낡은 운동화는 힘을 잃었다. 당당하게 뚫고 지나가야 하는데 더 주눅이 들어 고개를 숙이고 땅을 바라보게 되었다.

그때 봤다. 회색 비둘기 틈에 섞여 있는 무지개 비둘기를. 난생처음 보는 비둘기의 화려한 모습에 내가 꿈을 꾸고 있는 건지 재차 확인했다. 하지만 무지개 비둘기는 비둘기 무리에 섞여 똑같이 땅을 쪼고 있었다. 다른 비둘기들도 전혀 신경 쓰지 않는 듯했다.

나는 바쁜 길을 벗어나 비둘기들이 땅을 쪼고 있는 옆길로 나왔다. 숨이 트였다. 누군가 나처럼 무지개 비둘기를 보고 신기해하지 않을까 둘러봤지만, 모두가 너무 바빠 땅을 볼 여유는 없어 보였다. 내가 다가가자 비둘기들은 일정한 거리를 두고 뒤뚱뒤뚱 조금씩 멀어졌다. 하지만 무지개 비둘기는 그 자리에 가만히 있었다. 무지개 비둘기는 나를 한번 쓱 쳐다보더니 고개를 갸웃거렸다. 그러더니 푸드덕거리며 순식간에 날아 건물 저 뒤편으로 날아갔다. 비둘기가 그렇게 높이 날 수 있는 줄 몰랐다.

무지개 비둘기는 어디로 간 걸까? 의문을 품으며 무지개 비둘기가 날아간 건물 저편을 바라봤다. 그곳엔 거짓말처럼 무지개가 떠 있었다. 내가 보는 걸 다른 사람도 보고 있는지 궁금해 둘러봤지만, 모두가 너무 바빠 하늘을 볼 여유는 없어 보였다.

나는 손을 뻗어 무지개를 만졌다. 무지개는 촉촉하고 보드라웠고 내 손을 무지갯빛으로 물들였다. 나는 커다랗게 웃어댔다. 미친 사람처럼 보였을 수도 있었겠지만, 어차피 모두가 너무 바빠 날 볼 여유는 없었을 거다. 무지개는 따뜻한 온기로 내 몸 전체에 퍼졌다. 세상의 모든 빛으로 둘러싸인 나는 두 팔을 펴고 푸드덕거리며 순식간에 날아 건물 저 뒤편으로 날아갔다.

제 4 편
데이터베이스 관리

　　제4편에서는 데이터 자원을 관리하기 위한 데이터베이스 관리시스템의 기능에 관하여 살펴본다. 제10장에서는 데이터베이스 관리시스템의 기능 중 다수 사용자가 동시에 접근할 수 있도록 허용해 주는 병행제어 기능과 데이터베이스 손상시 필요한 복구 장치에 대해 공부한다. 제11장에서는 데이터 자원을 보호하기 위한 데이터베이스 관리시스템의 보안 기능과 활용 방법을 소개한다.

제10장 병행 제어와 데이터베이스의 복구

제1장에서 병행 제어의 개념과 필요성, 그리고 데이터베이스의 복구의 중요성에 대하여 간단히 살펴보았다. 데이터베이스의 복구와 병행 제어의 문제를 보다 잘 이해하기 위해서는 트랜잭션 처리의 개념을 먼저 살펴보아야 한다. 본 장에서는 복구와 병행 제어의 기술을 이해하기 위하여 필요한 데이터베이스의 기본적인 트랜잭션 단위에 대하여 살펴본 다음, 트랜잭션이 성공적으로 이루어지지 못한 경우 이를 복구하기 위한 기술과 여러 사용자의 트랜잭션이 독립적으로 실행될 수 있도록 통제하는 병행 제어 기술에 관하여 자세히 공부하기로 한다. 그리고 데이터베이스가 손상된 경우 이를 복구하는 방법도 살펴본다.

10.1 논리적 트랜잭션과 물리적 트랜잭션

데이터베이스에 접근하는 모든 프로그램의 실행을 데이터베이스 트랜잭션 또는 간단히 트랜잭션이라고 하는데, 하나의 논리적 트랜잭션은 여러 단계의 물리적 트랜잭션으로 구성된다. 예를 들어, 고객 갑이 을에게 10,000원을 송금하는 논리적 트랜잭션은 다음과 같은 물리적 트랜잭션으로 구성된다.

① 고객 갑의 계좌를 검색한다.
② 고객 갑의 계좌에서 10,000원을 인출한다.
③ 고객 을의 계좌를 검색한다.
④ 고객 을의 계좌에 10,000원을 입금한다.

논리적 트랜잭션은 사용자가 자신의 업무를 수행하기 위하여 데이터베이스상에서 어떤 작업을 실행하는 최소 단위이므로 **논리적 작업 단위**(logical units of work) 또는 **원자**原子 **트랜잭션**(atomic transactions)이라고도 불린다. 논리적 트랜잭션을 구성하는 물리적 트랜잭션들이 순서대로 진행되다가 어느 하나라도 실행에 실패하면, 그때까지 실행된 모든 물리적 트랜잭션은 원상태로 되돌려져야 하며, 이러

371

한 경우를 트랜잭션이 취소(abort)되었다고 한다. 예를 들어, 위의 물리적 트랜잭션 ①, ②, ③이 성공적으로 수행된 다음, 시스템의 실패 또는 고객 을의 예금 한도 초과 등의 이유로 물리적 트랜잭션 ④가 실행되지 못했다고 가정해 보자. 이 경우 〈그림 10-1〉에 나타난 것과 같이 갑의 계좌에서는 10,000원이 인출되었지만 을의 계좌에는 입금되지 않았기 때문에 데이터베이스 내용에 오류가 발생한다. 이 오류를 수정하기 위해서는 트랜잭션이 시작되기 이전의 데이터베이스 상태로 복구한 후, 고객 갑에게 갑이 요청한 논리적 트랜잭션이 수행되지 못했음을 통지해야 한다.

트랜잭션 처리를 지원하기 위하여 데이터베이스 관리시스템은 데이터베이스에 일어난 모든 변경사항을 기록해 두어야 한다. 이를 위한 한 가지 방법은 **트랜잭션 일지**(transaction log)를 사용하는 것이다. 하나의 논리적 트랜잭션을 수행하기

그림 10-1 물리적 트랜잭션의 불완전 실행으로 인한 데이터베이스의 오류

위한 물리적 트랜잭션이 진행되는 동안 모든 갱신(추가, 삭제, 수정) 작업의 결과를
데이터베이스에 기록하지 않고 트랜잭션 일지에 기록해 둔다. 즉, 데이터베이스
의 변경을 연기하였다가 최후의 물리적 트랜잭션이 실행되면 트랜잭션 일지의 내
용을 동시에 데이터베이스에 옮겨 쓴다(아래의 실행완료 참조). 만약 논리적 트랜잭션
이 완료되기 전에 시스템 실패 등이 발생하면 트랜잭션 일지의 내용을 폐기하여
데이터베이스의 내용을 트랜잭션 이전 상태로 유지하게 된다(아래의 실행취소 참조).
즉, 데이터 무결성을 유지하기 위하여 트랜잭션은 성공과 실패 여부에 따라 반드
시 다음 두 상황 중 어느 하나를 취해야 한다.

1. **실행완료(committed):** 트랜잭션이 성공적으로 이루어진 경우, 트랜잭션이 실행
   완료되었다고 한다. SQL에서는 성공적으로 이루어진 트랜잭션 일지의 내용
   을 데이터베이스에 반영하기 위하여 'COMMIT'이란 명령을 사용한다.

2. **실행취소(aborted):** 트랜잭션이 항상 성공적으로 수행될 수는 없다. 데이터베
   이스의 무결성을 유지하기 위하여, 어떠한 이유에서든지 도중에 중단된 트
   랜잭션은 그것이 실행되기 이전의 상태로 되돌려져야 하는데, 이 경우 트
   랜잭션이 실행취소되었다고 한다. SQL에서는 실패한 트랜잭션 일지의 내
   용을 데이터베이스에 반영하지 않기 위하여 'ROLLBACK'이라는 명령을 사
   용한다.

데이터베이스의 데이터 유효성을 보장하기 위한 조건을 좀 더 자세히 살펴보
면, 각각의 개별 논리적 트랜잭션은 원자성(Atomicity), 일관성(Consistency), 격리성
(Isolation), 지속성(Durability)이라는 4가지 성질을 가져야 하는데, 영어 단어의 앞
글자를 따서 ACID라고 하기도 한다(Haerder and Reuter, 1983; Coronel and Morris, 2019).

• **원자성:** 앞 절에서 설명한 것과 같이 하나의 논리적 트랜잭션을 구성하는
   모든 물리적 트랜잭션은 실행되고 데이터베이스에 반영되어야 한다. 만약
   어느 하나라도 실행되지 못하면, 전체가 다 취소되어야 한다. 즉, 논리적
   트랜잭션은 하나의, 개별적인, 논리적 작업 단위임을 의미한다.

- **일관성:** 항상 데이터베이스가 일관된 상태를 유지하는 것을 의미한다. 즉, 하나의 논리적 트랜잭션이 수행되고 나면, 결과 데이터베이스의 상태가 어떤 무결성 조건도 위배하지 않아야 하며, 그렇지 않을 경우 그 트랜잭션은 취소되어야 한다. 예를 들어, "모든 학생은 지도교수가 있어야 한다"는 무결성 조건이 있는데, 어떤 트랜잭션 결과, 지도교수가 없는 학생 레코드가 발생한다면, 그 트랜잭션은 취소되어야 한다.

- **격리성:** 하나의 논리적 트랜잭션이 수행될 때, 다른 논리적 트랜잭션이 중간에 끼어들지 못하도록 보장하는 것을 의미한다. 여러 사용자가 동시에 데이터베이스에 접근하는 데이터베이스의 특성상, 격리성의 보장은 대단히 중요한데, 이에 대해서는 다음 절에서 자세히 살펴본다.

- **지속성:** 논리적 트랜잭션이 정상적으로 수행되어 데이터베이스에 반영되고 나면, 그 트랜잭션을 되돌리거나 반영된 결과가 사라져서는 안되는 것을 의미한다. 이에 대해서는 10.3절에서 자세히 살펴보기로 한다.

10.2 병행 제어

데이터베이스는 그 정의에서 언급되었듯이 여러 사용자가 자신의 정보 욕구를 충족시키기 위해 동일한 데이터를 같이 사용한다. 다수의 사용자가 동시에 한 데이터에 접근할 경우 여러 가지 문제가 발생할 수 있는데, 이를 관리하기 위한 것이 데이터베이스 관리시스템의 병행 제어 기능이다.

10.2.1 갱신 분실의 문제

트랜잭션 중에서 데이터를 갱신함이 없이 검색만 하는 경우를 **판독전용**(read-only) **트랜잭션**이라고 하는데, 판독전용 트랜잭션만 요구되는 경우에는 데이터의 변화를 초래하지 않으므로 병행 제어 기능이 필요없다. 그러나 다수 사용자 환경에서 데이터를 갱신할 때에는 **갱신 분실의 문제**(lost update problem)가 발생할 수 있다. 〈그림 10-2〉에 갱신 분실의 예가 나타나 있다. 두 명의 사용자 ─갑과 을─

가 각기 105번 부품 레코드의 재고량을 수정하고자 레코드를 메모리로 읽어들였다. 사용자 갑이 레코드를 읽은 t1 시점의 재고량은 220개였다. 사용자 갑은 재고를 20개 취하고, t3 시점에서 재고량을 200개로 수정하였다. 한편 사용자 을은 사용자 갑이 레코드를 읽은 직후 t2 시점에서 레코드를 읽었고, 이 당시는 사용자 갑이 아직 재고량을 갱신하기 이전이므로 재고량은 역시 220개였다. 사용자 을은 재고를 70개 취하고, t4 시점에서 재고량을 150개로 수정하였다. 위의 두 논리적 트랜잭션을 수행하기 위한 물리적 트랜잭션이 실행된 순서를 나열하면 다음과 같다.

① 사용자 갑이 105번 레코드를 메모리로 읽어들임(재고량 = 220).
② 사용자 을이 105번 레코드를 메모리로 읽어들임(재고량 = 220).
③ 사용자 갑이 105번 레코드의 재고량을 20개 감소시켜 디스크에 기록함
   (재고량 = 200).
④ 사용자 을이 105번 레코드의 재고량을 70개 감소시켜 디스크에 기록함
   (재고량 = 150).

위의 두 논리적 트랜잭션이 실행되고 난 후의 105번 레코드의 실제 재고량은 130개 —처음 220개에서 사용자 갑이 20개, 사용자 을이 70개를 취했기 때문에— 이나 데이터베이스의 재고량은 150개를 나타내고 있다. 이러한 오류가 발생한 원인은 사용자 갑이 데이터를 갱신하는 동안 다른 사용자 을이 동일한 레코드를 갱신하여, 사용자 갑의 갱신 내용이 분실되었기 때문이다. 갱신 분실의 문제는 이처럼 둘 이상의 사용자가 동시에 갱신할 때 발생하므로 **동시 갱신의 문제**(concurrent update problem)라고도 불린다.

10.2.2 직렬 스케줄

위와 같은 갱신 분실의 문제점이 발생한 이유는 트랜잭션 사이의 간섭으로 인해 격리성이 보장되지 않았기 때문이다. 즉, 갑의 트랜잭션이 종료되지 않은 시점에서 을이 갑의 트랜잭션을 간섭하는 트랜잭션을 일으켰기 때문이다. 여러 사용자가 동시에 트랜잭션을 수행하고자 할 때, 갱신 분실의 문제점을 방지하기

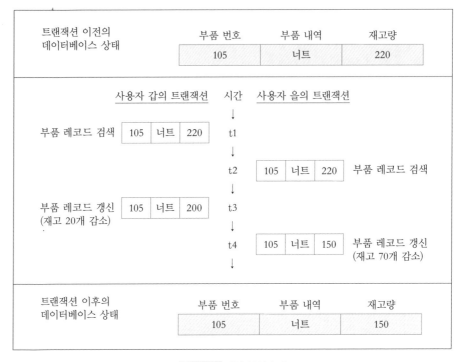

트랜잭션 이전의 데이터베이스 상태	부품 번호	부품 내역	재고량
	105	너트	220

	사용자 갑의 트랜잭션	시간	사용자 을의 트랜잭션	
부품 레코드 검색	105 너트 220	t1		
		t2	105 너트 220	부품 레코드 검색
부품 레코드 갱신 (재고 20개 감소)	105 너트 200	t3		
		t4	105 너트 150	부품 레코드 갱신 (재고 70개 감소)

트랜잭션 이후의 데이터베이스 상태	부품 번호	부품 내역	재고량
	105	너트	150

그림 10-2 갱신 분실의 예

위해서는 하나의 논리적 트랜잭션이 다른 논리적 트랜잭션에 의하여 간섭 받지 않아야 한다. 이와 같이 트랜잭션간에 간섭 없이 순차적으로 수행되도록 짜여진 절차를 **직렬**(serial) **스케줄**이라고 한다. 예를 들어, 서로 다른 테이블에 있는 데이터에 접근하는 두 트랜잭션은 간섭 현상을 일으키지 않기 때문에 직렬 스케줄을 만족한다고 할 수 있다.

일반적으로 여러 트랜잭션이 동시에 수행되는 스케줄이 **직렬성**(serializability)을 만족하는지 미리 검사할 수 있는 효율적인 알고리즘이 존재하지 않으므로, 대부분의 데이터베이스 관리시스템들은 직렬 스케줄을 생성하는 메커니즘을 활용한다. 다음 두 절에서 그러한 대표적 메커니즘인 차단 방식과 버전 방식에 대하여 공부하기로 한다.

10.2.3 차단 방식

직렬성을 보장하여 갱신 분실의 문제점을 해결하기 위한 가장 일반적인 방법은 데이터를 미리 **차단**(lock)하는 것이다. 데이터 차단 방법은 데이터를 갱신하기 전에 갱신할 데이터를 미리 차단함으로써 트랜잭션이 진행되는 동안 다른 사용자가 그 데이터에 접근하는 것을 방지한다. 데이터 차단 절차가 〈그림 10-3〉에 나타나 있다. 사용자 을의 갱신 요청이 t2 시점에 이루어졌으나 이미 사용자 갑이 105번 부품 레코드를 차단했으므로 차단이 풀리는 t3 시점 이후에만 을의 트랜잭션이 시작될 수 있다. 따라서 동시 갱신의 문제는 발생하지 않으며, 두 트랜잭션이 수행된 후 데이터베이스상의 재고량은 실제 재고량과 동일한 130개가 된다.

차단을 실행할 때 고려해야 할 요소로 차단 단위와 차단 유형이 있다. **차단 단위**(locking level)는 **차단 범위**(granularity)라고도 하는데, 각 차단에 의하여 접근이

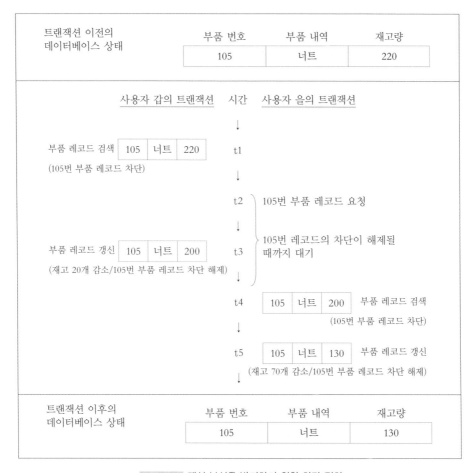

그림 10-3 갱신 분실을 방지하기 위한 차단 절차

통제되는 데이터의 크기를 의미한다. 대부분의 상업용 데이터베이스 관리시스템
은 전체 데이터베이스, 테이블, 레코드, 또는 항목 중 하나를 차단 단위로 사용
하며, 일부는 사용자가 차단 단위를 지정할 수 있는 기능을 제공하고 있다. 차
단 단위가 크면 데이터베이스 관리시스템이 관리하기 편리하나 대량의 자원이
자주 차단되어 가용성(availability)이 떨어진다. 반면, 차단 단위가 작은 경우에는
데이터베이스 관리시스템의 관리 업무가 복잡해지지만 자원의 가용성은 높아진
다. 일반적으로 레코드 단위의 차단이 가장 보편적이다.

차단 유형은 크게 **독점 차단**(exclusive lock 또는 write lock)과 **공유 차단**(shared lock 또는
read lock)으로 구분된다. 어느 트랜잭션이 특정 데이터 항목에 대하여 독점 차단
권한을 부여 받으면, 그 트랜잭션은 그 항목에 대하여 판독(read)은 물론 갱신
(write)까지 할 수 있다. 반면, 어느 트랜잭션이 특정 데이터 항목에 대하여 공유
차단 권한을 부여 받은 경우에는 그 항목에 대하여 판독만 가능하다. 어느 데이
터에 대해 판독만 할 경우에는 갱신 분실이 일어나지 않으므로, 동시에 여러 트
랜잭션이 한 데이터 항목에 대하여 공유 차단 권한을 부여 받을 수 있다. 그러
나 특정 데이터 항목에 대한 독점 차단은 한 시점에 있어서 오직 한 트랜잭션에
게만 주어지며, 따라서 다른 트랜잭션은 그 데이터를 갱신할 수 없음은 물론이
고 읽을 수도 없다.

차단 방법은 동시 갱신의 문제점을 해결하기 위한 간단하고 유용한 해결책이
지만, **교착 상태**(deadlock)라는 또 다른 문제를 야기시킨다. 일상 생활에서 경험할
수 있는 교착 상태는 〈그림 10-4〉에 나타난 것과 같이 1차선 도로에서 좌회전
차량으로 인하여 교통이 마비되는 경우이다.

교차로의 교착 상태와 마찬가지로 데이터베이스에서도 둘 이상의 트랜잭션이
각기 다른 레코드를 차단한 다음, 서로 상대편의 레코드가 차단으로부터 해제되
기를 기다리는 경우에 대기 상태가 영원히 지속되는 문제가 발생한다. 데이터베
이스 교착 상태의 예가 〈그림 10-5〉에 나타나 있다. 사용자 갑과 을은 각자의
트랜잭션에서 레코드 X와 Y를 갱신하고자 한다. 사용자 갑은 레코드 X를 먼저
차단한 상태에서 트랜잭션을 수행하다가 레코드 Y를 차단하기 위하여 기다리고
있고, 사용자 을은 레코드 Y를 차단한 상태에서 트랜잭션을 수행하다가 레코드
X를 차단하기 위하여 기다리고 있다. 이 경우 서로 기다리는 레코드가 상대편에
의하여 차단되었기 때문에 교착 상태가 발생한다.

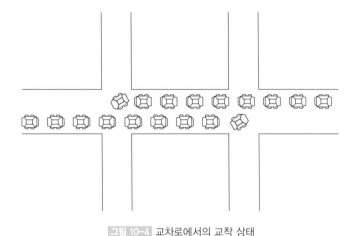

그림 10-4 교차로에서의 교착 상태

교착 상태를 해결하기 위한 방법은 근본적으로 두 가지가 존재한다. 하나는 교착 상태가 발생하지 않도록 미리 필요한 데이터를 모두 차단시키는 방법이다. 만약 〈그림 10-5〉에서 사용자 갑이 트랜잭션을 진행하기 전에 레코드 X와 Y를 모두 차단하였다면 교착 상태를 방지할 수 있었을 것이다. 만약 레코드 X와 Y 중 어느 하나라도 다른 트랜잭션에 의하여 차단되어 있다면, 차단이 풀릴 때까지 기다려야 한다. 이 방법은 이론적으로 가장 바람직하지만, 현실적으로 트랜잭션이 수행되기 전에 필요한 데이터를 모두 예측한다는 것은 매우 어렵다.

사용자 갑의 트랜잭션	시간	사용자 을의 트랜잭션
	↓	
레코드 X 차단	t1	
	↓	
⋮	t2	레코드 Y 차단
	↓	
레코드 Y 갱신 요청 대기 ∞	t3	⋮
	↓	
	t4	레코드 X 갱신 요청 대기 ∞
	↓	

그림 10-5 교착 상태의 예

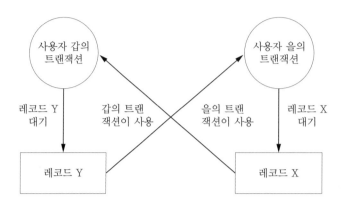

그림 10-6 화살표를 이용한 교착 상태의 감지

그 다음 방법은 교착 상태를 미리 방지하는 대신, 교착 상태가 발생할 때마다 이를 감지하여 해결하는 것이다. 일부 데이터베이스 관리시스템은 교착 상태를 감지하기 위하여 주기적으로 대기시간을 검사하여 일정 시간 이상 대기하는 경우 교착 상태로 간주한다. 보다 정밀한 데이터베이스 관리시스템은 어느 트랜잭션이 어느 데이터를 사용하고 있는지에 대한 행렬표를 이용하여 교착 상태를 감지한다. 이 방법은 한 트랜잭션으로부터 이 트랜잭션이 기다리고 있는 데이터를 향해서 화살표를, 그리고 또 그 데이터로부터 이를 사용하고 있는 트랜잭션으로 화살표를 그려서, 이 화살표들이 순환되면 교착 상태가 발생한 것을 알 수 있게 한다. 〈그림 10-5〉의 교착 상태를 이 방법으로 표시해 보면 〈그림 10-6〉과 같이 화살표가 순환되고 있음을 알 수 있다. 일단 교착 상태가 감지되면 데이터베이스 관리시스템은 강제로 어느 한 쪽의 트랜잭션을 취소하여 교착 상태를 해소한다.

10.2.4 버전 방식

갱신 분실의 문제를 해결하기 위한 또 다른 방법은 **버전 방식**(versioning)이다. 차단 방식은 데이터를 갱신할 때마다 다른 트랜잭션과의 충돌을 염려하여 항상 차단하기 때문에 비관론적 병행 제어 방식이라면, 버전 방식은 낙관론적 병행 제어 방법이다. 두 트랜잭션이 동시에 한 데이터를 갱신하는 경우가 거의 발생하지 않는다는 가정하에 버전 방식은 접근되는 데이터 항목을 매번 차단하는 대신, 트랜잭션간에 충돌이 발생하지 않았음이 확인될 때까지 갱신된 데이터의 과거 버전과 새 버전을 보관하는 방법이다(Celko, 1992).

버전 방식을 이해하기 위한 좋은 비유는 데이터베이스를 데이터를 쌓아둔 방으로, 데이터베이스 관리시스템을 이 방의 창구에서 요청한 데이터를 복사해 주는 직원으로, 그리고 트랜잭션을 데이터를 요청하는 사용자로 생각하는 것이다. 사용자(트랜잭션)가 창구에 와서 어떤 데이터를 요청하면 창구 직원(데이터베이스 관리시스템)은 그 데이터를 찾아 원본은 보관하고, 복사본에 복사된 시간을 기록하여 사용자에게 건네준다. 사용자는 복사본을 가지고 자신의 작업(단순히 데이터를 읽거나 또는 복사본을 갱신)을 수행한 후, 작업의 내용이 표시된 복사본을 창구에 되돌려준다. 창구 직원은 복사본간에 충돌이 없는 한, 예를 들어, 한 사용자만 그 데이터를 갱신한 경우에는 곧 갱신된 내용을 원본에 반영한다.

반면 두 사용자가 복사본의 데이터를 갱신하여 창구에 반납한 경우와 같이 충돌이 발생한 경우에는 창구 직원이 이를 중재하여야 한다. 각 복사본에는 복

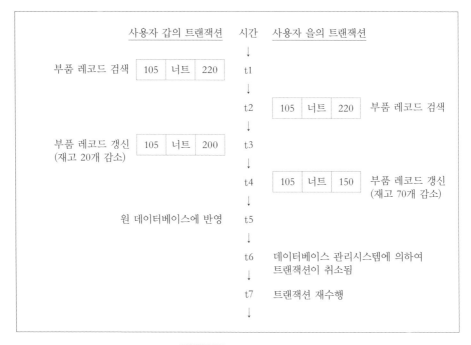

그림 10-7 버전 방식의 사용

사된 시간이 기록되어 있으므로, 더 이른 복사본의 내용만 원본에 반영한 후 늦은 복사본의 사용자에게 그의 작업이 수행될 수 없음을 통고한다. 통고를 받은 사용자는 새로운 복사본을 받아서 작업을 재수행하여야 한다. 그러나 낙관론적 견해하에서는 이러한 경우는 예외적인 상황이며 드물게 발생한다는 가정이다. 〈그림 10-7〉은 〈그림 10-2〉의 상황을 버전 방식을 사용하여 처리한 것을 보여준다.

버전 방식은 데이터가 동시에 갱신되는 경우가 거의 없는 환경에서는 매우 효과적인 방법이며, 차단되어 있는 데이터가 없기 때문에 데이터 자원의 활용도를 높일 수 있다. 그러나 충돌이 발생할 경우에는 트랜잭션을 취소하고 재수행해야 하므로, 데이터가 동시에 갱신되는 경우가 많은 환경에서는 번거롭고 비용이 많이 드는 방법이다.

10.3 데이터베이스의 복구

데이터베이스는 1장에서 보았듯이 조직의 데이터를 가능한 중복함이 없이 한 장소에 보관한다. 그런데, 컴퓨터 시스템에 보관되어 있는 정보는 여러 가지 이유로 파손되거나 오염될 수 있다. 데이터베이스 관리시스템은 조직의 중요한 자산인 데이터베이스가 손상될 경우를 대비하여 복구 수단을 제공한다.

10.3.1 데이터베이스 손상의 원인

데이터베이스의 손상은 크게 비물리적 손상과 물리적 손상으로 나눌 수 있다.

1. **비물리적 손상**(soft crash): 비물리적 손상은 정전과 같이 현재 진행중인 트랜잭션에는 영향을 미치지만, 물리적으로 데이터베이스 자체에는 어떠한 물리적 손상도 미치지 않는 경우를 의미한다. 비물리적 손상은 **시스템 실패**(system failure)라고도 불린다.

2. **물리적 손상**(hard crash): 물리적 손상은 데이터베이스의 일부 또는 전부가 파괴되어 현재 진행중인 트랜잭션에 영향을 미치는 경우를 의미한다. 미디어

제10장 병행 제어와 데이터베이스의 복구 **383**
실패(media failure)라고도 불리는 물리적 손상의 대표적인 예는 디스크 손상
을 들 수 있다.

10.3.2 트랜잭션과 복구

앞의 10.1절에서 설명하였듯이 하나의 논리적 트랜잭션은 여러 개의 물리적
트랜잭션으로 구성되어 있다. 논리적 트랜잭션의 무결성을 보장하기 위해서는
그 트랜잭션을 구성하는 모든 물리적 트랜잭션이 실행되든지(COMMIT), 아니면
하나도 실행되지 않든지(ROLLBACK) 둘 중의 하나가 되어야 한다. 앞의 〈그림
10-1〉에서 살펴본 갑의 계좌에서 10,000원을 인출하는 트랜잭션은 보다 구체적
으로 다음과 같은 절차를 거쳐 이루어진다.

① 갑의 레코드가 있는 디스크 블록의 주소를 찾는다.
② 디스크 블록의 내용을 주 기억장치 내의 데이터베이스 버퍼(buffer)[1]로 읽어
들인다.
③ 버퍼에 있는 갑의 레코드로부터 현재 예금액을 임시 변수로 읽어 들인다.
④ 임시 변수에 있는 값에서 10,000을 뺀다.
⑤ 변화된 임시 변수의 값을 데이터베이스 버퍼에 있는 갑의 레코드의 예금
액 항목으로 읽어 들인다.
⑥ 데이터베이스 버퍼의 내용을 해당 디스크에 옮겨 쓴다.

데이터베이스의 모든 트랜잭션은 일단 버퍼에 기록되었다가 주기적 또는 강
제적으로 이차 저장장치에 있는 데이터베이스로 영구히 기록되어진다. 만약 위
의 트랜잭션이 실행되는 중간에 손상이 발생하였다면, 그 전에 발생한 트랜잭션
의 내용이 데이터베이스에 반영되어서는 안 된다. 반면, 위의 트랜잭션이 성공적
으로 완료되었으나, 그 내용이 버퍼에만 기록되고 아직 이차 저장장치에 있는 데
이터베이스에는 기록되지 않은 상태에서 손상이 발생하였다면 그 내용이 데이터
베이스에 복구되어야 할 것이다. 데이터베이스 관리시스템은 이러한 여러 가지

---

1. 데이터베이스 버퍼는 이차 저장장치(주로 디스크)와 주 기억장치간의 데이터 교환이 이루어지는 장
소이다.

데이터베이스 손상에 대하여 복구할 수 있는 장치를 제공한다.

10.3.3 복구 장치

데이터베이스 관리시스템은 데이터베이스의 예비와 복구를 위하여 다음과 같은 장치를 제공한다.

1. **예비**(backup) **장치:** 이 장치는 주기적으로 전체 데이터베이스를 복제하여 예비 파일을 준비한다. 데이터베이스의 복제 주기는 데이터베이스의 중요도에 따라 다르다. 복제된 예비 파일은 현재 데이터베이스가 보관/운영되고 있는 장소와 별개의 안전한 장소에 보관되어야 한다. 이 예비 파일은 데이터베이스가 파손되었을 때 데이터베이스를 원상 복구하기 위하여 사용된다.

2. **기록**(journalizing) **장치:** 데이터베이스 관리시스템은 데이터베이스에 대한 트랜잭션과 트랜잭션으로 인하여 발생한 데이터베이스의 변경 내용을 기록하는 장치를 제공한다. 이러한 내용은 두 개의 기본적인 일지에 기록된다. 먼저, **트랜잭션 일지**(transaction log)에는 데이터베이스에 행해진 모든 트랜잭션의 내용을 기록한다. 트랜잭션의 내용에는 트랜잭션 식별번호, 트랜잭션이 발생한 시간, 트랜잭션을 일으킨 사용자 계좌번호와 사용 터미널 번호, 입력 데이터 값, 트랜잭션이 접근한 레코드, 접근 내용(단순 검색, 수정, 추가, 삭제) 등이 포함된다.

   또 다른 일지로는 **데이터베이스 변경 일지**(database change log)가 있는데, 여기에는 트랜잭션에 의하여 변경된 레코드의 **이전 이미지**(before image)와 **이후 이미지**(after image)가 기록된다. 이전 이미지는 트랜잭션 이전의 레코드 내용을, 이후 이미지는 레코드가 트랜잭션에 의하여 수정된 이후의 내용을 각각 나타낸다. 〈표 10-1〉에 데이터베이스 변경 일지의 간략한 예가 나와 있다. 변경 일지는 복구 외에도 감사나 실행 속도(performance) 감시를 위해 사용되기 때문에 이러한 내용 외에도 더 많은 내용을 포함하고 있으나, 복구 목적에 사용되는 몇 가지 항목만 표시하였다. 이전 지시자와 이후 지시자는 각 트랜잭션의 이전과 이후 변경 일지 레코드를 가리키는 지시자(pointer)이다.

표 10-1 트랜잭션 변경 일지

트랜잭션 식별번호	시간	작업	대상	이전 이미지	이후 이미지	이전 지시자	이후 지시자	지시자
T1	3:15	START				0	2	1
T1	3:17	UPDATE	직원 e30	(이전 값)	(이후 값)	1	5	2
T2	3:18	START				0	4	3
T2	3:19	INSERT	주문 3245		(이후 값)	3	9	4
T1	3:23	COMMIT				2	0	5
T3	3:24	START				0	7	6
T3	3:25	DELETE	제품 p64	(이전 값)		6	10	7
	3:28	CHECKPOINT	T1					8
T2	3:31	COMMIT				4	0	9
T3	3:32	COMMIT				7	0	10

3. **반영시점**(checkpoint) **장치:** 이 장치는 주기적으로 새로운 트랜잭션의 진입을 중단시킨 후, 주 기억장치에 있는 모든 일지의 내용과 데이터베이스 버퍼의 갱신된 내용을 이차 저장장치로 옮겨 쓴다. 이처럼 데이터베이스와 일지의 내용이 일치된 시점을 **반영시점**(checkpoint)이라고 부르는데, 데이터베이스 관리시스템은 반영이 이루어질 때마다 각 일지에 반영시점을 표시한다. 이 반영시점은 데이터베이스를 복구할 때 필요한 정보를 제공해 준다. 데이터베이스가 파손되었을 때 많은 경우에 가장 최근의 반영시점 이후의 트랜잭션만 복구하면 된다. 따라서 데이터베이스의 반영은 트랜잭션 실행에 지장을 주지 않는 범위 내에서 자주 실시하는 것이 바람직하다. 일반적으로 시간당 몇 번씩 정해진 시간마다 자동으로 실시하는데, 필요한 경우 수작업으로 사용자가 실행시킬 수도 있다.

10.3.4 복구 방식

데이터베이스 복구 절차는 실패의 종류, 데이터베이스 관리시스템의 복구 장치, 데이터베이스 운영 방침 등에 따라 달라질 수 있다. 다음은 데이터베이스 복구를 위하여 일반적으로 사용되는 방법이다.

1. **복구/재실행**(restore/rerun): 복구/재실행 방식은 데이터베이스 실패가 발생한 시점까지의 모든 트랜잭션을 데이터베이스 예비 파일에 다시 실행시키는 것이다. 이 방법의 장점은 특수한 기록 장치나 절차가 필요 없이 간단히 복구할 수 있다는 것이다. 그러나, 대량의 트랜잭션이 발생하는 데이터베이스의 복구 방식으로는 다음과 같은 이유 때문에 적절하지 않다. 먼저 실패 시점까지 발생한 모든 트랜잭션을 재실행하기에는 현실적으로 시간이 부족하다. 재실행하는 동안에도 트랜잭션은 계속 발생하고, 이를 처리하여야 하기 때문이다. 또 다른 문제점은 비록 재실행할 수 있는 시간적 여유가 있다고 하더라도 재실행 과정에서 트랜잭션이 발생한 원래 순서가 바뀌어 잘못된 결과를 가져올 수 있다. 예를 들어, 원래 트랜잭션은 입금/출금의 순서로 진행되었는데, 만약 재실행에서 출금/입금의 순서로 이루어진다면 전혀 다른 결과를 야기시킬 수 있다. 이러한 이유 때문에 복구/재실행 방식만으로는 불충분하며, 일반적으로 복구/재실행 방식은 최후의 복구 대안으로 고려된다.

2. **후방복구**(backward recovery 또는 rollback): 후방복구 방식은 현재의 데이터베이스에서 잘못된 변경 내용을 제거하는 것이다. 〈그림 10-8〉에서 보듯이 현재의 데이터베이스에 변화 이전以前 이미지를 적용시킴으로써 트랜잭션이 발생하기 이전의 상태로 되돌릴 수 있다. 후방복구는 트랜잭션이 진행중에

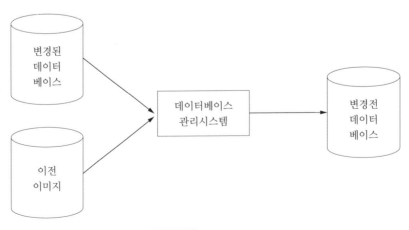

그림 10-8 후방복구 방식

중단된 경우에 사용될 수 있다. 갑의 계좌에서 10,000원을 인출하여 을의 계좌에 송금하는 10.1절의 예를 생각해 보자. 갑의 계좌에서 10,000원을 성공적으로 인출하였으나, 을의 계좌에 10,000원을 입금하는 데 실패하게 되면 데이터베이스는 오류 상태에 놓이게 된다. 따라서 이 트랜잭션은 취소되어야 하며, 데이터베이스는 트랜잭션 이전 상태로 되돌려져야 한다. 이 경우에 후방복구 방식을 통해 데이터베이스를 복구할 수 있다.

3. **전방복구**(forward recovery 또는 rollforward): 전방복구 방식은 〈그림 10-9〉에서 보듯이 트랜잭션 이전 상태의 데이터베이스에 트랜잭션 이후*以後* 이미지를 적용하여 빠른 시간 안에 데이터베이스를 최근의 상태로 복구하는 것이다. 전방복구 방식은 모든 트랜잭션을 재실행하는 것이 아니라, 변화가 일어난 레코드의 가장 최근 이미지만 복제하는 것이므로 복구/재실행 방식과 비교하여 훨씬 빠르고 순서가 바뀔 염려도 없는 복구 방법이다.

10.3.5 복구 방식의 적용

앞에서 언급했듯이 데이터베이스 복구 방식의 선정은 실패의 종류, 데이터베이스 관리시스템의 복구 장치, 데이터베이스 운영 방침 등에 따라 달라질 수 있다. 먼저 비물리적 손상이 발생한 경우의 복구 방법을 살펴보자. 비물리적 손상

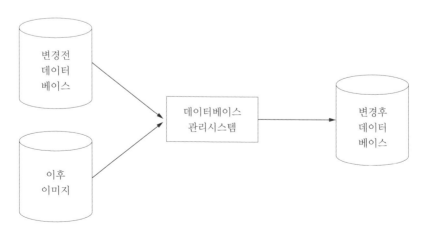

그림 10-9 전방복구 방식

이 발생한 시점의 트랜잭션은 〈그림 10-10〉과 같이 5가지 유형으로 구분할 수 있다. 트랜잭션 T1은 반영시점 이전에 완료된 것으로 반영시점에 이미 데이터베이스에 완전히 반영되었으므로 복구할 필요가 없다. 트랜잭션 T2는 반영시점 이전에 시작하여 반영시점이 지난 후, 그러나 실패가 발생하기 이전에 완료되었다. 따라서 이 트랜잭션의 결과는 완료되었으나, 아직 데이터베이스에 반영되지 않았으므로 전방복구를 통하여 데이터베이스에 그 내용을 반영해 주어야 한다. 트랜잭션 T3는 반영시점 이전에 시작하여 실패 시점까지 완료되지 못하였다. 이 트랜잭션은 완료되기 전에 중단되었으므로 후방복구를 통해 이전 상태로 되돌려져야 한다. 트랜잭션 T4는 반영시점 이후에 시작되어 실패 이전에 완료되었으므로 T2와 마찬가지로 전방복구를, T5는 완료 전에 중단되었으므로 복구할 필요가 없다.

물리적 손상이 발생한 경우에는 데이터베이스 자체가 물리적으로 파괴되었기 때문에 예비 파일을 이용하여 복구하여야 한다. 가장 최근의 예비 파일에 전방복구를 실시함으로써 데이터베이스를 복구해 낼 수 있다. 이때 물리적 손상이 발생한 시점에 중단된 트랜잭션으로 인하여 발생한 데이터베이스 변경 사항은 어차피 데이터베이스의 파괴로 사라졌기 때문에 후방복구를 할 필요는 없다.

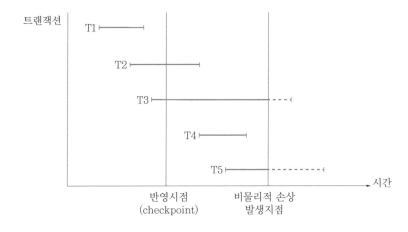

그림 10-10 트랜잭션 유형에 따른 복구 방식

10.4 요약

　본 장에서는 트랜잭션이 성공적으로 이루어지지 못한 경우 이를 복구하기 위한 기술과 여러 사용자의 트랜잭션이 독립적으로 실행될 수 있도록 통제하는 병행 제어 기술에 관하여 공부하였다. 데이터베이스에 접근하는 모든 프로그램의 실행을 트랜잭션이라고 하는데, 하나의 논리적 트랜잭션은 여러 단계의 물리적 트랜잭션으로 구성된다. 논리적 트랜잭션을 구성하는 물리적 트랜잭션들이 순서대로 진행되다가 어느 하나라도 실행에 실패하면, 그 때까지 실행된 모든 물리적 트랜잭션은 원상태로 되돌려져야 한다.

　다수 사용자 환경에서 데이터를 갱신할 때에는 갱신 분실의 문제가 발생할 수 있다. 갱신 분실이란 둘 이상의 사용자가 한 데이터를 동시에 갱신할 때, 한 사용자의 갱신 내용이 사라지는 것을 의미한다. 이러한 문제점을 방지하기 위한 데이터베이스 관리시스템의 기능이 병행 제어이다. 병행 제어를 위한 방법으로는 차단 방식과 버전 방식이 있다.

　데이터 차단 방법은 데이터를 갱신하기 전에 갱신할 데이터를 미리 차단함으로써 트랜잭션이 진행되는 동안 다른 사용자가 그 데이터에 접근하는 것을 방지한다. 차단의 유형에는 독점 차단과 공유 차단이 있다. 독점 차단은 차단이 풀릴 때까지 다른 트랜잭션이 그 데이터에 대하여 갱신은 물론 판독도 할 수 없는 반면, 공유 차단은 다른 트랜잭션이 갱신은 할 수 없으나 판독은 할 수 있도록 하는 것이다. 차단 방식은 간편한 방법이지만, 둘 이상의 트랜잭션이 각기 다른 레코드를 차단한 다음, 서로 상대편의 레코드가 차단으로부터 해제되기를 기다리는 교착 상태를 야기시킬 수 있다. 일단 교착 상태가 감지되면 데이터베이스 관리시스템은 강제로 어느 한 쪽의 트랜잭션을 취소하여 교착 상태를 해소하여야 한다.

　버전 방식은 갱신때마다 데이터를 차단하는 대신, 트랜잭션간에 충돌이 발생하지 않았음이 확인될 때까지 갱신된 데이터의 과거 버전과 새 버전을 보관하는 방법이다. 갱신간에 충돌이 발생하지 않은 경우에는 곧 갱신된 내용을 원본에 반영하고, 충돌이 발생한 경우에는 나중에 발생한 트랜잭션을 취소시킨다.

　데이터베이스는 물리적, 비물리적 이유로 손상될 수 있다. 손상된 데이터베이스를 복구하기 위하여 데이터베이스 관리시스템은 예비 장치, 기록 장치, 반영시점 장치 등을 제공한다. 데이터베이스 복구 절차는 실패의 종류, 데이터베이스 관리시스템의 복구 장치, 데이터베이스 운영 방침 등에 따라 달라지는데, 일반적으로 복구/재실행, 후방복구, 그리고 전방복구의 방식이 있다.

복구/재실행 방식은 데이터베이스 실패가 발생한 시점까지의 모든 트랜잭션을 데이터베이스 예비 파일에 다시 실행시키는 것이다. 이 방법은 시간이 많이 걸리고, 트랜잭션이 발생한 원래 순서가 바뀔 수 있기 때문에 다른 방법이 불가능한 경우에만 고려된다.

후방복구 방식은 현재의 데이터베이스에서 잘못된 변경 내용을 제거하는 것이다. 즉, 잘못된 트랜잭션을 취소하기 위하여 변경된 데이터베이스에 이전 이미지를 반영하여, 변경되기 전 상태로 되돌려 놓는 방법이다.

전방복구 방식은 트랜잭션 이전 상태의 데이터베이스에 트랜잭션 이후 이미지를 적용하여 빠른 시간 안에 데이터베이스를 최근의 상태로 복구하는 것이다. 전방복구 방식은 모든 트랜잭션을 재실행하는 것이 아니라, 변화가 일어난 레코드의 가장 최근 이미지만 복제하는 것이므로 복구/재실행 방식과 비교하여 훨씬 빠르고 순서가 바뀔 염려도 없는 복구 방법이다.

✒ 복습 문제

1. 다음 용어를 설명하라.

·갱신 분실의 문제	·반영시점 장치	·공유 차단
·교착 상태	·기록 장치	·논리적 트랜잭션
·독점 차단	·물리적 손상	·물리적 트랜잭션
·버전 방식	·복구/재실행	·비물리적 손상
·실행완료	·실행취소	·예비 장치
·전방복구	·직렬 스케줄	·차단 방식
·차단 범위	·트랜잭션 일지	·후방복구

2. 논리적 트랜잭션과 물리적 트랜잭션의 차이를 설명하라.

3. 복수 사용자 데이터베이스 환경하에서 병행 제어가 필요한 이유를 설명하라.

4. 차단 범위가 데이터베이스 운영에 미치는 영향은 무엇인가?

5. 공유 차단이 독점 차단에 비하여 갖는 장점과 단점은 무엇인가?

6. 교착 상태를 감지하는 두 가지 방법을 설명하라.

7. 버전 방식이 낙관론적 병행 제어 방식이라고 불리는 이유는 무엇인가?

8. 데이터베이스 손상의 원인을 크게 두 가지로 제시하라.

9. 데이터베이스 복구 방식 세 가지를 들고, 각각 어떠한 경우에 적용될 수 있는지 예를 들어 설명하라.

응용 문제

1. 〈그림 10-11〉은 두 개의 들어올리는 다리가 놓여 있는 운하의 그림이다. 운하 옆의 도로는 늪 지대를 피하기 위하여 운하를 두 번 건너서 건설되었다. 운하에는 화물선이 통행하는데, 운하와 도로는 모두 그림과 같이 일방 통행되고 있다. 화물선이 A 지점 100m 전방에 다다르면 경보음이 울리고, 다리 위의 차량을 대피시킨 후 다리를 들어 올린다. 화물선의 선미가 다리를 통과하면 다리는 다시 원 상태로 놓여지고 통행이 재개된다. 다리 B에도 동일한 절차가 적용된다. 화물선의 길이는 200m이다. 교착 상태가 발생할 수 있는가? 있다면, 그 이유를 설명하라. 또 어떻게 교착 상태를 감지할 수 있는지 설명하고, 교착 상태를 풀거나 미리 방지할 수 있는 방안을 제시하라.

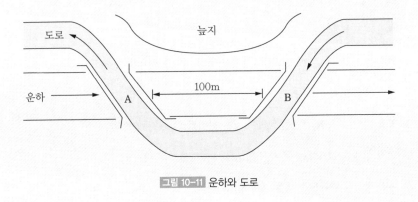

그림 10-11 운하와 도로

2. 다음 각 경우에 어떠한 복구 방식이 가장 적합한가? 그 이유를 설명하라.

① 트랜잭션 수행중 통신망이 불통되었다.

② 입력 데이터에 오류가 있음이 밝혀졌다.

③ 트랜잭션 수행중 정전이 발생하였다.

④ 데이터베이스가 저장된 디스크가 파괴되었다.

∷ 참고문헌

Celko, J. "An Introduction to Concurrency Control," *DBMS*, September 1992, pp. 70–83.

Coronel, C. and Morris, S. *Database Systems: Design, Implementation, & Management*(13th ed.), Cengage, Boston, MA., 2019.

Haerder, T. and Reuter, A. "Principles of transaction-oriented database recovery," *ACM computing surveys (CSUR)*, 15(4), 1983, pp. 287–317.

제11장 데이터베이스 보안

본 장에서는 데이터베이스의 실행에 있어서 중요한 주제인 데이터베이스 보안에 관하여 토의한다. 데이터베이스 보안은 조직의 중요한 자산인 데이터를 허가받지 않은 사람들의 도용盜用으로부터 보호하기 위한 매우 중요한 개념이다. 데이터는 물리적인 물건과는 달리 도난을 당한 후에도 그 사실조차 모르는 경우가 많으므로 미리 보안 대책을 철저히 세우는 것이 바람직하다.

11.1 데이터베이스 보안의 개념

데이터베이스 보안이란 조직의 데이터베이스를 무단으로 사용하거나, 변경 또는 파괴하는 행위로부터 보호하는 것을 의미한다. 다수의 사용자가 접근하는 데이터베이스 환경에서는 각 사용자 또는 사용자 집단이 자신들이 허가받은 데이터에만 접근하도록 통제하는 기능이 반드시 제공되어야 한다. 특히 조직의 많은 사용자가 사용하는 대형의 통합 데이터베이스일수록 이러한 보안 기능은 더욱 중요하다.

11.1.1 데이터베이스 관리시스템의 보안 기능

데이터베이스 관리시스템은 데이터의 보안을 유지하기 위하여 일반적으로 다음과 같은 기능을 제공한다.

1. **접근 통제(access control)**: 모든 컴퓨터 시스템에 있어서와 마찬가지로, 허가받지 않은 사람이 데이터베이스 시스템 자체에 접근하는 것을 방지해야 한다. 데이터베이스 관리시스템은 이를 위하여 접근 통제 기능을 제공한다. 접근 통제 기능은 사용자에게 사용자 계정과 암호(password)를 지정하여 데이터베이스 관리시스템 자체에 들어오는(login) 절차를 통제하는 것이다.

2. **허가 규칙(authorization rules)**: 허가 규칙은 정당한 절차를 통해 데이터베이스

관리시스템 내로 들어온 사용자라 하더라도, 자신이 허가받지 않은 데이터에 접근하는 것을 방지하기 위한 것이다.

3. **가상 테이블**(views): 데이터베이스 관리시스템은 가상 테이블을 이용하여 전체 데이터베이스 중 자신이 허가 받은 사용자 관점만 볼 수 있도록 한정한다.

4. **암호화**(encryption): 이 기능은 데이터를 암호화하여 비록 그 데이터에 접근하더라도 알 수 없는 형태로 변형시키는 것이다.

11.1.2 데이터베이스 보안과 데이터베이스 관리인

데이터베이스 관리인은 데이터베이스의 보안에 대한 책임을 맡고 있는데, 이를 위하여 데이터베이스에 접근하는 모든 사용자를 파악하여 각 사용자가 접근할 수 있는 범위를 지정해 주어야 한다. 데이터베이스 관리인은 데이터베이스 관리시스템 내에서 **시스템 계정**(system account)이라고 불리는 특수한 계정을 갖는데, 이 계정은 일반 사용자의 계정이 갖고 있지 않는 강력한 기능을 수행할 수 있다. 이러한 기능으로는 사용자의 계정 개설, 각 사용자 계정에 대한 특정 데이터를 검색, 입력, 갱신, 또는 삭제할 수 있는 권한의 부여, 그리고 부여한 권한의 철회 등을 들 수 있다. 이러한 계정을 통해 데이터베이스 관리인은 데이터베이스에 대한 전반적인 보안을 유지할 수 있다.

11.2 접근 통제

다수 사용자가 사용하는 데이터베이스 시스템의 경우, 데이터베이스에 접근하고자 하는 사람은 먼저 사용자 계정을 신청해야 한다. 데이터베이스 관리인은 사용자가 데이터베이스에 접근해야 할 정당한 이유가 있다고 판정되면 사용자 계정과 암호를 지정해 준다. 사용자가 데이터베이스에 접근할 때는 언제든지 자신의 계정과 암호를 입력하여야 한다. 데이터베이스 관리시스템은 사용자의 계정과 암호가 정당한 것인지를 확인하여, 정당한 경우에만 데이터베이스에 대한 접근을 허용한다.

데이터베이스 관리시스템의 접근 통제 기능은 두 가지 목적이 있다. 먼저 앞 절에서 언급한 바와 같이 허가 받지 않은 사용자의 데이터베이스 자체에 대한 접근을 방지하기 위한 것이 첫번째 목적이다. 그리고 데이터베이스에 대하여 발생한 각종 조작(검색, 수정, 삽입, 그리고 삭제)에 대한 주체를 파악하여 트랜잭션 일지 (transaction log) 파일의 자료로 제공하는 것이 그 다음 목적이다.

데이터베이스 관리시스템은 각 사용자의 각 접근 기간[1](login session) 동안에 발생한 모든 조작을 기록해 두어야 하는데, 이를 기록한 것이 트랜잭션 일지 파일이다. 트랜잭션 일지 파일은 10장에서 공부하였듯이 트랜잭션의 중단이나 시스템 실패로 인하여 데이터베이스가 파괴되었을 때, 이를 복구하기 위한 중요한 정보를 제공한다. 트랜잭션 일지 파일은 이 외에도 데이터베이스에 대한 부당한 조작을 파악해 내기 위한 수단으로 사용된다. 데이터베이스에 대한 부정을 방지하기 위하여 주기적인 데이터베이스 감사監査를 실시하거나, 또는 데이터베이스에 대하여 부당한 조작이 가해졌다는 의심이 생겨 비정기적인 감사를 할 필요가 있을 때 트랜잭션 일지 파일을 검사한다. 감사에서 데이터베이스에 대한 부당한 조작이 발견되면, 트랜잭션 일지 파일에 나타난 사용자 계정번호를 통해 그 조작을 행한 사용자를 찾아낼 수 있다.

11.3 허가 규칙

데이터베이스의 사용자는 업무와 권한에 따라 접근할 수 있는 데이터의 범위와 조작의 유형에 차이가 있다. 따라서 데이터베이스 관리인은 각각의 사용자에 대하여 적절한 데이터베이스 접근 권한을 부여해야 한다. 허가 규칙은 특정 사용자에 대하여 접근할 수 있는 데이터와 그 데이터에 대하여 허용된 행위를 기록한 것이다. 예를 들어, '특정 계정번호와 암호를 입력한 사람은 데이터베이스에 기록된 모든 레코드를 검색할 수 있지만, 어떤 레코드도 갱신할 수 없다'와 같은 규칙이다.

---

1. 접근 기간은 사용자가 계좌번호와 암호를 입력하여 데이터베이스 관리시스템으로 들어왔다가 사용을 끝내고 시스템 밖으로 빠져나가기까지의 기간을 뜻한다.

데이터베이스 관리인은 이러한 규칙에 대하여 책임을 지고 있으며, 자신이 가진 시스템 계정을 통하여 허가 규칙에 따른 권한을 각 사용자 계정에 부여하기도 하고 철회하기도 한다.

11.3.1 허가 규칙 행렬

데이터베이스 보안에 대한 개념적인 모델을 제시한 페르난데즈 등(Fernandez et al., 1981)에 따르면 허가 규칙은 주체, 객체, 행위, 그리고 제한으로 구성한 행렬로 표현할 수 있다.

1. **주체:** 주체(subject)는 데이터베이스에 접근할 수 있는 조직의 개체를 의미한다. 이론적으로 볼 때 개별 사용자, 영업부와 같은 사용자 집단, 특정 터미널, 또는 특정 프로그램 등 필요에 따라 다양한 개체가 허가 규칙 행렬의 주체가 될 수 있다. 또한 보다 정밀한 보안 대책을 지원하기 위해서는 이러한 개체의 조합이 주체가 될 수도 있다. 예를 들어, 특정 사용자가 특정 터미널에서 특정 프로그램을 통해서만 어떤 행위를 할 수 있도록 허용함으로써 데이터의 도용 확률을 줄일 수 있을 것이다.

2. **객체:** 객체(object)는 보호되어야 할 데이터베이스의 개체를 의미한다. 이론적으로 객체는 전체 데이터베이스에서부터 특정 항목까지 그 어느 것도 될 수 있다. 그러나 실제로는 데이터베이스 관리시스템에 따라 레코드 단위까지만 지정할 수 있는 경우도 있고, 더 나아가 항목 수준까지 지정할 수 있는 것도 있다. 데이터베이스 관리시스템이 보안을 위하여 지정할 수 있는 객체의 수준을 객체의 입자 크기(granularity)라고 하는데, 이 입자 크기가 작을수록 정밀한 데이터베이스 관리시스템이며, 보다 유연한 보안 대책을 마련할 수 있다.

3. **행위:** 행위는 주체에 의해 객체에 가해질 수 있는 데이터베이스 조작을 의미한다. 전형적인 데이터베이스 행위로는 검색(read), 입력(insert), 수정(modify), 그리고 삭제(delete) 등이 있다. 이 외에도 새로운 테이블이나 항목을 추가하는 생성(create)과 기존의 테이블을 삭제하는 파괴(destroy)가 있다.

4. 제한: 제한은 앞의 세 요소에 추가하여 보다 정밀한 보안 대책을 수립하는 수단이 된다. 예를 들어, 대학에서 학생의 학점을 수정하는 것은 상당한 보안을 요구하는 사항이므로 특정 사용자가 특정 터미널(예를 들어, 학적과 내의 중앙에 위치한 터미널)에서만 수정할 수 있도록 하되, 특정 시간대(예를 들어, 근무 시간)라는 제한을 가함으로써 근무 시간 이후나 공휴일에 무단 수정되는 것을 막을 수 있을 것이다.

〈그림 11-1〉은 이러한 허가 규칙 행렬의 예를 보여 준다. 행렬의 각 행은 특정 주체가 특정 객체에 대하여 취할 수 있는 행위를 나타내며, 경우에 따라서는 특정 제한 내에서만 이루어질 수 있다. 첫째 행은 'SKS0023'이라는 사용자 계정을 가진 사람은 고객 레코드를 아무런 제약 없이 검색할 수 있음을 보여 준다. 둘째 행을 보면 영업부는 고객 레코드에 대하여 검색, 입력, 그리고 수정 행위를 할 수 있으나, 단 고객의 잔액만은 수정할 수 없음을 알 수 있다. 셋째 행은 25번 터미널에서 백만 원 한도 내에서 고객 레코드 잔액 항목을 수정할 수 있음을 나타낸다. 마지막으로 넷째 행은 프로그램 A3은 고객 데이터베이스 전체를 아무런 제한 없이 검색할 수 있다는 것을 보여 준다.

11.3.2 SQL의 허가 규칙

일반적으로 SQL에서는 테이블을 정의내린 사용자를 주인(owner)으로 간주한다. 주인은 자신이 정의 내린 테이블에 관하여 모든 권한을 갖는데, 대부분의 경

주체	객체	행위	제한
SKS0023	고객 레코드	검색	없음
영업부	고객 레코드	검색, 입력, 수정	고객 잔액 수정 불가
터미널 25	고객 레코드의 잔액 항목	수정	백만 원 한도 내에서
프로그램 A3	고객 데이터베이스	검색	없음
...	...	...	...

그림 11-1 허가 규칙 행렬

표11-1 부여할 수 있는 권한

명령	설명
DELETE	테이블의 레코드를 삭제할 수 있는 권한
INSERT	테이블에 새 레코드를 추가할 수 있는 권한
SELECT	테이블의 데이터를 검색할 수 있는 권한
UPDATE	테이블의 데이터 값을 수정할 수 있는 권한

우 데이터베이스 관리인이 모든 테이블의 주인이 된다. 따라서 본 절에서는 주인과 데이터베이스 관리인을 동일한 의미로 사용하기로 한다. 한편 주인은 자신의 테이블에 관하여 〈표 11-1〉과 같은 권한을 다른 사용자에게 부여할 수 있으며,[2] 원 테이블에 대하여 검색(SELECT) 권한을 부여 받은 사용자는 원 테이블과 관련된 가상 테이블을 정의 내릴 수 있다. 테이블을 삭제할 수 있는 권한은 다른 사용자에게 부여할 수 없고, 오직 주인만이 그 권한을 갖는다. 테이블이 삭제되면, 그 테이블과 관련된 이음동의어(synonym), 가상 테이블(view), 색인(index) 등도 작성자에 상관 없이 모두 삭제된다.

권한의 부여

SQL은 〈표 11-1〉과 같은 권한을 부여하기 위하여 GRANT 명령어를, 그리고 부여된 권한을 철회하기 위하여 REVOKE 명령어를 사용한다. GRANT 명령어는 테이블의 주인이 다른 사용자에게 〈표 11-1〉과 같은 권한을 부여하기 위해 사용하는데, 일반적인 명령문 형태는 다음과 같다.

```
GRANT   ALL PRIVILEGES/〈권한 목록〉
ON      〈테이블 명칭 목록〉
TO      PUBLIC/〈사용자 이름 목록〉
[WITH GRANT OPTION];
```

---

2. ISO 표준에 따르면 〈표 11-1〉에 나타난 권한 외에 REFERENCES와 USAGE 등 두 가지 권한을 더 부여할 수 있다.

GRANT 절은 부여할 권한을 지정하는 것으로, 모든 권한을 다 부여하고자 할 때는 ALL PRIVILEGES(또는 ALL)를 기입하면 된다. 만약 특정 권한만 부여하고자 한다면 GRANT 절에 DELETE, INSERT, SELECT, 그리고 UPDATE 중 하나 또는 그 이상을 나열하면 된다. 그중 INSERT와 UPDATE의 경우는 특정 항목에 대해서만 삽입 또는 갱신할 수 있도록 하는 제한된 권한을 부여할 수도 있는데, INSERT나 UPDATE 뒤에 삽입 또는 갱신을 허용하는 항목 이름을 괄호 안에 표시하면 된다.

ON 절은 권한이 부여될 원 테이블이나 가상 테이블을 지정한다. TO 절은 권한을 부여 받을 사용자를 지정하는데, 모든 사용자에게 공개하고자 할 때는 PUBLIC으로 지정하면 된다. 마지막으로 WITH GRANT OPTION이란 선택 사항을 기입하면, 권한을 부여 받은 사용자가 동일한 권한을 다른 사용자에게 또 다시 부여할 수 있게 된다.

예제 1 : 사용자 계정 'SKS0023'을 가진 사용자에게 고객 테이블을 검색할 수 있는 권한을 부여하라.

```
GRANT     SELECT
ON        고객
TO        SKS0023;
```

이 명령이 실행되면 'SKS0023'이라는 사용자는 이제 고객 테이블을 검색할 수 있게 된다. 그러나 이 사용자는 고객 테이블에 대하여 단지 검색만 할 수 있을 뿐, 이 테이블의 데이터를 수정하거나, 레코드를 삽입 또는 삭제할 경우 오류 메시지를 받게 된다.

예제 2 : 사용자 계정 'SKS0001'을 가진 사용자에게 고객 테이블에 관한 모든 권한을 부여하라. 또, 그 권한을 다른 사용자에게 부여할 수 있는 권한도 부여하라.

```
GRANT    ALL
ON       고객
TO       SKS0001
WITH     GRANT OPTION;
```

예제 3 : 모든 사용자에게 고객 테이블을 검색하고, 주소 항목을 갱신할 수 있는 권한을 부여하라.

```
GRANT    SELECT, UPDATE(주소)
ON       고객
TO       PUBLIC;
```

권한의 철회

권한을 다른 사용자에게 부여한 자는 언제든지 그 권한을 철회시킬 수 있다. 경우에 따라서 권한의 철회는 연쇄적인 철회 효과를 발생시킨다. 예를 들어, 테이블 주인인 갑이 을에게 WITH GRANT OPTION과 함께 모든 권한을 부여하고, 다시 을이 병에게 검색 권한을 부여했다고 가정해 보자. 만약 갑이 그 테이블에 관한 을의 모든 권한을 철회시켰다면, 병의 검색 권한도 자동으로 철회된다. 권한을 철회하기 위한 REVOKE 명령어는 다음과 같은 형태를 지닌다.

```
REVOKE ALL PRIVILEGES/〈권한 목록〉
ON      〈테이블 명칭 목록〉
FROM    PUBLIC/〈사용자 이름 목록〉;
```

GRANT 명령문과 거의 동일한 형태를 지니고 있다. REVOKE 절은 GRANT 절과 마찬가지로 철회하기 원하는 권한을 나열하거나, 모든 권한을 철회하기 위해서 예약어 ALL PRIVILEGES(또는 ALL)를 사용할 수 있다. ON 절은 GRANT 명령문에서와 동일하고, FROM 절은 GRANT 명령문의 TO 절과 동일한 방법으로 기입된다.

예제 4 : 예제 3에서 모든 사용자에게 부여한 고객 테이블의 검색과 갱신 권
한을 철회하라.


```
REVOKE   SELECT, UPDATE(주소)
ON       고객
FROM     PUBLIC;
```


11.4 가상 테이블

관계형 데이터 모델의 테이블은 원 테이블과 가상 테이블로 구분할 수 있다. 앞의 5장에서 공부하였듯이 가상 테이블은 원 테이블에서 유도되어져 물리적으로 존재하지 않지만, 사용자는 마치 물리적으로 존재하는 것처럼 사용할 수 있는 테이블이다. 가상 테이블을 생성하는 중요한 목적 중의 하나는 데이터베이스에 접근하는 사용자가 권한을 부여 받은 데이터만 보여 줌으로써 데이터베이스의 보안을 유지하는 것이다. 앞 절에서 공부한 GRANT 명령어를 통한 권한의 부여와 가상 테이블을 적절히 혼용함으로써 허가 규칙 행렬의 상당 부분을 실행시킬 수 있다.

11.4.1 가상 테이블을 통한 보안 유지

어느 대학에서 다음과 같은 내용의 학생 관계를 원 테이블로 데이터베이스에 저장하고 있다고 가정하자.

학생 (<u>학번</u>, 이름, 학년, 전공, 평량평균)

이 테이블에 있는 학생의 평량평균은 매우 사적인 정보이므로 일반 사용자에게 공개되어서는 안 된다. 그러나 나머지 데이터는 교내 어느 사용자라도 자주 접근해야 하는 정보라면, 평량평균을 제외한 가상 테이블을 만든 후, 모든 사용자에게 이 가상 테이블에 대한 접근 권한을 부여하면 된다. 이를 SQL로 표현하면 다음과 같다.

```
CREATE VIEW  학생정보
AS SELECT    학번, 이름, 학년, 전공
    FROM     학생;


GRANT SELECT
ON    학생정보
TO    PUBLIC;
```

11.4.2 통계 데이터의 제공

가상 테이블은 개별 레코드의 데이터가 아닌 특정 집단의 통계 데이터만을 보여 주고자 할 때도 유용하게 사용된다. 예를 들어, 각 학생의 개인별 평량평균은 사적인 정보이지만 각 학년별 평균 평량평균은 일반 사용자에게 공개할 수 있는 정보이다. 만약 학년별 평균 평량평균을 모든 사용자에게 공개하기로 하였다면, 다음과 같은 SQL 명령문으로 표현할 수 있다.

```
CREATE VIEW  학년별_평량평균 (학년, 평균_평량평균)
AS SELECT    학년, AVG(평량평균)
    FROM     학생
    GROUP BY 학년;


GRANT SELECT
ON    학년별_평량평균
TO    PUBLIC;
```

*11.4.3 사례

찰핀(Chalfin, 1994)은 복잡한 환경하에서 데이터베이스의 보안을 유지하기 위하여 가상 테이블을 적절히 활용한 사례를 잘 보여 주고 있다. 본 사례에서 보호하고자 하는 데이터 자원은 〈그림 11-2〉에 나타난 직원 테이블이다. 모든 항목은 쉽게 이해될 수 있으리라 생각되며, 다만 계정번호는 각 직원의 컴퓨터 계정번호를 나타낸다.

직원

직원번호	이름	부서	전화	연봉	직위	계정번호	상태	근무지역
1	최기홍	영업	3274	4500	대리	acc01	현직	본사
2	한광식	영업	2193	4800	대리	acc02	퇴직	부산
3	김인혁	영업	3612	4700	대리	acc03	현직	인천
4	박광대	영업	9335	5000	과장	acc04	현직	본사
5	김혜옥	회계	7892	4800	과장	acc05	현직	성남
6	이용기	회계	6754	4500	대리	acc06	현직	광주
7	이세훈	회계	8861	6000	부장	acc07	현직	본사
8	유정희	임원	9327	7000	전무	acc08	현직	본사
9	안일호	임원	5276	10000	사장	acc09	현직	본사

그림 11-2 직원 테이블

요구되는 보안 조건은 회계 부서 직원은 모든 직원의 직원번호, 부서, 상태, 그리고 근무지역에 대한 데이터를 검색할 수 있다는 것이다. 이 보안 조건을 만족시키기 위한 가장 간단한 방법은 다음과 같이 직원 테이블에서 해당 항목을 추출하여 가상 테이블을 만들고, 이를 회계 부서 직원들만 검색할 수 있는 권한을 부여하는 것이다.

```
CREATE VIEW  직원1
AS SELECT    직원번호, 부서, 상태, 근무지역
   FROM      직원;

GRANT SELECT
ON    직원1
TO    acc05, acc06, acc07;
```

위의 방법은 쉽게 이해되지만, 회계 부서 직원이 바뀔 때마다 GRANT문과 REVOKE문을 사용하여 권한을 새로 부여하거나 철회하여야 하는 단점이 있다. 이를 보완하기 위하여 다음과 같이 직원 테이블을 자체 결합하는 방법을 사용할 수 있다.

```
CREATE VIEW 직원2 (직원번호, 부서, 상태, 근무지역)
AS SELECT    e1.직원번호, e1.부서, e1.상태, e1.근무지역
   FROM      직원 e1, 직원 e2
   WHERE     e2.계정번호 = CURR_SQLID
     AND     e2.부서 = '회계';


GRANT SELECT
ON     직원2
TO     PUBLIC;
```

위의 가상 테이블을 정의 내리는 명령을 살펴보면 직원 테이블을 e1과 e2라는 별명으로 각각 정의내려 자체 결합하였다. WHERE 절의 CURR_SQLID는 현재 사용자의 계정번호를 보관하고 있는 시스템 변수를 나타낸다. 따라서 WHERE 절의 조건은 현 계정번호 사용자의 부서가 '회계'인지의 여부를 확인하는 것이다. 조건이 만족되는 타플이 존재하면 그 타플과 결합된 e1 테이블의 모든 타플에서 지정한 항목을 추출하여 가상 테이블을 생성시킨다. 그렇지 않은 경우에는 해당 타플이 없기 때문에 가상 테이블은 빈 테이블이 된다. 따라서 접근 권한을 대중(PUBLIC)에게 공개하여도 부서 항목의 값이 '회계'가 아닌 사용자가 직원2 가상 테이블에 접근할 경우 빈 테이블만 보게 되므로 보안을 유지할 수 있다. 이 방법은 직원 테이블의 부서 항목값에 따라 접근이 결정되기 때문에, 회계 부서의 인사 이동에 따라 접근 권한을 수정해야 하는 불편을 피할 수 있다.

앞의 사례는 비교적 간단한 보안 조건에 관한 것이다. 이번에는 좀더 복잡한 보안 조건을 실행하는 방법에 대하여 생각해 보자. 〈그림 11-3〉은 〈그림 11-2〉의 직원 테이블에 대한 접근 조건을 나타낸 접근_권한 테이블이다. 접근_권한 테이블의 각 타플은 타플에 나타난 계정번호의 소유자가 동일 타플에 나타난 조건을 만족시키는 직원 레코드만 검색할 수 있음을 나타낸다. 예를 들어, 계정번호 'acc04'의 소유자는 부서의 값이 '영업'이고, 상태의 값이 '현직'이며, 근무지역이 '본사'인 직원의 레코드만 볼 수 있다. 한편 'ALL'은 해당 항목의 값이 무엇이든간에 상관 없이 검색할 수 있음을 의미한다. 따라서 계정번호 'acc05'의 소유자는 근무 지역의 값이 '광주'이거나 부서의 값이 '회계'인 직원의 레코드를 검

접근_권한

계정번호	부서	상태	근무지역
acc04	영업	현직	본사
acc05	ALL	ALL	광주
acc05	회계	ALL	ALL
acc09	ALL	ALL	ALL

그림 11-3 접근_권한 테이블

색할 수 있다. 마지막으로 계정번호 'acc09'의 소유자는 모든 직원의 레코드를 볼 수 있다.

이러한 보안 조건을 일일이 GRANT 문을 사용하여 권한을 부여한다면, 접근_권한 테이블에 나타난 각 계정번호당 하나의 가상 테이블과 GRANT 문이 필요하다. 보다 현명한 방법은 다음과 같이 상관 내포절을 이용하여 해결하는 것이다.

```
CREATE VIEW  직원3
AS SELECT    *
   FROM      직원 emp
   WHERE     EXISTS
             (SELECT *
             FROM   접근_권한
             WHERE  계정번호 = CURR_SQLID
                AND (부서 = emp.부서 OR 부서 = 'ALL')
                AND (상태 = emp.상태 OR 상태 = 'ALL')
                AND (근무지역 = emp.근무지역 OR 근무지역 = 'ALL'));

GRANT SELECT
   ON     직원3
   TO     PUBLIC;
```

상위 질의에서 직원 테이블을 emp라는 별명으로 정의 내린 후, emp 테이블의 각 타플을 접근_권한 테이블의 현재 사용자 계정번호와 일치하는 타플의 각 조건과 비교하여 일치하는 타플만 추출하여 가상 테이블을 생성한다. 따라서 가상 테이블 직원3을 모든 사용자에게 공개하여도 접근_권한 테이블에 명시된 조건을 만족하는 직원 레코드만 검색하게 된다. 이 방법의 한 가지 단점은 계정번호 'acc05'의 소유자가 가상 테이블을 검색할 때, 6번 직원의 부서가 '회계'이면서 근무 지역이 '광주'이기 때문에 두 번 중복되어 출력된다는 점이다. 이를 방지하기 위하여 DISTINCT 명령을 추가할 수 있지만, 레코드가 많은 경우 검색 속도를 저하시키게 된다.

11.5 암호화

보안이 대단히 중요한 데이터의 경우, 데이터베이스에 저장되는 데이터 자체를 암호화하는 방법을 사용할 수 있다. 암호화란 인간에 의해 해석될 수 없는 형태로 데이터를 변형시키는 것을 의미한다. 암호화는 통신망을 통해 중요한 데이터를 전송할 때 무단 도용을 방지하기 위해 주로 사용되고 있다. 예를 들어, 전자 송금 시스템은 전송되는 데이터를 암호화하는 대표적인 사례이다. 상업용 데이터베이스 관리시스템 중에는 중요한 데이터를 보호할 수 있도록 암호화 프로그램을 제공하는 것도 있다. 암호화 프로그램을 제공하는 모든 시스템은 암호화된 데이터를 풀 수 있는 해독 프로그램도 동시에 제공한다. 이 해독 프로그램은 적절한 보안 장치하에 보호되어야 한다. 그렇지 않은 경우, 상당한 양의 컴퓨터 자원과 시간을 소비하는 암호화 작업이 의미를 갖지 못하기 때문이다.

11.6 위험 분석

본 절에서는 데이터베이스와 관련된 위험을 분석하여 대책을 마련하는 과정에 대하여 간단히 살펴보기로 한다. 코널리 등(Connolly et al., 1999)은 다음과 같은 8단계의 위험 분석 과정을 제안하였다.

1. **보안 담당 팀의 구성:** 보안에 관심이 있는 조직이라면 반드시 보안 관리 책임을 맡을 팀을 구성하는 것이 바람직하다. 조직의 크기와 복잡성에 따라 다르겠지만 보안 담당 팀은 주로 정보기술, 인사, 법률, 감사, 그리고 건물 관리 등의 부서로부터 선출된 직원들로 구성될 수 있다. 보안 담당 팀은 주로 표준과 절차와 연계된 보안 정책의 수립, 위험 분석, 보안 대책의 수립과 실행, 보안 시스템의 감시와 유지, 그리고 시스템 보안과 시스템 활용성간의 균형 유지 등의 업무를 담당한다.

2. **분석 범위 결정 및 시스템 세부사항 획득:** 보안 위험 분석의 범위는 조직의 규모가 적은 경우를 제외하고는 특정 컴퓨터 시스템과 같이 한 번에 한 분야에만 집중하는 것이 바람직하며, 분석되는 시스템의 세부사항은 모두 문서화되어 그 기능이 이해될 수 있어야 한다.

3. **현재의 대책 확인:** 보안 위협의 가능성이 있는 곳을 찾아내어 최적의 대책을 마련하기 위하여 현재 가동되는 보안 대책을 확인한다.

4. **모든 자산의 확인과 평가:** 시스템과 관련된 모든 자산을 확인하여 가치를 평가한다. 자산에는 모든 하드웨어, 오퍼레이팅 시스템과 응용 프로그램을 포함하는 소프트웨어, 데이터, 관련 임직원, 건물, 그리고 전력, 서류, 부품과 같은 기타 항목 등이 포함된다. 자산의 가치를 평가하는 것은 쉬운 일이 아니며 어느 정도의 추정은 불가피하다. 예를 들어, 하드웨어와 같은 자산의 경우, 교환(replacement) 비용으로 가치를 평가할 수 있지만, 조직 내에서 축적된 데이터와 같은 경우는 가치를 평가하기 쉽지 않다. 데이터에 대한 위협으로는 일정 시간 동안 접근이 불가능한 완전 파괴에서부터 부당한 사용까지 다양한 형태가 있을 수 있는데, 일반적으로 각종 위협에 의해 발생할 수 있는 손실을 추정하여 데이터의 가치가 평가된다.

5. **모든 위협 요소의 확인과 평가:** 자주 발생하는 명백한 위협 요소로부터 거의 일어나지는 않지만 엄청난 재앙을 가져올 수 있는 예외적인 것까지 모든 발생 가능한 위협 요소의 명단을 작성한다. 그리고 각 위협이 자산에 대해 발생시킬 수 있는 손실과 확률을 추정하여 위협 요소를 평가한다.

6. **대책 선택, 비용/수익 분석, 기존 대책과의 비교:** 위협을 평가한 후에는 적절한

대책을 선택하고, 비용/수익 측면에서 분석한다. 몇 개의 가능한 대안이 있을 경우 최소의 비용으로 최대의 효율성을 얻을 수 있는 대책을 선택한다. 또한 그 대책은 기존의 대책, 특히 높은 보안 수준을 제공하는 분야의 대책과 비교 평가되어야 한다.

7. **제안:** 대책을 최종 선택한 후에는, 그간의 조사/평가의 결과로부터 구체적인 제안을 담은 보고서를 작성해야 한다. 필요하다면, 그 대책의 실제 비용과 공급업체에 대한 세부 사항 역시 보고서에 포함되어야 한다. 이러한 제안서가 승인된 후에는 보안 담당 팀은 이후 실행을 감독할 책임이 있다.

8. **보안 시스템의 검사:** 모든 실행중인 보안 대책을 검사해서 실제로 위협요소에 대응할 수 있는지 확인한다. 이러한 예비 테스트는 보안 대책에 대한 잠재적 침입자의 경로나 방식을 예상할 수 있게 해주며, 그 결과 시스템 보안을 강화하는 효과를 가져온다.

11.7 **요약**

데이터베이스 보안이란 조직의 데이터베이스를 무단으로 사용허거나, 변경 또는 파괴하는 행위로부터 보호하는 것을 의미한다. 데이터베이스 관리인은 데이터베이스의 전반적인 보안에 대한 책임을 지고 있다. 데이터베이스 관리인은 데이터베이스 관리시스템 내에서 시스템 계정이라고 불리는 특수한 계정을 갖는데, 이 계정을 통하여 사용자의 계정 개설, 각 사용자 계정에 대하여 특정 데이터를 검색, 입력, 갱신, 또는 삭제할 수 있는 권한의 부여, 그리고 부여한 권한의 철회 등을 할 수 있다. 데이터베이스 관리시스템은 데이터의 보안을 유지하기 위하여 일반적으로 접근 통제, 허가 규칙, 가상 테이블, 그리고 암호화 등의 기능을 제공한다.

접근 통제 기능은 사용자에게 사용자 계정과 암호를 지정하여 데이터베이스 관리시스템 자체에 들어오는 절차를 통제하는 것이다. 데이터베이스 관리시스템의 접근 통제 기능은 두 가지 목적이 있다. 첫째는 허가받지 않은 사용자의 데이터베이스 자체에 대한 접근을 방지하기 위한 것이며, 둘째는 데이터베이스에 대하여 발생한 각종 조작에 대한 주체를 파악하여 트랜잭션 일지 파일에 기록하는 것이다.

허가 규칙은 정당한 절차를 통해 데이터베이스 관리시스템 내로 들어온 사용자가 자신이 허가받지 않은 데이터에 접근하는 것을 방지하기 위한 것이다. 허가 규칙은 특정 사용자에 대하여 접근할 수 있는 데이터와 그 데이터에 대하여 허용된 행위를 기록한 것으로, 데이터베이스에 접근할 수 있는 주체, 보호되어야 할 데이터베이스의 객체, 주체에 의해 객체에 가해질 수 있는 데이터베이스에 대한 조작, 그리고 기타 제한 조건 등이 포함된다.

이러한 허가 규칙은 상당 부분 SQL의 GRANT 명령어와 가상 테이블을 조합함으로써 실현될 수 있다. 가상 테이블은 전체 데이터베이스 중 각 사용자의 관점만 볼 수 있도록 한정하며, GRANT 명령어는 데이터베이스에 접근하는 주체와 조작을 한정한다.

보안이 대단히 중요한 데이터의 경우, 데이터베이스에 저장되는 데이터 자체를 암호화할 수 있다. 그러나 암호화는 암호화 프로그램과 해독 프로그램을 요구하며, 컴퓨터 자원과 시간을 많이 요구하기 때문에 비용이 가장 많이 드는 방법이다.

일반적으로 데이터베이스와 관련된 위험을 분석하고 대책을 마련하기 위한 위험 분석은 보안 담당 팀의 구성, 분석 범위 결정 및 시스템 세부사항 획득, 현재의 대책 확인, 모든 자산의 확인과 평가, 모든 위협 요소의 확인과 평가, 대책 선택, 제안, 보안 시스템의 검사 등 8단계로 진행되어진다.

✏️ **복습 문제**

1. 다음 용어를 설명하라.

   ·데이터베이스 보안   ·시스템 계정   ·암호화

   ·접근 통제   ·허가 규칙   ·허가 규칙 행렬

   ·GRANT   ·REVOKE

2. 일반적으로 데이터베이스 관리시스템은 보안을 위하여 어떠한 기능을 제공하는가?

3. 데이터베이스 관리인이 사용하는 시스템 계정은 보안과 관련하여 어떠한 특수 기능을 가지고 있는가?

4. 데이터베이스 관리시스템의 접근 통제는 어떠한 목적으로 이루어지는가?

5. 허가 규칙 행렬에 포함되는 네 가지 사항을 예를 들어 설명하라.

6. SQL의 GRANT 문의 WITH GRANT OPTION은 어떠한 역할을 하는가?

7. 가상 테이블은 데이터베이스 보안을 위하여 어떠한 역할을 수행할 수 있는가?

8. 위험 분석 과정 8단계를 설명하라.

응용 문제

1. 주변에서 데이터베이스 보안과 관련된 범죄를 찾아보고, 그 원인을 분석하라. 또 어떻게 예방될 수 있었겠는지 방안을 제시하라.

2. 〈그림 11-2〉의 테이블에서 부서의 값이 '임원'인 직원만 직원 테이블의 모든 데이터를 볼 수 있도록 SQL 문을 작성하라. 단, 11.4.3절을 공부한 사람은 두 가지 방법으로 작성해 보고, 두 방법의 차이를 설명하라.

*3. 〈그림 11-2〉의 테이블에서 자신보다 낮은 직위의 직원의 레코드는 모두 볼 수 있도록 하기 위한 방법을 제시하라.

■■ **참고문헌**

Chalfin, M. "Security in an Ad Hoc World," *Database Programming and Design*, Vol. 7, No. 8, August 1994, pp. 32–40.

Connolly, T., Begg, C, and Strachan, A. Database Systems: A Practical Approach to Design, Implementation, and Management(2nd ed.), Harlow: Addison–Wesley, 1999.

Fernandez, E.B., Summers, R.C., and Wood, C. *Database Security and Integrity*, Addison–Wesley, Reading, Massachusetts, 1981.

PART 05

jusst.moment

< Bubbles >

written by. Justine Suh
illustration by. exit

블루,

우리가 처음 만난 날 기억나? 너는 어린이 병동에 갓 입원한 어린애였고, 나는 병원 밥이 지겹던 어린애였어. 너는 주사 맞기 싫다며 고래고래 소릴 지르며 복도로 도망가고 있었고, 나는 MRI를 찍고 돌아오는 길이었어. 간호사 선생님이 잽싸게 뒤에서 널 낚아채 올렸을 때 네 발길질이 내 코에 맞았잖아. 그때 정말 어마어마한 피가 뿜어져 나왔는데, 그걸 보고 나보다 더 놀란 너는 새파랗게 질려 울음을 터뜨렸고, 난 쏟아지는 피에 고개를 숙여야 했어.

친구가 없던 나는 매일 우주까지 훨훨 날아가는 터무니 없는 공상을 하며 지내는 아이였어. 몇 시간 후 간호사 선생님 손에 이끌려 네가 찾아왔을 때도 그러던 중이었지. 너는 고개를 푹 숙이고 미안해했어. 나는 괜찮다고 했고. 그때 난 몰랐어. 네가 뭐 때문에 병원에 온 건지. 다른 친구들처럼 금방 나아서 나갈 거로 생각했어. 나는 걷지 못했지만 너는 잘 뛰어다녔으니까.

그날부터 우린 서로의 병실에서 이야기를 나누며 많은 시간을 보냈지. 너처럼 내 상상 속 이야기에 같이 빠져준 친구는 없었어. 우린 함께 달에도 가고, 목성에도 가고, 블랙홀 반대편까지도 갔어.

너무 아파서 꼼짝도 못 하고 누워있던 내 생일날, 너는 직접 만든 비눗물과 빨대로 비눗방울을 만들어 줬어. 작고 힘없어 보이는 비눗방울이라고 내가 놀려도 넌 꿋꿋하게 계속 불었지. 말은 안 해도 둥실둥실 떠다니는 비눗방울들이 조그만 행성 같다고 생각했어. 그 별들을 손에 담아보려 이리저리 팔을 휘두르며 많이 웃었던 기억이 나.

너랑 헤어진 날 이야기는 하지 않을래.
어디선가 다른 세상에서 우리는 결국 우주에 함께 갔다고 생각해.

거기서 지구는 정말 파래 보였잖아.

제5편
데이터베이스의
발전 동향

제5편에서는 데이터베이스 최근 발전 동향에 관하여 공부하기로 한다. 제12장에서는 분산 데이터베이스의 개념과 유형, 설계 전략, 그리고 분산 데이터베이스 관리시스템에 대하여 살펴본다. 제13장에서는 기업의 의사결정을 지원하기 위한 비즈니스 인텔리전스와 데이터 웨어하우스의 등장 배경과 개념, 온라인 분석 처리, 그리고 설계에 대하여 공부한다. 제14장에서는 빅 데이터 개념과 비정형 데이터 처리를 위한 NoSQL 데이터 모델에 대하여 공부한다.

제12장 분산 데이터베이스

지금까지 단일 컴퓨터 내에 데이터베이스와 데이터베이스 관리시스템이 저장된 경우를 가정하여 공부하였다. 단일 컴퓨터 또는 한 장소에 데이터베이스와 관련된 모든 구성요소가 위치해 있기 때문에 이러한 시스템을 중앙집중(centralized) 데이터베이스 시스템이라고 한다. 그러나 최근 중소형 컴퓨터 시스템의 발전과 더불어 통신 네트워크로 연결된 여러 장소의 컴퓨터에 데이터를 분산시키는 추세가 늘고 있다. 본 장에서는 분산 데이터베이스의 개념을 살펴보고, 분산 데이터베이스의 설계와 분산 데이터베이스 관리시스템에 대해 자세히 공부하기로 한다.

12.1 분산 데이터베이스의 발전 배경

1970년대 많은 기업들이 중앙집중 데이터베이스 시스템을 도입하기 시작했는데, 메인프레임 컴퓨터에 하나의 중앙 데이터베이스를 저장하는 방식이다. 그후, 사회적, 기술적 발전으로 인해 기업의 정보시스템 성격과 데이터를 사용하는 방식에 많은 변화가 생겼다. 인터넷의 지속적 발전과 확산으로 인해 기업 활동은 국경을 넘나들고 있으며, 취급하는 데이터의 유형도 사진, 음성, 동영상 등으로 다양해졌다. 또한 소셜미디어, 블록체인 애플리케이션, 메타버스 등의 발전은 매일 엄청난 양의 디지털 데이터를 생성시켜서, 하나의 데이터베이스에 모든 필요한 데이터를 수용하는 것이 기술적으로 어려워졌다. 더 나아가 언제 어디서나 사용이 가능한 모바일 기기에서 빠른 접속을 위해서는 지역적으로 가까운 곳에 데이터가 저장될 필요성이 높아졌다. 이러한 환경에서 중앙집중 데이터베이스는 다음과 같은 여러 가지 문제점에 노출되어 있다(Coronel and Morris, 2019).

1. 원거리 원격 접속의 증가로 인한 성능 저하
2. 대규모 중앙집중 데이터베이스와 물리적 장비를 운영하고 유지보수하기 위한 비용의 증가

3. 중앙집중 시설에 대한 의존성 때문에 발생할 수 있는 신뢰성 문제와 데이터 복제의 필요성

4. 단일 장소에 시설을 유지해야 하기 때문에 발생하는 물리적 공간, 온도 조절, 전기 용량 등과 같은 물리적 제약과 관련된 확장성 문제

5. 현대적 글로벌 기업에 요구되는 유연성과 민첩성을 지원하기 어려운 데이터베이스로 인한 기업 조직의 경직가능성

역동적인 글로벌 비즈니스 환경과 중앙집중 방식의 한계로 인하여 데이터를 여러 곳에 저장하는 분산 데이터베이스 기술이 조명을 받고 있으며, 향후 클라우드 컴퓨팅의 확산과 6G 등의 도입으로 통신 속도가 빨라질수록 분산 데이터베이스의 활용은 늘어날 것으로 예측된다.

12.2 분산 데이터베이스의 개념

분산 데이터베이스(distributed database)는 〈그림 12-1〉과 같이 하나의 논리적 데이터베이스가 통신 네트워크로 연결된 여러 컴퓨터에 물리적으로 분산되어 저장되는 것을 말한다. 하나의 논리적 데이터베이스가 n대의 물리적 컴퓨터에 분산되어 있는데, 각각은 지역 데이터베이스로 표현되어 있다. 이 컴퓨터들은 한 장소에 위치할 수도 있고, 서로 다른 장소에 위치할 수도 있다. 그리고 각각의 컴퓨터들은 지역 데이터베이스 관리시스템(local DBMS)과 분산 데이터베이스 관리시스템(distributed DBMS)을 내장하고 있으며, 다른 장소에 위치한 데이터 정보를 제공해 주는 분산 데이터 사전/주소록(distributed DD/D)도 보관하고 있다.

분산 데이터베이스와 데이터의 **분산 처리**(distributed processing)는 서로 다른 개념이며, 이 둘을 구별할 필요가 있다. 데이터의 분산 처리는 한 곳에 저장된 중앙집중 데이터베이스를 컴퓨터 네트워크를 통해 여러 곳에서 접근하는 것을 의미한다. 따라서 사용자들이 컴퓨터 네트워크를 통해 여러 곳에서 데이터베이스에 접근하더라도 데이터베이스가 한 컴퓨터 내에 저장되어 있다면, 이는 분산 처리일 뿐 분산 데이터베이스는 아니다. 분산 처리의 개념이 〈그림 12-2〉에 나와 있는데, 〈그림 12-1〉과 비교해 보면 데이터베이스가 한 곳(컴퓨터 1)에만 저장되어

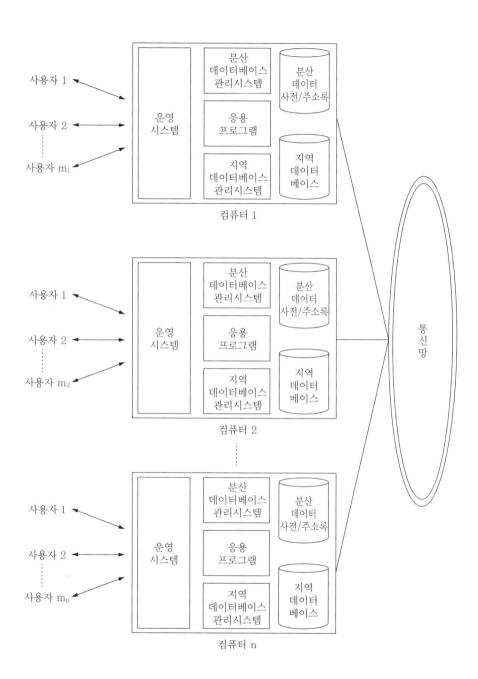

그림 12-1 분산 데이터베이스 구조

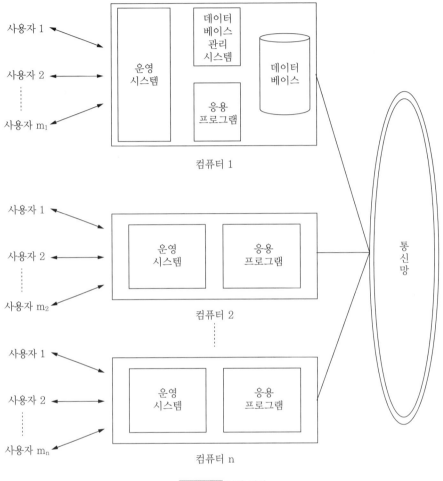

그림 12-2 분산 처리

있는 차이가 있다.

분산 데이터베이스와 또 구별해야 하는 개념 중 병렬(parallel) 데이터베이스가
있다. 병렬 데이터베이스는 처리 성능을 개선하기 위해 데이터베이스를 여러 프
로세서나 디스크에서 병렬로 처리하는 것을 뜻한다(Connolly and Begg, 2002). 병렬
데이터베이스는 하나의 프로세서로는 성능을 만족시킬 수 없을 때 비교적 경제
적으로 성능 향상을 이룰 수 있는 방법이다.

12.3 분산 데이터베이스의 유형

분산 데이터베이스는 앞에서 살펴본 바와 같이 하나의 논리적 데이터베이스가 통신 네트워크로 연결된 여러 컴퓨터에 물리적으로 분산되어 저장되어 있는 경우를 의미한다. 분산 데이터베이스는 반드시 네트워크로 연결되어 서로 다른 컴퓨터의 사용자가 동일한 논리적 데이터베이스에 접근할 수 있음을 가정한다. 만약 데이터베이스가 분산되어 있으나, 네트워크로 연결되어 있지 않아서 다른 컴퓨터에 위치한 데이터베이스에 접근할 수 없다면, **분산 데이터베이스**(distributed database)가 아니라 **탈집중 데이터베이스**(decentralized database)라고 불린다. 탈집중 데이터베이스는 서로 다른 지역에서 하나의 데이터베이스를 공유한다기보다는 중앙의 데이터베이스를 몇 개의 독립된 데이터베이스로 분리하여 사용하는 개념이다.

현재 활용되고 있는 분산 데이터베이스는 각 지역에서 사용하는 데이터베이스 관리시스템의 동질성 여부에 따라 분류될 수 있다. 모든 지역이 동일한 데이터베이스 관리시스템을 사용하는 경우에 **동종**(homogeneous) **시스템**이라고 하며, 그렇지 않은 경우에 **이종**(heterogeneous) **시스템**이라고 한다. 이종 시스템의 경우에는 데이터베이스 관리시스템이 다른 회사 제품일 뿐만 아니라, 관계형, 계층형, 그물형, 또는 객체중심형 등 다양한 데이터 모델의 시스템으로 구성될 수도 있다.

일반적으로 동종 시스템의 경우가 설계나 관리에 있어서 훨씬 쉬우며, 사업장의 확장에 따라 지역을 추가시켜 나가는 것이 용이하다. 반면 이종 시스템은 각 지역별로 데이터베이스가 구축된 상태에서 이를 하나의 데이터베이스로 통합하는 과정에서 주로 나타난다. 이종 시스템이 복잡한 이유는 한 데이터베이스 관리시스템의 질의를 다른 데이터베이스 관리시스템의 질의로 전환해 주어야 하기 때문인데, 만약 데이터 모델까지 다르다면 문제는 더욱 복잡해진다. 예를 들어, 관계형 데이터베이스 관리시스템을 사용하고 있는 지역의 SQL SELECT 명령문은 그물형 데이터베이스 관리시스템을 채택하고 있는 다른 지역에서 FIND와 GET 명령문(그물형 데이터베이스 명령어)으로 변환되어야 할 것이다. 물론 그 이전에 관계형의 관계는 그물형의 레코드와 세트로 전환되어야 하는데, 두 모델의 본질적 제약이 다르기 때문에 이를 완벽하게 일 대 일로 대응시키는 것은 거의 불가능하다.

일부 관계형 데이터베이스 관리시스템들이 이종 분산 데이터베이스를 위해 사용하는 방법은 관계형 데이터 모델과 언어를 다른 데이터 모델과 언어로 변환시키는 **게이트웨이**(gateway)를 사용하는 것이다. 그러나 게이트웨이 방식은 단순히 질의만 번역하여 전달하기 때문에 두 시스템간에 병행 제어나 데이터베이스 복구와 같은 트랜잭션 관리를 지원하지 못하는 단점을 가지고 있다. 또한 게이트웨이 방식은 질의 번역 수준을 넘어서는, 즉 모델간의 본질적 제약의 차이로 인해 발생하는 문제는 해결하지 못한다.

게이트웨이 방식의 이러한 문제점 때문에 최근 **멀티데이터베이스 시스템**(multidatabase systems(MDBS))에 대한 관심이 높아지고 있다. 멀티데이터베이스 시스템은 각 지역 시스템들의 지역 운영에 대한 완전한 통제권을 허용하면서, 동시에 분산 데이터베이스를 논리적으로 통합하려는 시도이다. 각 지역 데이터베이스의 완전한 통제권을 허용한다는 것은 지역 데이터베이스 관리시스템에 대한 소프트웨어적인 수정이 필요없음을 의미한다. 따라서 멀티데이터베이스 시스템은 통합에 필요한 기능을 수행하기 위해서 각 지역 데이터베이스 위에 추가적인 소프트웨어 층(layer)을 두는 방식을 사용한다. 즉, 멀티데이터베이스 시스템은 기존의 지역 데이터베이스와 파일 위에 존재하는 데이터베이스 관리시스템이라고 볼 수 있다. 멀티데이터베이스 시스템은 각 사용자의 질의를 처리하기 위한 전역(global) 스키마만을 관리하며, 지역 데이터베이스 관리시스템이 각 지역의 사용자 데이터를 관리한다. 전역 스키마는 각 지역 데이터베이스 스키마를 통합하여 작성된다. 사용자가 전역 질의를 발생시키면, 멀티데이터베이스 시스템이 이를 번역하여 적절한 지역 데이터베이스에 접근하고, 그 결과를 결합하여 사용자에게 제공한다. 이 과정에서 멀티데이터베이스 시스템은 전역 트랜잭션의 데이터 일관성을 유지할 수 있도록 각 지역 데이터베이스 관리시스템을 조정하는 역할을 수행한다(Connolly and Begg, 2002).

12.4 분산 데이터베이스의 장단점

분산 데이터베이스는 이론적으로 한 장소 또는 여러 장소에 위치할 수 있으나, 일반적으로 서로 다른 지역에 위치한 컴퓨터에 분산됨으로써 보다 높은 효용을 기대할 수 있다. 특히 조직이 여러 곳에 분산되어 있고, 각 지역마다 데이터 처리 요구가 있을 때 분산 데이터베이스가 활용될 수 있다.

12.4.1 분산 데이터베이스의 장점

하나의 논리적 데이터베이스를 여러 물리적 장소에 분산시킴으로써 얻을 수 있는 장점은 여러 가지가 있다.

1. **빠른 응답 속도와 통신 비용 절감:** 데이터를 자주 사용하는 물리적 장소에 가능한 가깝게 위치시킴으로써 통신망을 통하여 전송되는 시간과 비용을 절감할 수 있다. 또한 여러 대의 컴퓨터가 병렬적으로 처리함으로써 한 대의 컴퓨터가 처리하는 것보다 사용자의 요구에 더 빨리 응답할 수 있다.

2. **데이터의 가용성(availability)과 신뢰성의 증가:** 중앙집중 방식에서는 중앙의 컴퓨터가 정지하면 모든 데이터베이스 업무가 중단되지만, 데이터가 분산되어 있는 경우에는 컴퓨터의 정지로 인한 위험성 역시 분산할 수 있다. 그리고 동일한 데이터가 여러 장소에 복제되어 있는 경우에는 데이터의 가용성과 신뢰성이 더욱 증가한다.

3. **시스템 규모의 적절한 조절:** 중앙집중 방식에서 시스템의 용량이 한계에 이르면 중앙 컴퓨터를 교환하여야 한다. 중앙집중 방식에서 대형 컴퓨터를 교환하는 작업은 많은 비용을 발생시킬 뿐만 아니라, 교환 기간 중에 컴퓨터에 대한 접근도 허용되지 않는다. 반면에 분산 데이터베이스 방식하에서는 시스템의 용량이 부족하면 네트워크상에 새로운 소형 컴퓨터를 추가하면 된다. 이 방식은 중앙집중 방식과 비교하여 비용이 저렴하고 간단하기 때문에, 시스템 규모의 증가 요구에 보다 잘 대응할 수 있다.

4. **각 지역 또는 사용자의 요구 수용 증대:** 분산 데이터베이스는 각 지역의 요구 사항에 초점을 맞추어 설계되고, 지역 사용자에게 보다 큰 권한이 부여됨으로써, 지역 사용자의 만족도를 증가시킬 수 있다. 예를 들어, 대용량의 신속한 데이터 처리가 요구되는 경우에는 계층형이나 그물형 데이터베이스에, 유연성과 다양한 질의가 요구되는 시스템은 관계형 데이터베이스에, 그

리고 멀티미디어나 문서 등은 객체형 데이터베이스에 저장함으로써 시스템
의 성과와 사용자 만족도를 증가시킬 수 있다.

12.4.2 분산 데이터베이스의 단점

분산 데이터베이스 방식은 중앙집중 방식에 비하여 여러 가지 이점을 제공하
지만, 다음과 같은 단점도 또한 지니고 있다.

1. **소프트웨어, 설계, 그리고 관리에 있어서의 복잡성과 비용:** 분산 데이터베이스
   관리시스템은 지금까지 공부한 데이터베이스 관리시스템의 기능에 더하여,
   여러 지역에 물리적으로 분산되어 있는 데이터를 사용자가 하나의 논리적
   인 데이터베이스로 인식하도록 해 주어야 한다. 분산 데이터베이스 관리시
   스템에 대하여는 12.5절에서 더 자세히 살펴보기로 한다. 분산 데이터베이
   스의 설계나 관리도 여러 물리적 위치와 통신망과 관련된 사항이 포함되므
   로 중앙집중 방식보다 더 복잡하고 비용도 많이 든다.

2. **불규칙한 응답 속도:** 분산 데이터베이스 환경하에서의 응답 속도는 처리를
   요구한 장소와 데이터가 물리적으로 저장된 장소와의 거리에 따라 응답 속
   도가 불규칙하다. 사용자가 요구한 데이터가 자신이 위치한 장소에 저장되
   어 있는 경우에는 중앙집중 방식보다 응답 속도가 빠르나, 다른 지역에 저
   장되어 있는 경우에는 응답 속도가 불규칙하다. 질의의 유형, 통신망의 부
   하, 그리고 데이터가 분산된 정도 등에 따라 응답 속도가 매우 달라질 수
   있다.

3. **통제의 어려움:** 중앙집중 방식의 컴퓨터는 잘 통제된 환경하에서 감독 운영
   요원과 가까이 위치해 있다. 그러나 분산 데이터베이스 환경의 컴퓨터들은
   사용자 부서에 주로 위치해 있으므로 운영 요원에 의한 물리적 접근이 보
   다 어렵다. 따라서 데이터의 파괴와 같은 재난이 발생했을 때 복구가 지연
   될 수 있다.

4. **데이터 무결성에 대한 위협:** 분산 데이터베이스 분야는 아직 연구되어야 할
   문제가 산재해 있으며, 여러 지역에서 동시에 처리되는 데이터의 무결성을

완전히 보장하기 힘들다.

12.5 분산 데이터베이스의 설계

지금까지 본서에서 논의한 데이터베이스 설계에 관한 내용은 모두 분산 데이터베이스에도 그대로 적용될 수 있다. 따라서 본 절에서는 분산 데이터베이스에 해당되는 설계 문제에 대해서만 논의한다.

분산 데이터베이스를 설계하기 위한 기본적인 전략은 복제(replication), 수평 분할(horizontal partitioning), 그리고 수직 분할(vertical partitioning)의 세 가지 방법이 있다.

12.5.1 복제

데이터 복제 전략은 동일한 데이터 사본을 둘 이상의 장소에 중복하여 저장하는 방법이다. 데이터가 복제된 경우에는 다음과 같은 장점을 갖는다.

1. **빠른 응답 속도와 통신 비용 절감:** 각 장소에 데이터가 저장되어 있기 때문에 데이터가 전송되는 시간과 비용을 절감할 수 있다.

2. **데이터의 가용성(availability)과 신뢰성의 증가:** 데이터가 여러 장소에 복제되어 있는 경우, 한 장소의 컴퓨터가 고장나거나 통신망 일부가 불통되어도 다른 장소의 데이터를 이용할 수 있기 때문에, 데이터의 가용성과 신뢰성이 증가한다.

그러나, 데이터가 여러 장소에 복제되면 다음과 같은 단점도 발생한다.

1. **데이터 갱신의 복잡성과 비용:** 분산 데이터베이스 관리시스템은 복제된 데이터를 갱신할 때, 모든 복제된 데이터가 동시에 갱신되도록 보장해야 한다. 이를 위해서 갱신될 모든 장소와 긴밀한 협조가 요구되며, 그만큼 더 복잡한 처리와 비용이 발생한다.

2. **저장 공간의 증가:** 동일한 데이터가 여러 장소에 복제되기 때문에 더 많은

저장 공간이 요구된다. 컴퓨터 저장 장치의 값이 빠른 속도로 하락하고 있지만, 복제되는 데이터의 양이 많은 경우에는 이를 무시할 수 없다.

이와 같은 이유로 데이터 복제 전략은 동일한 데이터를 여러 장소에서 자주 접근할 필요가 있으나, 데이터 갱신이 자주 발생하지 않는 경우에 적합하다. 예를 들어, 동일한 제품이 전국에서 판매될 경우, 제품에 관한 정보를 모든 분산 데이터베이스에 복제하는 방안을 고려해 볼 수 있다.

12.5.2 수평 분할

수평 분할은 한 관계의 타플을 분할하여 둘 이상의 서로 다른 장소에 저장하는 것으로, 여러 지역에서 유사한 업무를 수행하되 그 대상이 다른 경우에 유효한 전략이다. 예를 들어, 명문가구가 미주지역으로 수출을 시작하면서 뉴욕 영업소를 개설한 경우를 생각해 보자. 이 회사의 고객 관계는 중앙집중 방식하에서는 〈그림 12-3〉과 같이 지역에 관계 없이 한 테이블에 저장될 것이다.

고객번호	고객이름	주소	우편번호	전화번호
C013	김진수	서울 서대문구 연희로5길 7	03716	010-0000-9090
C062	이명일	서울 마포구 도화로2길 10	04171	010-0000-8756
C137	Jim Byrer	172 10th st., Hanover, NH	03755	603-534-2374
C141	Cecil Park	110 Trinity Place, New York, NY	10006	212-284-7688
C352	최대민	서울 서초구 방배로32길 10	06586	010-0000-2827

그림 12-3 명문가구의 고객 관계

명문가구의 한국 고객은 주로 국내 직영매장을 통하여 제품을 구매하고, 미주 고객은 주로 뉴욕 영업소와 접촉한다고 가정했을 때, 〈그림 12-3〉의 관계는 〈그림 12-4〉와 같이 물리적으로 수평 분할하여 저장할 수 있다. 즉, 고객이 주로 접촉하는 지역에 그 고객의 데이터를 위치시킴으로써, 응답 속도를 향상시키고자 하는 것이다.

[서울 본사]

고객번호	고객이름	주소	우편번호	전화번호
C013	김진수	서울 서대문구 연희로5길 7	03716	010-0000-9090
C062	이명일	서울 마포구 도화로2길 10	04171	010-0000-8756
C352	최대민	서울 서초구 방배로32길 10	06586	010-0000-2827

[뉴욕 영업소]

고객번호	고객이름	주소	우편번호	전화번호
C137	Jim Byrer	172 10th st., Hanover, NH	03755	603-534-2374
C141	Cecil Park	110 Trinity Place, New York, NY	10006	212-284-7688

그림 12-4 수평 분할된 명문가구의 고객 관계

12.5.3 수직 분할

수직 분할은 한 관계의 속성을 분할하여 둘 이상의 서로 다른 장소에 저장하는 것으로, 서로 다른 지역의 업무에서 요구되는 데이터의 속성이 다른 경우에 유효한 전략이다. 예를 들어, 명문가구의 부품 관계가 제품번호, 제품명, 재고량, 도면번호로 구성되어 있다고 가정하면, 그 관계는 중앙집중 방식하에서는 〈그림 12-5〉와 같이 표현된다.

만약 명문가구의 생산 부서에서는 제품명과 재고량에 대한 정보만 주로 사용하고, 연구개발 부서에서는 각 제품의 도면에 관한 정보만 필요로 한다면, 제품 관계의 내용을 〈그림 12-6〉과 같이 수직 분할하여 저장할 수 있다. 수직 분

제품번호	제품명	재고량	도면번호
SP120	듀크 소파	48	SP120-3
TT120	듀크 차 탁자	50	TT120-5
TB115	로얄 식탁 6인용	37	TB115-3
CH115	로얄 식탁 의자	220	CH115-4
BD307	로얄 침대 퀸	54	BD307-1

그림 12-5 명문가구의 부품 관계

[생산 부서]

제품번호	제품명	재고량
SP120	듀크 소파	48
TT120	듀크 차 탁자	50
TB115	로얄 식탁 6인용	37
CH115	로얄 식탁 의자	220
BD307	로얄 침대 퀸	54

[연구개발 부서]

제품번호	도면번호
SP120	SP120-3
TT120	TT120-5
TB115	TB115-3
CH115	CH115-4
BD307	BD307-1

그림 12-6 수직 분할된 명문가구의 부품 관계

할도 수평 분할과 마찬가지로 사용자에게 데이터를 보다 가까이 위치시키기 위한 방법이다.

12.5.4 분산 설계 전략

일반적으로 분산 데이터베이스를 설계할 때에는 위에서 언급한 복제, 수평 분할, 그리고 수직 분할 전략을 적절히 혼합하여, 분산 데이터베이스의 장점인 응답 속도를 향상시키는 동시에, 단점인 불규칙한 응답 속도를 최소화시켜야 한다. 또한 분산 데이터베이스가 설계되어 구축된 이후에도 계속 데이터의 사용 행태를 분석하여, 데이터의 분산이 적절히 이루어졌는지 감시하여야 한다. 만약 데이터의 분산이 잘못 이루어진 부분이 있거나, 설계 이후 사용자가 주로 사용하는 데이터가 변경된 경우에는 데이터의 저장 장소를 재배치함으로써 응답 속도를 향상시켜야 한다.

맥페든 등(McFadden et al., 1999)에 따르면 데이터베이스 분산을 위한 다음과 같은 다섯 가지의 설계 전략 유형이 존재한다.

1. 한 장소에 데이터베이스를 집중화하고, 여러 지역에서 접근할 수 있도록 하는 방식.
2. 여러 분산된 장소에 데이터베이스의 일부 또는 전부를 복제시키고, 각 지역의 복사본을 주기적으로 동시에 갱신하는 방식.
3. 여러 분산된 장소에 데이터베이스의 일부 또는 전부를 복제시키고, 각 지

역의 복사본을 거의 실시간으로 갱신하는 방식.

4. 여러 분산된 장소에 데이터베이스를 수평 또는 수직 분할시키되, 하나의 논리적 데이터베이스로 유지하는 방식.

5. 여러 분산된 장소에 데이터베이스를 수평 또는 수직 분할시키되, 이들을 독립된 데이터베이스, 즉 탈집중 데이터베이스로 유지하는 방식.

표 12-1 데이터베이스 분산 설계 전략의 비교

전략 / 특성	집중화	복제/주기적 갱신	복제/실시간 갱신	분할/복제/논리적 통합	분할/복제/탈집중화
신뢰성	나쁨 한 지역에 대한 의존도가 높음	좋음 실시간 갱신이 이루어지지 않으나, 여러 곳에 복제 데이터가 존재함	최상 실시간 갱신된 데이터가 여러 곳에 존재함	매우 좋음 복제와 분할이 적절히 이루어질 경우 매우 효과적임	좋음 한 지역의 데이터베이스에만 의존하나, 타지역에 복제본이 존재함
확장성	나쁨 단위별 확장이 곤란함	매우 좋음 추가 복제 비용이 저렴함	매우 좋음 추가 복제 비용이 저렴함	매우 좋음 지역 추가시 필요 데이터만 보관하면 됨	좋음 추가 지역은 기존 지역과 독립적임
통신 부담	매우 높음 한 지역으로 트래픽이 몰림	낮음-보통 보통 때는 낮지만 주기적인 갱신시 일시적으로 높아짐	보통 여러 지역 갱신시 지연 가능성	낮거나 보통 일반적으로 낮지만 여러 지역의 데이터 접근시 지연가능성	낮음 지역간 데이터 전송이 필요없음
관리 편이성	매우 좋음 지역간 조정이 필요없음	매우 좋음 모든 복사본이 동일함	보통 동시 갱신시 충돌 가능성	나쁨 여러 분산 테이블에 접근하거나, 갱신시 많은 조정 작업이 필요	매우 좋음 각 지역간의 데이터 공유가 전제되지 않는 한 관리가 쉬움
데이터 일관성	최상 모든 사용자가 동일한 데이터에 접근	보통 주기적인 갱신으로 인한 일시적 불일치 발생	좋음 실시간에 근접하는 갱신으로 일관성 높음	보통 상당한 노력이 요구됨	매우 나쁨 일관성을 보장할 수 없음. 실제로 불일치의 가능성이 매우 높음

이러한 각각의 방식들 중 어느 하나가 절대적으로 우수한 방법일 수는 없고, 상황에 따라 적절한 방식이 적용되어야 한다. 각 방식의 신뢰성, 확장성, 통신 부담, 관리 편이성, 그리고 데이터 일관성 측면에서의 장단점이 〈표 12-1〉에 정리되어 있다. 이러한 장단점을 고려하여 조직의 상황과 요구되는 기술 수준에 따라 적절한 설계 방식을 선택하는 것이 바람직하다.

12.6 분산 데이터베이스 관리시스템

데이터베이스를 둘 이상의 장소에 분산시키고, 이를 하나의 논리적 데이터베이스와 같이 사용하기 위해서는 기존의 데이터베이스 관리시스템 기능 외에 각 장소의 정보를 교환하고 관리해 주는 기능이 추가되어야 한다. 따라서 분산 데이터베이스 관리시스템은 중앙집중 방식의 그것보다 훨씬 더 복잡한데, 트래거 (Traiger, 1982) 등은 분산 데이터베이스 관리시스템이 갖추어야 할 네 가지 특성을 제시하였다. 각 특성은 **무관성**(transparency)의 관점에서 설명되었는데, 분산 데이터베이스 환경하에서 무관성이란 사용자나 응용 프로그램이 데이터의 저장 장소나 복제 여부 등 물리적인 내용에 대하여 관여할 필요가 없는 성질을 의미한다.

진정한 분산 데이터베이스 관리시스템은 위치 무관성, 복제 무관성, 병행 무관성, 그리고 실패 무관성을 제공할 수 있어야 한다. 이러한 무관성이 보장될 경우, 사용자와 응용 프로그램은 데이터베이스가 분산되어 저장되어 있다는 사실조차도 인식할 수 없게 된다. 각각의 무관성에 대하여 보다 자세히 살펴보자.

12.6.1 위치 무관성

위치 무관성(location transparency)은 사용자나 응용 프로그램이 접근할 데이터의 물리적 위치를 알아야 할 필요가 없는 성질이다. 즉, 위치 무관성이 보장될 경우 사용자는 데이터가 자신이 위치한 지역에 있는지, 멀리 떨어진 다른 지역에 저장되어 있는지 알 필요없이 동일한 명령을 사용하여 데이터에 접근할 수 있다. 또한 응용 프로그램 역시 접근할 데이터의 위치를 명시할 필요가 없기 때문에 그렇지 않은 경우보다 간단해진다. 더욱 중요한 것은 이 성질로 말미암아 응용 프로그램을 수정하지 않고도 한 장소의 데이터를 다른 장소로 이주할 수 있다는 사실이다.

위치 무관성을 보장하기 위하여 분산 데이터베이스 관리시스템은 각 지역의 데이터를 연결할 수 있는 분산 데이터 사전/주소록을 관리하여야 한다. 각 지역의 컴퓨터 시스템은 그 지역에 저장된 데이터베이스를 관리해 주는 지역 데이터베이스 관리시스템, 다른 지역의 데이터베이스를 연계시키기 위한 분산 데이터베이스 관리시스템, 그리고 분산 데이터 사전/주소록을 가지고 있다. 분산 데이터 사전/주소록은 분산 데이터베이스에 저장되어 있는 모든 데이터의 메타데이터와 위치 정보를 저장하고 있다.

분산 데이터베이스하에서의 모든 트랜잭션은 지역(local) 트랜잭션과 전역全域(global) 트랜잭션으로 구분된다. **지역 트랜잭션**은 관련된 데이터가 모두 그 지역에 저장되어 있는 경우를 가리키며, **전역 트랜잭션**은 하나 이상의 다른 지역에 저장되어 있는 데이터를 참조하는 경우를 지칭한다. 지역 트랜잭션의 경우에는 분산 데이터베이스 관리시스템이 그 요청을 지역 데이터베이스 관리시스템에 일임시키며, 전역 트랜잭션의 경우에는 분산 데이터베이스 관리시스템이 필요에 따라 다른 지역으로 그 요청을 전달하고 결과를 통보받는다.

12.6.2 복제 무관성

복제 무관성(replication transparency)은 사용자나 응용 프로그램이 접근할 데이터가 물리적으로 여러 곳에 복제되어 있는지의 여부를 알아야 할 필요가 없는 성질이다. 즉, 복제 무관성으로 인하여 사용자나 응용 프로그램은 분산 데이터베이스의 모든 데이터가 중복 없이 단 한 번만 저장된 것처럼 인식하게 된다. 복제 무관성과 위치 무관성이 보장될 경우, 사용자는 물리적으로 여러 지역에 분산되고 복제된 데이터베이스를 중앙집중 방식의 단일 데이터베이스와 같이 사용할 수 있다.

복제 무관성을 보장하기 위하여 분산 데이터베이스 관리시스템은 각 트랜잭션 요청을 적절한 데이터베이스 행위로 전환해야 한다. 여러 지역에 복제된 모든 데이터가 동일한 값을 가지고 있다고 가정할 때, 데이터 검색 요청은 간단히 해결될 수 있다. 요청한 데이터가 저장되어 있는 한 지역을 선택하여 그것을 읽어

오면 된다. 이 경우 각 지역으로부터 데이터를 읽어 오는 데 걸리는 시간에 대한 통계 자료를 보관하고 있으면, 분산 데이터베이스 관리시스템이 가장 적은 시간이 걸리는 지역을 선택할 수 있을 것이다.

복제된 데이터에 대한 갱신 요청은 보다 복잡한 과정이 요구된다. 만약 동일한 데이터가 세 지역에 복제되어 있다고 가정해 보자. 세 지역의 데이터를 모두 동시에 갱신하지 않는 한 데이터는 불일치하게 된다. 따라서 복제된 데이터에 대한 갱신 요청이 들어오면, 분산 데이터베이스 관리시스템은 이를 복제된 모든 지역의 데이터를 갱신하는 명령으로 전환하여 실행시켜야 한다. 복제된 데이터의 갱신과 관련하여 데이터베이스의 완전한 무결성을 유지하기 위해서 분산 데이터베이스 관리시스템은 병행 무관성과 실패 무관성을 보장해야 하는데, 이에 대하여는 다음 절에서 살펴보기로 한다.

12.6.3 병행 무관성

병행 무관성(concurrency transparency)은 여러 사용자나 응용 프로그램이 동시에 분산 데이터베이스에 대한 트랜잭션을 수행하는 경우에도 그 결과에 이상異狀이 발생하지 않는 성질을 의미한다. 병행 무관성은 10장에서 공부한 중앙집중 방식의 병행 제어와 동일한 개념이나, 분산 데이터베이스 환경하에서는 데이터가 여러 곳에 복제되어 있기 때문에 보다 복잡한 방안이 요구된다.

분산 데이터베이스 관리시스템은 각 지역마다 **트랜잭션 관리자**(transaction manager)라고 불리는 프로그램을 보유하고 있다. 각 지역 트랜잭션 관리자는 분산 데이터베이스의 병행 제어를 위하여 서로 필요한 정보를 교환한다. 분산 데이터베이스의 병행 제어를 위하여 일반적으로 차단(locking)과 시간기록기(timestampe)의 두 가지 방법을 사용한다.

분산 데이터베이스 관리시스템의 **차단 방식**은 10장에서 공부한 차단의 개념을 확장시킨 것으로, 기본적인 착상은 여러 곳에 복제된 각 데이터 항목의 어느 한 사본을 **특별 사본**(distinguished copy)으로 지정하고, 그 사본이 저장된 지역으로 모든 차단과 해제 요청을 보낸다는 것이다. 이를 위하여 한 지역의 데이터 전체를 특별 사본으로 지정하는 주主 **지역**(primary site) 방식과 서로 다른 지역에 저장된 데이터를 특별 사본을 지정하는 주主 **사본**(primary copy) 방식이 있다. 주 지역 방식은 중앙집중 방식의 차단 개념을 단순히 확장시킨 것으로 복잡하지 않은 장점이 있으나, 한 지역으로 모든 차단과 해제 요청이 쇄도함으로써 병목 현상이 생기는 단점이 있다. 또한 주 지역에 이상이 생길 경우, 분산 데이터베이스 전체가 마비될 수밖에 없다.

주 사본 방식은 주 지역 방식의 단점을 보완한 것으로, 특별 사본을 여러 지역으로 분산시켜서 병목 현상을 해소한다. 그리고 한 지역의 시스템에 이상이 생길 경우에도, 특별 사본이 그 지역에 보관되어 있는 데이터 항목을 제외한 나머지 데이터 항목은 영향을 받지 않게 된다.

시간기록기 방식은 모든 트랜잭션에 대하여 트랜잭션이 일어난 시간과 장소를 기록하여 트랜잭션간의 충돌을 방지하는 방법이다. 시차가 다른 여러 곳에 데이터베이스가 분산되어 있을 수 있으므로, 각 지역의 시간이 아닌 모든 지역에서 동일한 시스템 내의 절대 시간으로 기록하여야 한다. 시간기록기의 목적은 모든 트랜잭션이 순서대로 진행되도록 보장하여 차단의 필요성을 제거하는 것이다. 모든 레코드는 가장 최근에 그 레코드를 갱신한 트랜잭션의 시간기록을 보관한다. 새로운 트랜잭션이 어느 레코드를 갱신하고자 할 때, 레코드에 기록된 시간보다 트랜잭션의 시간이 빠른 경우에는 그 트랜잭션은 거절된다.

시간기록기 방식의 이해를 돕기 위하여 어느 레코드에 기록된 절대 시간이 09:20:39라고 가정해 보자. 즉, 이것은 가장 최근에 이 레코드를 성공적으로 갱신한 트랜잭션이 발생한 시간이 09:20:39라는 것을 의미한다. 만약 09:20:43의 시간을 가진 새로운 트랜잭션이 이 레코드를 갱신하고자 하면, 레코드의 시간보다 트랜잭션의 시간이 더 늦기 때문에 이 트랜잭션은 허용된다. 그리고 갱신이 끝난 후, 이 레코드의 시간은 09:20:43으로 재조정될 것이다. 반면, 09:20:35의 시간을 가진 트랜잭션이 이 레코드를 갱신하고자 하면, 레코드의 시간보다 트랜잭션의 시간이 더 빠르기 때문에 이를 허용하지 않고, 트랜잭션을 거부하게 된다. 이는 10.2.4절에서 공부한 버전 방식과 같은 개념이다.

시간기록기 방식의 장점은 차단과 그로 인한 교착 상태를 피할 수 있다는 것이다. 한편 이 방식의 단점은 갱신 분실과 같은 문제점을 발생시키지 않는 트랜잭션도 때때로 재수행해야 하는 경우가 발생된다는 점이다.

12.6.4 실패 무관성

실패 무관성(failure transparency)은 데이터베이스가 분산되어 있는 각 지역의 시스템이나 통신망에 이상이 생기더라도, 데이터의 무결성을 보존할 수 있는 성질을 의미한다. 10장에서 언급하였듯이 모든 논리적 트랜잭션은 원자(atomic) 트랜잭션으로 취급되어야 하며, 만약 논리적 트랜잭션을 구성하는 물리적 트랜잭션 중 어느 하나라도 실행될 수 없으면 그 논리적 트랜잭션은 취소되어야 한다. 분산 데이터베이스 환경하에서 실패가 발생하였을 때 복구 방법은 다음과 같은 이유로 인하여 중앙집중 방식하에서의 그것과 비교하여 훨씬 더 복잡하다.

1. **개별 지역 시스템의 손상:** 분산 데이터베이스 관리시스템은 일부 지역의 시스템에 이상이 발생하더라도 나머지 지역에서 가능한 트랜잭션은 계속 수행하여야 한다. 따라서 손상이 발생한 지역이 복구되었을 때, 그 지역 데이터베이스는 나머지 지역에서 발생한 트랜잭션의 내용을 반영할 수 있어야 한다.

2. **통신망의 실패:** 각 지역을 연결하는 통신망의 일부 또는 전부에 이상이 발생할 수 있다. 경우에 따라서 〈그림 12-7〉의 (b)와 같이 전체 시스템이 둘

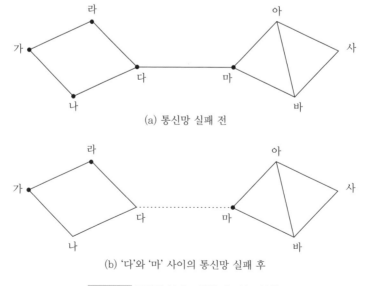

(a) 통신망 실패 전

(b) '다'와 '마' 사이의 통신망 실패 후

그림 12-7 통신망 실패로 인한 네트워크 분할

또는 그 이상의 부분으로 분리되어, 각 부분 내에서만 통신이 가능한 네트워크 분할(network partitioning)도 일어나게 된다.

3. **분산 실행:** 여러 지역의 데이터가 하나의 논리적 트랜잭션에 의하여 갱신될 경우, 어느 한 지역에서라도 실패가 발생하면 그 트랜잭션은 취소되어야 한다. 이 문제를 다루기 위하여 분산 데이터베이스 관리시스템은 2단계 확인(two-phase commit)이라는 통신 규약을 사용한다. 2단계 확인 통신 규약에 대해서는 뒤에서 간략히 살펴보기로 한다.

위에서 살펴보았듯이 분산 데이터베이스 환경하에서의 실패는 다양한 이유로 발생하며, 각각에 대한 복구 방법 또한 달라져야 한다. 그러므로 네 가지 무관성 중 실패 무관성이 실현하기 가장 어려운 부분이기도 하다. 사실 실패가 발생하였을 때 그 원인을 파악하는 것조차 어려운 경우가 있다. 예를 들어, 지역 '갑'에서 '을'로 메시지를 보내고 답장을 기다리는데 응답이 없다고 가정해 보자. 그 원인은 다음과 같이 몇 가지로 해석될 수 있다.

1. 통신망의 실패로 인하여 '갑'의 메시지가 '을'에게 전달되지 않았다.
2. 지역 '을'에 이상이 발생하여 응답할 수 없다.
3. 지역 '을'이 응답하였으나, 통신망의 실패로 '갑'에게 전달되지 않았다.

위와 같은 경우에 추가적인 메시지를 서로 교환하지 않고는 실제로 어떤 일이 발생하였는지 알 수 없으며, 각 경우에 따라 복구 방법도 달라져야 한다.

분산 데이터베이스 환경하에서의 복구가 갖는 또 다른 문제점은 분산 실행과 관련된 것인데, 이를 해결하기 위한 방안으로 2단계 확인 통신 규약이 가장 널리 사용된다. 2단계 확인 통신 규약에 따르면, 1단계로 전역 트랜잭션을 발생시킨 지역에서 그 트랜잭션과 관련된 각 지역으로 갱신 요청을 전송한다. 각 지역은 요청 받은 내용을 처리하지만 그 내용을 지역 데이터베이스에 반영하는 대신 임시 파일에 보관한 후, 요청 받은 내용을 무사히 처리했다는 '이상 없음' 메시지(OK message)를 트랜잭션을 발생시킨 지역으로 전달한다. 이것은 마치 여러 사람들이 참여하는 회의 시간을 잡을 때, 각 사람에게 연락하여 특정 시간이 가능한지 알아보고, 문제가 없는 사람은 임시로 그 시간을 수첩에 연필로 기록하게 하고, 약속 시간이 완전히 확정될 때까지 기다려 달라고 요청하는 것과 비슷하다. 트랜잭션을 발생시킨 지역은 트랜잭션과 관련된 모든 지역으로부터 '이상 없음' 메시지를 받으면, 2단계로 각 지역의 임시 파일에 보관된 내용을 지역 데이터베이스로 실행(commit)시키라는 메시지를 전송한다. 이는 모든 사람들이 그 시간이 가능함을 확인하고, 약속 시간을 최종적으로 확정하여 알려 주는 절차에 비유할 수 있다. 이 2단계 메시지가 전달되는 과정에서 실패가 일어날 수 있는데, 이를 **망각**(limbo) **트랜잭션**이라고 한다. 망각 트랜잭션은 일정 시간 경과 후 자동 실패로 간주하는 타임아웃(timeout)과 같은 방법으로 처리한다. 지금까지 살펴본 2단계 확인 통신 규약은 그 개념을 매우 단순화한 것인데, 보다 기술적인 내용은 데이트(Date, 1995)나 코쓰와 실베샤츠(Korth and Silberschatz, 1986)를 참조하기 바란다.

12.7 분산 데이터베이스에서의 질의 처리

분산 데이터베이스 환경하에서 처리되는 질의는 여러 지역에 분산된 데이터 항목을 결합(join)하여야 할 경우, 그 처리 방법에 따라 응답 시간이 크게 차이가 날 수 있다. 예를 들어, 지역 '갑'에서 '을'에 저장된 데이터를 요구하는 질의를 발생시킬 경우, '을'의 데이터를 '갑'으로 옮겨서 처리하느냐, 아니면 '을'에서 처리한 후 '갑'으로 옮기느냐에 따라 처리 시간이 크게 달라질 수 있다. 데이트(Date, 1995)가 인용한 사례는 분산 데이터베이스 환경하에서 질의 처리 전략이 얼마나 중요한지를 극명히 보여 주는 좋은 예이다. 그 사례의 내용은 다음과 같다.

사례 데이터베이스

관계	저장 지역	타플 길이	타플 수
공급자(공급자번호, 위치)	갑	100 비트	10,000
부품(부품번호, 색상)	을	100 비트	100,000
선적(공급자번호, 부품번호)	갑	100 비트	1,000,000

질의

서울에 위치하며, 적색 부품을 선적한 공급자번호를 출력하라.

```
SELECT  s.공급자번호
FROM    공급자 s, 부품 p, 선적 sp
WHERE   s.위치 = '서울'
AND     p.색상 = '적색'
AND     s.공급자번호 = sp.공급자번호
AND     sp.부품번호 = p.부품번호;
```

타플 추정치

적색 부품 수: 10 타플

서울에 위치한 공급업자에 의한 선적 수: 100,000 타플

통신 속도에 관한 가정

데이터 전송 속도: 초당 10,000 비트

접근 지연 시간: 1 초

위와 같은 조건하에서 여섯 가지의 가능한 대안에 대하여 각각 총 통신 시간을 계산해 보자. 단, 각 대안 i의 총 통신 시간 $T[i]$는 다음과 같이 계산되며, 측정 단위는 초秒이다.

$$T[i] = 총 \ 접근 \ 지연 \ 시간 + (총 \ 데이터 \ 양 \ / \ 데이터 \ 전송 \ 속도)$$

$$= (메시지 \ 수 * 1) + (총 \ 데이터 \ 양 \ / \ 10,000)$$

대안 1: 부품 관계를 '갑'으로 옮겨서 '갑'에서 처리함.

$$T[1] = 1 + (100,000 * 100) / 10,000$$

$$= 1,001초(약 \ 16.7분)$$

대안 2: 공급자와 선적 관계를 '을'로 옮겨서 '을'에서 처리함.

$$T[2] = 2 + ((10{,}000 + 1{,}000{,}000) * 100) / 10{,}000$$
$$= 10{,}102초(약 2.8시간)$$

대안 3: 공급자와 선적 관계를 '갑'에서 결합한 후, 서울에 위치한 공급자가 선적한 타플을 각각 적색 부품인지 '을'에 확인함. 각 타플에 대한 확인은 두 개의 메시지(질의와 응답)를 요구하며, 전송 시간은 이 접근 지연 시간에 비하면 무시할 수 있음.

$$T[3] = 100{,}000 * 2 + (100{,}000 * 100) / 10{,}000$$
$$= 201{,}000초(약 2.3일)$$

대안 4: '을'에서 적색 부품을 선택하여 각각을 서울에 위치한 공급자가 선적한 것인지를 '갑'에 확인함. 역시 각 확인은 두 개의 메시지를 포함하며, 전송 시간은 무시할 수 있음.

$$T[4] = 10 * 2 + (10 * 100) / 10{,}000$$
$$= 20.1초$$

대안 5: '갑'에서 공급자와 선적 관계를 결합한 후, 서울에 위치한 공급자가 선적한 타플들을 '을'로 옮겨 처리함.

$$T[5] = 1 + (100{,}000 * 100) / 10{,}000$$
$$= 1{,}001초(약 16.7분)$$

대안 6: '을'에서 적색 부품 타플을 선택하여 '갑'으로 옮긴 후 처리함.

$$T[6] = 1 + (10 * 100) / 10{,}000$$
$$= 1.1초$$

위의 각 대안을 요약하면 〈표 12-2〉와 같다. 이 사례가 보여 주는 중요한 사항은 대안의 선택에 따라 응답 시간이 대단한 차이를 보일 수 있으며, 적절한 전략을 선택하는 기준으로 데이터 전송 시간과 접근 지연 시간 모두 고려되어야 한다는 사실이다.

표 12-2 분산 데이터베이스 환경하의 질의 처리

전략	방법	응답 시간
대안 1	부품을 '갑'으로 옮김	약 16.7분
대안 2	공급자와 선적을 '을'로 옮김	약 2.8시간
대안 3	각 서울 공급자의 선적을 '을'에서 적색 부품인지 확인함	약 2.3일
대안 4	각 적색 부품을 '갑'에서 서울 공급자가 선적하였는지 확인함	약 20초
대안 5	서울 공급자의 선적을 '을'로 옮김	약 16.7분
대안 6	적색 부품을 '갑'으로 옮김	약 1초

위치 무관성이 완벽하게 보장될 경우, 적절한 분산 처리 전략은 분산 데이터베이스 관리시스템의 몫이 된다. 그러나 각 질의의 유형과 실제 저장된 타플의 수에 따라 최적의 전략이 달라지므로 최적의 접근 시간을 보장하는 것은 매우 어렵다. 일반적으로 여러 지역에 분산된 데이터를 처리할 경우에, 사례에서 볼 수 있듯이 질의를 몇 개의 단위로 분리하여 가장 적은 수의 레코드가 선택되는 지역의 타플을 다른 지역으로 전송하여 그 곳에서 처리하는 것이 바람직하다. 관련된 지역의 수가 늘어나고, 데이터가 복제되어 있는 경우는 훨씬 더 복잡한 분석이 필요하다. 분산 데이터베이스 질의 처리는 아직 연구되어야 할 문제가 많은 분야이다.

12.8 CAP 법칙

브루어(Brewer, 2000)는 고도로 분산된 데이터 시스템에서 세 가지 바람직한 특성으로 일관성(Consistency), 가용성(Availability), 그리고 분할 내성(Partition tolerance)을 제시하면서, 이들 세 가지 특성을 동시에 제공하는 시스템을 만드는 것은 불가능하다고 주장하였다. 이를 세 가지 특성의 영어 단어의 앞 글자를 따서 CAP 법칙이라고 한다. 이 CAP 법칙은 이후 길버트와 린치(Gilbert and Linch, 2002)에 의해 증명되었다. 세 가지 특성을 좀 더 자세히 살펴보면 다음과 같다(Coronel and Morris, 2019).

1. **일관성:** 중앙집중 데이터베이스보다 분산 데이터베이스에서 일관성은 더욱 중요하다. 여러 곳에 분산 저장된 모든 복제 데이터는 언제나 동일해야 하는데, 이는 복제된 데이터가 갱신될 때 동시에 이루어져야 한다는 것을 의미한다. 하지만, 네트워크 지연이나 네트워크 실패로 인해 항상 일관성을 유지하는 것이 어려울 수 있다.

2. **가용성:** 데이터베이스에 전달된 요청을 항상 수행할 수 있어야 하며, 어떤 요청도 분실되지 않아야 한다는 것을 의미한다. 예를 들어, 온라인 마켓에서 물건을 구입할 때, 구매가 확정되기도 전에 시스템이 다운되는 경우가 발생한다면, 이는 가용성에 문제가 있는 것이다. 가용성은 특히 웹이나 모바일 환경에서 매우 중요한 특성이다.

3. **분할 내성:** 분산된 여러 지역 중 일부에서 작동이 멈추더라도 시스템이 정상적으로 작동하는 것을 의미한다. 이것은 12.6.4절에서 공부한 실패 무관성과 같은 개념으로 볼 수 있다.

CAP 법칙은 고도의 분산 시스템에 초점을 맞추고 있으나, 모든 분산 데이터베이스 시스템에도 적용될 수 있다. 분산 데이터베이스에서 이 세 가지 특성을 완전하게 보장하는 것은 불가능하지만 최대한 구현될 수 있도록 설계하는 것이 필요하다.

12.9 **요약**

분산 데이터베이스 방식은 하나의 논리적 데이터베이스가 통신 네트워크로 연결된 여러 컴퓨터에 물리적으로 분산되어 저장되어 있으며, 각각의 컴퓨터들은 분산 데이터베이스 관리시스템을 내장하고 있다. 분산 데이터베이스는 반드시 네트워크로 연결되어 서로 다른 컴퓨터의 사용자가 동일한 논리적 데이터베이스에 접근할 수 있어야 한다.

분산 데이터베이스 방식이 갖는 장점으로는 빠른 응답 속도와 통신 비용의 절감, 데이터의 가용성과 신뢰성 증가, 시스템 규모의 적절한 조절, 그리고 각 지역 사용자의 요구 수용 증대 등을 들 수 있다. 반면, 분산 데이터베이스는 소프트웨어나 설계, 그리고 관리에 있어서의 복잡성과 비용 증대, 불규칙한 응답 속도, 통제의 어려움, 그리고 데이터 무결성에 대한 위협 등의 단점을 지니고 있다.

분산 데이터베이스를 설계하기 위한 기본적인 전략은 복제, 수평 분할, 그리고 수직 분할의 세 가지 방법이 있다. 데이터 복제 전략은 동일한 데이터 사본을 둘 이상의 장소에 중복하여 저장하는 방법으로, 동일한 데이터를 여러 장소에서 자주 접근할 필요가 있으나, 데이터 갱신은 그리 자주 발생하지 않는 경우에 적합하다. 수평 분할은 한 관계의 타플을 분할하여 둘 이상의 서로 다른 장소에 저장하는 것으로, 여러 지역에서 유사한 업무를 수행하되 그 대상이 다른 경우에 유효한 전략이다. 수직 분할은 한 관계의 속성을 분할하여 둘 이상의 서로 다른 장소에 저장하는 것으로, 서로 다른 지역의 업무에서 요구되는 데이터의 속성이 다른 경우에 유효한 전략이다. 일반적으로 분산 데이터베이스를 설계할 때에는 위에서 언급한 복제, 수평 분할, 그리고 수직 분할 전략을 적절히 혼합하여, 분산 데이터베이스의 장점인 응답 속도를 향상시키는 동시에 단점인 불규칙한 응답 속도를 최소화시켜야 한다.

데이터베이스를 둘 이상의 장소에 분산시키고, 이를 하나의 논리적 데이터베이스와 같이 사용하기 위해서는 기존의 데이터베이스 관리시스템 기능 외에 각 장소의 정보를 교환하고 관리해 주는 기능이 추가되어야 한다. 진정한 분산 데이터베이스 관리시스템은 위치 무관성, 복제 무관성, 병행 무관성, 그리고 실패 무관성을 제공할 수 있어야 한다. 이러한 무관성이 보장될 경우, 사용자와 응용 프로그램은 데이터베이스가 분산되어 저장되었다는 사실조차도 인식할 수 없게 된다.

위치 무관성은 사용자나 응용 프로그램이 접근할 데이터의 물리적 위치를 알아야 할 필요가 없는 성질이다. 복제 무관성은 사용자나 응용 프로그램이 접근할 데이터가 물리적으로 여러 곳에 복제되어 있는지의 여부를 알아야 할 필요가 없는 성질이다. 병행 무관성은 여러 사용자나 응용 프로그램이 동시에 분산 데이터베이스에 대한 트랜잭션을 수행할 경우에도 그 결과에 이상이 발생하지 않는 성질을 의미한다. 실패 무관성은 데이터베이스가 분산되어 있는 각 지역의 시스템이나 통신망에 이상이 생기더라도, 데이터의 무결성을 보존할 수 있는 성질을 의미한다. 한편 분산 데이터베이스 환경하에서 처리되는 질의는 여러 지역에 분산된 데이터 항목을 결합하여야 할 경우, 그 처리 방법에 따라 응답 시간이 크게 차이가 날 수 있다. 따라서 분산 데이터베이스 관리시스템은 최적의 접근 시간을 보장하는 기능 또한 제공하여야 한다. 마지막으로 고도로 분산된 데이터 시스템에서 세 가지 바람직한 특성으로 일관성, 가용성, 그리고 분할 내성을 들 수 있으며, 분산 데이터베이스에서 이 세 가지 특성을 완전하게 보장하는 것은 불가능하지만 최대한 구현될 수 있도록 설계하는 것이 필요하다.

✏ 복습 문제

1. 다음 용어를 설명하라.

·CAP 법칙	·2단계 통신 규약
·가용성	·게이트웨이
·네트워크 분할	·망각 트랜잭션
·멀티데이터베이스 시스템	·병행 무관성
·병렬 데이터베이스	·복제 무관성
·복제 전략	·분산 데이터베이스
·분산 데이터베이스 관리시스템	·분산 데이터 사전/주소록
·분산 처리	·분할내성
·수직 분할	·수평 분할
·시간 기록기	·전역 트랜잭션
·위치 무관성	·일관성
·주 사본 방식	·주 지역 방식
·중앙집중 방식	·지역 데이터베이스 관리시스템
·지역 트랜잭션	·차단
·탈집중 데이터베이스	·트랜잭션 관리자

2. 데이터의 분산 처리와 분산 데이터베이스 처리 방식의 차이를 설명하라.

3. 분산 데이터베이스 방식의 장점과 단점을 제시하라.

4. 분산 데이터베이스의 기본 설계 전략 세 가지를 제시하고, 각각 어떠한 경우에 적합한 지 예를 들어 설명하라.

5. 분산 데이터베이스 관리시스템이 갖추어야 할 특성 네 가지는 무엇인가?

6. 분산 데이터베이스의 병행 제어를 위하여 사용하는 두 가지 방법을 설명하라.

7. 분산 데이터베이스 환경에서 실패 무관성을 보장하기 어려운 이유는 무엇인가?

8. 분산 데이터베이스 환경에서 질의 처리 방법에 따라 처리 시간이 크게 달라지는 이유는 무엇인가?

9. CAP 법칙에 대해 설명하라.

응용 문제

1. 기업체를 방문하여 본 장에서 공부한 분산 데이터베이스 사례를 찾아보고, 어떠한 방식으로 설계되었는지 살펴보라.

2. 다음 각 상황은 어떠한 무관성과 관련이 있는지 답하라.

   ① '갑' 지역의 사용자가 자신의 위치에 보관된 데이터를 삭제하고자 한다. 그런데 이 데이터는 '을' 지역에도 보관되어 있다.

   ② '갑' 지역의 사용자가 자신의 위치에 보관되지 않은 데이터에 접근하고자 한다.

   ③ 사용자가 '갑' 지역의 데이터를 삭제한 후, '을' 지역에 이를 삽입하고자 한다. 그런데 '갑' 지역의 트랜잭션만 완료되고, '을' 지역의 트랜잭션이 완료되기 전 통신망이 두절되었다.

   ④ '갑' 지역의 사용자와 '을' 지역의 사용자가 동시에 동일한 데이터를 갱신하고자 한다.

3. 〈표 12-2〉의 여섯 가지 대안의 질의 시간이 크게 차이가 나는 이유를 설명하라.

4. 분산 데이터베이스 관리시스템을 제공하는 업체를 방문하여, 그 회사의 제품이 네 가지 무관성을 어느 정도까지 지원하고 있는지 조사하라. 또 분산 질의 최적 기능은 어떠한지 살펴보라.

참고문헌

Connolly, T., Begg, C. *Database Systems: A Practical Approach to Design, Implementation, and Management*(3rd ed.), Harlow: Addison-Wesley, 2002.

Coronel, C. and Morris, S. *Database Systems: Design, Implementation, & Management*(13th ed.), Cengage, Boston, MA., 2019.

Date, C. J. *An Introduction to Database Systems*(6th ed.), Addison Wesley, Reading, MA., 1995.

Korth, H. F. and Silberschatz, A. *Database System Concepts*, McGraw-Hill Book Co., New York, NY, 1986.

McFadden, F.R., Hoffer, J.A., and Prescott, M.B. *Database Management*(5th ed.), Reading, MA: Addison-Wesley, 1999.

Traiger, I. L., Gray, J., Galtieri, C. A., and Lindsay, B. G. "Transactions and Consistency in Distributed Database Systems," *Transactions on Database Systems*, September 1982, pp. 323-342.

제13장 비즈니스 인텔리전스와 데이터 웨어하우스

　　현대적 기업이 지속성장하기 위해서는 글로벌 시장 환경에서 보다 신속하게 데이터에 기반하여 의사결정을 내려야 하는데, 이를 지원하기 위한 개념이 비즈니스 인텔리전스이다. 최근 정보기술의 눈부신 발전과 모바일 기기와 SNS의 확산은 실시간으로 엄청난 양의 데이터를 생성하고 있으며, 개인의 직관에 의한 의사결정보다는 데이터 기반의 의사결정이 기업의 성공에 막대한 영향을 미치는 시대가 되었다. 더 나아가 의사결정에 활용되는 데이터의 양뿐만 아니라, 데이터의 복잡성과 다양성이 급격히 증가하고 있다. 따라서 기존의 정형화된 트랜잭션 데이터베이스만으로는 조직의 정보 요구사항을 처리하는 것이 불가능해졌으며, 데이터 웨어하우스라고 불리는 새로운 데이터 저장소가 등장하게 되었다. 본 장에서는 정보기술과 정보시스템의 발전에 따른 비즈니스 인텔리전스의 등장과 개념에 대해 살펴보고, 경영자의 데이터 기반 의사결정을 지원하기 위한 데이터베이스, 즉 데이터 웨어하우스의 개념과 활용에 대하여 공부하기로 한다.

13.1 비즈니스 인텔리전스

　　비즈니스 인텔리전스(business intelligence(BI))는 특정한 '무엇'이라기보다는 의사결정을 지원하기 위한 목적으로 데이터를 수집하고, 병합하고, 저장하고, 분석하는 통합적인 도구와 프로세스를 일컫는 포괄적 용어이다. 이러한 여러 가지가 합쳐져서 비즈니스 환경과 조직 내외부에 대해 종합적인 조망을 가능하게 하며, 보다 신속하게, 더 나은 의사결정을 할 수 있도록 도와준다. 비즈니스 인텔리전스는 조직이 수집한 데이터(data)를 정보(information)로, 정보를 지식(knowledge)으로, 지식을 지혜(wisdom)로 변환시킬 수 있도록, 다음과 같은 업무를 위한 기반 구조를 제공한다(Coronel and Morris, 2019).

- 운영 데이터의 수집과 저장
- 운영 데이터를 의사결정 지원 데이터로 변환시키기 위한 집계

- 의사결정 지원 데이터를 정보로 변환시키기 위한 분석
- 최종 사용자의 비즈니스 의사결정 지원을 위한 정보 제공
- 비즈니스 의사결정
- 비즈니스 의사결정의 결과를 평가하기 위한 모니터링
- 미래의 행동이나 결과의 예측

비즈니스 인텔리전스는 데이터의 취득, 저장, 변환, 통합, 보고, 분석, 감시, 보관 등 데이터 수명주기 전과정을 관리하는 기술과 애플리케이션을 포함한다. 이를 위해서 다른 정보시스템과 마찬가지로 사람, 프로세스, 데이터, 기술이 서로 연결된 여러 하부 기능으로 구성된다. 보다 구체적으로 비즈니스 인텔리전스는 〈그림 13-1〉과 같이 조직 내외부의 데이터를 취득하여, 적절한 형태로 추출하여 저장하고, 미리 지정한 규칙에 따라 보고서를 작성하거나, 필요에 따라 질의를 하고, 실시간 감시와 문제 발생시 경고를 하며, 데이터를 분석하며, 최종 사용자가 이해하기 쉬운 형태로 시각화하는 여러 기능으로 구성된다(Coronel and Morris, 2019). 각각의 기능에 대해서는 본 장의 나머지 절에서 보다 구체적으로 살펴보기로 한다.

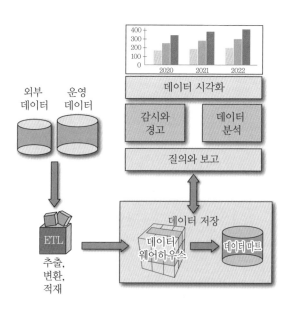

그림 13-1 비즈니스 인텔리전스의 구성

13.2 정보시스템의 유형과 데이터의 성격

비즈니스 인텔리전스와 데이터 웨어하우스가 등장하게 된 배경을 이해하기 위해서는 먼저 정보시스템의 발전 과정과 유형에 대하여 알아볼 필요가 있다. 본 절에서는 기존의 트랜잭션 데이터베이스와 의사결정 지원 데이터베이스의 차이점을 공부한다.

13.2.1 트랜잭션 데이터와 의사결정 지원 데이터

정보시스템을 분류하는 기준은 학자에 따라 차이가 있으나, 대부분 5–6개 정도로 정보시스템을 나누고 있다. 예를 들어, 로우든과 로우든(Laudon and Laudon, 2000)은 정보시스템이 활용되는 조직의 수준에 따라 트랜잭션 처리 시스템, 지식 업무 시스템, 사무 자동화 시스템, 경영 정보 시스템, 의사결정 지원 시스템, 그리고 임원 지원 시스템 등으로 분류하였다. 그러나 본서에서는 데이터 웨어하우스의 출현 배경을 설명하는 것이 그 목적이므로, 5–6개 정도의 정보시스템의 유형을 다음과 같이 크게 두 가지로만 구분하기로 한다. 즉, 조직의 일상적인 트랜잭션 처리를 주 목적으로 하는 **트랜잭션 처리 시스템**(transaction processing systems(TPS)) 과 조직의 다양한 유형의 경영 의사결정을 지원하기 위한 **의사결정 지원 시스템** (decision support systems(DSS))으로 나누어 살펴본다.

트랜잭션 처리 시스템은 가장 먼저 개발되어 사용된 정보시스템으로 전자적 데이터 처리 시스템(EDPS)이라고도 불리던 시스템이다. 트랜잭션 처리 시스템은 조직의 일상적 거래에 관한 데이터를 수집, 처리, 저장하는 데 사용된다. 트랜잭션 처리 시스템은 조직의 기간基幹 시스템이며, 이러한 시스템이 사고로 중단될 경우에는 영업에 큰 지장을 초래하거나, 사업 그 자체가 불가능해질 수도 있다. 예를 들어, 은행에서 고객이 입/출금을 할 때 발생하는 모든 데이터를 기록하고 보관하는 것은 바로 트랜잭션 처리 시스템에 의해 이루어진다. 이러한 시스템은 사람이 수작업으로 처리하던 구조적인 업무를 자동화하는 데 기여하였다. 트랜잭션 처리 시스템에서 가장 강조되는 부분은 트랜잭션에 따른 데이터 갱신의 정확성과 신속성, 그리고 처리 비용인데, 이를 위해서는 정규화의 개념을 반영하여 잘 설계된 데이터베이스가 필수적이다. 우리가 지금까지 공부한 데이터베이스 개념들은 트랜잭션 처리 시스템을 위한 데이터베이스 구축에 그대로 적용될 수 있다.

한편 의사결정 지원 시스템은 중간/최고 경영층의 의사결정을 지원하기 위하여 설계되었다. 트랜잭션 처리 시스템은 일상의 구조적인 과업을 처리하는 반면, 의사결정 지원 시스템은 반구조적 또는 비구조적 문제를 해결하기 위한 인간의 의사결정에 도움을 준다. 반/비구조적인 의사결정은 사용자 자신도 어떠한 규칙에 의해 의사결정을 내리는지 명확히 알고 있지 못하는 경우가 대부분이다. 따라서 의사결정 지원 시스템은 미리 정해진 출력 형태보다 다양한 의사결정 모형을 탑재하여 최종 사용자가 대화식으로 정보를 찾아갈 수 있어야 한다. 이처럼 두 유형의 정보시스템의 성격이 상이하므로 각각의 정보시스템에서 사용되는 데이터의 성격도 달라질 수밖에 없다. 두 시스템에서 요구되는 데이터의 차이는 크게 기간, 요약 수준, 그리고 차원 등의 관점에서 살펴볼 수 있다.

- **기간**: 트랜잭션 처리 시스템에서 사용되는 데이터(이하 트랜잭션 데이터)는 현재의 조직 상태를 반영한다. 예를 들어, 제품을 하나 판매하면 송장이 만들어지고, 재고가 판매량만큼 줄어드는 등 조직에 생긴 변화가 실시간(real time)으로 트랜잭션 데이터베이스에 반영되어야 한다. 반면에 의사결정 지원 시스템에서 요구되는 데이터(이하 의사결정 지원 데이터)는 조직의 현재 상황보다는 과거 일정기간 동안 축적되어 장기간의 흐름과 추세를 파악할 수 있도록 해 주어야 한다. 예를 들어, 경영자의 입장에서는 특정 제품의 오늘 현재의 가격과 판매량 등과 같은 실시간 데이터보다는 지난 달의 총 매출액, 혹은 과거 2년간의 매출 추세에 더 많은 관심이 있을 것이다.

- **요약 수준**: 트랜잭션 데이터는 발생한 거래에 관한 자세한 사항을 기록하는 반면, 의사결정 지원 데이터는 고도로 요약된 것에서부터 필요에 따라 자세한 데이터까지 다양한 수준의 요약(aggregation)을 요구한다. 예를 들어, 특정 제품의 지역별 판매 수준을 비교하기 위해서 전국을 서울/경기권, 중부권, 남부권 등 상당히 큰 덩어리로 나누어 볼 수도 있고, 보다 상세하게 시/도별, 더 나아가 매장별 등으로 세분화할 수도 있으므로, 다양한 수준의 요약 정보가 필요하다.

- **차원:** 의사결정 지원 데이터가 트랜잭션 데이터와 구별되는 또 다른 특성으로는 데이터의 차원을 들 수 있다. 의사결정 지원 데이터는 트랜잭션 데이터와는 달리 다차원으로 분석되는데, 예를 들어, 특정 기간동안 고객에게 판매된 매출액을 분석할 경우, 각 제품별 매출액 또는 제품별/매장별 매출액, 또는 제품별/매장별/월별 매출액 등으로 질문을 더 구체화시켜 갈 수 있다. 위의 예에서 제품, 매장, 그리고 기간은 매출액을 분석하기 위한 차원 데이터가 된다.

주 문

주문 번호	주문일	배달주소	영업직원 번호	고객 번호
937541	2022–12–05	서울…	e05	C1765
937542	2022–12–05	경기도…	e15	C3269
937543	2022–12–05	서울…	e05	C2746
937544	2022–12–05	서울…	e17	C4659
937545	2022–12–06	경기도…	e19	C5634
937546	2022–12–06	강원도…	e15	C5635
937547	2022–12–06	서울…	e17	C5420
⋮	⋮	⋮	⋮	⋮

주문–제품

주문 번호	제품번호	실판매가	수량
937541	BD561	250,000	2
937541	TB453	163,000	6
937542	SP201	936,000	1
937542	CH202	427,000	1
937542	TT205	350,000	2
937543	BD564	300,000	2
937543	TB464	189,000	6
⋮	⋮	⋮	⋮

(a) 트랜잭션 데이터

2023년 1사분기 매출현황(매장×제품)
(단위: 만원)

제품 매장	침대	소파	식탁	장식장	소계
강남	5,630	2,815	3,613	2,350	14,408
이태원	2,316	2,250	1,672	1,524	7,762
신촌	3,245	2,611	2,355	2,216	10,427
김포	1,713	983	865	1,116	4,677
일산	1,615	1,730	985	1,230	5,560
소계	14,519	10,389	9,490	8,436	42,834

2023년 1사분기 신촌매장 매출현황(직원×월)
(단위: 만원)

월 직원	1월	2월	3월	소계
박혜영	783	943	1,295	3,021
최근신	782	695	737	2,214
김명수	745	782	1,078	2,605
이귀정	872	510	1,205	2,587
소계	3,182	2,930	4,315	10,427

(b) 의사결정 지원 데이터

그림 13-2 트랜잭션 데이터와 의사결정 지원 데이터

〈그림 13-2〉는 트랜잭션 데이터와 의사결정 지원 데이터의 차이를 간략히 보여 주고 있다. 트랜잭션 데이터는 트랜잭션이 발생하는 순서대로 기록되며, 일반적으로 한 트랜잭션이 하나의 레코드로 기록되어 의사결정에 도움을 줄 수 있는 형태의 정보를 추출하기 어렵다. 예를 들어, 하루 평균 200건의 주문이 발생하고, 주문당 평균 3개의 제품이 포함된다면, 1년간 발생하는 주문-제품 테이블(그림 13-2a)의 레코드는 약 20만장(200건×3개×365일=219,000)을 상회할 것이다. 이러한 상세한 수준의 데이터는 트랜잭션의 정확한 기록에는 적합하지만, 추세나 선호도를 파악하는 등의 의사결정 지원 정보로는 부적절하다. 반면, 의사결정 지원 데이터는 보다 넓은 기간의 데이터에 초점을 맞추고, 의사결정에 필요한 차원에 따라 사용자에게 의미 있는 형태(예를 들어, 매장별/제품별 매출액)로 제공될 수 있어야 한다. 이를 위해서는 트랜잭션 데이터베이스의 여러 테이블에 분리되어 저장된 데이터를 추출하고 통합하여, 사용자가 원하는 다양한 형태의 출력(예를 들어, 〈그림 13-2b〉처럼 요약된 정보)이 가능하도록 데이터가 저장되어야 할 것이다.

트랜잭션 데이터와 의사결정 지원 데이터의 특성 차이를 요약하면 〈표 13-1〉과 같다(Rob and Coronel, 1997). 일반적으로 트랜잭션 데이터는 현재 상태를 정확히 반영하기 위하여 신속하고 정확한 갱신이 이루어져야 한다. 따라서 갱신시 데이터가 불일치하는 경우가 일어나지 않도록, 중복된 데이터를 가능한 줄이는 정규화가 필수적이다. 반면, 의사결정 지원 데이터의 경우에는 정규화 대신 데이터를 중복하여 보관하더라도 빠른 검색을 위한 구조를 요구한다. 예를 들어, 일별로 요약된 매출액이 있으면, 월별/분기별/년별 매출액을 구할 수 있으나, 검색시간이 오래 걸리므로 월별/분기별/년별 매출액을 계산하여 모두 저장해 두는 것이 바람직하다. 트랜잭션 데이터와 의사결정 데이터의 이러한 차이점들은 데이터를 저장할 두 데이터베이스의 설계와 운영이 매우 다를 것임을 시사해 준다.

13.2.2 의사결정 지원을 위한 데이터베이스 요구사항

앞 절에서 살펴본 것과 같이 트랜잭션을 위한 데이터와 의사결정 지원을 위한 데이터의 성격은 매우 다르다. 따라서 의사결정 지원을 위한 데이터베이스 또한 지금까지 공부한 트랜잭션 데이터베이스와 차이를 보이는데, 특히 다음과 같은 네 가지 사항이 요구된다.

표 13-1 트랜잭션 데이터와 의사결정 데이터의 특성 차이

특성	트랜잭션 데이터	의사결정 지원 데이터
데이터의 현재성	실시간 데이터	과거/축적 데이터 주/월/년 별로 정리된 데이터
요약 수준	낮음	높음
데이터 모델	높은 수준의 정규화 요구 주로 관계형 데이터베이스	비정규화된 복잡한 구조 관계형 또는 다차원 데이터베이스
트랜잭션 특성	주요 유형: 갱신 양: 대량의 갱신 트랜잭션 속도: 신속한 갱신 필수	주요 유형: 검색 양: 주기적 적재와 요약 계산 속도: 신속한 검색 필수
질의 특성	양: 중간-적음 범위: 좁음 복잡성: 중간-낮음	양: 많음 범위: 넓음 복잡성: 매우 높음
데이터의 양	수백 기가(G)-테라(T)바이트	수십-수백 테라(T)바이트

- **복잡한 데이터베이스 스키마의 지원:** 의사결정 지원 데이터베이스는 복잡하고 비정규화된 데이터베이스 스키마를 지원하여야 한다. 〈그림 13-2b〉에 나타난 의사결정 지원 데이터, 예를 들어, 1사분기의 매장별×제품별 매출액 데이터를 살펴보면, 1사분기에 발생한 모든 매출을 매장별, 제품별로 분류한 다음, 합산하여 도출한 것이다. 사용자의 의사결정을 지원하기 위해서는 더 나아가 이를 또 다른 차원, 예를 들어, 영업직원별, 할인율별, 가격별 등 다양한 차원에서 분석할 수 있어야 하며, 또한 일별, 분기별, 월별, 연별 등 다차원의 기간 단위로 검색할 수 있어야 한다. 이를 만족시키기 위해서는 관계형 데이터베이스에서 비정규화된, 그리고 경우에 따라서 중복된 데이터를 저장할 수밖에 없다. 의사결정 지원 데이터베이스 스키마에 대해서는 13.5절에서 자세히 설명하기로 한다.

- **효과적/효율적 데이터 추출과 적재:** 의사결정 지원 데이터베이스는 상당부분 트랜잭션 데이터베이스로부터 데이터를 추출하여 구성된다. 따라서 데이터 추출과 여과를 위한 효과적이고 효율적인 도구가 요구된다. 데이터 추출은

트랜잭션 데이터베이스에 주는 영향을 최소화하기 위하여 업무 시간 이외에 주기적으로 일괄처리(batch) 방식으로 이루어진다. 이러한 도구는 다양한 회사의 다양한 데이터베이스 제품, 즉 일반 파일이나 계층형, 그물형, 관계형, 객체중심형, NoSQL 데이터베이스로부터 데이터 추출을 지원해야 한다. 데이터 여과 장치는 데이터간의 불일치나 무결성 위배 등을 검사하고, 서로 다르게 정의된 코드나 단위 등을 통일시켜 주어야 한다. 보다 자세한 내용은 13.3.3절을 참조하기 바란다.

• **사용자 접속의 용이성:** 의사결정 지원 데이터베이스는 고급 모델링 기능과 다양한 출력 기능을 제공하여야 한다. 이러한 기능은 사용자가 전문가의 도움 없이 데이터베이스에 있는 데이터를 자신의 의사결정에 도움이 될 수 있는 형태로 가공, 분석, 출력해 볼 수 있도록 해 준다. 13.4절은 이러한 사용자 접속 도구에 대해 다루고 있다.

• **대규모 데이터 처리와 저장:** 의사결정 지원 데이터베이스는 다양한 원천에서 수집된 수 년간의 축적된 데이터를 저장해야 하므로 그 규모가 대단히 방대할 뿐 아니라, 한 번 저장된 데이터는 삭제되는 일이 없으므로 계속해서 확장된다. 따라서 소프트웨어적으로 소위 초대형 데이터베이스(Very Large DataBase(VLDB))를 지원할 수 있어야 하며, 하드웨어적으로 빠른 처리를 위해 병렬처리 컴퓨터 등을 요구한다.

13.3 데이터 웨어하우스의 개념

의사결정 지원 데이터베이스를 대표하는 데이터 웨어하우스라는 개념은 IBM에서 제시한 비관계형 시스템에 저장된 데이터에 접근할 수 있는 해결책인 '정보 웨어하우스'(information warehouse)라는 개념에서 유래되었다. 정보 웨어하우스는 조직에서 경쟁 우위를 획득하기 위해, 축적된 과거 데이터를 활용할 수 있도록 하는 것이었으나, 소프트웨어의 복잡성과 하드웨어의 성능 문제로 인하여 실제로 구현하는 데는 실패하였다. 그러다가 최근에 하드웨어와 소프트웨어의 비약적 발전에 힘입어 데이터 웨어하우스의 개념이 현실화되었다.

13.3.1 데이터 웨어하우스의 정의

인몬(Inmon, 1993)의 정의에 의하면 데이터 웨어하우스는 의사결정을 지원하는 통합적이고(integrated), 주제 지향적이며(subject-oriented), 시계열적이고(time-variant), 비소멸성인(non-volatile) 데이터베이스이다. 이러한 정의를 보다 명확히 설명하면 다음과 같다.

- **통합성:** 데이터 웨어하우스는 전체 조직에서 수집한 데이터를 통합하여 중앙집중적으로 결합한 데이터베이스이다. 따라서, 데이터 웨어하우스는 각종 원천으로부터 다양한 형태의 데이터를 결합한다. 데이터 통합은 모든 데이터 요소를 정의하고 표준화하는 잘 조직된 노력을 의미한다. 데이터를 통합하는 작업은 시간이 많이 소요되지만 일단 작업이 완료되면 전체 조직 상황을 통일된 관점에서 파악할 수 있다. 즉 데이터 통합은 의사결정을 향상시키고, 관리자로 하여금 조직의 운영 현황을 보다 잘 이해하게 하여 전략적인 사업기회를 포착할 수 있도록 한다. 데이터 웨어하우스의 이러한 특성으로 인해 최근에는 단위 업무별 또는 부서별 필요에 따라 개발되어 서로 상이한 코드 체계를 지니거나, 표준화가 되지 않아 정보 공유가 불가능한 여러 트랜잭션 처리 시스템을 통합하는 수단으로 데이터 웨어하우스를 구축하기도 한다.

- **주제 지향성:** 기존의 트랜잭션 처리 시스템이 업무별로 구성되어 있는 것과는 달리, 데이터 웨어하우스 데이터는 주제에 따라 분류되고 저장된다. 예를 들어, 은행의 트랜잭션 처리 시스템은 예금, 대출, 신용카드, 외환 등으로 나누어 운영되며, 데이터도 각각 따로 저장된다. 따라서 어느 고객의 거래 상황을 알기 위해서는 여러 시스템에서 데이터를 추출하고 종합해야 한다. 반면에 데이터 웨어하우스는 이러한 데이터를 통합하여 고객별, 지점별, 기간별 등의 분석이 쉽게 이루어질 수 있도록 최적화되어 저장된다. 따라서 특정 고객의 거래 상황을 한 눈에 파악할 수 있으며, 의사결정이 보다 효과적이고 효율적으로 이루어질 수 있다.

- **시계열성:** 의사결정 지원 시스템 데이터는 트랜잭션 처리 시스템 데이터에 비해서 시간이라는 요인이 중요하다. 현재 거래에 초점을 두는 트랜잭션 처

리 시스템과는 달리 데이터 웨어하우스 데이터는 기간별 데이터 흐름을 중시한다. 데이터 웨어하우스는 지난 주, 지난 달, 혹은 과거 5년간 발생된 거래 등과 같은 시계열성 데이터를 포함하고 있으며, 데이터가 주기적으로 데이터 웨어하우스에 적재될 때 시간과 관련된 데이터는 재계산된다. 예를 들어, 데이터 웨어하우스에 지난 주의 매출 데이터가 적재되면 제품, 고객, 매장, 그리고 다른 변수에 대한 주별, 월별, 연도별 등에 관한 데이터가 갱신되어야 한다. 또한 통계 기법이나 다른 모델을 통해 도출된 예측 데이터도 포함하고 있으며, 이를 통해 과거와 현재의 추세, 미래 예측, 가정변경(what-if) 분석 등이 가능하도록 한다. 일반적으로 트랜잭션 처리 시스템의 경우 60일 내지 90일간의 데이터를 저장하고 있고, 데이터 웨어하우스는 적어도 2년 이상, 많게는 10년 정도의 데이터를 저장하고 있다.

• **비소멸성:** 앞에서 언급한 것과 같이 데이터 웨어하우스에 저장된 데이터는 과거의 추세와 미래의 예측을 위해 사용되므로 장기간 삭제되지 않으며, 조직의 전체 기록을 나타내기 때문에 데이터는 항상 추가되고 크기는 계속적으로 증가된다. 따라서 데이터 웨어하우스를 구축하기 위해서는 막대한 저장 용량과 프로세싱 능력을 갖춘 하드웨어가 요구된다.

13.3.2 데이터 웨어하우스의 구조

데이터 웨어하우스의 기본 구조는 〈그림 13-3〉과 같다. 데이터 웨어하우스를 구축하기 위해서 먼저 다양한 원천에 저장된 파일이나 트랜잭션 데이터베이스로부터 데이터를 추출한다. 대규모 기업에서는 일반적으로 보통 수십, 수백 개의 파일과 데이터베이스가 존재하는데, 이들로부터 데이터 웨어하우스에 필요한 데이터를 공급받는다. 다양한 원천으로부터 추출된 데이터는 데이터 웨어하우스에 저장되기 전에 필요에 따라 변환된다. 그리고 변환이 끝난 데이터는 데이터 웨어하우스로 전송되어 적재된다. 데이터 웨어하우스가 구축되면 사용자는 웹을 통해서, 또는 다음 절에서 공부할 온라인 분석처리(OLAP)나 데이터 마이닝 도구를 사용하여 데이터를 활용한다.

이러한 기본적인 2단(2-tier) 구조는 초기 데이터 웨어하우스에 사용되었지만 현재에도 여전히 많이 사용되고 있으며, 특히 비교적 동질적인 컴퓨팅 환경을 가

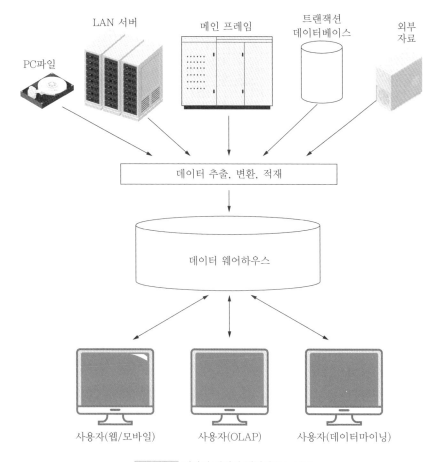

그림 13-3 전사적 데이터 웨어하우스 구조

진 중소 규모의 조직에 적합한 구조이다. 그러나 수많은 데이터 원천과 이질적인 컴퓨팅 환경을 가진 대규모 기업에서는 이러한 기본 구조로는 데이터 질을 유지하고 사용자가 원하는 검색 속도를 맞추는 데 많은 문제점이 있다(Devlin, 1997). 이러한 문제점을 해결하기 위해 〈그림 13-4〉에서와 같이 전사적 데이터 웨어하우스와 사용자 사이에 **데이터 마트**(data mart)를 두는 3단(3-tier) 구조를 채택할 수 있다. 데이터 마트는 한정된 범위의 데이터 웨어하우스로 전사적 데이터 웨어하우스의 데이터를 특정 주제별로 요약하고 선택하여 만들어진다. 데이터 마트는 특정 최종 사용자 집단의 의사결정을 지원하기 위해 구축되는데, 예를 들어, 마케팅 데이터 마트, 재무 데이터 마트 등이 있을 수 있다.

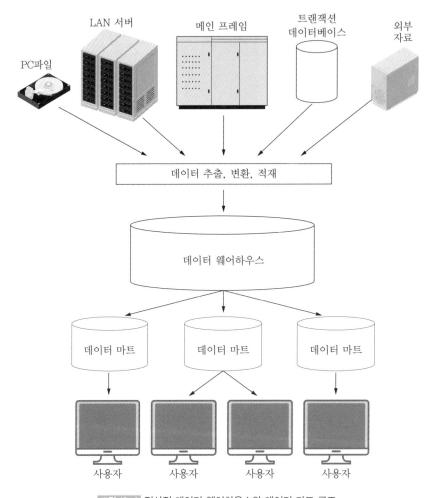

PC파일

LAN 서버

메인 프레임

트랜잭션
데이터베이스

외부
자료

데이터 추출, 변환, 적재

데이터 웨어하우스

데이터 마트   데이터 마트   데이터 마트

사용자   사용자   사용자   사용자

그림 13-4 전사적 데이터 웨어하우스와 데이터 마트 구조

　　한편 전사적 데이터 웨어하우스를 구축하는 데는 초기 비용이 많이 요구될
뿐만 아니라, 프로젝트가 너무 복잡해서 실패할 위험이 높다. 또한 구축 기간도
오래 걸려서 비즈니스 기회를 상실할 수도 있기 때문에, 일부 기업에서는 전사적
데이터 웨어하우스를 구축하지 않고 〈그림 13-5〉와 같이 각 부서별로 소규모의
데이터 마트만을 구축하기도 한다. 이러한 방법은 저렴한 비용으로 단시간 내에
데이터 마트를 구축하는 장점을 갖지만, 전사적인 데이터 관리가 어렵고, 데이터
추출, 변환, 적재 과정이 중복되며, 추출 시기에 따라 상이한 정보가 발생하는
단점이 있다.

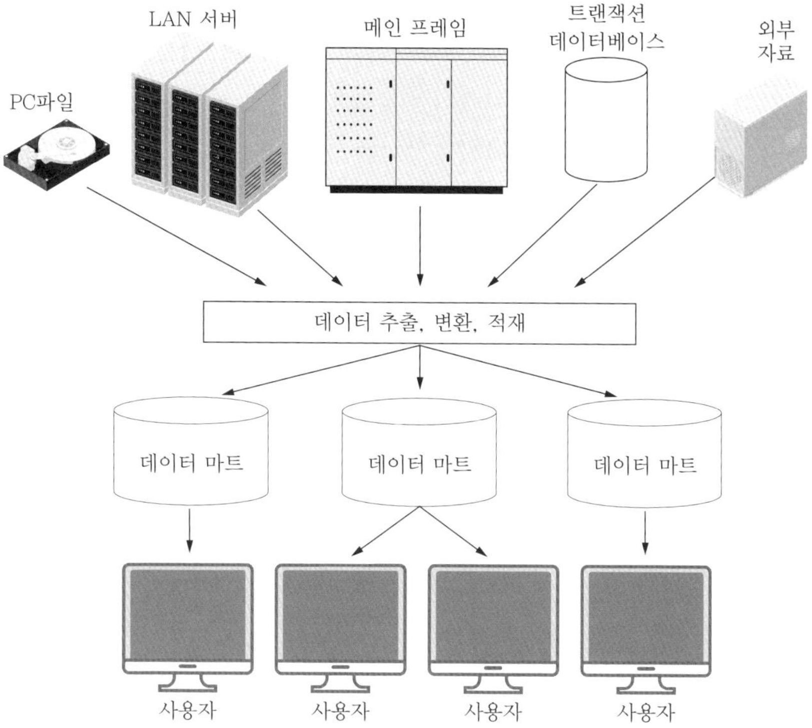

그림 13-5 부문별 데이터 마트 구조

13.3.3 데이터의 추출, 변환, 적재

기존의 다양한 시스템과 파일에 저장된 데이터를 하나의 데이터 웨어하우스로 통합하기 위해서는 〈그림 13-3〉에서 볼 수 있듯이 추출(extraction), 변환(transformation), 적재(loading)의 단계[1]를 거쳐야 한다. 조직 전체적인 관점에서 데이터를 통합하는 것이 데이터 웨어하우스를 구축하는 데 있어 가장 중요한 과정인데, 다양한 형태로 저장되어 있는 데이터를 일관된 형태로 변형하는 것은 실질적으로 매우 어렵고 가장 비용이 많이 드는 작업이다.

---

1. 현업에서는 Extraction, Transformation, Loading의 첫 글자를 따서 ETL이라고 부르기도 한다.

데이터의 추출

원본 파일과 트랜잭션 데이터베이스로부터 데이터 웨어하우스에 저장될 데이터를 추출하는 과정이다. 보통 기존의 시스템에 저장된 모든 데이터가 필요한 것이 아니고 일부만 필요하다. 일부 데이터를 검색하는 것은 기존 시스템과 목표 시스템을 충분히 분석한 후에 실시되며, 일반적으로 사용자와 데이터 웨어하우스 전문가로 구성된 팀에서 주도한다. 데이터 추출의 전형적인 형태는 초기 추출과 주기적 추출의 두 가지가 있다. 초기 추출은 데이터 웨어하우스에 처음 데이터를 입력할 때 사용되며, 주기적 추출은 데이터 웨어하우스가 가동된 후 일 단위 또는 월 단위의 주기적 유지보수에 사용된다. 초기 추출은 필요한 원본 데이터를 특정 시점에서 포착하는 것이고, 주기적 추출은 지난 번 추출 이후에 원본 데이터에 발생한 변화만을 포착하는 것이다. 주기적 추출의 가장 일반적인 방법은 데이터베이스 로그 파일에서 최근 변화를 기록한 사후 이미지(after images)를 추출하는 것이다.

데이터의 변환

원본 파일과 트랜잭션 데이터베이스에서 추출된 데이터를 데이터 웨어하우스에서 그대로 사용할 수 있는 것은 아니다. 우선 저장된 데이터가 질적으로 열악한 경우가 많은데, 잘못 기입된 이름이나 주소, 주소와 우편번호의 불일치, 또는 누락된 데이터 등이 그 예이다. 이렇게 질적으로 문제가 있는 데이터는 데이터 정제(cleansing) 기법을 통해 수정한 후에 사용하여야 하는데, 이는 데이터가 정확하지 않으면 데이터 웨어하우스를 구축하는 의미가 없어지기 때문이다. 데이터 정제는 원본 데이터를 변환하기 전에 데이터의 오류를 제거하기 위하여 패턴 인식이나 다른 인공지능 기법을 이용하여 이루어진다.

데이터의 품질이 개선되면 원본 데이터를 데이터 웨어하우스에 적합한 형태(format)로 변환해야 하는데, 이는 데이터 변환 과정에서 가장 핵심적인 단계이다. 데이터 정제와 데이터 변환 간에는 차이가 있는데, 데이터 정제의 목적은 원본 데이터에 저장된 데이터 값의 오류를 정정하는 것이고, 데이터 변환의 목적은 데이터의 형태를 데이터 웨어하우스에 적합하도록 변경하는 것이다.

데이터를 변환할 때 사용되는 두 가지 방법은 필드 수준과 레코드 수준으로 구분할 수 있다. 필드 수준의 변환은 원본 필드의 형태를 데이터 웨어하우스의

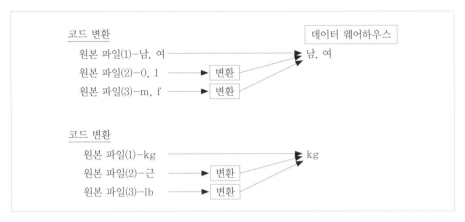

그림 13-6 코드 변환과 단위 변환

형태에 맞게 변형하는 것을 의미한다. 가장 간단한 예로 코드가 불일치하거나, 단위가 서로 다른 경우에 하나로 통일시켜 주는 것이 필요하다. 〈그림 13-6〉에 코드 변환과 단위 변환의 예가 나와 있다. 그 외에도 둘 이상의 항목을 합쳐서 한 항목으로 변형하거나, 한 항목을 둘 이상으로 나누는 것도 필드 수준의 변환에 해당된다.

레코드 수준의 변환은 선택(selection), 결합(join), 집단화(aggregation) 기능을 이용하여 레코드 집합을 조작하는 것이다. 선택은 원본 레코드 집합 중에서 특정 조건을 만족시키는 레코드만 뽑아 내는 것이다. 결합은 여러 원천의 데이터를 하나의 테이블로 합치는 것인데, 데이터 웨어하우스에서 요구하는 데이터는 여러 테이블에 흩어져 있는 경우가 많기 때문에 특히 중요한 기능이다. 데이터가 계층형, 그물형, 관계형, 객체중심형, NoSQL 등 서로 다른 데이터베이스 시스템에 흩어져 있다든가, 또는 관계형 데이터베이스 내에서도 결합해야 할 테이블간에 공통키의 영역이 다른 경우에 결합하기 위해서는 많은 추가적인 작업이 요구된다. 마지막으로 집단화는 데이터 웨어하우스가 요구하는 수준에 따라 상세 데이터를 합쳐서 요약 데이터로 변형하는 것이다.

데이터의 적재

마지막 단계는 선택된 데이터를 데이터 웨어하우스에 전송하여 적재하고, 필요한 색인을 만드는 것이다. 데이터를 적재하는 방식은 크게 전체 갱신과 부분 갱신으로 나눌 수 있다. 전체 갱신 방식은 주기적으로 목표 데이터를 완전히 새로 덮어쓰는 것이고, 부분 갱신 방식은 주기적으로 원본 데이터의 변화만을 데이터 웨어하우스에 기록하는 것이다. 일반적으로 전체 갱신 방식은 데이터 웨어하우스가 처음 구축되었을 때 데이터를 채우기 위해 사용되는 방법이며, 부분 갱신 방법은 데이터 웨어하우스의 지속적인 유지보수를 위해 사용된다. 전체 갱신 방식은 초기 추출과 연동되어 사용되고, 부분 갱신 방식은 주기적 추출과 연동되어 사용된다. 전체 갱신이나 부분 갱신 방식 모두 데이터 웨어하우스의 데이터를 관리하기 위해 색인을 만들고 유지보수하는 것이 필요한데, 주로 비트맵 색인(bitmapped index) 방식이 데이터 웨어하우스의 색인을 구축하기 위해 사용된다.

13.4 데이터 웨어하우스와 온라인 분석처리

데이터 웨어하우스는 앞에서 살펴본 바와 같이 조직의 의사결정을 지원하기 위한 대용량의 데이터를 저장해 둔 단일의 저장소(repository)이다. 따라서 데이터 웨어하우스에 저장된 엄청난 양의 통합된 데이터를 사용자가 쉽게 질의하고, 보고서를 작성하고, 분석할 수 있도록 해 주는 효과적인 수단이 필요한데, 이를 위한 전문적인 도구가 온라인 분석처리(On-Line Analytical Processing(OLAP))이다. 온라인 분석처리는 기존의 트랜잭션처리 시스템을 위한 온라인 트랜잭션처리(On-Line Transaction Processing(OLTP))와 대비되는 개념이다. 데이터 웨어하우스와 온라인 분석처리와의 관계는 서로 보완적이며 상호연관이 있다. 데이터 웨어하우스가 통합된 데이터를 저장하고 있는 저장소라면, 온라인 분석처리는 사용자가 이러한 데이터에 접근하여 분석할 수 있는 환경을 제공한다.

13.4.1 온라인 분석처리의 기능

온라인 분석처리 도구가 제공해야 하는 중요한 기능으로 먼저 다차원 데이터 분석을 들 수 있다. 데이터를 다차원적으로 분석한다는 것은 조직의 의사결정자가 단순히 데이터의 한 측면만을 분석하는 것이 아니라, 다차원으로 구성된 데이터 내에서 각 부분을 분석한다는 것을 의미한다. 다차원 데이터의 간단한 예가

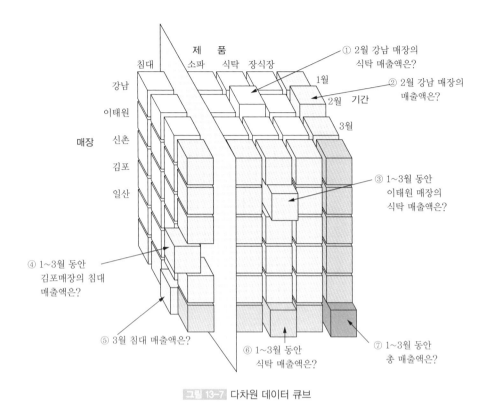

그림 13-7 다차원 데이터 큐브

〈그림 13-7〉에 큐브 형태로 나타나 있다. 이 큐브는 명문가구의 매출액을 3가지 차원, 즉 매장×제품×기간의 차원에서 분석한 것이다. 하얗게 표시된 각각의 작은 셀은 각 매장별, 제품별 월 매출액을 보관하고 있으며, 옅은 색으로 표시된 셀은 각 차원별 합계를 나타낸다. 또한 좀더 짙은 색은 두 차원의 합계를, 그리고 오른쪽 맨 아래 가장 짙은 색의 셀은 세 차원의 합계로 3개월간의 모든 매장의 모든 제품의 매출을 합친 총매출액을 의미한다. 이러한 다차원 데이터는 아래와 같은 연산자를 통해 사용자가 원하는 정보를 쉽게 추출할 수 있다.

단면 자르기(Slice)

일반적으로 의사결정 지원을 위한 다차원 데이터 큐브는 〈그림 13-7〉보다 훨씬 더 많은 수의 차원을 포함하고 있어서 데이터를 해석하는 것이 쉽지 않다. 따라서 데이터의 의미를 파악하기 위해서 특정한 차원의 값을 고정시키고, 한 단면에 초점을 맞추는 것이 필요하다. 예를 들어, 〈그림 13-2b〉의 1사분기 매출 현황(매장×제품)은 〈그림 13-7〉기간 차원을 2022년 1분기로 고정한 후, 매장별/제품별 매출을 출력한 것이다. 또, 〈그림 13-7〉의 파란 색 칸막이처럼 제품 축을 고정하고 단면을 자르면, 〈그림 13-8〉과 같이 각 매장의 월별 소파 매출을 볼 수 있다.

(단위 : 만원)

매장＼월	1월	2월	3월	소계
강남	901	857	1,057	2,815
이태원	715	694	841	2,250
신촌	850	796	965	2,611
김포	318	280	385	983
일산	580	562	588	1,730
소계	3,364	3,189	3,836	10,389

그림 13-8 단면 자르기의 예

주사위꼴 자르기(Dice)

한 단면에 많은 항목이 있을 수 있는데, 이를 특정 값으로 고정하여 사용자가 원하는 정보만을 출력하는 것이 주사위꼴 자르기이다. 단면 자르기와 주사위꼴 자르기(slice and dice)를 적절히 결합하면 세부적인 항목의 값을 얻을 수 있다. 예를 들어, 사용자는 〈그림 13-7〉의 데이터 큐브를 단면으로 자르고 주사위꼴로 자르면 다음과 같은 질문에 쉽게 답을 얻을 수 있다.

① 2022년 2월에 강남 매장에서 팔린 식탁의 매출액은 얼마인가?
② 2022년 2월의 강남 매장의 매출액은 얼마인가?
③ 2022년 1월부터 3월까지 이태원 매장에서 팔린 식탁의 매출액은 얼마인가?
④ 2022년 1월부터 3월까지 김포 매장에서 팔린 침대의 매출액은 얼마인가?
⑤ 2022년 3월의 침대의 매출액은 얼마인가?
⑥ 2022년 1월부터 3월까지 식탁의 매출액은 얼마인가?
⑦ 2022년 1월부터 3월까지 총 매출액은 얼마인가?

축회전(pivot)

축회전은 데이터 큐브의 차원들을 재정렬하는 것이다. 예를 들어, 〈그림 13-8〉의 매장과 월을 바꾸면 〈그림 13-9〉와 같은 형태가 될 것이다. 일반적으로 축회전은 차원이 둘보다 많을 때, 사용자가 자신이 이해하기 쉬운 형태로 데이터를 보기 위해 주로 사용한다. 이차원보다 많은 차원의 데이터를 표시하기 위해서는, 행이나 열에 둘 이상의 차원이 포함될 수밖에 없다. 예를 들어, 기간, 매장, 제품의 삼차원 데이터를 나타내기 위해서는 열에 매장을 표시하고, 행에 제품을, 그리고 제품 안에 기간을 표시하는 방법이 있다. 그리고 축회전을 통해서 열은 그대로 두고, 행에 기간을, 그리고 기간 안에 제품을 표시하는 등 다양한 방법의 출력이 가능할 것이다.

(단위: 만원)

월＼매장	강남	이태원	신촌	김포	일산	소계
1월	901	715	850	318	580	3,364
2월	857	694	796	280	562	3,189
3월	1,057	841	965	385	588	3,836
소계	2,815	2,250	2,611	983	1,730	10,389

그림 13-9 축회전의 예

상세정보 보기(drill-down)

사용자는 필요한 정보에 따라 차원의 계층을 따라 이동하기를 원한다. 상세정보 보기는 개괄적인 수준에서 보다 상세한 수준으로 이동하는 것이다. 예를 들어, 〈그림 13-10〉은 〈그림 13-9〉의 정보에서 2월의 데이터를 상세정보 보기를 한 것이다. 여기서 2월 앞의 + 표시는 상세정보 보기를 의미한다.

요약정보 보기(roll-up)

상세정보 보기의 반대 연산자로 요약정보 보기가 있다. 요약정보 보기는 상세한 수준에서 보다 개괄적인 수준으로 이동하는 것이다. 예를 들어, 일별 데이터에서 월별 데이터로 요약하는 것을 들 수 있는데, 〈그림 13-9〉는 〈그림 13-10〉의 요약정보 보기에 해당한다.

월＼매장	강남	이태원	신촌	김포	일산	소계
1월	901	715	850	318	580	3,364
+2월						
1일	30	21	30	9	19	109
2일	35	23	32	7	23	120
⋮	⋮	⋮	⋮	⋮	⋮	⋮
28일	43	30	28	14	18	133
3월	1,057	841	965	965	588	3,836
소계	2,815	2,250	2,611	983	1,730	10,389

그림 13-10 상세정보 보기의 예

의사결정자가 보다 효과적이고 효율적으로 데이터에 접근할 수 있도록 온라인 분석처리 도구는 지금까지 설명한 연산자 외에도 다양한 계산/통계 기능, 고급 모델링 기능(가정변경 분석, 민감도 분석, 선형계획 등)이 필요하며, 그 외에도 다음과 같은 기능을 제공할 수 있어야 한다.

- 다양한 형태의 데이터 원천, 즉 일반 파일이나 계층형, 그물형, 관계형, 객체중심형, NoSQL 데이터베이스 등의 데이터에 접근할 수 있어야 한다.
- 트랜잭션 데이터베이스의 상세 데이터는 물론 데이터 웨어하우스의 요약 데이터에 접근할 수 있어야 한다.
- 질의 응답 시간이 신속하고 일관성 있어야 한다.
- 사용하기 쉬운 사용자 접속을 제공해야 한다.
- 대규모 데이터베이스를 지원할 수 있어야 한다.

13.4.2 온라인 분석처리의 유형

온라인 분석처리 유형은 크게 다차원 온라인 분석처리(Multidimensional OLAP(MOLAP))와 관계형 온라인 분석처리(Relational OLAP(ROLAP))로 나누어진다.[2] 데

2. 그 외에 이 두 방식을 결합한 혼합 온라인 분석처리(Hybrid OLAP(HOLAP))이 있는데, 원시 데이터를 볼 수 없는 다차원 온라인 분석처리의 단점을 보완하기 위하여 관계형 데이터베이스에 접근

이터 웨어하우스의 구조는 온라인 분석처리 유형에 따라 많은 영향을 받기 때문에, 먼저 이들의 차이점을 명확히 인식하는 것이 중요하다.

다차원 온라인 분석처리(MOLAP)

다차원 온라인 분석처리 구조는 처음에 의사결정 지원 시스템을 위한 데이터를 저장하기 위해 개발되었다. 그 후 1990년대 중반 데이터 웨어하우스의 개념이 등장하면서, 초창기 데이터 웨어하우스의 저장 구조로 널리 활용되었다. 최근에는 뒤에서 설명할 관계형 온라인 분석처리의 발전으로 수요가 줄었으나, 중소 규모의 데이터 웨어하우스나 데이터 마트를 구현하는 데는 여전히 중요한 기술로 인정받고 있다(Mannino, 2004).

다차원 온라인 분석처리는 특수한 구조의 다차원 데이터베이스에 데이터 큐브의 형태로 데이터를 직접 저장한 후 이를 조작하는데, 그 일반적인 구조는 〈그림 13-11〉과 같다. 다차원 온라인 분석처리의 장점은 다차원 데이터베이스가 다차원 데이터를 저장하고, 관리하고, 분석하는 데 있어서 가장 적합한 구조라는 것이다. 다차원 데이터베이스는 매트릭스와 같은 다차원 배열에 데이터를 저장하기 위해 관계형 데이터베이스와 구별되는 독자적인 기술을 채택하고 있는데, 개

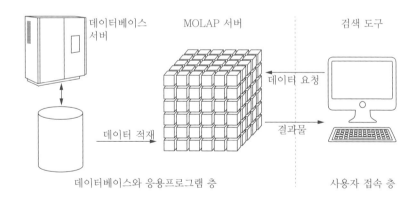

그림 13-11 다차원 온라인 분석처리(MOLAP)의 구조

할 수 있는 기능을 추가한 것으로 일종의 확장된 다차원 온라인 분석처리로 볼 수 있다. 그러나 다른 두 방식보다 더 복잡하며, 장점도 크지 않아 널리 사용되지는 않는다.

넘적으로는 〈그림 13-7〉에서 살펴본 3차원의 큐브에 트랜잭션 데이터베이스로부터 추출된 데이터를 해당 셀에 저장하는 것처럼 생각할 수 있다. 물론 데이터의 차원이 증가하면, 큐브의 차원도 증가하며 이를 하이퍼-큐브(hyper-cubes)라고 부른다.

데이터 큐브의 단점은 큐브를 먼저 생성한 후에야 데이터를 저장할 수 있으며, 질의를 통해 큐브를 동적으로 생성시킬 수 없다는 점이다. 따라서 다차원 온라인 분석처리 방식에서는 데이터를 분석하기 위한 차원을 미리 정의내리고, 이에 따라 데이터 큐브를 생성시킨 후, 데이터를 적재하여 다차원 데이터베이스를 구축한다. 또한 새로운 데이터 차원을 추가하기 위해서는 데이터 큐브를 새로 만들고, 데이터도 다시 적재해야 하므로 유연성이나 확장성 측면에서 관계형 온라인 분석처리보다 떨어진다. 또한 데이터 큐브에 적재된 데이터를 검색하기 때문에 그 데이터가 추출된 원시 데이터를 볼 수 없는 단점이 있다.

반면 이러한 단점에도 불구하고, 다차원 온라인 분석처리는 관계형 온라인 분석처리에 비해 사용하기 쉽고, 검색 속도가 빠르기 때문에 널리 사용되고 있다. 다차원 온라인 분석처리는 데이터 검색 속도를 향상시키기 위해 큐브 캐쉬(cube cache)라고 불리는 주기억장치 속에 데이터 큐브를 보관한다. 그러나 데이터 큐브의 규모가 커지면 이것이 불가능해지고, 관계형 온라인 분석처리에 대해 갖는 장점이 사라진다. 따라서 다차원 온라인 분석처리는 중소형 규모의 데이터 웨어하우스나 데이터 마트에 적합하다.

관계형 온라인 분석처리(ROLAP)

관계형 온라인 분석처리는 관계형 데이터베이스와 SQL과 같은 관계형 질의어를 사용하여 다차원 데이터를 저장하고 분석한다. 일반적으로 관계형 온라인 분석처리의 구조는 〈그림 13-12〉와 같이 데이터베이스 층, 응용 프로그램 층, 사용자 접속 층 등 전형적인 3단계 구조(3-tier architecture)로 이루어진다. 이 방식은 트랜잭션 데이터가 이미 관계형 데이터베이스로 구축되어 있는 조직의 경우에 자연스럽게 나갈 수 있는 방향이며, 대용량의 전사적인 데이터 웨어하우스를 구축하는 데 있어서 적합한 방식이다. 또한 관계형 데이터베이스를 근간으로 하기 때문에 확장성이 뛰어나며, 요약 정보가 추출된 원시 데이터를 검색해 볼 수 있는 장점이 있다.

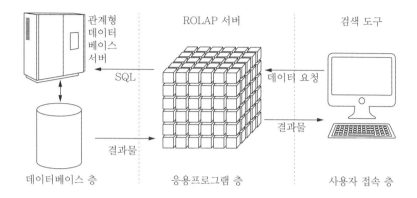

그림 13-12 관계형 온라인 분석처리(ROLAP)의 구조

　　그러나 기존의 관계형 데이터베이스는 트랜잭션 데이터의 처리에 적합하도록 설계되어 있으므로 다차원 데이터를 취급하는 데는 어려움이 많다. 예를 들어, 일반적인 관계형 데이터베이스 스키마는 갱신시 문제점을 최소화하기 위하여, 데이터를 가능한 작은 단위로 나누어 여러 테이블에 나누어 저장하는 정규화를 강조한다. 그러나 정규화된 테이블에서 의사결정에 필요한 데이터를 얻기 위해서는 여러 테이블을 결합하고, 요약해야 되므로 응답시간이 매우 길어진다. 관계형 데이터베이스에서 이러한 문제점을 극복하고 다차원 데이터를 다루기 위해서 성형 스키마(star schema)라는 독특한 방식의 설계 기법을 활용한다. 즉, 성형 스키마는 데이터 갱신의 최적화 대신 데이터 검색을 최적화하기 위한 설계 방법인데, 13.5.1절에서 자세히 다루기로 한다.

　　관계형 데이터베이스를 이용하여 다차원 데이터를 분석하는 데 있어서 또 다른 문제점은 기존의 SQL이 다차원 데이터를 분석할 수 있는 기능이 부족하다는 점이다. 그러나, 최근에 여러 관계형 데이터베이스 회사들의 집중적인 연구와 개발로 이러한 문제점을 극복하면서 관계형 온라인 분석처리가 데이터 웨어하우스의 주류로 자리잡고 있다. 본서에서는 13.6절에서 Oracle사의 Database에서 제공하는 다차원 데이터 조작을 위한 SQL 확장형(SQL extensions)을 소개하기로 한다.

표 13-2 관계형 온라인 분석처리와 다차원 온라인 분석처리의 비교

특성	다차원 온라인 분석처리(MOLAP)	관계형 온라인 분석처리(ROLAP)
기본 데이터 구조	다차원 데이터베이스	관계형 데이터베이스
기본 스키마	데이터 큐브	성형 스키마
스키마 유연성	차원 추가시 새로 큐브 생성	차원 추가 용이
접근 유연성	정의된 차원 내로 제한	임의(ad hoc)의 질의 가능
접근 속도	빠름	일반적으로 MOLAP보다 느림
데이터베이스 규모	소형 – 중형	중형 – 대형
원시 데이터 접근	불가능	가능

지금까지 살펴본 두 방식의 차이점을 〈표 13-2〉에 정리하였다. 두 방식의 장단점은 절대적인 것이 될 수 없고, 각 조직의 상황에 따라 적용되어야 할 것이다.

13.5 관계형 모델을 통한 데이터 웨어하우스의 설계

데이터 웨어하우스를 설계하는 데 있어서 가장 중요한 것은 데이터 웨어하우스의 목적, 즉, 데이터가 어떻게 사용될 것인가에 대한 이해이다. 이를 위해서는 데이터 웨어하우스를 사용할 사용자의 의도를 먼저 고려하여야 하며, 사용자가 어떠한 질문에 대한 답을 구하고자 하는지 파악해야 한다. 그리고 그 질문에 대한 답을 줄 수 있도록 데이터 웨어하우스에 저장되어야 하는 데이터를 정의 내려야 한다. 본 절에서는 아래의 사례를 이용하여 명문가구 영업부를 위한 데이터 웨어하우스의 한 관점을 설계해 보도록 한다.

사례 명문가구 ─────────────────────────────

영업부에서는 다양한 직급의 관리자들이 지난 몇 년간 트랜잭션 데이터베이스에 축적된 매출 데이터를 여러 차원에서 분석해 보기를 원한다. 매장 관리자는 매장별, 매장규모별, 지역별 매출 데이터를 요구하고 있다. 그리고 제품 관리자는 제품별, 제품유형별(침대, 소파 등), 가격대별, 상표별(예를 들어, 듀크시리즈, 로얄시리즈 등)로 매출 실적을 분석해 보고자 한다. 광고/판촉 담당자는 고객의 연령별, 성별, 그리고 지역에 따른 매출 변화에 관심이 있다. 한편 영업부장은 각 영업사원별로 실적을 보기 원하며, 직원의 성별, 연령별, 지역별 실적 차이에 대해서도 관심이 있다. 이러한 모든 매출 관련 데이터(매출액, 매출수량, 수익)는 년, 분기, 월, 주, 일 단위까지 분석되어야 하며, 요일별 매출 변화도 파악하고자 한다.

───

13.5.1 성형 스키마

성형 스키마(star schema)는 다차원 의사결정 지원 데이터를 관계형 데이터베이스로 전환하는 데 사용되는 데이터 모델링 기법이다. 성형 스키마를 이용하면 운영 중인 트랜잭션 데이터베이스의 관계형 구조를 유지하면서, 다차원 데이터 분석을 쉽게 처리할 수 있다. 성형 스키마는 기본적으로 사실, 차원, 속성, 그리고 속성 계층으로 구성된다.

- **사실**(facts): 사실은 사업의 특정 단면이나 활동을 수치로 표현한 값이다. 조직의 핵심 실적 지표(key performance index(KPI)), 예를 들어, 원가, 수익, 매출액, 매출량 등 조직의 주요 실적 변수가 주로 사용된다. 위의 사례에서 명문가구의 매출액이나 매출 수량, 수익이 여기에 해당된다. 사실은 일반적으로 성형 스키마의 핵심인 **사실 테이블**(fact table)에 저장되며, 사실 테이블은 트랜잭션 데이터베이스로부터 주기적으로 데이터를 공급받아 갱신된다.

- **차원**(dimensions): 차원은 주어진 사실에 대해 추가적인 관점을 제공하는 특성이다. 예를 들어, 사례에서 영업부장은 매출 상황을 보다 잘 파악하기 위해 각 매장별, 또는 각 기간별 × 제품별로 비교해 볼 수 있는데, 이러한 추

가적인 관점을 제공하는 것이 바로 차원이다. 차원은 **차원 테이블**(dimension table)에 저장되며, 하나의 사실 테이블에 대해 여러 차원 테이블이 연결되어 분석에 사용된다. 이러한 관계가 〈그림 13-13〉에 나타나 있는데, 그 모양이 별처럼 생겼기 때문에 성형 스키마라고 부른다.

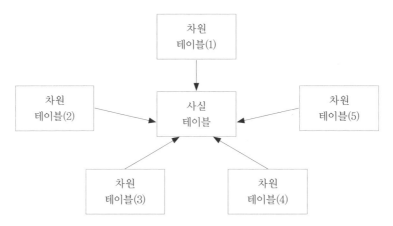

그림 13-13 사실 테이블과 차원 테이블로 구성된 성형 스키마

- **속성**(attributes): 각 차원 테이블은 속성을 가지고 있다. 속성은 일반적으로 사실을 검색하고, 여과하고, 분류할 때 사용된다. 차원은 속성을 통해 사실에 대한 설명적인 특성을 제공할 수 있다. 따라서 데이터 웨어하우스를 설계할 때 사용자에 의해 사용될 차원의 속성을 적절히 정의내려야 한다. 명문가구의 매출(사실)의 차원을 고객, 제품, 매장, 영업직원, 기간으로 상정할 경우, 사례에서 도출할 수 있는 속성은 다음과 같다. 각 차원에 새로운 주키 속성(예를 들어, 고객번호 외에 고객ID 속성)이 추가되었는데, 이에 대한 설명은 〈그림 13-14〉에서 하기로 한다.

고객 차원: 고객ID, 고객번호, 고객명, 고객유형, 나이, 성별, 구, 시, 도
제품 차원: 제품ID, 제품번호, 제품명, 단가, 제품유형, 상표
매장 차원: 매장ID, 매장번호, 매장명, 매장규모, 구, 시, 도
영업직원 차원: 직원ID, 직원번호, 직원명, 나이, 성별, 구, 시, 도
기간 차원: 기간ID, 일, 주, 월, 분기, 년, 요일

- **속성 계층**(attribute hierarchies): 차원 내에 정의된 속성들간에는 일반적으로 잘 정의된 속성 계층이 존재한다. 예를 들어, 기간 차원 내에는 속성으로 년, 분기, 월 등이 존재하는데, 계층적으로 년 아래에 분기가, 분기 아래에 월이 들어간다. 따라서 속성 계층은 하향식 데이터 구조를 제공하며, 이를 토대로 사용자는 한 단계 아래의 **상세정보 보기**(drill-down)와 한 단계 위의 **요약정보 보기**(roll-up) 등의 작업을 수행할 수 있다. 예를 들어, 명문가구의 영업부장이 각 매장별로 작년과 올해의 매출액을 비교해 본 결과, 신촌 매장의 올해 매출이 작년에 비해 오히려 줄어들었음을 파악하였다면, 그는 이러한 감소가 올해 전반에 걸쳐 일어난 것인지, 아니면 특정 기간에 문제가 있었는지를 파악하기 위해 한 단계 아래의 분기별, 또는 두 단계 아래의 월별 매출액을 살펴볼 수 있을 것이다.

지금까지 성형 스키마의 네 가지 구성요소를 살펴보았는데, 이를 토대로 사례에 나온 명문가구의 성형 스키마를 설계하면 〈그림 13-14〉와 같다. 사실과 차원은 데이터베이스에 물리적인 테이블로 표현되고, 사실 테이블은 다:1의 대응비로 차원 테이블과 연결된다.[3] 즉, 사실 테이블의 다수의 레코드는 각 차원 테이블의 한 레코드와 연결된다. 일반적으로 전형적인 성형 스키마에 있어서 하나의 차원 레코드는 수천 장의 사실 레코드와 연결된다. 그리고 사실 테이블의 주키는 각 차원 테이블의 주키가 모두 합쳐진 합성키로 만들어진다. 이때 앞에서 언급한 것처럼 각 차원에 새로운 주키 속성이 추가되었는데, 이는 장기간에 걸쳐 보관되는 데이터 웨어하우스의 데이터를 트랜잭션 데이터로부터 독립성을 보장해 주기 위한 것이다. 예를 들어, 차원 테이블에 독립된 주키 속성을 추가할 경우, 제품번호가 바뀐다든가, 영업직원이 다른 매장으로 옮긴다든가 하는 일들이 발생하더라도, 데이터 웨어하우스에 저장된 데이터는 영향을 받지 않는다. 그리고 매출의 경우에 반드시 어느 매장에서 누가 언제 판매하였는지 파악되어야 하므로, 매출(사실) 테이블은 차원 테이블에 대해 완전 관계성을 가진다. 반면, 모든 영업직원이 모든 기간대에 모든 매장에서 매출을 발생시키는 것은 아니므로

---

3. 성형 스키마의 개체 집합은 궁극적으로 관계형 테이블로 전환되기 때문에 본문에서 개체 집합과 테이블을 동일한 의미로 사용하였다.

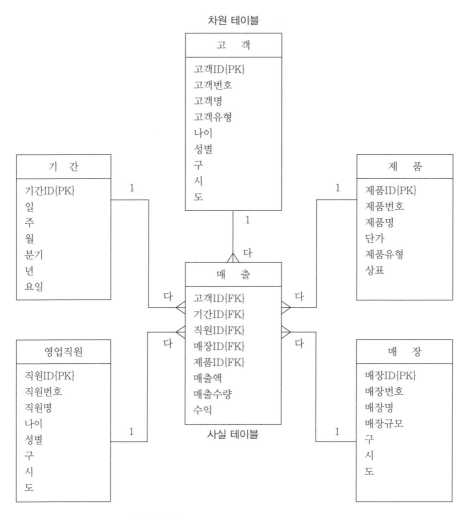

그림 13-14 명문가구 영업부의 매출 성형 스키마

차원 테이블은 사실 테이블에 대해 부분 관계성을 지닌다. 따라서 사실 테이블의 타플 수는 대단히 많아지고, 차원 테이블의 타플 수는 상대적으로 적다.

13.5.2 다중 사실 테이블

앞 절에서 살펴본 것과 같이 사실 테이블의 크기는 매우 방대하며, 그 크기가 늘어남에 따라 검색 속도는 저하된다. 데이터 웨어하우스의 중요한 목적 중 하나는 요구되는 데이터 분석에 대해 신속하고 정확한 답을 제시하는 것이므로, 사용자가 만족할 수 있는 검색 속도를 제공할 수 있어야 한다. 이를 위해서 보다 성능이 뛰어난 하드웨어나 소프트웨어를 채택할 수도 있지만, 데이터 웨어하우스의 설계 또한 매우 중요하다. 검색 속도를 향상시키기 위한 한 가지 방법은 사실 테이블을 요약 수준에 따라 여러 개를 유지하는 것이다. 예를 들어, 사용자가 특정 매장의 모든 영업직원의 2022년 월별 매출을 보고자 한다면, 〈그림 13-14〉의 성형 스키마에서 먼저 조건에 해당되는 차원 레코드를 검색한 후 그와 연결된 모든 사실 테이블의 레코드를 검색하고, 다시 일별 매출을 합산하여 월별 매출을 구해야 한다. 이러한 질의가 자주 발생하고, 검색 시간이 너무 오래 걸린다면 〈그림 13-15〉와 같이 일별로 요약된 사실 테이블과 월별로 요약된 사실 테이블 등 다수의 사실 테이블을 저장할 수 있다. 이 방법의 장점은 월별 매출이 요구될 때 따로 일별 매출 레코드를 모두 검색하여 합산하지 않아도 되기 때문에 검색 속도가 빨라진다는 점이다. 반면 일반적으로 규모가 매우 큰 사실 테이블을 다중으로 저장하기 위해서는 엄청난 공간이 추가적으로 요구되고, 주기적으로 트랜잭션 데이터베이스로부터 갱신이 이루어질 때 더 많은 시간이 걸리는 단점이 있기 때문에 신중한 결정이 필요하다.

13.5.3 눈송이 스키마

눈송이 스키마(snowflake schema)는 성형 스키마의 차원 테이블을 완전 정규화시킨 것으로, 그 모양이 눈송이처럼 퍼져 나간다고 하여 그런 이름이 붙었다. 〈그림 13-14〉의 차원 테이블을 자세히 살펴보면 매장 테이블과 제품 테이블은 이전 종속이 존재하는 비정규형 테이블이다. 예를 들어, 고객 테이블의 시는 구를 알면 알 수 있고, 도는 시를 알면 알 수 있으므로, 비주키 항목간에 함수적 종속이 존재하고 있다. 차원 테이블에 존재하는 이러한 함수적 종속을 제거하면 〈그림 13-16〉과 같은 눈송이 스키마가 도출된다.[4] 이 스키마의 장점은 정규화를 통해 차원 테이블에 중복된 데이터를 제거함으로써 저장 공간을 절약한다는 것이다. 그러나 차원 테이블의 크기는 사실 테이블에 비해 상대적으로 크기가 작기

---

4. 그림의 단순화를 위해 다른 차원 테이블은 생략하였다.

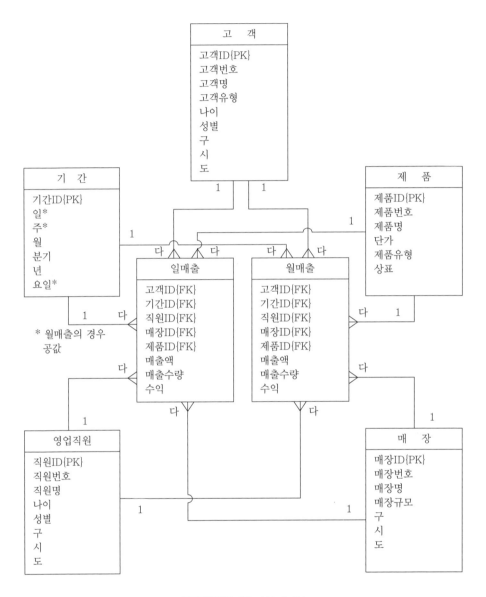

그림 13-15 다중 사실 테이블

때문에 전체 데이터 웨어하우스의 관점에서 보면 절약되는 공간은 미미할 수도 있다. 킴볼(Kimball, 1996)은 눈송이 스키마가 주는 이점은 별로 크지 않으며, 검색 속도만 떨어뜨리기 때문에 눈송이 스키마를 사용하지 말 것을 주장하고 있다.

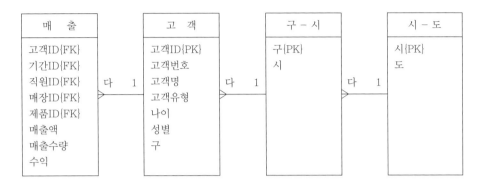

그림 13-16 눈송이 스키마의 예

13.6 다차원 데이터를 위한 SQL

기존의 SQL은 앞에서 공부한 다차원 데이터 큐브를 검색하기 위한 연산자를 지원하지 않기 때문에 이를 보완한 SQL:1999가 최근 새로운 SQL 표준으로 승인되었다. 이 SQL확장형은 차원별 합계를 구하기 위한 새로운 연산자를 포함하는데, 본서에서는 Oracle Database에 포함된 명령어를 중심으로 살펴본다.

13.6.1 CUBE 명령어

CUBE 명령어는 GROUP BY 명령어에 의해 생성되는 일반적인 합계 외에 모든 가능한 부분 합계를 출력하는 명령어이다. 모든 가능한 부분 합계를 출력하기 때문에, CUBE 명령은 같은 차원에 속한 속성보다는 서로 다른 차원에 포함된 속성의 합계를 출력하는 데 적합하다. 예를 들어, 기간, 매장, 제품의 모든 부분 합계를 구할 때 CUBE 명령을 사용하는 것은 적절하지만, 한 차원에 속한 일, 월, 년의 부분 합계를 보여 주기 위해 CUBE 명령을 사용하는 것은 별 의미가 없다. 보다 구체적으로 예제를 통해 GROUP BY 명령과 CUBE 명령의 차이를 알아보자. 모든 예제는 〈그림 13-14〉의 성형 스키마에 기초한다.

예제 1 : 상표가 '로얄'인 침대와 식탁의 2021년 매출을 분기별, 제품유형별로 매출액 합계를 구하라. 단, 부분 합계가 출력되지 않는 일반적인 GROUP BY 명령을 사용하라.

```
SELECT    분기, 제품유형, SUM(매출액) AS 매출합계
FROM      매출, 제품, 기간
WHERE     매출.제품ID = 제품.제품ID AND 매출.기간ID = 기간.기간ID
  AND     상표 = '로얄' AND 제품유형 IN ('침대', '식탁')
  AND     년 = 2021
GROUP BY 분기, 제품유형;
```

결과:

분기	제품유형	매출합계*
1	침대	120
1	식탁	100
2	침대	130
2	식탁	100
3	침대	150
3	식탁	120
4	침대	180
4	식탁	140

*: 독자의 편의를 위해 간단한 숫자로 표시하였음(단위: 백만원)

예제 2 : 예제 1과 동일하나, 부분 합계가 출력되도록 CUBE 명령을 사용하라.

```
SELECT    분기, 제품유형, SUM(매출액) AS 매출합계
FROM      매출, 제품, 기간
WHERE     매출.제품ID = 제품.제품ID AND 매출.기간ID = 기간.기간ID
  AND     상표 = '로얄' AND 제품유형 IN ('침대', '식탁')
  AND     년 = 2021
GROUP BY CUBE(분기, 제품유형);
```

결과:

분기	제품유형	매출합계※
1	침대	120
1	식탁	100
2	침대	130
2	식탁	100
3	침대	150
3	식탁	120
4	침대	180
4	식탁	140
1		220
2		230
3		270
4		320
	침대	580
	식탁	460
		1040

분기별/제품 유형별 합계 (8타플), 분기별 합계 (4타플), 제품유형별 합계 (2타플), 전체 합계 (1타플)

위의 예에서 볼 수 있듯이 CUBE 명령은 GROUP BY CUBE 절에서 명시한 항목의 모든 가능한 부분 합계를 출력한다. 위의 예에서는 분기별/제품유형별(4×2=8타플) 외에 분기별(4타플), 제품유형별(2타플) 부분 합계, 그리고 전체 합계(1타플) 등 총 15개의 타플이 출력되었다. GROUP BY CUBE 절에서 명시한 항목의 수가 늘어나면 훨씬 더 많은 부분 합계가 출력된다. 예를 들어, 대, 중, 소로 분류되는 매장규모가 CUBE 절에 추가된다면, 분기별/제품유형별/매장규모별(4×2×3=24타플), 분기별/제품유형별(4×2=8타플), 분기별/매장규모별(4×3=12타플), 제품유형별/매장규모별(2×3=6타플), 분기별(4타플), 제품유형별(2타플), 매장규모별(3타플) 부분 합계, 그리고 전체 합계(1타플) 등 총 60개의 타플이 출력될 것이다.

13.6.2 ROLLUP 명령어

ROLLUP 명령어는 다차원 데이터 큐브의 요약정보 보기 연산자의 역할을 수행한다. CUBE 명령어는 GROUP BY 명령어에 의해 생성되는 일반적인 합계

외에 모든 가능한 부분 합계를 출력하는 반면, ROLLUP 명령어는 지정한 순서에 따라 일부의 부분 합계만 출력한다. 예를 들어, GROUP BY 절에 분기, 제품유형, 매장규모 등 3개의 속성이 명시된 경우를 생각해 보자. CUBE 명령의 경우에는 분기별/제품유형별/매장규모별, 분기별/제품유형별, 분기별/매장규모별, 제품유형별/매장규모별, 분기별, 제품유형별, 매장규모별 부분 합계, 그리고 전체 합계 등 모든 부분 합계를 출력하지만, ROLLUP 명령어는 지정된 순서에 따라 분기별/제품유형별/매장규모별, 분기별/제품유형별, 분기별 부분 합계, 그리고 전체 합계만 출력한다. 따라서 CUBE 명령에서는 GROUP BY 절에 명시되는 속성의 순서가 중요하지 않지만, ROLLUP 명령에서는 명시되는 순서가 매우 중요하다. 만약 GROUP BY 절에 위의 순서와 달리 매장규모, 제품유형, 분기로 명시되었다면, CUBE 명령의 경우에는 동일한 타플이 출력되지만, ROLLUP 명령의 경우에는 매장규모별/제품유형별/분기별, 매장규모별/제품유형별, 매장규모별 부분 합계, 그리고 전체 합계가 출력된다.

ROLLUP 명령어는 한 차원 내에서 계층 구조가 있는 경우에도 적절히 사용될 수 있다. 예를 들어, GROUP BY 절에 년, 분기, 월을 명시하고 ROLLUP을 하면, 년/분기/월별, 년/분기별, 년별 부분 합계, 그리고 전체 합계가 출력된다.

예제 3 : 예제 1과 동일하나, ROLLUP 명령을 사용하여 부분 합계를 출력하라.

```
SELECT   분기, 제품유형, SUM(매출액) AS 매출합계
FROM     매출, 제품, 기간
WHERE    매출.제품ID = 제품.제품ID AND 매출.기간ID = 기간.기간ID
  AND    상표 = '로얄' AND 제품유형 IN ('침대', '식탁')
  AND    년 = 2021
GROUP BY ROLLUP(분기, 제품유형);
```

결과:

분기	제품유형	매출합계	
1	침대	120	
1	식탁	100	
2	침대	130	
2	식탁	100	분기별/제품유형별 합계
3	침대	150	
3	식탁	120	
4	침대	180	
4	식탁	140	
1		220	
2		230	분기별 합계
3		270	
4		320	
		1040	전체 합계

13.6.3 GROUPING SETS 명령어

GROUPING SETS 명령어는 출력하기 원하는 부분 합계만을 구체적으로 지정할 수 있다. 따라서 부분 합계를 암묵적으로 지정하는 CUBE 명령어나 ROLLUP 명령어에 비해 출력의 유연성을 높일 수 있다. 앞 절의 예와 동일하게 GROUP BY 절에 분기, 제품유형, 매장규모 등 3개의 속성이 명시된 경우를 생각해 보자. 구체적으로 원하는 부분 합계가 만약 분기별/제품유형별/매장규모별, 분기별/매장규모별, 제품유형별/매장규모별, 매장규모별 부분 합계, 그리고 전체 합계라면 GROUP BY 절에 아래와 같은 명령을 주면 된다.

GROUP BY GROUPING SETS((분기, 제품유형, 매장규모),
　　　　　　　　　　　　(분기, 매장규모), (제품유형, 매장규모),
　　　　　　　　　　　　매장규모, ( ));

예제 4 : 예제 2와 동일한 결과를 출력하되, GROUPING SETS 명령을 사용하라.

```
SELECT    분기, 제품유형, SUM(매출액) AS 매출합계
FROM      매출, 제품, 기간
WHERE     매출.제품ID = 제품.제품ID AND 매출.기간ID = 기간.기간ID
   AND    상표 = '로얄' AND 제품유형 IN ('침대', '식탁')
   AND    년 = 2021
GROUP BY GROUPING SETS((분기, 제품유형), 분기, 제품유형, ( ));
```

지금까지 공부한 GROUP BY 절의 확장 외에도 새로운 SQL:1999에는 순위, 비율 등을 구하는 다양한 집단 함수가 새로 추가되었고, SQL:2019에는 다차원 어레이 등이 추가되어 그 기능이 확장되었다.

13.7 데이터 웨어하우스의 효과와 문제점

데이터 웨어하우스를 구축하는 것은 많은 시간과 비용이 요구되는 대규모 프로젝트이다. 이를 성공적으로 수행하기 위해서는 최고 경영층의 확고한 의지가 있어야 하고, 모든 직급의 사용자들의 적극적인 동참이 필요하다. 데이터 웨어하우스는 단순히 적절한 기술과 정보시스템 부서의 노력만으로는 결코 성공할 수 없으며, 전사적인 노력이 있어야 한다. 데이터 웨어하우스가 성공적으로 구현되면 다음과 같은 장점이 있다(Connolly and Begg, 2015).

• **높은 투자수익률(ROI)**: 데이터 웨어하우스를 성공적으로 구현하기 위해서는 조직의 많은 자원이 소요되고, 상당히 많은 비용이 든다. 그러나 한 연구 결과에 의하면 연구대상 기업의 3개년 평균 투자수익률이 401%에 달하고 있다. 90% 이상의 기업들이 40%가 넘는 투자수익률을, 절반 이상이 160%를 초과하는 투자수익률을, 그리고 25%의 기업들이 600%가 넘는 투자수익률을 달성하였다.

• **경쟁 우위 획득**: 데이터 웨어하우스를 성공적으로 구현한 기업의 투자수익률이 상당한 것은 데이터 웨어하우스를 사용함으로써 경쟁 우위를 획득한 것으로 볼 수 있다. 경쟁 우위는 의사결정자가 이전에는 알 수 없었고, 파

악하지 못했던 정보에 접근할 수 있기 때문에 발생한 것이다.

- **의사결정자의 생산성 향상:** 데이터 웨어하우스는 다양한 원천으로부터 통합된 단일의 데이터베이스를 제공하기 때문에 의사결정자는 보다 포괄적이고 정확한 분석을 할 수 있다.

그러나 이러한 장점 외에 실제로 데이터 웨어하우스를 구축하고 유지하기 위해서는 다음과 같은 문제점이 발생할 수도 있다.

- **데이터 적재에 필요한 자원의 과소평가:** 많은 개발자들은 데이터 웨어하우스에 저장될 데이터를 추출하고, 정제하고, 변환하는 데 필요한 시간을 과소평가한다. 이러한 과정은 전체 개발시간의 80% 이상이 소요된다.

- **기존 시스템에 내재된 문제점:** 데이터 웨어하우스에 데이터를 제공하는 기존 시스템에 내재된 문제점이 몇 년 후에 발견될 가능성이 있다. 이 경우 개발자는 데이터 웨어하우스를 수정할 것인지 아니면 기존 시스템을 수정할 것인지를 결정해야 한다.

- **필요한 데이터의 미확보:** 데이터 웨어하우스에서 기존 시스템으로는 확보할 수 없는 데이터가 필요한 경우가 있는데, 이 경우 기존의 시스템을 수정하든지 아니면 그러한 데이터를 포착할 수 있는 새로운 시스템을 구축해야 한다.

- **사용자의 요구사항 증가:** 데이터 웨어하우스가 구축된 후에 정보시스템 부서에 대한 사용자의 지원 요청이 감소하기보다는 오히려 증가할 수 있다. 이는 사용자들이 데이터 웨어하우스의 가치를 새롭게 인식함으로써 발생하는데, 사용자에게 보다 강력하고 쉬운 도구를 제공하고, 지속적인 사용자 교육을 실시함으로써 부분적으로 경감시킬 수 있다.

- **데이터 균질화:** 대규모 데이터 웨어하우스는 데이터의 가치를 감소시키는 데이터 균질화 현상이 발생될 수 있다. 예를 들어, 조직 전체적인 관점에서 데이터를 통합함에 있어서, 데이터 웨어하우스 설계자가 비슷하지만 분명히 다른 데이터를 동일한 데이터로 취급함으로써 문제를 단순화하려는 경

향을 가질 수 있다.

- **과다한 자원 요구:** 데이터 웨어하우스는 상당한 디스크 공간이 필요하다. 데이터 웨어하우스에 사용되는 데이터베이스는 다차원적이며 계속 추가되는 성질이 있으므로 원본 데이터보다 많은 공간이 요구된다.

- **데이터 소유권:** 데이터 웨어하우스는 데이터 소유권에 대한 사용자의 태도를 변화시킬 수 있다. 특정 부서나 사업 영역에서만 사용되던 민감한 데이터가 조직의 다른 부서에서도 동시에 접근할 수 있게 됨으로써 변화를 야기할 수 있다.

- **유지보수 노력:** 데이터 웨어하우스는 유지보수가 지속적으로 필요한 시스템이다. 업무 절차나 기존 시스템의 변화는 데이터 웨어하우스에 영향을 미친다. 가치 있는 자원으로서 역할을 하려면 데이터 웨어하우스는 조직의 업무 등과 일관성을 유지하여야 한다.

- **장기 프로젝트:** 데이터 웨어하우스를 구축하기 위해서는 상당한 기간이 소요된다. 따라서 많은 조직에서 전체적인 데이터 웨어하우스를 구축하기보다는 특정 부서나 업무만을 지원하는 데이터 마트만을 구축하기도 한다.

- **통합의 복잡성:** 데이터 웨어하우스에서 가장 중요한 부분은 통합화이다. 다양한 기존 시스템에 저장된 각종 데이터를 조직 전체적인 관점에서 어떻게 통합할 것인지 결정하는 데 상당한 시간이 소요되며, 이는 매우 복잡하고 어려운 과업이다.

13.8 데이터 마이닝

본 절에서는 데이터 마이닝(data mining)의 개념과 이를 통해 어떻게 데이터 웨어하우스의 가치를 실현할 수 있는지 알아보기로 한다.

13.8.1 데이터 마이닝의 개념

데이터 웨어하우스가 구축되면 조직은 엄청난 양의 잘 정제된 데이터를 보유하게 된다. OLAP과 같은 데이터 분석 도구는 사용자가 문제를 정의하고, 데이터를 선택하고, 그리고 문제를 해결하기 위해 적절한 데이터 분석을 실시하는 방식으로 사용된다. 따라서 사용자가 문제를 발견하지 못하면 그 이후의 행동은 전혀 발생할 수 없다. 이러한 한계점을 극복하기 위해 최근의 분석 도구는 다양한 형태의 자동 경보 기능을 제공한다. 사실 데이터 분석의 진정한 가치는 이전에 알려져 있지 않은 데이터의 특성, 관계, 의존성, 혹은 추세를 발견하는 데 있다.

데이터 마이닝은 데이터 웨어하우스와 같은 잘 정제된 대규모 데이터로부터 체계적이고 자동적으로 아직 알려지지 않은 통계적 규칙이나 패턴을 찾아 내고, 이를 사업의 핵심적인 의사결정에 활용하는 과정이다. 이전의 수동적인 의사결정 지원 도구에 반하여 데이터 마이닝은 능동적인 의사결정 지원을 제공한다. 즉, 사용자가 문제를 정의하고, 데이터를 선택하고, 데이터 분석을 위한 도구를 결정하는 것이 아니라, 데이터 마이닝 도구는 자동적으로 데이터의 예외적인 상황과 가능성이 있는 관계를 감지하여 사용자가 발견하지 못한 문제를 파악할 수 있게 한다. 다시 말하면 데이터 마이닝 도구는 데이터를 분석하여 데이터 관계 속에 숨어 있는 문제나 기회를 발견하고, 이러한 문제를 기초로 컴퓨터 모델을 구성하여 최소의 사용자 개입으로 사업 행동을 예측한다. 따라서 사용자는 시스템에서 분석한 결과를 토대로 경쟁 우위를 획득할 수 있는 지식을 확보할 수 있게 된다. 데이터 마이닝에 사용되는 분석 알고리즘은 인공 지능, 신경망, 귀납 규칙, 술어 로직(predicate logic), 의사결정 트리(decision tree), 그리고 유전자 알고리즘 등이 있다.

13.8.2 데이터 마이닝의 유형

데이터 마이닝은 크게 지도학습(supervised learning)과 비지도학습(unsupervised learning)으로 분류할 수 있다. 지도학습이란 예측변수들을 기반으로 특정한 결과 변수(타겟변수)값을 예측하기 위한 것으로 회귀분석을 예로 들 수 있다. 비지도학습은 지도학습과는 다르게 특정변수값을 예측하지 않고 데이터 내에서 관계와 구조를 분석하여 숨겨진 패턴을 찾는 것으로 군집분석 등이 이에 해당한다. 대표적인 데이터 마이닝의 기법으로 다음과 같은 것들을 들 수 있다(Kotu and Deshpande, 2015).

- **회귀분석(regression):** 변수 사이의 인과관계를 분석하기 위해 예측변수값이 주어졌을 때 타겟변수의 값을 추정하고 예측함수를 찾는 분석 방법으로 지도학습에 해당된다. 예를 들어, 회귀분석을 통해 집의 크기, 집의 건축년수, 지하철과의 근접성, 학군 등(예측변수)의 변화가 주택 가격(타겟변수)에 어떤 영향을 미치는지 추정할 수 있다.

- **분류(classification):** 회귀분석은 타겟변수가 수치형일 때 사용할 수 있는데, 반면 분류는 타겟변수가 수치형이 아니라 둘 또는 그 이상의 구별되는 집합, 즉 범주형일 때 사용한다. 즉, 예측변수값이 주어졌을 때, 타겟변수가 어떤 유형의 집합에 속하게 될 것인지를 예측해 내는 기술로 역시 지도학습에 해당된다. 예를 들어, 카드 사용시간, 동 시간내에 결제 횟수, 결제 금액, 사용 가맹점 등(예측변수)을 통해 도난 카드 여부(타겟변수)를 예측하고자 한다면 이는 분류 기법을 활용한 것이다.

- **연관성 분석(association):** 연관규칙은 한 항목과 다른 항목 간의 동시 발생의 정도를 측정하는 비지도학습 기법이다. 가장 잘 알려진 것은 장바구니 분석으로, 맥주와 기저귀 사례처럼 소매업에서 고객이 동시에 구매한 제품등을 파악하여 번들링이나 매장 진열 위치를 결정할 때 많이 활용한다.

- **군집분석(clustering):** 군집화는 데이터 안에 존재하는 의미있는 집합을 찾아내는 것으로 타겟변수가 없는 비지도학습에 해당된다. 분류와 차이점은 미리 정해진 집합이 없고, 데이터 안에서 자연적으로 생성될 수 있는 집합을 찾아내는 것이기 때문에 미리 어떤 집합으로 나누어지는지 알 수 없다. 따라서 군집분석의 결과로 나온 집합의 의미를 설명하기 어려운 경우도 있기 때문에 해석에 주의해야 한다. 예를 들어, 고객의 소득, 교육 수준, 거주 지역, 구매 패턴 등을 기반으로 군집분석을 실시하여 고객들을 몇 개의 그룹으로 나누어 각 그룹별로 상이한 마케팅 전략을 수립하는 데 활용할 수 있다.

그 외에도 특징 선택(feature selection), 이상 탐지(anomaly detection), 시계열 분석 (time series), 텍스트 마이닝(text mining) 등 다양한 기법들이 있는데, 이들 기법 중 어떤 것을 적용할지는 분석의 목적, 해당 기법이 요구하는 기본가정을 충족시키 는지 여부, 데이터의 유형, 데이터의 크기, 데이터의 패턴, 데이터 잡음의 정도 등 다양한 요인들에 의해 결정된다.

13.8.3 데이터 마이닝의 단계

표준화된 단계는 없지만 일반적으로 문제의 이해, 데이터 준비, 데이터 분 석, 지식 획득, 그리고 예측 등의 단계로 진행된다(Rob and Coronel, 1997; Kotu and Deshpande, 2015).

- **문제의 이해:** 데이터 마이닝을 통해 해결하려는 문제가 무엇인지에서부터 출 발해야 하는데, 데이터 마이닝에 있어서 가장 중요한 단계이다. 문제가 제 대로 정의되지 않으면 알맞은 데이터 세트를 찾아내거나, 적절한 기법을 선 택하는 것이 불가능하다.

- **데이터 준비:** 데이터 마이닝에 있어서 핵심 과제 중의 하나는 마이닝을 실시 하기에 적절한 데이터 집합을 찾는 일이다. 데이터 마이닝 기법이 요구하는 형식으로 정리된 데이터는 매우 드물기 때문에, 사실 데이터 마이닝 프로 세스에서 가장 시간이 많이 소요되는 부분이다. 데이터 마이닝에 사용될 데이터 집합을 파악하고 오류가 포함된 데이터는 삭제한다. 데이터 마이닝 을 위해서는 잘 정제되고, 통합되고, 일관성이 있는 단일 원천의 데이터가 요구된다. 데이터 웨어하우스에 저장된 데이터는 미리 통합되고 여과된 것 이기 때문에 데이터 마이닝의 적절한 대상이 된다.

- **데이터 분석:** 준비된 데이터를 분석하여 공통 속성이나 패턴을 파악한다. 이 단계에서 데이터 마이닝 도구는 특정 알고리즘을 이용하여 데이터를 집 단화하고 분류하거나, 데이터간의 의존성이나 관계를 찾아내고, 데이터의 패턴과 추세를 파악한다.

- **지식 획득:** 지식 획득 단계에서 데이터 마이닝 도구는 데이터 분석과 분류

단계에서 얻어진 결과를 이용하여 적절한 모델링 기법이나 지식 포착 알고리즘을 선택한다. 많이 사용되는 알고리즘으로는 인공 지능, 신경망, 귀납 규칙, 술어 로직(predicate logic), 의사결정 트리(decision tree), 그리고 유전자 알고리즘 등이 있다.

- **예측:** 데이터 포착 단계에서 파악된 결과를 이용하여 향후 행동을 예측하고 사업의 성과를 예측한다. 예를 들어, 데이터 마이닝 결과물을 토대로 "고객 중 지난 1개월간 우리 이동전화를 사용하지 않은 고객의 62%는 다른 이동전화 회사로 옮길 가능성이 83%이다" 등의 사업 예측을 하고, 그에 대한 대책을 마련한다.

데이터 마이닝이 가질 수 있는 약점은 어떤 변수간의 관계가 포착되더라도, 이론적인 근거를 찾기 힘들기 때문에 미래에도 그러한 관계가 지속될지 확신하기 힘들다는 점이다. 또한 데이터 마이닝이 변수간의 관계를 찾더라도 경우에 따라 경영자에게 별 의미 없는 결과를 제시할 수도 있다. 예를 들어, 고객이 좋아하는 음식과 고객이 선호하는 전자 제품의 브랜드간에 밀접한 관계가 있는 것으로 밝혀졌다 하더라도 사업적으로 어떤 의미를 부여하기는 힘들다. 이처럼 데이터 마이닝의 결과가 모두 사업적으로 의미 있는 것일 수는 없지만, 여러 분야에서 성공 사례가 속속 발표되고 있다. 특히 고객의 구매 패턴 파악, 보험 사기 색출, 도난 카드 사용 발견, 주식 시장 분석 등의 분야에서 큰 위력을 발휘하는 것으로 알려져 있다.

13.9 **요약**

정보기술, 특히 개인용 컴퓨터와 소프트웨어의 눈부신 발전은 컴퓨터 전문가뿐만 아니라 최종 사용자들도 정보시스템에 직접 접근할 수 있는 기회를 제공하고 있다. 이러한 정보시스템은 조직의 일상적 거래에 관한 데이터를 수집, 처리, 저장하는 데 사용되는 트랜잭션 처리 시스템과 중간/최고 경영층의 의사결정을 지원하기 위하여 설계된 의사결정 지원 시스템으로 나뉜다. 각각의 정보시스템에서 사용되는 데이터의 성격은 기간, 요약 수준, 차원에서 차이를 보이므로, 의사결정 지원을 위한 데이터베이스는 트랜잭션 데이터베이스와 달리 복잡하고 비정규화된 데이터베이스 스키마를 지원해야 하고, 효과적/효율적 데이터 추출과 적재가 이루어져야 한다. 또한 사용자 접속이 용이하고 대규모의 데이터 처리와 저장이 가능해야 한다.

의사결정 지원 데이터베이스를 대표하는 데이터 웨어하우스는 의사결정을 지원하는 통합적이고, 주제 지향적이며, 시간에 따라 달라지는 비소멸성 데이터 베이스이다. 데이터 웨어하우스를 구축하기 위해서 먼저 다양한 원천에 저장된 파일이나 트랜잭션 데이터베이스로부터 데이터를 추출한다. 다양한 원천으로부터 모아진 데이터는 데이터 웨어하우스에 저장되기 전에 필요에 따라 통합되고 변환된다. 그리고 변환이 끝난 데이터는 데이터 웨어하우스로 전송되어 저장된다. 사용자는 온라인 분석처리 도구를 통해 데이터 웨어하우스에 접근한다.

데이터웨어하우스에 저장된 엄청난 양의 통합된 데이터를 사용자가 쉽게 질의하고 분석할 수 있도록 해 주는 효과적인 수단이 필요한데, 이를 위한 전문적인 도구가 온라인 분석처리(OLAP)이다. 온라인 분석처리 유형은 관계형 온라인 분석처리(ROLAP)와 다차원 온라인 분석처리(MOLAP)로 나누어진다. 관계형 온라인 분석처리는 관계형 데이터베이스와 SQL과 같은 관계형 질의어를 사용하여 다차원 데이터를 저장하고 분석하는 반면, 다차원 온라인 분석처리는 트랜잭션 데이터베이스로부터 추출된 데이터를 3차원의 큐브에 저장하는 방식을 사용한다.

데이터 웨어하우스를 설계하는 데 있어서 가장 중요한 것은 데이터 웨어하우스의 목적, 즉 데이터 웨어하우스를 사용할 사용자의 의도를 파악하는 것이다. 그리고 그 목적에 적합하도록 데이터 웨어하우스에 저장되어야 하는 데이터를 정의 내려야 한다. 데이터 웨어하우스의 설계에는 성형 스키마, 다중 사실 테이블, 눈송이 스키마 등이 이용된다.

데이터 웨어하우스를 구축하는 것은 많은 시간과 비용이 요구되는 대규모 프로젝트이다. 이를 성공적으로 수행하기 위해서는 단순히 적절한 기술과 정보 시스템 부서의 노력만으로는 결코 성공할 수 없으며, 전사적인 노력이 있어야 한다. 데이터 웨어하우스가 성공적으로 구현되면 높은 투자 수익률(ROI)을 얻을 수 있으며, 경쟁 우위를 획득하고, 의사결정자의 생산성이 향상되는 장점이 있다. 그러나 실제로 데이터 웨어하우스를 구축하고 유지하는 것은 장기 프로젝트이며 데이터의 통합화는 매우 복잡하고 어려운 과업이다.

데이터 마이닝은 대규모 데이터베이스로부터 아직 알려지지 않은 적합하고, 종합적이며, 실행가능한 정보를 추출하고, 이를 사업의 핵심적인 의사결정에 활용하기 위한 도구이다. 이전의 수동적인 의사결정지원 도구에 반하여 데이터 마이닝은 능동적인 의사결정 지원을 제공한다. 즉, 데이터 마이닝 도구가 자동적으로 데이터의 예외적인 상황과 가능성이 있는 관계를 감지하여 사용자가 발견하지 못한 문제를 파악할 수 있게 한다. 데이터 마이닝은 일반적으로 데이터 준비, 데이터 분석과 분류, 지식 획득, 그리고 예측 등의 단계로 진행된다.

✏ 복습 문제

1. 다음 용어를 설명하라.

·관계형 온라인 분석처리(ROLAP)	·눈송이 스키마
·다중 사실 테이블	·다차원 데이터 분석
·다차원 온라인 분석처리(MOLAP)	·단면자르기(slice)
·데이터 마이닝	·데이터 마트
·데이터 웨어하우스	·데이터 큐브
·데이터의 변환	·데이터의 적재
·데이터의 추출	·비지도학습
·사실 테이블	·상세정보 보기(drill-down)
·성형 스키마	·속성 계층
·온라인 분석처리(OLAP)	·요약정보 보기(roll-up)
·의사결정 지원 시스템	·주사위꼴 자르기(dice)
·지도학습	·차원 테이블
·축회전(pivot)	·트랜잭션 처리 시스템

2. 정보시스템 유형에 따른 데이터의 성격의 차이점을 트랜잭션 데이터와 의사결정 지원 데이터를 중심으로 설명하라.

3. 의사결정 지원을 위한 데이터베이스 요구사항을 설명하라.

4. 데이터 웨어하우스의 구조를 설명하라.

5. 데이터 웨어하우스의 구축과정을 단계별로 설명하라.

6. 데이터 웨어하우스의 온라인 분석처리의 기능과 특성을 설명하라.

7. 데이터 웨어하우스의 온라인 분석처리의 대표적인 두 가지 유형을 비교 설명하라.

8. 데이터 웨어하우스 구축의 효과와 문제점을 설명하라.

9. 대표적인 데이터 마이닝 기법들을 설명하고, 적용 사례를 들어보라.

10. 데이터 마이닝은 어떤 단계를 거쳐서 진행되는지 설명하라.

11. 지도학습과 비지도학습의 차이는 무엇인가?

☑ **연습 문제** |||||||||||||||||||||||||||||||||||||||||||||||||||||||||||||||||||||||||||||||||||||||||||||||||||||||||||||||||||||||||||||||||||||||||

1. 명문가구의 관리자의 의사결정을 지원할 수 있는 데이터 웨어하우스를 설계하라.

2. 1번에서 설계한 내용을 성형 스키마, 다중 사실 테이블, 눈송이 스키마 등으로 변형해 보고, 각각의 장단점을 비교하라.

3. 최근 데이터 웨어하우스를 구축한 조직을 방문하고 그 효과와 실행에 따른 문제점들을 조사하라.

|||||||||||||||||||||||||||||||||||||||||||||||||||||||||||||||||||||||||||||||||||||||||||||||||||||||||||||||||||||||||||||||||||||||||||||||||||||||

⬛ 참고문헌

Connolly, T. and Begg, C. *Database Systems: A Practical Approach to Design, Implementation, and Management*(6th ed.), Boston: Pearson, 2015.

Coronel, C. and Morris, S. *Database Systems: Design, Implementation, & Management*(13th ed.), Cengage, Boston, MA., 2019.

Delvin, B. *Data Warehouse: From Architecture to Implementation*, Harlow: Addison Wesley Longman, 1997.

Inmon, W.H. *Building the Data Warehouse*, New York, NY: John Wiley & Sons, 1993.

Kimball, R. *The Data Warehouse Toolkit*, New York, NY: John Wiley & Sons, Inc., 1996.

Kotu, V. and Deshpande, B. *Predictive Analytics and Data Mining: Concepts and Practice with RapidMiner*, Waltham, MA: Elsevier, Inc., 2015.

Laudon, K.C. and Laudon, J.P. *Management Information Systems*, Upper Saddle River, NJ: Prentice-Hall, Inc., 2000.

Manniono, M.V. *Database Design, Application Development, Administration*, New York, NY: McGraw-Hill/Irwin, 2004.

Rob, P. and Coronel, C. *Database Systems: Design, Implementation, and Management*, Cambridge, MA: Course Technology, 1997.

제14장 빅 데이터와 NoSQL

인터넷의 발전, 모바일 기기와 SNS의 확산, 그리고 각종 센서를 활용한 정
보 수집은 이 순간에도 엄청난 양의 데이터를 실시간으로 만들어내고 있으며, 1
초당 100TB가 넘는 인터넷 트래픽이 발생하고 있다. 이러한 데이터는 기존에 기
업이 주로 처리하던 데이터의 양과 비교하여 엄청나게 클 뿐 아니라, 데이터의
성격도 판이하게 다른 경우가 많아 관계형 데이터베이스로는 데이터 처리에 어
려움을 겪고 있다. 이런 대규모 데이터를 기존의 정형화된 데이터와 구별하기 위
해 빅 데이터란 용어가 등장했으며, 기존의 관계형 데이터 모델로는 만족시키기
어려운 기업의 빅 데이터 처리 요구에 부응하여 NoSQL과 NewSQL과 같은 새
로운 데이터 모델이 등장하고 있다. 본 장에서는 빅 데이터의 개념과 더불어 최
근 빠른 속도로 성장하고 있는 NoSQL의 한 종류인 MongoDB에 대해 자세히
공부하기로 한다.

14.1 빅 데이터

빅 데이터(big data)라는 용어의 정의가 통일되어 있지는 않지만, 일반적으로 양
(Volume)이 매우 많고, 생성 속도(Velocity)가 빠르며, 종류가 아주 다양한(Variety) 데
이터를 말한다. 이것을 영어 단어의 첫 글자를 따서 빅 데이터 특징의 3V라고도
하는데, 각각의 특징에 대해 좀 더 자세히 살펴보면 다음과 같다.

- **양(volume):** 저장되어야 하는 데이터의 양을 의미한다. 예를 들어, SNS상에
서 생성되는 데이터, 웹 페이지나 모바일 앱의 클릭 스트림, 실시간 수집되
는 센서 데이터 등은 조직에 따라 수십~수백 테라바이트가 넘는 양이 될
수 있다.

- **속도(velocity):** 시스템 안으로 데이터가 들어와서 처리되는 속도를 의미한다.
SNS상의 데이터, 웹 페이지나 모바일 앱의 클릭 스트림, 센서 데이터 등은

시시각각 변화하면서 생성되고 있기 때문에, 이를 처리하기 위해서는 실시간 입력과 처리가 가능해야 한다.

• **종류**(variety): 저장되어야 하는 데이터 유형의 다양성을 의미한다. 지금까지 기업에서 사용하던 전통적인 데이터 유형은 대부분 문자와 숫자였다. 그러나 SNS 등의 등장으로 텍스트, 오디오, 이미지, 비디오 같은 반정형 내지 비정형 데이터가 늘어났다.

빅 데이터에 대한 관심이 커지고, 분석 방법이 발전하면서 위에서 언급한 표준화된 특징 3V에 더하여 몇 가지 추가적인 특성이 더 언급되고 있는데, 예를 들면, 가치, 정확성, 시각화 등을 들 수 있다(Coronel and Morris, 2019). **가치**(value)는 **실행가능성**(viability)이라고도 불리는데, 데이터를 분석하여 조직에 가치를 추가할 수 있는 정보를 제공할 수 있는 정도를 의미한다. 수없이 많이 생성되는 데이터 중에서 조직이 어떤 데이터를 저장하고 분석할 것인가는 그 데이터가 어떤 가치 있는 정보를 제공할 수 있느냐에 달려 있을 것이다. 모든 데이터는 잠재적인 가치를 가지고 있겠지만, 그 가치를 실질적인 것으로 변환시키는 것은 그 조직이 보유하고 있는 통찰력, 분석 기술, 그리고 경험이 결정하게 된다. 빅 데이터가 가치를 가지기 위해서는 정확성(veracity)을 지녀야 하는데, 이는 얼마나 데이터가 진실에 가까우며 신뢰할 수 있느냐 하는 것이다. 부정확성이 발생하는 이유는 여러 가지가 있을 수 있는데, 예를 들어, 데이터의 양이 너무 방대하거나, 생성 속도가 너무 빨라서 일부만 추출하여 쓸 경우 표본 오차가 발생할 수 있다. 아무리 데이터가 많고 다양하다고 하더라도 정확성이 떨어진다면, 잘못된 통찰력을 조직에게 제공할 수 있기 때문에 주의하여야 한다. 마지막으로 **시각화**(visualization)는 분석의 결과를 그래픽의 형태로 제공하는 정도를 의미한다. 분석한 데이터의 양이 방대할 경우 테이블이나 상세 자료로 최종사용자에게 결과를 제공할 경우, 의미 파악이 거의 불가능할 수 있다. 따라서 빅 데이터 분석에서는 최종사용자가 데이터의 의미를 한 눈에 이해할 수 있도록 만들어주는 시각화가 특히 강조된다. 사실 이런 추가적인 특징들은 꼭 빅 데이터에만 해당된다기보다는 조직에서 분석하는 모든 데이터에 해당되는 특징으로 볼 수 있다. 모든 데이터는 분석 결과 가치가 있어야 하고, 그 자체가 정확해야 하며, 쉽게 결과를 해석할 수 있어야 할 것이다. 그런 점에서 본다면 양, 속도, 종류의 3V가 빅 데이터의 특징을 보다 명확히 구분 지어 주는 것으로 볼 수 있다.

빅 데이터 분석은 다양한 종류의 방대한 양의 데이터를 통합하여 실시간 의사결정을 해야 하지만, 현재 대부분 기업들의 정보 아키텍처는 문자와 숫자와 같은 정형화된 정보 분석에 적합한 관계형 데이터베이스가 주축을 이루고 있다. 따라서 빅 데이터의 전형적인 세 가지 특징인 양, 속도, 종류의 3V로 말미암아 기업들은 빅 데이터 처리를 위한 빠른 처리 속도나 제대로 된 의미를 추출하는 데 있어서 어려움이 많다. 이러한 문제를 해결하기 위해서 구글, 아마존, 페이스북과 같은 데이터 중심 기업들은 일찍부터 빅 데이터 분석을 위한 많은 노력을 기울여 왔다. 예를 들어, 수많은 서버간의 대용량 데이터 관리를 위해 구글은 빅테이블(BigTable)이라는 데이터 저장 파일 시스템을 구축했고, 아마존은 다이나모디비(DynamoDB)라는 NoSQL 데이터베이스를 개발하였으며, 페이스북은 카산드라(Cassandra)라는 NoSQL 데이터베이스를 개발하였다.

14.2 빅 데이터 분석을 위한 데이터베이스

전통적인 관계형 데이터베이스 방식으로는 빅 데이터 분석이 어렵기 때문에 다양한 다른 접근 방법이 개발되었다. 본 절에서는 빅 데이터 분석을 위해 고안된 대표적인 데이터 관리 도구에 대해서 알아보기로 한다.

14.2.1 Hadoop

빅 데이터는 하나의 저장장치에 모두 담는 것이 어려우므로, 여러 개의 클러스터에 나누어 데이터를 수용하는 분산 데이터 저장 방식이 활용된다. Hadoop은 여러 대의 컴퓨터에서 대용량 데이터를 분산 처리하는 빅 데이터 분석 플랫폼으로, 빅 데이터 저장과 처리를 위한 사실상의 표준으로 자리잡고 있다. Hadoop은 대용량 데이터의 분산처리를 위한 파일시스템으로 데이터베이스 시스템은 아니다. Hadoop은 처리 속도를 높이기 위해서 여러 대의 컴퓨터를 클러스터로 묶고, 데이터를 분산하여 여러 클러스터에서 병렬로 동시에 분산 처리한다.

Hadoop의 핵심 모듈 두 가지는 분산 파일 시스템(Hadoop Distributer File Systems: HDFS)과 맵리듀스(MapReduce)이다. HDFS는 수천 대의 분산된 장비에 대용량 파일을 저장할 수 있는 기능을 제공하며, 맵리듀스는 저장되어 있는 분산 파일을 여러 대의 컴퓨터를 이용하여 신속하게 처리하는 역할을 한다.

HDFS는 개인용 컴퓨터와 마찬가지로 물리적 블록에 데이터를 저장하는데, 기본 블록의 크기가 64MB로 개인용 컴퓨터의 블록 단위보다 12,500배나 커서 대용량 데이터 저장에 적합하다. 그리고 데이터를 저장한 후에는 변경이 불가능한 방식이기 때문에, 트랜잭션 시스템으로는 적합하지 못하지만 병행제어 등의 문제가 없어서 고성능 데이터 처리가 가능하다. 그리고, 여러 테이블에서 일부 데이터에 접근하는 작업이 많은 트랜잭션 시스템과 달리 전체 파일을 한꺼번에 처리하는, 특히 배치 작업의 빅 데이터 애플리케이션에 적합하다. 또한 수 천대의 저렴한 컴퓨터에 동일한 데이터를 3군데 중복하여 분산시키는 구조이므로, 일부 장비에 장애가 발생하더라도 전체 시스템의 사용성에 미치는 영향이 적다.

맵리듀스는 여러 클러스터에 흩어져 있는 대용량 데이터를 처리하기 위해 소위 분할 정복(divide and conquer) 전략을 사용한다. 복잡한 과업을 여러 개의 작은 하위 과업으로 쪼개서 동시에 병렬로 처리한 후, 그 결과들을 결합하여 원래 과업의 결과를 만들어낸다. 이것은 마치 1명이 100개 작업을 수행하는 것보다, 100명이 1개씩 나누어 동시에 처리할 때 과업을 더 빨리 끝낼 수 있는 것에 비유할 수 있다. 맵리듀스는 이름에서 알 수 있듯이 맵(map) 기능과 리듀스(reduce) 기능으로 이루어진다. 맵 기능은 흩어져 있는 데이터를 정렬하여 키-밸류(key-value) 세트로 데이터를 묶어준다. 예를 들어 키는 몇 번째 데이터인지를, 밸류는 추출한 해당 값의 정보를 가진다. 다음으로 리듀스 기능은 키-밸류 세트를 받아 같은 키값을 가진 것들을 정렬하여 하나의 결과로 요약한다.

14.2.2 NoSQL

기존의 관계형 데이터 모델로는 만족시키기 어려운 기업의 다양한 데이터 처리 요구를 위해서 관계형 데이터 모델 외에 다양한 데이터 모델을 사용하는 데이터베이스를 총괄하여 NoSQL이라 한다. SQL로 대표되는 관계형 데이터 모델과 차별성을 강조하기 위해서 비관계형 데이터베이스라는 의미로 NoSQL이란 용어를 사용했는데, 요즘에는 전통적인 SQL이 제공할 수 있는 모든 기능을 제공하는 것에 더해서 그 이상의 기능을 제공한다는 의미에서 NoSQL을 'Not only SQL'이라고 주장하는 사람들도 있다. NoSQL 데이터베이스의 명확한 정의는 없지만 2000년대 말에 스토리지 비용이 크게 하락하면서 NoSQL이라고 주장하는 수백 종의 제품들이 등장하였다. NoSQL 데이터베이스는 일반적으로 키-밸류(key-value) 데이터베이스, 도큐먼트(document) 데이터베이스, 컬럼-중심 (column-oriented) 데이터베이스, 그래프(graph) 데이터베이스 등 4가지 유형으로 나누어진다(Coronel and Morris, 2019).

- **키-밸류 데이터베이스:** 개념적으로 가장 단순한 NoSQL 데이터 모델로 키-밸류 쌍의 집합체로 데이터를 저장하는 방식이다. 키가 식별자 역할은 하고, 밸류에는 문자, 숫자, 이미지, XML 문서 등 어떤 값도 저장할 수 있다. 키-밸류 데이터 모델의 경우 데이터의 의미 파악은 애플리케이션 프로그램에서 이루어지며, 데이터베이스 자체는 키에 해당하는 밸류만 저장하기 때문에 데이터 처리 속도가 빠르고 확장이 용이하다. 키-밸류는 버킷 (bucket) 단위로 저장되는데, 테이블과 비슷한 개념으로 볼 수 있다. 〈표 14-1〉은 키-밸류 데이터베이스에 저장되는 데이터 형식을 보여주는데, 이해를 돕기 위해서 테이블로 표시하였으나, 실제로는 테이블 형태로 저장되는 것은 아니다. 데이터베이스 조작은 검색(get), 저장(store), 삭제(delete) 3가지로 매우 단순하며, 키로만 검색이 가능하기 때문에 16번의 공급자명을 찾기 위

표 14-1 키-밸류 데이터베이스 저장 방식: '공급자' 버킷

키	밸류
16	"공급자명 대신공업사 위치 수원 전화 031-3723-8264"
27	"공급자명 삼진사 위치 서울 전화 02-3252-4721"
39	"공급자명 삼진사 위치 인천 전화 032-5567-4839"
62	"공급자명 진아공업사 위치 대전 전화 042-4733-8476"
70	"공급자명 신촌상사 위치 서울 전화 02-2122-1293"

해서는 16번의 밸류인 "공급자명 대신공업사 위치 수원 전화 031–3723–8264"를 찾은 후 애플리케이션에서 구문 분석을 통해 공급자명이 대신공업사임을 찾아야 한다. 대표적인 키–밸류 데이터베이스로는 Dynamo나 Redis 등이 있다.

• **도큐먼트 데이터베이스:** 키–밸류와 비슷한 개념인데, 속성이름(field)과 속성값(value)이 쌍으로 구성된 도큐먼트를 기본 구조로 가지는 데이터 모델이다. 키–밸류 데이터베이스가 밸류 값으로 어떤 값도 저장할 수 있는 반면, 도큐먼트 데이터베이스의 밸류에는 문서만 저장될 수 있다. 도큐먼트 데이터베이스는 컬렉션(collection) 단위로 저장되는데, 키–밸류의 버켓과 비슷한 개념으로 볼 수 있다. 〈표 14–2〉는 도큐먼트 데이터베이스에 저장되는 데이터 형식을 보여준다. 키–밸류 데이터베이스와는 달리 각 필드가 구분되어 있어서, 16번 키의 공급자명이 대신공업사임을 바로 검색할 수 있다. 대표적인 도큐먼트 데이터베이스로는 MongoDB나 CouchDB 등이 있다. 14.3절에서 MongoDB에 대해 자세히 공부할 예정이다.

• **컬럼–중심 데이터베이스:** 관계형 데이터 모델과 유사하게 행과 열로 이루어진 테이블로 구성되는데, 차이점은 물리적 장치에 데이터를 저장할 때 행과 열 중 어느 것을 기준으로 하는지이다. 컬럼–중심 데이터베이스는 〈그림 14–1〉에서 보듯이 행–중심으로 저장하는 관계형 데이터 모델과 달리 열–중심으로 저장한다. 행–중심은 하나의 행이 하나의 디스크 블록 안에

표 14-2 도큐먼트 데이터베이스 저장 방식: '공급자' 컬렉션

키	밸류
16	{공급자명: '대신공업사', 위치: '수원', 전화: '031–3723–8264'}
27	{공급자명: '삼진사', 위치: '서울', 전화: '02–3252–4721'}
39	{공급자명: '삼진사', 위치: '인천', 전화: '032–5567–4839'}
62	{공급자명: '진아공업사', 위치: '대전', 전화: '042–4733–8476'}
70	{공급자명: '신촌상사', 위치: '서울', 전화: '02–2122–1293'}

블록1	16	대신공업사	수원	031-3723-8264
블록2	27	삼진사	서울	02-3252-4721
블록3	39	삼진사	인천	032-5567-4839
블록4	62	진아공업사	대전	042-4733-8476
블록5	70	신촌상사	서울	02-2122-1293

↑ 행-중심 저장(관계형 데이터 모델)

공급자번호	공급자명	위치	전화
16	대신공업사	수원	031-3723-8264
27	삼진사	서울	02-3252-4721
39	삼진사	인천	032-5567-4839
62	진아공업사	대전	042-4733-8476
70	신촌상사	서울	02-2122-1293

↓ 열-중심 저장(컬럼-중심 데이터 모델)

블록1	16	27	39	62	70
블록2	대신공업사	삼진사	삼진사	진아공업사	신촌상사
블록3	수원	서울	인천	대전	서울
블록4	031-3723-8264	02-3252-4721	032-5567-4839	042-4733-8476	02-2122-1293

그림 14-1 열-중심과 행-중심 저장 방식의 차이

저장되지만, 열-중심(컬럼-중심)은 하나의 열이 하나의 디스크 블록 안에 저장된다. 〈그림 14-1〉에서 만약 '서울'에 있는 공급자가 몇 개인지 확인하는 작업을 하는 경우에, 행-중심 방식은 5개의 블록을 모두 읽어야 하지만, 열-중심 방식에서는 한 개의 블록(블록3)만 읽으면 되기 때문에 빠른 처리가 가능하다. 13장에서 공부한 OLAP과 같이 데이터를 분석하는 경우는 대부분 일부 열만 필요하기 때문에 열-중심 방식이 효율적인 반면, 하나의 레코드 전체를 쓰고 읽는 OLTP는 행-중심 방식이 더 효율적이다.

컬럼-중심 데이터베이스는 컬럼 패밀리(column family) 데이터베이스라고도 하는데, 열-중심의 데이터 저장방식에 더해서 여러 서버의 분산된 대용량 데이터를 저장, 처리하기 위해서 키-밸류 데이터 모델을 더욱 발전시킨 형태이다. 관계형 데이터 모델과는 달리 동일한 테이블에 있어서도 열(column)의 이름과 형식은 행마다 다를 수 있으며, 조인을 지원하지 않는다. 키-밸류 쌍으로 컬럼의 값을 저장하는 방식인데, 컬럼 수가 많다면 관련된 컬럼들을 컬렉션으로 묶을 수 있다. 예를 들어, 집 주소와 직장 주소를 하나로 묶고, 휴대폰, 집 전화, 사무실 전화 등을 하나로 묶을 수 있는데, 이렇게 묶인 컬럼들을 컬럼 패밀리라고 한다. 빠른 데이터 처리를 위해서 컬럼-패밀리 데이터베이스는 일반적으로 비정규화되어 있으며, 한 객체에 관련된 모든 정보를 가능한 단일 행에 넣어서 보관하기 때문에 한 행에 수백만 개의 컬럼을 보관하는 경우도 있다. 이런 특성을 반영하여 컬럼 패밀리 데이터베이스를 와이드 컬럼 스토어(wide column store) 방식이라고도 한다. 대표적인 컬럼 패밀리 데이터베이스로는 HBASE와 Cassandra 등이 있는데, Cassandra의 경우에는 행-중심으로 데이터를 저장하기 때문에 엄밀히 말해서 컬럼 패밀리 데이터베이스이지만 컬럼-중심 데이터베이스는 아니다.

• **그래프 데이터베이스**: 그래프 이론에 기초하여 SNS와 같이 특별히 개체들 간의 관계(relationship)를 저장하고 탐색하는 것이 중요한 경우에 사용되는 NoSQL 데이터베이스이다. 그래프 데이터베이스는 노드(node)를 사용하여 개체를 저장하고 개체간의 관계를 엣지(edge)를 통해 저장한다. 엣지는 시작 노드, 끝 노드, 유형, 방향(일방향 또는 양방향)을 가지며, 하나의 노드가 가질 수 있는 관계의 수와 종류에는 제한이 없다. 〈그림 14-2〉는 그래프 데이터

```
_id:618b5d3a63bdb84b1d980ba8
pNumber:105
pDescription:"너트"
inventory:220
partWithMoreInv:Array
    0:Object
        _id:618b5d3a63bdb84b1d980bad
        pNumber:131
        pDescription:"와셔"
        inventory:2160
    1:Object
        _id:618b5d3a63bdb84b1d980bae
        pNumber:150
        pDescription:"못"
        inventory:3200
    2:Object
        _id:618b5d3a63bdb84b1d980baa
        pNumber:113
        pDescription:"볼트"
        inventory:300
```

5단계: $unwind 작업을 통해 배열의 형태인 'partWithMoreInv'를 단일 객체로 만들어 각 필드를 단일 항목으로 접근 가능하게 함.

6단계: $replaceRoot 작업을 통해 'partWithMoreInv'를 새로운 입력 도큐먼트로 대체.

7단계: 필요한 필드 추출.

예제 20 : 모든 부품(part) 중에서 '너트'의 재고량 중 어느 하나보다도 더 많은 재고를 가진 부품의 번호(pNumber)와 재고량(inventory)을 출력하라.

SQL: `SELECT pNumber, inventory`
　　　`FROM  part`

```
WHERE  inventory > ANY
                  (SELECT inventory
                   FROM  part
                   WHERE  pDescription = '너트');
```

MongoDB: db.part.aggregate([
　　　　{$match: {'pDescription': "너트"}},　　　// '너트'만 추출
　　　　{$sort: {'inventory': 1}},　　　// 'inventory' 순차 정렬
　　　　{$limit: 1},　　　// 맨 앞의 도큐먼트 추출
　　　　{$lookup:
　　　　　{
　　　　　　from: 'part',
　　　　　　let: {'minNutInv': $inventory'},　// 추출된 최소 'inventory'
　　　　　　　　　　　　　　　　　　　　　　값을 'minNutInv'로 지정

　　　　　　pipeline: [{$match: {$expr: {$gt: ['$inventory',
　　　　　　'$$minNutInv']}}}],　// $$ 삽입에 주의
　　　　　　as: 'partWithMoreInv'　// 각각의 재고를 'minNutInv' 값과 비교
　　　　　　　　　　　　　　　　　　　　하여 큰 것을 추출

　　　　　}
　　　　},
　　　　{$unwind: '$partWithMoreInv'},　// 해체할 배열 지정
　　　　{$replaceRoot: {newRoot: '$partWithMoreInv'}},
　　　　　　　　　　　　　// 'partWithMoreInv'로 도큐먼트 변경

　　　　{$project:
　　　　　{
　　　　　　'pNumber': 1,
　　　　　　'inventory': 1,
　　　　　　'_id': 0
　　　　　}
　　　　}
　　])

결과: { pNumber: 131, inventory: 2160 }

{ pNumber: 105, inventory: 220 }

{ pNumber: 150, inventory: 3200 }

{ pNumber: 124, inventory: 160 }

{ pNumber: 113, inventory: 300 }

예제 21 : 공급자명(sNmae)이 동일한 공급자의 번호(sNumber)와 위치(location)를
출력하라.

SQL: SELECT s1.sNumber, s1.sName, s1.location

FROM   supplier s1, supplier s2

WHERE   s1.sName = s2.sName

AND   s1.sNumber <> s2.sNumber;

MongDB: db.supplier.aggregate([

{$lookup:

{

from: 'supplier',

let: {

'sName1': '$sName',

'sNumber1': '$sNumber'

},

pipeline: [{$match: {$expr: {$and:[

{$eq: ['$sName',

'$$sName1']}, //sName

동일

{$ne: ['$sNumber',

'$$sNumber1']}, //

sNumber 상이

]

}

```
                              }
                       }] ,
                as: 'sameName'
                   }
     },
     {$match: {'sameName': {$not: {$size:  0}}}},  // 'sameName' 배열값이 있는 것만 추출
     {$project:
       {
          'sNumber': 1,
          'sName': 1,
          'location': 1,
          '_id': 0
        }
      }
    ])
```

결과: { sNumber: 27, sName: '삼진사', location: '서울' }
　　　{ sNumber: 39, sName: '삼진사', location: '인천' }

동일한 컬렉션(supplier)을 자체 결합하는 것으로 앞의 예제들에서 설명한 내용을 참조하면 쉽게 이해할 수 있을 것이다.

예제 22 : 각 부품별로 주문(order) 단가(unitPrice)의 평균보다 더 비싸게 주문된 부품의 번호(pNumber)와 공급자번호(sNumber), 그리고 주문 단가를 출력하라.

```
SQL: SELECT  부품번호, 공급자번호, 단가
     FROM    주문 o1
     WHERE   단가 >
            ( SELECT  AVG(단가)
              FROM    주문 o2
              WHERE   o2.부품번호 = o1.부품번호 );
```

```
MongoDB: db.order.aggregate([
        {$group:
          {
            '_id': '$pNumber',  // 부품별 조회를 위해, pNumber 필드를 _id로 지정
            'orderCount': {$sum: 1},
            'priceSum': {$sum: '$unitPrice'}
          }
        },
        {$project:
          {
            'pNumber': '$_id',  //다시 _id 를 pNumber 필드로 지정 후 추출
            'avgPrice': {$divide: ['$priceSum', '$orderCount']}
                                        // 부품별 평균단가 계산
          }
        },
        {$lookup:
          {
            from: 'order',
            let:
              {
                'pNumber1': '$pNumber',
                'avgPrice1': '$avgPrice',
              },
            pipeline: [
                    {$match: {$expr: {$and:[
                      {$eq: ['$pNumber', '$$pNumber1']},
                                                // pNumber 동일
                      {$gt: ['$unitPrice', '$$avgPrice1']},
                                        // 평균단가보다 비싼 주문 추출
                    ]}}}
                    ],
            as: 'expensiveOrder'
          }
```

```
                },
                {$unwind: '$expensiveOrder'},
                {$replaceRoot: {newRoot: '$expensiveOrder'}},
                {$project:
                  {
                    'pNumber': 1,
                    'sNumber': 1,
                    'unitPrice': 1,
                    '_id': 0
                  }
                }
            ])
```

　　결과 : { pNumber: 105, sNumber: 16, unitPrice: 210 }
　　　　　{ pNumber: 113, sNumber: 39, unitPrice: 130 }

　　이 예제의 MongoDB 집계 파이프라인에서는 여섯 개의 작업 단계가 순차적으로 이루어지며, 명령어 안의 설명(///)을 참조하기 바란다.

　　예제 23 : 명문가구의 부품(part) 중 현재 주문이 없는 부품의 번호(pNumber)와 재고량(inventory)을 출력하라.

SQL: SELECT pNumber, inventory
　　　FROM part
　　　WHERE NOT EXISTS (SELECT *
　　　　　　　　　　　FROM order
　　　　　　　　　　　WHERE order.pNumber = part.pNumber);
MongoDB: db.part.aggregate([
　　　　　{$lookup:
　　　　　　{
　　　　　　　from: 'order',
　　　　　　　let: {'pNumber1': '$pNumber'},
```
```

```
            pipeline: [
                       {$match: {$expr: {$eq: ['$pNumber',
                       '$$pNumber1']}}}
                   ], // 부품과 주문 컬렉션에서 pNumber 필드가 일치하는 것
                                                        추출하여
            as: 'onOrder' // 주문 컬렉션의 필드를 onOrder 배열로 저장
          }
        },
        {$match: {'onOrder': {$size: 0}}}, // onOrder 배열 길이가 0, 즉, 주문이
                                                        없는 것만 추출
        {$project:
          {
          'pNumber': 1,
          'inventory': 1,
          '_id': 0,
          }
        }
      ])
```

결과: { pNumber: 128, inventory: 75 }
　　　{ pNumber: 107, inventory: 155 }

이 예제의 MongoDB 집계 파이프라인에서는 세 개의 작업 단계가 순차적으로 이루어지며, 명령어 안의 설명(//)을 참조하기 바란다.

예제 24 : '서울'에 위치(location)하거나 131번 부품(pNumber)을 납품하는 공급자
　　　　의 번호(sNumber)를 출력하라.

SQL: (SELECT sNumber
　　　FROM   supplier
　　　WHERE   location = '서울')
　　　UNION
　　　(SELECT sNumber

```
        FROM    order
        WHERE   pNumber = 131);
```

MongoDB: db.supplier.aggregate([
        {$lookup:
          {
            from: "order",
            let: {"sNumber1": "$sNumber"},
            pipeline: [
                        {$match: {$expr: {$and: [
                          {$eq: ["$sNumber", "$$sNumber1"]},
                          {$eq: ["$pNumber", 131]}]}}},
                        {$limit: 1} // 주문의 존재 여부만 파악하면 되므로,
            ],   // 'limit' 을 1로 설정하여 조건을 만족하는 첫 도큐먼트
                                                               추출

            as: "onOrder"}
        },
        {$match: {$or: [
                        {"location": "서울"}, // 공급자 위치가 서울이거나,
                        {"onOrder": {$not: {$size: 0}}}   //주문이 있는
                                                        것만 추출

                        ]
                }
        },
        {$project:
          {
            'sNumber': 1,
            '_id': 0
          }
        }
    ])
```

결과: { sNumber: 27 }
```

```
{ sNumber: 70 }
{ sNumber: 16 }
```

이 예제의 MongoDB 집계 파이프라인에서는 세 개의 작업 단계가 순차적으로 이루어지며, 명령어 안의 설명(///)을 참조하기 바란다.

예제 25 : '서울'에 위치(location)하는 공급자 중 150번 부품(pNumber)을 납품하는 공급자의 번호(sNumber)를 출력하라.

```
SQL: (SELECT  sNumber
     FROM    supplier
     WHERE   location = '서울')
     INTERSECT
     (SELECT  sNumber
     FROM    order
     WHERE   pNumber = 150);
```

```
MongoDB: db.supplier.aggregate([
        {$lookup:
          {
            from: "order",
            let: {"sNumber1": "$sNumber"},
            pipeline: [
                    {$match: {$expr: {$and: [
                      {$eq: ["$sNumber", "$$sNumber1"]},
                      {$eq: ["$pNumber", 150]}]}}}
                    ], // 150번 부품을 공급하는 모든 공급자 도큐먼트 추출
            as: "onOrder"}
        },
        {$match: {$and: [
                    {"location": "서울"},    // 공급자 위치가 서울이며,
                    {"onOrder": {$not: {$size: 0}}}    // 150번을 납품
                                                    하는 공급자 추출
```

```
                              ]
                         }
               },
               {$project:
                  {
                     'sNumber': 1,
                     '_id': 0
                  }
               }
          ])
```

결과: { sNumber: 27 }

이 예제의 MongoDB 집계 파이프라인에서는 세 개의 작업 단계가 순차적으로 이루어지며, 명령어 안의 설명(///)을 참조하기 바란다.

예제 26 : '서울'에 위치(location)한 공급자 중 150번 부품(pNumber)을 납품하지 않는 공급자의 번호(sNumber)를 출력하라.

```
SQL: SELECT  sNumber
     FROM    supplier
     WHERE   location = '서울')
     EXCEPT
     (SELECT  sNumber
     FROM    order
     WHERE   pNumber = 150);
```

```
MongoDB: db.supplier.aggregate([
            {$lookup:
              {
                 from: "order",
                 let: {"sNumber1": "$sNumber"},
```

```
        pipeline: [
                {$match: {$expr: {$and: [
                  {$eq: ["$sNumber", "$$sNumber1"]},
                  {$eq: ["$pNumber", 150]}]}}}
                ], // 150번 부품을 공급하는 모든 공급자 도큐먼트 추출
        as: "onOrder"}
   },
   {$match: {$and: [
                {"location": "서울"}, //공급자 위치가 서울이며,
                {"onOrder": {$size: 0}}  // 150번을 납품하지 않는
                                                공급자 추출
                ]
            }
   },
   {$project:
      {
        'sNumber': 1,
        '_id': 0
      }
   }
  ])
결과: { sNumber: 70 }
```

이 예제의 MongoDB 집계 파이프라인에서는 세 개의 작업 단계가 순차적으로 이루어지며, 명령어 안의 설명(//)을 참조하기 바란다. 지금까지 5장에서 다루었던 SQL 질의들을 MongoDB의 질의어를 사용하여 검색하는 방법을 공부하였는데, 보다 자세한 사항은 MongoDB 매뉴얼(https://docs.mongodb.com/manual/)을 참조하기 바란다.

14.3.3 MongoDB 데이터 모델링

앞 절에서 공부한 질의는 5장의 SQL과 비교하기 위해서 관계형 데이터베이스를 기준으로 만들어진 스키마를 토대로 작성되었다. 사실 MongoDB는 관계형 데이터베이스와 다른 특성을 가지고 있기 때문에 MongoDB에 적합한 데이

터 모델링이 필요하다. 데이터 모델링이란 데이터를 정확하고 효율적으로 데이터
베이스에 저장하고 사용하기 위해 데이터 스키마를 설계하는 과정을 의미하는
데, 본 절에서는 MongoDB 데이터 모델링에 대해서 살펴보자.

　MongoDB에서는 스키마를 따로 정의하지 않아도 되며, 같은 컬렉션 안에서
데이터 타입이나 필드가 서로 달라도 데이터가 저장된다. 이런 특성 때문에 흔히
MongoDB를 무無스키마(schemaless)라고도 하는데, 이는 MongoDB를 잘못 이해
한 것이다. MongoDB는 매우 유연하기 때문에, 마치 스키마를 정의 내리지 않
고 사용해도 되는 것처럼 오해하기 쉬우나, 데이터베이스를 제대로 구축하고 사
용하기 위해서는 데이터 모델링을 통한 적절한 스키마 설계가 필요하다.

　MongoDB의 데이터 모델링을 위해서 데이터의 사용 패턴, 데이터 접근방법,
주요 질의의 형태, 검색과 갱신의 비율 등과 같은 사항 등을 고려해야 한다.
MongoDB에서는 일반적으로 도큐먼트를 먼저 설계한 후 컬렉션을 설계하는데,
도큐먼트 구조 설계에 따라 데이터 정합성과 성능이 큰 영향을 받기 때문에 데
이터 모델링이 중요하다. 도큐먼트는 관계형 데이터베이스의 행(row), 즉 레코드
와 같은 개념으로, MongoDB에서 데이터를 저장하는 최소 단위이다.

　앞에서 공부한 〈그림 14-5〉의 사례 데이터베이스에 있는 '부품'과 '주문'을 보
면, 하나의 '부품'은 여러 번 주문될 수 있지만, 각각의 주문에는 반드시 하나의
부품만 포함되기 때문에 '부품'과 '주문'은 1:다의 관계성을 갖는다. MongoDB에
서 1:다의 관계성을 도큐먼트로 표현하는 방법은 크게 삽입(embedded) 방식과 참
조(references) 방식으로 나누어진다.

- **도큐먼트 삽입 방식:** 다 측에 1 측의 도큐먼트를 삽입할 수도 있고, 1 측에 다
  측의 도큐먼트를 모두 삽입할 수도 있는데, 일반적으로 더 자주 질의에 사
  용되는 도큐먼트에 다른 도큐먼트를 삽입한다. MongoDB의 도큐먼트 하나
  의 최대 크기가 16M이므로, 삽입 방식을 사용할 때 도큐먼트에 포함되는
  데이터가 증가할수록 성능 저하 발생 및 16M 초과 시 저장이 불가능할 수
  있으니 주의해야 한다. 만약 1 측에 다 측의 도큐먼트를 모두 삽입한다면,
  아래와 같이 '부품' 안에 모든 관련 '주문'이 포함될 것이다. 주로 특정 부품
  에 대한 주문의 조회가 많다면 이 방식이 효율적이다. 아래처럼 하나의 '부
  품' 도큐먼트만 검색하면, 그 부품과 관련된 모든 주문을 알 수 있다.

```
{
    _id: ⟨ObjectId1⟩,
    pNumber: 105,
    pDescription: "너트",
    inventory: 220,
    order: [
            {sNumber: 16, unitPrice: 210, orderQuantity: 2500},
            {sNumber: 39, unitPrice: 200, orderQuantity: 1000}
        ]
}
```
삽입된 부도큐먼트
(embedded sub-
document)

만약 다 측에 1 측의 도큐먼트를 삽입한다면, 아래와 같이 '주문' 안에 '부품' 과 '공급자'가 포함될 것이다.[8] 이러한 방식은 '부품'이나 '공급자'를 검색하는 것보다 '주문'을 중심으로 검색하는 경우가 많을 때 사용할 수 있다. 그러나 다 측에 1측의 도큐먼트를 삽입하면, 1 측의 도큐먼트가 중복되어 저장되기 때문에 1 측에 다 측의 도큐먼트를 삽입하는 경우가 일반적이다. 이 사례에서 보면 '부품'과 '공급자'의 데이터가 여러 번 '주문'에 중복되어 저장되어 삽입된다.

```
{
  _id: ⟨ObjectId1⟩,
  part: {
    pNumber: 105,
    pDescription: "너트",          삽입된 부도큐먼트(embedded sub-document)
    inventory: 220
  },
  supplier: {
    sNumber: 16,
    sName: "대신공업사",           삽입된 부도큐먼트(embedded sub-document)
    location: "수원"
            },
  unitPrice: 210,
  orderQuantity: 2500
}
```

---

8. '주문' 안에 '부품'만 포함하고, '공급자' 안에 '주문'을 포함하는 설계도 가능하다.

삽입 방식은 데이터가 중복 저장되는 탈정규화에 해당되기 때문에 질의가 단순해지고 검색 성능은 좋아지지만, 데이터 불일치의 문제가 발생할 수 있다. 따라서 검색 성능이 중요하고, 데이터 중복에 따른 데이터 불일치 문제가 발생하지 않는 업무에 적합하다.

- **도큐먼트 참조 방식:** 도큐먼트에 관계를 갖는 다른 도큐먼트의 식별자를 참조키로 저장하여 데이터 중복을 방지하고 데이터 불일치가 발생하지 않도록 하는 소위 정규화 방식이다. 삽입 방식과 마찬가지로 다 측에 1 측의 식별자를 삽입할 수도 있고, 1 측에 다 측의 식별자를 모두 삽입할 수도 있다. 만약 1 측에 다 측의 식별자를 모두 삽입한다면, 아래와 같이 '부품' 안에 모든 관련 '주문'의 식별자가 포함될 것이다.

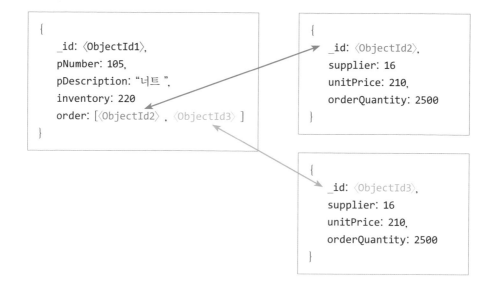

만약 다 측에 1 측의 도큐먼트를 삽입한다면, 아래와 같이 '주문' 안에 '부품'과 '공급자'의 식별자가 포함될 것이다[9]. 참조 방식에서는 다 측에 1 측의 식별자를 삽입하는 이 방식이 정규화에 더 가깝기 때문에, 다른 조건이 같다면 1측에 다측의 식별자를 삽입하는 방식보다 선호된다.

---

9. '주문' 안에 '부품'의 식별자만 포함하고, '공급자' 안에 '주문'의 식별자를 포함하는 설계도 가능하다.

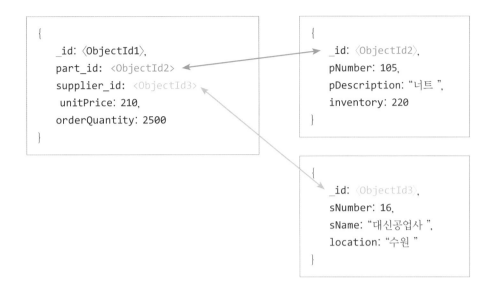

참조 방식은 각각의 개체가 독립적이고, 연관된 개체와 독립적으로 사용될 때 주로 사용되는데, 특히 검색 성능보다는 데이터 무결성이 중요한 업무에 적합한 방식이다. 참조 방식으로 설계된 도큐먼트들을 연결해야 할 때는 JOIN과 같은 역할을 수행하는 $lookup 명령어를 사용하면 된다. 다만 관계형 데이터베이스와 달리 MongoDB는 아직까지 참조삭제(cascade) 기능은 지원되지 않기 때문에 별도의 프로그램으로 해결하여야 한다.

지금까지 1:다의 관계성을 중심으로 살펴보았는데, 1:1의 관계성은 삽입 방식으로 해결할 수 있고, 다:다의 관계성은 양쪽으로 삽입 또는 참조 방식을 사용하거나, 두 개의 1:다의 관계성으로 나누어 적용할 수 있다. MongoDB 데이터 모델링은 관계형 데이터 모델링과 많이 다르기 때문에 보다 자세한 사항은 MongoDB 매뉴얼을 참조하기 바란다.

14.4 요약

정보기술의 발전과 활용은 엄청난 양의 데이터를 실시간으로 만들어내고 있으며, 그에 따라 많은 기업들이 빅 데이터에 관심을 갖고 투자를 하고 있다. 그러나, 실질적으로 효과를 본 기업들은 그렇게 많지 않다. 빅 데이터에서 가치를 만들어내는 일은 단순히 데이터를 분석한다고 되는 것이 아니라, 통찰력 있는 분석가가 현업 경영자와 함께 올바른 질문을 던지고, 발견한 패턴과 정보에 입각한 가설을 세우고, 결과를 제대로 해석해야 하는 총체적인 발견 프로세스를 통해서만 가능하다. 한편 이러한 데이터는 기존에 기업이 주로 처리하던 데이터의 양과 비교하여 엄청나게 클 뿐 아니라, 데이터의 성격도 판이하게 다른 경우가 많아 관계형 데이터베이스로는 데이터 처리에 어려움을 겪고 있다. 따라서 빅 데이터를 처리하기 위한 새로운 기술은 속속 개발되고 있는데, 대표적인 제품군이 키−밸류(key-value) 데이터베이스, 도큐먼트(document) 데이터베이스, 컬럼−중심(column-oriented) 데이터베이스, 그리고 그래프(graph) 데이터베이스로 대표되는 NoSQL 데이터베이스이다.

NoSQL 데이터베이스 중 시장 점유율이 높은 데이터베이스 소프트웨어는 2021년 현재 MongoDB인데, 객체중심 코딩언어에 익숙한 개발자들에게 직관적이고 유연한 데이터 모델을 제공하고, 데이터가 늘어남에 따라 하드웨어 업그레이드 없이 수평적 확장이 가능하기 때문인 것으로 보인다. MongoDB는 속성이름(field)과 속성값(value)이 쌍으로 구성된 도큐먼트(document)를 기본 구조로 가지는 데이터 모델이다. MongoDB는 다양한 형태의 속성값을 저장할 수 있으며, 동적 스키마 개념을 구현하여, 미리 정의된 스키마 없이 데이터를 삽입할 수 있기 때문에 보다 유연하게 데이터베이스를 운영할 수 있다. MongoDB는 SQL 대신 JSON과 비슷한 질의어를 사용하는데, 복잡한 질의의 경우, 강력한 검색 도구인 집계 프레임워크를 제공한다. 집계 프레임워크는 과업을 단계별로 나누어 순차적으로 진행할 수 있기 때문에 상당히 복잡한 질의도 비교적 쉽게 처리할 수 있는 장점을 가지고 있다. MongoDB의 데이터 모델링은 크게 삽입 방식과 참조 방식을 사용한다. 삽입 방식은 검색 성능이 중요하고, 데이터 중복에 따른 데이터 불일치 문제가 발생하지 않는 업무에 적합하며, 참조 방식은 검색 성능보다는 데이터 무결성이 중요한 업무에 적합하다. MongoDB는 관계형 데이터베이스와 다른 특성을 가지고 있기 때문에, 데이터베이스를 구축하기 전에 MongoDB에 적합한 데이터 스키마를 설계하는 것이 필요하다.

해당값이 미확인 값인지 확인하기 위해서 'null'을 사용한다. 반면, 값이 있는 것을 찾으려면 $ne 논리 연산자를 사용하여 {'pDescription': {$ne: null}}로 표시하여야 한다. MongoDB에서 사용하는 논리 연산자는 〈표 14-7〉에 정리되어 있다.

표 14-7 논리 연산자

논리 연산자	설명
$eq	지정한 필드값이 해당 값과 일치하는 경우. 기본 구문: { field: { $eq: value } }
$ne	지정한 필드값이 해당 값과 일치하지 않는 경우. 기본 구문: { field: { $ne: value } }
$and	여러 개의 조건을 모두 만족하는 도큐먼트 선택. 기본 구문: { $and: [{ 〈expression1〉 }, { 〈expression2〉 } , ... , { 〈expressionN〉 }] }
$or	여러 개의 조건 중에 적어도 하나를 만족하는 도큐먼트 선택. 기본 구문: { $or: [{ 〈expression1〉 }, { 〈expression2〉 }, ... , { 〈expressionN〉 }] }
$nor	여러 개의 조건을 모두 만족하지 않는 도큐먼트 선택. 기본 구문: { $nor: [{ 〈expression1〉 }, { 〈expression2〉 }, ... { 〈expressionN〉 }] }
$not	(하나의) 조건을 만족하지 않는 필드값을 가진 도큐먼트 선택. 해당 필드 자체가 없는 도큐먼트도 포함. 기본 구문: { field: { $not: { 〈operator-expression〉 } } }

예제 10 : 공급자(supplier)에 관한 데이터를 위치명(location)의 가나다 역순으로 출력하되, 위치가 같은 경우에는 공급자번호(sNumber) 순으로 출력하라.

```
SELECT  *
FROM    supplier
ORDER BY location DESC, sNumber;
```

MongoDB: db.supplier.find({}, {'_id': 0}).sort({'location': -1,
           'sNumber': 1})

결과: { sNumber: 39, sName: '삼진사', location: '인천' }
        { sNumber: 16, sName: '대신공업사', location: '수원' }
        { sNumber: 27, sName: '삼진사', location: '서울' }
        { sNumber: 70, sName: '신촌상사', location: '서울' }
        { sNumber: 62, sName: '진아공업사', location: '대전' }

MongoDB에서 특정 필드값에 따라 결과를 정렬하고자 할 때는 아래와 같이 'sort' 메소드를 사용할 수 있다.

```
db.collection.find().sort({ field: order})
```

여기서 order에 1을 지정하면 오름차순을, −1을 지정하면 내림차순을 의미한다. 만약 하나 둘 이상의 필드값에 따라 정렬하고자 할 때는 우선순위가 높은 것을 앞 쪽에 배치하여 나열하면 된다. 따라서 위치명(location)의 역순으로 출력하되, 위치가 동일한 경우에는 공급자번호(sNumber) 순으로 출력하고자 하는 명령어는 sort({'location': −1, 'sNumber': 1})으로 표현할 수 있다.

지금까지 비교적 간단한 MongoDB 질의어에 대해 살펴보았는데, 지금부터는 MongoDB의 강력한 검색 도구인 집계 프레임워크(aggregation framework)를 사용하여 보다 복잡한 질의에 대해 공부해 보자. 집계 프레임워크는 SQL의 GROUP BY 기능처럼 특정 필드값에 따라 집계하는 것 외에 다양한 새로운 정보를 추출할 수 있는데, 기본 구문은 다음과 같다.

```
db.collection.aggregate()
```

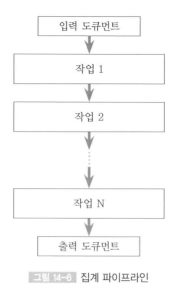

그림 14-6 집계 파이프라인

집계 프레임워크는 집계 파이프라인(aggregation pipeline)에서 정의한 작업을 단계별로 실행하는데, 〈그림 14-6〉과 같이 각 작업의 출력물이 다음 작업의 입력물이 된다. 집계 파이프라인에 포함되는 작업 중 일부를 〈표 14-8〉에 정리하였다.

예제 11 : 각 부품별(pNumber) 주문(order) 건수와 주문 총액을 구하라.

```
SQL:   SELECT  pNumber, COUNT(*), SUM(unitPrice * orderQuantity)
       FROM    order
       GROUP BY pNumber;
```

```
MongoDB: db.order.aggregate([
            {$group:
                {
                  id: '$pNumber',   //7 pNumber로 집단화
                  count1: {$sum: 1},   // 부품별 주문 건수
```

---

7. // 뒤에 코드에 대한 설명을 기술할 수 있는데, 이때 // 뒤에 나오는 내용은 MongoDB가 실행될 때 무시된다.

```
                    sum1: {$sum: {$multiply: ['$unitPrice',
                '$orderQuantity']}} // 부품별 주문 총액
                }
            }
        ])
```

표 14-8 집계 파이프라인 작업

작업	설명
$match	일치하는 도큐먼트 선택. 단순 질의에서 find()와 비슷한 기능.
$project	출력할 필드를 지정.

$group	지정한 키값으로 도큐먼트를 그룹화.
	기본 구문:
	{
	  $group:
	    {
	      _id: ⟨expression⟩,
	      ⟨field1⟩: { ⟨accumulator1⟩ : ⟨expression1⟩ },
	      …
	    }
	}

$sort	도큐먼트의 정렬.
$limit	다음 단계에 전달될 도큐먼트의 수를 제한.
$skip	지정된 수만큼의 도큐먼트 생략.
$unwind	배열을 확장하여 각 배열 항목에 대해 하나의 출력 도큐먼트 생성.

```
결과:    { _id: 113, count1: 3, sum1: 1635000 }
         { _id: 131, count1: 1, sum1: 90000 }
         { _id: 105, count1: 2, sum1: 725000 }
         { _id: 124, count1: 1, sum1: 300000 }
         { _id: 150, count1: 1, sum1: 225000 }
```

먼저 집단화할 키값을 정의 내려야 하는데, pNumber 값으로 집단화하기 위해서 _id: '$pNumber'로 지정해준다. 주의할 점은 일반적으로 입력 도큐먼트의 필드는 앞에 달러 기호($)를 붙여준다는 것이다. $sum은 해당되는 도큐먼트의 필드값 또는 연산값의 합산을 구하는 연산자이다. 단, $sum에 필드값 대신 1을 지정하면 각 집단별 도큐먼트의 개수를 구해준다. 따라서 count1: {$sum: 1}은 각 부품별 주문 건수를 구해서 count1이라는 이름으로 출력하라는 명령어이다. 그리고, sum1: {$sum: {$multiply: ['$unitPrice', '$orderQuantity']}}은 각 부품별로 '$unitPrice'와 '$orderQuantity'를 곱한 값, 즉 주문액을 합산($sum)한 주문 총액을 sum1이라는 이름으로 출력하라는 명령어이다.

예제 12 : 부품번호(pNumber)가 140번 이하인 부품 중, 주문(order) 단가(unitPrice) 평균이 200원 이하인 부품의 번호(pNumber)와 주문 총액을 주문 총액이 적은 순으로 출력하라.

SQL:
```
SELECT    pNumber, SUM(unitPrice * orderQuantity)
FROM      order
WHERE     pNumber <= 140
GROUP BY pNumber
HAVING    AVG(unitPrice) <= 200
ORDER BY 2;
```

MongoDB:
```
db.order.aggregate([
  {$match: {'pNumber': {$lte : 140}}}, // 부품번호가 140 이하인 부품 선택
    {$group:
      {
```

```
            _id: '$pNumber',  // pNumber로 집단화
            sum1: {$sum: {$multiply: ['$unitPrice', '$orderQuantity']}},
                                            // 부품별 주문 총액
            avgUnitPrice: {$avg: '$unitPrice'}  // 부품별 단가 평균
          }
        },
      {$match: {avgUnitPrice: {$lte: 200}}}  // 단가 평균이 200원 이하인
                                                부품 선택

    ])
```

결과: { _id: 113, sum1: 1635000, avgUnitPrice: 125 }
         { _id: 124, sum1: 300000, avgUnitPrice: 150 }
         { _id: 131, sum1: 90000, avgUnitPrice: 30 }

이 예제의 MongoDB 집계 파이프라인에서는 다음과 같은 세 개의 작업 단계가 순차적으로 이루어진다.

1단계: $match 작업을 통해서 부품번호가 140 이하인 부품만 선택하여 다음 단계로 전송.
2단계: $group 작업을 통해서 부품번호로 집단화하고, 부품별 주문 총액과 단가 평균을 구해서 다음 단계로 전송.
3단계: 다시 $match 작업을 통해서 단가 평균이 200원 이하인 부품만 선택하여 출력.

이처럼 MongoDB의 집계 프레임워크는 과업을 단계별로 나누어 순차적으로 진행할 수 있기 때문에 상당히 복잡한 질의도 비교적 쉽게 처리할 수 있는 장점을 가지고 있다. 한편, MongoDB는 여러 테이블을 결합하는 SQL의 JOIN 기능을 지원하지 않기 때문에, 다음 절에서 설명하는 것처럼 하나의 도큐먼트에 JOIN의 대상이 되는 데이터를 내장(embed)시키는 설계를 선호한다. 하지만 모든 경우를 도큐먼트의 통합으로 해결할 수는 없기 때문에, 두 개 이상의 컬렉션으로부터 데이터를 결합해야 나오는 출력물을 검색할 때는 JOIN과 같은 역할을

수행하는 $lookup 명령어를 사용한다. 이 명령어는 집계 파이프라인의 단계 중 하나로 사용되는데, 기본 구문은 다음과 같다.

```
{
  $lookup:
    {
      from: ⟨collection to join⟩,
      localField: ⟨field from the input documents⟩,
      foreignField: ⟨field from the documents of the "from" collection⟩,
      as: ⟨output array field⟩
    }
}
```

이때 결과물로 나오는 배열의 필드를 풀어서 각 항목별로 출력하기 위해서는 다음 작업으로 $unwind 명령어를 사용하는데, 기본 구문은 다음과 같다. 'includeArrayIndex'는 항목의 배열 인덱스를 저장하는 새로운 변수이며, 선택사항이다. 'preserveNullAndEmptyArrays'는 참(true)일 경우 미확인 값이나 비어있는 배열인 경우도 출력을 하며, 역시 선택사항이다.

```
{
  $unwind:
    {
      path: ⟨field path⟩,
      includeArrayIndex: ⟨string⟩,
      preserveNullAndEmptyArrays: ⟨boolean⟩
    }
}
```

예제 13 : 주문(order)중인 '볼트' 부품(part)의 번호(pNumber)와 재고량(inventory), 그리고 주문량(orderQuantity)을 출력하라.

```
SQL:    SELECT o.pNumber, inventory, orderQuantity
        FROM    part p, order o
        WHERE   p.pNumber = o.pNumber
        AND     pDescription = '볼트';
```

MongoDB: db.part.aggregate([// 현재 컬렉션은 part
```
            {$lookup:
              {
                from: 'order',  // JOIN할 컬렉션은 order
                localField: 'pNumber',      // 현재 컬렉션의 연결키 필드
                foreignField: 'pNumber',  // JOIN할 컬렉션의 연결키 필드
                as: 'order_part'                // $lookup의 결과 배열 필드
              }
            },
            {$unwind:
              {
                path: '$order_part',   // 해체할 배열 지정. 반드시 필드명에
                                                          $ 추가
                preserveNullAndEmptyArrays: true
              }
            },
            {$match: {pDescription: '볼트'}},
            {$project:
              {
                'pNumber': 1,
                'inventory': 1,
                'order_part.orderQuantity': 1,
                '_id': 0,
              }
            }
          ])
```

결과:

```
{ pNumber: 124, inventory: 160, order_part: { orderQuantity: 2000 } }
{ pNumber: 113, inventory: 300, order_part: { orderQuantity: 5000 } }
{ pNumber: 113, inventory: 300, order_part: { orderQuantity: 5000 } }
{ pNumber: 113, inventory: 300, order_part: { orderQuantity: 3000 } }
```

이 예제의 MongoDB 집계 파이프라인에서는 다음과 같은 네 개의 작업 단계가 순차적으로 이루어진다.

1단계: $lookup 작업을 통해서 주문 컬렉션에서 동일한 부품번호를 가진 도큐먼트를 찾아서 부품 컬렉션에 배열로 연결. 예를 들어, 부품번호 131번 부품 컬렉션은 $lookup 작업이 실행되면 다음과 같이 출력됨.

```
_id:618b5d3a63bdb84b1d980bad
pNumber:131
pDescription:"와셔"
inventory:2160
order_part:Array
  0:Object
    _id:618b5d9063bdb84b1d980bba
    pNumber:131
    sNumber:16
    unitPrice:30
    orderQuantity:3000
```

2단계: $unwind 작업을 통해서 배열의 형태인 'order_part'를 단일 객체로 만들어 각 필드를 단일 항목으로 접근 가능하게 함. 예를 들어, 131번 부품의 주문 단가의 필드명은 'order_part.unitPrice'가 됨.

```
_id:618b5d3a63bdb84b1d980bad
pNumber:131
pDescription:"와셔"
inventory:2160
order_part:Object
    _id:618b5d9063bdb84b1d980bba
    pNumber:131
    sNumber:16
    unitPrice:30
    orderQuantity:3000
```

3단계: $match 작업을 통해서 부품내역이 '볼트'인 부품만 선택하여 출력.

4단계: $project 작업을 통해 원하는 필드만 출력.

예제 14 : '너트'를 납품하는 공급자번호(sNumber)와 위치(location)를 출력하라.

SQL: SELECT s.sNumber, location
     FROM   part p, supplier s, order o
   WHERE p.pNumber = o.pNumber
     AND o.sNumber = s.sNumber
     AND pDescription = '너트';

MongoDB: db.order.aggregate([// 현재 컬렉션은 order
       {$lookup:
         {
           from: 'part',   // JOIN할 컬렉션은 part
           localField: 'pNumber', // 현재 컬렉션의 연결키 필드
           foreignField: 'pNumber', // JOIN할 컬렉션의 연결키 필드
           as: 'order_part'   // $lookup의 결과 배열 필드
         }
       },
       {$lookup:

```
            {
                from: 'supplier',
                localField: 'sNumber',
                foreignField: 'sNumber',
                as: 'order_supplier'
            }
        },
        {$match: { 'order_part.pDescription': '너트'}},
        {$project:
            {
                'sNumber': 1,
                'order_supplier.location': 1,
                '_id': 0
            }
        }
    ])
```

결과: { sNumber: 39, order_supplier: [{ location: '인천' }] }
   { sNumber: 16, order_supplier: [{ location: '수원' }] }

이 예제에서는 세 개의 컬렉션을 연결하기 위해서 두 번의 $lookup 작업을 수행하였다. 이때 주의할 점은 양쪽을 모두 연결할 수 있는 컬렉션을 현재 컬렉션으로 지정해야 3개의 컬렉션을 모두 연결할 수 있다는 점이다. 이 예제에서는 부품과도 공통 키값(pNumber)을 가지고 있고, 공급자와도 공통 키값(sNumber)을 가지고 있는 주문(order)을 현재 컬렉션으로 지정해야 한다.

예제 15 (LEFT OUTER JOIN) : 주문(order)중인 부품(pNumber)과 부품내역 (pDescription), 공급자번호(sNumber)를 출력하되, 주문이 없는 부품도 출력하라.

SQL: SELECT p.pNumber, pDescription, sNumber

```
FROM    part1 p LEFT JOIN order1 o
ON      p.pNumber = o.pNumber;
```

MongoDB: db.part1.aggregate([
```
        {$lookup:
          {
              from: 'order1',
              localField: 'pNumber',
              foreignField: 'pNumber',
              as: 'order_part'
          }
        },
        {$unwind:
          {
              path: '$order_part',
              preserveNullAndEmptyArrays: true
          }
        },
        {$project:
          {
              'pNumber': 1,
              'pDescription': 1,
              'order_part.sNumber': 1,
              '_id': 0
          }
        }
    ])
```

결과: { pNumber: 105, pDescription: '너트', order_part: { sNumber: 16 } }
        { pNumber: 113, pDescription: '볼트' }
        { pNumber: 150, pDescription: '못', order_part: { sNumber: 27 } }

SQL에서는 EQUI-JOIN과 OUTER JOIN이 구별되지만, MongoDB에서는 $lookup을 이용해서 동일한 방법으로 작업을 수행하면 된다. 따라서 이 예제는 앞의 예제 13과 같은 방법을 사용하면 되는데, 주문이 없는 부품도 출력하기 위해서는 반드시 $unwind의 'preserveNullAndEmptyArrays'를 true로 지정해야 한다.

예제 16 (RIGHT OUTER JOIN) : 주문(order)중인 부품(pNumber)과 부품내역 (pDescription), 공급자번호(sNumber)를 출력하되, 부품내역이 없는 부품 도 출력하라.

SQL: SELECT o.pNumber, pDescription, sNumber
     FROM part1 p RIGHT JOIN order1 o
     ON   p.pNumber = o.pNumber;

MongoDB: db.order1.aggregate([
```
{$lookup:
  {
    from: 'part1',
    localField: 'pNumber',
    foreignField: 'pNumber',
    as: 'part_order'
  }
},
{$unwind:
  {
    path: '$part_order',
    preserveNullAndEmptyArrays: true
  }
},
{$project:
  {
```

```
                    'pNumber': 1,
                    'part_order.pDescription': 1,
                    'sNumber': 1,
                    '_id': 0
                }
            }
        ])
```

결과: { pNumber: 150, sNumber: 27, part_order: { pDescription: '못' } }
　　　 { pNumber: 105, sNumber: 16, part_order: { pDescription: '너트' } }
　　　 { pNumber: 124, sNumber: 39 }

이 예제는 예제 15와 동일한 방법으로 해결할 수 있는데, 다만 현재 컬렉션을 part1이 아닌 order1으로 지정하면 된다.

예제 17 (FULL OUTER JOIN) : 주문(order)중인 부품(pNumber)과 부품내역 (pDescription), 공급자번호(sNumber)를 출력하되, 주문이 없거나 부품내역이 없는 부품도 모두 출력하라.

SQL: SELECT p.pNumber, o.pNumber, pDescription, sNumber
　　　 FROM part1 p FULL JOIN order1 o
　　　 ON   p.pNumber = o.pNumber;

MongoDB의 경우에는 FULL JOIN을 지원하지 않기 때문에 동일한 효과를 얻기 위해서는 LEFT JOIN을 한 결과와 RIGHT JOIN을 한 결과를 합해야 한다.

예제 18 : 예제 14에서 요구한 내용을 내포문을 사용하여 질의를 작성하라.

MongoDB의 경우에는 SQL의 JOIN이나 내포문과 관계없이 모두 동일한 $lookup 작업을 통해 컬렉션을 결합하기 때문에 예제 14의 방법과 동일하다.

예제 19 : 어떤 '너트'의 재고량보다도 더 많은 재고를 가진 부품의 번호 (pNumber)와 재고량(inventory)을 출력하라.

SQL: SELECT pNumber, inventory
       FROM part
       WHERE inventory >ALL
                           (SELECT inventory
                            FROM part
                            WHERE pDescription = '너트');

MongoDB: db.part.aggregate([
            {$match: {'pDescription': "너트"}},   // '너트'만 추출
            {$sort: {'inventory': −1}},   // 'inventory' 역순 정렬
            {$limit: 1},   // 맨 앞의 도큐먼트 추출
            {$lookup:
               {
                 from: 'part',
                 let: {'maxNutInv': '$inventory'}, // 추출된 최대 'inventory'
                                                   값을 'maxNutInv'로 지정

                 pipeline: [{$match: {$expr: {$gt: ['$inventory',
                 '$$maxNutInv']}}}], // $$ 삽입에 주의
                 as: 'partWithMoreInv' // 각각의 재고를 'maxNutInv' 값과 비교
                                                하여 큰 것을 추출

               }
            },
            {$unwind: '$partWithMoreInv'},   // 해체할 배열 지정
            {$replaceRoot: {newRoot: '$partWithMoreInv'}},
                              // 'partWithMoreInv'로 도큐먼트 변경

            {$project:
               {
                 'pNumber': 1,
                 'inventory': 1,

```
                    '_id': 0
                  }
                }
            ])
```

결과: { pNumber: 131, inventory: 2160 }
    { pNumber: 150, inventory: 3200 }
    { pNumber: 113, inventory: 300 }

이 예제의 MongoDB 집계 파이프라인에서는 다음과 같은 일곱 개의 작업 단계가 순차적으로 이루어진다.

1단계: $match 작업을 통해서 '너트'만 추출.

2단계: $sort 작업을 통해서 '너트'의 재고량(inventory)을 역순, 즉 큰 값부터 작은 값 순으로 정렬.

3단계: $limit 작업을 통해서 맨 앞에 있는 도큐먼트, 즉, 가장 큰 재고량을 가진 도큐먼트를 추출하는데, 결과는 다음과 같이 생성됨.

```
_id:618b5d3a63bdb84b1d980ba8
pNumber:105
pDescription:"너트"
inventory:220
```

4단계: $lookup 작업을 통해서 3단계에서 추출된 part 도큐먼트를 현재 컬렉션인 part와 결합. 먼저 'maxNutInv'라는 변수를 생성하여 추출된 도큐먼트의 inventory 필드값(220)을 저장. 이때, 새로 지정된 변수를 뒤에서 사용할 때 반드시 이름 앞에 $$를 추가해야 함. 그 후, 현재의 컬렉션의 각각의 도큐먼트의 재고값과 'maxNutInv'를 비교하여 큰 값, 즉, 220보다 큰 재고량 값을 갖는 모든 도큐먼트를 추출하는데, 결과는 다음과 같이 생성됨.

```
 _id:618b5d3a63bdb84b1d980ba8
pNumber:105
pDescription:"너트"
inventory:220
partWithMoreInv:Array
   0:Object
      _id:618b5d3a63bdb84b1d980bad
      pNumber:131
      pDescription:"와셔"
      inventory:2160
   1:Object
      _id:618b5d3a63bdb84b1d980bae
      pNumber:150
      pDescription:"못"
      inventory:3200
   2:Object
      _id:618b5d3a63bdb84b1d980baa
      pNumber:113
      pDescription:"볼트"
      inventory:300
```

5단계: $unwind 작업을 통해 배열의 형태인 'partWithMoreInv'를 단일 객체
로 만들어 각 필드를 단일 항목으로 접근 가능하게 함.

6단계: $replaceRoot 작업을 통해 'partWithMoreInv'를 새로운 입력 도큐먼
트로 대체.

7단계: 필요한 필드 추출.

예제 20 : 모든 부품(part) 중에서 '너트'의 재고량 중 어느 하나보다도 더 많은
재고를 가진 부품의 번호(pNumber)와 재고량(inventory)을 출력하라.

SQL: SELECT pNumber, inventory
     FROM part

```
WHERE  inventory > ANY
                  (SELECT inventory
                   FROM  part
                   WHERE pDescription = '너트');
```

MongoDB: db.part.aggregate([

```
{$match: {'pDescription': "너트"}},        // '너트'만 추출
{$sort: {'inventory': 1}},             // 'inventory' 순차 정렬
{$limit: 1},                           // 맨 앞의 도큐먼트 추출
{$lookup:
   {
      from: 'part',
      let: {'minNutInv': $inventory},  // 추출된 최소 'inventory'
                                          값을 'minNutInv'로 지정

      pipeline: [{$match: {$expr: {$gt: ['$inventory',
      '$$minNutInv']}}}],  // $$ 삽입에 주의
      as: 'partWithMoreInv'  // 각각의 재고를 'minNutInv' 값과 비교
                                하여 큰 것을 추출

   }
},
{$unwind: '$partWithMoreInv'},   // 해체할 배열 지정
{$replaceRoot: {newRoot: '$partWithMoreInv'}},
                                 // 'partWithMoreInv'로 도큐먼트 변경

{$project:
   {
      'pNumber': 1,
      'inventory': 1,
      '_id': 0
   }
}
])
```

결과: { pNumber: 131, inventory: 2160 }

  { pNumber: 105, inventory: 220 }

  { pNumber: 150, inventory: 3200 }

  { pNumber: 124, inventory: 160 }

  { pNumber: 113, inventory: 300 }

예제 21 : 공급자명(sNmae)이 동일한 공급자의 번호(sNumber)와 위치(location)를
     출력하라.

SQL: SELECT s1.sNumber, s1.sName, s1.location
    FROM   supplier s1, supplier s2
    WHERE s1.sName = s2.sName
    AND   s1.sNumber <> s2.sNumber;

MongDB: db.supplier.aggregate([
       {$lookup:
         {
           from: 'supplier',
           let: {
               'sName1': '$sName',
               'sNumber1': '$sNumber'
               },
           pipeline: [{$match: {$expr: {$and:[
                                        {$eq: ['$sName',
                                        '$$sName1']}, //sName
                                                 동일
                                        {$ne: ['$sNumber',
                                        '$$sNumber1']}, //
                                              sNumber 상이
                                      ]
                                }

```
                                    }
                                }] ,
                        as: 'sameName'
                    }
    },
    {$match: {'sameName': {$not: {$size:  0}}}},  // 'sameName' 배열값이 있는 것만 추출
    {$project:
        {
            'sNumber': 1,
            'sName': 1,
            'location': 1,
            '_id': 0
        }
    }
])
```

결과: { sNumber: 27, sName: '삼진사', location: '서울' }
　　　{ sNumber: 39, sName: '삼진사', location: '인천' }

동일한 컬렉션(supplier)을 자체 결합하는 것으로 앞의 예제들에서 설명한 내용을 참조하면 쉽게 이해할 수 있을 것이다.

예제 22 : 각 부품별로 주문(order) 단가(unitPrice)의 평균보다 더 비싸게 주문된 부품의 번호(pNumber)와 공급자번호(sNumber), 그리고 주문 단가를 출력하라.


```
SQL: SELECT  부품번호, 공급자번호, 단가
     FROM    주문  o1
     WHERE   단가 >
             ( SELECT  AVG(단가)
               FROM    주문  o2
               WHERE   o2.부품번호 = o1.부품번호 );
```

```
MongoDB: db.order.aggregate([
        {$group:
          {
            '_id': '$pNumber',  // 부품별 조회를 위해, pNumber 필드를 _id로 지정
            'orderCount': {$sum: 1},
            'priceSum': {$sum: '$unitPrice'}
          }
        },
        {$project:
          {
            'pNumber': '$_id',   //다시 _id 를 pNumber 필드로 지정 후 추출
            'avgPrice': {$divide: ['$priceSum', '$orderCount']}
                                        // 부품별 평균단가 계산

          }
        },
        {$lookup:
          {
            from: 'order',
            let:
              {
                'pNumber1': '$pNumber',
                'avgPrice1': '$avgPrice',
              },
            pipeline: [
                      {$match: {$expr: {$and:[
                        {$eq: ['$pNumber', '$$pNumber1']},
                                                // pNumber 동일
                        {$gt: ['$unitPrice', '$$avgPrice1']},
                                            // 평균단가보다 비싼 주문 추출
                        ]}}}
                      ],
            as: 'expensiveOrder'
          }
```

```
        },
        {$unwind: '$expensiveOrder'},
        {$replaceRoot: {newRoot: '$expensiveOrder'}},
        {$project:
          {
             'pNumber': 1,
             'sNumber': 1,
             'unitPrice': 1,
             '_id': 0
          }
        }
      ])
```

결과 : { pNumber: 105, sNumber: 16, unitPrice: 210 }
　　　 { pNumber: 113, sNumber: 39, unitPrice: 130 }

이 예제의 MongoDB 집계 파이프라인에서는 여섯 개의 작업 단계가 순차적
으로 이루어지며, 명령어 안의 설명(///)을 참조하기 바란다.

예제 23 : 명문가구의 부품(part) 중 현재 주문이 없는 부품의 번호(pNumber)와
　　　　　재고량(inventory)을 출력하라.


```
SQL: SELECT pNumber, inventory
     FROM  part
     WHERE NOT EXISTS (SELECT *
                       FROM  order
                       WHERE order.pNumber = part.pNumber);
MongoDB: db.part.aggregate([
         {$lookup:
           {
             from: 'order',
             let: {'pNumber1': '$pNumber'},
```

```
                    pipeline: [
                              {$match: {$expr: {$eq: ['$pNumber',
                              '$$pNumber1']}}}
                         ],  // 부품과 주문 컬렉션에서 pNumber 필드가 일치하는 것
                                                          추출하여
                    as: 'onOrder' // 주문 컬렉션의 필드를 onOrder 배열로 저장
                 }
              },
              {$match: {'onOrder': {$size: 0}}}, // onOrder 배열 길이가 0, 즉, 주문이
                                                          없는 것만 추출
              {$project:
                 {
                    'pNumber': 1,
                    'inventory': 1,
                    '_id': 0,
                 }
              }
           ])
```

결과: { pNumber: 128, inventory: 75 }
{ pNumber: 107, inventory: 155 }

이 예제의 MongoDB 집계 파이프라인에서는 세 개의 작업 단계가 순차적으로 이루어지며, 명령어 안의 설명(///)을 참조하기 바란다.

예제 24 : '서울'에 위치(location)하거나 131번 부품(pNumber)을 납품하는 공급자의 번호(sNumber)를 출력하라.

```
SQL: (SELECT  sNumber
      FROM    supplier
      WHERE   location = '서울')
      UNION
      (SELECT  sNumber
```

```
      FROM    order
      WHERE   pNumber = 131);
```

MongoDB: db.supplier.aggregate([

```
     {$lookup:
       {
         from: "order",
         let: {"sNumber1": "$sNumber"},
         pipeline: [
                    {$match: {$expr: {$and: [
                      {$eq: ["$sNumber", "$$sNumber1"]},
                      {$eq: ["$pNumber", 131]}]}}},
                    {$limit: 1}  // 주문의 존재 여부만 파악하면 되므로,
                    ],  // 'limit' 을 1로 설정하여 조건을 만족하는 첫 도큐먼트
                                                          추출
         as: "onOrder"}
     },
     {$match: {$or: [
                    {"location": "서울"},  // 공급자 위치가 서울이거나,
                    {"onOrder": {$not: {$size: 0}}}  //주문이 있는
                                                     것만 추출
                    ]
             }
     },
     {$project:
       {
         'sNumber': 1,
         '_id': 0
       }
     }
    ])
```

결과: { sNumber: 27 }

```
{ sNumber: 70 }
{ sNumber: 16 }
```

이 예제의 MongoDB 집계 파이프라인에서는 세 개의 작업 단계가 순차적으로 이루어지며, 명령어 안의 설명(//)을 참조하기 바란다.

예제 25 : '서울'에 위치(location)하는 공급자 중 150번 부품(pNumber)을 납품하는 공급자의 번호(sNumber)를 출력하라.

SQL: (SELECT sNumber
      FROM   supplier
      WHERE   location = '서울')
      INTERSECT
      (SELECT sNumber
      FROM   order
      WHERE   pNumber = 150);

MongoDB: db.supplier.aggregate([
        {$lookup:
          {
            from: "order",
            let: {"sNumber1": "$sNumber"},
            pipeline: [
                    {$match: {$expr: {$and: [
                      {$eq: ["$sNumber", "$$sNumber1"]},
                      {$eq: ["$pNumber", 150]}]}}}
                 ], // 150번 부품을 공급하는 모든 공급자 도큐먼트 추출
            as: "onOrder"}
        },
        {$match: {$and: [
                    {"location": "서울"},   // 공급자 위치가 서울이며,
                    {"onOrder": {$not: {$size: 0}}}   // 150번을 납품
                                               하는 공급자 추출
```
```

```
                              ]
                          }
                  },
                  {$project:
                    {
                      'sNumber': 1,
                      '_id': 0
                    }
                  }
              ])
```

결과: { sNumber: 27 }

이 예제의 MongoDB 집계 파이프라인에서는 세 개의 작업 단계가 순차적으로 이루어지며, 명령어 안의 설명(///)을 참조하기 바란다.

예제 26 : '서울'에 위치(location)한 공급자 중 150번 부품(pNumber)을 납품하지 않는 공급자의 번호(sNumber)를 출력하라.


```
SQL: SELECT  sNumber
     FROM    supplier
     WHERE   location = '서울')
     EXCEPT
     (SELECT  sNumber
     FROM    order
     WHERE   pNumber = 150);
```


```
MongoDB: db.supplier.aggregate([
            {$lookup:
              {
                from: "order",
                let: {"sNumber1": "$sNumber"},
```

```
                    pipeline: [
                           {$match: {$expr: {$and: [
                             {$eq: ["$sNumber", "$$sNumber1"]},
                             {$eq: ["$pNumber", 150]}]}}}
                       ], // 150번 부품을 공급하는 모든 공급자 도큐먼트 추출
                as: "onOrder"}
              },
              {$match: {$and: [
                           {"location": "서울"}, //공급자 위치가 서울이며,
                           {"onOrder": {$size: 0}}  // 150번을 납품하지 않는
                                                              공급자 추출

                           ]
                       }
              },
              {$project:
                {
                   'sNumber': 1,
                   '_id': 0
                }
              }
            }
         ])
   결과: { sNumber: 70 }
```

이 예제의 MongoDB 집계 파이프라인에서는 세 개의 작업 단계가 순차적으로 이루어지며, 명령어 안의 설명(//)을 참조하기 바란다. 지금까지 5장에서 다루었던 SQL 질의들을 MongoDB의 질의어를 사용하여 검색하는 방법을 공부하였는데, 보다 자세한 사항은 MongoDB 매뉴얼(https://docs.mongodb.com/manual/)을 참조하기 바란다.

14.3.3 MongoDB 데이터 모델링

앞 절에서 공부한 질의는 5장의 SQL과 비교하기 위해서 관계형 데이터베이스를 기준으로 만들어진 스키마를 토대로 작성되었다. 사실 MongoDB는 관계형 데이터베이스와 다른 특성을 가지고 있기 때문에 MongoDB에 적합한 데이

터 모델링이 필요하다. 데이터 모델링이란 데이터를 정확하고 효율적으로 데이터베이스에 저장하고 사용하기 위해 데이터 스키마를 설계하는 과정을 의미하는데, 본 절에서는 MongoDB 데이터 모델링에 대해서 살펴보자.

MongoDB에서는 스키마를 따로 정의하지 않아도 되며, 같은 컬렉션 안에서 데이터 타입이나 필드가 서로 달라도 데이터가 저장된다. 이런 특성 때문에 흔히 MongoDB를 무無스키마(schemaless)라고도 하는데, 이는 MongoDB를 잘못 이해한 것이다. MongoDB는 매우 유연하기 때문에, 마치 스키마를 정의 내리지 않고 사용해도 되는 것처럼 오해하기 쉬우나, 데이터베이스를 제대로 구축하고 사용하기 위해서는 데이터 모델링을 통한 적절한 스키마 설계가 필요하다.

MongoDB의 데이터 모델링을 위해서 데이터의 사용 패턴, 데이터 접근방법, 주요 질의의 형태, 검색과 갱신의 비율 등과 같은 사항 등을 고려해야 한다. MongoDB에서는 일반적으로 도큐먼트를 먼저 설계한 후 컬렉션을 설계하는데, 도큐먼트 구조 설계에 따라 데이터 정합성과 성능이 큰 영향을 받기 때문에 데이터 모델링이 중요하다. 도큐먼트는 관계형 데이터베이스의 행(row), 즉 레코드와 같은 개념으로, MongoDB에서 데이터를 저장하는 최소 단위이다.

앞에서 공부한 〈그림 14–5〉의 사례 데이터베이스에 있는 '부품'과 '주문'을 보면, 하나의 '부품'은 여러 번 주문될 수 있지만, 각각의 주문에는 반드시 하나의 부품만 포함되기 때문에 '부품'과 '주문'은 1:다의 관계성을 갖는다. MongoDB에서 1:다의 관계성을 도큐먼트로 표현하는 방법은 크게 삽입(embedded) 방식과 참조(references) 방식으로 나누어진다.

- **도큐먼트 삽입 방식:** 다 측에 1 측의 도큐먼트를 삽입할 수도 있고, 1 측에 다 측의 도큐먼트를 모두 삽입할 수도 있는데, 일반적으로 더 자주 질의에 사용되는 도큐먼트에 다른 도큐먼트를 삽입한다. MongoDB의 도큐먼트 하나의 최대 크기가 16M이므로, 삽입 방식을 사용할 때 도큐먼트에 포함되는 데이터가 증가할수록 성능 저하 발생 및 16M 초과 시 저장이 불가능할 수 있으니 주의해야 한다. 만약 1 측에 다 측의 도큐먼트를 모두 삽입한다면, 아래와 같이 '부품' 안에 모든 관련 '주문'이 포함될 것이다. 주로 특정 부품에 대한 주문의 조회가 많다면 이 방식이 효율적이다. 아래처럼 하나의 '부품' 도큐먼트만 검색하면, 그 부품과 관련된 모든 주문을 알 수 있다.

```
{
   _id: 〈ObjectId1〉,
   pNumber: 105,
   pDescription: "너트",
   inventory: 220,
   order: [
          {sNumber: 16, unitPrice: 210, orderQuantity: 2500},
          {sNumber: 39, unitPrice: 200, orderQuantity: 1000}
          ]
}
```
삽입된 부도큐먼트 (embedded sub-document)

만약 다 측에 1 측의 도큐먼트를 삽입한다면, 아래와 같이 '주문' 안에 '부품'과 '공급자'가 포함될 것이다.[8] 이러한 방식은 '부품'이나 '공급자'를 검색하는 것보다 '주문'을 중심으로 검색하는 경우가 많을 때 사용할 수 있다. 그러나 다 측에 1측의 도큐먼트를 삽입하면, 1 측의 도큐먼트가 중복되어 저장되기 때문에 1 측에 다 측의 도큐먼트를 삽입하는 경우가 일반적이다. 이 사례에서 보면 '부품'과 '공급자'의 데이터가 여러 번 '주문'에 중복되어 저장되어 삽입된다.

```
{
  _id: 〈ObjectId1〉,
  part: {
     pNumber: 105,
     pDescription: "너트",     삽입된 부도큐먼트(embedded sub-document)
     inventory: 220
  },
  supplier: {
     sNumber: 16,
     sName: "대신공업사",     삽입된 부도큐먼트(embedded sub-document)
     location: "수원"
            },
  unitPrice: 210,
  orderQuantity: 2500
}
```

8. '주문' 안에 '부품'만 포함하고, '공급자' 안에 '주문'을 포함하는 설계도 가능하다.

삽입 방식은 데이터가 중복 저장되는 탈정규화에 해당되기 때문에 질의가 단순해지고 검색 성능은 좋아지지만, 데이터 불일치의 문제가 발생할 수 있다. 따라서 검색 성능이 중요하고, 데이터 중복에 따른 데이터 불일치 문제가 발생하지 않는 업무에 적합하다.

- **도큐먼트 참조 방식:** 도큐먼트에 관계를 갖는 다른 도큐먼트의 식별자를 참조키로 저장하여 데이터 중복을 방지하고 데이터 불일치가 발생하지 않도록 하는 소위 정규화 방식이다. 삽입 방식과 마찬가지로 다 측에 1 측의 식별자를 삽입할 수도 있고, 1 측에 다 측의 식별자를 모두 삽입할 수도 있다. 만약 1 측에 다 측의 식별자를 모두 삽입한다면, 아래와 같이 '부품' 안에 모든 관련 '주문'의 식별자가 포함될 것이다.

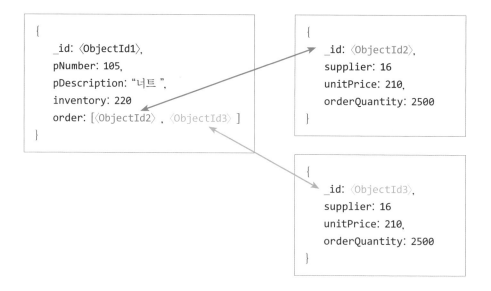

만약 다 측에 1 측의 도큐먼트를 삽입한다면, 아래와 같이 '주문' 안에 '부품'과 '공급자'의 식별자가 포함될 것이다[9]. 참조 방식에서는 다 측에 1 측의 식별자를 삽입하는 이 방식이 정규화에 더 가깝기 때문에, 다른 조건이 같다면 1측에 다측의 식별자를 삽입하는 방식보다 선호된다.

---

9. '주문' 안에 '부품'의 식별자만 포함하고, '공급자' 안에 '주문'의 식별자를 포함하는 설계도 가능하다.

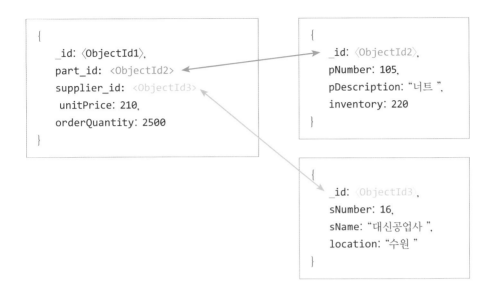

참조 방식은 각각의 개체가 독립적이고, 연관된 개체와 독립적으로 사용될 때 주로 사용되는데, 특히 검색 성능보다는 데이터 무결성이 중요한 업무에 적합한 방식이다. 참조 방식으로 설계된 도큐먼트들을 연결해야 할 때는 JOIN과 같은 역할을 수행하는 $lookup 명령어를 사용하면 된다. 다만 관계형 데이터베이스와 달리 MongoDB는 아직까지 참조삭제(cascade) 기능은 지원되지 않기 때문에 별도의 프로그램으로 해결하여야 한다.

지금까지 1:다의 관계성을 중심으로 살펴보았는데, 1:1의 관계성은 삽입 방식으로 해결할 수 있고, 다:다의 관계성은 양쪽으로 삽입 또는 참조 방식을 사용하거나, 두 개의 1:다의 관계성으로 나누어 적용할 수 있다. MongoDB 데이터 모델링은 관계형 데이터 모델링과 많이 다르기 때문에 보다 자세한 사항은 MongoDB 매뉴얼을 참조하기 바란다.

14.4 요약

정보기술의 발전과 활용은 엄청난 양의 데이터를 실시간으로 만들어내고 있으며, 그에 따라 많은 기업들이 빅 데이터에 관심을 갖고 투자를 하고 있다. 그러나, 실질적으로 효과를 본 기업들은 그렇게 많지 않다. 빅 데이터에서 가치를 만들어내는 일은 단순히 데이터를 분석한다고 되는 것이 아니라, 통찰력 있는 분석가가 현업 경영자와 함께 올바른 질문을 던지고, 발견한 패턴과 정보에 입각한 가설을 세우고, 결과를 제대로 해석해야 하는 총체적인 발견 프로세스를 통해서만 가능하다. 한편 이러한 데이터는 기존에 기업이 주로 처리하던 데이터의 양과 비교하여 엄청나게 클 뿐 아니라, 데이터의 성격도 판이하게 다른 경우가 많아 관계형 데이터베이스로는 데이터 처리에 어려움을 겪고 있다. 따라서 빅 데이터를 처리하기 위한 새로운 기술은 속속 개발되고 있는데, 대표적인 제품군이 키-밸류(key-value) 데이터베이스, 도큐먼트(document) 데이터베이스, 컬럼-중심(column-oriented) 데이터베이스, 그리고 그래프(graph) 데이터베이스로 대표되는 NoSQL 데이터베이스이다.

 NoSQL 데이터베이스 중 시장 점유율이 높은 데이터베이스 소프트웨어는 2021년 현재 MongoDB인데, 객체중심 코딩언어에 익숙한 개발자들에게 직관적이고 유연한 데이터 모델을 제공하고, 데이터가 늘어남에 따라 하드웨어 업그레이드 없이 수평적 확장이 가능하기 때문인 것으로 보인다. MongoDB는 속성이름(field)과 속성값(value)이 쌍으로 구성된 도큐먼트(document)를 기본 구조로 가지는 데이터 모델이다. MongoDB는 다양한 형태의 속성값을 저장할 수 있으며, 동적 스키마 개념을 구현하여, 미리 정의된 스키마 없이 데이터를 삽입할 수 있기 때문에 보다 유연하게 데이터베이스를 운영할 수 있다. MongoDB는 SQL 대신 JSON과 비슷한 질의어를 사용하는데, 복잡한 질의의 경우, 강력한 검색 도구인 집계 프레임워크를 제공한다. 집계 프레임워크는 과업을 단계별로 나누어 순차적으로 진행할 수 있기 때문에 상당히 복잡한 질의도 비교적 쉽게 처리할 수 있는 장점을 가지고 있다. MongoDB의 데이터 모델링은 크게 삽입 방식과 참조 방식을 사용한다. 삽입 방식은 검색 성능이 중요하고, 데이터 중복에 따른 데이터 불일치 문제가 발생하지 않는 업무에 적합하며, 참조 방식은 검색 성능보다는 데이터 무결성이 중요한 업무에 적합하다. MongoDB는 관계형 데이터베이스와 다른 특성을 가지고 있기 때문에, 데이터베이스를 구축하기 전에 MongoDB에 적합한 데이터 스키마를 설계하는 것이 필요하다.

✏️ 복습 문제

1. 다음 용어를 설명하라.

   ·3V   ·Hadoop
   ·MongoDB   ·NewSQL
   ·NoSQL   ·그래프 데이터베이스
   ·도큐먼트   ·도큐먼트 데이터베이스
   ·도큐먼트 삽입 방식   ·도큐먼트 참조 방식
   ·동적 스키마   ·빅 데이터
   ·집계 프레임워크   ·컬럼-중심 데이터베이스
   ·컬렉션   ·키-밸류 데이터베이스

2. 빅 데이터의 3가지 특징에 대해 설명하라.

3. 빅 데이터를 처리하는 데 관계형 데이터베이스가 적합하지 않은 이유를 설명하라.

4. NoSQL의 대표적인 유형 4가지는 무엇인가?

5. 키-밸류 데이터베이스를 설명하라.

6. 도큐먼트 데이터베이스를 설명하라.

7. 컬럼-중심 데이터베이스를 설명하라.

8. 그래프 데이터베이스를 설명하라.

9. MongoDB의 도큐먼트 형식에 대해 설명하라.

10. MongoDB의 동적 스키마는 무엇인가?

11. MongoDB의 집계 프레임워크는 무엇인가?

12. MongoDB의 데이터 모델링 방식에 대해 설명하라.

☑ 연습 문제 ||||||||||||||||||||||||||||||||||||||||||||||||||||||||||||||||||||||||||||||||||||||||||||||||||||||||||||||||||||||||

1. 〈그림 14-5〉의 명문가구 사례 데이터베이스는 삽입 방식과 참조 방식 중 어떤 것이 더 적합한지 필요한 가정을 세우고 설명하라.

2. 〈그림 14-5〉의 사례 데이터베이스에서 삽입 방식과 참조 방식의 데이터 스키마를 각각 설계하고, 각 방식에 있어서 다음 데이터를 검색하기 위한 MongoDB 명령문을 작성하라.

   ① 1,000개 이상의 재고를 보유하고 있는 부품에 관한 데이터를 출력하라.

   ② 주문 평균 단가가 125원 이상인 부품번호를 출력하라.

   ③ 재고량이 큰 순으로 부품번호와 부품내역을 출력하라.

   ④ '서울'에 위치한 공급자로부터 주문한 모든 부품의 재고량 합계를 구하라.

   ⑤ 명문가구의 공급자 중 현재 주문을 받지 않은 공급자의 데이터를 출력하라.

   ⑥ 부품내역이 같은 부품의 데이터를 출력하라.

|||||||||||||||||||||||||||||||||||||||||||||||||||||||||||||||||||||||||||||||||||||||||||||||||||||||||||||||||||||||||||||||||||||||||||||||||

⁝⁝ 참고문헌

Banker, k., Bakkum, P., Verch, S., Garrett, D., and Hawkins, T. *MongoDB in Action*(2nd ed.), Manning Publications Co., Shelter Island, NY, 2016.

Coronel, C. and Morris, S. *Database Systems: Design, Implementation, & Management*(13th ed.), Cengage, Boston, MA., 2019.

DB-Engines *DB-Engines Ranking* Accessed on Nov. 30, 2021 https://db-engines.com/en/ranking

MongoDB Manual, https://docs.mongodb.com/manual/.

Stonebraker, M., Madden, S., Abadi, D. J., Harizopoulos, S., Hachem, N., and Helland, P. "The End of an Architectural Era: It's Time for a Complete Rewrite," *In Proceedings of the 33rd International Conference on Very Large Data Bases, VLDB '07*, VLDB Endowment, 2007, pp. 1150-1160.

부록: MongoDB 사용법

MongoDB를 간단히 연습하기 위해서는 컴퓨팅 자원 소모가 없고, 데이터베이스와 관련한 모든 서버 작업을 관리해주는 클라우드 버전인 MongoDB Atlas를 이용하는 것이 편리한데, 공식 홈페이지(https://www.mongodb.com/cloud/atlas)에서 "Try Free" 버튼을 클릭하고 계정을 만들면 된다. 클라우드 데이터베이스인 MongoDB Atlas에서 데이터베이스를 생성하면, 데이터베이스를 시각적으로 조작이 가능하도록 만든 GUI 프로그램인 MongoDB Compass를 이용하여 데이터베이스를 조작하는 것이 편리하다. MongoDB Compass 역시 MongoDB 홈페이지(https://www.mongodb.com/try/download/compass)에서 다운 받으면 된다. 본서의 실습은 MongoDB Compass를 중심으로 진행하겠다.

먼저 MongoDB Atlas를 깔고 실행한 후, 아래와 같이 새로운 프로젝트를 생성한다. 여기서는 명문가구의 약자를 따서 프로젝트 이름을 MM으로 지정하였다.

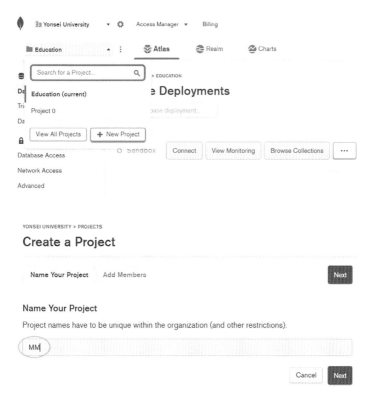

프로젝트를 생성하면 데이터베이스를 만들게 되는데, 실습을 위해서 무료로 제공되는 데이터베이스를 선택하면 된다.

Create a database

Choose your cloud provider, region, and specs.

Build a Database

Once your database is up and running, live migrate an existing MongoDB database
into Atlas with our Live Migration Service.

MONGODB ATLAS

Deploy a cloud database

Experience the best of MongoDB on AWS, Azure, and Google Cloud. Choose a deployment option to get started.

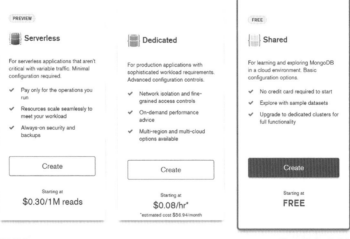

다음으로 클라우드 서버 제공회사와 지역을 선택해야 하는데, 무료 옵션 중 하나를 선택하면 된다.

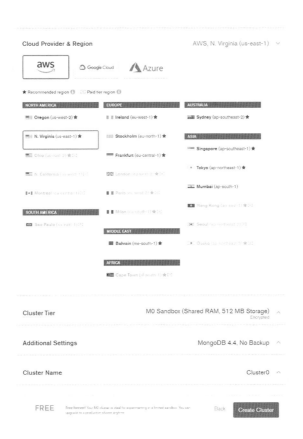

이제 실습을 위한 데이터베이스 클러스터가 만들어졌고, 이 클러스터를 MongoDB Compass와 연결시키기 위해서 'connect' 버튼을 누른다.

먼저 사용자 이름과 사용할 암호를 입력하여 클러스터 사용자를 생성한다.

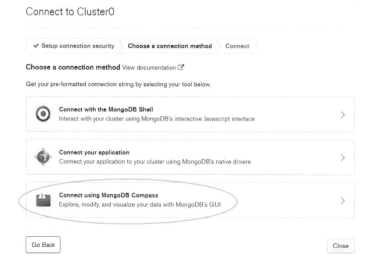

다음으로 클러스터와 연결할 방법을 지정해야 하는데, 앞에서 얘기한대로 MongoDB Compass를 통해 연결하기로 한다.

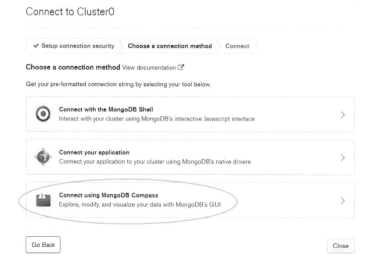

이미 MongoDB Compass를 다운받아 설치했다는 가정하에 'I have MongoDB Compass' 옵션을 선택한 후, ②번에 나오는 연결 문자(connection string)를 복사한다.

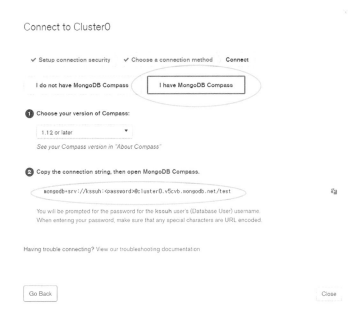

이제 MongoDB의 GUI 프로그램인 MongoDB Compass를 실행시키고 방금 만든 클러스터를 연결시키면 된다. MongoDB Compass가 실행되면 아래와 같이 연결 문자를 입력하라고 나오는데, 위에서 복사한 연결문자를 넣어주면 된다. 이때 아래 '⟨password⟩'라고 표시되어 있는 부분에, 앞에서 사용자를 생성할 때 만든 암호를 '⟨password⟩' 대신 넣어주어야 한다.

MongoDB Compass가 연결되면 이미 'admin', 'config', 'local'이라는 시스템 데이터베이스가 만들어져 있는 것을 볼 수 있을 것이다. 'Create Databae' 버튼을 누르고 우리가 실습에서 사용할 명문가구 데이터베이스를 만들어 보자.

데이터베이스의 이름을 'Myungmun'이라고 하고, 데이터베이스에 들어갈 첫 번째 컬렉션인 'part'를 입력한다.

Create Database

Database Name

Myungmun

Collection Name

part

☐ **Capped Collection** ⓘ

☐ **Use Custom Collation** ⓘ

Before MongoDB can save your new database, a collection name must also be specified at the time of creation. **More Information**

CANCEL   **CREATE DATABASE**

데이터베이스를 생성시키고 나면, 화면의 오른쪽에 'Myungmun'이라는 데이터베이스가 나타나고, 본 화면에 'part' 컬렉션이 보이게 된다. 계속해서 'Create Collection' 버튼을 누르고 나머지 컬렉션도 생성한다.

사례에 나오는 3개의 컬렉션을 모두 만든 후, 각각의 컬렉션에 데이터를 입력해 보자. 데이터를 하나씩 입력할 수도 있지만, 대량의 데이터를 입력하기 위해서는 JSON 파일이나 엑셀의 CSV 파일을 이용하는 것이 편리하다. 따라서 〈그림 14-5〉의 사례 데이터베이스에 나오는 각 컬렉션 당 하나씩 칼럼 제목과 함께 데이터가 들어있는 CSV 파일을 준비하기 바란다. 화면 왼쪽의 컬렉션을 선택하면 아래와 같은 화면이 뜨고, 'Add Date' 버튼을 누르고 'Import File'을 선택한다.

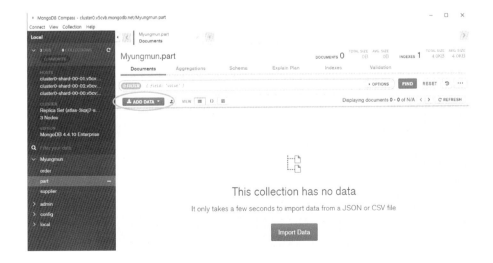

앞에서 만든 CSV 파일을 선택한 후, 파일 타입을 CSV로 지정하고, 각 필드의 데이터형을 지정해 주고 데이터를 'Import'한다. 나머지 컬렉션에 대해서도 동일하게 진행한다.

이제 실습에 사용할 데이터베이스는 모두 준비되었다. Mongo Compass에서는 명령어 기반인 Mongo Shell도 사용할 수 있는데, 화면 맨 밑의 '>_ MONGOSH BETA'를 클릭하면 아래와 같은 프롬프트가 뜨고, 여기에 명령어를 입력하면 된다.

제일 먼저 생성한 데이터베이스를 사용하려면 프롬프트에서 'use 〈데이터베이스 이름〉'을 입력해야 한다. 본인이 생성한 〈데이터베이스 이름〉, 즉, 본 사례에서는 Myungmun을 아래와 같이 입력하면 Mongo Shell에서 'switched to db Myungmun'이라는 내용이 출력될 것이다. 이제 예제 1번을 실습할 수 있는 모든 준비가 끝났다. 예제 1번의 MongoDB 명령어를 입력하면 예제 1번의 결과가 아래와 같이 출력될 것이다.

〉 use Myungmun

```
>_MONGOSH BETA
> use Myungmun
< 'switched to db Myungmun'
> db.part.find({}, {'pNumber': 1, 'inventory': 1, '_id': 0})
< { pNumber: 128, inventory: 75 }
  { pNumber: 131, inventory: 2160 }
  { pNumber: 105, inventory: 220 }
  { pNumber: 107, inventory: 155 }
  { pNumber: 150, inventory: 3200 }
  { pNumber: 124, inventory: 160 }
  { pNumber: 113, inventory: 300 }
Enterprise atlas-3iqxj7-shard-0 [primary] >
```

본 장의 예제를 설명하기 위해서 지면상의 이유로 MongoDB Shell에 명령어를 입력하는 방식으로 설명했으나, 사실 MongoDB Compass는 MongoDB Shell보다 훨씬 사용하기 쉬운 GUI 인터페이스를 제공한다. 여기서 간단한 예제를 통해 MongoDB Compass 사용법을 알아보자. 이 예제들의 명령어를 이해하기 위해서는 본 장의 같은 예제를 참조하기 바란다.

예제 4 : 16번 공급자(sNumber)로부터 주문(order)한 부품 중 단가(unitPrice)가 100원 이상인 부품번호(pNumber)와 주문량(orderQuantity)을 출력하라.

MongoDB: db.order.find({'sNumber': 16, 'unitPrice': {$gte: 100}}, {'pNumber': 1, 'orderQuantity': 1, _id: 0})

결과: { pNumber: 105, orderQuantity: 2500 }

    동일한 내용을 MongoDB Compass를 사용하여 검색해 보자. 먼저 화면 왼쪽에서 데이터베이스 'Myungmun'의 아래에서 'order' 컬렉션을 선택하면, 'order' 컬렉션에 있는 모든 데이터가 본 화면에 보일 것이다. 'Documents' 메뉴 바로 아래 'Filter' 줄에 있는 'Options'를 클릭하면 3줄이 더 생기는데, 여기에 MongoDB Shell 명령어를 나누어 입력하면 된다. 위의 MongoDB Shell 명령어를 나누어 보면 아래 표와 같은데, 각각을 MongoDB Compass에 대응시킬 수 있다.

MongoDB Shell 명령어	MongoDB Compass 작업
db.order.find	1. 화면 왼쪽에서 데이터베이스 'Myungmun'의 아래에서 'order' 컬렉션을 선택
	2. 'Documents' 메뉴 바로 아래 'Filter' 줄에 있는 'Options'를 클릭
{'sNumber': 16, 'unitPrice': {$gte: 100}}	3. 'Filter' 칸에 {'sNumber': 16, 'unitPrice': {$gte: 100}} 입력
{'pNumber': 1, 'orderQuantity': 1, '_id': 0}	3. 'Project' 칸에 {'pNumber': 1, 'orderQuantity': 1, '_id': 0} 입력
	4. 'Find' 버튼 클릭
	5. '테이블 보기 아이콘' 버튼 클릭

    이렇게 MongoDB Compass의 'Filter'와 'Project' 칸에 각각 입력하고, 'Find' 버튼을 누르면 아래와 같이 동일한 결과를 얻게 된다. 결과를 테이블 형태로 보기 위해서는 '테이블 보기 아이콘' 버튼을 눌러주면 된다.

예제 10 : 공급자(supplier)에 관한 데이터를 위치명(location)의 가나다 역순으로
출력하되, 위치가 같은 경우에는 공급자번호(sNumber) 순으로 출력
하라.

MongoDB: db.supplier.find({}, {'_id': 0}).sort({'location': -1,
'sNumber': 1})

결과: { sNumber: 39, sName: '삼진사', location: '인천' }
{ sNumber: 16, sName: '대신공업사', location: '수원' }
{ sNumber: 27, sName: '삼진사', location: '서울' }
{ sNumber: 70, sName: '신촌상사', location: '서울' }
{ sNumber: 62, sName: '진아공업사', location: '대전' }

이 예제를 MongoDB Compass로 검색하면, 'Filter', 'Project', 'Sort'에 순서
대로 입력하면 되는데, 모든 데이터를 출력하기 때문에 'Filter'는 입력할 내용이
없으며, 결과는 아래와 같다.

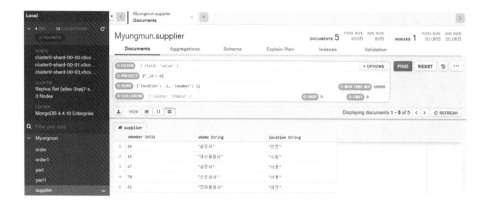

마지막으로 좀 더 복잡한 집계 프레임워크을 사용하는 예제를 살펴보자.

예제 14 : '너트'를 납품하는 공급자번호(sNumber)와 위치(location)를 출력하라.

MongoDB: db.order.aggregate([
        {$lookup:
          {
            from: 'part',
            localField: 'pNumber',
            foreignField: 'pNumber',
            as: 'order_part'
          }
        },
        {$lookup:
          {
            from: 'supplier',
            localField: 'sNumber',
            foreignField: 'sNumber',
            as: 'order_supplier'
          }
        },
        {$match: { 'order_part.pDescription': '너트'}},

```
{$project:
  {
    'sNumber': 1,
    'order_supplier.location': 1,
    '_id': 0
  }
}
])
```

결과: { sNumber: 39, order_supplier: [{ location: '인천' }] }
　　　{ sNumber: 16, order_supplier: [{ location: '수원' }] }

앞의 간단한 예제와의 차이점은 'Documents' 대신 'Aggregations'를 이용한다는 점이다. MongoDB Shell의 명령어를 MongoDB Compass에서 작업하는 내용을 순서대로 나열하면 다음 표와 같다.

MongoDB Shell 명령어	MongoDB Compass 작업
db.order.aggregate	1. 화면 왼쪽에서 데이터베이스 'Myungmun'의 아래에서 'order' 컬렉션을 선택 2. 상단 메뉴에서 'Aggregations' 선택
{$lookup: {from: 'part', localField: 'pNumber', foreignField: 'pNumber', as: 'order_part' } },	3. '$lookup' 기능을 선택하고, Mongo Shell 명령어 중 $lookup 안에 들어가는 다음과 같은 내용을 입력 {from: 'part', localField: 'pNumber', foreignField: 'pNumber', as: 'order_part' }
	4. 'Add Stage' 또는 '+' 버튼을 클릭하여, 계속 나머지 명령어 추가

`{$lookup:`
    `{from: 'supplier',`
    `localField: 'sNumber',`
    `foreignField: 'sNumber',`
    `as: 'order_supplier'`
    `}`
`},`
	5. '\$lookup' 기능을 선택하고, Mongo Shell 명령어 중 \$lookup 안에 들어가는 다음과 같은 내용을 입력
	`{from: 'supplier',`
	  `localField: 'sNumber',`
	  `foreignField: 'sNumber',`
	  `as: 'order_supplier'`
	  `}`

`{$match: { 'order_part.pDescription': '` `너트'}},`	6. '\$match' 기능을 선택하고, Mongo Shell 명령어 중 \$match 안에 들어가는 다음과 같은 내용을 입력 `{ 'order_part.pDescription': '너트'}`

`{$project:`
  `{'sNumber': 1,`
  `'order_supplier.location': 1,`
  `'_id': 0`
  `}`
`}`
	7. '\$project' 기능을 선택하고, Mongo Shell 명령어 중 \$project 안에 들어가는 다음과 같은 내용을 입력
	`{'sNumber': 1,`
	  `'order_supplier.location': 1,`
	  `'_id': 0`
	  `}`

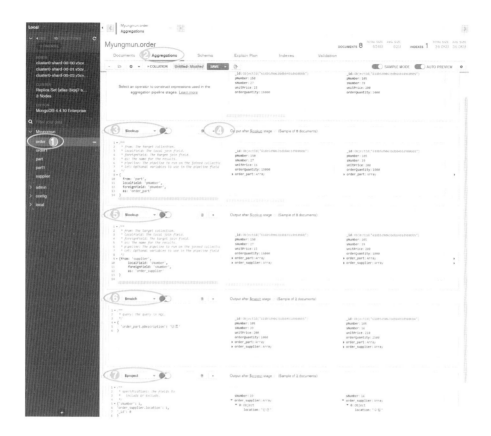

MongDB Compass의 장점은 각 단계를 진행할 때마다 결과물이 바로 보이기 때문에, 후속 명령어를 작성하거나 오류를 찾아내는 데 매우 유용하다. 나머지 예제들도 각자 실습해 보기 바란다.

마지막으로 MongoDB Shell에서 사용할 수 있는 데이터베이스 관리를 위한 명령어 몇 가지를 표에 요약하였다.

작업	명령어
데이터베이스 사용.	〉 use 데이터베이스 이름
현재 생성되어 있는 데이터베이스 보여주기.	〉 show dbs
현재 생성되어 있는 컬렉션 보여주기.	〉 show collections

도큐먼트 삽입. 예를 들어, 'part'에 pNumber 200, pDescription 경칩, inventory 350 추가.	〉 db.part.insert({'pNumber': 200, 'pDescription': '경칩', 'inventory': 350})
도큐먼트 삭제. 예를 들어, pNumber가 200인 도큐먼트 삭제.	〉 db.part.remove({'pNumber': 200})
컬렉션 삭제.	〉 db.컬렉션 이름.drop( )
데이터베이스 삭제.	〉 db.dropDatabase( )

부록

부록 A CASE 도구를 사용한 명문가구 사례

CASE(Computer-Aided Software Engineering)는 정보시스템 개발 과정의 일부를 자동화하는 도구이다. 특히 데이터 모델링 과정을 자동화하기 위한 CASE 도구는 실무에서 많이 활용되고 있다. 본 장에서는 상업용 CASE 도구 중 하나를 채택하여 명문가구 사례에 적용시켜 봄으로써, 지금까지 공부한 내용이 모델링 자동화 도구에 의해서 어떻게 구현되고, 실무에서 활용될 수 있는지 살펴보기로 한다.

A.1 데이터 모델링을 위한 CASE 도구

정보시스템 개발 과정의 일부를 자동화하여 생산성을 높이기 위한 수단으로 CASE 도구가 개발되어 실무에서 널리 사용된다. 일반적으로 CASE 도구는 정보시스템 개발 기간과 비용을 줄이고, 품질을 향상시키며, 유지보수 업무를 도와주는 효과가 있다. 대부분의 CASE 도구는 데이터 모델링을 지원하는 기능을 포함하고 있다. 데이터 모델링 CASE 도구의 가장 기본적인 기능은 개체-관계성도와 같은 데이터 모델링을 위한 그림을 쉽게 그릴 수 있도록 도와주는 것이다. 미리 정의된 양식의 기호를 통해 개체를 그리고, 그들간의 관계성을 쉽게 정의 내릴 수 있고, 결과를 저장할 수 있다. 특히 방대한 양의 개체를 여러 페이지에 걸쳐 그려야 하는 경우, 이를 좀 더 쉽게 관리하고 작업할 수 있는 기능들을 제공한다.

CASE 도구의 중요한 기능 중 다른 하나는 문서화이다. 데이터 모델링과 관련된 여러 중요한 내용들, 예를 들어, 데이터 이름, 데이터 형, 별명, 무결성 제약 등과 같은 사항을 자신의 데이터 사전에 기록하고 보관한다. 그리고 고급 CASE 도구의 경우 시스템의 변경 사항을 버전별로 관리하는 버전 통제 기능을 갖추고 있다.

CASE 도구는 또한 분석 기능을 통해 데이터베이스 설계자를 지원한다. 중요한 분석 기능 중 하나는 개체-관계성도를 테이블로, 또 테이블을 개체-관계성도로 전환하는 것이다. 개체−관계성도를 테이블로 전환시키는 기능을 전방변환(forward engineering)이라고 하고, 그 반대로 데이터베이스의 테이블을 개체−관계성도로 전환하는 것을 역변환(reverse engineering)이라고 한다. 그 외에도 SQL과 프로그램 코드를 생성하는 기능 등 데이터베이스 구축을 위한 다양한 기능을 제공한다.

현재 실무에서 사용되는 상업용 데이터 모델링 CASE 도구는 여러 종류가 있는데, 그중 주요 제품들을 〈표 A−1〉에 정리하였다(Coronel and Morris, 2015). 각 제품들은 비슷한 기능을 지니고 있지만, 각 기능의 깊이나 넓이에 있어서는 제품마다 차이가 크다. 대부분의 제품들은 데이터베이스 관리시스템과 독립적이어서, 어느 제품을 사용하든지 대부분의 주요 데이터베이스 관리시스템으로 전방변환하는 기능이 포함되어 있다.

표 A−1 상업용 CASE 도구

회사	제품명	웹사이트
Erwin, Inc.	Erwin Data Modeler	www.erwin.com/products/erwin−data−modeler/
IDERA, Inc.	ER/Studio Data Architect	www.idera.com/products/er−studio/data−architect
Microsoft	Visio	www.microsoft.com/ko−kr/microsoft−365/visio/flowchart−software
Oracle	SQL Developer Data Modeler	www.oracle.com/kr/database/technologies/appdev/datamodeler.html
IBM	Rational Software Architect Designer	www.ibm.com/docs/ko/rational−soft−arch/9.7.0?topic=designer−rational−software−architect−product−overview
SAP	PowerDesigner	www.sap.com/products/powerdesigner−data−modeling−tools.html
Visible Systems	Visible Analyst	www.visiblesystemscorp.com/Products/Analyst/

본 장에서는 여러 CASE 도구 중에서 비교적 사용하기 쉽고, 널리 사용되는 도구 중 하나인 Erwin을 사용하여 데이터 모델링에서 CASE 도구가 어떻게 활용될 수 있는지 살펴보기로 한다. 그러나 본서는 특정 소프트웨어의 설명서가 아니므로, Erwin의 모든 기능을 소개하기보다는 데이터 모델링과 관련된 중요한 기능을 중심으로 살펴본다.

A.2 Erwin[1]의 시작

교육용 버전 라이선스 키를 입력하고 Erwin을 실행시키면 〈그림 A-1〉과 같은 다소 복잡한 초기 화면이 나타나는데, 각 구역의 명칭이 빨간 글씨로 설명되어 있다. 새로운 모델을 만들기 위해서 'File' → 'New'를 선택하면 〈그림 A-2〉

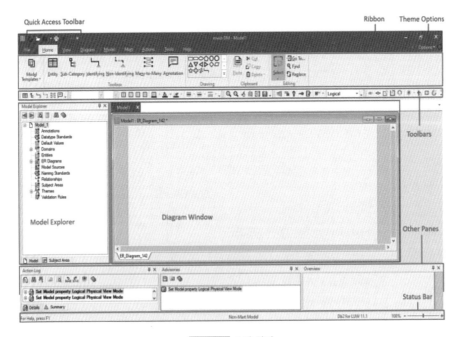

그림 A-1 초기 화면

---

1. https://www.erwin.com/register/129709/ 에서 이 프로그램의 교육용 버전을 무료로 다운받을 수 있으며, 본서에서 사용하는 Erwin은 2020 R2 버전이다.

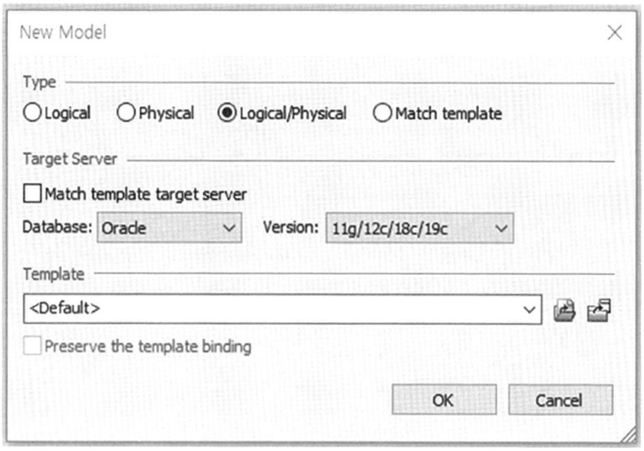

그림 A-2 모델 형식 선택

와 같은 대화상자가 나타난다. 논리적 설계에 이어서 물리적 설계까지 진행할 것이므로 선택사항 중에서 'Logical/Physical'을 선택하고, 아래 쪽에 'Target Server'를 지정하면, 나중에 물리적 설계 결과를 여기서 지정한 데이터베이스 관리시스템의 명령어로 변환하게 된다. 따라서 본인이 사용할 데이터베이스와 버전을 지정하면 되는데, 본서에서는 Oracle 데이터베이스 버전 11g/12c/18c/19c를 선택하기로 한다.

　Erwin의 주 화면상에서 F1키를 누르면, Erwin Data Modeler Online Help 웹페이지로 연결되는데, 보다 자세한 사항은 여기를 참조하기 바란다. 그리고 주 화면이 뜨면 우선 개체-관계성도의 제도製圖 방식을 지정해 주는 것이 좋다. Erwin은 IDEF1X(Integration DEFinition for Information Modeling) 방식과 IE(Information Engineering) 방식을 지원하는데, 그중에서 보다 널리 사용되는 IE 방식으로 지정해 보자. 〈그림 A-3〉과 같이 주 메뉴에서 'Model'을 선택하고, 다시 'Model Properties'를 선택하면 모델 특성에 관한 창이 뜨는데, 이때 Notation 탭에서 논리적, 물리적 모두 IE 방식을 선택하면 된다. 그 외에도 Defaults와 RI Defaults 탭에서 개체와 관계성에 대한 기본값을 지정할 수 있다.

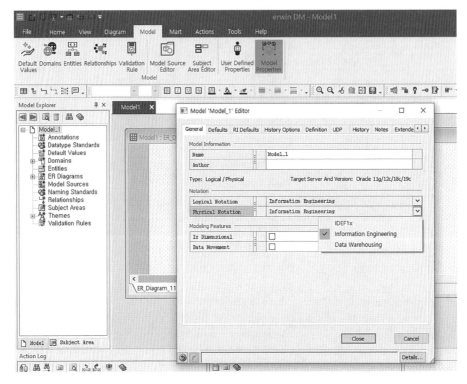

그림 A-3 제도 방식 지정

A.3 논리적 모델링

Erwin은 논리적 설계와 물리적 설계를 지원하는데, 우선 8장에서 도출된 명문가구의 최종개체-관계성도(그림 8-14)를 Erwin의 논리적 모델로 구현해 보기로한다. 먼저 〈그림 A-4〉와 같이 도구 메뉴 중앙에 있는 모델 선택 창에서 Logical을 선택한다.[2]

---

2. 만약 처음 모델을 생성할 때 〈그림 A-2〉에서와 같이 Logical/Physical로 지정하지 않은 경우에는 논리적 설계를 물리적 설계로, 또는 물리적 설계를 논리적 설계로 전환할 수 없다.

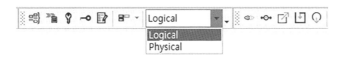

그림 A-4 논리적 설계 선택

A.3.1 개체 집합

개체 집합을 그리기 위해서는 도구 메뉴에서 개체 집합을 나타내는 'Entity' 버튼(그림 A-5)을 선택한 후, 주 화면(diagram window)에 클릭하면, 〈그림 A-6〉과 같은 개체 집합이 생성된다.

그림 A-5 개체 집합(entity) 버튼   그림 A-6 개체 집합

Erwin의 개체 집합은 세 영역으로 나누어져 있는데, 맨 위가 개체 집합의 이름을 기록하는 곳이고, 사각형의 위쪽은 주키 영역, 그리고 아래쪽은 일반 속성 영역이다. 개체 집합의 이름을 입력한 후, 탭키를 이용하여 다른 영역으로 이동할 수 있다. 주키와 일반 속성 영역에서 새로운 속성을 추가하기 위해서는 엔터키를 치면 된다. 이러한 방법으로 명문가구의 직원 개체 집합을 입력하면 〈그림 A-7〉과 같다.

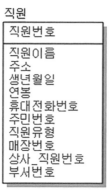

그림 A-7 직원 개체 집합

A.3.2 1:1 또는 1:다의 관계성 집합

Erwin에서는 관계성 집합을 크게 식별(identifying) 관계성 집합과 비식별(non-identifying) 관계성 집합으로 분류하고 있다. 식별 관계성 집합은 3장에서 공부했듯이 식별 개체 집합과 종속 개체 집합 사이의 관계성 집합을 나타내는 것으로 식별 개체 집합의 주키가 종속 개체 집합의 주키의 일부로 자동 삽입된다. 비식별 관계성 집합은 그 외의 모든 관계성 집합으로 1 측의 주키가 다 측의 외부키로 자동 삽입된다. 관계성 집합을 그리기 위해서는 우선 관계성 집합으로 연결되는 두 개체 집합을 먼저 작성한 후에, 도구 메뉴(그림 A-8)에서 해당 관계성 집합을 나타내는 버튼을 선택하고, 먼저 1 측(부모에 해당하는) 개체 집합을 클릭하고, 다음에 다 측(자식에 해당하는) 개체 집합을 클릭하면 된다. 이때 식별 관계성은 실선으로, 비식별 관계성은 점선으로 그려진다.

명문가구의 부서가 직원을 보유하다라는 관계성 집합을 Erwin으로 그리려면, 두 개체 집합을 만든 뒤, 이 관계성 집합은 비식별이므로 맨 뒤의 비식별 관

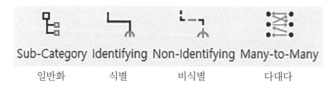

그림 A-8 관계성(relationship) 집합 버튼

계성 버튼을 클릭한 다음, 부서를 먼저 클릭하고 다음에 직원을 클릭하면 된다. 이때 〈그림 A-9〉와 같은 메시지가 뜨는데, 그 이유는 직원의 속성으로 부서번호를 이미 입력해 두었기 때문이다. Erwin은 비식별 관계성의 경우에 부모 개체 집합의 주키를 자식 개체 집합에 외부키로 자동 삽입하는데, 이미 존재하고 있기 때문에 그것을 외부키로 대체할 것인가를 묻는 것이다. 따라서 OK 버튼을 누르고 계속 진행하면 되는데, Erwin이 자동으로 직원 개체집합의 부서번호 속성 뒤에 외부키를 표시하는 '(FK)'를 삽입시키는 것을 볼 수 있다. 한편 외부키나 교차 참조키 속성은 관계성 집합을 통해 자동 삽입되므로 개체 집합 정의시 포함시키지 않아도 된다.

직원이 부양가족을 부양하다라는 관계성 집합은 부양가족이 종속 개체 집합이므로 식별 관계성 집합이다. 이 관계성 집합을 추가하면 〈그림 A-10〉과 같은 모양이 된다. 부양가족 개체 집합이 다른 개체 집합과는 달리 모서리가 둥근 사각형으로 변하는데, 이것은 종속 개체 집합임을 표시해 주는 것이다.

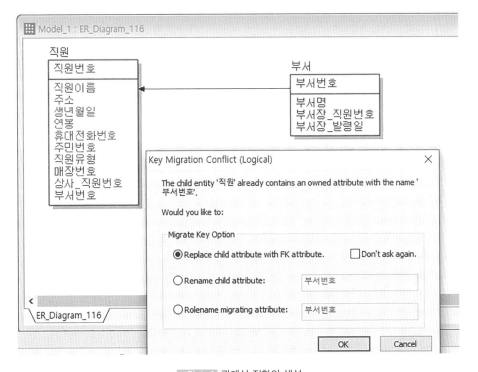

그림 A-9 관계성 집합의 생성

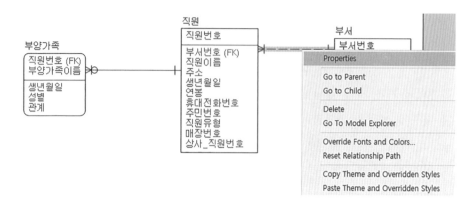

그림 A-10 관계성 집합의 생성

관계성 집합이 생성되면 구체적으로 대응비와 참여도를 지정해 주어야 하는데, 이를 위해 해당 관계성 집합 위에서 마우스의 오른쪽 버튼을 클릭하면 〈그림 A-10〉과 같은 메뉴가 나타난다. 여기서 Properties를 선택하면 〈그림 A-11〉과 같은 화면이 뜨는데, 적절한 관계성 집합의 이름을 Parent-to-Child Phrase와 Child-To-Parent Phrase 칸에 각각 입력하고,[3] 대응비와 참여도를 지정하면 된다. 3장에서 공부한 대응비와 참여도를 Erwin에서 지정하려면 〈표 A-2〉와 같다.

표 A-2 대응비와 참여도의 지정

참여도 \ 대응비		1:1	1:다	다:다
자식 측	완전 참여	Cardinality Value: 1	Cardinality: One or More	대응비와 참여도를 별도로 지정하지 않음
	부분 참여	Cardinality: Zero or One	Cardinality: Zero, One or More	
부모 측	완전 참여	Null Option: Nulls Not Allowed	Null Option: Nulls Not Allowed	
	부분 참여	Null Option: Nulls Allowed	Null Option: Nulls Allowed	

3. 이것은 선택사항이나, 일반적으로 Parent-to-Child Phrase는 입력하는 것이 좋다. 의미를 명확하게 하기 위해 반대 방향(Child-to-Parent)으로도 이름을 입력할 수 있다.

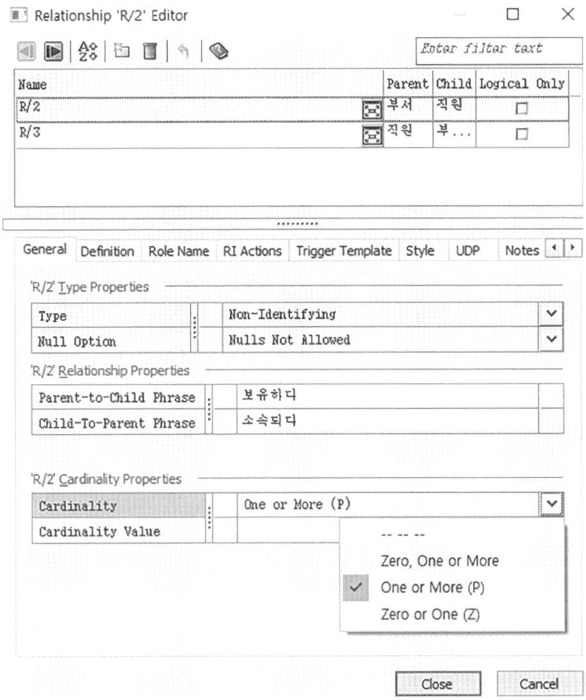

그림 A-11 대응비와 참여도의 지정 화면

예를 들어, 부모 측과 자식 측이 모두 부분 참여인 1:다의 관계성 집합은 〈그림 A-11〉에서 'Cardinality'는 'Zero, One, or More'를, 'Null Option'은 'Nulls Allowed'를 선택하면 된다. 부모에 대한 자식의 대응비가 0이 될 수 있다는 것은 부모 측의 부분 참여를 나타내는 것이며, 따라서 자식의 대응비가 'Zero, One, or More'라는 것은(자식에 대한 부모의 대응비는 항상 1이므로) 부모 측이 부분 참여인 1:다의 관계성 집합을 의미한다. 여기에 자식 측의 미확인(null) 값을 허용하기 때문에, 부모, 자식 모두 부분 참여인 1:다 관계성 집합이 된다. 그 외에 한 방향이 부분 참여인 경우도 같은 방식으로 생각해 보면 〈표 A-2〉의 내용을 쉽게 이해할 수 있을 것이다.

또한 부모 측과 자식 측이 모두 완전 참여인 1:1의 관계성 집합은 〈그림 A-11〉에서 'Cardinality Value'에 '1'을 입력하고, 'Null Option'은 'Nulls Not Allowed'를 선택하면 된다. 부모에 대한 자식의 대응비가 반드시 1이란 것은 (자식에 대한 부모의 대응비는 항상 1이므로) 부모 측이 완전 참여인 1:1의 관계성 집합을 의미한다. 여기에 자식 측의 미확인 값을 허용하지 않기 때문에, 부모, 자식 모두 완전 참여인 1:1 관계성 집합이 된다.

그런데 Erwin의 표현 방식이 6장에서 공부한 개체−관계성도와 클래스 다이어그램과 상이하므로 혼동될 수 있다. 따라서 1:1과 1:다의 비식별 관계성 집합이 가질 수 있는 모든 참여도의 경우를 개체−관계성도, 클래스 다이어그램, 그리고 Erwin의 표현 방식을 한 눈에 비교할 수 있도록 〈표 A−3〉에 정리하였다. 한편, 식별 관계성 집합의 경우에는 부모가 반드시 존재해야 하기 때문에 사용자가 'Null Option'에 대한 결정을 할 필요가 없으므로 비활성화된다. 따라서 자식 측의 'Cardinality'만 정해 주면 된다.

A.3.3 다:다의 관계성 집합

관계형 데이터 모델은 다:다의 관계성 집합을 허용하지 않기 때문에, 관개체 집합을 이용하여 두 개의 1:다의 관계성 집합으로 분리해 주어야 하는데, Erwin은 Association Entity(관개체에 해당하는 개념)라는 개념을 통해 이 과정을 지원한다. 〈그림 8−5〉에서 공부한 다:다의 관계성 집합을 Erwin에서 정의해 보자. 주문과 제품 개체 집합을 각각 만든 후에 〈그림 A−8〉의 관계성 집합 버튼 중에서 다대다 버튼으로 두 개체 집합을 연결하면 〈그림 A−12〉와 같은 모습이 된다. 한 주문에 여러 제품이 포함될 수 있고, 또 한 제품은 여러 주문에 포함될 수 있음을 보여 준다.

논리적 모델에서는 다:다의 관계성 집합이 허용되지만, 물리적 모델에서는 허용되지 않는다. 따라서 다:다의 관계성 집합을 관개체를 생성하여 2개의 1:다의 관계성 집합으로 바꾸어줄 필요가 있다. Erwin에서는 〈그림 A−13〉과 같이

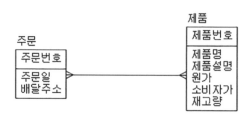

그림 A−12 다:다의 관계성 집합

표 A-3 개체–관계성도, 클래스 다이어그램, Erwin의 표현 방식의 비교

<table>
<tr><td colspan="2" rowspan="1">참여도　　　대응비</td><td>1:1</td><td>1:다</td></tr>
<tr><td rowspan="4">완전</td><td>사례</td><td></td><td></td></tr>
<tr><td>ER</td><td></td><td></td></tr>
<tr><td>클래스
다이어그램</td><td></td><td></td></tr>
<tr><td>ERwin</td><td>Cardinality Eractly 1 ／ Nulls No Nulls
</td><td>Cardinality One or More ／ Nulls No Nulls
</td></tr>
<tr><td rowspan="4">부분 3
(양측 모두
부분 참여)</td><td>사례</td><td></td><td></td></tr>
<tr><td>ER</td><td></td><td></td></tr>
<tr><td>클래스
다이어그램</td><td></td><td></td></tr>
<tr><td>ERwin</td><td>Cardinality Zero or One ／ Nulls Nulls Allowed
</td><td>Cardinality Zero, One or More ／ Nulls Nulls Allowed
</td></tr>
</table>

표 A-3 계속

참여도 \ 대응비		1:1	1:다
부분 1 (부모 측이 부분 참여)	사례		
	ER	1 ◇ 1	1 ◇ 다
	클래스 다이어그램	R ▶ 1..1 0..1	R ▶ 1..1 0..*
	ERwin	Cardinality Zero or One / Nulls No Nulls	Cardinality Zero, One or More / Nulls No Nulls
부분 2 (자식 측이 부분 참여)	사례		
	ER	1 ◇ 1	1 ◇ 다
	클래스 다이어그램	R ▶ 0..1 1..1	R ▶ 0..1 1..*
	ERwin	Cardinality Eractly 1 / Nulls Nulls Allowed	Cardinality One or More / Nulls Nulls Allowed

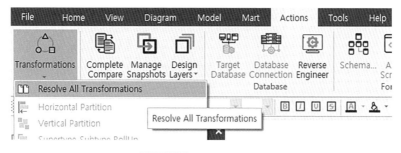

그림 A-13 물리적 모델 선택

Actions → Transformations → Resolve All Transformations 기능을 통해 자동으로 변환할 수 있다. 다:다의 관계성 집합을 변환시키면 〈그림 A-14〉처럼 Association Entity(관개체)가 생성되면서 두 개의 1:다 관계성 집합이 생성된다. 새로 생성된 주문_제품 개체에 속성을 추가하고, 각각의 관계성 집합의 대응비를 적절히 정의하면 최종적으로 〈그림 A-15〉와 같은 두 개의 분리된 1:다의 관계성 집합이 완성된다.

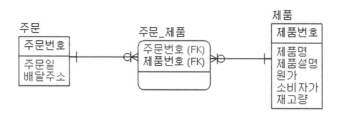

그림 A-14 Association Entity의 생성

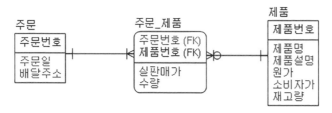

그림 A-15 두 개의 분리된 1:다의 관계성 집합

A.3.4 일원 관계성 집합과 삼원 관계성 집합

Erwin에서 일원 관계성 집합은 개체 집합을 정의한 후, 비식별 관계성 버튼으로 개체 집합을 두 번 선택해 주면 된다. 예를 들어, 직원이 직원을 감독하다라는 일원 관계성 집합을 정의하려면 먼저 직원 개체 집합을 정의한 후, 비식별 관계성 버튼을 클릭한 다음, 직원 개체 집합을 두 번 클릭하면 〈그림 A-16〉과 같이 일원 관계성 집합이 생성된다.

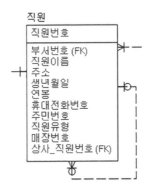

그림 A-16 일원 관계성 집합의 생성

그러나 아직 외부키가 제대로 정의되지 않았는데, 관계성 집합 위에서 마우스의 오른쪽 버튼을 클릭하여 Properties를 선택한다. 그리고 Role Name 탭을 선택한 후, 〈그림 A-17〉과 같이 Role Name을 상사_직원번호로 정의하면 된다. 이것은 직원 개체 집합의 주키인 직원번호를 상사_직원번호라는 이름으로 순환 외부키로 정의하는 것이다. 그런데 이때 〈그림 A-9〉에서와 마찬가지로 경고 메시지가 뜨는데, 그 이유는 직원의 속성으로 상사_직원번호를 이미 입력해 두었기 때문이다. 따라서 OK 버튼을 누르고 계속 진행하면 되는데, 〈그림 A-18〉과 같이 Erwin이 자동으로 상사_직원번호 속성 뒤에 외부키를 표시하는 '(FK)'를 삽입시키는 것을 볼 수 있다. 순환 외부키 역시 관계성 집합을 통해 자동 삽입되므로 개체 집합 정의시 포함시키지 않아도 된다. 이제 적절한 대응비와 참여도를 지정하면 일원 관계성 집합이 완성된다.

한편, Erwin에서는 삼원 관계성 집합은 정의할 수 없으므로, 8장에서 공부한 규칙 6과 같은 방법으로 이원 관계성 집합으로 전환한 후에 Erwin으로 정의하면 된다.

| General | Definition | Role Name | RI Actions | Trigger Template | Style | UDP | Notes | Extended | ◀ ▶ |

Migrated Key/Index

| Key Group | ⋮ | XPK직원 | | ∨ |

Role Name Info

Migrated Attribute	Role Name
직원번호	상사_직원번호

Close   Cancel

그림 A-17 일원 관계성 집합의 외부키 정의

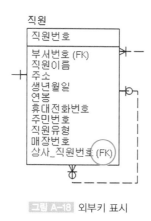

그림 A-18 외부키 표시

A.3.5 일반화/상세화 관계성 집합

일반화/상세화 관계성 집합을 정의하기 위해서는 우선 관련된 각각의 개체 집합을 먼저 정의하여야 하는데, 명문가구의 직원 개체 집합과 상세화된 하위 개체 집합을 정의하면 〈그림 A-19〉와 같다.

각 개체 집합이 만들어지면 도구 메뉴에서 일반화/상세화 관계성 집합을 정의하는 버튼(그림 A-20)을 선택한 후에, 상위 개체 집합인 직원을 클릭한 후에 하위 개체 집합인 사무직원을 클릭하면, 〈그림 A-21〉과 같은 일반화/상세화 관계성 집합이 생성된다.

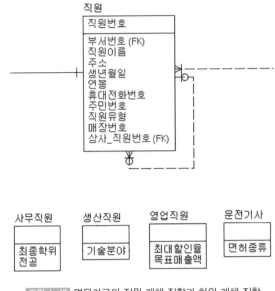

그림 A-19 명문가구의 직원 개체 집합과 하위 개체 집합

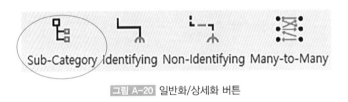

그림 A-20 일반화/상세화 버튼

그 다음 하위 개체 집합을 연결하는 방법은 위의 방법과 약간의 차이가 있다. 먼저 일반화/상세화 버튼을 클릭한 후, 중간에 있는 반원 모양의 교차점을 클릭하고, 그 다음 하위 개체 집합을 클릭하면 된다. 이와 같은 방법으로 모든 하위 개체 집합을 연결하면 〈그림 A-22〉와 같은 모양이 될 것이다.

일반화 관계성 집합의 경우에 배타성과 완전성을 정의해야 하는데, 이를 위해서 교차점 위에서 오른쪽 버튼을 클릭하고, Properties... 메뉴를 선택하면 〈그림 A-23〉과 같은 화면이 뜬다.

여기서 배타적 하위 개체 집합인 경우에는 Type을 Exclusive로 선택하고, 비배타적인 경우는 Inclusive를 선택한다. 배타적인 경우는 현재 〈그림 A-22〉와 같은 모양의 교차점으로 표시되고, 비배타적인 경우는 교차점의 X 표시가 사라

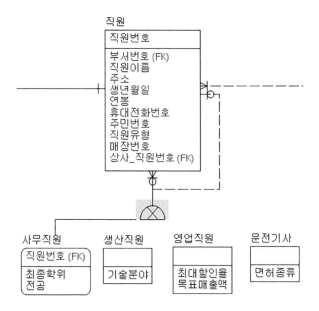

그림 A-21 상위 개체 집합과 하위 개체 집합의 연결

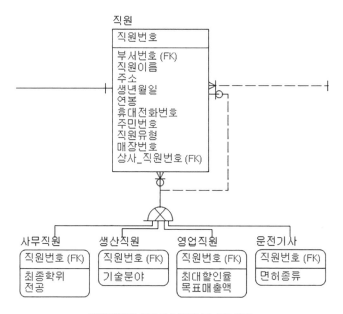

그림 A-22 일반화/상세화 관계성 집합

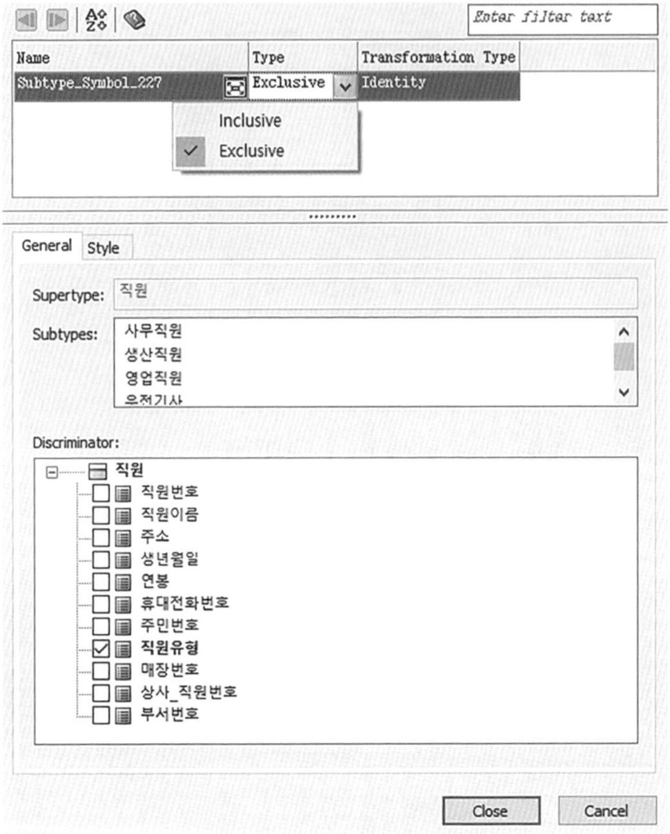

그림 A-23 배타성과 구분자 속성의 지정

지고 속이 빈 반원의 형태로 표시된다. 그리고 추가로 구분자(subtype discriminator) 속성을 지정할 수 있는데, 여기서는 직원유형이 구분자 속성이므로 이 속성을 선택하면 된다. 한편, Erwin에서는 완전 참여와 부분 참여는 따로 표시하지 않는다.

A.3.6 명문가구의 논리적 모델링

지금까지 공부한 내용을 토대로 8장에서 완성한 명문가구의 최종-관계성도 (그림 8-14)의 논리적 모델링을 수행하고, Transformations를 실행하면 〈그림 A-24〉와 같은 개체-관계성도가 완성된다.

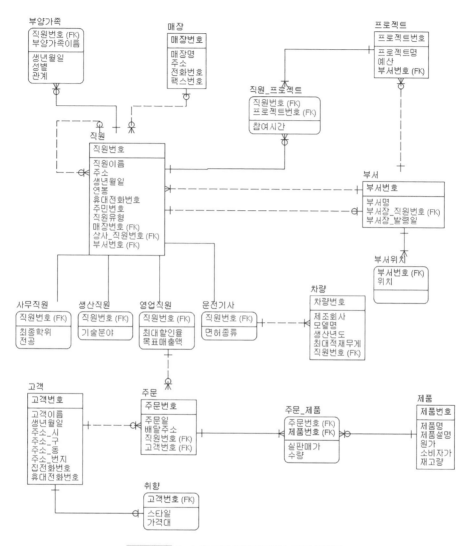

그림 A-24 Erwin을 통한 명문가구의 논리적 모델링

A.4 물리적 모델링

논리적 모델링에서 물리적 모델링으로 전환하려면 〈그림 A-4〉의 모델 선택 창에서 Physical을 선택하면 된다. 먼저 각 항목에 맞는 데이터 형과 크기를 정 의해 주어야 하는데, 이를 위해서 데이터 형과 크기를 지정할 개체 집합을 선택 한 후 오른쪽 버튼을 클릭하면 〈그림 A-25〉와 같은 메뉴[4]가 뜬다. 메뉴에서 두 번째 항목인 Column Properties...를 선택하면 〈그림 A-26〉과 같은 대화상자가 뜬다. 대화상자 왼쪽에서 항목을 선택한 후, 오른쪽에서 적절한 데이터 형과 크 기를 선택하면 된다. 또한 대화상자 오른쪽 아래에 보면 미확인 값(null) 여부를 선택할 수 있는 메뉴가 있다. 직원번호의 경우에는 주키 항목이므로 Erwin이 'NOT NULL'로 고정하였지만, 다른 비주키 항목의 경우에는 사용자가 선택할 수 있다. 그 외에도 Erwin은 영역 제약, 색인(index), 가상 테이블(view), 트리거 등 을 정의할 수 있고 탈정규화 등 지금까지 공부한 대부분의 모델링 개념들을 지

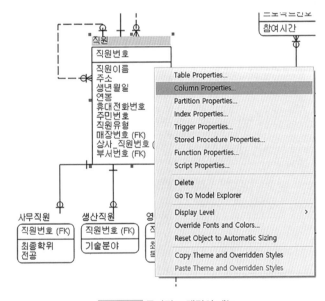

그림 A-25 물리적 모델링의 메뉴

---

4. 메뉴를 자세히 보면 용어가 바뀐 것을 알 수 있는데, 논리적 모델의 Entity는 물리적 모델에서 Table 로, Attribute에서 Column으로 바뀌었다.

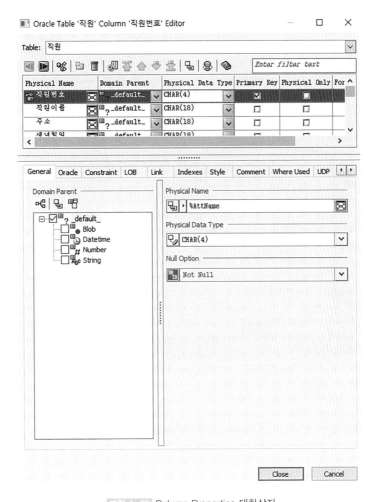

그림 A-26 Column Properties 대화상자

원한다. 하지만 본서는 Erwin의 설명서가 아니므로, 보다 상세한 내용은 Erwin 매뉴얼을 참고하기 바란다.

A.5 데이터베이스 스키마 생성

논리적, 물리적 데이터 모델링이 완성되면 이를 실제 데이터베이스 관리시스템의 코드로 전환해야 하는데, 이를 전방변환(forward engineer) 또는 스키마 생성

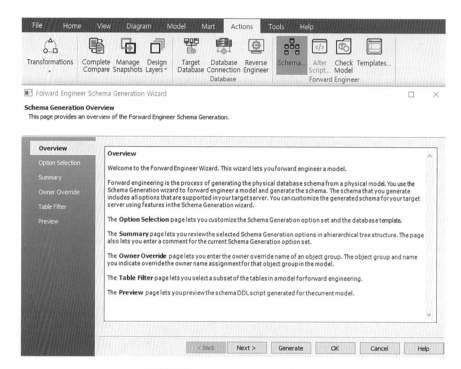

그림 A-27 Schema Generation 대화상자

(schema generation)이라고 한다. 이를 위해서 메뉴에서 Actions→Schema...를 선택
하면 〈그림 A-27〉과 같은 대화상자가 나타난다. Option Selection을 통해서 다
양한 옵션을 선택할 수 있는데, 각각에 대한 자세한 내용은 Erwin 매뉴얼을 참
고하기 바란다. 생성될 SQL 코드를 미리 확인하고 싶으면 〈그림 A-27〉의 왼쪽
맨 아래 Preview 메뉴를 클릭하면 된다. 예를 들어, 〈그림 A-24〉의 명문가구
데이터 모델의 코드를 미리 확인하면 〈그림 A-28〉과 같은 Oracle 코드를 볼 수
있을 것이다. 이렇게 Erwin에서 생성된 명문가구의 Oracle 코드를 본 장의 마지
막에 첨부하였으니 참조하기 바란다. 생성될 스키마의 확인이 완료되면
Generate 버튼을 눌러 실제 데이터베이스 스키마를 생성하면 된다.

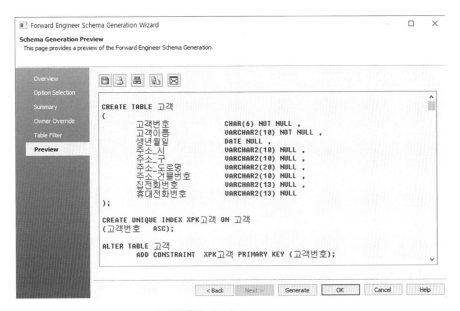

그림 A-28 명문가구의 Oracle 코드

Erwin에서 생성된 명문가구 데이터베이스 스키마[5]

CREATE TABLE 고객
(

고객번호	CHAR(6) NOT NULL ,
고객이름	VARCHAR2(10) NOT NULL ,
생년월일	DATE NULL ,
주소_시	VARCHAR2(10) NULL ,
주소_구	VARCHAR2(10) NULL ,
주소_도로명	VARCHAR2(20) NULL ,
주소_건물번호	VARCHAR2(10) NULL ,
집전화번호	VARCHAR2(13) NULL ,
휴대전화번호	VARCHAR2(13) NULL

);

CREATE UNIQUE INDEX XPK고객 ON 고객
(고객번호   ASC);

ALTER TABLE 고객
    ADD CONSTRAINT XPK고객 PRIMARY KEY (고객번호);

CREATE TABLE 매장
(

매장번호	CHAR(3) NOT NULL ,
매장명	VARCHAR2(20) NOT NULL ,
주소	VARCHAR2(50) NULL ,
전화번호	VARCHAR2(13) NULL ,
팩스번호	VARCHAR2(13) NULL

);

---

5. 지면 관계상 Erwin에서 생성된 trigger 정의는 생략하였다.

CREATE UNIQUE INDEX XPK매장 ON 매장
(매장번호   ASC);

ALTER TABLE 매장
        ADD CONSTRAINT XPK매장 PRIMARY KEY (매장번호);

CREATE TABLE 취향
(
        고객번호   CHAR(6) NOT NULL ,
        스타일   VARCHAR2(20) NULL ,
        가격대   VARCHAR2(20) NULL
);

CREATE UNIQUE INDEX XPK취향 ON 취향
(고객번호   ASC);

ALTER TABLE 취향
        ADD CONSTRAINT XPK취향 PRIMARY KEY (고객번호);

CREATE TABLE 직원
(
        직원번호   CHAR(4) NOT NULL ,
        직원이름   VARCHAR2(10) NOT NULL ,
        주소   VARCHAR2(50) NULL ,
        생년월일   DATE NULL ,
        연봉   INTEGER NULL ,
        휴대전화번호   VARCHAR2(13) NULL ,
        주민번호   VARCHAR(14) NULL ,
        직원유형   VARCHAR(20) NULL ,
        매장번호   CHAR(3) NULL ,
        부서번호   CHAR(3) NOT NULL ,
        상사_직원번호   CHAR(4) NULL

);

CREATE UNIQUE INDEX XPK직원 ON 직원
(직원번호   ASC);

ALTER TABLE 직원
        ADD CONSTRAINT XPK직원 PRIMARY KEY (직원번호);

CREATE TABLE 부양가족
(
        직원번호   CHAR(4) NOT NULL ,
        부양가족이름   VARCHAR(10) NOT NULL ,
        생년월일   DATE NULL ,
        성별   VARCHAR(1) NULL ,
        관계   VARCHAR(10) NULL
);

CREATE UNIQUE INDEX XPK부양가족 ON 부양가족
(직원번호   ASC,부양가족이름   ASC);

ALTER TABLE 부양가족
        ADD CONSTRAINT XPK부양가족 PRIMARY KEY (직원번호,부양가족이름);

CREATE TABLE 사무직원
(
        최종학위   VARCHAR2(10) NULL ,
        전공   VARCHAR2(10) NULL ,
        직원번호   CHAR(4) NOT NULL
);

CREATE UNIQUE INDEX XPK사무직원 ON 사무직원
(직원번호   ASC);

```
ALTER TABLE 사무직원
    ADD CONSTRAINT XPK사무직원 PRIMARY KEY (직원번호);


CREATE TABLE 생산직원
(
    기술분야          VARCHAR2(20) NULL ,
    직원번호          CHAR(4) NOT NULL
);


CREATE UNIQUE INDEX XPK생산직원 ON 생산직원
(직원번호    ASC);


ALTER TABLE 생산직원
    ADD CONSTRAINT XPK생산직원 PRIMARY KEY (직원번호);


CREATE TABLE 부서
(
    부서번호          CHAR(3) NOT NULL ,
    부서명            VARCHAR2(20) NOT NULL ,
    부서장_직원번호   CHAR(4) NOT NULL ,
    부서장_발령일     DATE NULL
);


CREATE UNIQUE INDEX XPK부서 ON 부서
(부서번호    ASC);


ALTER TABLE 부서
    ADD CONSTRAINT XPK부서 PRIMARY KEY (부서번호);


CREATE TABLE 부서위치
(
```

```
        위치              VARCHAR2(10) NOT NULL ,
        부서번호           CHAR(3) NOT NULL
);
```

```
CREATE UNIQUE INDEX XPK부서위치 ON 부서위치
(부서번호   ASC,위치   ASC);
```

```
ALTER TABLE 부서위치
        ADD CONSTRAINT XPK부서위치 PRIMARY KEY (부서번호,위치);
```

```
CREATE TABLE 영업직원
(
        최대할인율          DECIMAL(3,2) NULL ,
        목표매출액          INTEGER NULL ,
        직원번호           CHAR(4) NOT NULL
);
```

```
CREATE UNIQUE INDEX XPK영업직원 ON 영업직원
(직원번호   ASC);
```

```
ALTER TABLE 영업직원
        ADD CONSTRAINT XPK영업직원 PRIMARY KEY (직원번호);
```

```
CREATE TABLE 운전기사
(
        면허종류            VARCHAR2(10) ,NULL ,
        직원번호           CHAR(4) NOT NULL
);
```

```
CREATE UNIQUE INDEX XPK운전기사 ON 운전기사
(직원번호   ASC);
```

```
ALTER TABLE 운전기사
    ADD CONSTRAINT XPK운전기사 PRIMARY KEY (직원번호);


CREATE TABLE 제품
(
    제품번호          CHAR(5) NOT NULL ,
    제품명            VARCHAR2(20) NOT NULL ,
    제품설명          VARCHAR2(70) NULL ,
    원가             NUMBER(8) NULL ,
    소비자가          NUMBER(8) NULL ,
    재고량           NUMBER(4) NULL
);


CREATE UNIQUE INDEX XPK제품 ON 제품
(제품번호    ASC);


ALTER TABLE 제품
    ADD CONSTRAINT XPK제품 PRIMARY KEY (제품번호);


CREATE TABLE 주문
(
    주문번호          NUMBER(6) NOT NULL ,
    주문일            DATE NOT NULL ,
    배달주소          VARCHAR2(50) NOT NULL ,
    직원번호          CHAR(4) NOT NULL ,
    고객번호          CHAR(6) NOT NULL
);


CREATE UNIQUE INDEX XPK주문 ON 주문
(주문번호    ASC);


ALTER TABLE 주문
```

```
        ADD CONSTRAINT XPK주문 PRIMARY KEY (주문번호);

CREATE TABLE 주문_제품
(
    주문번호              NUMBER(6) NOT NULL ,
    제품번호              CHAR(5) NOT NULL ,
    실판매가              NUMBER(8) NOT NULL ,
    수량                NUMBER(3) NOT NULL
);

CREATE UNIQUE INDEX XPK주문_제품 ON 주문_제품
(주문번호    ASC,제품번호    ASC);

ALTER TABLE 주문_제품
        ADD CONSTRAINT XPK주문_제품 PRIMARY KEY (주문번호,제품번호);

CREATE TABLE 차량
(
    차량번호              CHAR(10) NOT NULL ,
    제조회사              VARCHAR2(10) NULL ,
    모델명               VARCHAR2(20) NULL ,
    생산년도              NUMBER(4) NULL ,
    최대적재무게            NUMBER(2) NULL ,
    직원번호              CHAR(4) NOT NULL
);

CREATE UNIQUE INDEX XPK차량 ON 차량
(차량번호    ASC);

ALTER TABLE 차량
        ADD CONSTRAINT XPK차량 PRIMARY KEY (차량번호);
```

```
CREATE TABLE 프로젝트
(
        프로젝트번호        CHAR(5) NOT NULL ,
        프로젝트명          VARCHAR2(30) NOT NULL ,
        예산               INTEGER NULL ,
        부서번호           CHAR(3) NOT NULL
);


CREATE UNIQUE INDEX XPK프로젝트 ON 프로젝트
(프로젝트번호    ASC);


ALTER TABLE 프로젝트
        ADD CONSTRAINT XPK프로젝트 PRIMARY KEY (프로젝트번호);


CREATE TABLE 직원_프로젝트
(
        직원번호           CHAR(4) NOT NULL ,
        프로젝트번호        CHAR(5) NOT NULL ,
        참여시간           SMALLINT NULL
);


CREATE UNIQUE INDEX XPK직원_프로젝트 ON 직원_프로젝트
(직원번호    ASC,프로젝트번호    ASC);


ALTER TABLE 직원_프로젝트
        ADD CONSTRAINT XPK직원_프로젝트 PRIMARY KEY (직원번호,프로젝트번
호);


ALTER TABLE 취향
        ADD (CONSTRAINT R_21 FOREIGN KEY (고객번호) REFERENCES 고객 (고객
번호));
```

```
ALTER TABLE 직원
    ADD (CONSTRAINT R_2 FOREIGN KEY (부서번호) REFERENCES 부서 (부서
번호));

ALTER TABLE 직원
    ADD (CONSTRAINT R_7 FOREIGN KEY (상사_직원번호) REFERENCES 직원
(직원번호) ON DELETE SET NULL);

ALTER TABLE 직원
    ADD (CONSTRAINT R_12 FOREIGN KEY (매장번호) REFERENCES 매장 (매장
번호) ON DELETE SET NULL);

ALTER TABLE 부양가족
    ADD (CONSTRAINT R_3 FOREIGN KEY (직원번호) REFERENCES 직원 (직원번
호));

ALTER TABLE 사무직원
    ADD (CONSTRAINT R_8 FOREIGN KEY (직원번호) REFERENCES 직원 (직원번
호));

ALTER TABLE 생산직원
    ADD (CONSTRAINT R_9 FOREIGN KEY (직원번호) REFERENCES 직원 (직원번
호));

ALTER TABLE 부서
    ADD (CONSTRAINT R_17 FOREIGN KEY (부서장_직원번호) REFERENCES 직
원 (직원번호));

ALTER TABLE 부서위치
    ADD (CONSTRAINT R_18 FOREIGN KEY (부서번호) REFERENCES 부서 (부서
번호));
```

ALTER TABLE 영업직원
    ADD (CONSTRAINT R_10 FOREIGN KEY (직원번호) REFERENCES 직원 (직원번호));

ALTER TABLE 운전기사
    ADD (CONSTRAINT R_11 FOREIGN KEY (직원번호) REFERENCES 직원 (직원번호));

ALTER TABLE 주문
    ADD (CONSTRAINT R_19 FOREIGN KEY (직원번호) REFERENCES 영업직원 (직원번호));

ALTER TABLE 주문
    ADD (CONSTRAINT R_20 FOREIGN KEY (고객번호) REFERENCES 고객 (고객번호));

ALTER TABLE 주문_제품
    ADD (CONSTRAINT R_5 FOREIGN KEY (주문번호) REFERENCES 주문 (주문번호));

ALTER TABLE 주문_제품
    ADD (CONSTRAINT R_6 FOREIGN KEY (제품번호) REFERENCES 제품 (제품번호));

ALTER TABLE 차량
    ADD (CONSTRAINT R_22 FOREIGN KEY (직원번호) REFERENCES 운전기사 (직원번호));

ALTER TABLE 프로젝트
    ADD (CONSTRAINT R_13 FOREIGN KEY (부서번호) REFERENCES 부서 (부서번호));

ALTER TABLE 직원_프로젝트
    ADD (CONSTRAINT R_15 FOREIGN KEY (직원번호) REFERENCES 직원 (직원번호));

ALTER TABLE 직원_프로젝트
    ADD (CONSTRAINT R_16 FOREIGN KEY (프로젝트번호) REFERENCES 프로젝트 (프로젝트번호));

부록 B 저장 장치와 파일 조직

데이터베이스는 물리적으로 컴퓨터 저장 장치에 저장되어야만 데이터베이스 관리 시스템을 통하여 검색 또는 갱신될 수 있다. 컴퓨터 저장 장치는 일차 저장 장치(primary storage)와 이차 저장 장치(secondary storage)로 구분된다. 일차 저장 장치는 컴퓨터의 중앙 처리 장치에 의하여 직접 처리되므로 접근 속도가 매우 빠르다. 그러나 일차 저장 장치는 저장 규모가 한정되어 있고, 전원이 공급되지 않으면 데이터가 상실되기 때문에 대량의 데이터를 영구 보존하는 데는 적합치 않다. 따라서 데이터베이스는 비교적 저렴하며 저장 규모가 방대한 마그네틱 테이프나 마그네틱 디스크와 같은 이차 저장 장치에 보관된다. 본 부록에서는 데이터베이스를 보관하기 위한 저장 장치와 물리적으로 데이터를 저장 장치에 위치시키는 파일 조직에 관하여 공부한다.

B.1 이차 저장 장치

가장 널리 사용되는 이차 저장 장치로는 마그네틱 테이프와 마그네틱 디스크가 있다. 마그네틱 테이프는 레코드를 저장하고 검색할 때 반드시 앞에서부터 뒤로 순서대로 진행해야 하는 순차 접근 장치(sequential access device)이다. 한편 마그네틱 디스크는 레코드가 저장된 위치에 관계없이 직접 접근이 가능하기 때문에 직접 접근 장치(direct access device)라고 불린다. 이것은 카세트 테이프와 전축 음반을 비교해 보면 쉽게 이해될 것이다. 데이터베이스는 다양한 유형의 검색과 수정을 요구하기 때문에 접근 순서의 제약이 없는 직접 접근 장치에 주로 저장된다. 한편 순차 접근 장치는 값이 저렴하고 대량의 데이터를 순서대로 보관하는 데 적합하므로, 데이터베이스의 예비(back-up) 파일을 보관하는 장치로 널리 사용된다.

B.1.1 마그네틱 디스크 장치

마그네틱 디스크 장치는 일반적으로 여러 장의 디스크가 〈그림 B–1〉과 같이 한 벌을 이룬다. 각 디스크 표면은 **접근 막대**(access arm)에 달려 있는 **판독/기록기**(read/write head)에 의하여 레코드가 기록되고 판독된다. 디스크 표면은 **트랙**(track)이라고 불리는 동심원으로 구성되어 있으며, 모든 트랙은 동일한 양의 데이터를 저장할 수 있다. 트랙에 저장될 수 있는 데이터는 4 내지 50킬로바이트(Kbyte) 정도이며, 트랙은 다시 **섹터**(sector)나 **블록**(block)과 같은 더 작은 단위로 나누어 사용한다. 한 트랙에 기록된 모든 데이터는 판독/기록기가 접근 막대를 이동시키지 않은 채, 디스크를 회전시켜 모두 판독할 수 있다. **실린더**(cylinder)는 각 디스크 표면에서 동일한 지름을 갖는 트랙의 집합을 의미한다. 실린더에 저장된 데이터 역시 접근 막대를 이동시키지 않은 채 판독할 수 있기 때문에, 서로 관계된 레코드는 한 실린더에 저장함으로써 접근 시간을 줄일 수 있다.

B.1.2 디스크 장치의 용량

데이터의 양을 표현하는 기본 단위는 바이트(byte)인데, 한 바이트는 영문자 약 한 자를 기록할 수 있는 크기이다. 일반적으로 디스크 장치의 용량은 킬로바

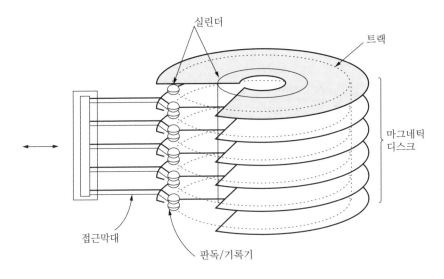

그림 B-1 마그네틱 디스크 장치의 구성

이트(Kbytes 혹은 1,000bytes[1]), 메가바이트(Mbytes 혹은 1,000,000bytes), 또는 기가바이트 (Gbytes 또는 1,000,000,000bytes)로 표시한다. 디스크의 용량은

트랙당 저장량 × 실린더당 트랙 수 × 디스크 장치의 실린더 수

로 계산된다. 예를 들어, 다음과 같은 물리적 구성을 가진 디스크 장치의 용량 은 약 1.74기가바이트가 된다.

트랙당 저장량: 65,536바이트
실린더당 트랙 수: 15개
실린더 수: 1,770개

각 실린더에 15개의 트랙이 포함되므로 실린더의 용량은 15×65,536, 즉 983,040바이트가 된다. 그리고 이 디스크 장치는 1,770개의 실린더를 가지고 있 으므로 총 용량은 1,770×983,040, 즉 1,739,980,800바이트(약, 1.74기가바이트)가 된다.

B.1.3 디스크 장치의 판독/기록 속도

디스크 장치의 판독/기록 속도는 일반적으로 탐색 시간(seek time), 회전 지연 시간(rotational delay time), 그리고 전송 시간(transfer time)에 영향을 받는다. **탐색 시간**은 접근 막대가 해당 실린더에 위치하는 데 소요되는 시간이다. 탐색 시간은 접 근 막대가 이미 원하는 실린더에 위치해 있는 경우에는 0이 되며, 최악의 경우에 는 가장 안 쪽 실린더에서 가장 바깥 쪽 실린더(또는 그 반대)로 이동하는 시간이 된다. 따라서 평균 탐색 시간을 이용한다.

회전 지연 시간은 디스크 장치를 회전시켜서 해당 데이터 블록을 판독/기록 기 아래로 이동시키는 시간이다. 이 역시 현재 데이터 블록의 위치에 따라 0에 서부터 최대 디스크가 완전히 한 바퀴 도는 시간까지 걸릴 수 있으므로 평균 회

---

1. 킬로바이트는 정확히 2^{10}, 즉 1,024바이트이나 편의상 1,000바이트로 표현한다.

전 지연 시간을 사용한다. 디스크가 일 회전하는 데 걸리는 시간이 R이라면, 평균 회전 지연 시간은 R/2이 된다.

전송 시간은 디스크와 일차 저장 장치 사이에 한 블록의 데이터를 전송하는 데 걸리는 시간이다. 전송 시간은 디스크의 초秒당 데이터 전송률과 블록의 크기에 따라 결정된다. 다음과 같은 가상의 디스크 장치가 있을 때 임의의 한 블록의 데이터에 접근하는 데 소용되는 시간을 계산해 보자.

최대 탐색 시간: 24msec(millisecond)

디스크 회전 속도: 7,200rpm(revolutions per minute)

전송률: 초당 5Mbytes

블록의 크기: 5,000bytes

평균 탐색 시간은 최소 탐색 시간과 최대 탐색 시간의 평균으로 가정하면,

$$
\begin{aligned}
\text{평균 탐색 시간} &= (\text{최소 탐색 시간} + \text{최대 탐색 시간}) / 2 \\
&= (0 + 24) / 2 \\
&= 12\text{(msec)}
\end{aligned}
$$

가 된다. 한편 디스크가 일 회전하는 데 소요되는 시간은

$$
\begin{aligned}
\text{디스크 일 회전 시간} &= 60\text{(sec)}/7,200 \\
&= 8.33\text{(msec)}
\end{aligned}
$$

이며, 평균 회전 지연 시간은

$$
\begin{aligned}
\text{평균 회전 지연 시간} &= (\text{디스크 일 회전 시간})/2 \\
&= 8.33/2 \\
&= 4.17\text{(msec)}
\end{aligned}
$$

가 된다. 그리고 한 블록의 데이터를 전송하는 데 걸리는 시간은

$$전송 \ 시간 \ = \ 블록 \ 크기/초당 \ 전송률$$
$$= \ 5,000/5,000,000$$
$$= \ 1_{(msec)}$$

로 계산된다. 따라서 5,000bytes 크기의 데이터 블록에 접근하는 데 소요되는 시간은 다음과 같다.

$$데이터 \ 접근 \ 시간 \ = \ 평균 \ 탐색 \ 시간 \ + \ 평균 \ 회전 \ 지연 \ 시간 \ + \ 전송 \ 시간$$
$$= \ 12+4.17+1$$
$$= \ 17.17_{(msec)}$$

B.1.4 마그네틱 테이프 장치

마그네틱 디스크 장치가 대표적인 직접 접근 장치라면, 마그네틱 테이프는 대표적인 순차 접근 장치이다. 순차 접근 장치의 특성상 마그네틱 테이프의 중간에 위치한 데이터 블록에 접근하기 위해서는 지금 현재의 위치에서부터 그 데이터가 위치한 블록 사이의 모든 데이터를 읽어야 한다. 이러한 단점 때문에 특정 데이터에 접근하는 소요 시간이 일반적으로 느리고 불규칙하여, 온−라인 시스템을 지원하는 이차 저장 장치로는 적합하지 않다. 그러나 마그네틱 테이프는 예비 파일을 저장하기 위한 용도로 널리 사용되고 있다. 마그네틱 디스크에 저장된 데이터가 디스크의 파괴나 다른 이유로 상실될 경우를 대비하여, 주기적으로 그 내용물을 마그네틱 테이프에 복제해 두어야 한다. 예비 파일은 원본의 내용물을 처음부터 끝까지 순차적으로 복제하기 때문에 테이프 장치가 특별히 불리할 이유가 없으며, 보관 비용도 디스크 장치보다 저렴하기 때문에 널리 활용되고 있다.

B.2 직접 저장 장치의 레코드 저장 방법

본 절은 물리적 데이터베이스를 보관하는 데 널리 사용되는 직접 저장 장치의 레코드 저장 방법에 관하여 살펴본다. 이를 위하여 특정 회사의 제품에서 사용되는 형식 대신 일반적으로 널리 사용되는 레코드 저장 형태를 개념적으로 설명하기로 한다.

B.2.1 물리적 저장 단위: 블록

디스크 장치에서 물리적 주소를 이용하여 접근할 수 있는 데이터의 최소 단위를 **물리적 레코드** 또는 **블록**(block)이라고 한다. 일반적으로 한 트랙은 다수의 블록으로 구성되는데, 디스크 장치에 따라 그 크기가 미리 정해진 것도 있고, 소프트웨어를 통해 그 크기를 지정할 수 있는 것도 있다. 〈그림 B-2〉에 일반적인 블록의 형태가 나타나 있다. 블록은 물리적 주소를 저장하는 **블록 표제부**(block header)와 실제 데이터를 저장하는 **데이터 저장부**(data subblock)로 구성되어 있다. 그리고 블록과 블록 사이에는 이를 구분해 주는 공간이 위치하고 있다.

블록 표제부는 디스크 장치가 그 블록의 위치를 인식할 수 있도록 자신의 주소를 보관하고 있다. 만약 〈그림 B-2〉의 블록이 167번 실린더, 3번 트랙내에 위치하고 있다면, 이 블록의 물리적 주소는 167번 실린더, 3번 트랙, 5번 블록이 된다. 데이터 저장부는 실제로 데이터가 저장되는 부분이다.

B.2.2 레코드 저장 방법

물리적 저장 단위인 블록의 크기가 반드시 사용자의 레코드, 즉 논리적 레코드의 크기와 일치할 수는 없다. 일반적으로 블록에 레코드를 저장하는 방법은 〈그림 B-3〉과 같이 세 가지가 존재한다.

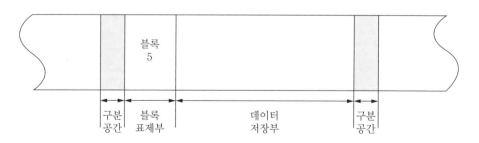

그림 B-2 디스크 장치의 물리적 저장 블록

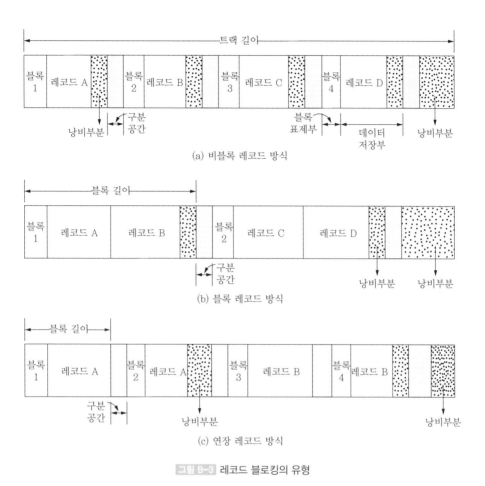

그림 B-3 레코드 블로킹의 유형

1. **비블록 레코드**(unblocked records): 비블록 레코드 방식은 각 블록의 데이터 저장부에 한 레코드씩 저장하는 방법이다. 데이터 저장부의 크기와 논리적 레코드의 크기가 같을 경우에는 데이터 저장부 내에서는 저장 장소의 낭비가 없다. 그러나 트랙의 크기와 데이터 저장부의 크기가 정확히 맞아떨어지지 않는 경우에 〈그림 B-3〉의 (a)와 같이 트랙 끝부분에 낭비되는 부분이 생긴다.

2. **블록 레코드**(blocked records): 블록 레코드 방식은 〈그림 B-3〉의 (b)와 같이 한 블록 안에 다수의 레코드를 저장하는 방법이다. 한 블록 안에 저장되는 레코드의 숫자는 블록과 레코드의 크기에 따라 결정되는데, 이 수를 블

로킹 계수(blocking factor)라고 한다. 예를 들어, 〈그림 B-3〉의 (b)에는 한 블록당 두 개의 레코드가 저장되었으므로 블로킹 계수는 2이다. 비블록 레코드 방식의 경우에는 한 블록에 한 레코드만 저장되므로 블로킹 계수는 1이 된다. 블록 레코드 방식은 블록 크기에 대한 레코드의 크기에 따라 데이터 저장부 내에 낭비되는 부분이 생길 수도 있다. 블록 레코드 방식이 비블록 레코드 방식에 비해 갖는 장점은 데이터 입/출력 속도가 빠르다는 점이다. 블로킹 계수가 n인 블록 레코드 방식에서는 한 번에 n개의 레코드를 읽어 들일 수 있기 때문이다. 또한 n개의 레코드당 하나의 블록 표제부와 구분 공간이 사용되기 때문에 저장 장소도 절약된다.

3. **연장 레코드**(spanned records): 연장 레코드 방식은 한 레코드를 둘 이상의 블록에 나누어 저장하는 방법이다(〈그림 B-3〉의 (c) 참조). 이 방법은 데이터의 입/출력이 복잡하고 시간이 많이 소요되므로, 허용되는 물리적 블록의 최대 크기보다 논리적 레코드의 크기가 큰 경우를 제외하고는 별로 사용되지 않는다.

B.3 파일 조직

파일은 관련된 레코드의 집합체이며, 파일 조직은 이차 저장 장치에 레코드를 어떠한 규칙에 의하여 물리적으로 저장하는 기술을 의미한다. 특정한 파일 조직을 선택하기 위하여 설계자는 이차 저장 장치의 물리적 제약, 데이터베이스 관리시스템과 운영시스템의 특성, 사용자의 요구사항 등을 파악하고 있어야 한다. 파일 조직을 선택할 때 고려해야 할 사항으로는 접근 속도, 저장 장소의 효율적 사용, 보안, 재조직의 필요성, 확장성 등이 있다. 일반적으로 이러한 기준을 모두 최상으로 보장하는 파일 조직은 존재하지 않는다. 따라서 설계자는 주어진 자원하에서 이러한 기준들간의 조화를 이루어야 한다.

데이터베이스 관리시스템과 관련된 파일 조직으로는 순차(sequential) 파일 조직, 색인 순차(indexed sequential) 파일 조직, 그리고 직접(direct) 파일 조직 등이 있다. 순차 파일 조직은 데이터베이스 관리시스템이 일지(log) 파일이나 예비 파일을 생성할 때 주로 사용된다. **색인 순차 파일 조직**은 데이터베이스 관리시스템에서 직접 활용되지는 않는다. 그러나 다수의 데이터베이스 관리시스템은 색인 순차 파일이 사용하는 것과 유사한 방법으로 색인을 만들어 사용한다. 따라서 색인 순차 파일을 공부함으로써 데이터베이스 관리시스템의 색인 개념을 이해하는 데 도움을 받을 수 있다. 마지막으로 **직접 파일 조직**, 또는 그와 유사한 파일 조직은 대부분의 데이터베이스 관리시스템에서 데이터베이스 자체를 조직하는 수단으로 사용되고 있다. 본 절에서는 이 세 가지 파일 조직에 관하여 살펴보고, 각 방법의 장단점을 공부하기로 한다.

B.3.1 순차 파일 조직

순차 파일 조직은 레코드를 주키의 값에 따라 순서대로 저장하는 방법으로 위에서 언급한 세 가지 유형의 파일 조직 중 가장 단순한 형태의 파일 조직이다. 〈그림 B-4〉에 순차 파일 조직의 예가 나타나 있다. 순차 파일 조직으로 된 파일은 레코드를 순서대로 모두 검색하기에는 매우 효율적이다. 그러나 저장 장치가 각 레코드의 주소를 보관하고 있지 않기 때문에 파일 내의 특정 레코드에 접근하기 위해서는 파일의 처음부터 그 레코드까지 모두 읽어야만 한다. 또한 파일 중간에 레코드를 삽입하기 위해서는 그 이후의 레코드를 모두 다시 기록해야 하는 단점을 지니고 있다. 따라서 이 방식은 레코드를 주키값에 따라 순차적으로 기록하고 검색하는 경우에만 적합한 방식이며, 레코드 갱신이 자주 발생하거나 비순차적인 접근이 빈번할 때는 적절한 방법이 되지 못한다.

B.3.2 색인 순차 파일 조직

색인 순차 파일 조직은 색인 순차 접근 방법(indexed sequential access method(ISAM))을

레코드 1	레코드 2	레코드 3	··················	레코드 n

그림 B-4 순차 파일의 예

활용하여 레코드의 순차 접근과 임의 접근(random access)을 모두 허용하는 파일 조직이다. 순차 접근을 위해서는 파일의 처음부터 끝까지 읽어 나가면 되고, 임의 접근을 위해서는 원하는 레코드의 주키값을 색인에서 찾아 접근할 수 있다.

색인 순차 파일은 **본**本 **구역**(prime area), **초과 구역**(overflow area), 그리고 **색인 구역**(index area)의 세 부분으로 구성된다. 본 구역은 파일에 포함된 레코드가 저장되는 곳으로, 파일을 조직하거나 재조직한 직후에는 모든 레코드는 본 구역 내에 저장되어 있다. 그 후 레코드가 추가되어 더 이상 본 구역에 저장될 장소가 없는 경우에 레코드는 초과 구역에 저장된다. 색인 구역은 특정 레코드에 접근하고자 할 때 사용하는 색인을 보관하는 장소이다. 색인 순차 파일의 예가 〈그림 B-5〉에 나타나 있다. 이 색인 순차 파일은 주색인, 실린더 색인, 그리고 트랙 색인 등

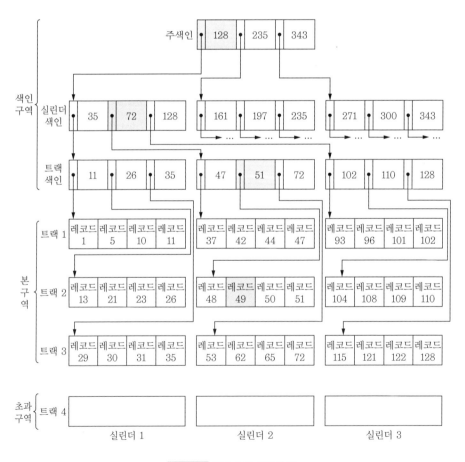

그림 B-5 색인 순차 파일의 예

세 단계의 색인을 사용하고 있다. 색인의 각 화살표는 아래 수준의 색인 또는 색인이 가리키는 레코드가 보관된 트랙의 주소를 나타내는 지시자(pointer)를 상징한다.

색인 순차 파일이 생성될 때 모든 레코드는 주키값에 따라 본 구역에 저장되며, 이에 따라 색인이 작성된다. 주색인은 자신이 가리키고 있는 실린더 색인의 가장 높은 키값을 보관하고 있으며, 실린더 색인 역시 자신이 지시하고 있는 트랙 색인의 가장 높은 키값을 저장하고 있다. 그리고 트랙 색인은 각 트랙에 저장된 레코드의 가장 높은 키값을 가지고 있다.

색인 순차 파일에서 레코드를 순차적으로 검색하기 위해서는 색인을 사용할 필요없이 본 구역에 저장된 레코드를 순차적으로 읽어 가면 된다. 주키값에 따라 레코드가 본 구역에 저장되어 있기 때문이다.

색인 순차 파일에서 임의의 레코드를 검색하기 위해서는 색인을 이용하여 그 레코드에 접근하게 된다. 예를 들어, 49번 레코드를 검색하기 위해서는 각 색인에서 49번과 같거나 큰 첫번째 키를 따라가야 한다. 주 색인에서 49번과 같거나 큰 첫번째 키는 128번이므로 이 키가 가리키는 실린더 색인으로 이동한다. 이 실린더 색인에서 49번과 같거나 큰 첫번째 키는 72번이므로 이 키가 지시하는 트랙 색인으로 이동한다. 이 트랙 색인에서 49번과 같거나 큰 첫번째 키는 51번이다. 따라서 49번 레코드가 존재한다면 이 키가 가리키는 트랙에 위치해 있을 것이다. 색인을 이용하여 검색하고자 하는 레코드가 위치해 있는 트랙을 찾아내면, 그 트랙의 처음부터 순차적으로 레코드를 읽어 들여 원하는 레코드에 접근하게 된다. 이처럼 색인과 순차적인 방법을 모두 이용하여 레코드에 접근하기 때문에 색인 순차 파일이라는 이름으로 불린다.

색인 순차 파일에서 레코드를 수정하는 과정은 레코드 검색 과정과 유사하다. 색인을 이용하여 수정할 레코드를 검색한 후, 새로운 내용의 레코드를 그 위에 덧쓰면 된다.

색인 순차 파일의 레코드를 삭제하는 것도 비교적 간단하다. 색인을 이용하여 해당 레코드를 찾은 다음, 그 레코드에 삭제되었다는 표시를 기입한다. 삭제 표시가 기입된 레코드는 물리적으로 존재하지만 검색되지는 않는다.

색인 순차 파일에 새로운 레코드를 삽입하는 것은 색인을 수정하는 작업이 병행되어야 하므로 간단하지 않다. 예를 들어, 〈그림 B-5〉의 색인 순차 파일에

45번 레코드를 추가하고자 할 경우에, 해당 트랙에 빈 자리가 없으므로 한 레코드씩 뒤로 민 다음에 관련된 모든 색인을 수정하여야 한다. 그러나 이 방법은 현실적으로 불가능하기 때문에 다음과 같은 두 가지 방법을 사용한다.

첫번째 방법은 각 트랙에 미리 여분의 빈 공간을 남겨두는 것이다. 새로운 레코드가 추가되면 여분의 자리에 삽입한 후, 필요한 경우 해당 트랙 색인 하나만 수정하면 된다. 그러나 이 방법도 여분을 초과하는 많은 수의 레코드가 삽입되는 경우에는 곤란하다.

두 번째 방법은 〈그림 B-5〉에서 보듯이 각 실린더에 초과 구역 트랙을 지정하여 본 구역에서 초과된 레코드를 저장하는 공간으로 활용하는 것이다. 예를 들어 〈그림 B-5〉의 파일에 6번, 32번, 그리고 34번 레코드를 추가한다고 가정해 보자. 초과 구역을 이용하여 세 레코드를 삽입한 후의 모습이 〈그림 B-6〉에 나타나 있다. 먼저 6번 레코드가 5번과 10번 사이에 삽입되면, 10번과 11번 레코드는 한 칸씩 뒤로 밀리게 된다. 그런데 1번 트랙에 더 이상 11번 레코드의 자리가 없기 때문에 11번 레코드는 초과 구역으로 옮겨진다. 그리고 11번 레코드가 초과 구역으로 옮겨진 사실을 기억하기 위하여 1번 트랙에서 11번 레코드를 가리키는 지시자를 생성한다. 이후 11번 레코드를 검색하는 요청이 발생하면 1번 트랙을 순차적으로 검색한 후, 지시자를 따라 초과 구역으로 가서 11번 레코드를 찾게 된다. 32번과 34번 레코드가 추가되는 경우에도 마찬가지로 본 구역의 트랙의 공간이 부족한만큼 초과 구역으로 옮긴 후 지시자로 연결한다. 이 방법의 장점은 초과 구역의 크기를 적절히 설정할 경우, 다수의 레코드를 삽입하더라도 트랙 색인을 수정할 필요가 없다는 점이다. 반면, 시간이 경과함에 따라 초과 구역의 레코드가 증가하면 검색 속도가 느려지는 단점이 있다. 따라서 주기적으로 색인 순차 파일을 재조직할 필요가 있다. 즉, 초과 구역에 저장된 모든 레코드를 본 구역으로 옮기고, 삭제 표시가 된 레코드를 물리적으로 제거하며, 색인도 재정리하여야 한다. 이러한 단점을 보완하기 위하여 물리적 트랙과 실린더 대신 가상의 트랙과 실린더를 사용하는 가상 순차 접근 방법(virtual sequential access method(VSAM))도 있다.

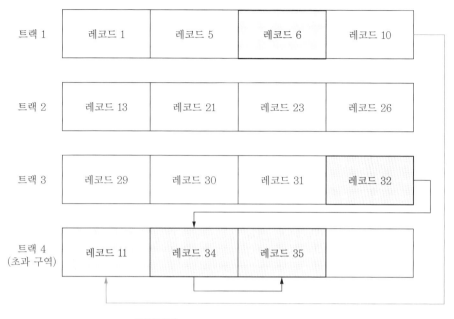

그림 B-6 초과 구역을 이용한 레코드 삽입

B.3.3 직접 파일 조직

직접 파일 조직은 빠른 직접 접근이 요구되는 경우에 사용된다. 대표적인 직접 파일 조직으로 해시(hash) 파일 조직을 들 수 있다. 해시 파일 조직은 색인을 검색하는 대신 키 값을 이용하여 저장 위치의 주소를 계산하기 때문에 매우 빠른 속도로 특정 레코드를 찾을 수 있다. 반면, 레코드가 키값 순서대로 저장되어 있지 않기 때문에 순차적 검색은 실질적으로 불가능하다. 그러나 대부분의 온-라인 시스템에서 순차적 검색은 요구되지 않기 때문에 해시 파일 조직이 널리 사용된다.

해시 파일 조직은 레코드의 주키값을 상대적 디스크 주소로 변환시키는 알고리즘인 **해싱 함수**(hashing function)를 이용하여 저장 장소를 지정한다. 가장 이상적인 해싱 함수는 레코드를 주어진 디스크 공간에 가능한 고르게 분배할 수 있어야 한다. 레코드가 균일하게 분배될수록 레코드간의 충돌이 최소화되고, 디스크 공간도 효율적으로 활용할 수 있기 때문이다.

지금까지 제안된 수많은 해싱 알고리즘 중에서 간단하면서도 비교적 고른 분배를 보장하는 방법으로 **나누기-나머지**(division-remainder)법이 있다. 이 방법은 레코드의 키값을 적당한 값, 주로 소수素數로 나눈 나머지값을 상대적 디스크 주소로 사용한다. 〈그림 B-7〉은 〈그림 B-5〉에 나타난 레코드 중 1번 실린더에 저장된 레코드(1번 레코드부터 35번 레코드까지 12개의 레코드)들을 해싱 함수를 이용하여 디스크의 각 블록으로 배정한 결과이다. 〈그림 B-7〉의 (a)는 블로킹 계수가 1인 경우를, (b)는 블로킹 계수가 2인 경우를 각각 보여 주고 있다.

먼저 블로킹 계수가 1인 경우를 살펴보자. 한 블록에 한 레코드가 저장되며, 저장할 레코드의 총수가 12이므로 최소한 12개의 블록이 필요하다. 〈그림 B-7〉의 (a)에서는 12보다 큰 최소의 소수 13을 제수除數로 사용하였고, 이에 따라 13개의 블록(상대적 디스크 주소 00번부터 12번까지)을 배당하였다. 따라서 적재율은 12/13, 또는 약 92.3%가 된다. 해싱 함수로 나누기-나머지법을 적용시키면, 키

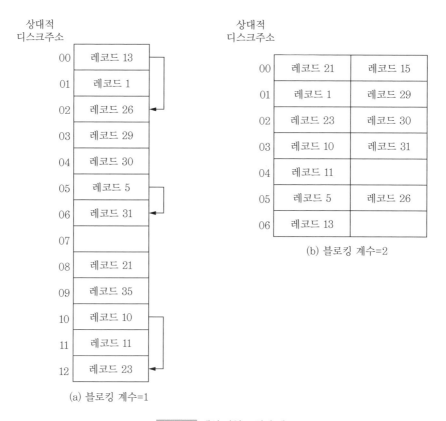

(a) 블로킹 계수=1

(b) 블로킹 계수=2

그림 B-7 해시 파일 조직의 예

값을 제수 13으로 나눈 나머지가 상대적 디스크 주소가 된다. 따라서 1번 레코드를 13으로 나누면 몫이 0이 되고 나머지가 1이므로 01번 트랙에 저장된다. 동일한 방법으로 나머지 레코드들의 상대적 주소를 결정할 수 있는데, 23번 레코드에 이르면 문제가 발생한다. 23번 레코드를 13으로 나누면 몫이 1이고 나머지가 10인데, 10번 트랙에는 이미 10번 레코드가 저장되어 있다. 즉, 레코드간의 충돌이 발생한 것이다. 이를 해결하기 위해서는 〈그림 B-7〉의 (a)에서와 같이 가장 가까이 위치한 다음 빈 트랙(12번 트랙)에 충돌된 레코드(23번 레코드)를 저장한 후, 원래 주소의 트랙(10번 트랙)으로부터 지시자를 연결하여 표시할 수 있다. 실제 해시 파일 조직은 여기서 설명한 것보다 더 정교한 알고리즘을 사용하여 충돌을 해결하지만 원리는 동일하다.

〈그림 B-7〉의 (b)는 블로킹 계수가 2인 경우를 보여 준다. 한 블록에 두 레코드가 저장되므로 12개의 레코드를 저장하기 위해서는 최소한 6개의 블록이 필요하다. 이 예에서는 소수 7을 제수로 사용하여, 7개의 블록(상대적 디스크 주소 00번부터 06번까지)을 배당하였으며, 적재율은 12/14, 또는 85.7%가 된다. 동일한 방법으로 나누기-나머지법을 적용해 보면, 〈그림 B-7〉의 (b)와 같이 모든 레코드가 충돌 없이 자신의 원래 트랙에 저장된다.

해시 파일에 저장된 데이터를 검색하기 위해서는 키값을 이용하여 상대적 디스크 주소를 계산하면 된다. 만약 찾고자 하는 레코드가 자신의 원래 주소의 트랙에 저장되어 있다면 단 한 번의 디스크 접근으로 검색할 수 있다. 그러나, 저장 당시 충돌이 발생하여 초과 구역이나 다른 주소에 저장되었다면, 두 번 또는 그 이상의 디스크 접근이 필요하다. 예를 들어, 〈그림 B-7〉의 (a)의 경우에 3개의 레코드가 충돌을 일으켰기 때문에 평균 탐색 길이는 다음과 같이 계산될 수 있다.

$$\text{평균 탐색 길이} = \frac{(9 \times 1) + (3 \times 2)}{12} = 1.25$$

해시 파일에 있어서 평균 탐색 길이는 매우 중요한 의미를 갖는다. 대부분의 온-라인 시스템은 빠른 접근 속도를 요구하기 때문에 평균 탐색 길이를 가능한 줄이는 것이 바람직하다. 평균 탐색 길이를 줄이기 위해서는 다음과 같은 세 가지 방법을 사용할 수 있다.

1. **해시 함수의 개선:** 주어진 디스크 공간에 가능한 고르게 레코드를 분산시킬 수 있는 해시 함수를 개발함으로써 충돌을 최소화할 수 있다.

2. **적재율 감소:** 레코드를 저장할 디스크 공간을 보다 많이 배정함으로써 충돌을 감소시킬 수 있다.

3. **보다 큰 블로킹 계수의 채택:** 〈그림 B-7〉의 예에서 볼 수 있듯이 블로킹 계수를 늘임으로써 충돌을 감소시킬 수 있다. 해시 함수가 가능한 레코드를 고르게 분산시킨다고 가정할 때, 블로킹 계수가 높을수록 레코드가 특정 블록에 계속해서 몰릴 가능성은 희박해진다. 브래드리(Bradley 1982)는 적재율과 블로킹 계수에 따른 평균 탐색 길이를 계산하여, 〈그림 B-8〉과 같은 그래프로 보여 주고 있다. 예를 들어, 블로킹 계수가 5인 경우, 평균 탐색 길이를 1.2 이내로 한정하고자 한다면 적재율을 약 70%로 유지하면 된다.

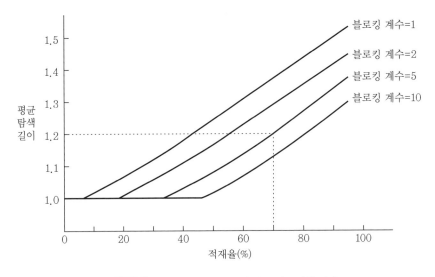

그림 B-8 적재율과 블로킹 계수에 따른 평균 탐색 길이

■::■ **참고문헌**

Bradley, J. *File and Data Base Techniques*, Rinehart & Winston, Holt, New York, 1982.

부록 C 객체중심 데이터 모델

1990년대 초 소프트웨어 공학분야에 있어서 객체중심(object-oriented) 사고의 발전과 더불어 객체중심 데이터 모델에 대한 관심이 매우 고조되었고, 많은 사람들은 조만간 관계형 데이터베이스 제품들은 객체중심 데이터베이스 제품들에게 그 자리를 내줄 것으로 예측하였다. 그러나 그러한 예측은 보기좋게 빗나갔고, 30년이 지난 지금은 객체중심 데이터베이스 관리시스템은 전문분야를 제외한 기업의 기간 시스템을 위한 데이터베이스 시장에서 큰 영향을 주지 못하고 있다. 그럼에도 불구하고, 객체중심 데이터 모델은 전통적인 데이터 모델에 비하여 화상이나 음성 등의 데이터를 처리하는 데 강점을 지니고 있으며, 클래스, 캡슐화 등과 같은 객체중심 개념은 데이터 모델링에 있어서 중요한 역할을 하고 있다. 본 장에서는 객체중심 데이터 모델의 기본 개념과 이를 채택하는 데이터베이스 관리시스템에 관하여 살펴본다.

C.1 객체중심 데이터 모델의 등장 배경

1980년대는 관계형 데이터베이스 제품이 뿌리를 내리고 데이터베이스 시장의 표준으로 자리잡는 기간이었다. 이 기간 중 SQL은 관계형 데이터베이스 관리시스템의 표준 질의어로 선정되었고, 대부분의 데이터베이스 관리시스템은 SQL을 지원하게 되었다. 표준 질의어의 등장은 관계형 데이터베이스 제품을 보다 빠른 속도로 확산시켰으며, 이제는 명실공히 가장 널리 사용되고, 또 사용될 데이터베이스 제품으로 인정 받고 있다.

그러나 한편으로는 정보기술의 발전과 더불어 다양한 형태의 데이터, 즉, 영상, 화상, 음성, 문서 등과 같은 데이터를 활용하는 응용 시스템이 증가하면서 관계형 데이터베이스 제품에 대한 불만의 소리도 높아졌다. 본 절에서는 관계형 데이터 모델이 갖는 문제점을 살펴보고, 객체중심 데이터 모델이 등장한 배경에 대해서 공부한다.

C.1.1 다양한 유형의 데이터 관리의 필요성 증대

컴퓨터 하드웨어와 소프트웨어의 비약적인 발전은 회계처리나 인사관리와 같은 전통적인 응용시스템 외에 멀티미디어, 엔지니어링, 컴퓨터지원 설계와 생산(CAD/CAM), 지리정보시스템(geographic information systems(GIS)), 전문가 시스템 등과 같은 다양한 정보시스템의 출현을 가져왔다. 이에 따라 데이터베이스가 처리해야 하는 데이터의 종류도 문자나 숫자뿐만 아니라, 음성, 화상, 설계도면, 지도, 지식 등으로 확대되었다. 그러나 관계형 데이터베이스와 같은 전통적인 데이터 모델은 이러한 새로운 유형의 데이터를 처리하는 데 있어서 적절하지 못한데, 그 이유는 새로운 시스템에서 다루는 데이터의 성격이 전통적인 정보시스템의 그것과는 매우 다르기 때문이다.

컴퓨터 지원 설계(CAD) 데이터베이스는 건물이나 항공기 등과 같은 제품의 설계 데이터를 저장하고 수정할 수 있어야 한다. 예를 들어, 항공기는 수만 개의 상호 관련된 부품으로 구성되며, 그들 사이에 밀접한 연관 관계를 가지고 있다. 따라서 한 부품의 변경은 그와 관련된 모든 부품의 변경으로 이어진다. 또한 설계 데이터베이스에는 엄청난 수의 개체집합(예를 들어, 각 부품 도면이 개체집합)이 존재하지만, 각 개체집합에 포함되는 개체 예의 수는 적은 편이다. 반면, 전통적인 데이터베이스, 예를 들어, 명문가구의 데이터베이스를 보면 개체집합(예를 들어, 공통 속성으로 분류될 수 있는 부품의 집합체가 개체집합)은 그렇게 많지 않지만, 각 개체집합에 포함되는 개체 예는 매우 많다. 또한 컴퓨터 지원 설계의 경우 잦은 설계 변경의 내용이 설계 데이터에 적절히 반영되어야 한다. 즉, 설계 데이터는 전통적인 데이터에 비해 매우 동적인 특성을 지니고 있고, 데이터베이스는 이러한 특성을 지원하고 설계 변경에 따라 발생하는 버전 관리를 할 수 있어야 한다. 또한 대형 설계 프로젝트에는 수백 명의 설계자가 여러 버전에 동시에 참여하는데, 이를 일관성 있게 조정할 수 있어야 한다.

또 다른 예로 지리정보시스템(GIS)의 데이터베이스는 인공위성 사진이나 상수도, 하수도의 배관 등과 같은 공간적 정보와 개발 전후에 따른 시간적 정보 등을 원활히 다룰 수 있어야 한다. 그리고 정보의 조작에 있어서도 문자나 숫자에 근거한 검색 외에 색깔, 모양 등에 근거하여 검색하는 한층 발전된 패턴 인식(pattern recognition) 기능이 요구된다.

C.1.2 관계형 데이터 모델의 취약점

관계형 데이터 모델은 대부분의 사람들이 익숙한 테이블 형태로 데이터를 관리하기 때문에 사용하기 용이하고, 유연성이 뛰어나다. 이러한 강점은 주로 문자와 숫자를 데이터 값으로 갖는 전통적인 데이터 처리 시스템에서는 매우 잘 적용되었다. 그러나 관계형 데이터 모델은 앞 절에서 살펴본 바와 같이 새로 등장하는 정보시스템의 다양한 정보의 처리에 문제가 있는 등 다음과 같은 단점이 있다(Connolly and Begg, 2002).

- **현실 세계 표현의 취약성:** 관계형 데이터 모델은 본질적 제약으로 인해 현실 세계의 개체를 자연스럽게 표현할 수 없다. 예를 들어, 관계형 데이터 모델에서는 다중값 속성이나 다:다의 관계를 표현할 수 없기 때문에 인위적인 관계들로 분할하여 데이터를 저장해야 한다. 이로 인해 나중에 분리된 데이터의 검색을 위해서는 또다시 관계들을 결합(join)해야 하는 비용이 발생하며, 사용자가 데이터베이스의 구조를 이해하는 데 있어서도 혼동을 줄 수 있다.

- **데이터 구조의 동질성:** 관계형 데이터 모델은 각 타플이 항상 동일한 속성으로 이루어져야 하고, 또 각 속성의 값은 동일한 영역을 취해야 한다. 더 나아가 각 셀의 값은 원자 값만을 취할 수 있는데, 이러한 경직된 본질적 제약으로 인해 복잡한 개체를 표현하는 데 어려움이 따른다. 예를 들어, 항공기와 같이 한 부품이 다수의 다른 부품으로 구성되는 복합개체를 표현하는 데 적합하지 않다.

- **내재적 제약 기능의 부족:** 관계형 데이터 모델이 비록 영역 제약이나 참조 무결성 제약과 같은 내재적 제약을 보장해 주지만, 그 외의 많은 사업관련 제약들은 프로그램상에서 통제되어야 하는 명시적 제약으로 남아 있다. 이러한 명시적 제약은 많은 경우 여러 응용 프로그램에서 반복되어야 하기 때문에, 프로그래머의 생산성이 저하되고, 프로그램간에 불일치 가능성과 유지보수의 증가를 가져온다.

- **한정된 데이터 조작어 기능:** SQL로 대표되는 관계형 데이터 조작어는 숫자

나 문자 데이터를 조작하는 데 필요한 기능은 대부분 가지고 있다. 그러나 지리정보시스템과 같은 새로운 정보시스템의 데이터를 처리하는 데 요구되는 기능은 매우 부족한 실정이다.

• **순환 질의**(recursive query) **처리의 어려움:** 관계형 데이터 모델의 각 셀은 원자 값을 갖는데, 이로 인해 순환 질의를 처리하는 것이 매우 어렵다. 순환 질의란 일원 관계성 집합과 관련된 질의이다. 〈그림 C-1〉은 3장에서 나오는 직원(상사)이 직원(부하)을 감독하다라는 일원 관계성 집합을 관계로 전환한 것으로, 불필요한 속성은 제거하고 각 직원의 상사가 누구인지만 보여 주는 테이블이다. 이 테이블에서 각 직원의 직속 상사는 쉽게 찾을 수 있지만, 각 직원의 모든 상사(자신의 상사의 상사, 또 그 위의 상사…)를 찾는 것은 쉽지 않다. 예를 들어, e02의 모든 상사를 찾기 위해서는 다음과 같은 질의가 요구된다.

```
SELECT    상사_직원번호
FROM      직원
WHERE     직원번호 = 'e02'
UNION
SELECT    상사_직원번호
FROM      직원
WHERE     직원번호 = (SELECT  상사_직원번호
                      FROM    직원
                      WHERE   직원번호 = 'e02');
```

그러나 이러한 질의는 상사가 몇 단계까지 있는지 아는 경우에만 가능하며, '각 직원에 대해 모든 상사를 출력하라'와 같은 일반적인 질의의 경우에는 위와 같은 질의로 해결할 수 없다. 따라서 내장 SQL을 사용하여 별도의 프로그램을 작성하는 수밖에 없다.

직원번호	상사_직원번호
e01	e07
e02	e01
e05	e07
e07	null

그림 C-1 부하와 상사의 관계를 보여주는 직원 테이블

이러한 단점 외에도 관계형 데이터 모델은 다수 테이블의 결합이 요구되는 경우 속도가 현저히 떨어지는 등 실행에 있어서도 몇 가지 문제점을 안고 있다. 이러한 문제점들은 단순히 기존의 관계형 데이터 모델을 부분적으로 개선하여 해결될 수 있다고 보여지지 않는다. 보다 적극적으로 전혀 다른 접근 방법의 모색이 요구되는데, 그 한 가지 해결책이 객체중심 데이터 모델이다.

C.2 객체중심 데이터 모델의 기본 개념

객체중심의 사고는 프로그래밍 언어 분야에서 발전하여 최근에는 소프트웨어 공학 전반에 걸쳐 큰 영향을 미치고 있다. 전통적으로 소프트웨어 공학과 데이터베이스는 서로 분리된 영역으로 인식되어 왔다. 데이터베이스는 주로 정보의 저장과 같은 시스템의 정적인 면에 초점을 맞추고 있는 반면, 소프트웨어 공학은 정보의 흐름과 같은 시스템의 동적인 측면을 모델링하였다. 그러나 객체중심 데이터베이스 시스템이 등장하면서 데이터와 프로세스를 동시에 모델링하는 두 영역의 결합이 이루어지고 있다. 본 절에서는 일반적으로 받아들여지고 있는 객체중심 데이터 모델의 기본 개념에 관하여 설명한다.

C.2.1 객체와 객체 클래스

객체(object)란 현실세계에서 스스로 존재할 수 있는 '어떤 것'이다. 이는 3장에서 공부한 개체-관계성 데이터 모델의 개체와 유사한 개념으로 어떤 사람, 어떤 물건, 어떤 건물 등과 같이 물리적으로 존재하는 유형의 것일 수도 있고, 어떤

학과목, 어떤 계약, 어떤 직업 등과 같이 개념상으로 존재하는 무형의 것일 수도 있다. 객체중심 데이터 모델의 객체와 개체–관계성 데이터 모델의 개체의 차이는 동일한 사물이나 개념을 놓고 인식하는 방법의 차이이다. 개체–관계성 데이터 모델에서는 '어떤 것'을 그것이 지닌 속성만으로 인식하여 개체라는 용어로 표현한 반면, 객체중심 데이터 모델에서는 속성에 더하여 그 속성의 값을 조작하는 절차까지를 포함하여 객체라는 용어로 표현한다는 점이 다르다. 바꾸어 말하면, 객체는 현실 세계에 존재하는 '어떤 것'을 그것의 특징을 나타내는 **속성**(attribute)과 그것을 조작하는 **절차**(method)로 표현한다. 속성은 상태(state), 또는 데이터라는 용어로 사용되기도 하며, 절차는 행위(behavior), 또는 프로그램이라고도 불린다.

객체는 다른 객체들로 구성될 수 있다. 예를 들어, 자동차라는 객체는 엔진, 운전대, 타이어 등과 같은 수많은 부품 객체로 이루어진다. 객체의 이러한 구조가 대단히 복잡한 객체의 정의를 가능하게 한다.

객체 클래스(object class)는 공통점을 지닌 객체를 하나의 집단으로 정의내린 것이다. 예를 들어, 학생이라는 공통점을 지닌 이민우, 김윤형, 박현희라는 각각의 객체는 '학생'이라는 객체 클래스로 정의될 수 있다. 이는 개체–관계성 데이터 모델에서 개체 예(entity instance)와 개체 집합(entity set)의 관계와 동일한 개념이다. 그러나 객체 클래스는 개체 집합과는 달리 공통적으로 적용될 수 있는 절차를 더 포함하고 있다. 예를 들어, '송장'이라는 객체 클래스와 관련된 절차로는 송장의 총계를 계산하는 프로그램, 송장을 고객에게 발송하는 프로그램, 그리고 정한 기일 내에 고객이 대금을 지불했는지 확인하고 그렇지 않은 경우 적절한 조치를 취하는 프로그램 등이 있을 수 있다. 이처럼 대부분의 객체는 자신의 데이터(속성)를 조작하는 잘 정의된 프로그램(절차)이 있기 마련이다. 그러나 기존의 프로그래밍 언어나 데이터 모델은 데이터와 프로그램을 별개의 것으로 취급해 왔다. 객체중심의 사고는 지금까지 데이터와 프로그램이 분리되어 존재하던 것을 하나로 합치려는 노력이다.

C.2.2 캡슐화

객체는 속성과 절차를 모두 포함한다고 하였는데, **캡슐화**(encapsulation)란 속성과 절차를 하나로 묶는 것을 의미한다. 객체는 캡슐화를 통하여 다른 객체로부터 자신의 데이터를 보호하고 자신의 절차를 통해서만 접근할 수 있도록 허용하는데, 이를 **정보 은폐**(information hiding)라고 한다. 캡슐화를 통한 정보 은폐는 부정으로부터 정보를 보호할 수 있다. 자신의 절차에 의해서만 데이터에 접근할 수 있으며, 그 절차가 감추어져 있기 때문에, 사용자나 다른 프로그램이 의도적으로 또는 비의도적으로 그 내용물을 변경하거나 잘못 사용하는 것을 방지한다.

캡슐화는 객체의 사용자로부터 자신의 내용물의 세부 사항을 감추어 준다. 사용자는 그 객체가 어떤 일을 수행할 수 있는지만 알 수 있을 뿐, 어떻게 그것을 수행하는지에 대해서는 알 수 없다. 이것은 마치 우리가 소화제를 먹으면 그 알약 속에 무슨 성분이 들어 있는지는 모르지만 소화를 도와줄 것이라는 것을 아는 것처럼, 한 객체 안의 구체적인 내용(속성과 절차)을 몰라도 사용자는 그 객체를 이용하여 어떤 일을 할 수 있다는 것을 알 수 있다.

캡슐화는 객체의 행위와 실행을 분리시킨 점에서 매우 중요하다. 즉, 어느 객체를 수정할 때 그 객체를 사용하는 응용 시스템이 기대하는 행위가 동일하다면, 그 객체를 사용하는 응용 시스템의 수정 없이 그 객체만 수정하면 된다. 캡슐화를 통하여 한 객체의 수정이 다른 객체나 응용 시스템으로의 파급 효과를 생성시키지 않기 때문에 소프트웨어 개발과 유지보수 생산성에 크게 기여할 수 있다.

C.2.3 메시지

사용자는 **메시지**를 객체에게 보냄으로써 객체가 어떤 일을 수행하도록 요청한다. 메시지를 받은 객체는 요청에 따라 절차를 수행하고, 필요한 경우 결과를 출력하기도 한다. 객체는 **하위객체**(sub−object)들을 내포하고, 그 하위객체들은 또 다시 다른 하위객체를 내포하는 등, 매우 복잡한 구조를 가질 수 있다. 그러나 객체의 사용자는 그 내부 구조에 대해서는 알 필요 없이, 단지 어떻게 메시지를 전달하고 어떻게 반응하는지만 알면 된다. 예를 들어, 라디오 내부가 어떻게 이루어졌는지 몰라도 다이얼을 돌리는 손잡이를 통해 라디오에 특정 방송을 수신하라는 메시지를 전달할 수 있는 것과 마찬가지이다.

메시지는 일반적으로 객체의 이름, 절차의 이름, 그리고 경우에 따라 매개변수 등을 포함한다. 예를 들어, '송장'이라는 객체 클래스에 총계를 계산하라는 메시지는 다음과 같이 표현될 수 있다.

```
Invoice.CalculateTotal
```

이 메시지의 형식은 전화번호 구조와 유사한데, 맨 앞의 영어 대문자로 표시된 수신 객체 클래스 이름(Invoice)은 지역 번호에, 점(.) 다음에 나타난 절차 이름(CalculateTotal)은 가입자 번호에 비유할 수 있다. 가입자 번호가 동일하더라도 지역 번호가 다르면 전혀 다른 곳이 연결되듯이, 동일한 절차 이름을 갖더라도 수신 객체 클래스의 이름이 다르면 전혀 다른 절차를 수행하게 된다. '송장' 객체 클래스는 위와 같은 메시지를 전달 받으면 CalculateTotal이라는 절차를 작동시켜 총계를 계산하고 이를 각 송장에 반영할 것이다.

위의 메시지는 개체의 이름과 절차의 이름만 나타났는데, 매개변수를 포함할 수도 있다. 예를 들어, 1563번 송장의 총계만 계산하라는 메시지는 송장 번호를 다음과 같이 매개변수로 포함한다.

```
Invoice.CalculateTotal(1563)
```

위의 메시지 형식은 하나의 예이며, 다양한 형식의 메시지가 존재한다. 그리고 매개 변수도 둘 또는 그 이상 포함될 수 있다.

C.2.4 유전성

유전성(inheritance)은 3장의 하위 개체 집합을 상위 개체 집합으로 일반화시키는 과정에서 설명한 바 있다. 하위 개체 집합은 상위 개체 집합의 속성을 상속 받는데 이를 유전성이라고 정의하였다. 객체도 역시 상위 객체 클래스와 하위 객체 클래스로 계층화할 수 있으며, 계층화된 구조는 유전성을 갖는다.

예를 들어, 어느 회사의 영업직원 객체 클래스와 생산직원 객체 클래스는 직원 객체 클래스의 하위 객체 클래스이다. 직원의 속성으로 직원번호, 이름, 연봉, 주소, 부서 등이 있고, 절차로 부서_이동, 주소_출력 등이 있다면, 이것의 하

위 객체 클래스인 영업직원과 생산직원은 직원이 갖는 속성과 절차를 모두 유전
받는다. 그리고 각각의 하위 객체 클래스는 자신만의 고유한 속성과 절차를 갖
는다. 예를 들어, 영업직원은 속성으로 주력제품, 최대할인율, 판매액을, 절차로
판매액이 높은 순으로 영업직원_출력, 봉급_계산 등이 있을 수 있다. 그리고 생
산직원은 근무시간, 불량률 등의 속성과 주당_50시간_이상_근무자_명단_출력과
봉급_계산 등의 절차를 가질 수 있다. 이 경우 영업직원과 생산직원 모두 봉급_
계산이라는 절차를 가지고 있지만, 그 계산 방법[1]이 다르기 때문에 상위 객체 클
래스 대신 각각의 하위 객체 클래스의 절차로 정의된다. 이처럼 서로 다른 절차
가 하나의 이름(예를 들어, 봉급_계산)을 공유하는 것을 **과적**(overloading)이라고 한다.
또한 봉급_계산이라는 메시지가 영업직원에게 전달되었을 때와 생산직원에게 전
달되었을 때 서로 다른 계산이 이루어지는데, 이를 **다형성**(polymorphism)이라고 한
다. 만약 상위 객체 클래스와 하위 객체 클래스가 동일한 이름의 절차를 가지고
있다면, 하위 객체 클래스는 상위 객체 클래스의 절차를 유전 받지 않고 자신의
절차를 사용하는데, 이를 **절차 무효화**(overriding)라고 한다.

C.2.5 식별성

객체중심 데이터 모델의 각 객체는 자신이 갖는 속성의 데이터 값과는 별도
로 다른 객체로부터 구별되는데, 이를 **식별성**(identity)이라고 한다. 이 세상에 똑같
은 두 사람이 없듯이, 모든 객체는 자신만의 고유한 성질을 지니고 있다. 한 회
사에서 생산되는 같은 제품이라 하더라도 모양, 형태, 크기가 같아 보일 뿐, 서
로 다른 본질을 가지고 있다.

객체중심 데이터 모델에는 다른 전통적인 데이터 모델과는 달리 주키가 반드
시 요구되지는 않는다.[2] 그 대신 객체중심 데이터베이스 관리시스템은 모든 객체
에 대하여 **객체 식별자**(object identifier(oid))라는 고유한 식별자를 만들어 관리한다.
객체 식별자는 외부 사용자나 응용 시스템이 접근할 수도 갱신할 수도 없으며,
오직 객체중심 데이터베이스 관리시스템만이 접근하고 인식할 수 있다. 따라서

---

1. 예를 들어, 영업직원은 정규 급여와 판매액에 따른 수당을, 생산직원은 정규 급여와 초과 근무 수
   당을 받는다고 가정해 보자.
2. 그렇지만 객체중심 데이터 모델에서도 대부분의 경우 사용자의 편의를 위해 주키를 사용한다.

그 객체의 모든 속성 값이 변하더라도 각 객체에 한 번 부여된 객체 식별자는 절
대 변하지 않는다.

C.2.6 영역

객체중심 데이터 모델이 전통적인 데이터 모델에 비하여 갖는 장점 중의 하
나는 속성값으로 어떠한 영역(domain)도 취할 수 있다는 것이다. 전통적인 데이터
모델은 데이터 값으로 문자, 숫자, 날짜 등 몇 가지 정해진 단순 데이터형만 처리
할 수 있으나, 객체중심 데이터 모델은 이러한 단순 데이터형에 추가하여 사용자
가 정의하는 **추상 데이터형**(abstract data type)의 처리가 가능하다. 더 나아가 속성의
값으로 반드시 원자값(atomic value)만 가능한 관계형 데이터 모델과는 달리, 객체
중심 데이터 모델은 배열과 같은 복합 데이터 값이나 또 다른 객체를 속성값으
로 취할 수 있다.

일반적으로 최근의 객체중심 데이터베이스 관리시스템이 취급할 수 있는 데
이터형과 그러한 데이터형이 주로 사용되는 응용 시스템 분야는 다음과 같다
(McFadden and Hoffer, 1994).

- 2차원 또는 3차원 그래픽: 컴퓨터지원 설계(CAD)와 컴퓨터 지원 생산(CAM)
- 공간 데이터: 지리정보시스템(GIS)
- 문서: 사무 자동화, 컴퓨터 이용 출판(computer-aided publishing)
- 화상, 영상, 음성: 멀티미디어, 하이퍼미디어
- 경험, 법칙: 전문가시스템
- 사건: 프로세스 관리, 네트워크 관리
- 다차원 데이터: 시뮬레이션, 컴퓨터 모델링

C.3 객체중심 데이터 모델의 설계

객체중심 데이터 모델의 설계는 3장에서 공부한 개체-관계성 데이터 모델의
설계와 유사한 점이 많다. 본 절에서는 먼저 객체중심 데이터 모델과 개체-관계

성 모델의 유사점과 차이점을 살펴보고, 객체중심 데이터 모델의 설계 방법에 대해 논의한다.

C.3.1 객체중심 데이터 모델과 개체−관계성 데이터 모델의 비교

상위 데이터 모델인 개체−관계성 데이터 모델은 데이터베이스 실행과 관련된 사항에 구애받지 않고 가능한 현실 세계에 근접한 모델링을 할 수 있는 도구로 인정받고 있다. 객체중심 데이터 모델 역시 현실 세계를 표현하는 능력이 뛰어나, 관계형 데이터 모델이 표현하기 힘든 1:1 또는 다:다의 관계성을 자유롭게 나타낼 수 있다. 더 나아가 개체−관계성 모델이 표현하지 못하는 개체집합의 행위까지 포함시킬 수 있다. 이러한 두 모델과 관계형 데이터 모델의 개념을 비교하여 〈표 C−1〉에 요약하였다.

표 C-1 객체중심, 개체−관계성, 관계형 데이터 모델의 비교

객체중심	개체−관계성	관계형	비고
객체	개체	타플	객체는 행위를 포함
속성	속성	속성 또는 열	차이 없음
관계성 (객체 식별자로 연결)	관계성	관계성 (외부키로 연결)	객체중심의 경우 행위까지 유전
메시지	−	−	객체중심에만 존재
클래스	개체집합	테이블	차이 없음
객체 예(instance)	개체 예	타플 또는 행	차이 없음
캡슐화	−	−	객체중심에만 존재

C.3.2 객체중심 데이터 모델의 관계성 표현

객체중심 데이터 모델에서 관계성은 객체 식별자(oid)를 참조 속성으로 사용하여 표현한다. 객체중심 데이터 모델은 일원 관계성과 이원 관계성을 지원하며,[3] 대응비는 1:1, 1:다, 다:다 모두 표현 가능하다. 따라서 관계형 데이터 모델

---

3. 삼원 관계성 집합은 8장의 논리적 설계에서 배운 방법으로 이원 관계성 집합으로 전환할 수 있다.

에서와 같이 다:다의 대응비를 표현하기 위해 두 개체 집합을 연결시키는 매개 개체 집합을 만들 필요가 없다. 그러나 정규화는 객체중심 데이터 모델에서도 여전히 유용한 개념으로, 불필요한 데이터의 중복을 방지해 준다. 다만 2차와 3차 정규형에 있어서 주키 대신 객체 식별자에 대한 함수적 종속이 요구된다.

- **대응비가 1:1인 관계성:** 객체 클래스 갑과 을 사이의 1:1의 관계성은 각 객체에 상대편의 객체 식별자를 삽입함으로써 참조무결성을 지켜줄 수 있다. 예를 들어, 매장과 점장 사이의 1:1의 관계성은 〈그림 C-2〉와 같이 표현된다.

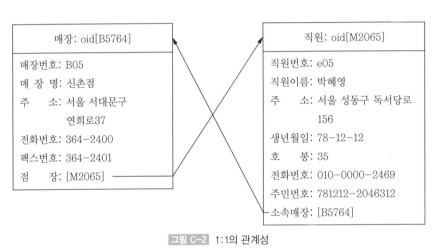

그림 C-2 1:1의 관계성

- **대응비가 1:다인 관계성:** 객체 클래스 갑과 을 사이의 1:다의 관계성은 을에다 갑의 객체 식별자를, 그리고 갑에다 을의 객체 식별자들을 삽입함으로써 참조무결성을 지켜줄 수 있다. 예를 들어, 운전기사와 차량 사이의 1:다의 관계성은 〈그림 C-3〉과 같이 표현된다.

- **대응비가 다:다인 관계성:** 객체 클래스 갑과 을 사이의 다:다의 관계성은 을에다 갑의 객체 식별자들을, 그리고 갑에다 을의 객체 식별자들을 삽입함으로써 참조무결성을 지켜줄 수 있다. 예를 들어, 주문과 제품 사이의 다:다의 관계성은 〈그림 C-4〉와 같이 표현된다. 이때 **주문** 객체 클래스는 **주문제품**이라는 하위객체 클래스를 내포하고 있다. 관계형 데이터 모델에서는

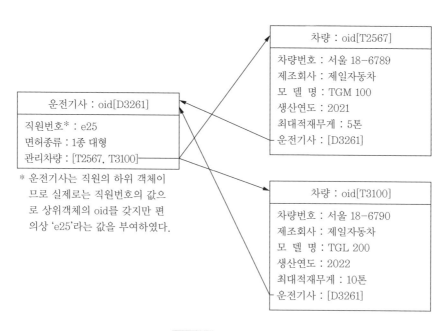

그림 C-3 1:다의 관계성

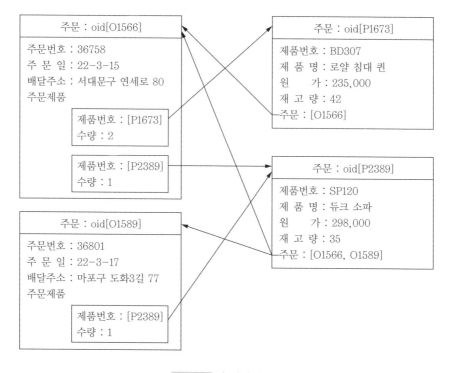

그림 C-4 다:다의 관계성

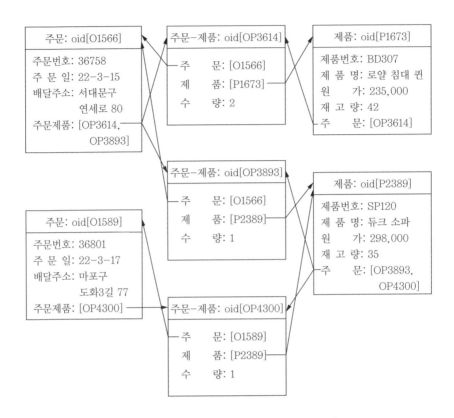

그림 C-5 중간 객체 클래스를 이용한 다:다의 설계

테이블 속에 다른 테이블이 내포될 수 없기 때문에 이러한 다:다의 관계성
은 두 개의 1:다의 관계성으로 나누어 표현할 수밖에 없다. 객체중심 데이
터 모델에서도 그러한 설계가 가능한데, 〈그림 C-4〉를 중간 객체 클래스
를 이용하여 두 개의 1:다의 관계성으로 표현하면 〈그림 C-5〉와 같다.

C.4 객체중심 데이터베이스 표준

객체중심 관련 제품의 표준을 제정하기 위하여 1989년 OMG(Object
Management Group)가 결성되었는데, 현재 IBM, Sun, Microsoft 등과 같은 700여
하드웨어, 소프트웨어 공급자들이 참여하고 있다. 이 비영리 단체는 1993년 객체

중심 데이터 모델의 표준으로 ODMG(Object Data Management Group)를 발표한 후, 1999년 말에 보다 개선된 ODMG 3.0을 제안하였다(Connolly and Begg, 2002). OMG 는 아직 ISO(International Standards Organization)나 ANSI(American National Standards Institute)와 같은 국제적 표준으로 자리잡지는 못했으나, 궁극적으로 객체중심 관련 제품에 있어서 확고한 표준으로 인정받는 것을 목적으로 하고 있다. 본 절에서는 ODMG가 제안한 ODL(object definition language)과 OQL(object query language)을 중심으로 객체중심 데이터베이스를 정의하고 검색하는 방법에 대하여 공부한다.

C.4.1 객체 모델

ODMG 객체 모델은 기본적으로 다음과 같은 내용을 전제로 하고 있다.

- 객체중심 데이터 모델에 있어서 기본적인 단위는 **객체와 리터럴**(literal)[4]이다. 객체는 객체 식별자를 할당 받으며, 독립적으로 존재한다. 반면, 리터럴은 객체 식별자가 할당되지 않아 스스로 존재할 수 없으며, 객체의 속성으로 포함된다.

- 객체와 리터럴은 **타입**(type)으로 분류된다. 특정 타입에 속한 모든 객체는 공통의 상태와 행위를 보유한다. 타입은 그 자체가 객체이다.

- **상태**는 그 객체가 지니는 **특성**(property)들의 집합의 값으로 정의되는데, 특성은 객체의 **속성**(attribute)이나 객체와 객체 간의 **관계성**(relationship)으로 표시된다.

- **행위**는 그 객체에 의해, 또는 그 객체에 수행될 수 있는 **작업**(operation)[5]의 집합으로 정의된다.

- 데이터베이스는 객체를 저장하여 여러 사용자와 응용 프로그램이 공용할 수 있도록 한다. 데이터베이스 스키마는 객체 정의어(ODL)로 표현되며, 데이터베이스는 그 스키마에 의해 정의된 객체 예들을 저장한다.

---

4. 정확한 비유는 아니지만 리터럴은 관계형 데이터 모델의 문자(CHAR), 정수(INTEGER) 등과 같은 데이터형과 유사한 개념으로 볼 수 있다.
5. ODMG는 절차(method)라는 용어와 같은 의미로 작업(operation)이라는 용어를 사용한다.

객 체

ODMG에서 제공하는 객체와 리터럴의 유형이 〈표 C-2〉에 요약되어 있다. 각 유형에 대한 자세한 내용은 캐텔 등(Cattell et al., 1997)을 참조하기 바라며, 본서에서는 명문가구 사례에 필요한 일부에 대해서만 언급하기로 한다. 객체는 〈표 C-2〉에 정리된 것과 같이 원자 객체, 집합 객체, 구조적 객체로 나누어진다. 〈표 C-2〉에서 이탤릭체로 표시된 타입은 추상 타입이며, 일반 활자로 인쇄된 것들만 사용자가 직접 구체화하여 사용할 수 있는 객체와 리터럴이다. 또한 각진 괄호(〈〉)가 붙은 것은 타입 생성자를 표시한다.

각 객체는 객체 식별자에 의해 구별되는데, 한 번 배정된 객체 식별자 값은 결코 변하지 않고, 그 객체가 삭제된 후에도 그 객체 식별자 값은 다시 재사용되지 않는다. 또한 각 객체는 하나 이상의 이름을 부여 받을 수 있으며, 그 이름으로 접근될 수 있다.

객체는 생성 당시에 타입에 관계없이 존속 기간을 지정 받는다. 존속 기간은 일시적(transient) 또는 지속적(persistent)일 수 있는데, 타입과 독립적이므로 같은 타입의 객체들 중에서 어떤 객체는 일시적이고, 또 어떤 객체는 지속적일 수 있다. 일시적 객체는 프로그래밍 언어의 실행 시스템에 의해 메모리를 할당받기 때문에 프로그램이 종료된 후에는 사라진다. 반면 지속적 객체의 저장은 데이터베이스 관리시스템에 의해 관리되므로 프로그램이 종료된 후에도 계속 존재한다.

리 터 럴

리터럴 역시 〈표 C-2〉에 정리된 것과 같이 원자 리터럴, 집합 리터럴, 구조적 리터럴로 나누어진다. 리터럴은 객체 식별자를 가지지 못하며, 스스로 존재할 수 없다. 따라서 리터럴은 객체 속에 내장되어 사용되며, 개별적으로 참조될 수 없다.

타입과 클래스

타입은 하나의 명세(specification)와 하나 이상의 실행(implementation)을 포함한다. 명세는 그 타입에 속한 예(instance)가 가지는 특성과 작업을 정의한다. 실행은 데이터 구조, 예외, 그리고 요구되는 상태와 행위를 지원하기 위한 데이터 구조를 조작하는 절차(method)를 정의한다. 타입 명세와 하나의 실행의 결합을 클래스

표 C-2 객체와 리터럴의 종류

```
Object_type
  Atomic_object
  Collection_object
    Set⟨⟩              //중복되지 않는 원소들의 집합. 순서없음.6
    Bag⟨⟩              //Set⟨⟩과 동일하나, 원소의 중복이 가능.
    List⟨⟩             //순서가 정해진 원소들의 집합. 중복 허용.
    Array⟨⟩            //동적으로 길이가 변경되는 1차 배열.
    Dictionary⟨⟩       //키가 중복되지 않는 (키, 값) 쌍의 무순서 나열.
  Structured_object
    Date              //년, 월, 일로 구성되는 날짜
    Time              //시, 분, 초로 구성되는 시간
    Timestamp         //날짜와 시간
    Interval          //년, 월, 일, 시, 분, 초로 구성되는 기간
Literal_type
  Atomic_literal
    long
    short
    unsigned long
    unsigned short
    float
    double
    boolean
    octet
    char
    string
    enum⟨⟩             //enumeration
  Collection_literal
    set⟨⟩
    bag⟨⟩
    list⟨⟩
    array⟨⟩
    dictionary⟨⟩
  Structured_literal
    date
    time
    timestamp
    interval
    structure⟨⟩
```

---

6. 프로그램이나 명령문에 대한 설명은 // 표시 뒤에 추가한다.

(class)라고 한다. 인터페이스(interface) 정의는 객체 타입의 추상적 행위만 정의하는 명세이다. 리터럴 정의는 리터럴 타입의 추상적 상태만 정의한다. 따라서 타입은 추상적 개념이며, 클래스는 실행적 개념이다. 객체의 인터페이스 정의는 상위타입(supertype), 그것의 범위(extents), 그리고 그것의 키(key)를 명시한다.

- **상위타입:** 상위타입의 모든 속성, 관계성, 절차들은 모두 하위타입으로 유전된다. 하위타입은 상위타입으로부터 유전 받은 것 외에 추가적으로 자신의 속성, 관계성, 절차를 갖거나, 유전 받은 내용을 새로이 정의할 수 있다.
- **범위:** 범위는 주어진 타입의 모든 예의 집합을 의미한다. 설계자가 데이터베이스 관리시스템을 통해 범위를 관리하도록 요청할 수 있다.
- **키:** 키는 관계형 데이터 모델의 후보키와 같은 개념으로 타입에 속한 예를 유일하게 규명할 수 있다.

특 성

ODMG는 두 가지 유형의 특성, 즉 속성과 관계성을 정의한다. 속성은 하나의 객체 타입으로 정의되는데, 객체 식별자를 가지지 못하기 때문에 스스로 존재할 수 없다. 그리고 속성값으로 리터럴이나 객체 식별자를 취한다. 관계성은 타입과 타입간의 연관성을 정의 내리는 것으로 현재 1:1, 1:다, 다:다의 이원 관계성만 지원한다. 관계성 역시 객체 식별자를 갖지 못하며, 스스로 존재할 수 없다. 관계성에 의한 참조 무결성은 데이터베이스 관리시스템에 의해 자동적으로 유지된다.

C.4.2 객체 정의어(ODL)

명문가구의 사례 중 일부를 발췌한 〈그림 C-6〉과 같은 데이터베이스 스키마를 ODMG의 ODL로 표현하여 보자. 〈그림 C-6〉은 기존의 개체-관계성도를 객체중심 데이터 모델을 표현하기에 적합한 클래스 다이어그램으로 나타낸 것으로, 관계성을 양쪽 개체의 관점에서 각각 표현하고 있다. 예를 들어, 주문과 고객 사이의 관계성이 고객이 주문을 '내다'(Places)와 주문이 고객으로부터 '내어

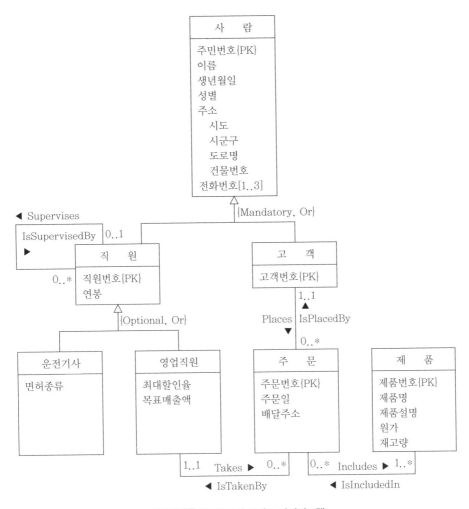

그림 C-6 명문가구의 클래스 다이어그램

지다'(IsPlacedBy)라는 두 가지의 명칭이 모두 나타나 있다.

객체 클래스의 정의

객체 클래스를 정의하기 위한 가장 간단한 방법은 다음과 같은 interface 명령을 사용하는 것이다.

```
interface 〈 이름 〉 {
〈 특성 목록 〉
};
```

객체 클래스의 이름을 interface 명령 다음에 명시하고, 그 클래스의 특성, 즉 속성, 관계성, 그리고 절차 등을 나열한다.

속성의 정의

객체의 상태는 일련의 속성값으로 표현되는데, 이 값의 구조에 관한 정의를 타입(type)이라고 한다. 속성값은 리터럴이나 객체 식별자가 되며, 객체의 속성은 attribute 절에 의해 정의된다. 예를 들어, 다음은 사람(Person)이라는 클래스의 속성을 정의내린 예이다.

```
interface Person {
    attribute string juMinBunHo;
    attribute string name;
    attribute date dateOfBirth;
    attribute enum Sex {남, 여} sexType;
    attribute struct Address {string siDo, string siGunGu,
                            string upMyunDong, string bunJi}
                            address;
    attribute set 〈PhoneNumber⁷〉 phones;
};
```

위의 예에서 사람이라는 클래스는 여섯 개의 속성으로 구성되어 있다. 주민 번호(juMinBunHo)와 이름(name)은 string, 생년월일(dateOfBirth)은 date의 원자 리터 럴로 정의되어 있다. 성별(sexType)은 '남', '여'의 값 중 하나를 취하는 enum 리터 럴로 정의되어 있는데, 이 enum 리터럴의 이름이 Sex이다. 그리고 주소(address)

---

7. PhoneNumber라는 타입을 사용하기 위해서는 먼저 struct〈〉 명령을 통해 이를 지정해 주어야 한다. 자세한 내용은 〈그림 C-7〉을 참조하기 바란다.

속성은 이름이 Address인 구조적 리터럴인 struct로 정의되어 있는데, Address
는 다시 시도(siDo), 시군구(siGunGu), 도로명(doRoMyung), 건물번호(buildingBunHo) 등
의 string으로 된 네 개의 필드로 이루어져 있다. 마지막으로 전화(phones)는 복수
값을 취할 수 있는 집합 리터럴로 정의되어 있다. struct 리터럴은 위의 명령문과
같이 속성 내에서 정의할 수도 있고, 아래와 같이 속성 밖에서 정의한 후 이를
불러 쓸 수도 있다.

```
struct Address {
    string siDo;
    string siGunGu;
    string doRoMyung;
    string buildingBunHo;
};
interface Person {
    attribute string juMinBunHo;
    attribute string name;
    attribute date dateOfBirth;
    attribute enum Sex {남, 여} sexType;
    attribute Address address;
    attribute set <PhoneNumber> phones;
};
```

관계성의 정의

객체의 특성 중 속성 외의 또 다른 중요한 요소는 관계성이다. 예를 들어, 영
업직원(SalesPerson)과 주문(Order) 사이의 1:다의 관계성을 살펴보자. 관계형 데이터
모델에서는 다 측에 1 측의 주키를 외부키로 삽입함으로써 암묵적으로 그 관계
성을 표현하였다. 반면 ODMG ODL에서는 명시적으로 관계성을 표현할 뿐만
아니라, 양 방향으로 모두 설정해 주어야 한다. 즉, 영업직원 객체 내에 영업직원
이 주문을 '받다'(Takes)라는 관계성뿐만 아니라, 주문이 영업직원에 의해 '받아지
다'(IsTakenBy)라는 역관계성(inverse relationship)도 아래와 같이 정의되어야 한다.

```
interface SalesPerson {
  attribute …;
  relationship Set<Order> Takes
              inverse Order::IsTakenBy;
};

interface Order {
  attribute …;
  relationship SalesPerson IsTakenBy
              inverse SalesPerson::Takes;
};
```

위의 명령문에서 영업직원(SalesPerson)과 주문(Order)의 속성은 생략되었는데, 자세한 내용은 뒤에 나오는 〈그림 C-7〉을 참조하기 바란다. 영업직원(SalesPerson) 클래스의 정의에서 한 영업직원은 여러 '주문'을 받을 수 있기 때문에, 주문 (Order)의 집합체인 Set〈Order〉와 관계성을 맺으며, 그 관계성의 이름이 Takes이 다. 반면 주문(Order) 클래스의 정의를 살펴보면, 한 주문은 한 영업직원에게만 속하므로 관계성의 정의에서 집합(set)이 아닌 SalesPerson과 관계성을 맺고 있으 며, 그 이름은 IsTakenBy이다. 그리고 ODMG ODL에서는 inverse란 단어 뒤에 반대 방향의 관계성도 명시하여야 하는데, 상대 객체 이름 뒤에 더블 콜론(::)을 찍고, 역관계성 이름을 명시한다. 즉, 주문(Order)으로부터 영업직원으로 연결된 역관계성은 Order::IsTakenBy로 표현되며, 영업직원(SalesPerson)으로부터 주문으 로 연결된 역관계성은 SalesPerson::Takes이다.

객체중심 데이터베이스 관리시스템은 클래스에서 정의된 관계성에 따라 참 조 무결성을 자동적으로 유지시켜 준다. 예를 들어, 영업직원 객체를 다수의 주 문 객체와 연결시키면, 자동적으로 그 주문들로부터 영업직원에 이르는 관계성 을 생성시킨다. 또한, 영업직원 객체를 삭제하면, 그것과 연결된 주문 객체들과 의 관계성을 모두 제거한다.

일반화 관계성의 정의

일반화 관계성은 콜론(:)에 의해 표현되며, 하위 클래스는 상위 클래스의 모 든 속성과 절차를 유전 받으므로, 추가적인 속성과 절차만 정의해 주면 된다.

예를 들어, 고객(Customer)은 사람(Person)의 하위 클래스이며, 속성으로 고객번호 (c_number)가 추가될 경우 다음과 같이 정의할 수 있다.

```
interface Customer:Person {
  attribute string c_number
  relationship …;
};
```

주키와 범위의 지정

객체중심 데이터베이스에서 각 객체는 객체 식별자에 의해 유일성을 보장받는다. 따라서 관계형 데이터 모델과는 달리 주키를 지정해 줄 필요가 없다. 그러나 사용자의 입장에서 볼 때 각 고객 객체가 본질적으로 다르다 하더라도, 서로 다른 두 고객이 동일한 고객번호를 가지고 있다면 이는 명백한 오류이다. 이러한 오류가 발생하지 않도록 하기 위하여 아래와 같이 주키를 지정할 수 있는데, 이때 주키가 유일성을 보장하는 범위도 같이 정의해 주어야 한다.

```
interface Customer:Person {
( extent customers
  key c_number )
  attribute string c_number
  relationship …;
};
```

위의 명령문에서 주키는 고객번호(c_number)이며, 이 주키는 customers라고 명명된 고객 집합체 내에서 유일성을 보장한다. ODL은 합성키의 개념도 지원하는데, 예를 들어, 고객의 이름(name)과 주소(address)가 유일성을 보장한다면 다음과 같이 표현할 수 있다. 이때, 이름과 주소 속성은 상위 클래스인 사람(Person)으로부터 유전받는다.

```
( extent customers
  keys name, address )
```

절차의 정의

마지막으로 객체의 행위인 절차(method)를 정의해 보자. 실제 객체의 절차가 수행하는 코드, 즉 프로그램 내용은 초청 언어에 의해 따로 기록되며, ODL에는 표현되지 않는다. 다만 클래스 정의에는 각 절차의 이름, 인수(argument)의 이름과 타입, 발생가능한 예외사항(exception)의 이름,[8] 그리고 필요시 출력물의 타입 등으로 구성되는 절차 기호(signature)를 기록한다. 절차는 하나의 객체 타입의 관점에서만 정의되므로, 서로 다른 객체 타입은 동일한 절차명을 가질 수 있다. 즉, ODMG는 동일한 이름으로 서로 다른 절차를 수행하는 과적(overloading)의 개념을 지원한다. 아래는 영업직원에 대한 절차 내용을 정의한 것이다.

```
interface SalesPerson {
    attribute …;
    relationship …;
    short age() raises(noAgeFound);
    calcTotal(in Order, out integer) raises(noSuchOrder);
};
```

위의 예에서 두 개의 절차가 정의되었다. age란 이름의 절차는 어떠한 인수도 취하지 않으며, 출력물로 적은 정수(short)를 생성한다. 이 절차는 영업직원의 생년월일[9]로부터 나이를 계산해 내는 절차임을 예측해 볼 수 있다. 그리고 만약 생년월일의 값이 공값이거나 나이를 계산할 수 없는 경우에 noAgeFound라는 오류 기능을 수행하게 된다. 두 번째 절차인 calcTotal은 입력 인수로 특정 주문(Order)을 받아 그 주문 총액을 계산하여 정수값으로 출력하는 절차이며, 오류 발생시 noSuchOrder라는 기능을 수행하게 된다. 그러나 이러한 두 절차 모두 초청언어에서 제대로 된 절차가 정의되어 있을 때만 수행될 수 있으며, 위와 같이 ODL에 정의된 것만으로는 아무것도 보장할 수 없다.

지금까지 클래스를 정의 내리기 위하여 속성, 관계성, 일반화 관계성, 주키, 절차 등 부분적인 내용을 살펴보았다. 이러한 내용을 토대로 〈그림 C-6〉에 나타난 명문가구의 스키마를 ODMG의 ODL로 나타내면 〈그림 C-7〉과 같다.

---

8. 예외사항은 에러 상황을 처리하기 위한 것으로 상세한 설명을 포함하는 것이 바람직하다.
9. 영업직원에 없는 속성이므로 상위 클래스인 사람으로부터 유전받게 된다.

```
struct Address {
  string siDo;
  string siGunGu;
  string doRoMyung;
  string buildingBunHo;
    };

struct PhoneNumber {
  string areaCode;
  string kukBun;
  string number;
    };

interface Person {
  attribute string juMinBunHo;
  attribute string name;
  attribute date dateOfBirth;
  attribute enum Sex {남, 여} sexType;
  attribute Address address;
  attribute set <PhoneNumber> phones;
    };

interface Customer:Person {
( extent customers
  key customerNumber )
  attribute string customerNumber
  relationship Set<Order> Places
              inverse Order::IsPlacedBy;
    };

interface Employee:Person {
  ( extent employees
  key employeeNumber )
  attribute string employNumber
  attribute long salary;
// 직원(상사)과 직원(부하직원)간의 일원 관계성
  relationship Set<Employee> Supervises
              inverse Employee::IsSupervisedBy;
  relationship Employee IsSupervisedBy
              inverse Employee::Supervises;
    };
```

```
interface SalesPerson:Employee {
  ( extent salesPersons )
  attribute float maxDiscountRate;
  attribute long salesQuota;
  relationship Set<Order> Takes
              inverse Order::IsTakenBy;
  short age() raises(noAgeFound);
  calcTotal(in Order, out integer) raises(noSuchOrder);
    };

interface Driver:Employee {
  ( extent dirvers )
  attribute string licenseType;
    };

interface Product {
  ( extent products
  key productNumber )
  attribute string productNumber
  attribute string productName;
  attribute string productDescription;
  attribute long cost;
  attribute long qtyOnHand;
  relationship set<Order> IsIncludedIn
              inverse Order::Includes;
    };

interface Order {
  ( extent orders
  key orderNumber )
  attribute string orderNumber
  attribute date orderDate;
  attribute Address orderAddress;
  relationship SalesPerson IsTakenBy
              inverse SalesPerson::Takes;
  relationship Customer IsPlacedBy
              inverse Customer::Places;
  relationship set<Product> Includes
              inverse Product::IsIncludedIn;
    };
```

그림 C-7 ODMG의 ODL로 표현된 명문가구의 스키마

C.4.3 객체 조작어

객체 조작어(OQL)는 SQL 문법과 비슷한 구조를 지닌 객체 데이터베이스 조작 언어이다. 이 언어는 직접적으로 갱신 명령어를 제공하지는 않지만, 객체 타입에 정의된 절차를 통해 갱신을 수행할 수 있다. 그리고 SQL과 마찬가지로 OQL은 독립적으로 사용될 수도 있고, 프로그램 속에 내장되어 사용될 수도 있는데, 현재 Smalltalk, C^{++}, Java 등의 객체중심 프로그래밍 언어가 이를 지원한다.

경로 표현

복잡한 구조를 지닌 복합객체 내에서 한 객체에서 다른 객체로 이동하는 경로를 표현하기 위하여 OQL은 구두점(.)을 이용하며, 통상 다음과 같은 법칙이 적용된다. 만약 a가 클래스 C에 속한 객체이며, p가 그 클래스의 어떤 특성 —속성, 관계성, 또는 절차— 이라면, a.p는 a에 p를 적용한 결과, 즉, 다음과 같은 것을 의미한다.

- 만약 p가 속성이라면, a.p는 객체 a의 그 속성의 값을 의미한다. 예를 들어, salesPersons.salesQuota는 특정 영업직원(SalesPerson) 객체의 목표매출액(salesQuota)의 값을 의미한다.

- 만약 p가 관계성이라면, a.p는 관계성 p에 의해 a로 연결된 객체, 또는 객체의 집합을 의미한다. 예를 들어, salesPersons.Takes는 특정 영업직원(SalesPerson) 객체가 관여한 주문(Order) 객체의 집합을 의미하며, salesPersons.Takes.orderDate는 그 주문들의 주문일(orderDate)을 의미한다.

- 만약 p가 절차라면, a.p는 a에 p를 적용시킨 결과를 의미한다. 예를 들어, salesPersons.age는 특정 영업직원(SalesPerson) 객체에 age 절차를 적용시킨 결과, 즉 그 직원의 나이를 출력한다.

객체의 생성

객체 식별자를 가진 객체를 생성하기 위해서는 타입 이름 생성자를 사용한다. 예를 들어, 앞에서 정의한 사람(Person) 객체를 생성하기 위하여 다음과 같은 명령을 줄 수 있다.

Person(juMinBunHo:"900403−1082766", name:"구세훈", dateOfBirth: "1990−4−3",
    sexType:"남", address: "서울 서대문구 연세로2길 43",
    phones:{"02−363−2677", "010−0000−2677"})

위의 명령문에서 Person은 사람 타입의 객체를 생성시키는 생성자이다. 위와 같이 괄호 안에 속성의 값을 지정하며, 값이 주어지지 않은 속성은 초기값(default value)으로 채워진다. 또한 SELECT 문을 통해서 객체를 생성할 수도 있는데, 예를 들어, 주민등록번호와 이름, 주소로 구성되어 있는 PersonSeoul이라는 클래스 타입이 정의되어 있고, 사람(Person)들 중 '서울'에 주소를 두고 있는 사람들을 뽑아 PersonSeoul에 속하는 객체를 생성시킨다면 다음과 같은 명령문을 사용할 수 있다.

PersonSeoul(SELECT struct (juMinBunHo:p.juMinBunHo, name:p.name,
        address:p.address)
    FROM p IN Person
    WHERE p.address.siDo = '서울')

데이터의 검색

OQL의 기본 검색 명령은 SQL의 SELECT−FROM−WHERE 문장 형식과 매우 흡사하지만, 내용면에서는 차이가 크다. 예를 들어, SQL의 FROM 절에는 질의에 사용되는 테이블 이름이 지정되지만, OQL에서는 객체의 집합을 지정한다. 이 집합은 클래스 예들의 범위를 나타내는 extent 명령에서 지정된 세트가 될 수 있다.

예제 1 : 재고(qtyOnHand)가 5000개 이하인 제품번호(productNumber)를 출력하라.

SELECT p.productNumber
FROM   products p
WHERE   p.qtyOnHand <= 5000;

위의 질의에서 FROM 절의 products p는 보다 정확하게는 products AS p이
며, p를 Product 클래스의 한 임의의 객체임을 나타내는 것으로 AS는 생략이
가능하다. 또는 이의 변형으로 FROM 절에 클래스 이름을 직접 사용할 때에는
AS 대신 다음과 같이 IN을 사용한다.

```
SELECT  p.productNumber
FROM    p IN Product
WHERE   p.qtyOnHand <= 5000;
```

예제 2 : 2022년 5월 10일에 주문된 제품번호를 모두 출력하라.

```
SELECT DISTINCT p.productNumber
FROM    orders o, o.includes p
WHERE   o.orderDate = "2022-5-10";
```

위의 질의를 이해하기 위해서는 FROM 절이 처리되는 순서를 알아야 한다.
먼저 orders o라는 명령을 통해 o를 Order 클래스의 한 임의의 객체로 정의하였
다. 그리고 o.includes p라는 명령을 통해 각 o의 값에 대해 관련된 Product 클
래스의 객체를 p라고 정의하였다. 이 FROM 절의 의미는 WHERE 절에서 제
한한 2022년 5월 10일에 발주된 모든 주문(o)과 그 주문이 포함하는(includes) 제
품(p), 즉, 모든 (o, p)의 짝을 출력하는 것으로, 알고리즘으로 표현하면 다음과
같다.

```
FOR  each o in orders DO
     FOR each p in o.includes DO
         IF o.orderDate = "2022-5-10"
            ADD p.productNumber to the output bag;
```

이 알고리즘의 결과물은 중복을 허용하는 bag이므로 중복을 제거한 set을
출력하기 위해서 SELECT 절에 DISTINCT 명령을 추가하였다.

예제 3 : 영업직원 '김인식'의 나이를 출력하라.

```
SELECT  s.age
FROM    salesPersons s
WHERE   s.name = "김인식";
```

OQL에서 속성과 절차는 SELECT 절이나 WHERE 절에서 구분 없이 사용될 수 있다. 위의 질의에서 s.age는 WHERE 절에서 선택된 객체에 age() 절차를 적용시킨 결과물, 즉, 그 직원의 나이를 출력한다. 그리고 SalesPerson 클래스는 이름(name) 속성을 가지고 있지 않으나, 상위 클래스인 사람(Person)으로부터 유전 받는다.

지금까지 간단한 몇 가지 예제를 살펴보았는데, OQL은 SQL의 기본 골격인 SELECT/FROM/WHERE-GROUP BY/HAVING/ORDER-BY를 사용하여 SQL과 유사한 점이 많지만 차이점 또한 적지 않다. OQL의 보다 자세한 사용법에 대해서는 캐텔 등(Cattell et al., 1997)이나 울만과 위돔(Ullman and Widom, 1997) 등을 참조하기 바란다.

C.5 객체-관계형 데이터베이스 시스템

객체중심 관련 제품의 표준이 확립되고 멀티미디어 데이터가 증가하면서, 2000년대 초반 많은 사람들은 조만간 관계형 데이터베이스 제품들은 객체중심 데이터베이스 제품들에게 그 자리를 내줄 것으로 예측하였다. 그러나 아직까지 관계형 데이터 모델은 가장 널리 채택되고 있는 데이터 모델이며, 기업의 기간 시스템을 위한 데이터베이스 시장에서 이러한 추세는 당분간 계속될 것으로 보인다. 관계형 데이터 모델의 발전에 깊숙이 관여해 온 데이트(Date, 1994)도 관계형 데이터 모델은 사라지지 않을 것이며, 객체중심 데이터 모델의 장점을 수용하는 방향으로 발전할 것이라는 의견을 제시하였다. 그리고 객체중심 데이터 모델로부터 수입해야 할 두 가지 장점으로 사용자가 자유로이 정의 내릴 수 있는 추상 데이터형과 유전성을 꼽았다.

관계형 데이터베이스 회사들은 이러한 주장을 반영하여 객체중심의 장점을 관계형 데이터 모델에 접목시킨 **객체−관계형 데이터베이스**(object−relational database(ORDB)) 제품들을 속속 출시하였는데, 그 예로는 Oracle사의 Oracle8, IBM사의 DB2 Universal Database, Informix사의 Universal server 등을 들 수 있다. 객체−관계형 데이터베이스는 관계형 데이터 모델을 확장하여 객체중심의 특징을 추가하였다는 점에서 **확장 관계형 데이터베이스**(extended relational database)라고 불리기도 하고, 또는 어떤 형태의 데이터도 취급할 수 있다는 점에서 **유니버셜 서버**(universal server)라고 불리기도 한다.

객체−관계형 데이터베이스 시스템의 가장 큰 장점은 이미 업계의 표준으로 자리잡고 있는 SQL을 기본 질의어로 활용할 수 있다는 점이다. 기존의 관계형 표준인 SQL에 객체중심의 개념을 추가한 SQL3이 이미 개발 중에 있다. 객체−관계형 데이터베이스에 대한 보다 자세한 내용은 스톤브레이크와 무어(Stonebraker and Moore, 1996), 데이트와 다웬(Date and Darwen, 1998) 등을 참조하기 바란다.

∷ 참고문헌

Cattell, R.G.G. et al. *Object Database Standard: ODMG2.0*, San Francisco, CA: Morgan Kaufmann Publishers, Inc., 1997.

Connolly, T., Begg, C. *Database Systems: A Practical Approach to Design, Implementation, and Management*(3rd ed.), Harlow: Addison−Wesley, 2002.

Date, C. J. "25 Years of Relational: A Perspective," *Database Programming and Design*, September, 1994, pp. 19−22.

Date, C. J. and Darwen, H. *Foundation for Object/Relational Databases: The third Manifesto*, Addison−Wesley, Reading, Massachustts, 1998.

McFadden, F.R. and Hoffer, J.A. *Database Management*(4th ed.), Redwood City, CA: Benjamin/ Cummings Publishing Co., 1994.

McFadden, F.R., Hoffer, J.A., and Prescott, M.B. *Database Management*(5th ed.), Reading, MA: Addison−Wesley, 1999.

Stonebraker, M. and Moore, D. *Object−Relational DBMSs: The Next Great Wave*, Morgan Kaufmann Publishers, Inc., San Francisco, California, 1996.

Ullman, J.D. and Widom, J. A First Course in Database Systems, Upper Saddle River, NJ: Prentice− Hall, Inc., 1997.

색인

제 4 판
데이터베이스 관리

초판 발행	1995년 9월 20일
제 4 판 발행	2022년 2월 28일

지은이	서길수
펴낸이	안종만 · 안상준

편 집	마찬옥
기획/마케팅	장규식
표지디자인	서상구
제 작	고철민 · 조영환

펴낸곳	(주) **박영사**
	서울특별시 금천구 가산디지털2로 53, 210호(가산동, 한라시그마밸리)
	등록 1959. 3. 11. 제300-1959-1호(倫)
전 화	02)733-6771
f a x	02)736-4818
e-mail	pys@pybook.co.kr
homepage	www.pybook.co.kr
ISBN	979-11-303-1444-0 93320

copyright©서길수, 2022, Printed in Korea

* 파본은 구입하신 곳에서 교환해 드립니다. 본서의 무단복제행위를 금합니다.
* 저자와 협의하여 인지첩부를 생략합니다.

정 가   37,000원